Friedrich Lorentz

Neueste Geschichte von den Wiener Verträgen bis zum Frieden von Paris (1815-1856)

Europäischer Geschichtsverlag

Friedrich Lorentz

Neueste Geschichte von den Wiener Verträgen bis zum Frieden von Paris (1815-1856)

1. Auflage | ISBN: 978-3-73400-406-3

Erscheinungsort: Paderborn, Deutschland

Erscheinungsjahr: 2015

Europäischer Geschichtsverlag ist ein Imprint der Salzwasser Verlag GmbH, Paderborn.

Nachdruck des Originals von 1867.

Neueste Geschichte

von den Wiener Verträgen bis zum Frieden von Paris (1815—1856).

Von

weiland **Dr. Friedrich Lorentz,**

Kaiserlich Russischem Staatsrath, ordentlichem Professor der Geschichte an dem pädagogischen Hauptinstitut zu St. Petersburg, Director der deutschen Hauptschulen zu St. Petri in Petersburg, correspondirendem Mitglied der kaiserlich russischen Akademie der Wissenschaften, Ritter des St. Wladimirordens III. Klasse und des St. Annenordens II. Klasse mit der Kaiserkrone.

Herausgegeben

von

Theodor Bernhardt.

Berlin,

Verlag von J. Guttentag.

1867.

Druck
von Friedrich Frommann
in Jena.

Vorwort.

Trotz der nicht gerade geringen Zahl von Werken über die neueste Geschichte glaubt der Herausgeber des Lorentzschen Buches, daß dasselbe, indem es einem ausgesprochenen Bedürfnisse entgegenkommt, im Stande sein werde, sich eine Stelle in unserer historischen Literatur zu verschaffen. Ein Werk wie das von Gervinus ist nach seiner ganzen Anlage und namentlich nach seinem Umfange nicht geeignet, der großen Masse derjenigen, welche über die unmittelbare Vergangenheit Aufschluß begehren, den gewünschten Dienst zu leisten. Andere, wie K. Hagen oder W. Menzel, nehmen einen zu ausgesprochenen Parteistandpunkt ein, um solchen Anforderungen vollständig zu genügen. Am meisten kommen die letzten Theile der achten durch Ad. Schmidt besorgten Auflage der Beckerschen Weltgeschichte einem allgemeineren Bedürfniß entgegen. Indessen wird man finden, daß selbst an dieser Darstellung gemessen die Lorentzsche Eigenartigkeit und in ihr begründete Vorzüge besitzt, wie sie auf der anderen Seite natürlich auch wieder in manchen Punkten von jener übertroffen wird. Und ohne Zweifel werden viele von denen, welche über die brennenden Fragen von heute Belehrung suchen, vor allem die große Menge der Zeitungsleser, gern zu einem Buche von der Beschaffenheit und Ausdehnung des Lorentzschen greifen, dessen Verfasser nur eine Uebersicht der

*2

reichen Entwickelung, welche der Rahmen der Jahre 1815—1856 umschließt, beabsichtigt, diese aber in der ihm eigenen einfachen, klaren und prägnanten Weise gegeben hat. Es gehörte nämlich zu den eigenthümlichen Vorzügen seiner geistigen Begabung, daß es Lorentz möglich war, gestützt auf ein umfassendes geschichtliches Wissen und ein stets gleichmäßig treues Gedächtniß die schwierigsten historisch-politischen Fragen mit lichtvoller Klarheit und einem überall sicheren und treffenden Urtheil darzustellen und so andern zum Verständniß zu bringen. Wenn dies Lorentz als Lehrer sehr zu statten kam, so hat es ihm nicht minder als Geschichtschreiber gerade der neuesten Zeit, in der so viele verwickelte Probleme historisch-politischer Natur zur Sprache kommen, bedeutenden Vorschub geleistet. Und den Anforderungen, welche man an einen solchen zu stellen das Recht hat, war Lorentz noch in anderer Beziehung in besonderem Maße befähigt zu genügen. Denn sein ganzes Wesen durchdrang in seltenem Grade Humanität, Milde des Urtheils, Gerechtigkeit gegen fremde Leistungen, gegen Meinungen und Bestrebungen, welche seiner eigenen Richtung schnurstracks zuwiderliefen; er schien unberührt von dem die gegenwärtige Generation beherrschenden rücksichtslosen Subjectivismus, von dem alles bemäkelnden, alles nur an sich selbst messenden kirchlichen und politischen Parteigeist. So war Lorentz im Stande, die überall in die Interessen unserer Tage hineinragenden Ereignisse mit einer Gerechtigkeit und Unparteilichkeit des Urtheils, einer Ruhe und Mäßigung des Ausdruckes darzustellen, wie sie in höherem Grade nicht wohl vereinbar sind mit lebendiger persönlicher Theilnahme an den geschilderten Ereignissen. Diese aber fehlte Lorentz an keinem Punkte und bricht überall in den folgenden Blättern durch. Eine solche Individualität wie die Lorentzsche findet nun aber ihre Schranke vor allem darin, daß sie es leicht fehlen läßt an dem Maße von Bestimmtheit des Urtheils, von Pointirung des Ausdruckes, welches unentbehrlich erscheint, soll die geschichtliche Darstellung nicht zu farbloser Rubricirung des Geschehenen herabsinken. Lorentz ist es indeß meist gelungen zwischen dieser und der ihr gegenüberliegenden Klippe einer subjectiven Parteihistorie den glücklichen Mittelweg einzuhalten. Mancher wird ihm oft größere Schärfe wünschen — ob im Interesse der Sache, bleibt zum mindesten zweifelhaft.

In derartigem Geiste die Geschichte der neuesten Zeit zu schreiben, ist aber Lorentz, abgesehen von den in seinem Wesen liegenden Bedingungen, noch dadurch erheblich leichter geworden, daß er fast ein Menschenalter und zwar gerade seine besten Jahre in Rußland zugebracht hat und so den Ereignissen in der Heimath wie überhaupt im westlichen Europa, wenn er sie auch mit unablässig regem Interesse verfolgte, persönlich etwas ferner stand, als es bei denjenigen der Fall war, welche stets inmitten derselben sich befunden hatten.

Die Lorentzsche neueste Geschichte erscheint ziemlich lange nach dem Tode ihres Verfassers, später als es gewöhnlich mit nachgelassenen Werken der Fall ist; zufällige äußere Umstände haben es so mit sich gebracht. Das Buch ist aus Vorlesungen hervorgegangen, an deren Veröffentlichung Lorentz selbst wohl nicht gedacht hat. Gleichwohl lagen sie bei der Sorgfalt, welche er auf seine akademischen Vorträge zu verwenden pflegte, in völlig abgerundeter, auch formell abgeschlossener Gestalt vor. Und so besorgt der Herausgeber keineswegs, durch ihre Veröffentlichung dem Andenken des verstorbenen Gelehrten zu nahe zu treten; hat ihn doch dabei so sehr nur die Ueberzeugung geleitet, das Buch werde im Stande sein, einem weitverbreiteten Bedürfnisse zu genügen, daß er in der Lage ist, erklären zu müssen, wie seine eigenen kirchlichen und politischen Anschauungen und die des Verfassers fast durchgehend vollkommen auseinanderlaufen. Daher konnte der Herausgeber höchstens einen Augenblick daran denken, die Lorentzsche Darstellung bis zu den Ereignissen des Jahres 1866 fortzuführen. Statt dessen hat er sich mit einer ganz flüchtigen Skizze begnügt.

In Rücksicht darauf aber, daß Lorentz in Deutschland weniger bekannt ist, und im Interesse einer Gelehrtengeschichte, welche von einem jeden, auch dem weniger glänzend in die Augen fallenden Wirken im Dienste der Wissenschaft Act zu nehmen hat, meinte der Herausgeber, mit Benutzung einer kleinen nach Lorentz' Tode als Manuscript gedruckten Schrift eine kurze Lebensskizze des Verstorbenen vorausschicken zu sollen.

Bonn, im März 1867.

Lebensskizze des Verfassers.

Friedrich Lorentz wurde am 9. November 1803 zu Kreuznach geboren und genoß seine Bildung auf dem dortigen Gymnasium, dessen damaliger Leiter, der durch seine spätere Wirksamkeit in dem Eichhornschen Ministerium in weiteren Kreisen bekannte Dr. Eilers, an dem früh erwachten ernsten, wissenschaftlichen Streben seines Zöglings reges Interesse nahm und ihm dauernd befreundet blieb. Als er sodann im Mai 1823 sich nach Heidelberg begab, um Geschichte zu studiren, zogen ihn vor allem Creuzer und Schlosser an und übten einen bestimmenden Einfluß auf seine Entwickelung aus. Namentlich wurde das Verhältniß zu Schlosser von Bedeutung für Lorentz: äußerlich, denn Schlosser verschaffte ihm eine Stelle als Lehrer in einer englischen Familie und damit die Gelegenheit, sich eine gründliche Kenntniß der englischen Sprache zu erwerben, welche ihn nicht nur damals zu voller Vertrautheit, sondern auch zu einer durch sein ganzes Leben hindurchgehenden Beschäftigung mit Englands großem Dramatiker führte; innerlich, indem die Schlossersche Weise der Geschichtschreibung für ihn maßgebend geworden und im wesentlichen geblieben ist. Daher konnte sich Lorentz, wie sehr er weiter strebte, nie vollständig befreunden mit der auf der breitesten stofflichen Grundlage ganz in das einzelne hinein arbeitenden Forschung, welche durch die Meister, die nach Schlosser gekommen sind, zur Norm erhoben worden ist. Ja gelegentlich klagte er über die Anhäufung des Materiales in den Quellenpublicationen, welches unabsehbar werde und eine dem lebendigen Ganzen der Wissenschaft unter Umständen höchst gefährliche Zersplitterung und Theilung der Arbeit mit sich bringe. Dem Einflusse Schlossers entsprang außerdem auch noch die Vorliebe für Dante, welchem Lorentz das eingehendste Studium und literarische Arbeiten gewidmet hat. Bekanntlich sammelte ja Schlosser einen auserwählten Kreis um sich, dem er in besonderen Weihestunden das eigene tiefe Verständniß für die Mysterien des italienischen Dichters enthüllte (vgl. Gervinus, Schlosser S. 68). Zur Vollendung seiner Studien begab sich Lorentz nach Berlin, wo ihm die mannigfaltigsten Anregungen zu Theil wurden. Unter den Lehrern der dortigen Hochschule trat er namentlich zu Raumer in ein näheres Verhältniß. Aber auch Hegel zog ihn mächtig an, und aus einer theologisch-philosophischen Neigung heraus, welche ihm stets eigen geblieben ist, schloß er sich mit einigen Freunden zu einem philosophischen Vereine zusammen, in dem vor allem Schleiermacher und Hegel den Gegenstand der Besprechung bildeten. Hier in Berlin reisten auch die Anfänge einer schriftstellerischen Thätigkeit: im September 1826 promovirte Lorentz mit einer Dissertation: De statu in quem Sicilia a Normannis redacta sit, und in dem gleichen Jahre erschien auf Schlossers Veranlassung ein Theil einer Uebersetzung des Cassius Dio, welche den ersten Band einer damals von dem Buchhändler Schmidt in Jena beabsichtigten deutschen Ausgabe der griechischen Historiker und Geographen bildete, deren Fortsetzung indeß wegen des gleichzeitig in Stuttgart hervortretenden Unternehmens ähnlicher Art unterblieb. Schlosser hatte diesem ersten und einzigen Bande eine Abhandlung beigefügt unter dem Titel: „Bemerkungen über das kritische Studium der Geschichte und die Erleichterung desselben durch Uebersetzungen der alten griechischen Schriftsteller, erläutert durch einen Ueberblick über die historische Literatur der Griechen nach Isocrates Zeit.“ Bald darauf (1828) kam die Geschichte Aelfreds des Großen heraus, übertragen aus Turners Geschichte der Angelsachsen. Beigefügt ist die Lodbrokar-Quida (des Lodbrog Todesgesang) in isländischem Texte nebst Uebersetzung, ein interessanter Beitrag zur Kenntniß des Culturzustandes von Skandinavien.

Neigung und Befähigung, eine große geistige Klarheit, eine nicht gewöhnliche Gabe der Rede, wie die Richtung seiner Studien, welche ihm vor allem eine gründliche philologische Bildung, ein reiches historisches Wissen zu eigen gemacht hatten, wiesen Lorentz darauf hin, als Lehrer der Geschichte an einer Universität aufzutreten. So wendete er sich denn 1828 nach Halle, wo er bei seiner Habilitation eine kleine Schrift unter dem Titel De Carolo Magno literarum fautore erscheinen ließ. Seiner akademischen Laufbahn fehlte es von Anfang an nicht an gutem Erfolge; neben historischen Vorträgen erklärte er auch Shakespearesche Dramen und ward bereits 1830 zum außerordentlichen Professor ernannt. Außerdem entfaltete Lorentz eine vielseitige literarische Thätigkeit: abgesehen von seiner Theilnahme an der Hallischen allgemeinen wie an der Jenaer Literaturzeitung und namentlich an der Encyklopädie von Ersch und Gruber, welche ein Reihe zum Theil längerer Artikel, z. B. den über Oesterreich, von seiner Hand enthält, hatte er 1830 ein Handbuch der deutschen Geschichte herausgegeben und bereits im Jahre vorher eine später auch in das Englische übertragene Monographie aus dem Kreise seiner speciellen Studien veröffentlicht, das Leben Alcuins nämlich, welches der Vorläufer eines freilich nicht ausgearbeiteten größeren Werkes über die Zeit der Karolinger sein sollte. An dem damaligen Stande der Karolingischen Forschung gemessen berechtigte das Buch zu bedeutenden Erwartungen hinsichtlich der in Aussicht gestellten größeren Arbeit. Auch heute ist es nicht als antiquirt zu betrachten, ebensowenig wie Lorentz' Aufsatz in von Raumers Historischem Taschenbuch über Karls des Großen Privat- und Hofleben.

Obgleich sich so für Lorentz in seiner Thätigkeit als Lehrer und Schriftsteller die Aussichten in die Zukunft günstig gestalteten, ließ er sich dennoch bereit finden, einem durch Vermittelung des damaligen weimarischen Generalsuperintendenten Dr. Köthe an ihn ergangenen Rufe nach Rußland Folge zu geben. So finden wir ihn denn nebst zwei andern deutschen Gelehrten, dem Nationalökonomen Besser und dem römischen Juristen Stöckhardt, seit Anfang 1832 als Professor an dem pädagogischen Hauptinstitute zu St. Petersburg thätig. Diese jetzt nicht mehr bestehende Anstalt hatte den Zweck, junge Leute durch einen akademischen Cursus zu Lehrern an höheren Schulen oder zu Professoren für die Universitäten auszubilden. An Rang den Hochschulen des Reiches gleichstehend, war sie somit nur dadurch von diesen verschieden, daß sie auf einen engeren Kreis unter denen, welche akademische Studien zu betreiben pflegen, beschränkt blieb. Lorentz genoß die große Annehmlichkeit, seine Vorträge in deutscher Sprache halten zu dürfen, und erfreute sich einer sehr weitgehenden Lehrfreiheit. Denn wenn auch manche geheime Verordnungen, Instructionen an die Rectoren und Dekane, zur Beschränkung der akademischen Lehrfreiheit vorhanden waren, so sind sie doch meist praktisch nicht streng gehandhabt worden, und es waren durchschnittlich nur die äußersten Excedenten, welche gelegentlich in ihrer Thätigkeit vom Katheder herab beschränkt worden sind. Davor bewahrte nun Lorentz schon sein mildes, behutsames und zu keinerlei Ausschreitungen neigendes Wesen. Zudem aber stand ihm in dem Director des pädagogischen Hauptinstituts, dem wirklichen Geheimenrath von Middendorff, dem Vater des bekannten Reisenden, ein wohlwollender und freundlicher Chef zur Seite, der ihn mit dem Boden, auf dem er sich zu bewegen hatte, genau bekannt machte, und auf die Klippen hinwies, welche namentlich der Lehrer der Geschichte zu vermeiden habe. Dann aber war Middendorff auch durchaus die Persönlichkeit, um jeden etwaigen äußeren Anstoß zu beseitigen; und in dem Fürsten von Lieven, dem damaligen Minister der Volksaufklärung, befand sich ein gleichfalls humaner Mann an der Spitze des gesammten Unterrichtswesens im Reiche.

Mehr fast noch wie als Lehrer begann Lorentz seit dem Jahre 1841 als Schriftsteller zu wirken, indem er es unternahm, einer wesentlichen Lücke in der historischen Literatur Rußlands zu begegnen, und ein wissenschaftlichen Anforderungen genügendes Handbuch der allgemeinen Weltgeschichte in russischer Sprache, welches noch immer fehlte, zu schreiben anfing. Bis zum Jahre 1860 lag das Ganze vollendet da, nachdem schon vor dem Erscheinen des 3. Bandes eine zweite Auflage der ersten Theile und 1857 bereits eine dritte Auflage nothwendig geworden waren. Dies aber beweist zur Genüge, daß es Lorentz gelungen war, jenem Mangel in der wirksamsten Weise abzuhelfen. Daher erfuhr sein Werk denn auch nur günstige Beurtheilungen, abgesehen von der Ungelenkigkeit des sprachlichen Gewandes, in welches Schüler des pädagogischen Institutes das deutsch geschriebene Manuscript eingekleidet hatten. Bei Ausarbeitung des Handbuches konnte es unter den damaligen Verhältnissen nicht an Conflicten mit der Censurbehörde fehlen, und Lorentz hat sich manchen Eingriff in seine anfängliche Bearbeitung des Stoffes gefallen lassen müssen. Und eine Zeit lang ward sein Werk von oben herunter mit entschiedener Mißgunst betrachtet, der Gebrauch desselben beim Unterricht gänzlich untersagt; denn es sollte in deutschem Geiste geschrieben sein, während man eine Darstellung aus russischer Anschauung heraus zu bedürfen glaubte. Ja man suchte sogar nach einer geeigneten Persönlichkeit für eine solche, fand auch jemanden; doch blieb das Werk unvollendet.

In weiteren Kreisen namentlich seiner deutschen Landsleute wirkte Lorentz außerdem noch durch eine mehrjährige (1836—1838) Redaction der von der Akademie herausgegebenen deutschen St. Petersbürger Zeitung. Obgleich es aber Lorentz verstand, dem Blatte eine sehr gediegene und würdige Haltung zu geben und auch seinen Leserkreis ansehnlich zu erweitern, so hatte es dennoch nicht den gewünschten Erfolg. Doch lag dies in dem Grundgedanken der Zeitung selbst; sie sollte nämlich in keiner Weise Parteiorgan sein, sondern den verschiedenen deutschen Elementen zu einem geistigen Mittelpunkte dienen. Diese aber zogen es vor je nach ihrer politischen Meinung die Zeitungen des Auslandes zu lesen, und für die meisten hatte daher eine zwar klare und geistvolle, allein völlig parteilose Darstellung der Gegenwart keinen Reiz.

Wie sehr viele der petersburger Professoren, so verband auch Lorentz seit dem Jahre 1840 noch ein anderweites Amt mit seiner Professur. Durch den Tod des Akademikers und wirklichen Staatsrathes von Collins ward nämlich damals die Stelle des Directors der deutschen Hauptschulen zu St. Petri, einer der wichtigsten Pflegestätten deutscher Bildung in Rußland, erledigt und durch die Wahl des Curatoriums Lorentz übertragen. Es war natürlich kein leichtes, einer Anstalt vorzustehen, welche 700 Schüler und Schülerinen zählte und ein zahlreiches in sich sehr verschiedenartig gestaltetes Lehrerpersonal besaß. Lorentz aber hat auch in dieser Stellung das in ihn gesetzte Vertrauen vollkommen gerechtfertigt, sich als erfahrenen Pädagogen und namentlich als tüchtigen und umsichtigen Leiter des Ganzen bewährt: meist ließ er den Lehrern gegenüber die Milde des Freundes walten und suchte auch bei den Schülern weniger durch eine das Schlechte in ihnen rücksichtslos ahndende Strenge, wie durch eine freundliche Pflege ihrer guten Eigenschaften Boden zu gewinnen. So ward seiner Wirksamkeit auch auf diesem Gebiete meist volle Anerkennung zu Theil; die sie nicht ganz billigten, fanden, daß er mit allzu ängstlicher Sorgfalt die überkommenen Einrichtungen der Schule bewahrt habe. Allein erst unter seinem Vorgänger hatte dieselbe bedeutende Reformen erfahren, und so glaubte Lorentz wohl mit Recht, seine Aufgabe als eine wesentlich conservative ansehen zu müssen; zumal, wie er einmal öffentlich ausgesprochen hat, es eine schon öfter im Interesse Rußlands beklagte Wahrnehmung sei, daß in diesem Lande eine Einrichtung selten dazu gelange, sich zu ihrer vollen Wirksamkeit und Kraft zu entfalten, weil mit jedem neuen Chef ein Wechsel des Systems einzutreten pflege. Die dahinter sich bergende persönliche Eitelkeit war eben Lorentz fremd und seine Natur überhaupt mehr dazu geneigt, das vorhandene in ruhiger organischer Entwickelung fortzubilden, als in durchgreifenden Umgestaltungen neue Bahnen zu eröffnen.

An den in Rußland üblichen Auszeichnungen fehlte es Lorentz natürlich nicht; mehr aber wie das gereichte es ihm zur Freude, als ihn die kaiserliche Akademie der Wissenschaften 1840 zum correspondirenden Mitglied ernannte. Vermöge der in Rußland bestehenden, in vieler Beziehung ohne Zweifel sehr zweckmäßigen Einrichtung, daß die Professoren nach 25 Jahren ihrer Wirksamkeit mit vollem Gehalt pensionirt werden, um jüngeren und frischeren Kräften Platz zu machen, ging Lorentz' Thätigkeit an dem pädagogischen Institut 1857 zu Ende; so legte er denn auch die Leitung der Petri-Schule nieder und folgte einem Zuge alter Sehnsucht nach seinem Vaterlande, wo er sich die rheinische Universitätsstadt zum Wohnort ausersah. Körperlich und geistig noch frisch und kräftig, wollte er nicht ganz ohne jede Wirksamkeit sein und erwarb sich daher die Erlaubniß als Professor Honorarius an der Bonner Universität Vorlesungen zu halten, um welche sich bald ein bedeutender Zuhörerkreis sammelte. Daneben blieb Lorentz schriftstellerisch thätig, brachte vor allem sein Handbuch der Weltgeschichte in russischer Sprache zu Ende. Aber er sollte diese thätige Muße nicht sehr lange genießen; schon 1858 suchte ihn eine schwere Lungenentzündung heim, deren Folgen sein Körper nicht ganz zu verwinden vermochte. So erkrankte er denn im Anfang des Jahres 1861 aufs neue und endete am 10. Mai sein Leben, welches der historischen Wissenschaft noch manche schöne Frucht hätte bringen können.

Inhalt.

*) Durch ein Versehen, welches man zu entschuldigen bittet, ist dieses Capitel anstatt als siebentes wie das vorige als sechstes bezeichnet worden. Da dies weiter keinen sachlichen Irrthum verursacht, so ist es stehen geblieben und mag nun hiermit berichtigt werden.

Erstes Capitel.

Wer die Gegenwart, in welcher er zu leben und zu wirken berufen ist, erkennen will, muß sich in der jüngsten Vergangenheit orientirt haben. In ihr wurzeln und aus ihr erklären sich alle Erscheinungen der uns umgebenden Welt sowohl auf politischem, als auf kirchlichem und literarischem Gebiet. Wer kann in der That die Kräfte, von denen er getrieben und beherrscht wird, die Tendenzen, denen er bewußt oder unbewußt dient, verstehen, wenn er sie nicht in ihrem Ursprung erforscht und in ihren Wirkungen erkannt hat? Es ist aber um so schwerer, die Ereignisse, die man selbst erlebt hat, zu einem festen Bilde zu gestalten, weil sie, ehe man Zeit gehabt hat, sie festzuhalten, wieder von andern verdrängt werden, die ihrerseits unsere ganze Aufmerksamkeit in Anspruch nehmen. Daher kommt es, daß, während uns die entfernte Zeit in typischen Gestalten und Formen ausgeprägt erscheint, die jüngste Vergangenheit in unserer Erinnerung nur undeutliche und verschwimmende Nebelbilder zurückzulassen pflegt. Unter zehn, welche den peloponnesischen Krieg in seinen kleinsten Details kennen oder die Schlachten der punischen Kriege an den Fingern herzuzählen wissen, wird man kaum einen finden, der von dem letzten orientalischen Kriege in seinem Ursprunge, seinem Gange und seinen Folgen eine klare Anschauung hat. Freilich pflegt man einer Darstellung, wie diejenige ist, mit der ich hier auftrete, den Einwand entgegenzuhalten, daß die Zeit noch nicht reif dazu, oder, wie der Kunstausdruck lautet, daß sie noch nicht abgeschlossen sei. Allein wann ist die Geschichte abgeschlossen? Wird nicht stets durch neue Forschungen und Entdeckungen der Geschichte selbst der ältesten Zeiten eine andere Gestalt gegeben? Wir haben z. B. die altrömische Geschichte ganz anders lernen müssen, als sie unsern Großvätern vorgetragen worden ist, und die Geschichte der alten Inder, der Aegypter und Assyrier ist aus den Gräbern der Vergangenheit und aus den aufgegrabenen Ruinen versunkener Städte gleichsam in verjüngter Gestalt hervorgegangen. Man darf sich also dadurch, daß in der neuesten Zeit noch manches unerforscht und unklar ist, nicht abhalten lassen, wenigstens dasjenige darzustellen, was uns klar vor Augen liegt. Der äußere Gang der Begebenheiten läßt sich ohnehin nicht verhüllen, und in einer Zeit, wie die unserige, wo das meiste öffentlich verhandelt wird, wo durch Indiscretion oder durch die Macht der Umstände selbst der diplomatische Schleier oft gelüftet wird, sind auch die innern Motive nicht so verborgen, daß sie sich nicht erkennen oder wenigstens errathen ließen. Daß es möglich sei, eine wissenschaftliche Darstellung dieser Zeit zu geben, hat Gervinus durch seine Geschichte des 19. Jahrhunderts aufs glänzendste bewiesen. Freilich so ausführlich wie das Werk dieses Geschichtschreibers soll die folgende Darstellung nicht sein; allein eine universalhistorische Uebersicht wird genügen, um deutlich zu machen, aus welcher Quelle die Zeitströmungen, auf deren Wogen wir dahin treiben, entsprungen sind, und in welcher Richtung und zu welchem Ziele sie hinfließen. Man wird nicht erwarten, daß der Verfasser ein politisches Glaubensbekenntniß ablege; denn sein Standpunkt wird nicht der des Parteimannes sein, der alles nach vorgefaßten Meinungen beurtheilt, sondern der des Historikers, dessen Pflicht es ist, jeder Erscheinung gerecht zu werden und sie in ihrer Eigenthümlichkeit darzustellen. Die Geschichte selbst übt das Richteramt am schärfsten und unparteiischsten aus, indem sie zeigt, wie aus Thorheit und Verkehrtheit nur thörichtes und verkehrtes hervorgehen kann. Mit einem Wort die Geschichte bestätigt den uralten Satz, daß der Mensch so erntet, wie er gesäet hat.

Der gegenwärtige Zustand des europäischen Staatensystems beruht wesentlich auf den Verträgen und Beschlüssen des Wiener Congresses, und unsere Betrachtung muß daher von dieser Versammlung ausgehen. Seit dem Westfälischen Friedenscongreß, auf dessen Bestimmungen der europäische Zustand bis zur französischen Revolution beruht hatte, war keine Versammlung von gleicher Wichtigkeit in Europa gehalten worden. Wenn man die Umstände, unter denen der Congreß zusammentrat, die Aufgaben, die er zu lösen hatte, die Begebenheiten, welche störend in seine Wirksamkeit eingriffen, ins Auge faßt, so wird kein ernster und unparteiischer Mann in den Spott und Tadel einstimmen, den sich der Leichtsinn so oft über diese Versammlung erlaubt hat. Was er fehlte, hat die Zeit selbst rectificirt, im ganzen aber steht das von ihm errichtete Gebäude noch fest da, und man darf das Urtheil von Gentz unterschreiben, wenn er sagt: Si le congrès n'a pas rempli ce qu'il y avait d'exagéré dans l'attente des contemporains, s'il n'a pas pu répondre à tous les voeux, rémédier à tous les besoins, guérir tous les maux qui pèsent sur les nations et les individus, s'il n'a pas pu enfin réaliser cette perfection ideale de l'ordre social, après laquelle les esprits éclairés et les âmes bienveillantes de tous les siècles ont soupiré en vain — il a fait au moins ce que sa mission directe lui enjoignait, ce que la borne de sa durée, l'étendue et la variété des ses objets et les circonstances difficiles dans lesquelles il était placé, lui permettaient de faire. — Mit der Restauration der Fürsten, die von Napoleon abgesetzt oder vertrieben worden waren, und die sich nach dessen Sturze beeilten, von ihren Staaten wieder Besitz zu ergreifen, war der Zustand von Europa keineswegs geordnet. Vom Tajo bis an die Grenze Rußlands lag noch der halbe Welttheil in Trümmern, und die Aufräumung dieser Trümmer war fast eine schwierigere Aufgabe, als die Besiegung Napoleons. Auch dieser schwierigen Aufgabe wollten sich die verbündeten Monarchen vereinigt und in Person unterziehen; wie sie im Laufe des Krieges unzertrennlich gewesen waren, so beschlossen sie, sich mit ihren Staatsmännern in Wien zu einem Congreß zu versammeln, auf welchem die Diplomatie das Werk des Krieges vollenden und die Federn der Staatsmänner das lösen sollten, was der Degen der Feldherrn nicht hatte zerhauen können. Es kamen der Lösung dieser schwierigen Aufgabe zwei Punkte zu statten, erstens daß man über gewisse Hauptfragen schon im voraus einverstanden war, wie über die Wiederherstellung der österreichischen und preußischen Monarchie nach ihren statistischen Verhältnissen und zweitens daß die verbündeten Monarchen durch ihre persönliche Gegenwart und durch ihre wechselseitige Freundschaft das Geschäft erleichterten. Außer den Kaisern von Oesterreich und Rußland und dem König von Preußen waren die Könige von Dänemark, Bayern und Würtemberg, der Kurfürst von Hessen, der Großherzog von Baden und viele andere deutsche Fürsten persönlich in Wien anwesend. Die vornehmsten Gesandten waren: vom Papste der Cardinal Consalvi; von Oesterreich der Fürst Metternich; von Rußland der Fürst Rasumowsky und die Grafen Stackelberg und Nesselrode; von England Lord Castlereagh und der Herzog von Wellington; von Preußen der Fürst von Hardenberg und der Baron W. von Humboldt; von Frankreich Fürst Talleyrand und der Herzog von Dalberg; von Spanien Don Labrador; von Portugal Graf Palmella; von den Niederlanden der Freiherr von Gagern; von Dänemark Graf Bernstorff; von Schweden der Graf Löwenhjelm. Wenn nun dem Congreß manches zu statten kam, so fehlte es auch nicht an Streitpunkten, die schwer auszugleichen waren, und die Klippen zu werden drohten, an denen die Festigkeit der gegen Napoleon geschlossenen Allianz scheitern zu müssen schien. Dahin gehörten die Fragen über das Schicksal von Polen und Sachsen, in welchen Rußland und Preußen einverstanden waren, die aber von Oesterreich, England und Frankreich in einem andern Sinne aufgefaßt wurden. Der Streit darüber erhitzte sich zu dem Grade, daß nicht bloß die Auflösung des Congresses, sondern auch ein förmlicher Bruch zwischen den alliirten Mächten zu fürchten war.

Niemand sah die Spaltung des Congresses mit größerem Vergnügen, als Napoleon von seiner Insel Elba aus, und die Gährung der Gemüther in Frankreich erfüllte ihn mit neuen Hoffnungen. Denn von allen Fürsten, die im Jahre 1814 restaurirt worden waren, kam keiner in eine schwierigere Lage, als Ludwig XVIII. Die übrigen waren nur dem Zwange von außen und der feindlichen Gewalt gewichen und wurden jetzt bei ihrer Rückkehr als Befreier und Segensbringer begrüßt; die Bourbonische Familie dagegen war durch die Franzosen selbst gestürzt und vertrieben worden und erst nach einer mehr als zwanzigjährigen Abwesenheit und nur in Folge von Niederlagen, welche den französischen Nationalstolz aufs tiefste beugten, zurückgekehrt. Sie fand Frankreich ganz verändert, und es wäre Thorheit gewesen, wenn die Bourbons die Veränderungen, welche schon tief im Geiste der Nation Wurzel geschlagen, nicht hätten anerkennen, sondern den vorrevolutionären Zustand zurückführen wollen. Ludwig XVIII war aber zu verständig, um sich eines solchen Misgriffes schuldig zu machen. Schon im Anfange der Revolution gemäßigten Reformen geneigt, war er seinen Grundsätzen treu geblieben und durch seinen langen Aufenthalt in England, wo er zuletzt einen Zufluchtsort gefunden hate, darin bestärkt worden. Er suchte daher sogleich bei seiner Restauration eine Vermittelung zwischen sich und seinen Unterthanen dadurch zu bewirken, daß er unter dem Titel Charte dem Königreiche eine constitutionelle Verfassung gab, worin die wesentlichsten Doctrinen der Revolution anerkannt und sanctionirt wurden. Das äußere Gerüste dieser Verfassung ward von der englischen Constitution entlehnt, die seit Montesquieus Esprit des loix in Frankreich zahlreiche Bewunderer und Anhänger hatte: der König mit verantwortlichen Ministern als ausübende Gewalt und Quelle der Gesetzgebung stand an der Spitze des Staats; die legislative Gewalt theilte mit dem Könige eine Kammer erblicher Pairs und eine vom Volke gewählte Kammer der Deputirten. Das Recht, Deputirte zu wählen und selbst als solche gewählt zu werden, ward an eine bestimmte Vermögensqualification geknüpft. Außerdem waren die wesentlichsten Bestimmungen der Erklärung der Menschenrechte in die neue

Verfassung aufgenommen. An der Verwaltung dagegen ward nichts geändert; indem die ganze Administation stehen blieb, wie sie Napoleon eingerichtet hatte, behielt die Regierung eine wahrhaft autokratische Gewalt, und die Constitution konnte daher in einem Boden, der nicht durch eine freie Gemeindeverfassung für sie vorbereitet war, keine Wurzeln fassen. Ludwig XVIII hatte gehofft, seiner Nation in dem Geschenk einer freien Verfassung eine reiche Entschädigung für den Verlust des militärischen Ruhms zu geben; allein zwei Umstände verhinderten, daß die Franzosen die Weisheit oder Weltklugheit ihres neuen Beherrschers würdigten und sich mit seiner Regierung aussöhnten. Der erste war, daß Ludwigs Persönlichkeit nichts imponirendes hatte; er erschien weder in Militäruniform noch zu Pferde, und ungewöhnlich dick und vom Podagra gelähmt konnte er sich nicht anders als im Rollstuhl bewegen. So fiel die Vergleichung zwischen ihm und Napoleon besonders bei der Armee sehr zu seinem Nachtheil aus. Die Armee, in die sich überhaupt die ganze Kraft des revolutionären Geistes in den letzten Jahren zurückgezogen hatte, sah die Bourbons nur mit Verachtung an und schwur ihnen nur mit dem Munde, nicht mit dem Herzen. Dazu kam zweitens, daß durch die Restauration manche Existenzen bedroht und vielfach die persönliche Eitelkeit verletzt werden mußten. Es lag in der Natur der Dinge, daß das restaurirte Fürstenhaus diejenigen, die ihm im Unglück treu geblieben waren, für ihre Treue zu belohnen, für ihre Verluste zu entschädigen suchte, während es andere, die unterdessen in Frankreich zu Ansehen gelangt waren, zurücksetzte. Emigranten, die man so lange in Frankreich als Feinde des Vaterlandes anzusehen gewohnt gewesen, stiegen jetzt zu Bedeutung empor, und was noch vor wenigen Jahren als ein Verbrechen bestraft worden war, wurde jetzt als ein Verdienst belohnt. Wenn auch unter denselben Männer waren, die wie La Roche-Jacquelin durch ritterlichen Charakter oder wie Chateaubriand durch literarisches Verdienst sich auszeichneten, so fehlte es ihnen auch nicht an Gestalten, die durch ihre veralteten Manieren und durch ihre auffallenden Vorurtheile das Lachen und den Spott herausforderten. Das mumienhafte des Emigrantenthums trat mit dem Napoleonischen Heldenthum in einen zu schroffen Contrast, um nicht auf den ersten Blick zu frappiren. Wie gemäßigt sich auch König Ludwig selbst bei dieser Reaction zu benehmen suchte, so war sie doch nicht zu vermeiden: sie war eine Nothwendigkeit seiner Stellung. So verbreitete sich bald über ganz Frankreich ein Zustand der Unzufriedenheit und des Mistrauens, welcher dem Königsthrone keine Zeit ließ, sich zu befestigen.

Von Elba aus beobachtete Napoleon diese Stimmung der Gemüther in Frankreich und die Lage von Europa mit dem Entschlusse, sich dieselbe zu Nutze zu machen. Denn wie hätte dem Ehrgeize des Mannes, für welchen ganz Europa zu eng gewesen war, die kleine Insel Elba genügen können? Die Bourbons und die Emigrirten charakterisirte er sofort mit dem unter uns stehend gewordenen Urtheil, obwohl es in Beziehung auf den König selbst und viele seiner Anhänger höchst ungerecht war: sie hätten nichts gelernt und nichts vergessen. Den Wiener Congreß dagegen sah er über die Theilung der ihm abgenommenen Beute in Uneinigkeit. Er beschloß also, sich mitten in die Gährung Frankreichs zu werfen und die schon aufgeregten Elemente noch einmal um sich zu sammeln; er hoffte an einigen Mächten eine Stütze zu finden und so noch einmal, von den Kräften Frankreichs getragen und von der Spaltung Europas begünstigt, den Principat an sich zu reißen. Er entkam glücklich von Elba, ohne von den zahlreichen englischen Kreuzern, die ihn beobachten und bewachen sollten, bemerkt worden zu sein und landete am 1. März 1815 bei Cannes. Seine Hoffnungen, so weit sie sich auf Frankreich bezogen, wurden sofort durch den Erfolg gerechtfertigt. Allenthalben fielen die Soldaten ihm zu, und selbst das Heer, welches der Marschall Ney gegen ihn führte, ging mit seinem Anführer zu ihm über. Schon am 20. März zog er in Paris ein und nahm von der kaiserlichen Würde und von den Tuilerien wieder Besitz. Die Bourbonischen Prinzen, die an mehreren Orten umsonst einen Widerstand zu organisiren gesucht hatten, mußten fliehen, und der König Ludwig XVIII selbst begab sich zuerst nach der Festung Lille und, als er auch hier nicht sicher war, über die Grenze nach Gent in Flandern. Mit dem kaiserlichen Titel hatte indessen Napoleon nicht auch sogleich seine alte Macht wieder erlangt; er mußte vielmehr den revolutionären Geist, den er früher bezähmt hatte, jetzt selbst aufregen und, statt wie früher die Parteien zu beherrschen, sich von ihnen leiten lassen. So ließ er die Constitution bestehen, obgleich sie seiner Natur zuwider war, und gab ihr nur einige Modificationen; durch das leere Schaugepränge einer großen Volksversammlung aber, die er unter dem Namen des Maifeldes am 1. Juni zusammen berief, suchte er die Nation wieder für sich zu begeistern. Wenn sich nun auch Napoleon in seiner Hoffnung auf die Gährung in Frankreich nicht getäuscht hatte, so war dies wohl der Fall mit seiner Rechnung auf die Spaltung des Wiener Congresses. Sein Wiedererscheinen hatte vielmehr zur Folge, daß sogleich alle Streitfragen beseitigt oder geschlichtet wurden; die Furcht vor ihm vereinigte die getrennten Gemüther wieder, und man griff sofort zu den schnellsten und entscheidendsten Maßregeln.

Am 13. März 1815 erließen die in Wien versammelten Mächte eine Erklärung, durch welche sie gegen Napoleon Bonaparte, als einen Feind und Störer der Ruhe von Europa, die Acht aussprachen; zugleich boten sie zu seiner Bekämpfung alle ihre Kräfte auf, und binnen kurzem sollte durch die vereinigten Contingente aller alliirten Mächte eine Million Bewaffneter gegen ihn in Bewegung gesetzt werden. Da indessen vorauszusehen war, daß Napoleon die Vereinigung der feindlichen Streitkräfte nicht abwarten werde, so wurde auf der Stelle ein englisch-deutsches Heer unter dem Herzog von Wellington und ein preußisches Heer unter dem Fürsten Blücher in den Niederlanden zusammengezogen. Napoleon drang am 15. Juni über die Grenze von Belgien mit 170,000 Mann und warf sich am 16. Juni bei dem Dorfe Ligny zuerst auf Blücher; nach tapferer Gegenwehr mußten die Preußen weichen, zogen sich aber in guter Ordnung nicht in der Richtung, in welcher sie Napoleon von dem Marschall Grouchy verfolgen ließ, sondern nach Wavre zurück, um sich dem Herzog von Wellington zu nähern. Gegen diesen wandte sich jetzt Napoleon und griff ihn am 18. Juni bei Waterloo an. Wellington hielt den Angriff der Uebermacht mit großer Standhaftigkeit aus; seine Aufgabe war, den Franzosen den Sieg so lange streitig zu machen, bis ihm Blücher zu Hilfe käme, um den Franzosen den Sieg vollends zu entreißen. Diese Aufgabe hat der englische Held zu seinem unsterblichen Ruhme gelöst; er leistete den Franzosen Widerstand, ohne aus seiner Stellung zu weichen, bis die Preußen gegen Abend erschienen. Ihre Erscheinung entschied die Schlacht: die Franzosen flohen und ihre Flucht artete, da sie von dem preußischen General Gneisenau lebhaft verfolgt wurden, in eine vollständige Auflösung aus. Napoleon selbst entging mit genauer Noth der Gefangenschaft. Seine Erscheinung in Paris als Besiegter hatte die Folge, daß die Kammern ihn nöthigten, am 22. Juni zu resigniren; allein da er es nur zu Gunsten seines Sohnes that, den er unter dem Namen Napoleons II ausrufen ließ, so drangen die Sieger auf Paris los und bewirkten nach dem am 7. Juli erfolgten Einzug in die Hauptstadt die zweite Restauration Ludwigs XVIII. Am 9. Juli nach einer Unterbrechung, die man in die runde Zahl von 100 Tagen zusammengefaßt und danach dieses blutige Nachspiel zu der großen Napoleonischen Tragödie les Cent jours genannt hat, kehrte der König nach Paris zurück und übernahm die Regierung wieder. Napoleon suchte von Rochefort aus nach Nordamerika zu entkommen, allein da die Engländer diesen Hafen blockirt hielten, so blieb ihm nichts übrig, als sich am 15. Juli denselben zu ergeben. Er wurde als Kriegsgefangener betrachtet und behandelt. Die allürten Mächte faßten den gemeinsamen Beschluß, ihn von der englischen Regierung auf der Insel St. Helena gefangen halten zu lassen; er ward daher am 8. August dahin eingeschifft und landete am 16. October. Das Parlament erklärte jeden Versuch, ihn zu befreien, für ein Capitalverbrechen, die Aufsicht über ihn aber war, wiewohl streng, doch schonend. — Frankreich mußte diesmal für die Gefahren, die es Europa von neuem bereitet, für die Unkosten, die es demselben verursacht hatte, büßen. Die Großmuth des vorigen Jahres noch einmal zu wiederholen, würde die Völker indignirt haben, die schon beim ersten Pariser Frieden über die den Franzosen zu Theil gewordene Begünstigung laut gemurrt hatten. Wenn auch in dem zweiten Pariser Frieden Deutschlands gerechte Ansprüche auf Elsaß und Lothringen wiederum nicht befriedigt wurden, weil ihnen Englands und Rußlands Eifersucht und Oesterreichs Lauheit im Wege standen, so wurde doch wenigstens von Frankreich Ersatz für die aufgewendeten Kosten und Sicherheit für die Zukunft verlangt: es mußte 700 Millionen Franken in bestimmten Terminen bezahlen und als Pfand der Sicherheit die vier Festungen Philippeville, Marienburg, Saarlouis und Landau an der deutschen Gränze und den ihm gebliebenen Theil von Savoyen an der italienischen Gränze abtreten und sich gefallen lassen, daß 150,000 Mann alliirter Truppen auf französische Kosten fünf Jahre lang die Ost- und Nordprovinzen Frankreichs besetzt hielten. Zugleich wurden die von Napoleon aus Deutschland und Italien hinweggeführten Schätze der Kunst und Wissenschaft den Nationen, denen sie gehörten, zurückgegeben.

In Napoleons Unglück ward jetzt auch sein Schwager Joachim Murat verwickelt. Murat hatte sich im Jahre 1814 durch seinen Abfall von Napoleon auf dem Throne von Neapel gehalten, aber bald eingesehen, daß er sich auf demselben nicht werde behaupten können. Er schloß sich daher sogleich nach Napoleons Rückkehr von Elba wieder an denselben an. Sein Geschick wurde aber noch schneller als das Napoleons entschieden. Sobald ihm die Oesterreicher entgegentraten, mußte er sich zurückziehen. Wo er Widerstand zu leisten suchte, wie bei Tolentino, ward er geschlagen, und als seine Armee ins Neapolitanische zurückgekommen war, löste sie sich auf. Murat selbst schiffte sich ein und entfloh nach Frankreich, während Neapel für die alte Dynastie wieder besetzt wurde. Was Murats persönliches Schicksal betrifft, so endigte dasselbe sehr traurig. Als er Napoleons Niederlage bei Waterloo und dessen Abdankung erfuhr, hielt er sich so lange im südlichen Frankreich versteckt, bis er Gelegenheit fand, nach Corsika fliehen zu können. Hier sammelten sich viele alte Militärs um ihn. Unterdessen ließen ihm die alliirten Monarchen ein Asyl und eine anständige Versorgung in Oesterreich anbieten, allein er nahm dieses Anerbieten nicht an, sondern beschloß vielmehr sein Königreich wieder zu erobern. Mit 250 Mann und einigen gemietheten Schiffen segelte er zu diesem Zwecke am 29. September von Corsika nach Neapel ab. Durch Sturm wurden unterwegs seine Fahrzeuge zerstreut; er hatte nur noch zwei Schiffe, als er sich dem Lande näherte, und da er bei einem Landungsversuche die ihm abgeneigte Stimmung der Bewohner bemerkte, wurde er so entmuthigt, daß er nun von der Gnade der alliirten Monarchen Gebrauch machen und nach Triest segeln wollte; allein die Capitäne der Schiffe wollten diese zu einer Fahrt in das bei so stürmischer Jahreszeit gefährliche adriatische Meer nicht hergeben. Er stieg am 8. October von neuem bei Pizzo ans Land, ohne zu wissen, was er thun sollte; er machte indessen mehrere Aufwiegelungsversuche, die aber mislangen, und ehe er Zeit hatte, sich an Bord seiner Schiffe zurückzuziehen, wurde er von den Truppen des Königs Ferdinand gefangen und auf Befehl desselben vor ein Kriegsgericht gestellt. Er antwortete dem Gerichte bloß, er sei Joachim Napoleon, König beider Sicilien, worauf ihn das Gericht als General Murat wegen Friedensbruches zum Tode verurtheilte und am 13. October erschießen ließ.

In Beziehung auf den Wiener Congreß hatte Napoleons Rückkehr von Elba den wohlthätigen Einfluß gehabt, alle zwischen den unterhandelnden Mächten ausgebrochenen Mishelligkeiten schnell zu beseitigen; er hatte also selbst dazu beigetragen, das zu befestigen, zu dessen Zerstörung er gekommen war. Im allgemeinen ward die Wiederherstellung des europäischen Staatensystems auf das Princip der Legitimität gegründet, d. h. die entweder ganz verdrängten oder mehr oder weniger beraubten rechtmäßigen Herrscher sollten wieder in den vollen Besitz ihrer Rechte eingesetzt werden. Wie der Congreß mit Deutschland den Anfang machte, so wollen auch wir von der Constituirung dieses Landes ausgehen, in dem eine neue Vertheilung des Territoriums und ein Wiederaufbau der zerstörten Gesammtverfassung nöthig waren.

Zweites Capitel.

Da bei der Wiederherstellung der deutschen Staaten die frühern statistischen Verhältnisse als leitendes Princip angenommen worden waren, so feierte auf dem Wiener Congreß die Statistik ihren Triumph. Der Charakter dieser Wissenschaft besteht aber darin, mehr die materiellen Kräfte, als die geistigen Beziehungen eines Staates ins Auge zu fassen; Quadratmeilen, Seelenzahl und Einkünfte sind der Maßstab, nach welchem die Statistik die Kraft eines Staates berechnet. Wie die Seelen denken und fühlen, ob sie durch religiöses Bekenntniß, durch gleiche Abstammung, durch Gefühle der Anhänglichkeit zusammengehören oder nicht, darum kümmert sich die Statistik wenig. Daher kam auch auf dem Wiener Congreß, wie früher bei den Napoleonischen Friedensschlüssen der Ländertausch an die Tagesordnung, und der Seelenhandel bei der Ausgleichung der Territorialverhältnisse Deutschlands verstimmte und erbitterte edlere Gemüther und reizte die frivoleren zum Spott und Witz. So machte damals ein Wort des Königs Friedrichs VI von Dänemark Glück, der auf das schmeichelhafte Compliment eines Diplomaten: Votre Majesté a gagné tous les coeurs — antwortete: Mais pas une âme! Wie viel verletzendes aber auch in der Form dieses Verfahrens liegen mochte, so hat es doch in seinem eigentlichen Wesen wohlthätig auf die Entwickelung des deutschen Nationalbewußtseins gewirkt. Ohnehin waren die herrenlosen Länder, welche zur Ausgleichung dienen mußten, größtentheils ehemalige geistliche Fürstenthümer, in denen sich zwischen den Unterthanen und ihren Wahlfürsten nie ein solches Band der Anhänglichkeit hatte bilden können, wie es bei angestammten erblichen Dynastien der Fall zu sein pflegt. Wem diese auch zufallen mochten, sie kamen immer unter eine deutsche Regierung, und wenn z. B. von den auf dem linken Rheinufer vertheilten Gebieten ein Stück, das Fürstenthum Birkenfeld, an Oldenburg, oder das Fürstenthum Lichtenberg an Coburg, die Grafschaft Meisenheim an Homburg fielen, so fühlten sich die Bewohner dieser abgerissenen Stücke Landes nicht als Oldenburger oder Coburger oder Homburger, von denen sie durch weite Entfernung und verschiedene Landesart und Sitten getrennt waren, sondern als Mitglieder der großen deutschen Nation. Auch ist die Bemerkung nicht unrichtig, daß in solchen Ländern, deren Kern aus einem compacten Stamm besteht, wie z. B. Bayern, der Stammesgeist, der Particularismus immer festere Wurzeln gehabt hat, als in gemischten Staaten. Wie wenig es auch beabsichtigt wurde, so war es nichtsdestoweniger eine natürliche und nothwendige Folge seiner neuen Zusammensetzung, daß Preußen durch Mischung verschiedener Volksstämme, durch Absorbirung der Rheinfranken und Sachsen, am ersten berufen war, nicht bloß ein preußisches Sonderinteresse auszubilden, sondern sich zu einem allgemeinen deutschen Nationalbewußtsein zu erheben.

Vor dem Tilsiter Frieden hatte Preußens Flächenraum 6120 Quadratmeilen und seine Bevölkerung über zehn Millionen Seelen betragen, allein dieses Gebiet hatte zum Theil aus polnischen und litthauischen Provinzen bestanden. Wenn es daher bei seiner Wiederaufrichtung fast 2000 Quadratmeilen verlor, war es nicht ein ungeheurer Gewinn, daß es für die unwirthbaren polnischen Flächen und für die litthauischen Wildnisse die schönsten rein deutschen Länder mit einer Bevölkerung, die an Zahl seiner frühern gleichkam, eintauschte? Die alten angestammten Besitzungen in Ostfranken, Baireuth und Ansbach, die nach dem Tilsiter Frieden an Bayern gekommen waren, reclamirte es nicht. Auch Ostfriesland opferte es auf. Heutzutage würde man diese Provinz mit ihrem Seehafen Emden um keinen Preis haben fahren lassen, aber damals, wo niemand voraussehen konnte, daß Preußen auch einmal danach streben würde, eine Seemacht zu werden, legte man auf diese entfernte Seeprovinz keinen Werth. Das Hauptbestreben der preußischen Diplomatie auf dem Wiener Congresse war vielmehr darauf gerichtet, das ganze Königreich Sachsen der preußischen Monarchie einzuverleiben und ihr dadurch eine Arrondirung zu geben, die nach den Lehrsätzen der Statistik ebenfalls als ein Element der Macht betrachtet wurde. Der König von Sachsen, dessen Dynastie bekanntlich katholisch ist, sollte in dem katholischen Theile von Westfalen mit einem für ihn errichteten Königreiche entschädigt werden. Der König Friedrich August protestirte jedoch gegen diese Beraubung und fand dafür Unterstützung bei Oesterreich, Frankreich und der Opposition im englischen Parlamente. Es war das eine Sache, die mehr als einmal die Spaltung und Auflösung des Congresses fürchten ließ, bis man sich endlich über einen Mittelweg vereinigte: Preußen begnügte sich mit ungefähr zwei Fünftel Sachsens, die unter dem Titel des Herzogthums Sachsen seiner Monarchie einverleibt wurden; die andern drei Fünftel blieben dem Könige von Sachsen, nachdem er am 18. Mai mit den verbündeten Mächten den Wiener Frieden geschlossen hatte, worin er das Herzogthum Sachsen und das Herzogthum Warschau abtrat. Von dem letztern bekam Preußen die Provinz Posen und mit ihr ein unruhiges und schwer zu befriedigendes Element seiner Bevölkerung. Für Preußens politische Weltstellung aber war es nicht unwichtig, daß es durch die Aufnahme Posens mit Rußland und Oesterreich, mit welchen es einst Polen getheilt hatte, das alte gemeinschaftliche Interesse behielt, Polen darnieder zu halten. Die ihm noch fehlende Entschädigung mußte es nun in den herrenlosen Ländern am Rhein und in Westfalen nehmen, aus denen es die beiden Provinzen der Rheinlande und Westfalens bildete. Das ehemals schwedische Pommern mit der Insel Rügen tauschte es von Dänemark, dem es als Entschädigung für die Abtretung Norwegens an Schweden zugefallen war, gegen Lauenburg und eine Geldentschädigung ein. So trat also Preußen mit einer Bevölkerung von über zehn Millionen, die sich seitdem auf siebenzehn Millionen gehoben hat, wieder in die Reihe der Europäischen Großmächte ein. Das neue Staatsgebäude hatte indessen in seiner äußern Gestalt und in seiner innern Zusammensetzung zwei Uebelstände: in Bezug auf die erstere bildete es einen wespenartig langgestreckten Körper von der russischen bis an die französische Grenze, dessen beide Hälften, die westliche und die östliche, durch dazwischenliegende fremde Gebiete getrennt und nur durch den dünnen Faden der Etappenstraßen mit einander verbunden waren. Dessenungeachtet muß man es in Deutschlands Interesse als eine glückliche Fügung der Umstände ansehen, daß an seine westliche Grenze eine große Militärmacht als Hüter hingestellt wurde, und daß Preußen die zwar schwierige aber glorreiche Aufgabe erhielt, zugleich gegen Osten und Westen Deutschlands Schild und Schwert zu sein. Viel mißlicher war der zweite Uebelstand, daß Preußen, seiner Entwickelung und Geschichte nach ein protestantischer Staat, durch die Aufnahme der katholischen Gebiete am Rhein und in Westfalen diesen Charakter wenn nicht verlor, doch bedeutend modificirte. Denn seine Bevölkerung zerfiel nun der Confession nach in drei Fünftel Protestanten und in zwei Fünftel Katholiken. Man hat, als später dieser Uebelstand sich bemerkbar zu machen und der preußischen Regierung Schwierigkeiten zu bereiten anfing, den Verdacht gefaßt und ausgesprochen, als ob die hinterlistige Politik Metternichs absichtlich der preußischen Macht mit der katholischen Opposition eine Fessel oder einen Hemmschuh habe anlegen wollen, allein gewiß ohne allen Grund. Damals war der Gegensatz der Confessionen so stumpf und todt, daß man nicht voraussehen konnte, er werde sich von neuem zu kirchlichen Parteikämpfen erhitzen. Uebrigens ward Preußen durch diese beiden Uebelstände die Aufgabe aufgedrungen, sowohl die durch die unregelmäßige Gestalt seines Gebietes herbeigeführten Mängel durch geistige Elemente auszugleichen, als in Folge seiner confessionellen Theilung den Charakter eines paritätischen Staates auszubilden.

Die Wiederherstellung der österreichischen Monarchie geschah durch die Länder des aufgelösten Königreichs Italien, durch die wiedereroberten illyrischen Provinzen und durch die Zurücknahme mehrerer an Bayern abgetretenen Gebiete. Die italienischen Länder wurden unter dem Titel eines lombardisch-venetianischen Königreichs mit Oesterreich vereinigt, die illyrischen Provinzen wurden ebenfalls unter dem Titel eines Königreichs Illyrien unter österreichische Herrschaft zurückgebracht. Bayern gab Tyrol und Vorarlberg, Salzburg und das Inn- und Hausruckviertel an Oesterreich zurück; von Rußland erhielt dasselbe den im Jahre 1809 abgetretenen District in Ostgalizien wieder. Allein wenn auch Oesterreich als ein geographisch abgerundetes und geschlossenes Ganze aus dem Kampfe hervorging, so lag seine Schwäche in der bunten Zusammensetzung seines Gebietes aus so verschiedenen Nationalitäten, unter denen die deutsche zwar die herrschende, aber die slavische durch ihre Zahl die überwiegende war. Statt das deutsche Element durch engen Anschluß an Deutschland zu stärken und es mit dessen geistiger Entwickelung gleichen Schritt halten zu lassen, schloß sich Oesterreich gegen Deutschland ab und aus thörichter Furcht vor Revolutionsideen versperrte es auch dem gesunden Geiste den Eingang in sein Gebiet. Noch führten zwar die unterworfenen Nationen gleichsam ein Traumleben, allein sie konnten aus demselben zum Bewußtsein ihrer Kraft und Bedeutung erwachen, und sie erwachten wirklich; zuerst fingen die Böhmen an, ihre Sprache und Geschichte zu studiren und liebzugewinnen; dann folgten die Ungarn, und was anfangs nur eine unschuldige wissenschaftliche Beschäftigung zu sein schien, ward mit der Zeit für die Regierung eine drohende und volle Gefahr.

Von den Staaten zweiten Ranges in Deutschland erlitten nur Bayern und Hannover bemerkenswerthe Veränderungen in ihrem Territorialbestand. Bayern bekam nämlich als Entschädigung für seine Abtretungen an Oesterreich den Theil des linken Rheinufers, welcher die heutige bayerische Pfalz bildet, und vereinigte, indem es zu den frühern fränkischen Besitzungen des Hauses Brandenburg auch noch Würzburg und Aschaffenburg erhielt, ganz Ostfranken mit der Oberpfalz unter seinem Zepter. Auch Bayern, früher ein vorzugsweise katholischer Staat, ward in seiner neuen Gestalt ein confessionell gemischter, wie Preußen, nur mit dem Unterschied, daß wie in diesem die protestantischen, so in jenem die katholischen Bestandtheile ein numerisches Uebergewicht hatten. — Hannover nahm die Königswürde an und wurde durch Einverleibung von Hildesheim, Ostfriesland und einigen Gebieten Westfalens vergrößert. Die Grenze Deutschlands gegen Frankreich wurde also jetzt von Baden, Bayern und Preußen gebildet; nordwestlich und südlich davon machten die Niederlande und die Schweiz die Grenze. Es war daher für Deutschland äußerst wichtig, die politischen Verhältnisse dieser Länder im Interesse seiner militärischen Vertheidigung bestimmt zu sehen. Die belgischen Provinzen wurden mit den Provinzen, welche die Republik der vereinigten Niederlande gebildet hatten, zu einem Ganzen vereinigt und als Königreich an Wilhelm von Oranien gegeben; um jedoch den neuen König der Niederlande noch fester an das Interesse Deutschlands zu knüpfen, erhielt er das Großherzogthum Luxemburg unter der Bedingung, daß dasselbe zum deutschen Bunde gehören und die Stadt Luxemburg eine Bundesfestung mit preußischer Besatzung sein solle. Durch eine constitutionelle Verfassung, die Wilhelm seinem Königreiche gab, suchte er die Holländer für den Verlust der Republik zu entschädigen und die Belgier fest an sein Haus zu binden. Allein diese Schöpfung des Wiener Congresses gehörte zu den unhaltbaren, weil hier zwei harte und widerstrebende Elemente vereinigt wurden, die sich nicht verschmelzen, sondern nur an einander reiben konnten, und wir werden später sehen, wie das, was ein Meisterstück politischer Klugheit sein sollte, eine Misgeburt war. Der Schweiz wurde eine ewige Neutralität zugestanden und um ihr eine feste militärische Grenze zu verschaffen, wurden zu den bisherigen 19 Cantonen drei neue, Genf, Wallis und Neufchatel, hinzugefügt, das letztere jedoch als ein dem Könige von Preußen gehöriges Fürstenthum. Diese unnatürliche Verbindung eines monarchischen Staates mit den republikanischen Cantonen war ebenfalls eine verunglückte Schöpfung und mußte mit der Zeit Verlegenheiten herbeiführen, an welche die Staatsmänner des Wiener Congresses nicht gedacht hatten.

Nachdem die Territorien der einzelnen Staaten geordnet waren, blieb die für Deutschland wichtigste, aber auch zugleich schwierigste Frage zu erledigen, die Gesammtverfassung der deutschen Nation, die Auffindung eines Bandes, durch welches die einzelnen Glieder zu einem ganzen organischen Körper verknüpft werden sollten. Groß waren die Hoffnungen, welche während des Befreiungskampfes die Herzen der Kämpfer geschwellt hatten, fast zu groß und idealisch für ihre Erfüllung. Eine politische Wiedergeburt des deutschen Volkes zu der alten Größe und Kraft, wie sie aus der Zeit des deutschen Kaiserthums im Mittelalter als glänzendes Bild der Phantasie vorschwebte, schien vielen das natürliche und keineswegs ein unerreichbares Ziel der vorangegangenen Anstrengungen. Allein schon der Pariser Friede, der den Franzosen ließ, was von dem deutschen Reiche in der Zeit seiner Schwäche abgerissen worden war, enttäuschte solch hochgespannte Erwartungen und Illusionen. So blieb nur noch die Hoffnung, wenigstens in der Gesammtverfassung Deutschland zu einer Macht zu erheben, die im innern Freiheit, nach außen hin Einheit und Kraft erhalten solle. Aber auch hier trat dem Ideale die Macht der realen Verhältnisse hinderlich in den Weg. In dem Pariser Frieden war nur im allgemeinen ausgemacht worden, daß die deutschen Staaten durch ein föderatives Band vereinigt sein sollten; die Ausführung und Constituirung war dem Wiener Congreß vorbehalten. Die nächste und natürlichste Idee war die Wiederherstellung des deutschen Reichs mit einem Kaiser als Oberhaupt. Auch fehlte es dieser Idee nicht an zahlreichen und kräftigen Vertretern. Nicht bloß die deutschen Patrioten unter dem Volke, sondern auch der Adel und selbst ein Theil der Fürsten schwärmten für dieselbe, ja sogar der Papst fand es in seinem Interesse, auf die Wiederherstellung des Kaiserthums zu dringen. Allein der Realisirung dieses Wunsches traten unübersteigliche Hindernisse entgegen. Das erste war die Abneigung des Kaisers Franz, sich die von ihm im Jahre 1806 niedergelegte Krone wieder aufs Haupt setzen zu lassen. Er wußte am besten, daß diese Krone eine Dornenkrone war, und das seinem Geiste vorschwebende Bild von der elenden und kraftlosen Gestalt des deutschen Reichs in seinen letzten Lebensjahren machte ihm keine Lust, dasselbe aus seinen Trümmern wieder aufzurichten. Auch fehlte es ihm bei seinem phlegmatischen Charakter an der nöthigen Elasticität und Energie, um für neue Verhältnisse eine neue Form zu schaffen. Oesterreich war in den zehn Jahren, seitdem es den Kaisertitel für sein eigenes Gebiet angenommen hatte, daran gewöhnt worden, sich als einen besondern europäischen Staat zu fühlen, und bei seiner Liebe zur Bequemlichkeit zog es Kaiser Franz vor, in dem alten Geleise zu bleiben, statt neue Bahnen zu brechen. So lehnte er den Antrag der Kaiserwürde um so mehr ab, da die unterdessen souverän gewordenen Rheinbundsfürsten und das zu einer Großmacht emporgewachsene Preußen noch schwerer in ein Verhältniß der Unterordnung zu bringen waren, als früher die Reichsfürsten. — Ein zweiter Vorschlag, der einer Zweiherrschaft, getheilt zwischen Oesterreich und Preußen, tauchte nur auf, um sogleich als unausführbar wieder verworfen zu werden. Denn wie man auch denselben hätte realisiren wollen, entweder so, daß die Oberleitung zwischen beiden gewechselt oder daß das eine den Süden, das andere den Norden Deutschlands beherrscht hätte, in beiden Fällen wäre der Zwiespalt Deutschlands gewissermaßen legalisirt und unheilbar gemacht worden. Eine Zeitlang verweilte man bei dem Gedanken einer Fünfherrschaft, die von Oesterreich und Preußen mit den drei Königreichen Bayern, Würtemberg und Hannover gemeinschaftlich ausgeübt werden sollte; allein auch dieser Gedanke, so wie überhaupt jeder Versuch zur Concentrirung der obersten Gewalt fand an dem Souveränetätsgefühl der übrigen Fürsten einen unbesiegbaren Widerstand. So blieb nichts übrig als ein Staatenbund mit einem von sämmtlichen Regierungen beschickten Bundestage. So wenig auch diese Form im Anfange befriedigte und sich in der Folge populär zu machen wußte, so ist es doch merkwürdig, daß sie damals die einzig mögliche war und es auch in der Folge geblieben ist. Denn unter den günstigsten Umständen hat weder im Jahr 1848 das deutsche, noch im Jahr 1850 das erfurter Parlament etwas besseres an ihre Stelle zu setzen gewußt, und nach langer unsäglicher Verwirrung, an die wir noch mit Schaudern zurückdenken und die Deutschland an den Rand des Bürgerkrieges gebracht hat, ist nichts übrig geblieben, als einfach wiederum zu dem verachteten und geschmähten Bunde von 1815 zurückzukehren. Hier nun werde es versucht, ein Bild von dieser Verfassung nach den Bestimmungen und soviel als möglich mit den Worten der Bundesacte zu entwerfen.

Die Bundesacte wurde am 8. Juni 1815 unterzeichnet und bekannt gemacht. Sie zerfällt in zwei Theile, von denen der erste allgemeine, und der zweite besondere Bestimmungen enthält. Was jenen betrifft, so setzten die drei ersten Artikel fest, daß die souveränen Fürsten und freien Städte Deutschlands mit Einschluß des Kaisers von Oesterreich und der Könige von Preußen, von Dänemark und der Niederlande und zwar der Kaiser von Oesterreich und der König von Preußen für ihre gesammten vormals zum deutschen Reiche gehörigen Besitzungen, der König von Dänemark für Holstein und der König der Niederlande für das Großherzogthum Luxemburg sich zu einem beständigen Bunde vereinigen, welcher der deutsche Bund heißen solle. Als Zweck desselben wird die Erhaltung der äußern und innern Sicherheit Deutschlands, so wie der Unabhängigkeit und Unverletzbarkeit der einzelnen deutschen Staaten angegeben. Indem allen Bundesgliedern gleiche Rechte zugestanden werden, übernehmen sie auch auf gleiche Art die Pflicht, die Bundesacte unverbrüchlich zu halten. Die sechs folgenden Artikel (4—10) enthalten Bestimmungen über die Organisation der für permanent erklärten Bundesversammlung. Als Sitz wurde derselben Frankfurt am Main angewiesen. Oesterreich sollte bei der Bundesversammlung den Vorsitz führen, jedoch verpflichtet sein, die von anderen Bundesgliedern gemachten Vorschläge in einer zu bestimmenden Zeitfrist der Berathung zu übergeben. In ihrer gewöhnlichen Form als engerer Rath besteht die Bundesversammlung aus 17 Stimmen, die theils einzelne, theils Gesammtstimmen sind und zwar so, daß die ersten 11 von den einzelnen größeren Staaten ausgeübt werden, die 12. von den großherzoglich und den herzoglich sächsischen Häusern, die 13. von Braunschweig und Nassau, die 14. von den beiden Mecklenburg, die 15. von Holstein, Anhalt und Schwarzburg, die 16. von den kleinen Staaten Hohenzollern*), Lichtenstein, Reuß, Schaumburg-Lippe, Lippe und Waldeck und endlich die 17. von den vier freien Städten Lübeck, Frankfurt, Bremen und Hamburg. Alle in dem engeren Rathe zur Discussion gebrachten Gegenstände werden durch die absolute Mehrheit entschieden. Wo es dagegen auf Abfassung oder Abänderung von Grundgesetzen des Bundes, auf Beschlüsse, welche die Bundesacte selbst betreffen, auf organische Bundeseinrichtungen, auf Krieg und Frieden und auf die Aufnahme eines neuen Bundesgliedes ankommt, bildet sich die Versammlung zu einem Plenum, das alsdann aus 69 Stimmen besteht. Zur Abfassung eines giltigen Beschlusses in dieser Form ist eine Stimmenmehrheit von zwei Drittheilen nöthig. Die allgemeinen Bestimmungen schließen im 11. Artikel mit den Verpflichtungen der Bundesglieder gegeneinander. Alle Bundesglieder verpflichten sich nämlich, sowohl ganz Deutschland, als die einzelnen Bundesstaaten gegen jeden Angriff in Schutz zu nehmen und garantiren sich gegenseitig ihre sämmtlichen im Bunde begriffenen Besitzungen. Bei einmal erklärtem Bundeskriege darf kein Mitglied einseitige Unterhandlungen mit dem Feinde führen, noch einseitig Waffenstillstand oder Frieden schließen; obgleich ihnen das Recht zu Bündnissen aller Art gelassen wird, verpflichten sie sich doch, keine Verbindungen gegen die Sicherheit des Bundes oder einzelner Bundesstaaten einzugehen. Vor allen Dingen machen sich aber die Bundesglieder verbindlich, einander unter keinerlei Vorwand zu bekriegen, noch ihre Streitigkeiten mit Gewalt zu verfolgen, sondern dieselben bei der Bundesversammlung vorzubringen und diese durch einen Ausschuß oder eine Austrägalinstanz entscheiden zu

*) Ist natürlich mit dem Aufhören seiner Selbständigkeit aus der 16. Curie ausgeschieden.

lassen. Hier wäre eigentlich die Stelle gewesen, um ein oberstes Bundesgericht einzusetzen, allein diese Idee scheiterte an der Souveränetät der ehemaligen Rheinbundsfürsten; besonders Bayern sträubte sich so lange gegen dieselbe, bis man sie fallen ließ.

Aus dem zweiten Theil der Bundesacte (12—20) sind besonders die Bestimmungen über die Mediatisirten, über die Landstände und über die Rechte der Unterthanen wichtig. Um den mediatisirten fürstlichen und gräflichen Häusern einen gleichmäßigen Rechtszustand in allen Bundesstaaten zu verschaffen, wurde festgesetzt: 1) Diese Häuser sollen fortan zu dem hohen Adel in Deutschland gerechnet werden und ihnen Ebenbürtigkeit mit den souveränen Häusern verbleiben; 2) die Häupter dieser Familien sind die ersten Standesherrn in dem Staate, zu dem sie gehören, und sie bilden mit ihrer Familie die privilegirteste Classe in demselben; 3) sie behalten auf ihrem Eigenthum alle diejenigen Rechte und Vorzüge, welche nicht zu der Staatsgewalt und den höhern Regierungsrechten gehören. Während den Mediatisirten ein großer Artikel gewidmet war, schrumpfte dagegen der Artikel über die Landstände auf ein paar Worte zusammen. Es ist lehrreich, die Verhandlungen des Congresses über diesen Artikel zu studiren. Anfangs waren sowohl die kleinern deutschen Staaten, als auch Preußen dafür, daß die Rechte der Landstände ausführlich angegeben würden, und namentlich formulirte Preußen das Minimum derselben dahin, daß sie das Recht haben sollten: 1) der Mitberathung bei Ausarbeitung neuer die persönlichen und Eigenthumsrechte der Staatsbürger betreffenden Gesetze; 2) der Bewilligung neuer oder der Erhöhung schon vorhandener Steuern; 3) der Beschwerdeführung über Misbräuche oder Mängel in der Landesverwaltung; 4) der Beschützung und Vertretung der eingeführten Landesverfassung bei dem Bundestage. Allein Bayern und Würtemberg erklärten, daß sie ihre Souveränetät durch keine Bestimmung über die innern Verhältnisse ihrer Länder beschränken lassen würden, und ihrem Widerstand ist es zuzuschreiben, daß der 13. Artikel so mager ausfiel. Selbst die österreichische Redaction: „in allen deutschen Staaten soll eine landständische Verfassung bestehen" war dem bayerischen Souveränetätsgefühl noch zu stark, und so erhielt der 13. Artikel die Form: „in allen deutschen Staaten wird eine landständische Verfassung stattfinden."

Nicht so mager, wie der Artikel über die Landstände, fiel der über die Rechte der Unterthanen aus, und so beschränkt sie auch waren, so lag ihnen doch der edle Gedanke zu Grunde, den allgemeinen deutschen Charakter über den separatistischen der Einzelstaaten zu erheben. Es wurden daher den Unterthanen deutscher Bundesstaaten folgende Rechte zugesichert: 1) Grundeigenthum außerhalb des Staates, den sie bewohnen, zu erwerben und zu besitzen, ohne in den fremden Staaten höheren Abgaben und Lasten unterworfen zu sein, als dessen eigene Unterthanen; 2) die Befugniß des freien Wegziehens aus einem Bundesstaat in den anderen, so wie das Recht in die Civil- oder Militärdienste desselben zu treten; 3) die Befreiung von aller Nachsteuer beim Uebergange des Vermögens aus einem Bundesstaat in den anderen. Endlich sollte die Verschiedenheit der christlichen Religionsbekenntnisse in den Ländern und Gebieten des deutschen Bundes keinen Unterschied in dem Genuß der bürgerlichen und politischen Rechte begründen. Die wichtigen Fragen über Preßfreiheit und Nachdruck, über den Handelsverkehr, über gleiches Maß, Gewicht und Geld hätten zu viel Zeit erfordert, um auf dem Wiener Congreß entschieden zu werden; sie wurden daher von der Bundesacte der Bundesversammlung zur Entscheidung zugeschoben. Eben so ward die Militärverfassung des Bundes dem Bundestag überlassen und von diesem später dahin geordnet, daß das Bundesheer auf etwas mehr als 300,000 Mann festgesetzt und in zehn Armeecorps eingetheilt wurde. Das erste, zweite und dritte Armeecorps ward von Oesterreich, das vierte, fünfte und sechste von Preußen gestellt; das siebente bestand aus Bayern, und wenn auch die drei übrigen bunt aus den Contingenten der kleineren Staaten zusammengesetzt werden mußten, so war doch ihre Organisation darauf berechnet, die Mängel zu verhüten, durch welche die ehemalige deutsche Reichsarmee zum Gespötte der Welt geworden war.

Wie unvollkommen diese Verfassung sei, besonders weil ihr eine Form fehlte, die das ganze deutsche Volk als solches umfaßte, fühlten die meisten und sprach Preußen in seiner Beitrittserklärung aus, worin es von der Zukunft eine weitere Ausbildung und Entwickelung der Bundesacte erwartete. Allein ungeachtet aller ihrer Mängel war sie doch wenigstens ein Band, das alle Deutschen zu einem politischen Ganzen vereinigte und den Namen Deutschland nicht zu einem bloß geographischen Begriff herabwürdigen ließ. In dieser Beziehung konnte Italien, ein ebenfalls unter viele Fürsten zersplittertes Land, Deutschland um seinen Bund beneiden, denn der Name Italien war allerdings schon seit langer Zeit nur ein geographischer Begriff, und für den Namen Italiener gab es kein anderes Kennzeichen, als gemeinsame Sprache und Literatur. Die Wiederherstellung der italienischen Staaten war leichter, als die der deutschen, da man sich in den meisten mit einer bloßen Restauration der alten Fürstenhäuser begnügen konnte. So wurde das Königreich beider Sicilien nach Murats Fall unter seinem alten Beherrscher ganz auf dem früheren

Fuße wieder hergestellt. Der Kirchenstaat wurde ebenfalls in seinen ehemaligen Grenzen dem Papste zurückgegeben, nur mit der Veränderung, daß Oesterreich sich das Besatzungsrecht in der Citadelle von Ferrara und in Comachio ausbedung, und daß Frankreich Avignon behielt. Gegen beides protestirte die römische Curie. Die Wiederherstellung der beiden österreichischen Secundogenituren, des Großherzogthums Toscana und des Herzogthums Modena, ging ohne Schwierigkeiten vor sich; des Kaisers Bruder Ferdinand ward in dem ersteren restituirt und des Kaisers Vetter Franz IV als Erbe seiner Mutter Beatrice d'Este in das Fürstenthum Massa oder Modena eingesetzt. Nur wegen Parma und Piacenza entstand eine Schwierigkeit. Diese beiden Herzogthümer, welche ehemals der Linie des spanischen Königshauses gehört hatten, die von Napoleon nach dem ephemeren Königreich Etrurien versetzt worden war und von dort wieder nach Portugal verpflanzt werden sollte, waren der Gemahlin Napoleons, der Kaiserin Maria Louise, zugesprochen worden; allein Spanien protestirte gegen diese Verletzung seiner Rechte, bis am 10. Juni 1817 zwischen Oesterreich und Spanien folgender Vertrag geschlossen wurde: die Kaiserin Marie Louise solle für ihre Lebenszeit im Besitze von Parma und Piacenza bleiben, nach ihrem Tode aber das Land an die ehemalige spanische Fürstenlinie zurückfallen und diese einstweilen mit dem Fürstenthume Lucca entschädigt werden, welches letztere alsdann wieder mit Toscana zu vereinigen sei. Der König von Sardinien Victor Emanuel I erhielt nicht allein seine Besitzungen auf dem festen Lande, Piemont und Savoyen, zurück, sondern sie wurden auch noch durch die Einverleibung der ehemaligen Republik Genua vergrößert; diese wurde eben so wenig wieder hergestellt, als die Republik Venedig, welche, wie schon bemerkt, an Oesterreich fiel. Oesterreich übte von nun an in Italien einen dominirenden Einfluß aus. Die Secundogenituren in Toscana und Modena waren ihm durch die Bande des Blutes verbunden und Sardinien durch Dankbarkeit verpflichtet. Der Kirchenstaat war von ihm abhängig, und der österreichische Gesandte, der den venetianischen Palast in Rom bezog, erschien nicht bloß als der erste Rathgeber, sondern auch als der Wächter des wieder hergestellten Papstthums. Auch das Königreich beider Sicilien konnte sich der Abhängigkeit von Oesterreich nicht entziehen. Dieses benutzte seinen Einfluß, um alle italienischen Staaten insgeheim zu verpflichten, ihren Ländern keine Verfassung zu geben, die nicht mit den Institutionen des lombardo-venetianischen Königreichs übereinstimmte.

Während so alte Republiken, wie Venedig und Genua, verschwanden, blieb eine junge erst im Laufe des Krieges entstandene Republik, die der sieben ionischen Inseln, bestehen. Diese Republik bestand aus den ehemals venetianischen Inseln Corfu, Cephalonia, Zante, San Mauro, Ithaka, Paxo und Cerigo. Im Laufe des Krieges hatte sie mehrere Male ihre Besitzer gewechselt; durch den wiener Congreß ward aber ihr Schicksal dahin entschieden, daß sie unter den Schutz Englands gestellt wurde. Die Engländer erhielten auf den Inseln das Besatzungsrecht, sicherten indeß den Bewohnern eine freie Verfassung zu, welche am 29. December 1817 gegeben wurde. Dieser Constitution zu Folge vertrat ein Lord-Commissär die Stelle des Königs von England als Protector. Er ernannte den Präsidenten des Senats, der aus fünf Mitgliedern bestand und die executive Gewalt ausübte, während die legislative Gewalt einer Versammlung von Deputirten übertragen ward; doch war kein Gesetz und keine Verordnung ohne die Bestätigung des Lord-Commissärs giltig. Außerdem hatte jede Insel ihre besondere Regierung und ihr besonderes Gericht. Wichtig war noch, daß die griechische Sprache und die griechische Kirche auf diesen Inseln für herrschend erklärt wurden; denn diese Entstehung eines halb unabhängigen griechischen Staates konnte für die Zukunft nicht ohne Einfluß auf die übrige griechische Nation bleiben.

Was die anderen Länder Europas betrifft, so erlitt die pyrenäische Halbinsel keine Veränderung ihres Territorialbestandes in Europa; desto größer waren aber die Veränderungen, die mit den Colonien in Südamerika und mit dem Geiste eines Theiles der Bevölkerung von Spanien und Portugal vorgegangen waren. In dem spanischen Amerika entwickelte sich der Kampf für die Unabhängigkeit aus dem Widerstande gegen die Usurpation Napoleons und seines Bruders Joseph. Die amerikanischen Provinzen erkannten den König Joseph nicht an, allein sie unterwarfen sich auch nicht den im Mutterlande gebildeten Juntas, sondern errichteten eigene Juntas aus ihrer Mitte. Die Folge dieses Zustandes war, daß sie sich des Gängelbandes, an dem sie bisher von dem Mutterlande geleitet worden waren, entwöhnten und sich als selbständig fühlen lernten. Als sich daher im Jahre 1810 die Regentschaft in Cadix gebildet und die Cortes versammelt hatten, legten die Südamerikaner folgende Forderungen vor: sie verlangten Gleichheit der Rechte mit den Bewohnern des Mutterlandes, Freiheit der Cultur aller Producte und der Manufacturen, Freiheit der Ein- und Ausfuhr nach allen spanischen und befreundeten Häfen, Aufhebung aller Handelsmonopole und freien Zutritt zu allen Stellen und Würden; in Beziehung auf den letzten Punkt forderten sie sogar, daß die Hälfte aller Stellen aus ihnen besetzt werden müsse. Als diese Forderungen von der Regentschaft verworfen wurden, weigerten sich die Amerikaner, die Regentschaft anzuerkennen. Und so erklärte denn diese letztere zu Cadix am 31. August 1810 die Amerikaner für Rebellen, die jetzt wirklich wurden, was sie nicht hatten werden wollen, und sofort den Kampf für ihre Unabhängigkeit gegen die Truppen und Anhänger Spaniens eröffneten. Bei der Restauration Ferdinands VII im Jahre 1814 wäre es möglich gewesen, diesem grausamen Kampfe ein Ende zu machen, wenn der König sich dazu hätte verstehen wollen, den Insurgenten Verzeihung und einen Theil ihrer gerechten Forderungen zu bewilligen. Ferdinand VII konnte dies um so leichter thun, da die Colonien nicht gegen ihn, sondern gegen die Regentschaft und die Cortes, deren Acte er selbst verwarf, aufgestanden waren. Allein der König befahl am 4. Juni 1814 den Colonien peremtorisch, die Waffen sogleich niederzulegen, und behandelte sie durch die Absendung des Generals Morillo als Feinde. So dauerte der Kampf, der ursprünglich gegen die Regentschaft gerichtet gewesen war, jetzt auch gegen den König fort und richtete sich auf die Erlangung einer völligen politischen Unabhängigkeit. Aber auch den Geist in Spanien selbst fand Ferdinand verändert, und es verdient bemerkt zu werden, daß diese Veränderung des spanischen und portugiesischen Geistes aus dem Aufschwung gegen Napoleon hervorgegangen war. Denn die Erhebung der spanischen Nation gegen die fremde Herrschaft war durch Bilder von Freiheit und künftigem Glücke angeregt und genährt worden. An das Wort Freiheit, das während des Unabhängigkeitskrieges in aller Munde gewesen war, und dessen einfache Erklärung nichts anderes bedeutete, als Erlösung von dem schimpflichen und drückenden Joche ausländischer Herrschaft, lehnten sich bald Vorstellungen, die von dem Geiste des Volks erborgt waren, das man bekämpfte; und so fand Ferdinand VII bei seiner Restauration in Spanien ebenso wie Johann VI bei seiner Rückkehr nach Portugal eine Partei vor, deren Bestreben auf die Beschränkung der königlichen Gewalt und auf die Herabdrückung der Kirche gerichtet war. — England bedurfte weder einer Wiederherstellung seines Gebietes noch seiner Verfassung; es ging aus dem großen Kampfe zwar mit ungeheuren Schulden, aber auch mit Ruhm und Selbstgefühl hervor. Seine Vergrößerung in Europa beschränkte sich auf die Erwerbung des Besitzes der beiden Felseninseln, Helgoland und Malta, und des Protectorats der sieben ionischen Inseln. Aber auch England entging dem Einflusse der französischen Revolution insofern nicht ganz, als sich von nun an eine demokratische Partei gegen das festbegründete Uebergewicht der Aristokratie zu regen anfing. — Was die scandinavischen Reiche betrifft, so hatte Dänemark am meisten verloren: es verlor im Kampfe selbst seine

Seemacht und im Frieden ganz Norwegen. Die Norweger, welche seit dem sechszehnten Jahrhundert so ruhig für sich dahingelebt hatten, daß in der Geschichte kaum von ihnen die Rede ist, wollten sich ihre Abtretung an Schweden nicht gefallen lassen, sondern proclamirten ihre Unabhängigkeit und wählten den dänischen Prinzen Christian Friedrich zu ihrem Könige. Zugleich gaben sie sich auf dem Reichstage zu Eidsvold eine Verfassung, die, da Norwegen keinen Adel hat, auf demokratischer Grundlage beruht. Als jedoch der Kronprinz von Schweden mit einem Heere in Norwegen eindrang, resignirte der Prinz Christian Friedrich, und die Norweger verstanden sich dazu unter der Bedingung der Anerkennung ihrer Unabhängigkeit und der Annahme der Eidsvolder Constitution den König von Schweden auch als ihren König anzuerkennen. Am 20. October wurde die Vereinigung Norwegens als eines unabhängigen Königreichs mit der Krone Schweden decretirt und Karl XIII am 4. November als König von Norwegen ausgerufen. — Vergrößert und durch Selbstgefühl gestärkt ging auch Rußland aus dem Kampfe hervor. Im Norden hatte es Finnland, im Süden Bessarabien und einen Theil der Moldau erworben; der größte Theil von Polen endlich stand zu seiner Disposition. Seit den verschiedenen Theilungen und dem endlichen Untergange Polens gehörte die polnische Frage zu den schwierigsten Problemen der europäischen Politik. Auf der einen Seite lebte in dem polnischen Adel ein mächtiges Nationalgefühl und die unvertilgbare Hoffnung auf eine politische Wiedergeburt, und die Melodie: Polen ist noch nicht verloren, klang in aller Herzen wieder; auf der anderen Seite aber standen die polnischen Zustände jeder gesunden Organisation hinderlich im Wege. Denn wie wollte man ein Land constituiren, in welchem ein bis zum Uebermuthe stolzer und immer uneiniger Adel von dem Ertrage der Arbeit eines auf der tiefsten Stufe stehenden leibeigenen Bauernstandes lebte, und in welchem statt eines Bürgerstandes eine schmutzige und habgierige Menschenclasse, die polnische Judenschaft, den Leichtsinn des Adels im Schuldenmachen und der Bauern im Branntweintrinken zu ihrem Vortheile ausbeutete? Napoleon hatte die Polen mit der Vorspiegelung der Wiederherstellung ihrer politischen Unabhängigkeit getäuscht. Als er im Jahre 1806 und 1807 das Schicksal von Polen in seiner Hand hielt, begnügte er sich die Entscheidung dieses Schicksals von sich auf die Vorsehung zu wälzen. Damals sagte er in einer seiner Proclamationen: Le trône de Pologne se retablira-t-il et cette nation reprendra-t-elle son existence et son independance: Du fond du tombeau renaitra-t-elle à la vie? Dieu seul, qui tient dans ses mains les combinaisons de tous les événemens est l'arbitre de ce grand problème politique. Er bildete damals aus den von Preußen abgetretenen polnischen Provinzen das Herzogthum Warschau, ohne es zu wagen, den Namen Polen wieder ins Leben zu rufen. Auch im Jahre 1812 nahm er die Kräfte der Polen für sich in Anspruch, ohne ihnen aus Rücksicht auf Oesterreich etwas anderes dafür zu bieten, als unbestimmte und leere Versprechungen. Kaiser Alexander war großmüthiger; er gedachte den Polen ihre politische Selbständigkeit zurückzugeben. Am 3. Mai 1815 ward auf dem Wiener Congresse die Wiederherstellung eines Königreichs Polen beschlossen, und zwar so, daß dasselbe einen mit Rußland unter demselben Herrscher vereinigten, aber durch Verfassung und Verwaltung von Rußland getrennten Staat bilden solle. Das Gebiet des Königreichs Polen umfaßte das bisherige Herzogthum Warschau mit Ausnahme von Posen, welches an Preußen fiel, und mit Ausnahme von Krakau, welches für eine freie Stadt erklärt wurde. Die polnische Constitution aber enthielt folgende wesentlichen Bestimmungen: Der König hat die executive Gewalt, die er durch einen von ihm ernannten Statthalter oder Vicekönig, einen Staatsrath und Minister ausüben läßt. Ihm zur Seite steht der Reichstag, der aus dem Senat und der Kammer der Landboten zusammengesetzt ist. Der Senat zählt 30 vom König auf Lebenszeit ernannte Mitglieder; die Zahl der Landboten, die von dem Adel gewählt werden, beläuft sich auf 60. Die Landboten erhalten ihr Mandat auf neun Jahre, jedoch so, daß sie alle drei Jahre zu einem Drittel erneuert werden. Der Reichstag versammelt sich alle zwei Jahre zu der vom König bestimmten Zeit und berathschlagt über die Gesetze, die ihm von der Regierung vorgelegt werden; die Zeit seiner Sitzungen ist jedoch auf vierzehn Tage beschränkt. Wie gutgemeint diese Schöpfung eines constitutionellen polnischen Königreichs war, so gehörte sie doch zu den Misgeburten des Wiener Congresses. Die Verbindung eines constitutionellen Königreichs mit einem autokratischen Kaiserthum, die Vereinigung von zwei so widersprechenden Gewalten, wie Constitutionalismus und Autokratie, in der Person eines und desselben Herrschers war ein Widerspruch, aus dem nur Unheil hervorgehen konnte.

Auf diese Weise wurde also die Ruhe und ein fester Rechtszustand in Europa wiederhergestellt. Die Mächte, welche dieses Resultat bewirkt hatten, wachten über die Aufrechthaltung ihres Werkes und besaßen von nun an factisch eine Art von Dictatur in der Leitung der europäischen Angelegenheiten. Allein sie wollten ihre Gewalt nur nach den Bestimmungen des Völkerrechts und nach den Vorschriften des Christenthums ausüben, und zum ersten Male seit langer Zeit hörte man wieder in der

Diplomatie von Christenthum und Evangelium reden. Mit der im Vertrauen auf Gott begonnenen Erhebung der Völker gegen Napoleon war nämlich allenthalben eine große Innigkeit des religiösen Glaubens zurückgekehrt. An die Stelle der Indifferenz, welche sich im achtzehnten Jahrhundert in Beziehung auf die Religion ausgebildet hatte, war das Bedürfniß des Glaubens und der Ergebung in den Willen Gottes getreten; die Fürsten selbst waren noch mehr als andere durch die großen Ereignisse zu ernster Betrachtung aufgefordert worden, und diese Aufforderung hatte empfängliche Gemüther gefunden. Der Gedanke, der Politik die höhere Weihe der Religion zu geben und alle christlichen Regenten, welchem Glaubensbekenntnisse sie auch angehören mochten, zu einem heiligen Bunde zu vereinigen, ging vom Kaiser Alexander aus. Alexander war von Natur eine weiche, für alles hohe und edle empfängliche Seele, und diese Seele war von dem schweizerischen Republikaner Cäsar Laharpe, der selbst viel schwärmerisches in seinem Wesen hatte, ausgebildet und mit den Principien der Humanität und des Liberalismus, wie sie in der zweiten Hälfte des achtzehnten Jahrhunderts dominirten, befruchtet worden. In einem Briefe an einen seiner Freunde, der vor kurzem bekannt geworden ist und den Alexander noch als Großfürst bei Lebzeiten seiner Großmutter, Katharinas II, geschrieben hat, entfaltet er ein Gemüth, das für einen Thron, wie der russische, nicht geschaffen zu sein schien. La Cour, schreibt er, n'est pas une habitation faite pour moi; je souffre chaque fois, que je dois être en répresentation, et je me fais du mauvais sang en voyant ces bassesses qu'on fait à chaque instant pour acquerir une distinction, pour laquelle je n'aurais pas donné trois sols. Je me sens malheureux d'être obligé d'être en société avec des gens que je ne voudrais avoir pour domestiques et qui jouissent des premières places. Ihn ekelt das Schauspiel an, das ihm der Hof darbietet, wo diejenigen, die gegen ihre Untergebenen hochfahrend sind, vor denen kriechen, die sie fürchten: qui hautains avec leurs inferieurs rampent devant celui qu'il craignent. Sein Ideal ist sich mit seiner Frau an den Ufern des Rheins niederzulassen und sein Glück im Umgange mit seinen Freunden und im Genusse der Natur zu suchen: J'irai m'établir avec ma femme aux bords du Rhin, où je vivrai tranquille en simple particulier, faisant consister mon bonheur dans la société de mes amis et l'étude de la nature. Diese zart organische und schon in der Jugend schwärmerische Seele wurde nun vom Schicksal den schwersten Prüfungen ausgesetzt und zu der gewaltigsten Kraftanstrengung gezwungen. Ueber die Leiche seines freilich ohne sein Wissen und

Wollen ermordeten Vaters auf den Thron gehoben ward er in den großen Krisen, welche die ersten fünfzehn Jahre unseres Jahrhunderts erfüllen, zu einer politischen Rolle berufen, die zwar seinen Ehrgeiz befriedigte, aber auch sein Gemüth in eine Spannung versetzte, der nichts anderes als Abspannung folgen konnte. Eines solchen Gemüthes, das von Ruhm und Ehrgeiz gesättigt und für allen Lebensgenuß abgestumpft nur noch die Oede und Leere des Herzens fühlte, mußte sich noch mehr als anderer die religiöse Stimmung bemächtigen, welche damals die Zeit beherrschte. In ihm waren alle Elemente vorhanden, welche die religiösen Empfindungen auf das Gebiet der Schwärmerei und des Mysticismus hinüberzuleiten pflegen. Dazu kam, daß er mit einer Frau, welche damals diese Seite des religiösen Lebens vielleicht am auffallendsten und stärksten vertrat, mit Frau v. Krüdener, in Verbindung gerieth und für ihre Ueberzeugung gewonnen wurde, die Menschheit könne nur dann von ihren Leiden befreit und wieder ganz glücklich werden, wenn die religiöse Richtung, der sie selber huldigte, sie ganz durchdringe. So entstand die Idee der heiligen Allianz, die ursprünglich von einer religiösen Stimmung Alexanders ausgegangen von seinen Verbündeten, dem Kaiser von Oesterreich und dem Könige von Preußen, angenommen wurde. Diese drei Monarchen, obgleich drei verschiedenen Bekenntnissen der christlichen Kirche angehörig, vereinigten sich darüber, sich in Zukunft bei ihrer Politik nach den Vorschriften der christlichen Religion zu richten. Am 26. September 1815 wurde nämlich von den drei Monarchen selbst, ohne Zuziehung eines Ministers, die heilige Allianz geschlossen. Durch dieselbe verpflichteten sich die ihr Beigetretenen, sowohl in der inneren Verwaltung ihrer Staaten, als auch in ihren Verhältnissen zu anderen Regierungen nur die Vorschriften der christlichen Religion, die Gebote der Gerechtigkeit, der Liebe und des Friedens zur Richtschnur zu nehmen. Sie versprachen sich, der heiligen Schrift gemäß durch die Bande einer wahren unauflöslichen Bruderliebe vereinigt bleiben zu wollen; der Nationalunterschied und der Nationalhaß sollten daher der Betrachtung weichen, daß ihre Völker Mitglieder einer und derselben christlichen Nation wären; die Fürsten selbst sollten anerkennen, daß die große christliche Nation, zu der sie und ihre Völker gehörten, in der That keinen anderen Herrscher habe, als den, dem allein die Macht zukomme, Gott und Jesum Christum. Zugleich wurden alle Fürsten Europas zum Beitritte eingeladen mit Ausnahme des türkischen Sultans, dem man nicht zumuthen konnte, daß er sich den Geboten der christlichen Religion unterwerfen solle, und des römischen Papstes, der bei seinem Anspruche, das Haupt der christlichen Kirche zu sein, verlangt haben würde, daß man bei einem im Namen der Religion geschlossenen Bunde ihm die oberste Leitung überlasse. Den übrigen wurde verheißen, daß sie bei der Anerkennung der von der Allianz ausgesprochenen Grundsätze mit Bereitwilligkeit und Liebe in den heiligen Bund aufgenommen werden sollten. Solche Grundsätze konnten natürlich nur allgemeinen Beifall finden, und alle Fürsten beeilten sich, diesen Beifall durch ihren Beitritt zur heiligen Allianz auszudrücken. Nur England machte eine Ausnahme; denn weil der König von England keinen Staatsact ohne die Mitunterschrift eines verantwortlichen Ministers vollziehen darf, so konnte der formelle Beitritt nicht erfolgen, allein die englische Regierung erklärte wenigstens, die von der heiligen Allianz aufgestellten Principien anzuerkennen. Aus den Stürmen und Kriegen erhob sich also, wie der Regenbogen nach einem schweren Gewitter, die schöne Erscheinung, daß die Politik mit der Religion und Menschlichkeit einen Bund schloß und dem erschöpften und der Ruhe bedürftigen Welttheile eine glückliche und segensreiche Zukunft versprach.

Drittes Capitel.

Wenn die Erwartungen, die man an die heilige Allianz knüpfte, nicht in Erfüllung gingen, wenn diese Verbindung, statt der Segen der Welt zu werden, vielmehr ein Gegenstand ihres Hasses und Fluches wurde, so lag der Grund davon in der unmittelbar darauf folgenden Reaction, zu deren Werkzeug sich die heilige Allianz um so leichter gebrauchen ließ, da ihre Principien mit dem Zeitgeiste bald in Widerspruch geriethen. So verwandelte sich die heilige Allianz gleichsam in eine Anstalt zum Schutze der Regierungsgewalt gegen die Ansprüche der Völker. Derjenige, welcher sogleich erkannte, daß in dem von der heiligen Allianz betonten religiösen Elemente ein Mittel des politischen Conservatismus liege, und der den aus einer rein religiösen Stimmung hervorgegangenen Geist des Bundes in einen polizeilichen änderte, war der österreichische Staatskanzler Fürst von Metternich, und nicht mit Unrecht hat man daher das politische System der heiligen Allianz das Metternichsche genannt. Clemens Lothar von Metternich, einer alten rheinischen Adelsfamilie entstammend, war am 15. Mai 1773 geboren und am Ende des vorigen Jahrhunderts in österreichischen Staatsdienst getreten, in dem er durch feinen Tact und große Gewandtheit sich bald so auszeichnete, daß er zu den wichtigsten diplomatischen Geschäften gebraucht wurde und sich endlich unter dem Titel eines Haus-, Hof- und Staatskanzlers an die Spitze der Regierung emporschwang. In dieser hohen Stellung wußte er sich dadurch zu behaupten und immer mehr zu befestigen, daß er die Kunst verstand, den Kaiser Franz nie seine Superiorität fühlen zu lassen, sondern sich immer nur als ein treues und gehorsames Werkzeug von dessen Willen darzustellen. Dieser Wille aber läßt sich am besten mit dem Worte Stabilität bezeichnen: im inneren war also die Aufgabe, den alten Zustand, die Autokratie sammt ihrem ganzen Gefolge, im äußern das neugeordnete europäische Staatensystem zu erhalten. Dieses schien auch in der That der Welt eine um so längere Dauer der Ruhe zu versprechen, da die Leitung der allgeminen Angelegenheiten in den Händen der Mächte blieb, welche auf deren Anordnung den größten Einfluß ausgeübt hatten. Ganz von selbst bildete sich eine europäische Pentarchie, aus den fünf Hauptmächten Oesterreich, Rußland, Preußen, England und Frankreich bestehend. Die übrigen Mächte aber konnten sich dieser Leitung um so eher unterwerfen, da die Pentarchie als Grundlage ihrer Politik den unwandelbaren Grundsatz ankündigte, nie weder in ihren wechselseitigen Angelegenheiten, noch in ihren Verhältnissen zu anderen Mächten, von der strengsten Befolgung der Vorschriften des Völkerrechts abzugehen. Von den fünf Mächten waren indeß die beiden ersten autokratisch regiert, die beiden letzten constitutionell; Preußen stand schwankend zwischen diesen Systemen, auf der einen Seite gebunden durch das Versprechen des Königs, seinem Volke eine reichsständische Verfassung zu geben, auf der anderen Seite von der augenblicklichen Erfüllung dieses Versprechens abgehalten durch die noch heterogene Natur der in der preußischen Monarchie vereinigten Länder und Volksstämme. Fangen wir zunächst mit Deutschland an, so dauerte hier jene aufgeregte hoffnungsreiche Stimmung, wie sie sich im Befreiungskriege entwickelt hatte, mit ungeschwächter Kraft fort. Das wiedererwachte deutsche Nationalbewußtsein äußerte sich in dem Bestreben, das deutsche Wesen wieder zu alter Macht und Ehre emporzuheben, und stellte sich selbst in den gewöhnlichen Lebensverhältnissen, in Sprache, Sitte und Kleidung dar. Allein diese nationale Tendenz fand von oben her keine Förderung, sondern bei ihrem Versuch, sich auch in der Politik geltend zu machen, eher Widerstand. Oesterreich kehrte einfach zu seinem alten Regime zurück und konnte es um so leichter, da hier Neuerungen weder von oben versprochen waren, noch von unten erwartet wurden. Die Oesterreicher waren befriedigt, wenn sie ihr altes Phäakenleben wieder aufnehmen und fortsetzen konnten, wenn es wieder von ihnen hieß, wie in den Xenien: „Immer ist's Sonntag, es dreht immer am Heerd sich der Spieß." Ein im Reichthum erschlaffter Adel, ein im Wohlleben befriedigter Bürgerstand, dessen geistige Interessen nicht über das Theater und musikalische Genüsse hinausgingen, und endlich ein in geistigem Schlaf versunkener Klerus machten es der Regierung leicht, den Wagen des Staates in das alte Geleis zurückzuführen und das sprichwörtlich gewordene: „Bei uns bleibt's halter beim Alten" zum Symbol der österreichischen Politik zu machen. Die Passivität lag im Volke selbst und erleichterte den Regierenden ihre Aufgabe, die nicht darin bestand, neues zu gestalten, sondern die alten Zustände vor dem Zusammensinken zu bewahren. Metternich pflegte zu sagen: Après nous le déluge, und seine rechte Hand Gentz meinte: Uns hält's halt noch aus. Dem letzteren gewährte ein freundliches Schicksal seinen Wunsch, daß es ihn hinwegnahm, ehe die große Sündfluth kam, aber den ersteren erreichte sie noch und schwemmte ihn in einem Augenblicke fort. Von Oesterreich hatten also die deutschnationalen Tendenzen keine Förderung, sondern Widerstand zu erwarten. An Preußen dagegen heftete sich die Erwartung, daß es, wie es in der Erhebung und im Kampfe gegen Napoleon vorangegangen war, so auch in Entwickelung des politischen Lebens an der Spitze von Deutschland bleiben und demselben die Richtung auf Einheit geben werde. Am 22. Mai 1815 hatte König Friedrich Wilhelm III von Wien aus ein Decret erlassen, worin „eine Repräsentation des Volkes" zugesagt wurde. Allein die neue Zusammensetzung der preußischen Monarchie stellte der Erfüllung dieser Zusage außerordentliche Schwierigkeiten in den Weg. Das Drängen danach ward in den obersten Kreisen der Regierung als eine Unbequemlichkeit empfunden und zuletzt als revolutionär und demagogisch verschrieen. Wenn man bedenkt, welch schwere Prüfungen der König hatte bestehen müssen, so wird man es natürlich finden, daß er sich nach Ruhe sehnte, und daß Ordnung und Ruhe im Staatsleben auch die Stichwörter der preußischen Politik wurden. Die Zumuthungen aber, die ihm die national deutsche Partei machte, waren aufregend; und wer konnte voraussehen, ob sie ihn nicht in einen neuen Kampf verwickeln würden, zu dem er weder Lust noch Beruf hatte? Es ist daher nicht zu verwundern, daß der König für den Rath der österreichischen und russischen Diplomatie zugänglicher war, als für die ungestümen und in ihren Folgen unklaren Forderungen der deutschen Bewegungspartei. Für den preußischen Staatskanzler Fürsten Hardenberg war aber die Stimmung des Königs maßgebend, und da diese sich der Ruhe und Ordnung zuwandte, so ward auch der dirigirende Minister in diese Richtung gedrängt, und die Folge davon war ein enger Anschluß Preußens an die Politik von Oesterreich und Rußland, so daß diese drei Mächte, die man nun anfing die nordischen Mächte zu nennen, innerhalb der Pentarchie ein geschlossenes Ganze bildeten im Gegensatz gegen die beiden constitutionellen Mächte, die man als Seemächte oder Westmächte bezeichnete. Damit war der Reaction auf dem Continent überhaupt und vorzüglich in Deutschland das Uebergewicht verschafft. Am wenigsten fanden die nationalen Tendenzen eine Stütze da, wo man es am ersten hätte erwarten sollen, bei der Centralbehörde der deutschen Nation, bei dem Bundestage. Dieser war zwar am 5. November 1816 in

Frankfurt a. M. eröffnet worden, allein die Rede, mit welcher der präsidirende Gesandte Oesterreichs, Graf Buol-Schauenstein, auftrat, fiel wie kaltes Wasser auf die warme Begeisterung der Patrioten. Die Erklärung, daß Deutschland nicht als ein Bundesstaat, sondern als ein Staatenbund zu betrachten sei, beruhigte die aufgeregten Gemüther um so weniger, je mehr das Gegentheil gewünscht wurde. Da aber nach der Lage der Dinge die Hoffnung auf politische Einheit aufgegeben wurde, so richtete sich das Streben der deutschen Nation auf Gewinnung constitutioneller Verfassungen, und der 13. Artikel der Bundesacte bildete nun den Anhaltepunkt, um den sich die Thätigkeit des öffentlichen Lebens in Deutschland drehte. Die allgemeine Gunst wendete sich hauptsächlich denjenigen zu, die für das Verfassungswesen den meisten und aufrichtigsten Eifer zeigten, und da Preußen auf diesem Wege voranzugehen verschmäht hatte, so wandte sich die Popularität von ihm auf die ehemaligen Rheinbundsfürsten, welche sich beeilten, ihren Staaten freisinnige Verfassungen zu geben. Nur muß es bei dieser Wendung der Dinge als eine beklagenswerthe Erscheinung betrachtet werden, daß wiederum Frankreich für die Deutschen das Vorbild, daß die französische Charte das Muster ward, nach dem die deutschen Verfassungen zugeschnitten wurden. Damit war dem französischen Einflusse wieder Thür und Thor geöffnet; während sich die Deutschen aus der literarischen Abhängigkeit schon unter Lessing befreit, während sie darauf das politische Joch mit tapferer Hand zerbrochen hatten, geriethen sie in eine Abhängigkeit anderer Art, und es fragte sich, ob sie nicht aus dem Regen in die Traufe gekommen waren? Denn sie bezogen zwar nicht mehr aus Paris Tragödien und Regeln für den guten Geschmack, aber politische Ideen und Phrasen; so lächerlich es ihnen vorgekommen wäre, Boileau oder Batteux wieder zu Zuchtmeistern im Gebiete der Poesie machen zu wollen, so begierig nahmen sie das politische Räsonnement der französischen Tribune als ein Evangelium auf, und das Verfassungsleben der deutschen Staaten erhielt, weil es mit dem französischen stehen oder fallen mußte, eine fremdartige Färbung.

Die meisten Staaten glaubten den 13. Artikel der Bundesacte vollzogen zu haben, wenn sie einfach die alten Landstände wiederherstellten, so die beiden Mecklenburg, die Königreiche Sachsen und Hannover, das Herzogthum Braunschweig und das Kurfürstenthum Hessen. In dem letztern erhielt aber die Rückkehr zum alten durch den persönlichen Charakter des Kurfürsten einen zugleich gehässigen und lächerlichen Anstrich. Denn der alte Kurfürst Wilhelm I, der im Jahr 1806 aus seinem Lande vertrieben worden war, wollte von allem, was während seiner Abwesenheit geschehen war, nichts wissen. Er erklärte alle Veräußerungen von Domänen, die unter der westfälischen Regierung stattgefunden hatten, für ungiltig und vertrieb die neuen Besitzer aus ihrem wohlerworbenen Eigenthum, ohne ihnen die geringste Entschädigung zu bewilligen, so daß eine Menge anständiger Familien ins Elend gestürzt wurde. Er degradirte die Officiere der Armee wieder zu dem Range, den sie im Jahr 1806 eingenommen hatten, und fügte zu dem gehässigen dieser Reaction das lächerliche hinzu, indem er bei seinen Truppen die alte Uniform, gepudertes Haar und Zopf nebst dem Corporalstock, wieder einführte.

Der erste, welcher den 13. Artikel der Bundesacte auf eine den herrschenden Ansichten angemessene Art vollzog, war der Großherzog Karl August von Sachsen-Weimar. Dieser ausgezeichnete Fürst, der schon im vorigen Jahrhundert sein kleines Weimar zum Glanzpunkte des deutschen Geisteslebens erhoben hatte, rechtfertigte auch durch seine Freisinnigkeit in der Politik das Lob seines Dichters Goethe: „Klein ist unter den Fürsten Germaniens freilich der meine — Kurz und schmal ist sein Land, mäßig nur, was er vermag — Aber so wende nach innen, so wende nach außen die Kräfte — Jeder: da wärs ein Fest, Deutscher mit Deutschen zu sein." Am 5. Mai 1816 wurde die von einer ständischen Berathungsversammlung entworfene Verfassungsurkunde vom Großherzog angenommen, und als Grundgesetz des Landes bekannt gemacht. Die Grundzüge derselben sind folgende: Als Landstände werden anerkannt: 1) der Stand der Rittergutsbesitzer; 2) der Stand der Bürger; 3) der Stand der Bauern. Aus diesen drei Ständen werden 31 Abgeordnete als Volksrepräsentanten gewählt, und zwar eilf aus dem Stande der Rittergutsbesitzer, zehn aus dem Bürgerstande und ebenso viele aus dem Bauernstande. Die Volksrepräsentation hat allein das Recht, Steuern oder andere Abgaben und Leistungen zu bewilligen, und nichts dieser Art darf ohne ihre Zustimmung von der Regierung ausgeschrieben oder erhoben werden. Sie hat zugleich das Recht, die Verwendung der bewilligten Gelder zu controliren. Während sie befugt ist, über Mängel und Misbräuche in den bestehenden Gesetzen Beschwerden und Vorschläge zur Abhilfe anzubringen, dürfen keine neuen Gesetze ohne ihre Einwilligung erlassen werden. Alle Beschlüsse werden nach der absoluten Mehrheit der Stimmen gefaßt. Der Vorschlag zu neuen Gesetzen kann sowohl von dem Großherzoge als von dem Landtage ausgehen und von dem einen, wie von dem andern verworfen werden; doch muß der Landtag Gründe für seine Verwerfung angeben, während der Großherzog ganz einfach nur seine Sanction oder seine Weigerung auszusprechen braucht. Dem Großherzoge steht nicht allein die Vertagung, sondern auch die Auflösung der landständischen Versammlung zu, in dem letztern Falle müssen aber höchstens in drei Monaten neue Wahlen vorgenommen werden, bei welchen die Mitglieder der aufgelösten Versammlung von neuem gewählt werden können. Die in dieser Verfassung befolgten liberalen Ideen krönte der Großherzog durch die Aufhebung der Censur und die Einführung der Preßfreiheit.

Dem von Weimar gegebenen Beispiele folgte zunächst das Königreich Bayern, aber nicht in dem reinen Sinne, wie der edele Karl August, sondern mit einer politischen Nebenabsicht. So lange noch in Preußen die Regierung sich nicht gegen die Begeisterung für deutsche Einheit und Verfassung ausgesprochen hatte, war diese von keiner Seite her leidenschaftlicher und auf gehässigere Weise bekämpft worden, als gerade von Bayern aus. Erst als Preußen sich der Reaction anschloß, trat Bayern, die größte Macht unter den deutschen Mittelstaaten, in die constitutionelle Bahn, um gleichsam in der öffentlichen Meinung Preußen den Vorrang abzulaufen. Der König Max Joseph entließ seinen Minister Montgelas der an napoleonische Regierungsformen gewöhnt in die neue Ordnung der Dinge nicht paßte, und gab am 26. Mai 1818 seinem Lande eine Constitution. Zufolge derselben sollte Bayern nie einer andern Monarchie einverleibt werden dürfen, sondern für ewige Zeiten ein für sich bestehendes Königreich bilden. Alle Staatsbürger wurden auf gleiche Art den öffentlichen Lasten unterworfen aber auch auf gleiche Art in ihrer persönlichen Freiheit gesichert; zugleich ward Gewissens- und Preßfreiheit, die letztere jedoch unter gesetzlichen Beschränkungen, ausgesprochen. Die gesetzgebende Gewalt sollte im Verein mit dem König durch zwei Kammern ausgeübt werden: die Kammer der Reichsräthe und die Kammer der Abgeordneten. Die letztere wurde auf sechs Jahre gewählt, und die Stände hatten alle drei Jahre regelmäßig auf zwei Monate zusammenzukommen. Der Vorschlag zu den Gesetzen sollte nur von dem Könige ausgehen können und die Beschlüsse der Stände erst durch seine Bestätigung Gesetzeskraft erhalten; dagegen sollten auch alle die Freiheit, das Eigenthum und die Besteuerung betreffenden Anordnungen nur mit Zuziehung und Einwilligung der Stände gemacht werden dürfen.

Der Großherzog von Baden suchte durch eine Verfassung seinem Lande den Territorialbestand und seinem Hause die Successionsberechtigung zu sichern. Der damalige Großherzog Karl, der mit der Prinzessin Stephanie vermählt war, hatte nämlich das Unglück, seine Söhne schnell nach ihrer Geburt wieder zu verlieren, und da sein Oheim Ludwig unvermählt war, so mußte mit ihm das alte Haus der Zähringer erlöschen. Für diesen Fall war aber Bayern zur Entschädigung für seine Abtretungen an Oesterreich der vormalige pfälzische Theil von Baden mit den Städten Mannheim und Heidelberg zugesichert. Nun existirte aber noch eine Nebenlinie des badischen Hauses, die Grafen von Hochberg, die aus einer zwar durchaus legalen aber unebenbürtigen Ehe des ehemaligen Markgrafen Karl Friedrich abstammten. Sowohl das badische Land als das badische Fürstenhaus hielten den Grafen Leopold von Hochberg für vollkommen berechtigt zur Succession. In diesem Sinne erließ daher der Großherzog Karl im October 1817 eine Bekanntmachung, durch welche er das Großherzogthum Baden auf ewige Zeiten für ein untheilbares Ganze erklärte, zu dessen Regierung die zu Markgrafen von Baden erhobenen Grafen von Hochberg berufen sein sollten. Als Bayern förmlichen Protest dagegen einlegte, hielt es der Großherzog für nöthig, eine kräftige Stütze in der öffentlichen Meinung seiner Unterthanen zu suchen und gab am 22. August 1818 seinem Lande eine Verfassung, die sich dem damaligen Ideal des Liberalismus am meisten näherte. Da die neue Constitution der von Bayern angefochtenen Successionsordnung zur Stütze dienen sollte, so stand das Hausgesetz über die Erbfolge an der Spitze der Verfassungsurkunde und ward dadurch zu einem integrirenden Theile derselben erhoben. Den herrschenden liberalen Ideen gemäß wurden alle Privilegien besonderer Classen aufgehoben: jeder Staatsbürger war auf gleiche Art den öffentlichen Lasten und Abgaben unterworfen und erhielt, ohne Unterschied der Religion und Geburt, gleiche Ansprüche auf alle Aemter und Würden. Auch in Baden wurde die ständische Verfassung nach dem System der zwei Kammern eingerichtet; ohne die Zustimmung derselben durfte keine Steuer ausgeschrieben und erhoben, sowie keine Anleihe geschlossen werden. Ohne die Bewilligung der Stände sollte ferner der Großherzog keine Domänen veräußern dürfen, und die Domänen selbst sollten zur Bestreitung der Staatskosten mit beisteuern. Endlich wurde die Oeffentlichkeit der Sitzungen förmlich anerkannt. Die Verfassung allein würde indessen schwerlich den Zweck erreicht haben, die bayerischen Ansprüche abzuweisen, wenn sich nicht andere Einflüsse zu Gunsten Badens geltend gemacht hätten. Zuerst gönnte niemand Bayern eine Machtvergrößerung, und sodann legte Kaiser Alexander, dessen Gemahlin Elisabeth eine badische Prinzessin war, das ganze Gewicht seines Ansehens für Baden in die Wagschale. So ward dieser Streit, der den Frieden Deutschlands zu stören drohte, auf dem Aachener Congreß im Jahr 1818 dahin ausgeglichen, daß sich Bayern für seine Ansprüche mit der Abtretung der Aemter Geroldseck und Steinfeld und mit der Summe von zwei Millionen Gulden abfinden ließ. Als der Großherzog Karl im December 1818 starb, folgte ihm zuerst sein Oheim Ludwig, und nach dessen Tode im Jahre 1830 kam das Haus Hochberg in der Person Leopolds I wirklich zur Regierung.

In dem Königreiche Würtemberg kam die Verfassung nur auf dem Wege der Vereinbarung zwischen Fürsten und Volk zu Stande. In keinem der ehemaligen Rheinbundsstaaten hatte man einen so argen Despotismus geübt, wie in Würtemberg, dessen König Friedrich I ein Mann von überlegenem Geiste, aber unbeugsamem Starrsinn und rücksichtsloser Härte war. Dessen willkührliche Regierung hatte der Freiherr von Stein im Auge, wenn er von dem Sultanismus der Rheinbundsfürsten sprach. Mit schnellem Blick erkannte der König nach dem Sturze Napoleons die Nothwendigkeit, seine Regierung zu ändern, und beschloß dem zu erwartenden Drängen nach politischer Freiheit mit dem Geschenk einer Verfassung zuvorzukommen. Er ließ also die Vertreter des mediatisirten Adels und der Gemeinden nach Ludwigsburg berufen und legte ihnen am 15. März 1815 die einseitig von seinen Räthen ausgearbeitete Verfassung vor. Allein zu seinem Erstaunen und seinem Aerger wollte die Versammlung von einer octroyirten Verfassung nichts wissen; sie ließ daher das schön in rothen Saffian gebundene Opusculum ruhig liegen und erklärte, daß die altwürtembergische Verfassung, die der König im Jahr 1806 einseitig aufgehoben hatte, noch zu Recht bestehe. Bei einem so despotischen Charakter, wie der König Friedrich war, ließ sich erwarten, daß der angeregte Streit zu keinem befriedigenden Resultate führen werde, und es war daher ein Glück für Würtemberg, als Friedrich I in der Nacht vom 29. auf den 30. October 1816 starb und in seinem Sohne Wilhelm I ein Fürst den Thron bestieg, der zwar des Vaters Kraft, aber nicht dessen Härte besaß, der sich vielmehr durch Milde und Großmuth auszeichnete und seine deutsch patriotische Gesinnung sowohl im Felde als im Rathe bewährt hatte. Doch auch dieser milde und gerechte Fürst kam nicht sogleich mit seinem Volke zur Verständigung; denn die Stände entwickelten jetzt im Kampfe für ihre alten Rechte ebensoviel Eigensinn als vorher König Friedrich für seine Souveränetätsrechte, und waren in der Beobachtung der Form so engherzig, daß sie das Wesen darüber verkannten. Sie wiesen daher die im Jahr 1817 von dem freisinnigen Minister von Wangenheim ausgearbeitete Verfassung zurück und bestanden auf dem Buchstaben des Tübinger Vertrags von 1514. Doch verlor der König die Geduld nicht, und obgleich die Unterhandlungen sich zwei Jahre hinzogen, so gelang es doch dem Könige, die Stände nachgiebiger zu machen. So kam endlich durch Vereinbarung zwischen einem Ausschusse der Stände und einer königlichen Commission die Verfassung zu Stande, welche am 24. September 1819 von den Ständen unterschrieben und am 26. von dem König bestätigt wurde. Die würtembergische Constitution beruht auf denselben liberalen Grundlagen, wie die badische. Die Stände sind in zwei Kammern getheilt: die erste besteht aus den königlichen Prinzen, aus den Standesherren und aus den bis zu einem Drittel von dem Könige ernannten Mitgliedern; die zweite außer dem Generalsuperintendenten, dem katholischen Landesbischof und dem Universitätskanzler aus den Abgeordneten der Ritterschaft, der Städte und der Oberämter.

Im Großherzogthum Hessen-Darmstadt war der Drang des Volkes nach einer Constitution um so stärker, je zuversichtlicher dasselbe eine Erleichterung der Noth der Zeit und seiner drückenden Lage von den Ständen erwartete. Die Regierung zögerte aber mit dem Verfassungswerke so lange als möglich, weil die neue Zusammensetzung des Landes aus ganz verschiedenen Gebieten demselben große Hindernisse entgegenstellte. Als sie endlich im Jahre 1820 die Stände berief, verwarfen diese den von der Regierung vorgelegten Verfassungsentwurf. Die Ständeversammlung wurde daher, wie in Würtemberg, eine constituirende und verschaffte sich alle Rechte, die man als zu einer freien Verfassung gehörig betrachtete; am 21. December ward die auf das System zweier Kammern gegründete Constitution von dem Großherzog und den Ständen angenommen. Auch in den kleinen Staaten, wie Nassau, den sächsischen Herzogthümern, in Thüringen, in Lippe, in Lichtenstein wurden Verfassungen eingeführt, natürlich in Duodez. Wie verschieden auch einzelne Bestimmungen dieser Verfassungen waren, so stimmten sie doch alle in den Principien überein, welche die öffentliche Meinung zu einer Repräsentativ-Verfassung für nothwendig hielt. Die Idee des allgemeinen Staatsbürgerthums, der Rechtsgleichheit, der Theilnahme an der Besteuerung lag allen zu Grunde. Wie erwünscht aber auch vielen dieser Fortschritt in der politischen Entwickelung Deutschlands zu sein schien, und wie unverkennbar der in den Mittelstaaten Deutschlands angeregte Geist seine moralische Wirkung äußerte, so hatte er doch zunächst für das Ganze nur die Folge, daß zu der religiösen Spaltung der deutschen Nation auch noch eine politische hinzukam. Wie es schon ein protestantisches und katholisches Deutschland gab, so nun auch ein constitutionelles und ein anticonstitutionelles Deutschland. Das Streben von der einen Seite, die Volksrechte zu erweitern, führte auf der andern Seite zu dem Bestreben, die Volksrechte zu beschränken, und aus diesem Gegensatz, der sich weder auf der einen, noch auf der andern Seite in den Schranken der Mäßigung hielt, ging eine der traurigsten Perioden unserer Geschichte, die Reaction gegen den im Jahre 1813 erweckten Geist hervor.

Dieser Geist, der zur Abschüttelung des napoleonischen Joches geweckt war, konnte, nachdem der Zweck erreicht worden, nicht sogleich wieder auf das Niveau gewöhnlicher Bestrebungen zurückgeschraubt werden, sondern setzte sich das höhere Ziel, dem befreiten Vaterlande auch eine seiner Größe und Macht würdige Gestalt und Verfassung zu geben. In Preußen, von wo die Energie und Begeisterung zum Kampfe gegen Napoleon zuerst ausgegangen war, dauerte daher der Aufschwung noch lange fort. Das Ideal eines neuen freien Deutschlands unter Preußens Hegemonie war der Gedanke, der den einen als klares Bewußtsein, den andern als dunkles Gefühl vorschwebte. Diese Richtung in ihren verschiedenen Schattirungen ward besonders von drei Männern repräsentirt, von E. M. Arndt, Fr. Ludw. Jahn und Joseph Görres. Alle drei hatten mit Begeisterung für die Befreiung gewirkt und strebten jetzt, wenn auch in verschiedenem Geiste, doch nach einem und demselben Ziele. Arndt, im Jahre 1769 auf der Insel Rügen geboren, widmete sich der akademischen Laufbahn und trug als Professor in Greifswald Geschichte vor. Allein statt sich in entfernte Zeiten zu versenken und in Forschungen über gewesene Zustände die Gegenwart zu vergessen, zog vielmehr diese seine ganze Theilnahme auf sich, und der Schmerz über Deutschlands Schmach und Unterdrückung nach dem Falle der preußischen Monarchie veranlaßte ihn im Jahre 1807 den ersten Theil seines Buches „Geist der Zeit" herauszugeben. Allein der alte Satz: Difficile est in eum scribere, qui potest proscribere, bewährte sich auch an ihm; ein so patriotischer Schriftsteller war im Bereiche der napoleonischen Gewaltherrschaft nicht mehr sicher und mußte Schutz zuerst in Schweden suchen, bis er einige Jahre später von dem Freiherrn v. Stein nach Rußland berufen wurde, um ihm bei seinem großen Plane, das deutsche Volk gegen Napoleon unter die Waffen zu rufen, gleichsam als Herold zu dienen. Und diese Aufgabe hat Arndt zu seinem unsterblichen Ruhm und mit der nachhaltigsten Wirkung gelöst. Denn er besaß alles, was zu einem guten Volksschriftsteller gehört, und seine kernige Darstellung, die in ihrer Kraft und Kühnheit an Luther erinnert, hat sowohl in seiner Prosa als in seinen patriotischen Liedern nicht wenig zum Aufschwung der Gemüther beigetragen. Mit gleicher Wärme, wie für die Befreiung, war er nachher für eine würdige Organisation des deutschen Staatslebens in nationalem Sinne thätig. — Wie Arndt durch seine Schriften, so wirkte Jahn durch seine Turnkunst; der Patriotismus war in ihm eine so überwiegende Leidenschaft, daß er sein ganzes Wesen beherrschte. Man erzählt von ihm, daß bei der Nachricht von Preußens Niederlage bei Jena sein Haar grau geworden sei. Von der Ansicht ausgehend, daß die Schuld an diesem Unglück in der Verweichlichung der höhern Stände zu suchen sei, und gestützt auf den Grundsatz: Eine gesunde Seele wohnt in einem gesunden Körper, wirkte er darauf hin, die heranwachsende Generation durch Leibesübungen zu stärken und ein Geschlecht zu erziehen, dem kein Baum zu hoch sei, um ihn nicht zu erklettern, kein Graben zu breit, um ihn nicht zu überspringen, kein Fluß zu reißend, um ihn nicht zu durchschwimmen. Seine Persönlichkeit war auch ganz dazu geeignet, um in dieser Richtung mit Erfolg zu wirken; denn selbst von kräftigem Körperbau und in allen Künsten des Angriffs und der Vertheidigung erfahren, zugleich von starker und männlicher Seele, weckte er auch in der Jugend Vertrauen auf ihre Kraft und die Tugend, welche von allen die edelste ist, weil sie nicht erheuchelt werden kann, den Muth. Am Kriege nahm er mit seiner Turnerschaar einen rühmlichen Antheil, und nach dem Frieden kehrte er in seine alte Stellung als Lehrer der Turnkunst in Berlin zurück. Seine Wirksamkeit ward hier um so bedeutender, da die Regierung das Turnen in den Kreis des öffentlichen Unterrichts aufnahm. Allein Jahn beschränkte sich nicht auf die Ausbildung des Körpers, er wirkte auch auf die Seelenkraft, die sich besonders in Vaterlandsliebe und echt deutscher männlicher Gesinnung äußern sollte. Auf den Turnplätzen entwickelte sich daher bald ein eigenthümlicher Geist, der sich in der Abneigung gegen alles ausländische, in der Hinneigung zu allem deutschen aussprach — nur daß man oft derb und deutsch mit einander verwechselte. Besonders aber charakterisirte diesen Geist die reinste Hingebung an das Vaterland und das Streben, demselben in politischer Einheit und freien Institutionen die Bürgschaft für eine große Zukunft zu verschaffen. — Der dritte dieser Männer, Görres, war als Journalist von entschiedener Bedeutung. Ein Mann, wie er, der eine äußerst bewegliche Phantasie besaß, hatte nicht die Festigkeit und Consequenz, sich in allen Lagen seines Lebens gleich zu bleiben, sondern er wechselte mit den Umständen die Farbe, aber welche Partei er auch ergriff, so war er ihr durch sein eminentes Talent eine kräftige Stütze. Im Anfange seiner Laufbahn hat er für die französische Revolution selbst in ihren jakobinischen Ausartungen, am Ende seiner Wirksamkeit für den Ultramontanismus geschwärmt, aber in die Mitte seines Lebens und dieser beiden Extreme fällt seine Thätigkeit als Redacteur des Rheinischen Merkur, worin er gegen die Fremdherrschaft mit solcher Energie und mit solcher Wirkung auf die Gemüther kämpfte, daß Napoleon das Görressche Blatt die fünfte gegen ihn auftretende Großmacht genannt hat. Nach dem Sturze Napoleons wirkte der Rheinische Merkur für die Reform des deutschen Staatslebens nach den Principien der Einheit und Freiheit, wobei Görres von Arndt und Jahn nur darin abwich, daß er als Katholik und Romantiker der Kirche und dem Adel eine gewisse autonome Stellung der modernen Büreaukratie gegenüber vindicirte.

Obgleich diese Bestrebungen alle auf die politische Erhebung Preußens gerichtet waren, so haben wir doch schon dargelegt, aus welchen Gründen und Motiven weder der König, noch die höchsten Staatsbehörden auf dieselben eingingen, und wie die dafür am preußischen Hofe thätige Partei durch österreichischen und russischen Einfluß immer mehr zurückgedrängt wurde. Das erste Symptom einer beginnenden Reaction zeigte sich in dem Verfahren gegen Görres. Der im Rheinischen Merkur angestimmte Ton war für Metternich zu glühend, und so ließ er ihn durch Gentz als revolutionär verdächtigen; auch die ehemaligen Rheinbundsstaaten beklagten sich über die Tendenz eines Blattes, das mit Geringschätzung von ihnen sprach und nicht undeutlich auf ihre Mediatisirung durch Preußen anspielte. In Folge dessen wurde der Rheinische Merkur im Juli 1815 unter Censur gestellt, und als Görres sich nicht fügen wollte, ganz unterdrückt. Ein zweites Symptom der Reaction war eine im September 1815 von dem Geheimen Rath Schmalz in Berlin herausgegebene Broschüre. Dieselbe sollte eigentlich nur eine Stelle in der Venturinischen Chronik berichtigen, allein Schmalz benutzte diese Gelegenheit, den Tugendbund anzugreifen und ihn sowie das ganze Treiben der Zeit als revolutionär zu verdächtigen. Die ganze Schrift würde, obgleich von einem berühmten Lehrer des Staatsrechts an der Berliner Universität geschrieben, doch wegen ihrer elenden servilen Gesinnung keine Wirkung gehabt haben, wenn man nicht mit Recht vermuthet hätte, daß hinter Schmalz eine mächtige Partei stände, daß seine Schrift ein Versuch der reactionär Gesinnten sei, dem Könige vor der nationalen freisinnigen Richtung Furcht beizubringen. Es erhob sich ein Federkrieg, in welchem Männer wie Niebuhr und Schleiermacher gegen Schmalz das Wort ergriffen, allein der König schlug die ganze Sache durch das Verbot des Schreibens darüber nieder; daß er selbst jedoch dem Denuncianten ein Verdienst zuerkannte, bewies er dadurch, daß er demselben einen Orden verlieh. — Wenn schon in diesen Symptomen sich eine Reaction fühlbar machte, so ward in dieser Zeit auch die Frage über die preußische Verfassung in jenem Sinne entschieden. In dem über diese Angelegenheit niedergesetzten Ausschusse standen zwei Ansichten einander schroff entgegen: die eine, zu der sich auch der berühmte Jurist von Savigny bekannte, behauptete, Preußen müsse schon wegen seiner lang hingestreckten Grenzen ein Militärstaat bleiben, und in einem solchen dürfe die Einheit des Entschlusses und des Handelns nicht durch das Dareinreden einer Ständeversammlung gehemmt oder gelähmt werden; auch seien so entfernte Provinzen, wie Ostpreußen und die Rheinlande, wie Posen und die Mark, Pommern und Sachsen, Schlesien und Westfalen, in ihrer Bildung und in ihren Bedürfnissen noch nicht gleichartig genug, um in einer reichsständischen Versammlung mit Nutzen für den Staat vereinigt zu werden. Die entgegengesetzte Ansicht, die von Gneisenau, von dem Kriegsminister von Boyen, von dem General v. Grolmann, von den Ministern Beyme und W. von Humboldt, von dem Geheimen Rath Stägemann und Eichhorn vertreten wurde, behauptete im Gegentheil, daß Preußen aufgehört habe, ein Militärstaat zu sein, seitdem das Heer ein Volksheer geworden. Gerade die Verschiedenartigkeit der Bestandtheile des Staates mache eine Volksvertretung um so nothwendiger, da sie durch diese zu einem geschlossenen Ganzen zusammenwachsen würden. Auch habe der Staat selbst seine Bevölkerung zur Mündigkeit erzogen, und die alte Bevormundung durch die Büreaukratie sei daher um so weniger zeitgemäß, da sowohl durch sein Versprechen, als durch den 13. Artikel der Bundesacte der König zu landständischen Einrichtungen verpflichtet sei. Zwischen diesen einander schroff gegenüberstehenden Ansichten machte sich, wie gewöhnlich, eine vermittelnde geltend, als deren Repräsentant der geheime Legationsrath von Ancillon betrachtet werden konnte. Diese Ansicht hielt dafür, daß es mit der Verfassung keine Eile habe, daß dieselbe vielmehr um so vollkommener werden müsse, je mehr man ihr Zeit lasse zu reifen. Sie lief also auf das Resultat hinaus, das Werk auf die lange Bank zu schieben, und da sich ihr als der bequemeren die Majorität zuneigte, so ging sie durch. So von oben her gehemmt glühte die Begeisterung in den Kreisen fort, denen es an aller Auctorität und Erfahrung fehlte, und hier nahm sie allerdings einen revolutionären Charakter an, der alsdann von Metternich geschickt benutzt wurde, um den König von Preußen vollends in die Reaction hineinzutreiben. Die Turnschulen und Universitäten wurden die Pflanzstätten, in welchen sich ein mit dem Bestehenden nicht bloß unzufriedener Geist ausbildete, sondern wo auch Pläne zum Umsturze desselben geschmiedet wurden, und wo man eine kühne, dem politischen Fanatismus sich nähernde Sprache hörte. Mit Stolz und Selbstüberhebung ging die

Jugend auf den Gedanken ein, daß sie berufen wäre, eine Verbesserung des durch ihre Väter verschlechterten Zustandes zu bewirken; politische Ideen des Mittelalters mischten sich in den Köpfen der studirenden Jugend mit den revolutionären Gedanken der neueren Zeit und erhielten noch durch religiöse Schwärmerei einen trüben Zusatz. Ganz von selbst und in Uebereinstimmung mit dem Geiste der Zeit bildete sich auf den Universitäten der Gedanke aus, sich nicht mehr in Landsmannschaften zu spalten, sondern sich zu einer allgemeinen Burschenschaft zu verbrüdern. Statt der particularen Heimathländer sollte das einige große deutsche Vaterland das vereinigende Band der studirenden Jugend werden, und die Vereinigung derselben unter einer Farbe und einem Panier sollte gleichsam das Vorbild und das Vorspiel der dereinst zu bewirkenden Einheit des ganzen Deutschlands sein. Von Jena, das schon oft in geistigen Bewegungen voran gegangen war, ging auch diese Idee aus und zugleich eine Einladung an die übrigen Universitäten, sich zu dem dreihundertjährigen Jubelfest der Reformation auf der Wartburg bei Eisenach zu versammeln. Das hier zu feiernde Fest ward auf den 18. October 1817, den Jahrestag der Befreiungsschlacht von Leipzig, angesetzt, um zugleich die Befreiung Deutschlands von dem Joche der römischen Hierarchie und von der napoleonischen Unterdrückung zu feiern. An dem bestimmten Tage versammelten sich über 500 Festgenossen in Eisenach, die meisten aus Jena, aber auch Abgeordnete von allen deutschen Universitäten mit Ausnahme Königsbergs und der österreichischen Hochschulen. Das Fest ward unter Theilnahme der Ortsbehörden und in Anwesenheit der Jenaer Professoren Fries, Oken und Kieser auf eine um so würdigere Weise begangen, da man es ganz in religiöser Färbung hielt. Es erhielt zugleich eine nachwirkende Bedeutung durch den hier gefaßten Beschluß, eine allgemeine deutsche Burschenschaft zu gründen, von der die Burschenschaften der einzelnen Universitäten nur als Theile zu betrachten wären. Erst als bei der Nachfeier am Abend ein Octoberfeuer auf der Wartburg angezündet wurde, machte sich der burschikose Geist der Jugend geltend und verübte einen Act jugendlichen Muthwillens. Ein damaliger Berliner Student, der jetzige Professor Maßmann, erschien mit einem Haufen von Büchern und erklärte, wie vor 300 Jahren Luther durch die Verbrennung der päpstlichen Bulle das Signal zur Losreißung vom römischen Stuhle gegeben habe, so solle auch hier durch Verbrennung der Bücher, die eine undeutsche Richtung verträten, ein Zeichen gegeben werden, daß man sich von einem so unsauberen Geiste lossage. Unter lautem Jubel der Umstehenden wurden nun ins Feuer geworfen das Werk von Dabelow über den 13. Artikel der Bundesacte, des Herrn v. Kamptz Codex der Gensdarmerie, Kotzebues Deutsche Geschichte, Hallers Restauration der Staatswissenschaften, Cölln's vertraute Briefe, Zachariäs Werk über den Code Napoléon, Ancillons Abhandlung über Souveränetät und Staatsverfassungen und endlich Schmalz' sämmtliche Werke. Zum Schluß wurden noch unter Witzen und Spaß ein österreichischer Corporalstock, ein hessischer Zopf und ein preußischer Gardeschnürleib verbrannt.

Statt diesen Vorgang als einen Act jugendlichen Uebermuths zu betrachten und zu behandeln, wurde er als ein bedenkliches Zeichen der Zeit, als ein Manifest des auf den Umsturz des Bestehenden gerichteten Geistes gedeutet und der Unwille darüber von denen geschürt, die sich durch die Verbrennung ihrer Werke gekränkt und verhöhnt fühlten. Wie wichtig die Regierungen die Sache nahmen, zeigte sich darin, daß der Fürst Hardenberg und der österreichische Gesandte Graf Zichy selbst nach Jena und Weimar reisten, um dem Großherzog Karl August Vorstellungen über den Studentenunfug zu machen. Dazu kam, daß der in Weimar lebende russische Staatsrath v. Kotzebue über Beleidigung durch die freie Presse Beschwerde führte. Ueber Kotzebues Charakter braucht hier nichts ausführliches gesagt zu werden, denn er selbst hat sich in seinen zahlreichen Schriften und besonders in seinen dramatischen Werken als eine durchaus gemeine Natur, der nichts heilig und ehrwürdig ist, kundgegeben. Im russischen Staatsdienste hatte er weder Bedeutung, noch Einfluß, allein seine Eitelkeit brüstete sich mit einem solchen, und er mußte es sich daher selbst zuschreiben, wenn ihn die öffentliche Meinung als einen russischen Spion brandmarkte. Seine Beschwerde über die freie Presse in Weimar und Jena führte im Februar 1818 deren Unterdrückung herbei; eine von den Ständen genehmigte Verordnung des Großherzogs hob die Preßfreiheit auf und führte nicht bloß für Journale und Flugschriften, sondern für alle Druckwerke die Censur wieder ein. Natürlich war nun für Kotzebue nicht mehr seines Bleibens in Weimar; er verlegte seinen Wohnsitz nach Mannheim. Als unmittelbar darauf im Jahr 1818 sich der Monarchencongreß in Aachen versammelte, ward demselben eine von einem walachischen Bojaren, Stourdza, abgefaßte Denkschrift überreicht, worin der Geist der deutschen Universitäten als revolutionär geschildert und dessen strenge Unterdrückung empfohlen war. Während Frankreich so beruhigt schien, daß der Congreß die Occupationsarmee aus demselben abziehen ließ, erregte jetzt Deutschlands innerer Zustand Besorgnisse. Was in den vertraulichen Berathungen über Deutschlands Angelegenheiten abgemacht wurde, ist zwar nicht bekannt geworden, aber man darf vermuthen, daß vieles von dem besprochen ward, was im folgenden Jahre zur Ausführung kam, als einige auffallende Thatsachen die verirrte und sträfliche Richtung verriethen, in die nach und nach der Geist der Jugend verlockt wurde. Denn es ließ sich allerdings nicht verkennen, daß die Aufregung unter der studirenden Jugend eine krankhafte Form angenommen hatte, von der viele edele Jünglinge ergriffen untergingen, und von der einer zu einer eben so entsetzlichen als verrückten That verführt wurde. Der Gründer der Burschenschaft, Karl Follenius, übte, nachdem er sich in Jena habilitirt hatte, einen großen Einfluß auf den Kreis aus, der sich um ihn sammelte. Ueberzeugt, daß Deutschlands politische Einheit nicht auf dem langsamen Wege moralischer Entwickelung, sondern nur durch eine gewaltsame Umwälzung zu erreichen sei, gewöhnte er seine Vertrauten an den Gedanken, daß der Baum der Freiheit mit Blut gedüngt werden müsse. In diesem Kreise befand sich ein junger Mann von warmer Empfindung, aber schwachem Verstande und daher, wie solche Naturen, zur Schwärmerei geneigt. Er hieß Karl Ludwig Sand aus Wunsiedel im Fichtelgebirge. Die heillosen Grundsätze, die er um sich her hörte, ließen ihm den Mord im Dienste einer guten Sache als eine edele That erscheinen, und sein Mangel an Urtheilskraft verführte ihn zu der Ueberzeugung, daß er seinem Vaterlande einen Dienst leiste, wenn er dasselbe von dem Verräther Kotzebue befreie. So reiste er demselben, der nach Mannheim übergesiedelt war, nach und ließ sich am 23. März 1819 bei ihm melden. So wie Kotzebue ihm entgegengetreten war, zog Sand einen Dolch hervor und stieß ihm denselben mit den Worten: Hier Verräther des Vaterlandes! dreimal in die Brust. Als auf den Hilferuf des Ermordeten dessen Familie ins Zimmer stürzte, drückte sich der Mörder seinen Dolch in die linke Brust und rannte die Treppe hinab auf die Straße, wo er niederkniete und sich mit den Worten: Ich danke dir, Gott, für diesen Sieg! den aus der Wunde gezogenen Mordstahl noch einmal mit letzter Kraft in die Brust stieß. Doch war keine seiner Wunden tödtlich, so daß er zur Untersuchung gezogen werden und über die Motive seiner That Aufschluß geben konnte. Es ging daraus hervor, daß sein Verbrechen ein vereinzeltes war, das zwar in seinem tieferen Grunde mit der allgemeinen Bewegung der Zeit zusammenhing, zunächst aber nur in einer persönlichen bis an die Grenze des Wahnsinnes gesteigerten Ueberspannung seine Veranlassung hatte. Obgleich das deutsche Volk noch zu sittlich und gerecht urtheilte, um nicht einen Meuchelmord zu verdammen und es als eine Schmach zu betrachten, daß die deutsche Jugend, die vor wenigen Jahren in offenem Kampfe ihr Blut für das Vaterland verspritzt hatte, sich jetzt durch einen Banditenstreich schändete, so widmete es doch dem unglücklichen jungen Manne, der zu dem schmählichsten Verbrechen durch die edelsten Motive verführt worden war, eine lebhafte Theilnahme und ein tiefes Mitleiden. Sand selbst verurtheilte seine That und sühnte sie, indem er mit festem Muthe am 20. Mai 1820 das Schaffot bestieg. Sein Beispiel fand leider bald einen Nachahmer. Am 1. Juli wurde der nassauische Regierungspräsident v. Ibell im Bade Schwalbach von einem jungen Apotheker Namens Löning mit demselben Zurufe, den Sand an Kotzebue gerichtet hatte, meuchlerisch angegriffen. Der Mordversuch mislang aber, weil Ibell, ein starker Mann, den Mörder entwaffnete und ihn den Gerichten übergab; der Mörder entzog sich aber durch Selbstmord im Gefängnisse aller weitern Untersuchung und Bestrafung. Man kann denken, daß dieser Mordversuch die Bestürzung der Regierungen vergrößerte und der Anklage Glauben verschaffte, daß Deutschland, und besonders die in demselben heranwachsende Generation von einem revolutionären Schwindel ergriffen sei. Auch eine Judenverfolgung, die unter dem Geschrei Hep! Hep! von Würzburg aus sich fast in allen Städten Deutschlands wiederholte, galt als ein Symptom revolutionärer Aufregung.

Die Reaction beutete diese Erscheinungen zu ihrem Vortheil aus. Im August 1819 hielten mehrere deutsche Minister und Diplomaten auf Metternichs Einladung und unter seinem Vorsitze eine Zusammenkunft in Karlsbad. Die hier gefaßten s. g. Karlsbader Beschlüsse wurden am 20. September 1819 von dem Bundestage als Bundesbeschlüsse bekannt gemacht. Um den Verirrungen vorzubeugen, die unleugbar bei der Jugend zum Vorschein gekommen waren, verordneten sie eine strenge Aufsicht über Lehrer und Lernende und befahlen in dieser Hinsicht, daß an jeder Universität ein außerordentlicher Regierungsbevollmächtigter angestellt werden solle, um die Lehrer zu beobachten und die Lernenden in den Schranken der Zucht und Ordnung zu erhalten. Sodann ward in allen deutschen Staaten die Preßfreiheit aufgehoben und festgesetzt, daß keine Schrift unter 20 Bogen ohne Censur gedruckt werden dürfe. Endlich wurde zur Aufspürung der demagogischen Umtriebe eine Central-Untersuchungscommission in Mainz niedergesetzt. In Folge der Voraussetzung, daß ein Geheimbund bestehe, mit dem Zwecke, die gegenwärtige Verfassung Deutschlands umzustürzen und eine auf Einheit, Freiheit und Volksthümlichkeit gegründete Republik an deren Stelle zu setzen, wurden die patriotischsten Männer verfolgt. Jahn ward verhaftet, Arndt suspendirt, und Görres entzog sich der Verhaftung nur durch die Flucht in die Schweiz. Obgleich die

Mainzer Commission die Gefängnisse füllte und Berge von Acten zusammenschrieb, so konnte sie doch keine Verschwörung entdecken, weil es eben keine gab. Auf Preußen übte diese Reaction die Wirkung aus, daß die patriotische Partei allen Credit verlor und völlig aus dem Rathe des Königs verdrängt wurde. Die Minister Humboldt, Boyen, Beyme und der General Grolmann wurden entlassen, und es dominirten neue Einflüsse am preußischen Hofe, die an die Stelle des patriotischen und kriegerischen Geistes von 1813, der jetzt unbequem und sogar gefährlich schien, eine andere Begeisterung zu setzen suchten, die Begeisterung für Kunst und Wissenschaft. Berlin sollte, wenn auch nicht die politische Hauptstadt Deutschlands, wenigstens die Metropole der deutschen Intelligenz werden. Indessen verdient bemerkt zu werden, daß gerade in dieser Zeit der Reaction der Staatskanzler vom Könige am 17. Januar 1820 eine Erklärung unterzeichnen ließ, wonach Preußen keine Staatsschulden mehr contrahiren solle ohne Garantie der künftigen Reichsstände.

Gern hätte Metternich, nachdem es ihm gelungen war, die patriotische Bewegung zu unterdrücken, auch die constitutionelle gezügelt, und darauf war sein Streben gerichtet bei dem Ministercongreß in Wien, der sich im Spätherbst 1819 versammelte, um das in Karlsbad begonnene zu vollenden. Allein hier hatte er es mit Regierungen zu thun, die auf ihre Souveränetät eifersüchtig waren und jedem Bestreben, dieselbe zu beschränken, hartnäckig entgegenarbeiteten. In der s. g. Wiener Schlußacte, die am 15. Mai 1820 zu Stande kam und von dem Bundestage am 8. Juni als eines der Grundgesetze des deutschen Bundes angenommen wurde, war daher die Unabhängigkeit der einzelnen Bundesstaaten aufs ängstlichste gewahrt, und in Beziehung auf die Landstände erreichte Metternich nur soviel, daß in dem 57. Artikel erklärt wurde, die gesammte Staatsgewalt müsse in den monarchisch regierten Staaten in dem Souverän vereinigt bleiben, und derselbe könne durch eine landständische Verfassung nur in der Ausübung bestimmter Rechte an die Mitwirkung der Stände gebunden werden. Und in dem folgenden Artikel ward namentlich hinzugefügt, daß die im deutschen Bunde vereinigten Fürsten durch die Landstände nicht in der Erfüllung ihrer bundesmäßigen Verpflichtungen gehindert oder beschränkt werden dürften. Und wie benahm sich das deutsche Volk dabei? Es widerlegte am besten alle die Anklagen von Verschwörungen und revolutionärer Gesinnung durch die Geduld, mit der es das ihm von der Reaction aufgelegte Joch ertrug, und durch das unerschütterliche Vertrauen, mit dem es von der Erleuchtung der Machthaber bessere Zeiten und bessere Zustände erwartete.

In Frankreich war in dem Worte Restauration, mit welchem man die wiederhergestellte Regierung der Bourbons bezeichnete, die Reaction von selbst enthalten. Die Leichtigkeit, mit der die erste Restauration gefallen war, erweckte gerechte Zweifel, ob die zweite haltbarer sein werde. In der That war es in einem so umgewühlten Lande, wie Frankreich, wo die Parteien unterdrückt, aber nicht vernichtet waren, schwer, etwas dauerndes zu gründen. Die constitutionelle Verfassung, welche die Vergangenheit mit der Gegenwart verschmelzen und die getrennten Gemüther versöhnen sollte, konnte in einem Boden nicht Wurzel fassen, der zu ihrer Aufnahme nicht vorbereitet war. Es war ein Unglück, daß man den ersten Versuch mit einer constitutionellen Regierung nach dem Muster der englischen in einem Lande machte, dem alle Bedingungen dazu fehlten, wo eine despotisch organisirte Verwaltung in schroffem Widerspruch mit freisinnigen Institutionen stand. Hier konnte die Verfassung nur das Spiel der Parteien werden, um sich mit ihrer Hilfe zur Macht emporzuarbeiten und diese Macht zum Sturze der Bourbonen zu benutzen. Wie verschieden auch die Parteien waren, die Bonapartisten, die Republikaner und die Constitutionellen, — in einem vereinigten sich alle, in ihrem Hasse gegen die Bourbons und die Emigration, und jede Concession, die sie der Regierung abnöthigten, war nur ein neues Werkzeug gegen die Herrscherfamilie, der man nicht verzeihen konnte, daß ihr Triumph die Demüthigung Frankreichs gewesen war. Und diese Familie war selbst in ihren Gliedern nicht einig, sondern in ihrem Innern von den Gegensätzen gespalten, von denen das Land im großen zerrissen war. Ludwig XVIII hatte zwar Verstand und Lebenserfahrung genug, um die Schwierigkeiten seiner Lage zu erkennen und danach sein politisches System einzurichten: er suchte das neue Königthum auf den gebildeten Mittelstand zu stützen — allein er fand den entschiedensten Widerstand bei seinem jüngern Bruder, der gerade das entgegengesetzte System annahm und beförderte, nämlich das Königthum wieder auf den Adel und die Kirche zu gründen. Dieser Bruder, Karl Philipp, Graf v. Artois, lebte mit seinen Ideen und Gefühlen in der alten Zeit, aus der er in seiner Person das Bild und Muster eines Edelmannes repräsentirte. Körperliche Gewandtheit und Kraft waren ihm bis zum Alter geblieben, und er bildete eine stattliche Figur sowohl zu Pferde auf der Jagd, der er, wie allen nobeln Passionen, mit Leidenschaft ergeben war, als im Salon, wo er die Künste der Galanterie mit Meisterschaft zu üben verstand. Dagegen war er ohne bedeutende geistige Anlagen und deshalb um so leichter ein Werkzeug seiner Umgebung, die seinen Neigungen zu schmeicheln verstand; auch machte ihn sein Hang zur Frömmigkeit, mit der er die Sünden seiner Jugend abbüßen wollte, von schlauen Priestern abhängig. Seine Stellung im Staate war aber um so bedeutender, da er der präsumtive Thronerbe war und allein Kinder hatte, auf denen die Hoffnung der Fortpflanzung der Dynastie beruhte. Sein ältester Sohn, der Herzog von Angoulême, war mit Ludwigs XVI Tochter, Maria Theresia, vermählt, die kinderlos nie die Erinnerung an ihr trauriges Schicksal los werden konnte, und da sie nicht zu bewegen war, die Trauerkleider um ihre gemordeten Eltern abzulegen, gleichsam als Trauer- und Rachegestalt einen düstern Schatten auf das bourbonische Hofleben warf. Der zweite Sohn des Grafen von Artois, der Herzog von Berry, war noch unvermählt, aber geistig, wie sein älterer Bruder, ein ganz unbedeutender Mann. Da der Graf von Artois den Theil der Tuilerien bewohnte, den man Pavillon Marsan nannte, so ward dieser Name die Bezeichnung für die ganze Partei, welche der Mäßigung Ludwigs XVIII entgegenarbeitete. Man nannte sie auch die Ultras, weil sie in ihren Reactionsbestrebungen ultra regem hinausgingen.

Nichts konnte dieser Partei unangenehmer sein, als daß der König nach seiner Rückkehr aus Gent in sein Ministerium Talleyrand und Fouché aufnahm, von denen der erste allen Regierungen gedient hatte und keiner treu gewesen, und der letztere in ihren Augen als Königsmörder gebrandmarkt war. Zwar konnte der König einen so eclatanten Treubruch, wie den Abfall zu Napoleon, nicht ungestraft lassen, und so wurden 30 Mitglieder aus der Pairskammer ausgeschlossen und eine Proscriptionsliste entworfen, auf der sich 57 Namen befanden, die theils für immer verbannt, theils vor ein Kriegsgericht gestellt werden sollten. Allein dem exaltirten Royalismus waren diese Maßregeln zu gemäßigt, um ihm zu genügen. Obgleich das Ministerium alles aufbot, um bei den Wahlen zur Deputirtenkammer seiner Gesinnung das Uebergewicht zu verschaffen, und obgleich es darin von einer so gewandten Feder, wie der Guizots, welcher damals als Generalsecretär im Ministerium des Innern seine staatsmännische Laufbahn begann, unterstützt wurde, so siegte doch unter dem Einflusse des Schreckens, den die eben erlebten Ereignisse zurückgelassen hatten, die Partei der überspannten Royalisten. Es kam eine Kammer von rein royalistischer Färbung zu Stande, die der König aus Verwunderung über ein solches Resultat Une chambre introuvable nannte, ein Scherzwort, das ihr im Ernste als ihr historischer Beiname geblieben ist. Natürlich war einer solchen Kammer gegenüber weder Talleyrands, noch Fouchés Stellung länger haltbar, und mit dem Rückzuge beider löste sich das Ministerium auf. In Uebereinstimmung mit den in der Kammer vorherrschenden Elementen bildete der König ein neues Ministerium unter dem Vorsitze des Herzogs von Richelieu aus Männern, die sich durch ihre untadelhafte royalistische Gesinnung empfahlen. Die beiden wichtigsten Minister waren der Herzog von Richelieu selbst, der die auswärtigen Angelegenheiten verwaltete, und der Polizeiminister Graf Decazes. Der erstere hatte sich während seiner Emigration im russischen Staatsdienste ausgezeichnet und sich zum Generalgouverneur von Neurußland emporgeschwungen. Hier hatte er sich besonders um Odessa ein großes Verdienst erworben; daß diese Stadt der bedeutendste Hafen am schwarzen Meere wurde und sich zu einer der ersten Handelsstädte Europas erhob, war sein Werk und verschaffte ihm den Ruf eines tüchtigen Administrators. Er wäre gern wieder auf seinen ihm lieb gewordenen Posten in Rußland zurückgekehrt, allein er konnte dem König die Bitte nicht abschlagen, seinem Vaterlande in einer so wichtigen Krisis zu dienen, und übernahm sein neues Amt mit dem redlichsten Eifer. Wie er nicht die Leidenschaften der übrigen Emigrirten während der Emigration besessen hatte, so theilte er sie noch weniger nach der Rückkehr und richtete danach sein politisches System ein, das darin bestand, in Verbindung mit der Pairs- und Deputirtenkammer dem erschütterten Reiche Ruhe und Ordnung zurückzugeben, um sobald als möglich die Räumung Frankreichs von den Occupationstruppen zu veranlassen. — Der Graf Decazes hatte unter Fouché seine Schule gemacht. Als geschmeidiger Höfling verstand er es bald, sich in die Gunst des Königs einzuschmeicheln und dessen Vertrauen zu gewinnen, ohne das des Pavillon Marsan zu verlieren.

So mild auch der König war, so mußte er doch der Gerechtigkeit gegen diejenigen ihren Lauf lassen, die sich bei der letzten Usurpation Napoleons des Hochverraths schuldig gemacht hatten. Unter den zahlreichen Processen, welche in Folge dessen eingeleitet wurden, erregte am meisten Aufsehen der Proceß des Marschalls Ney und des Grafen von Lavalette. Der erstere hatte das Vertrauen des Königs auf das empfindlichste getäuscht; er hatte den Oberbefehl gegen den von Elba zurückgekehrten Napoleon aus den Händen des Königs angenommen und demselben aus eigener Bewegung gelobt, er werde ihm den Usurpator in einem eisernen Käfig gefangen zu Füßen legen. Und doch war er im Augenblick der Entscheidung schwach genug gewesen, mit seinem ganzen Heere zu Napoleon überzugehen. Wenn eine solche Treulosigkeit ungestraft geblieben wäre, welche Verbrechen hätten dann noch Strafe verdient? Nach allen göttlichen und menschlichen Gesetzen hatte der Marschall sein Leben verwirkt. Und doch haben die Franzosen bis auf den heutigen Tag die Verurtheilung des Marschalls als einen Justizmord betrachtet! Sie, die sonst stolz darauf sind, daß bei ihnen alle vor dem Gesetze gleich sein sollen, haben dem Marschall Ney, weil er ein tapferer Haudegen war, weil er in ihren Kriegsannalen als le plus brave des braves glänzte, das Privilegium der Ungestraftheit vindiciren wollen und es der Pairskammer nie vergessen und vergeben, daß sie ihn zu einer verdienten Strafe verurtheilt hat. Ney muß selbst die Ueberzeugung gehabt haben, daß man ihn nicht zu verurtheilen wagen werde, sonst begreift man nicht, warum er aus dem sichern Asyl, das er bereits in der Schweiz gefunden hatte, wieder nach Frankreich zurückkam. Er ward verhaftet und sollte vor ein Kriegsgericht gestellt werden. Allein es war schwer, ein solches zu Stande zu bringen, weil es nur aus den alten Kriegsgefährten des Angeklagten gebildet werden konnte, und es diesen begreiflicher Weise peinlich war, ihn zu richten und über ihn, wie es nach Recht und Gerechtigkeit nicht anders sein konnte, das Todesurtheil auszusprechen. Der älteste Marschall Moncey lehnte den ihm übertragenen Vorsitz im Kriegsgerichte ab und zog es vor, sich lieber einer Disciplinarstrafe als einem so gehässigen Amte zu unterziehen, und als endlich unter dem Vorsitze des Marschalls Jourdan ein Kriegsgericht zu Stande kam, ergriff dieses mit Freuden den Vorwand, daß Ney als Pair nur von den Pairs gerichtet werden könne, um das Odium von sich auf die Pairskammer zu wälzen. Diese verwandelte sich daher in einen hohen Gerichtshof und verurtheilte den Angeklagten wegen Hochverraths und bewaffneter Empörung zum Tode. Das Urtheil ward am 7. December 1815 vollzogen; der Marschall Ney, der in so vielen Schlachten von den Kugeln der Feinde verschont geblieben war, fiel unter den Kugeln französischer Soldaten. — Weniger tragisch, aber bei weitem romantischer war der Ausgang von dem Processe Lavalettes. Dieser hatte sich bei Napoleons Rückkehr von Elba der Postverwaltung bemächtigt und dem Usurpator die wichtigsten Dienste geleistet. Dafür ward er von den Pariser Assisen des Hochverraths für schuldig erklärt und zum Tode verurtheilt. Als alle Bemühungen seiner Gemahlin, Gnade zu erwirken, fruchtlos blieben, wechselte sie im Gefängnisse mit ihm die Kleider und verschaffte ihm so Gelegenheit, über die Grenze nach den Niederlanden zu entfliehen. Dem Geiste der Reaction, der in der Deputirtenkammer vorherrschte, war es indessen nicht genügend, die Verbrechen der Vergangenheit zu bestrafen, ihm schien es noch wichtiger, die Zukunft durch Ausnahmegesetze zu sichern. Dahin gehörte die Verbannung der Napoleoniden und der sogenannten Königsmörder, die Gesetze gegen aufrührerische Rufe und Handlungen, sowie die der Regierung verliehene Macht, ohne Umstände verdächtige Personen zu verhaften und politische Verbrecher mit Umgehung der Geschworenen von Prevotalhöfen richten zu lassen. Vorzüglich aber war das Bestreben darauf gerichtet, der Revolution in der Religion einen festen Damm entgegenzusetzen und durch die Herstellung der katholischen Geistlichkeit zu ihrem früheren Glanze und Einflusse die aufwachsende Generation in einem neuen Geiste zu erziehen. Es bildete sich ein Verein unter dem Namen der Congregation, der bald von Paris aus seine Verzweigungen über ganz Frankreich ausdehnte und seine Wirksamkeit darauf richtete, religiöse und monarchische Gesinnungen zu verbreiten. Allein nichts hat von jeher der wahren Religion mehr geschadet, als wenn sie zu reactionären Polizeizwecken misbraucht wird. Denn es entstehen dadurch auf der einen Seite Heuchler und auf der andern Spötter. So erging es auch hier. Während sich Jung und Alt zur Aufnahme in die Congregation drängte, weil es kein besseres Mittel gab, sich einflußreiche Empfehlungen zu verschaffen, erwachte auf der andern Seite die Abneigung des gebildeten Mittelstandes gegen priesterlichen und hierarchischen Einfluß. Der Gegensatz trat in zwei charakteristischen Erscheinungen hervor: auf der einen Seite die geistlichen Missionen, die statt der frühern Freiheitsbäume das Kreuz Christi aufpflanzten und unter demselben das zusammenströmende Volk zur Buße ermahnten, und auf der andern Seite die Ueberschwemmung des Landes mit wohlfeilen Ausgaben der Werke Voltaires, des Spötters über jede positive Religion. Der König, dessen System es war, gerade auf diesen kirchenfeindlichen Mittelstand seinen Thron zu stützen, fühlte das Bedenkliche der ultraroyalistischen Tendenzen; außerdem war ihm der Einfluß seines Bruders lästig, und sein Vertrauter, der Polizeiminister Decazes, bestärkte ihn in dem Entschlusse, sich von der Aufsicht frei zu machen, unter der ihn der Graf von Artois und die Herzogin von Angoulême hielten. Nachdem er zuerst den Minister des Innern, Vaublanc, eine Creatur seines Bruders, entlassen und an dessen Stelle Lainé ernannt hatte, einen Mann, der in schwierigen Lagen Muth und edle Gesinnung bewährt hatte, löste er im September 1816 die Deputirtenkammer auf. Kurz vorher hatte er den Herzog von Berry mit der Prinzessin Karoline von Neapel vermählt und in dieser heitern, lebenslustigen Fürstin einen Gegensatz gegen die Trauergestalt der Herzogin v. Angoulême, sowie in ihrem Gemahl eine Stütze gegen den Pavillon Marsan gewonnen.

Die neue Richtung, welche die Regierung mit der Auflösung der Chambre introuvable eingeschlagen hatte, mußte dahin führen, den bürgerlichen Elementen in der Kammer über die adeligen Ultras das Uebergewicht zu verschaffen. Wenn die Allianz des Thrones mit dem Bürgerstand eine Wahrheit werden sollte, so mußte dieser auch in der Regierung seinen Platz finden und seine Gesinnung, die wesentlich liberal war, geltend machen. Diese Entwickelung machte nun in der That um so schnellere Fortschritte, je mehr sie in der natürlichen Lage des Landes begründet war, sobald ihr nur erst durch das Wahlgesetz der Zugang in die Kammer geöffnet wurde. Die im Jahre 1816 gewählte neue Kammer war in ihrer Zusammensetzung den Absichten des Ministeriums günstig. Dies benutzte der Minister Lainé, um die bisherige Wahlordnung zu ändern. Diese hatte die Wahl Wahlmännern übertragen, welche von Urwählern aus den Höchstbesteuerten gewählt werden mußten. Das neue Wahlgesetz dagegen ermächtigte alle Franzosen, die über 30 Jahre alt waren und 300 Francs directe Steuern zahlten, unmittelbar ohne Zwischencollegien die Deputirten aus der Zahl derer zu ernennen, die einen Steuercensus von mindestens 1000 Fr. hatten. Durch dieses Gesetz wurden 90,000 neue Wähler geschaffen, bei weitem die Mehrzahl aus dem gebildeten Mittelstande, dem die Ansichten und Bestrebungen des royalistischen Adels ein Greuel waren. Auch wurde das neue Wahlgesetz erst nach den heftigsten Kämpfen von beiden Kammern angenommen und nicht ohne daß die Gegner voraussagten, dasselbe werde der Todesstreich für die Monarchie sein. In der That zeigte sich die Wirkung des neuen Wahlgesetzes jedes Jahr, wenn der Charte zufolge ein Fünftel der Deputirten austreten und neu gewählt werden mußte. Denn jedes Jahr verstärkte sich die Zahl der bürgerlichen Deputirten; so wurden die Banquiers Jacques Lafitte und Casimir Périer, Benjamin Constant, Camille Jordan, Royer Collard und andere bürgerliche Notabilitäten in die Kammer gewählt, und wenn sie auch der Zahl nach noch die Minderheit bildeten, so übten doch ihre Reden und Vota auf die hinter ihnen stehende große Masse des Bürgerthums einen mächtigen Einfluß aus. Man unterschied unter ihnen eine doppelte Richtung: die Independenten, die man später vorzugsweise die Liberalen genannt hat, und die Systematiker, die später mit dem geläufigern Namen der Doctrinairs bezeichnet worden sind. Beide auf dem Boden der Constitution, als dem Grundgesetze des Landes, stehend faßten doch die Anwendung derselben verschieden auf: die ersteren strebten danach, die königliche Gewalt so viel als möglich zu beschränken, die zweiten dagegen konnten sich die regelmäßige Entwickelung des constitutionellen Staatslebens nicht ohne eine starke Regierungsgewalt denken. Indessen verging noch eine Reihe von Jahren, ehe der Einfluß dieser Parteien sich fühlbar machte; für den Augenblick schien die so sehnsüchtig gewünschte Allianz des Thrones mit dem Bürgerthum erreicht und die Ruhe in Frankreich so befestigt, daß der Herzog von Richelieu auf die Räumung von den fremden Occupationstruppen antragen konnte. Sein Einfluß bei seinem ehemaligen Gebieter, dem Kaiser Alexander, verschaffte den Franzosen nicht allein die Befreiung von diesem harten Joche, sondern auch eine bedeutende Reduction der Kriegsschulden. Der im Jahre 1818 versammelte Aachener Congreß befahl den Abzug der Occupationsarmee und nahm Frankreich in den heiligen Bund und unter die Pentarchen Europas auf.

Kaum aber athmete Frankreich von dieser Last befreit leichter auf, so äußerte sich die öffentliche Meinung immer stärker in liberalem Geiste, der in den Augen der Ultras ein revolutionärer Geist war. Bei den Ergänzungswahlen im Jahre 1818 wurde Lafayette in die Kammer gewählt. Dieser Name, der gleichsam eine Personification der Revolution war, setzte nicht bloß den Hof in Schrecken, sondern machte auch den Herzog von Richelieu an dem bisher befolgten System irre; er glaubte die Monarchie gefährdet und hielt es zur Rettung derselben für nöthig, die natürlichen Vertheidiger des Thrones, die Royalisten, um denselben zu versammeln. Zu diesem Zwecke war die Aufhebung des Wahlgesetzes nöthig, das so verderbte Wirkung gehabt hatte, allein in dieser Frage konnte sich das Ministerium nicht einigen und löste sich auf. Da es dem Herzog von Richelieu nicht gelang, ein Ministerium in seinem Sinne zu bilden, so übertrug der König die Bildung eines solchen seinem Günstlinge Decazes. Zu vorsichtig, um selbst an die Spitze zu treten, schob Decazes den General Dessoles als Conseilspräsidenten vor, allein er selbst war die Seele der neuen Verwaltung. Das Programm derselben war die Durchführung der Constitution, und in Uebereinstimmung mit diesem Princip führte er Maßregeln aus, die ihm den Haß der strengen Royalisten zuzogen. Er erließ eine Amnestie für eine Menge bisher Verbannter, beschränkte die Ministerialgewalt durch ein Gesetz über die Verantwortlichkeit der Minister und ertheilte am 1. Mai 1819 Preßfreiheit. Und als die Pairskammer dem Treiben eines Ministers, der die Monarchie in wahnsinniger Verblendung dem Abgrunde zuzuführen schien, Schranken zu setzen suchte, bedachte sich Decazes nicht, durch einen Pairsschub den Widerstand der Pairskammer zu brechen. Er ernannte auf einmal 60 Pairs, meistens aus den Notabilitäten der Kaiserzeit, und verschaffte so seinem System in beiden Kammern das Uebergewicht. Wenn auch dadurch Decazes für den Augenblick das Idol der liberalen Partei wurde, so ward er auf der andern Seite der Gegenstand des glühendsten und maßlosesten Hasses der Royalisten. Die entfesselte Presse übertrug nun den Kampf der Gegensätze aus den Kammern auf den großen Schauplatz der öffentlichen Meinung und fachte die Leidenschaften, die bisher unter der Asche geglüht hatten, zur offenen Flamme an. Man kann wohl sagen, daß sich die Franzosen der Preßfreiheit unwürdig zeigten und sie häufiger zum Unfuge misbrauchten, als sie zu nützlicher Leitung der öffentlichen Meinung benutzten. Besonders deckte sie den Haß auf, der in der Tiefe der Gemüther gegen die Bourbons verborgen lag. Die Chansons von Béranger, welche im leichten Tone des Volksliedes die Dynastie und die Emigration lächerlich machten, athmeten den giftigsten Haß und verbreiteten ihn bis in die untersten Schichten der Gesellschaft. War es zu verwundern, daß die Machthaber das unheilvolle Geschenk der Preßfreiheit, kaum gegeben, auch wieder zurückzunehmen oder es wenigstens zu beschränken trachteten? daß sie den Misbrauch der Freiheit mit der Freiheit selbst verwechselten, und um jenen zu beseitigen, dieser den Krieg erklärten? Dazu kam, daß bei den Ergänzungswahlen des Jahres 1819 die Stadt Grenoble den ehemaligen Bischof von Blois, den Abbé Grégoire, als ihren Deputirten in die Kammer wählte. Grégoire war Conventsmitglied gewesen und hatte seine Zustimmung zu der Verurtheilung und Hinrichtung Ludwigs XVI gegeben. Die Wahl eines Königsmörders war allerdings eine freche Beleidigung der Krone und rechtfertigte die Beschuldigung der Ultras, daß Decazes mit seinen Concessionen das Volk nicht loyaler, sondern nur revolutionärer gemacht habe. Der Graf von Artois, der schon lange mit dem König kein Wort gewechselt hatte, konnte bei dieser Gelegenheit seinen Unwillen nicht bezähmen und rief dem Könige zu: „Da sehen Sie, Sire, wohin man Sie führt!" „Ich weiß es, mein Bruder", erwiderte der König, „und ich werde danach meine Maßregeln ergreifen." Obgleich die Kammer selbst im Gefühl der Unschicklichkeit von Grégoires Wahl diesen ausgeschlossen hatte, so hielt man doch, um die Wiederholung eines ähnlichen Scandals zu verhüten, eine Aenderung des Wahlgesetzes für nothwendig, und Decazes übernahm nun selbst den Vorsitz im Ministerium, aus dem sich Dessoles zurückzog, um sein eigenes Werk zu modificiren. Allein ehe das neue Gesetz in die Kammer gebracht werden konnte, veränderte ein entsetzliches Attentat die ganze Lage der Dinge. Am 13. Februar 1820 wurde der Herzog von Berry beim Heraustreten aus dem Opernhause von einem gewissen Louvel, einem Sattler des königlichen Marstalls, mit einem großen Messer erstochen. Der Mörder gestand, diese That ohne Mitschuldige, bloß von dem Gefühl des allgemeinen Nationalhasses gegen die Bourbons getrieben, in der Absicht begangen zu haben, um in dem Herzog von Berry, von dem allein Nachkommenschaft zu erwarten war, die ganze Dynastie zu vernichten. Diese Absicht wurde zwar nicht erreicht; denn die Herzogin von Berry, die schon eine Tochter hatte, gebar am 29. September 1820 einen Prinzen, Heinrich Herzog v. Bordeaux — allein die That enthüllte die nackte Wahrheit des im Volke gährenden Hasses. Die Stellung von Decazes war nun nicht länger haltbar, er fiel, obgleich vom König, der ihn zum Herzog und zum Gesandten in England ernannte, mit Gunstbezeigungen überhäuft; allein die liberale Partei, die er groß gezogen hatte, fiel nicht mit ihm. Diese war jetzt stark genug, um ohne ministerielle Stütze auf eigenen Füßen zu stehen, und begann gegen die Reaction jenen denkwürdigen Kampf, der zum Sturze der Bourbons führen mußte. Von dem Grundsatze ausgehend, daß man nicht die ganze Nation wegen des Frevels eines einzelnen Menschen strafen dürfe, setzte sie dem royalistischen Ministerium, in welchem der Graf v. Villèle anfangs die Seele und bald auch das nominelle Haupt wurde, den entschlossensten Widerstand entgegen. „Möge die Nachwelt," rief der General Foy aus, „uns nicht den Vorwurf machen, daß wir an dem Grabe eines Bourbon die Freiheit der Bürger als Hekatombe geopfert haben!" Für den Augenblick triumphirten zwar die Maßregeln, die auf Beschränkung der Preßfreiheit und auf Sicherung der königlichen Gewalt gerichtet waren, allein offen und insgeheim arbeitete die liberale Partei auf das Ziel hin, die Regierung innerhalb der Charte so einzuengen, daß sie aus derselben herausspringen mußte.

Viertes Capitel.

Gerade als durch die Karlsbader Beschlüsse und die Wiener Schlußacte die Reaction in Deutschland gelungen war und in Frankreich die Regierung den Schrecken und Abscheu über die Ermordung des Herzogs von Berry benutzte, um nicht bloß mit Concessionen inne zu halten, sondern auch die schon gemachten so viel als möglich zu beschränken, trat in Spanien die Revolution in ihrer schlimmsten Gestalt auf, in der Gestalt einer Militärrevolution. Kein Land hatte gerechteren Anspruch auf die Dankbarkeit seines Königs, dem es während seiner Gefangenschaft unverbrüchliche Treue bewahrt und für dessen Rechte es Gut und Blut geopfert hatte, und keines erfuhr ein traurigeres Schicksal als Spanien. Als Ferdinand VII aus der Gefangenschaft, in der ihn Napoleon seit 1808 gehalten hatte, befreit und ohne sein Zuthun auf dem spanischen Throne restaurirt wurde, fand er Spanien verändert, während er unverändert der alte geblieben war. Sein Charakter war durch das Unglück, welches sonst eine lehrreiche Schule zu sein pflegt, nicht gebessert worden; er hatte die lange Muße, die ihm seine Gefangenschaft darbot, nicht zu ernsten Studien benutzt, sondern in kindischen Beschäftigungen vertändelt. Von frühester Jugend in den Vorstellungen unbeschränkter Königsgewalt aufgewachsen konnte er die während seiner Abwesenheit eingeführte Constitution nur mit ungünstigen Augen betrachten, und der Beschluß der Cortes, daß er nicht eher zur Ausübung von Regierungsrechten befugt sei, als bis er die Constitution von 1812 beschworen, mußte ihm fast als ein Act des Hochverraths erscheinen. Und in der That war diese Verfassung nur der Ausdruck der Gesinnung weniger und im grellsten Widerspruche mit dem Geiste des spanischen Volkes im großen und ganzen. Sie beruhte auf den Theorien der französischen Revolution und theilte mit denselben alle Irrthümer und Illusionen der Lehre von der Volkssouveränetät und die heftige Feindseligkeit gegen die Kirche und deren Einfluß. Wie hätte eine solche Verfassung mit ihren Eingriffen in die Rechte der Krone, mit ihrer ausgesprochenen Abneigung gegen Kirche und Priesterthum für ein Volk passen können, daß zugleich so monarchisch gesinnt und so fest in seinem Glauben gewurzelt war, wie das spanische? Niemand konnte es daher dem Könige verargen, wenn er sich dieser Verfassung nicht unterwerfen wollte, besonders da ihn sogleich bei seinem Eintritte in das Land eine Umgebung empfing, welche die Constitution als ein Werk des Teufels schilderte, weil durch sie die heilige Inquisition aufgehoben worden war. Selbst 69 Mitglieder der Cortes überreichten dem Könige eine Denkschrift, in der sie die Constitution für eine Quelle des Unglücks für das Land erklärten und Rückkehr zu dessen alten Institutionen verlangten. Die Unterzeichner dieser von dem Marquis von Matafloriba abgefaßten Denkschrift erhielten später den Spottnamen „die Perser", weil sie mit diesem Worte anfing. Auch die Truppen in Valencia, wo der absolutistische General Elio commandirte, empfingen den König mit den ungeheucheltsten Versicherungen der Treue und des unbedingten Gehorsams. Am 4. Mai 1814 hob Ferdinand in einer Bekanntmachung die Constitution von 1812 auf und erklärte jeden des Verbrechens der beleidigten Majestät und des Todes schuldig, der es wagen würde, sich der Vollziehung dieser Verordnung durch Rede oder That zu widersetzen. Auf dem Wege von Valencia nach Madrid ward er überall mit ungeheucheltem Jubel von dem Volke begrüßt, das sich freute, seinen angestammten König wieder zu haben und das erst in dessen Rückkunft seinen vollständigen Sieg feierte. So durfte er glauben, mit der Aufhebung der Constitution von 1812 das Rechte getroffen zu haben. Allein statt nun eine andere den Zeitverhältnissen entsprechende Verfassung einzuführen oder auch nur seine Regierung nach den Grundsätzen des sogenannten aufgeklärten Despotismus einzurichten, führte ihn sein unglücklicher Charakter, in dem Unverstand mit Bosheit gepaart war, zur vollständigen Wiederherstellung der alten Misbräuche und zur Rache gegen die, welche dieselben abgestellt hatten. Wie gewöhnlich ward die Religion als Werkzeug der Reaction misbraucht, und es fand sich niemand, der Muth hatte, dem Tyrannen zu sagen, daß durch ein Rachesystem weder der Altar geheiligt noch der Thron befestigt werden könne. Zuerst wurden die von den Cortes aufgehobenen Mönchsklöster wieder hergestellt; dann folgte das strengste Verbot gegen die geheimen Gesellschaften, besonders die Freimaurer, und endlich wurde mit Genehmigung des päpstlichen Stuhles das furchtbare Glaubensgericht der spanischen Inquisition in seiner ganzen Machtvollkommenheit wieder eingesetzt. Dieses Gericht, dessen bloßer Name im 16. Jahrhunderte genügt hatte, um die Niederlande zum Abfall von Spanien zu treiben, war im 19. Jahrhunderte eine Anomalie und konnte nicht anders, als das Ansehen der

Kirche, das es schützen sollte, bei allen gebildeten und denkenden Menschen schwächen. Denn wer, als der niedrigste Pöbel, konnte einen Priesterstand achten, der sich zu Henkerdiensten hergab? Und der neue Großinquisitor, Mir Campillo, Bischof von Almeria, verfuhr mit einem Fanatismus, der selbst den der Zeit Philipps II überbot. In kurzer Zeit befanden sich über 50,000 Menschen in den Kerkern der Inquisition, denen kein anderes Verbrechen zur Last gelegt werden konnte, als daß sie in Religion und Politik freisinnigen Meinungen gehuldigt hatten. Und darunter waren Männer, die in erster Reihe gegen die Fremdherrschaft gekämpft, und ohne deren Thätigkeit Ferdinand nie wieder die Macht erlangt hätte, die er jetzt benutzte, um sie auf den Galeeren oder in den glühenden Kerkern der afrikanischen Presidios schmachten zu lassen. Mit gleicher Härte, wie die religiöse Inquisition, verfuhr die politische. Alle, die der französischen Regierung gedient hatten, die s. g. Afranzesados oder Josephinos, wurden bei Todesstrafe aus Spanien verbannt; den Käufern von Nationalgütern wurden diese nicht bloß ohne Entschädigung wieder abgenommen, sondern auch noch eine schwere Geldbuße auferlegt. Die von den Cortes Angestellten, bis zum geringsten Aemtchen hinab, wurden abgesetzt. Bei dem Heere wurden nur Adelige als Officiere angestellt, die tapferen Guerillas dagegen, die in dem Befreiungskriege mehr als die regelmäßigen Truppen geleistet hatien, ohne Dank entlassen und dem Elend Preis gegeben.

Dabei war die Regierung Ferdinands, wie ohne Verstand, so ohne Würde. Er gefiel sich am meisten im Kreise der s. g. Camarilla, d. h. seiner Vertrauten, die zum Theile aus der niedrigsten Hefe des Volkes von seiner Laune erhoben und wieder gestürzt wurden. Nach deren Einflüsterungen änderte er sein Ministerium so oft, daß man in der kurzen Zeit von 1814—19 dreißig verschiedene Minister zählte, von denen keiner lange genug im Amte blieb, um Ordnung in die Verwaltung seines Departements zu bringen und von denen mehrere bei ihrer Entlassung statt Dankes Strafe erhielten. Charakteristisch für die katzenartige Falschheit seiner Natur war es, daß er solche Minister, die er zu entlassen vorhatte, durch Vertraulichkeit und Liebkosungen in Sicherheit einwiegte und wenn sie sein Cabinet verlassen hatten, ihnen ihre schimpfliche Verabschiedung oder gar einen Verhaftsbefehl nachschickte. Die Früchte einer solchen Regierung, in der sich Grausamkeit mit Schwäche und Unfähigkeit paarte, zeigten sich bald in einer grenzenlosen Verwirrung der Finanzen. Spaniens Wohlstand war ohnehin seit dem sechszehnten Jahrhunderte decrescendo gesunken; Ackerbau und Industrie waren vernachlässigt worden, weil es der stolze und träge Spanier bequemer gefunden hatte, von dem Ertrage der Colonien zu leben. Nun war aber auf einmal durch den Abfall der südamerikanischen Colonien diese Quelle versiegt, und da durch die Reaction der Adel und der Klerus, gerade die reichsten Grundbesitzer, von allen Abgaben befreit wurden, so deckten die Einnahmen nur ein Drittel der jährlichen Ausgaben. Die Folge davon war, daß Spanien allen Credit verlor, und daß weder die Beamten ihren Gehalt, noch die Officiere und Soldaten ihren Sold erhielten. Man sah Officiere barfuß und zerlumpt umhergehen und Fremde um Almosen ansprechen. Kein Wunder daher, daß in der Armee, welche die Stütze des Thrones sein sollte, ein Geist der Unzufriedenheit einriß, und daß die Herzen der Soldaten sich von einem Fürsten abwandten, der, wie sie sagten, an nichts denke, als seine Domherren und Mönche zu mästen, während er seine Truppen vor Hunger sterben lasse. Einzelne Ausbrüche dieser Unzufriedenheit waren Symptome der allgemeinen Mißstimmung, die aber, weil sie von der Regierung unterdrückt wurden, dieselbe nicht vorsichtiger, sondern nur grausamer machten. So mußte im Jahre 1815 der General Mina sich nach einem unglücklichen Empörungsversuche in Navarra durch die Flucht nach Frankreich retten, und der tapfere Guerillaführer Polier, der ebenfalls in demselben Jahre die Fahne der Empörung im Norden Spaniens erhob, wurde ergriffen und gehenkt. Im Jahre 1817 ward in Catalonien eine Militärverschwörung entdeckt und an ihrem Urheber, dem General Lascy, mit Erschießen bestraft. In Valencia, wo der General Elio commandirte, bildete sich im Jahre 1819 eine Verschwörung unter dem Obersten Vidal, allein auch diese ward verrathen und von dem grausamen Elio auf das härteste bestraft. Vidal endigte sein Leben am Galgen, und seine Mitverschworenen wurden von hinten erschossen; über hundert zum Theil unschuldige Personen wurden entsetzlich gefoltert, um ihnen Geständnisse über eine, wie man vermuthete, weitverzweigte Militärverschwörung abzupressen. Eine solche existirte in der That, und wo Truppen in größerer Anzahl zusammengezogen wurden, machte sich der Geist der Unzufriedenheit in Complotten Luft. Dies war auch der Fall, als im Jahre 1819 bei Cadix ein Truppencorps versammelt wurde, um unter dem General O'Donnel, Grafen von Abisbal, gegen die Insurgenten in Südamerika abgeschickt zu werden. Die wenigsten Officiere hatten Lust, sich zu dieser Expedition gebrauchen zu lassen, und während sich die Abfahrt verzögerte, bildete sich unter ihnen eine Verschwörung, deren Seele die Obersten Antonio Quiroga und Rafael Riego waren. Auch der Oberbefehlshaber O'Donnel ließ sich anfangs in dieselbe ein, allein er war ein zweideutiger und unzuverlässiger Charakter, der in seinem Leben schon oft die Rollen gewechselt hatte. Auch jetzt gerieth er ins Schwanken, und als er aus einem Briefe des Königs schließen zu müssen glaubte, daß derselbe bereits Argwohn geschöpft habe, beschloß er zu seiner eigenen Rettung seine Mitverschwornen zu verrathen. Am 8. Juli 1819 ließ er bei einer Revue auf der Ebene von Palmor die Verschworenen verhaften und meldete dem Könige das vorgefallene; dieser belohnte ihn zwar mit einem Orden, aber nahm ihm das Commando, das er dem alten General Calleja, Grafen von Calderon, übertrug. Die Untersuchung gegen die Verschworenen wurde indessen diesmal mit Milde und Nachsicht geführt und hatte kein Resultat, weil O'Donnel, um nicht selbst bloßgestellt zu werden, alle Papiere der Schuldigen hatte vernichten lassen; so erhielten mehrere ihre Freiheit wieder und unter ihnen Riego, der nun um so entschlossener handelte, weil der Befehl zur Einschiffung der Truppen schon angekommen war, und weil, wenn etwas gelingen sollte, der Ausführung dieses Befehls zuvorgekommen werden mußte. Am 1. Januar versammelte Riego das von ihm befehligte Bataillon Asturien in der Kirche von Las Cabezas de S. Juan und ließ ihm die Constitution von 1812 vorlesen mit der Aufforderung, diesem Grundgesetz des Reiches Treue zu schwören. Nachdem ihm die Truppen Folge geleistet hatten, führte er sie nach dem Hauptquartier in Arcos da la Frontera und nahm hier den Oberbefehlshaber Calderon nebst dessen ganzem Generalstabe gefangen. Dann befreite er den Obersten Quiroga, und dieser übernahm nun der Verabredung gemäß den Oberbefehl über die ungefähr 7000 Mann, welche sich der Bewegung angeschlossen hatten. Ein Versuch, sich auch der Stadt Cadix zu bemächtigen, scheiterte aber an der Festigkeit des Generals Freyre, der die Stadt und Besatzung in der Treue und im Gehorsam gegen den König erhielt. So würde wahrscheinlich auch dieser Empörungsversuch keinen anderen Ausgang gehabt haben, als die früheren, wenn die Proclamation der Verfassung auf der Isle de Leon nicht in anderen Gegenden des Landes ein Echo gefunden hätte. Zuerst schloß sich der im Süden ausgebrochenen Bewegung die Besatzung von Corunna im Norden an, und als auch Mina wieder in Navarra erschien und die Constitution proclamirte, verbreitete sich der Aufstand rasch über die ganze Nordküste von Spanien. Wie ein Lauffeuer ging nun die Proclamation der Verfassung von Stadt zu Stadt; überall wurden die bisherigen Behörden vertrieben oder gefangen und dafür constitutionelle Juntas eingesetzt, welche die Kerker der Inquisition öffneten, und aus ihnen gingen die Männer hervor, welche die von den Soldaten gemachte Revolution ausbeuteten. Als die Bewegung sich der Hauptstadt näherte, in der es ebenfalls gährte, wollte sich der König auf einem Mittelweg dem Zwang der Revolution entziehen und erließ am 7. März ein Decret, durch welches er die alten Cortes des

Reiches zusammenberief, allein das Volk, welches in diesem Mittelweg nur ein Symptom der Schwäche erblickte, antwortete auf das Decret mit dem tausendstimmigen Rufe: Es lebe die Constitution von 1812! Wir wollen keine veralteten Cortes! In seiner Rathlosigkeit wandte sich der König an den General Ballesteros, den er kurz vorher seiner Stelle als Kriegsminister entsetzt und aus der Hauptstadt verbannt hatte, und dieser erklärte, daß ihm keine andere Wahl blieb, als nachzugeben oder abzudanken. Da gab Ferdinand, wie solche Naturen pflegen, die im Unglück eben so feig, als im Glücke übermüthig sind, nach und verkündete am 8. März die Constitution. Mit ihr kamen die Männer wieder zur Herrschaft, die bisher in den Kerkern der Inquisition geschmachtet hatten und bis zur Unkenntlichkeit entstellt aus denselben ans Tageslicht wieder emporstiegen. Es ist indessen ein schöner Zug der Großmuth im spanischen Volkscharakter, daß sie ihren Verfolgern nicht gleiches mit gleichem vergalten. Der neue Justizminister, Garcia de la Torre, dessen Hand von den Wirkungen der erlittenen Tortur noch so gelähmt war, daß er kaum seinen Namen unterschreiben konnte, erklärte, daß man in der Freude über die Herstellung der Freiheit das vergangene vergessen müsse. Desto entschiedener und schonungsloser machten aber die Cortes, als sie sich am 9. Juli in Madrid versammelten, ihre alten Maximen geltend, und unter denselben stand oben an ihre feindselige Richtung gegen kirchliche Institutionen. Daß die Inquisition abgeschafft und die Mönchsklöster wieder aufgehoben wurden, verstand sich von selbst, aber auch das gesammte Kirchengut ward eingezogen, um die leeren Staatskassen zu füllen; die wiederhergestellten Vorrechte des Adels verschwanden, und indem überall die servilen Beamten den liberalen Platz machen mußten, erhielt Spanien mit einem Schlage eine neue Gestalt. Aber das ganze Gebäude beruhte auf einem Fundamente, das noch nie einen Zustand haltbar gemacht hat, auf dem der Lüge und Heuchelei. Obgleich es kein Geheimniß war, daß der König sich nur mit widerwilligem Herzen der neuen Ordnung der Dinge gefügt hatte, gefielen sich doch die Cortes in der Fiction, ihn als Träger der liberalen Ideen anzusehen und zu behandeln. Die Rede, mit welcher Ferdinand die Cortes eröffnete, war von Anfang bis zu Ende eine große Lüge, und die Cortes, welche sie anhörten und beklatschten, als ob sie an die Wahrheit derselben glaubten, machten sich nicht minder einer verdammlichen Heuchelei schuldig. Diesem täuschenden Scheine gegenüber trat um so wahrer die Gesinnung des Landvolkes und des Klerus hervor, welche den König für unterdrückt und gefangen und den Glauben für gefährdet erklärten, und die liberale Regierung nicht allein nicht mehr anerkannten, sondern ihr auch förmlich den Krieg ankündigten. Es sammelte sich unter Quesada,

Santos Ladron und Juanito, alten berühmten Bandenführern, eine s. g. Glaubensarmee und in Seo d'Urgel trat eine Regentschaft während der Gefangenschaft des Königs auf, an deren Spitze sich der Marquis von Mataflorida und der Baron d'Eroles stellten. So zogen sich über Spanien drohende Wolken zusammen, aus denen nichts anderes als neue Stürme hervorbrechen konnten.

Wie das Königreich Portugal geographisch mit Spanien zusammenhängt, so ist es auch immer in seiner politischen und geistigen Entwickelung mit diesem größeren Nachbarstaate gleichen Schritt gegangen. Das Beispiel der Militärrevolution in Spanien fand daher Nachahmung in Portugal, wo unter der Armee ebenfalls Unzufriedenheit herrschte, aber aus anderen Gründen. Hier war die Unzufriedenheit gegen das englische Uebergewicht gerichtet, das auf der Nation wie das Joch einer Fremdherrschaft lastete und als solches empfunden wurde. Der König Johann VI war nämlich im Jahre 1807 bei dem ersten Eindringen der Franzosen mit der ganzen königlichen Familie nach Brasilien geflüchtet; nach der Vertreibung der Franzosen und dem Sturze Napoleons war er nicht zurückgekehrt, sondern in Rio Janeiro geblieben, so daß zum großen Verdrusse der Portugiesen das früher bestandene Verhältniß geradezu umgekehrt wurde, daß nämlich nicht die Colonie vom Mutterlande, sondern das Mutterland von der Colonie aus beherrscht wurde. An der Spitze der Regentschaft in Portugal, die das Land im Auftrag des Königs verwaltete, stand dem Namen nach der Patriarch von Lissabon, in der That aber der englische General Lord Beresford, der zugleich Oberbefehlshaber der portugiesischen Armee war. Dieser beförderte in seiner Stellung das englische Interesse auf eine Weise, die nicht anders als den Nationalstolz der Portugiesen kränken konnte. Der Handel von Lissabon und Oporto befand sich fast ganz in den Händen von Engländern und selbst in der Armee war ein Drittel der Officierstellen mit Engländern besetzt. Dieses unnatürliche Verhältniß rief Haß und Verschwörungen hervor. Im Jahre 1817 trat der General Dom Gomez Freyre an die Spitze eines Complotts, dessen Ziel die Ermordung Beresfords und der meisten englischen Officiere war. Das Complott ward aber von dem wachsamen Beresford vor seiner Ausführung entdeckt und vereitelt. In der Nacht des 25. Mai wurden alle Verschwornen, deren Namen man erfahren hatte, sowohl in Lissabon als in den Provinzen gleichzeitig verhaftet. Bei dem Processe, der bis in den October dauerte, sprach sich unverhohlen der Haß gegen Beresford aus und stimmte daher diesen nicht zur Milde, sondern zu dem Entschlusse, durch die die strengste Bestrafung die Gemüther einzuschüchtern. So erfolgte gegen Freyre und eilf seiner Mitschuldigen, die alle den ersten Adelsgeschlechtern Portugals angehörten, das Urtheil, daß sie am Galgen sterben sollten. Und diese schimpfliche Todesstrafe ward noch verschärft durch den Zusatz, daß ihnen nach der Hinrichtung der Kopf abgehauen und die Leichen verbrannt werden sollten, um ihre Asche ins Meer streuen zu können. Am 19. October 1817 ward die Execution auf dem St. Annenplatze in Lissabon in ihrer ganzen Strenge vollzogen, so daß sie volle sieben Stunden dauerte. Dieser furchtbare Strafact hatte zwar für den Augenblick die erwartete Wirkung, die Gemüther einzuschüchtern, so daß lange Zeit niemand wagte, über Politik ein Wort zu sprechen, allein er vermehrte begreiflicher Weise den im innern glühenden Haß. Dieser kochte über, als die Militärrevolution in Spanien zum Ausbruche kam. Während Lord Beresford nach Rio Janeiro reiste, um für die neue Lage der Dinge neue Verhaltungsbefehle und Vollmachten zu holen, brach am 23. August 1820 der Aufstand in Oporto aus. Der dort commandirende Oberst Sepulveda setzte eine provisorische Regierung ein und rief die Constitution aus, welche die einzuberufenden Cortes erst machen sollten. Die ganze Provinz jauchzte einem Beschlusse Beifall zu, von dessen Ausführung man mit der bei solchen Gelegenheiten gewöhnlichen Illusion erwartete, daß sie das Elend der Gegenwart in eine glückliche Zukunft verwandeln werde. In ihrer Proclamation wies die Junta von Oporto darauf hin, daß die Portugiesen in der Zeit ihrer Größe eine constitutionelle Regierung gehabt hätten, und gar zu leicht gab man sich der trügerischen Hoffnung hin, daß man nur die Constitution wiederherzustellen brauche, um die glorreiche Zeit zurückzuführen, wo die kleine portugiesische Nation die Welt mit ihren Thaten in Erstaunen gesetzt hatte. Eine mit solchen Verheißungen angekündigte Revolution machte begreiflicher Weise rasche Fortschritte. Der General Amarante, der von Lissabon abgeschickt wurde, um den Aufruhr zu dämpfen, sah sich von seinen eigenen Soldaten gezwungen, sich am 7. September denselben anzuschließen. Acht Tage darauf ward auch in Lissabon die Constitution ausgerufen und eine Junta im Namen des Königs eingesetzt. Als Lord Beresford im October aus Brasilien zurückkam, fand er keinen Gehorsam mehr, sondern mußte sich mit den englischen Officieren und einigen portugiesischen Anhängern nach England flüchten. Die englische Regierung, nach ihrem Grundsatze, factisch bestehende Zustände anzuerkennen, unterstützte ihn nicht, sondern überließ die Entscheidung dem König Johann VI. Dieser, gutmüthig und schwach und durch die ganze Breite des atlantischen Oceans von dem Lande getrennt, über dessen Schicksal er entscheiden sollte, schwankte anfangs, bis ihn die Brasilianer selbst zu einem Entschlusse nöthigten. Es war natürlich, daß Brasilien nicht wieder in die untergeordnete Stellung einer vom Mutterlande abhängigen Colonie zurückkehren wollte. Es strebte nach Selbständigkeit und verlangte ebenfalls eine Constitution. Um dieses große und reiche Land, wenn auch nicht dem Mutterlande, doch wenigstens dem Hause Branganza zu erhalten, willigte König Johann in dieses Verlangen. Sein Aufenthalt in Brasilien war ihm aber verleidet worden; der Anblick der aufgeregten Bevölkerung von Rio, unter der sich viele Schwarze befanden, hatte seine schwache Seele mit Grauen erfüllt; während er daher seinen ältesten Sohn Dom Pedro als Regenten in Brasilien zurückließ, schiffte er sich selbst mit seiner übrigen Familie im April 1821 nach Europa ein. Die wichtigste Folge der portugiesischen Revolution war die Losreißung Brasiliens; denn Dom Pedro ward genöthigt, das letzte Band, das Brasilien an Portugal knüpfte, zu zerreißen und sich zum constitutionellen Kaiser von Brasilien ausrufen zu lassen. Portugal war aber zu schwach, um das alte Verhältniß mit Gewalt wiederherzustellen; denn statt der geträumten alten Größe ward das Land durch die Revolution in Parteikämpfe und dadurch in einen Zustand der Schwäche gestürzt. Zwar nahm König Johann VI selbst nach seiner Ankunft in Lissabon die Verfassung an, die der spanischen nachgebildet war, allein seine Gemahlin Carlotta, eine Schwester Ferdinands VII, und sein Sohn Dom Miguel waren desto entschiedenere Gegner derselben. Die Königin, ein ehrgeiziges und energisches Weib, zeigte unverhohlen ihre Abneigung gegen die Constitution dadurch, daß sie durch nichts zu bewegen war, dieselbe zu beschwören, und ihr Lieblingssohn Dom Miguel stimmte mit ihr überein. So ward auch für Portugal die Constitution nicht der Anfang eines neuen Segens, sondern innerer Kämpfe, deren Ausbruch und Verlauf sich nach dem Gange der Dinge in Spanien richtete.

In der pyrenäischen Halbinsel bei ihrer isolirten Lage und ihrem geringen Verkehr hätte man vielleicht den Krater der Revolution, der sich hier so unerwartet geöffnet hatte, ruhig in sich selbst verbrennen lassen, wenn nicht das Feuer desselben auch andere Länder in Brand gesteckt hätte. Es war daher von entscheidender Wichtigkeit, daß die spanische Revolution in Italien Nachahmung fand. Wie verschiedenartig auch der Charakter der Regenten war, unter welche Italien bei der Restauration vertheilt wurde, so stimmten doch alle darin überein, die Einrichtungen aus der Zeit der französischen Herrschaft, wenn sie auch anerkannt gut waren, wieder abzuschaffen und die früheren Institutionen wiederherzustellen. Am weitesten ging darin der König von Sardinien, Victor Emanuel I, der, um auch keine Spur von der französischen Herrschaft in seinem Lande zurückzulassen, alles wieder auf den alten Fuß zurückführte. Nicht bloß die französischen Gesetze wurden aufgehoben, sondern auch die nach diesen Gesetzen entschiedenen Processe revidirt. Alle Franzosen, die sich seit dem Jahre 1792 im sardinischen Gebiete niedergelassen hatten, wurden, obgleich sich ihre Zahl auf mehrere Tausende belief, vertrieben. Die strengste Censur wachte darüber, daß kein Buch gedruckt oder eingeführt wurde, welches dem Reactionssysteme entgegengesetzte Grundsätze enthielt. Auch hier gab sich die Religion dazu her, durch Erziehung der Jugend und Einfluß auf die Gemüther jede freisinnige Regung im Keime zu ersticken. — Eben so kehrten in Rom mit der Restauration des Papstes Pius VII alle Uebelstände zurück, woran von jeher das geistliche Regiment gelitten hatte. In kirchlichen Dingen nahm natürlich der päpstliche Stuhl alle Rechte wieder in Anspruch, die er vor der Revolution ausgeübt hatte. Wenn man sieht, wie tief die katholische Kirche von der Höhe, auf der sie im Mittelalter gestanden hatte, herabgesunken war, wie fast überall der Staat sich, wie das Gut, so auch das Recht der Kirche zugeeignet nnd die Geistlichen, selbst die Bischöfe und Erzbischöfe, wie die übrigen Staatsbeamten auf Besoldung aus der Staatscasse angewiesen hatte, so begreift man die Schwierigkeit, die zerrissenen Bande der ganzen katholischen Welt mit dem päpstlichen Stuhle wieder anzuknüpfen. Allein es kam dem Papste zu statten, daß man die Religion als den stärksten Damm gegen den revolutionären Geist und die Kirche als eine Stütze der Throne betrachtete. Diese günstige Zeitstimmung benutzte die Curie mit Gewandtheit, um sich in den Concordaten, die sie mit den einzelnen Regierungen abschloß, wieder der obersten Leitung der katholischen Welt zu bemächtigen. Nur darin griff sie fehl, daß sie ein altes verbrauchtes Werkzeug wieder hervorzog, den mit dem Hasse der Welt beladenen Jesuitenorden. Wie viel angemessener wäre es gewesen, einen neuen Orden mit neuem Charakter und unbescholtenem Namen zu stiften, statt den verrufenen Namen der Jesuiten wieder zu beleben! Es sah so aus, als ob die Curie absichtlich ihren entschiedenen Bruch mit den freisinnigen Ideen des achtzehnten Jahrhunderts hätte zeigen wollen, als die päpstliche Bulle vom 7. August 1814 Sollicitudo omnium den von Clemens XIV aufgehobenen Jesuitenorden wiederherstellte. Und dem Geiste, aus dem diese Wiederherstellung hervorgegangen war, entsprach das im Jahre 1817 erlassene päpstliche Schreiben gegen die Bibelgesellschaften, welches diese Institution vaferrimum inventum, pestem, quoad fieri potest, delendam zu nennen wagte. In der politischen Regierung des Kirchenstaates kehrte mit dem geistlichen Regiment auch der alte Schlendrian zurück. Der Kirchenstaat wurde in sechszehn Legationen getheilt, deren Chefs Geistliche waren, und die Ohnmacht dieser geistlichen Verwaltung zeigte sich sofort darin, daß das von der französischen Polizei unterdrückte Banditenwesen wieder auflebte und alle Straßen bis an die Thore von Rom unsicher machte.

Nach dem Falle Murats war Sicilien mit Neapel wieder vereinigt worden, und der König Ferdinand IV, der sich als König beider Sicilien Ferdinand I nannte, war im Jahre 1815 nach Neapel zurückgekehrt. In Sicilien entstand große Unzufriedenheit über die Aufhebung der von den Engländern eingeführten Verfassung, und die Vereinigung mit Neapel unter einer Verwaltung wurde von den Sicilianern als Unterdrückung empfunden. Von jeher hat Sicilien dem Festlande gegenüber das Gefühl der höheren Stellung gehabt und es nie vergessen können, daß es unter den normannischen und hohenstaufischen Königen das Hauptland und Palermo die Residenz gewesen ist. Ein Rückblick auf die frühere Geschichte lehrt, daß Sicilien das neapolitanische Joch nur mit Murren getragen und bei der ersten günstigen Gelegenheit abgeschüttelt hat. Beide Länder, welche die Natur von einander gerissen und durch ein zwischen ihnen rollendes Meer geschieden hat, haben sich im Laufe der Geschichte eben so oft einander gesucht wie abgestoßen und dabei ihren Antipathien und Sympathien mit einer Heftigkeit, die etwas von der vulcanischen Natur ihres Bodens an sich hat, Luft gemacht. Daher darf es uns nicht wundern, daß Sicilien von dem Augenblicke an, wo Ferdinand seine Residenz nach Neapel zurückverlegte und die Insel als Nebenland behandelte, vom Geiste des Misvergnügens und von Sehnsucht nach Unabhängigkeit ergriffen wurde. — Auch in Neapel fehlte es nicht an Unzufriedenen. Diesen bot der schon seit längerer Zeit bestehende Geheimbund der Carbonari ein Mittel dar, eine förmliche Opposition gegen die Regierung zu organisiren. Die italienischen Geschichtschreiber, Colletta und Botta, sind über die Entstehung und den Zweck dieses Bundes nicht einig; nur so viel ist gewiß, daß ihn der Haß gegen die französische Herrschaft ins Leben rief, daß er aber noch nach dem Sturze derselben fortbestand und alle Elemente der Opposition, sowohl die antihierarchischen, als die constitutionellen und nationalen, in sich aufnahm und pflegte. Wie es bei allen solchen geheimen Gesellschaften der Fall zu sein pflegt, waren die Mitglieder sich selbst nicht klar über ihren eigentlichen Zweck, nur darin waren sie einig, dem bestehenden Zustande entgegenzuwirken und einen besseren vorzubereiten. Die Carbonari entlehnten von den Freimaurern die äußeren Formen ihres Bundes: die Logen, die verschiedenen Grade, die Ceremonien und besonders das Geheimnißvolle. So streng auch die Theilnahme an geheimen Gesellschaften verboten ward und soviele Mühe sich die Regierungen gaben, dem Treiben derselben auf die Spur zu kommen, so konnte doch nicht verhindert werden, daß der Carbonarismus sich immer weiter und zuletzt auch bis in die Heere verbreitete, namentlich in Neapel, wo die Armee vorzüglich darüber unzufrieden war, daß der Oberbefehl einem Ausländer, dem österreichischen General Nugent, übertragen worden war. Die so vorbereiteten Gemüther traf die Nachricht von der Militär-Revolution in Spanien wie ein elektrischer Schlag und reizte sie zur Nachahmung. Das Signal gab in der Nacht vom 1. auf den 2. Juli 1820 der Dragonerlieutenant Michael Morelli, der zu Nola die Constitution ausrief, und dem in Avellino, wohin er mit seiner Escadron zog, sich alle Civil- und Militärbehörden anschlossen. Hier trat der General Wilhelm Pepe an die Spitze der Bewegung, und der gegen ihn ausgeschickte General Carascosa wagte nichts zu unternehmen, weil er sich nicht auf seine Truppen verlassen konnte. So sah sich König Ferdinand genöthigt, ohne Schwertstreich nachzugeben. Er änderte das Ministerium und versprach eine Constitution, deren Grundbestimmungen in acht Tagen bekannt gemacht werden sollten. Allein nun kam auch die Hauptstadt in Bewegung und verlangte mit drohendem Geschrei die sofortige Einführung der spanischen Verfassung. Der König stellte sich, um dieser Forderung auszuweichen, krank, und überließ es seinem zum Reichsverweser ernannten Sohne, dem Herzog Franz von Calabrien, mit den Rebellen fertig zu werden. Dieser suchte das Volk durch die Erklärung zu beruhigen, daß die Constitution des Königreichs beider Sicilien dieselbe sein sollte, welche die spanischen Cortes im Jahre 1812 gegeben hatten, allein die Aufregung legte sich nicht eher, als bis auch der König selbst das Versprechen seines Sohnes bekräftigt hatte. Die ganze Umwälzung wäre ohne Blutvergießen vollendet worden, wenn nicht zwischen den Truppen des zum Oberbefehlshaber ernannten Pepe und des Generals Carascosa ein Zwiespalt ausgebrochen wäre, der zu einem blutigen Kampfe zwischen zwei Regimentern führte. Ueberhaupt war die ganze Revolution in Neapel in ihrem Anfange und Verlaufe ein eben so leichtsinniges als unverständiges Unternehmen. Ein so unwissendes und bigottes Volk, wie das süditalienische, war für ein constitutionelles Staatsleben überhaupt noch nicht reif, und vollends die Uebertragung einer fremden Verfassung war ein unnatürliches Beginnen, das sich an den Urhebern grausam rächte. Wenn dessenungeachtet das Volk sich der Veränderung erfreute, so war es die Lust an dem neuen, die Freude an den Illuminationen und Festaufzügen, die nun an die Tagesordnung kamen. Allein wenn man die Beschreibung solcher Festzüge, wie sie uns ein Augenzeuge, der Engländer Wright, gegeben hat, liest, so glaubt man eher einen Carnevalsscherz, als einen ernsten politischen Act vor sich zu haben.

Anders und bei weitem ernster ward die Sache in Sicilien aufgenommen. Als die Nachricht von den Ereignissen in Neapel nach Palermo kam, wo eben das Fest der heiligen Rosalie eine große Volksmenge versammelt hatte, brach sofort das Gefühl der Unabhängigkeit hervor. Die Sicilianer verlangten Trennung ihrer Insel von Neapel, und als die Behörden in dieses Verlangen nicht willigten, kam es am 17. und 18. Juli zu einem Kampfe zwischen dem Volke und den Truppen, in welchem die letzteren, obgleich erst nach tapferem Widerstande, von der Uebermacht überwältigt wurden. Der Statthalter war während des Kampfes mit den vornehmsten Beamten entflohen, und die unglückliche Stadt empfand daher alle Greuel der Anarchie, bis es endlich gelang, eine Regierungsjunta einzusetzen, an deren Spitze der beim Volke beliebte Fürst Villafranca trat. Die Anträge dieser Junta fanden indessen in Neapel kein Gehör. Hier wurde die Revolution in Sicilien als ein strafbarer Abfall betrachtet, und der General Florestan Pepe mit 5000 Mann nach Messina geschickt, um die Insel mit Gewalt zum Gehorsam zurückzubringen. Das neapolitanische Heer drang, ohne bedeutenden Widerstand zu finden, bis in die Nähe von Palermo vor; hier aber, am Herde des Aufstandes, war man zum Kampfe vorbereitet und entschlossen. Der Fürst Villafranca, der sich mit Pepe in Unterhandlungen eingelassen hatte, ward abgesetzt und nur mit Mühe vor der Wuth des Volkes gerettet; an seine Stelle trat der Fürst Paterno, und dieser leitete am 25. September die Vertheidigung der Stadt gegen die Angriffe des Heeres von der Landseite und gegen ein heftiges Bombardement von der Seeseite. Um die Stadt nicht der Vernichtung auszusetzen, beschloß Pepe sie durch Mangel zur Uebergabe zu zwingen. Dies gelang ihm auch so gut, daß schon am 5. October eine Capitulation zu Stande kam, in welcher den Palermitanern nicht allein Amnestie bewilligt, sondern es auch den Sicilianern selbst überlassen wurde zu entscheiden, ob die Insel ein besonderes Parlament oder eine mit der neapolitanischen vereinigte Volksvertretung haben sollte. Diese Capitulation wurde aber von dem unterdessen am 1. October in Neapel zusammengetretenen Parlamente verworfen, und an die Stelle Florestan Pepes der General Colletta mit einer Verstärkung von 3000 Mann nach Sicilien geschickt, um die Ruhe zu erhalten. Dies gelang zwar, allein die revolutionäre Regierung Neapels lähmte so selbst ihre Kraft, indem sie sich auf der einen Seite des Beistandes der Sicilianer beraubte und auf der anderen Seite den besten Theil ihrer Armee darauf verwenden mußte, die widerspenstige Insel im Gehorsam zu erhalten.

Auch die Hoffnung, daß das übrige Italien in die zu Neapel ausgebrochene Bewegung hineingerissen werden würde, ging nicht in Erfüllung. Zwar regten sich überall die Carbonari, deren Geheimbund über die ganze apenninische Halbinsel verbreitet war, allein nirgends kam es zum Ausbruche, als in Piemont und auch hier zu spät für die Unterstützung Neapels und nur aus einer zufälligen Ursache. Die Verhaftung einiger Häupter der Carbonari bewog die übrigen, die sich verrathen glaubten, loszuschlagen. Nachdem der präsumtive Thronerbe von Sardinien, Karl Albert, Prinz von Carignan, für den Plan der Verschworenen gewonnen worden war, riefen die Truppen zuerst am 9. März 1821 zu Alessandria und dann auch in Turin die spanische Constitution aus. Der alte König Victor Emanuel legte darauf zu Gunsten seines Bruders Karl Felix die Krone nieder und übergab bis zur Ankunft desselben die Regentschaft dem Prinzen von Carignan.

Durch die in Italien ausgebrochenen Unruhen war zunächst Oesterreich bedroht. Die österreichische Regierung hatte abgesehen von ihrem auf die Stabilität gegründeten politischen Systeme schon um ihrer italienischen Provinzen willen das größte Interesse dabei, die in Neapel eingeführte neue Ordnung der Dinge nicht Wurzel fassen zu lassen. Auch machte der Fürst Metternich kein Geheimniß aus seinen Absichten, sondern erklärte sowohl den übrigen Mächten, als dem neapolitanischen Gesandten, daß die Revolution in Neapel als das Werk einer der gemeinschaftlichen Ordnung feindlichen Partei von Oesterreich nie anerkannt werden würde. Zu einer directen Einmischung wagte aber der Fürst Metternich nicht eher zu schreiten, als bis er sich der Zustimmung der übrigen Mächte versichert hatte. Er lud daher zu einem Congreß in Troppau, einer kleinen Stadt im österreichischen Schlesien, ein. Dieser Ort war gewählt worden, weil er sowohl dem Könige von Preußen, als dem Kaiser von Rußland, der damals in Warschau den polnischen Reichstag hielt, bequem gelegen war. Auch erschienen im October 1820 außer dem Kaiser von Oesterreich der Kaiser von Rußland und der König von Preußen persönlich in Troppau; von England und Frankreich dagegen fanden sich bevollmächtigte Diplomaten ein, von dem ersteren Sir Charles Stuart, von dem letzteren der Marquis de Caraman und der Comte de la Ferronays. Die Vertreter Englands und Frankreichs waren angewiesen, sich jeder Intervention in die inneren Angelegenheiten unabhängiger Staaten zu widersetzen und daher ihre Zustimmung zu allen Gewaltmaßregeln gegen Neapel zu verweigern; sie schlugen vielmehr statt der bewaffneten Gewalt, wie sie Oesterreich beabsichtigte, eine friedliche Vermittelung vor. Metternich wußte aber zwei Militärstaaten, wie Rußland und Preußen, durch das ihnen vorgehaltene Schreckbild der Militärrevolution für seine Ansicht zu gewinnen. Es kam ihm zu statten, daß der Kaiser Alexander durch die Opposition, die er auf dem Warschauer Reichstage gefunden hatte, gegen das constitutionelle Wesen überhaupt verstimmt worden war. Außerdem fügte es der Zufall, daß gerade während der Anwesenheit des Kaisers in Troppau eine Meuterei in dem Semenowschen Garderegiment zu St. Petersburg ausgebrochen war. Obgleich diese Meuterei nicht im entferntesten mit Politik zusammenhing, sondern gegen die Härte und Ungerechtigkeit des Regimentscommandeurs gerichtet war, so wurde sie doch von Metternich mit großer Gewandtheit benutzt, um dem Kaiser vorzustellen, welche Folgen es für Rußland selbst haben könne, wenn man den Geist der Meuterei unter dem Militär, der die Revolution in Spanien, Portugal und Neapel hervorgerufen habe, sich ungestraft weiter verbreiten lasse. Wie Alexander so wurde auch der König von Preußen von der Nothwendigkeit überzeugt, gegen die Revolution einzuschreiten, und so unterzeichneten die drei Mächte Oesterreich, Rußland und Preußen ein Protokoll, in welchem sie den Grundsatz der Intervention zur Aufrechterhaltung der Staaten in dem Stande, den die Verträge von 1815 festgestellt hatten, annahmen. Erst nach der Unterzeichnung wurde das Protokoll den Bevollmächtigten von England und Frankreich mitgetheilt, von diesen aber zurückgewiesen und von England mit einer Protestation erwidert. Sir Charles Stuart soll so aufgeregt gewesen sein, daß er dem Fürsten Metternich Betrug vorwarf und den der englischen Politik gespielten Streich wie eine persönliche Beleidigung durch Herausforderung rächen wollte. Ohne sich aber an Englands Widerspruch zu kehren, beschlossen die drei nordischen Mächte, im Januar des folgenden Jahres den Congreß in Laibach fortzusetzen und dahin auch den König von Neapel einzuladen, damit er als Vermittler zwischen seinem irregeleiteten Volke und den Staaten aufträte, deren Ruhe durch die neapolitanische Revolution gefährdet sei. Das neapolitanische Parlament gab zwar zu der Reise des Königs nach Laibach seine Einwilligung, als derselbe versprach, sich auf dem Congreß der Constitution annehmen zu wollen; aber Ferdinand, froh, den Händen der Carbonari entronnen zu sein, war kaum in Laibach angelangt, als er sofort der Ansicht Metternichs beitrat, die Neapolitaner, wenn sie nicht freiwillig zur alten Ordnung der Dinge zurückkehren würden, mit Gewalt dazu zu zwingen. Da die Neapolitaner sich mit großer Ruhmredigkeit, aber mit unzureichenden Mitteln zum Widerstande entschlossen, so setzte sich im Anfange Februar 1821 ein österreichisches Heer von 60,000 Mann unter dem Oberbefehl des Generals **Frimont** gegen Neapel in Bewegung. Nach den großsprecherischen Redensarten, mit denen die tapferen Samniten sich unter W. Pepe in den Abruzzen zur Vertheidigung der Gebirgspässe aufgestellt hatten, während der General Carascosa mit dem regulären Heere in einem verschanzten Lager bei San Germano die Ebene deckte, war man auf einen hartnäckigen Widerstand gefaßt; um so lächerlicher und schmählicher war die Feigheit, mit der sich die neapolitanischen Truppen bei dem Anmarsche der Oesterreicher auflösten. Nach einem kurzen Kampfe bei Rieti am 7. März liefen die von Pepe befehligten Mannschaften auseinander, und Carascosa konnte ebenfalls seine meuterischen Truppen nicht zusammenhalten, so daß die Oesterreicher ohne Widerstand vorrückten und schon am 24. März unter dem Jubelgeschrei des Volkes ihren Einzug in Neapel hielten. Auch nach Sicilien wurde eine Abtheilung des österreichischen Heeres unter Walmoden geschickt, um dort die alte Ordnung wiederherzustellen. Die Häupter der Revolution entzogen sich durch die Flucht nach England der Rache des zurückkehrenden Königs; gegen die Zurückgebliebenen wurde mit einer Strenge verfahren, die oft selbst die Misbilligung der österreichischen Generale hervorrief. Man muß es der österreichischen Regierung zu ihrem Lobe nachsagen, daß sie den Geist der Rache zu mäßigen und ein vernünftiges Regierungssystem einzuführen suchte. Unter dem Schutze ihrer Bayonnette, die noch mehrere Jahre Neapel und Sicilien besetzt hielten, wurde an der Stelle der abgeschafften Constitution ein neues Grundgesetz erlassen, demzufolge die Verwaltung der Insel von der des Festlandes getrennt und beiden eine Verfassung gegeben wurde, die in ihren wesentlichen Bestimmungen der Verfassung des österreichischen Italiens nachgebildet war.

Die Revolution in Piemont, die erst ausgebrochen war, als sich die Oesterreicher schon auf dem Marsche gegen Neapel befanden, ward durch den schnellen Fall der constitutionellen Partei in diesem Lande in einen rathlosen Zustand versetzt. Noch rathloser wurden die Carbonari, als auch der Prinz von Carignan sich der Verbindung mit ihnen durch die Flucht nach Nizza entzog und von hier aus der Junta in Turin anzeigen ließ, daß er auf die Würde des Reichsverwesers verzichtet habe und von nun an nur das Beispiel des tiefsten Gehorsams gegen den Willen des rechtmäßigen Monarchen geben werde. Unter diesen Umständen konnte nur ein so schwärmerischer Mann, wie der Kriegsminister Santa Rosa, noch auf einen glücklichen Erfolg hoffen; allein das von ihm zusammengebrachte Heer unter dem Obersten Regis wurde am 8. April bei Novara zugleich von dem piemontesischen General de la Torre, der der Sache des Absolutismus getreu geblieben war, und von dem österreichischen General Bubna angegriffen und völlig zerstreut. Schon am 10. April machte de la Torre durch seinen Einzug in Turin der revolutionären Regierung ein Ende. Da Victor Emanuel auf seiner Abdankung beharrte, so übernahm Karl Felix die Regierung. Aus Rücksicht auf den Prinzen von Carignan war die Reaction hier nicht so grausam wie in Neapel und vorzugsweise darauf gerichtet, die Bildung und Literatur unter den Einfluß der Jesuiten zu stellen und so durch eine andere Erziehung eine andere Zukunft zu begründen. Doch blieb auch in Piemont ein österreichisches Armeecorps bis zum Jahre 1822 zurück. Ueberhaupt war die österreichische Polizei unermüdlich damit beschäftigt, dem Carbonarismus in Italien ein Ende zu machen, und die Gefängnisse füllten sich mit verhafteten Carbonaris, von denen freilich manche nichts anderes verbrochen hatten, als daß sie für Italiens politische Wiedergeburt schwärmten. In dieser Zeit ist die Quelle des Hasses zu suchen, mit dem heutzutage der österreichische Name in Italien beladen ist. Ein Polizeisystem der feinsten aber auch abgefeimtesten Art überspannte Italien wie mit einem Netze, und wehe denen, die das Unglück hatten, in dieses Netz zu fallen. Unter den Opfern der geheimen Polizei sind besonders zwei berühmt geworden durch die Leiden, die sie zu erdulden hatten, und durch die Standhaftigkeit, mit der sie dieselben ertrugen. Der eine war Confalonieri, der andere Silvio Pellico. Der erstere, der allerdings in alle Geheimnisse der Carbonari verflochten war, wurde auf das strengste inquirirt, um durch seine Geständnisse den Prinzen Karl Albert von Carignan so weit zu compromittiren, daß man ihn von der Thronfolge ausschließen könne. Allein er gestand nichts; es bedarf aber keiner Bemerkung, daß durch dieses Verfahren die Antipathie zwischen Oesterreich und der Dynastie Carignan erzeugt wurde, die sich später in bedeutenden Ereignissen Luft machte und noch heutzutage den europäischen Frieden bedroht. — Der zweite, Silvio Pellico, war eine poetische Natur, die unfähig zur That ihren Schmerz über Italiens Geschick in Gedichten aushauchte. Für diese Gesinnung mußte der arme Dichter zuerst unter den Bleidächern von Venedig und dann auf dem Spielberge in Mähren auf das härteste büßen. Seine Leiden, die er später in seinem Werke Le miei prigioni bekannt gemacht hat, erweckten ihm in ganz Europa das tiefste Mitgefühl und trugen nicht wenig dazu bei, den Haß gegen Metternich und sein System zu schärfen. Denn wie sehr auch Oesterreich in seinem Rechte war, Italien vor Revolutionen zu hüten, so hätte doch dieser Zweck durch eine weniger grausame Behandlung der Gefangenen eben so gut erreicht werden können. Nachdem Italien beruhigt war, löste sich der Laibacher Congreß auf, nachdem er beschlossen hatte, sich im folgenden Jahre von neuem in einer italienischen Stadt zu versammeln. Denn solange die

Constitution der Cortes in Spanien noch aufrecht stand, schien die Ruhe Europas bedroht, und der verabredete Congreß sollte sich mit der Frage beschäftigen, wie man diese Quelle neuer Unruhen am besten und leichtesten verstopfen könne.

Der leichte Sieg über die Revolution in Italien ward für die Mächte, welche die Intervention im Interesse der Ordnung zum Grundsatz ihrer Politik erhoben hatten, Veranlassung, auch in Spanien durch Wiederherstellung der königlichen Autorität das Feuer der Revolution auf dem eigentlichen Herde auszulöschen, auf dem es zuerst wieder entbrannt war. Eine Intervention schien um so gerechtfertigter, da sich in Spanien selbst der constitutionellen Partei gegenüber die sogenannte apostolische Partei für Thron und Altar in den Waffen erhoben und in Seo d'Urgel eine Regentschaft gebildet hatte, welche den König als gefangen und die Kirche als gefährdet darstellte und für beide den Schutz der europäischen Mächte anrief. Die durch die Revolution zur Herrschaft gelangte Partei hatte sich aber, wie es in solchen Fällen gewöhnlich der Fall ist, in Factionen gespaltet, welche sich einander die Gewalt zu entreißen suchten. Ohne auf die feineren Nuancen dieser Parteispaltung einzugehen, genügt es, zu bemerken, daß sich die Liberalen im allgemeinen in zwei große Massen schieden, von denen die Moderados oder Gemäßigten aus der Unruhe der revolutionären Bewegung in einen ruhigen und gesetzmäßigen Zustand überzugehen suchten, während die Exaltados oder Radicalen jeden Stillstand in der Bewegung für einen Rückschritt hielten. Mit Mistrauen beobachteten die letztern jeden Schritt des Königs und hielten zur Einschüchterung der Feinde der Constitution ein Schreckenssystem für nothwendig, wie es die Jacobiner in der französischen Revolution zur Anwendung gebracht hatten. Auch zeigten sie im Mai 1821 durch ein furchtbares Beispiel, daß sie hinter dem von ihnen gewählten Vorbilde nicht zurückzubleiben gesonnen seien. Als ein Domherr Namens Vinuesa einer contrerevolutionären Verschwörung überführt zu zehnjähriger Galeerenstrafe verurtheilt wurde, sahen sie in dieser nach ihrer Ansicht zu milden Strafe eine Begünstigung des Verbrechens; sie erstürmten das Gefängniß des Verurtheilten und erschlugen ihn auf das grausamste mit den Werkzeugen, die zur Erbrechung des Kerkers gedient hatten. Was diesen Frevel noch erhöhte, war die Freude, mit welcher er von den Exaltirten als ein Sieg der Freiheit gefeiert und für würdig gehalten wurde, durch einen Orden verherrlicht zu werden, dessen Insignien in dem Werkzeuge des Mordes, in einem Hammer, bestanden. Die allgemeine Entrüstung über diese Mordthat und besonders über den Geist, aus dem sie hervorgegangen war, ermuthigte den König zu dem Gedanken, sich seiner Garden zu bedienen, um das ihm durch eine Militärrevolution aufgelegte Joch durch eine militärische Contrerevolution abzuschütteln. Er ward um so mehr in diesem Gedanken bestärkt, da sich in den Provinzen unter Führern, die von dem Unabhängigkeitskriege her berühmt waren, Guerillas für den Thron und Altar erhoben. Es bildete sich eine förmliche sogenannte Glaubensarmee und unter ihrem Schutze eine Regentschaft, die unter dem Vorwande, daß Ferdinand VII von seinen Feinden gefangen gehalten werde, sich für die rechtmäßige Regierung erklärte. Diese Regentschaft, die aus dem Marquis von Mataflorida, dem Erzbischof von Tarragona und dem General Baron d'Eroles bestand, nahm in der Festung Seo d'Urgel ihren Sitz und trat mit dem Auslande in Verbindung, um sich Anerkennung und Unterstützung zu verschaffen. Der König bereitete die Ausführung seines Planes dadurch vor, daß er in die höchsten Stellen Männer brachte, auf deren Ergebenheit er rechnen zu können glaubte; so wurde der aus Amerika zurückgekehrte General Morillo zum Gouverneur der Hauptstadt ernannt, und wenn auch das von ihm eingesetzte Ministerium dem allgemeinen Mistrauen weichen mußte, so schien ihm doch ein aus den Moderados gebildetes Ministerium, an dessen Spitze Martinez de la Rosa stand, seiner Absicht nicht hinderlich; denn die Minister ließen sich durch den Schein einer aufrichtigen Versöhnung mit den constitutionellen Grundsätzen, den Ferdinand mit meisterhafter Verstellung anzunehmen wußte, täuschen. Allein der vorbereitete Staatsstreich mislang in der Ausführung. Als die Garden am 7. Juli 1822 offen gegen die Constitution auftraten, fanden sie bei den übrigen Truppen keine Sympathie; sie wurden im Gegentheil in einem blutigen Straßenkampfe besiegt und vor den Thoren des Palastes, gleichsam unter den Augen des Königs, niedergemacht. Mit der ihm eigenthümlichen Verstellung wußte sich Ferdinand in die neue Rolle zu fügen, welche ihn die Umstände zu spielen zwangen; er begrüßte daher die Truppen, die soeben seine Absichten vereitelt und seine Anhänger niedergemetzelt hatten, als seine Befreier mit Dank für ihre Tapferkeit und Treue. Auch den General Morillo und die Minister mußte er entlassen und sein neues Ministerium aus den exaltirtesten Elementen zusammensetzen. In demselben übernahmen Freunde Riegos, San Miguel die auswärtigen Angelegenheiten und Lopez Baños das Kriegsministerium. Der Sieg der exaltirten Partei in Madrid wirkte in den Provinzen auf die Entfesselung der revolutionären Leidenschaften; so wurde in Valencia der General Elio, der daselbst seit zwei Jahren gefangen saß, ein Opfer des von den Liberalen gegen ihn genährten Hasses. Diese ruhten nicht eher, als bis Elio zum Tode durch Erdrosselung verurtheilt und das Urtheil am 4. September an ihm vollzogen wurde. Ebenso empfanden die Royalisten die Folge der veränderten Lage der Dinge; der zu ihrer Unterdrückung beorderte General Mina operirte so glücklich, daß überall die Schaaren der Glaubensarmee besiegt und entweder zur Auflösung oder zur Flucht über die Grenze genöthigt wurden; selbst die Regentschaft von Seo d'Urgel mußte das spanische Gebiet verlassen und ihren Sitz in Frankreich aufschlagen. Es war daher zu erwarten, daß der Congreß zu Verona, der sich im October 1822 versammelte, sich mit den Angelegenheiten Spaniens beschäftigen und der französischen Regierung die Pacification dieses unglücklichen Landes übertragen werde.

Frankreich war allerdings bei den spanischen Angelegenheiten wesentlich interessirt, nicht allein wegen der Verwandtschaft der französischen Königsfamilie mit der spanischen, sondern auch besonders wegen der Gefahr, von dem in Spanien gegebenen Beispiele angesteckt zu werden. Obgleich die französische Regierung unter dem Vorwande des in Barcelona ausgebrochenen gelben Fiebers die Pyrenäengrenze mit einem Militärcordon besetzt hatte, so war es doch unmöglich, die geistigen Einflüsse abzusperren. Diese machten sich bald unter dem französischen Militär durch Complotte bemerklich, die auf den Umsturz der bourbonischen Dynastie gerichtet waren und die um so gefährlicher werden konnten, da eine insgeheim gebildete provisorische Regierung, mit Lafayette an der Spitze, bereit stand, im Falle eines glücklichen Erfolges die Zügel zu ergreifen. Auch brachen in der That fast gleichzeitig im Januar 1822 zu Béfort, zu Saumur unter General Besson, im Elsaß unter dem Obristen Caron Militäraufstände aus, die aber mit leichter Mühe unterdrückt und mit dem Tode der Rädelsführer bestraft wurden. In Folge der Veränderung des Wahlgesetzes, das den entscheidenden Einfluß in die Hände der großen Grundbesitzer legte, hatte die royalistische Partei eine entschiedene Mehrheit in der Kammer gewonnen, und der Herzog von Richelieu, dessen System darin bestand, die Parteien durch Zugeständnisse nach der einen wie nach der andern Seite hin im Gleichgewicht zu halten, fühlte, daß seine Stellung unhaltbar geworden sei, und machte daher dem Chef der Ultras, Villèle, Platz. Dieser setzte sein Ministerium aus den entschiedensten Ultras zusammen, unter denen Corbière als Minister des Innern und der energische Peyronnet als Siegelbewahrer die ausgezeichnetsten waren. So abgeneigt auch das neue Ministerium der spanischen Revolution war, so scheute sich doch Villèle, an einen Krieg mit Spanien zu denken, theils wegen der Kosten, theils wegen der Schwierigkeiten, und der Minister der auswärtigen Angelegenheiten, der Vicomte de Montmorency, welcher die französische Regierung auf dem Congreß zu Verona vertrat, erhielt daher die Anweisung, dahin zu wirken, daß Frankreich in Bezug auf die spanischen Angelegenheiten zu nichts verpflichtet werde. Allein Montmorency, der den Krieg für unvermeidlich und dem Interesse Frankreichs für nützlich hielt, ging weiter, als es seine Instructionen erlaubten und der ihm beigegebene College Chateaubriand billigte. Auf seinen Antrag wurde ohne Rücksicht auf den Widerspruch Englands am 17. November beschlossen, Noten an Spanien zu richten, in welchen eine Aenderung des politischen Systems gefordert wurde; im Weigerungsfalle sollte eine französische Armee die Execution übernehmen. Montmorency ward zwar für die Ueberschreitung seiner Instruction mit der Entlassung bestraft und Chateaubriand an seiner Stelle zum Minister der auswärtigen Angelegenheiten ernannt, allein der in Verona gefaßte Beschluß konnte nicht geändert werden. Auch ging Chateaubriand, wie er selbst sehr naiv erzählt, auf den Gedanken des Kriegs um so bereitwilliger ein, weil er von demselben eine Befestigung der Restauration in Frankreich erwartete; denn erst durch kriegerischen Ruhm werde bei einer so ehrgeizigen Nation, wie die französische, die restaurirte Dynastie den Nimbus der Majestät und die Weihe der Dauer bekommen. Ludwig XVIII und Villèle konnten höchstens hoffen, den beiden unerwünschten Krieg dadurch zu vermeiden, daß sie die spanische Regierung zur Nachgiebigkeit bewögen; allein Mäßigung und Klugheit vertrug sich nicht mit dem Stolze des spanischen Charakters. Der freundschaftliche Rath der französischen Regierung wurde daher mit gleichem Trotze zurückgewiesen, wie die drohende Note der nordischen Mächte. Nachdem die Gesandten von Rußland, Oesterreich und Preußen aus Madrid abgereist waren, blieb auch der französischen Regierung nichts anderes übrig, als ihren Gesandten ebenfalls abzuberufen und von den im Januar 1823 versammelten Kammern die Bewilligung der Geldmittel für den spanischen Krieg zu verlangen. Die Opposition in der französischen Deputirtenkammer, welche in dem Angriffe gegen die spanische Revolution einen Angriff auf ihre eigenen Grundsätze sah, bot umsonst alle Mittel der Beredsamkeit auf, den Krieg zu hintertreiben; sie verdarb aber ihre Sache durch die Heftigkeit, mit der sie geführt wurde. Einer ihrer Redner, Manuel, führte eine Scene herbei, die in den Annalen parlamentarischer Verhandlungen unerhört ist. Er erinnerte an die Folgen, welche fremde Einmischung sowohl in England als in Frankreich gehabt hätten. „Habt ihr vergessen," rief er seinen Gegnern zu, „daß die Stuarts vom Throne gestürzt wurden, weil sie im Auslande Beistand suchten? Habt ihr vergessen, daß Ludwig XVI die Krone verlor, weil die auswärtigen Mächte sich in Frankreichs innere Angelegenheiten einmischten?" Man ließ ihn aber den Satz nicht vollenden, worin er beweisen wollte, daß dieselben Folgen, welche der Einmarsch der Preußen in Frankreich für Ludwig XVI gehabt hätte, von dem Einmarsch der Franzosen in Spanien für Ferdinand VII zu fürchten seien, sondern die royalistische Mehrheit fühlte sich in ihren Gefühlen so verletzt, daß sie erklärte, nicht länger mit einem Menschen zusammensitzen zu wollen, der dem Königsmorde eine Lobrede halte. Sie beschloß, Manuel aus der Kammer auszuschließen, und als dieser verweigerte, sich dem Beschlusse zu unterwerfen, erlebte man den scandalösen Auftritt, daß Gensdarmen in die Kammer drangen und den sich Sträubenden mit Gewalt aus derselben wegschleppten. Die royalistische Mehrheit bewilligte darauf die verlangten Geldsummen, und die an der Pyrenäengrenze gesammelte Armee von 100,000 Mann erhielt Befehl zum Einmarsche in Spanien. An der Spitze dieser Armee stand der Herzog von Angoulême als Generalissimus und ihm zur Seite als Chef des Generalstabes der General Guilleminot; unter ihm wurden die fünf Armeecorps, aus denen die Armee zusammengesetzt war, von dem Marschall Oudinot, dem General Molitor, dem Prinzen von Hohenlohe, dem Marschall Moncey und dem General Bourdesoulle commandirt. Auch der sardinische Thronerbe Karl Albert, Prinz von Carignan, machte als Freiwilliger den Feldzug mit, um im Kampfe gegen die Revolution seine früheren Verirrungen zu büßen.

Diesem wohlausgerüsteten Heere konnten die Spanier nur ungenügende Streitkräfte entgegenstellen; denn die Truppen, mit welchen Mina Catalonien und Ballesteros Aragonien und Navarra vertheidigen sollten, waren schlecht disciplinirt und schlecht bewaffnet, und nur mit halbem Herzen der Sache ergeben, für die sie fechten sollten. Auch hier entsprach die Kraft des Widerstandes weder den Erwartungen Europas, noch den hohen Worten und den heldenmüthigen Gesinnungen der Spanier selbst. Auf eine Theilnahme des Volkes, wie im Kampfe gegen Napoleon, konnten die Constitutionellen nicht rechnen, weil sie sich die Geistlichkeit und mit ihr das von derselben geleitete Volk entfremdet hatten; im Gegentheil war die große Masse des Volkes eher geneigt, mit den Franzosen als Befreiern von dem verhaßten Joche der ketzerischen Constitutionellen gemeinsame Sache zu machen, als sich denselben zu widersetzen. Auch regten sich in der That nach dem Ausbruche des Krieges die Glaubensbanden wieder, und es traten im Rücken der spanischen Armee Guerillas auf, in Altcastilien unter dem Pfarrer Merino, im untern Aragonien unter Bessières und Ullmann. Nicht minder lähmend wirkte auf den öffentlichen Geist das Mistrauen, mit dem man den König betrachtete. Ferdinand suchte im entscheidenden Augenblick, wo der Krieg beginnen sollte, durch Entlassung seines Ministeriums seine Selbständigkeit wieder zu erlangen. Er that diesen kühnen Schritt auf den Rath des englischen Gesandten, welcher dadurch die französische Intervention aufzuhalten hoffte; allein er rief eine Gährung hervor, die nicht anders beruhigt werden konnte, als durch die Wiederherstellung des Ministeriums und durch die Verlegung des Hofes nach Sevilla, wohin Ferdinand am 20. März gezwungen abreiste und wohin ihm bald auch die Versammlung der Cortes folgte.

Unter diesen Umständen fanden die Franzosen nach ihrem Uebergange über die Bidassoa am 7. April 1823 nur in Catalonien einen ernsthaften Widerstand, auf der großen Straße nach Madrid aber glich ihr Marsch eher einem Triumphe, als einem Kriegszuge. Nachdem Ballesteros sich nach Valencia zurückgezogen hatte und O'Donnel von der constitutionellen Sache abgefallen war, stand den Franzosen der Weg nach der Hauptstadt offen. Am 24. Mai hielt der Herzog von Angoulême seinen Einzug in Madrid und setzte hier eine Regentschaft ein, die unter dem Vorsitze des Herzogs von Infantado mit einer maßlosen Reaction gegen das constitutionelle System begann. Die Cortes hielten sich nun in Sevilla nicht länger für sicher und beschlossen, sich nach Cadix zurückzuziehen. Als der König sich weigerte, sie zu begleiten, wurde er für geisteskrank erklärt und durch eine interimistische Regentschaft ersetzt, die ihn im Juni mit Gewalt mit sich nach Cadix nahm. Die Hoffnung der Cortes, den Krieg in die Länge zu ziehen, scheiterte aber an der Theilnahmlosigkeit des Volkes und an dem Verrath der Generale, die mit der Madrider Regentschaft capitulirten; ein Versuch Riegos, von Malaga aus durch die Macht seines Namens und Einflusses das Kriegsfeuer wieder zu entzünden, schlug zu seinem Verderben aus; er wurde gefangen und seinen unversöhnlichen Feinden in Madrid ausgeliefert. So blieb den Franzosen nichts zu thun übrig, als das letzte Bollwerk der Revolution, Cadix, zu nehmen. Die Cortes vertrauten auf die Festigkeit der Stadt und schöpften aus der Erinnerung, daß sie sich hier in den Jahren 1810—12 gegen die ganze Macht Napoleons gehalten hatten, die Zuversicht, daß es ihnen auch jetzt gelingen werde, bis zu einer besseren Wendung der Dinge ihre Sache aufrecht zu erhalten. Allein sie vergaßen bei dieser Berechnung die Verschiedenheit der Zeiten und der Lage der Umstände. Damals hatten sie die ganze pyrenäische Halbinsel und die Macht Englands auf ihrer Seite, während sie jetzt eine von ihrer eigenen Nation und von der ganzen Welt verlassene kleine Partei repräsentirten. Am 16. August langte der Herzog von Angoulême vor Cadix an und begann die Belagerung der Stadt. Durch die Erstürmung des Trocadero, einer Schanze, die den Zugang zur Stadt verwehrte, war eigentlich schon am 31. August der Fall von

Cadix entschieden; allein die Franzosen schonten die Stadt aus Furcht, daß der in ihr eingeschlossene König ein Opfer der Parteiwuth werden könne. So dauerte es bis zum Ende September, ehe die Cortes von der Nutzlosigkeit und Gefahr eines längeren Widerstandes überzeugt sich auflösten und dem Könige, nachdem er zur Ertheilung einer allgemeinen Amnestie gezwungen worden war, die Freiheit gaben, sich ins französische Lager zu verfügen. Doch suchten sich alle Compromittirten durch die Flucht nach Gibraltar in Sicherheit zu bringen, da sie den Charakter Ferdinands VII zu gut kannten, um der ihm abgenöthigten Amnestie zu vertrauen. Auch war das erste, was Ferdinand nach seiner Befreiung that, daß er durch ein Decret vom 10. October 1823 alles für ungiltig erklärte, was seit dem 7. März 1820 geschehen war, und seine wiedererlangte Macht dazu benutzte, um an seinen Feinden grausame Rache zu nehmen. Die Hinrichtung Riegos eröffnete die Verfolgungen, die nun an die Tagesordnung kamen. Schon auf dem Transport nach Madrid furchtbar mishandelt, war der tapfere General vollständig entkräftet, als er am 7. November in einem Korbe, den ein Esel zog, nach der Richtstätte geschleift und hier an einen eigens für ihn errichteten hohen Galgen unter dem Wuthgeheul desselben Pöbels gehenkt wurde, der ihm früher so oft zugejauchzt hatte. Einen merkwürdigen Contrast mit diesem Act der Rache an dem Urheber der Revolution bildete der Triumphzug, den der König am 13. November in Madrid hielt. Der König und die Königin saßen auf einem 20 Fuß hohen antiken Triumphwagen, der von hundert Menschen gezogen und von Tänzern und Tänzerinnen umschwärmt wurde. Mit Ausnahme der Inquisition, die nicht wieder hergestellt wurde, kehrte mit dem König das ganze alte Regierungssystem zurück, und zu den frühern Uebeln kamen die Nachwehen der Revolution, um das Land in den unglücklichsten Zustand zu stürzen. Umsonst suchte die französische Regierung durch ihre Rathschläge die spanische zur Mäßigung zu stimmen; der König hätte, auch wenn er gewollt, kein anderes System als das der grausamsten Reaction befolgen können, da er sich in den Händen einer Partei befand, die für alte und neue Beleidigungen nach Rache schnaubend kein anderes Heil für Spanien sah, als in der vollständigen Vernichtung der Negros, wie man die Constitutionellen nannte.

Wie Portugal in der Revolution dem Beispiele Spaniens gefolgt war, so folgte es demselben jetzt auch in der Reaction; doch bedurfte es hier keiner fremden Intervention, sondern dieselben Truppen, die im Jahre 1820 die Constitution ausgerufen hatten, schafften sie im Jahre 1823 wieder ab. Die portugiesische Constitution hatte, wie schon gesagt, an der Königin Carlotta und ihrem Sohne Dom Miguel erklärte Gegner, die zu ihrem Umsturze nur eine günstige Gelegenheit abwarteten. Kaum war daher durch den Congreß von Verona die Intervention in Spanien beschlossen worden, so erhob in Portugal einer der vornehmsten Anhänger der Königin, der Graf Amarante, am 26. Februar 1823 die Fahne des Absolutismus. Obgleich sich einige Regimenter ihm anschlossen, so war doch sein Unternehmen zu voreilig und zu wenig vorbereitet, um zu gelingen; er ward daher im März über die spanische Grenze getrieben. Auch in Portugal änderte sich aber die Lage der Dinge nach dem Einmarsche der Franzosen in Spanien. Zwar vermied der Herzog von Angoulême vorsichtig jede Ermunterung der portugiesischen Absolutisten, so daß er sogar dem Grafen Amarante das Erscheinen im französischen Hauptquartier verbot; denn bei den engen Beziehungen zwischen England und Portugal wollte die französische Regierung durch Einmischung in die portugiesischen Angelegenheiten die englische Regierung nicht noch mehr reizen, die ohnehin schon über die Intervention in Spanien ungehalten war. Allein der natürliche Einfluß der Ereignisse bewirkte, was der Herzog von Angoulême vermeiden wollte. Die absolutistische Partei in Portugal erhob sich mit um so kühnerem Muthe, da ein Prinz des königlichen Hauses, Dom Miguel, offen an ihre Spitze trat. Kaum hatte sich der Prinz im Mai 1823 zu Villafranca gegen die Constitution erklärt, als die Truppen sich ihm anschlossen, und derselbe Sepulveda, der vor drei Jahren in Oporto das Signal zur Revolution gegeben hatte, verschaffte jetzt durch seinen Uebertritt zur Partei des Absolutismus der Contrerevolution den Sieg. Der gutmüthige König Johann VI ward am 30. Mai in das Lager der Rebellen entführt und leicht dahin gebracht, sich die Rolle des absoluten Königs gefallen zu lassen. Doch war die Regierungsveränderung von keinen Grausamkeiten begleitet; die Cortes lösten sich auf, nachdem ihre gefährdetsten Mitglieder sich nach England eingeschifft hatten, und das neue Ministerium, an dessen Spitze der Graf Palmella trat, vollzog den Uebergang zur absoluten Regierung mit Mäßigung. Zwar wurden die Urheber der Contrerevolution belohnt; so erhielt Dom Miguel den Oberbefehl über das portugiesische Heer, und der Graf Amarante ward mit einer reichen Dotation zum Marquis von Chaves erhoben; allein die Mäßigung der Regierung war nicht nach ihrem Sinne und erschien ihnen nur als eine andere Form des Liberalismus. Die Königin ging jetzt darauf aus, ihren Gemahl zu entthronen und ihren Sohn Dom Miguel auf den Thron zu heben. Es war leicht, die Garden und die übrigen Truppen durch die Vorspiegelung zu gewinnen, daß der König in den Händen der liberalen Partei ein Gefangener sei; am 30. April 1824 bemächtigte sich Dom Miguel der Häupter der gemäßigten

Partei, mit Ausnahme der Minister, die sich auf ein englisches Kriegsschiff flüchteten; bei seinem Vater aber entschuldigte er seine Gewaltthat mit dem Vorwande einer von ihm entdeckten Verschwörung, deren ruchlose Anschläge nur durch schnelles Einschreiten hätten vereitelt werden können. Im ersten Schrecken billigte der alte König das Verfahren seines Sohnes, allein bald merkte er an der Art, wie er behandelt und gleich einem Gefangenen bewacht wurde, daß die Unternehmung seines Sohnes mehr auf seinen Sturz als auf seinen Schutz gerichtet war. Er entzog sich am 9. Mai diesem Zwange durch seine Flucht auf dasselbe englische Kriegsschiff, auf dem schon seine Minister Zuflucht gefunden hatten, und von hier verkündigte er in einer Proclamation seinem Volke den Frevel seines unnatürlichen Sohnes. Diesem, der nun von allen verlassen wurde, blieb nichts übrig, als zu den Füßen seines Vaters Verzeihung zu suchen. Johann verzieh zwar seinem Sohne, schickte ihn aber am 13. Mai außer Landes. Dom Miguel begab sich über England nach Wien, wo er mehrere Jahre verweilte und sich in der Schule Metternichs zu der Rolle vorbereitete, die wir ihn später werden spielen sehen. Auch seine Mutter sollte aus Portugal entfernt werden; unter dem Vorwande einer Krankheit wußte sie zwar dieses Loos von sich abzuwenden, allein sie ward von nun an unter Aufsicht gehalten. Durch den Antheil, den die Engländer an der Befreiung des Königs gehabt hatten, verschafften sie sich bei diesem einen noch größeren Einfluß als zuvor, und sie benutzten denselben, um den König zu bestimmen, die alten Cortes von Lamego wieder herzustellen und durch einen im Jahre 1825 geschlossenen Tractat die Unabhängigkeit von Brasilien anzuerkennen. Ein geheimer Artikel dieses Vertrages setzte fest, daß die Kronen von Portugal und Brasilien niemals auf einem Haupte vereinigt sein sollten. Seitdem genoß Portugal innere Ruhe bis zum Tode Johanns VI, der am 10. März 1826 erfolgte.

Fünftes Capitel.

Nach dem auf den Congressen von Laibach und Verona angenommenen Grundsatze, die Revolution überall und in jeder Gestalt zu bekämpfen, wurde auch der im Jahre 1821 begonnene Aufstand der Griechen gegen die Herrschaft der Türken beurtheilt und für eine strafbare Auflehnung gegen die legitime Gewalt erklärt. Seitdem die Pforte aufgehört hatte, ihren christlichen Nachbarn gefährlich zu sein, galt die fortdauernde Existenz ihrer Herrschaft für eine Grundbedingung des europäischen Gleichgewichts, und in dem gegenwärtigen Falle hielt man ihre Erhaltung für um so nothwendiger, da sie von demselben revolutionären Geiste bedroht zu sein schien, den man soeben in Italien und Spanien mit dem Schwerte unterdrückt hatte. Besonders Oesterreich fürchtete große Gefahren für sich von dem Sturze der Pforte, und es war ein Meisterstück der Metternichschen Politik, daß sie auch den Kaiser von Rußland, dessen Volk in den Griechen unmittelbare Glaubensgenossen erblickte, dafür gewann, sich jeder Theilnahme für die Griechen zu enthalten und dieselben ihrem Schicksale zu überlassen.

Die Griechen hatten auch unter dem türkischen Joche, das seit mehr als 350 Jahren auf ihrem Nacken lag, sich in ihrem religiösen Glauben und in ihrer kirchlichen Organisation ein Band bewahrt, das sie als Nation zusammenhielt und vor Vermischung mit ihren Besiegern behütete. Der Patriarch von Constantinopel war auch in weltlicher Hinsicht ihr Oberhaupt, und ihre Geistlichen oder Primaten vertraten bei den türkischen Behörden ihre Interessen. Auch hatte sich in Constantinopel selbst noch aus den byzantinischen Zeiten her ein griechischer Adel erhalten, die sogenannten Fanarioten, die durch Schlauheit und Gewandtheit sich zu hohen Aemtern im türkischen Reiche emporzuschwingen wußten, und aus denen in der Regel die Hospodare der Moldau und Walachei genommen wurden. Diese standen besonders in Verbindung mit Rußland, dessen fortschreitende Machtentwickelung sie mit der geheimen Hoffnung auf dereinstige Befreiung durch dasselbe nicht ohne Schadenfreude betrachteten und soviel sie konnten beförderten. Auch läßt sich nicht leugnen, daß der Gang der Weltgeschichte selbst den Russen die Aufgabe zugewiesen zu haben schien, als Protectoren und Befreier ihrer Mutterkirche aufzutreten. Denn ist es nicht ein charakteristisches Factum, daß in derselben Zeit, in welcher die griechische Kirche in ihrem Mutterlande unter muselmännische Macht kam, sich die Befreiung der griechischen Tochterkirche in Rußland von dem ihr durch die Mongolen aufgelegten Joche des Islam vollendete? In dem befreiten Rußland bildet sich ein natürliches Gegengewicht wider das Uebergewicht der türkischen Macht, und vom Jahre 1480 an erwächst in dem moskauischen Großfürstenthum der dereinstige Rächer der Griechen. Schon durch seine Vermählung mit der byzantinischen Prinzessin Sophie, der Tochter des geflüchteten Thomas Paläologus, und durch die Annahme des byzantinischen Reichswappens trat Johann III, der die Herrschaft des Islam in Rußland gebrochen hatte, gleichsam in die Rechte des byzantinischen Kaisers ein und hinterließ seinen Nachkommen die Aufgabe, die an diese Rechte geknüpften Ansprüche geltend zu machen. Auch blickten in der That die Griechen auf die ihnen glaubensverwandte nordische Macht als ihren natürlichen Beschützer und Befreier, und als im ersten Türkenkriege der Kaiserin Katharina II die russische Flotte im mittelländischen Meere erschien, empörten sich die Griechen in Morea und auf den Inseln und machten mit den Russen gemeinschaftliche Sache. Obgleich der damalige Aufstand keinen andern Erfolg hatte, als die Wuth der Türken zu reizen, die nach dem Abzuge der Russen grausame Rache nahmen, so blieb doch der Gedanke der Befreiung in den Gemüthern zurück und glimmte gleich einem Funken fort, um bei der ersten günstigen Gelegenheit in hellen Flammen aufzuschlagen. Dazu kam, daß, während das türkische Reich sichtbar verfiel, die Griechen an Wohlstand und Bildung zunahmen. Während der Kriege am Ende des 18. und im Anfange des 19. Jahrhunderts nahm der von den Griechen getriebene Handel einen mächtigen Aufschwung, und um denselben Schutz vor den Seeräubern zu schaffen, rüsteten die Bewohner der Inseln Hydra, Spezzia und Ipsara bewaffnete Schiffe aus, die unbeachtet und vielleicht auch unbemerkt von den Türken nach und nach zu einer griechischen Marine anwuchsen. Mit dem Wohlstande erwachte unter den Griechen auch das Bedürfniß höherer Bildung, und es macht ihnen Ehre, daß sie kein Opfer scheuten, um dasselbe theils im Auslande, theils durch Anlegung eigener Schulen in der Heimath zu befriedigen. Wie hätten sie aber mit den Werken der altgriechischen Literatur bekannt werden können, ohne daß in edeleren Seelen der frühere Ruhm der griechischen Nation das Gefühl ihrer gegenwärtigen Schmach geschärft und die Sehnsucht nach Wiederherstellung der alten Freiheit und Größe geweckt hätte! Denn obgleich die Neugriechen größtentheils slavischer Abkunft waren, so war doch bei ihnen die Illusion ebenso natürlich als verzeihlich, daß sie sich für echte Nachkommen der alten Hellenen hielten und ihre Seelen an deren Geisteswerken und Großthaten stärkten. Schon im Anfange des 19. Jahrhunderts bildete sich unter den in Paris studirenden Griechen ein Verein, der unter dem Scheine literarischer Zwecke seine eigentliche Aufgabe, Befreiung des Vaterlandes, verhüllte. Ein Ausdruck der Gesinnung dieses Vereins sind die Kriegslieder des Rhigas, darauf berechnet, zum Kampfe für die Freiheit zu begeistern. Die Lieder dieses modernen Tyrtäus machten um so mehr Eindruck, da er sie mit dem grausamsten Tode büßen mußte. Denn der Pascha von Belgrad, dem er von der österreichischen Regierung ausgeliefert worden war, ließ ihn mit alttürkischer Rohheit zwischen zwei Bretter binden und lebendig zersägen. Der Pariser Verein erweiterte sich während des Wiener Congresses unter dem Namen der Musenfreunde (ἑταιρεία τῶν φιλομούσων) zu einer förmlichen politischen Verbindung, an der viele in russischem Dienste stehende Griechen, wie der Minister Johann Capodistria und der General Alexander Ypsilanti, Theil nahmen.

Die Hoffnungen der Griechen schienen um so begründeter, da das türkische Reich in sichtbarem Verfall begriffen war und alle Symptome einer nahen Auflösung zeigte. Denn so viele Mühe sich auch der Sultan Mahmud II, ein Mann von Einsicht und Energie, gab, sein Reich zu regeneriren, so traten ihm doch überall Hindernisse und Vorurtheile entgegen. Die Schwäche der Centralregierung zeigte sich namentlich darin, daß sich die Statthalter in den entfernten Provinzen wie unabhängige Fürsten benahmen. Schon standen die Moldau und Wallachei unter russischem Schutze, und Serbien ward von einem eigenen Fürsten, Milosch Obrenowitsch, regiert. In Aegypten übte der Pascha Mehemed-Ali eine Gewalt aus, die factisch von der Pforte unabhängig war, und in Epirus und Macedonien herrschte Ali-Pascha mit einer Macht, die der Pforte um so gefährlicher war, da diese Länder die tapfersten Soldaten lieferten. Auch hatte sich Ali-Pascha, gestützt auf ein zahlreiches wohlgerüstetes Heer und einen reich gefüllten Schatz, in seiner Herrschaft so befestigt, daß der Sultan lange Anstand nahm, sich in einen bedenklichen Kampf mit dem mächtigen Vasallen zu stürzen. Endlich aber reizte Ali-Pascha den Zorn des Sultans auf eine solche Weise, daß es Schwäche gewesen wäre, das unvermeidliche länger aufzuschieben. Im März 1820 sprach der Sultan die Acht über Ali aus und ließ von allen Seiten Truppen anrücken, um dieselbe zu vollziehen. Vor der Uebermacht zog sich Ali in seine unbezwingliche Festung Jannina zurück, und während er hier belagert wurde, trat er mit den Griechen in Verbindung; er gewann im December 1820 das tapfere Gebirgsvolk der Sulioten, und wahrscheinlich wurde auch die Hetärie durch die Vortheile, die sich aus einem Bündniß mit Ali ziehen ließen, bestimmt, schon im Frühjahr des folgenden Jahres das Signal zur Volkserhebung der Griechen zu geben. Im März 1821 ging der Fürst Alexander Ypsilanti, bisher russischer General und Adjutant des Kaisers Alexander, an der Spitze einer Schaar von Bewaffneten über den Pruth und zog ohne Widerstand zu finden in die Hauptstadt der Moldau, Jassy, ein, während sich im Einverständniß mit ihm ein wallachischer Bojar, Theodor Wladimiresco, der Hauptstadt der Wallachei, Bucharests, bemächtigte. Ueberall wurden die Türken, die den Eingedrungenen in die Hände fielen, getödtet und durch Entfaltung der Fahne des Kreuzes die Christen zur Erhebung gegen den türkischen Halbmond aufgerufen. Ypsilanti hatte zum Schauplatz seiner Thätigkeit die Donaufürstenthümer gewählt, in der Hoffnung, daß der Aufstand in den benachbarten Ländern um sich greifen und bei der russischen Regierung offene oder geheime Unterstützung finden werde, allein als weder die eine, noch die andere Hoffnung in Erfüllung ging, mußte sein Unternehmen als gescheitert betrachtet werden. In seiner Schaar riß Uneinigkeit, Verrath und Entmuthigung ein, und nach einer Niederlage, die er am 19. Juni 1821 bei Dragetschan erlitt, blieb ihm nichts übrig, als Flucht auf das österreichische Gebiet. Hier wurde er in Verhaft genommen und auf die ungarische Festung Munkatsch gebracht, wo er die sechs noch übrigen Jahre seines Lebens in trauriger Gefangenschaft hinbrachte. Nach Ypsilantis Flucht wurden die Schaaren der Insurgenten in der Wallachei und Moldau bald von den Türken aufgerieben. Auch Ali-Pascha, in seiner Hauptstadt Jannina belagert, konnte nun nicht länger auf Entsatz von außen hoffen. Er wehrte sich noch bis in den Anfang des Jahres 1822, dann aber faßte er den Entschluß, sich mit seinen Schätzen in die Luft zu sprengen. Durch arglistige Versprechungen von Begnadigung ließ er sich aber von der Ausführung seines verzweifelten Vorhabens abhalten und aus dem festen Pulverthurme, in welchen er sich mit seinen Reichthümern eingeschlossen hatte, hervorlocken; kaum aber war er so seinen Feinden wehrlos preisgegeben, als ihn diese am 5. Februar 1822 tödteten und sein vom Rumpf getrenntes Haupt nebst seinen Schätzen an die Pforte nach Constantinopel schickten.

Das an der Donau gegebene Signal brachte indessen in dem eigentlichen Griechenland eine große Wirkung hervor. Sobald hier der Aufruf des Fürsten Ypsilanti bekannt wurde, erhoben sich zuerst die kriegerischen Bewohner der Maina unter ihrem Häuptlinge Petros Mawromichalis, sie stiegen von ihren Bergen in die Ebenen von Messenien hinab und schlugen ihr Lager bei Kalamata auf. Zu gleicher Zeit, im Anfange April 1821, erhob der Erzbischof Germanos von Patras die Fahne des Kreuzes, und im arkadischen Gebirge sammelte Kolokotronis eine tapfere Schaar, mit der er über die Türken herfiel. Diese, durch einen so unerwarteten Ausbruch überrascht, flüchteten in die Festungen im innern und an der Küste, und mit einem Schlage war das offene Land der Halbinsel Morea befreit. Der Aufstand verbreitete sich rasch auch nach dem Festlande von Livadien, wo ebenfalls die Türken in die festen Plätze zurückgedrängt wurden. Entscheidend für den Erfolg der Insurrection ward aber der Beitritt der Inseln des Archipelagus. Diese, besonders die drei Inseln Hydra, Spezzia und Ipsara, stellten eine Flotte auf, welche alle Gewässer des Archipels beherrschte und durch Wegnahme türkischer Handelsschiffe dem Feinde zugleich Abbruch that und sich selbst bereicherte. — Wenn schon der Einbruch Ypsilantis in die Donaufürstenthümer die Türken zu einer Wuth gereizt hatte, die sich zu Constantinopel in Ermordung von Griechen Luft machte, so mußte die allgemeine Insurrection von Griechenland selbst diese Wuth bis zur grausamen Verfolgung der Christen steigern. Das Haupt der griechischen Kirche, der Patriarch Gregorios, ward am Ostertage, den 23. April, vom Altare gerissen und in seinem Ornat vor dem Thore seines Palastes aufgehängt. Drei Erzbischöfe und acht Priester höheren Ranges hatten dasselbe Schicksal. Dies war für den mordgierigen Pöbel in Constantinopel und in den Provinzen eine Aufforderung, über die Griechen herzufallen und jeden zu tödten, der ihnen in die Hände fiel, sowie die christlichen Kirchen zu plündern und zu verwüsten. Obgleich die russische Regierung den Aufstand der Griechen misbilligte und sich durch unzweideutige Beweise von aller Theilnahme an demselben losgesagt hatte, so konnte sie doch bei der grausamen Verfolgung ihrer Glaubensgenossen nicht gleichgültig bleiben; sie konnte dies um so weniger, da ihr Gesandter, Stroganow, während der Schreckenstage in Constantinopel persönlichen Gefahren und Beleidigungen ausgesetzt gewesen war. Als ihre Forderungen von der Pforte hochmüthig abgeschlagen wurden, brach Stroganow alle diplomatischen Beziehungen mit derselben ab, und die Rüstungen in Rußland erregten allgemein die Erwartung, daß es zu einem Türkenkriege kommen werde. Ein solches Ereigniß, daß unter den damaligen Umständen mit dem Untergange des türkischen Reiches gleichbedeutend gewesen wäre, stimmte aber weder mit dem

Interesse Oesterreichs noch Englands überein, und beide setzten bei der Pforte ihren ganzen Einfluß in Bewegung, um dieselbe zur Nachgiebigkeit gegen Rußland zu stimmen. Dadurch wurde die Gefahr des Krieges abgewandt und der Kaiser Alexander durch die Rücksicht auf die allgemeine Politik bewogen, wenn auch mit blutendem Herzen, die Griechen ihrem Schicksale zu überlassen. „Unselige Verhältnisse," rief er aus, „die mir nicht gestatten, meinem Herzen und Glauben zu folgen!"

Die Griechen mußten nun durch eigene Anstrengungen und Opfer zeigen, daß sie der Unabhängigkeit, nach der sie strebten, würdig seien. Auf der See waren sie den Türken nicht bloß gewachsen, sondern auch überlegen; auch wurden die Bewegungen ihrer Seemacht von einem Rathe, der auf der Insel Hydra seinen Sitz hatte, planmäßig geleitet. Obgleich ihre kleinen Fahrzeuge sich mit den großen türkischen Kriegsschiffen nicht in offene Seeschlachten einlassen konnten, so wurden sie denselben doch gefährlich durch die Brander, welche griechische Seeleute mit ebenso viel Geschicklichkeit als Kühnheit benutzten, um türkische Schiffe in die Luft zu sprengen. Auf dem Lande dagegen war es schwieriger, die einzelnen Anführer zur Unterordnung unter einen allgemeinen Plan und eine Oberleitung zu bewegen. Jeder, der einen Haufen bewaffneter Bauern, Hirten oder Räuber um sich gesammelt hatte, handelte auf eigene Hand und glaubte Anspruch auf den Oberbefehl zu haben. Erst als Demetrius Ypsilanti, Alexanders Bruder, im Juni 1821 mit einer ansehnlichen Geldsumme nach Morea kam, wurde er zum *Ἀρχιστρατηγός* oder Oberfeldherrn ernannt und bewirkte wenigstens soviel, daß die von den Türken besetzten Festungen energischer belagert und zur Uebergabe gezwungen wurden. So fiel im August Monembasia und Navarin den Griechen in die Hände, und die Hauptstadt von Morea, Tripolizza, ward im October mit einem furchtbaren Blutbade unter den hier eingeschlossenen Türken genommen. Auch wurde jetzt der Grund zu einer regelmäßigen Regierung gelegt, obgleich auch hier nicht ohne Parteikämpfe, da dem Fürsten Demetrius Ypsilanti der Fürst Alexander Mawrokordatos als Nebenbuhler entgegentrat. Es wurde nämlich in Argos ein Nationalcongreß versammelt, der aber bald seinen Sitz nach Piada, nicht weit von dem alten Epidaurus, verlegte und daher unter dem Namen der Nationalversammlung von Epidaurus bekannt ist. Hier wurde am 1. Januar 1822 die Unabhängigkeit von Griechenland feierlich proclamirt und eine Verfassung entworfen, die bis zur Beendigung des Kampfes die republicanische Regierungsform einführte. Die Regierungsgewalt ward einem Directorium von fünf Mitgliedern, die gesetzgebende Macht einer Versammlung von 70 Abgeordneten übertragen; Präsident der Regierung wurde Mawrokordatos, des gesetzgebenden Körpers Ypsilanti. Obgleich die so gegründete Regierung nicht immer Gehorsam fand und auch keine Macht hatte, denselben zu erzwingen, so gab doch schon ihre bloße Existenz dem Aufstande größere Festigkeit. Sie errichtete ein Regiment regulärer Truppen oder ταχτιχοί, und die aus Europa zuströmenden Freiwilligen bildeten unter dem würtembergischen General Normann ein Philhellenen-Corps. So sahen die Griechen mit Muth und Gottvertrauen dem Jahre 1822 entgegen, obgleich im Anfange desselben der schon erzählte Untergang Ali-Paschas sie mit großen Gefahren bedrohte, weil nun die bisher zur Belagerung von Jannina verwendeten Streitkräfte gegen sie gerichtet werden konnten. Zum Glück für die Griechen hielten die tapfern Sulioten in ihren Felsenfesten den Eroberer von Jannina, Churschid-Pascha, fast ein halbes Jahr lang auf, und diese Zeit benutzten die Griechen, um sich der Festungen von Korinth, Napoli di Romania und Athen zu bemächtigen. Diese Vortheile wurden freilich durch das entsetzliche Unglück verdunkelt, welches die blühende Insel Chios traf, die im April von der türkischen Flotte angegriffen und für ihren Abfall mit der Vernichtung ihrer Bewohner bestraft wurde. Die Verwüstung von Chios, die größte Greuelthat während der griechischen Revolution, erregte im ganzen christlichen Europa Mitleiden mit den Griechen und Abscheu gegen die Türken. Die Zahl der getödteten und in die Sclaverei verkauften Chioten wird verschieden angegeben und häufig übertrieben; soviel ist aber gewiß, daß nach der Verwüstung nicht mehr als 900 griechische Bewohner auf der Insel waren, die vorher mehr als 100,000 gehabt hatte. Aber die Griechen rächten die grausame Behandlung der Chioten durch eine kühne That. Zwei Brander, geführt von Constantin Kanaris und Georg Pepinis, wagten sich in der Nacht vom 18. auf den 19. Juni mitten unter die türkische Flotte, die noch immer bei Chios lag, und steckten das Admiralschiff in Brand, das mit seiner ganzen Bemannung in die Luft flog. Ueber 2000 Türken und unter ihnen der Kapudan-Pascha selbst verloren dabei das Leben. Ein neuer harter Schlag traf die Griechen, als sie mit ihren besten Truppen unter Mawrokordatos den Sulioten zu Hülfe nach Epirus vordrangen und bei Peta in der Nähe von Arta am 16. Juli von Omer Brione besiegt wurden. In dieser Schlacht wurden die Taktiker und Philhellenen fast völlig aufgerieben; der Anführer der erstern, Tarella, fiel auf dem Schlachtfelde, und der Anführer der zweiten, Normann, starb bald darauf an den Wunden, die er in der Schlacht erhalten hatte. Doch auch die verderblichen Folgen dieser Niederlage wurden durch die tapfere Vertheidigung von Missolunghi, wohin sich Mawrokordatos mit dem Reste des Heeres zurückgezogen hatte, neutralisirt. Omer Brione belagerte diese Festung vergebens bis in den Januar 1823 und mußte alsdann die Belagerung mit Verlust seines Geschützes und eines großen Theiles seiner Leute aufheben.

Die größte Gefahr, welche die Griechen im Jahre 1822 zu bestehen hatten, war der Einbruch eines großen türkischen Heeres unter Dramali-Pascha durch die Thermopylen und über den Isthmus in den Peloponnes, wo dasselbe bis nach Argos vorrückte. Hier aber setzte der einreißende Mangel und eine daraus folgende Seuche nicht bloß dem weiteren Vordringen Schranken, sondern bewog auch die Türken zum Rückzug, auf welchem sie durch die Griechen von allen Seiten angegriffen ihr ganzes Gepäck verloren und sich nur in geringer Anzahl auf befreundetes Gebiet retteten. Der für die Türken unglückliche Ausgang dieser Expedition wurde besonders der Flotte zugeschrieben, die aus Furcht vor den griechischen Brandern allen Muth verloren hatte, da zu erscheinen, wo sie nothwendig gewesen wäre. So standen die Griechen am Ende des Jahres 1822 unbesiegt da, und den Türken blieben in ganz Morea nur noch drei feste Plätze, Patras im Norden, Koron und Modon im Süden.

Auch das Jahr 1823 ging für die Griechen vorüber, ohne ihrer Sache zu schaden. Denn obgleich die Türken die größten Anstrengungen gemacht hatten, sie von allen Seiten anzugreifen, so scheiterten doch ihre Unternehmungen an dem heldenmüthigen Widerstande, den sie sowohl zu Lande als zur See fanden. Selbst die Anarchie, die aus Mangel an einer kräftigen Centralregierung unter den Griechen einriß, und die Uneinigkeit, welche ihre Häupter entzweite, lähmten ihre Kraft zum Widerstande nicht. Auch trug die Theilnahme Europas dazu bei, ihr Selbstgefühl und ihre Hoffnung auf einen guten Ausgang zu stärken. Denn obgleich die Regierungen fortfuhren, den griechischen Befreiungskampf als Aufruhr zu betrachten, so konnten sie doch ihre Unterthanen nicht abhalten, für die Griechen Partei zu ergreifen und dieselben soweit zu unterstützen, als es mit Privatmitteln möglich war. In Deutschland, in der Schweiz, in Italien, Frankreich, England, in den Niederlanden und in Rußland bildeten sich Griechenvereine, welche die Griechen durch Zusendung von Geld und Kriegsbedarf unterstützten. Das reichste Land Europas, England, gab auch die reichsten Beiträge und bewilligte sogar den Griechen eine Anleihe von 800,000 Pf. St. Der berühmte englische Dichter, Lord Byron, weihte der griechischen Sache nicht bloß seine Lieder, sondern auch seine Person und sein reiches Vermögen. Aus seinem Vaterlande durch den Widerspruch vertrieben, in den er mit dessen Sitten und Politik gerathen war, hatte er sich längere Zeit in Italien aufgehalten und in misvergnügter Unthätigkeit verzehrt, die seinen Gedichten jenen schmerzlichen Ausdruck gab, der als Weltschmerz eine Zeit lang in der europäischen Literatur Mode wurde. Im Jahre 1823 riß er sich aus dieser Unthätigkeit los, um in Griechenland aufzutreten; er landete in Missolunghi, allein ehe er etwas von den Erwartungen, die sein Erscheinen erregt hatte, erfüllen konnte, wurde er am 19. April 1824 durch einen frühzeitigen Tod hinweggerafft. Daß Englands erster Dichter sich für die Sache der Griechen begeistert und geopfert hatte, trug nicht wenig dazu bei, sie in England populärer zu machen und zuletzt auch der Theilnahme der Regierung zu empfehlen. Unter solchen Umständen verzweifelte der Sultan, den griechischen Aufstand mit eigenen Kräften zu unterdrücken, und beschloß, sich an den Pascha von Aegypten, Mehemed Ali, um Hilfe zu wenden, selbst auf die Gefahr hin, diesen schon zu mächtigen Vasallen noch mächtiger zu machen. Mehemed Ali hatte sich in Aegypten, das er seit 15 Jahren mit großer Energie verwaltete, so festgesetzt, daß er auf eine eigene Armee und Flotte gestützt von der Pforte factisch unabhängig war. Wenn er sich jetzt auf die Bitte des Sultans entschloß, dieselbe in ihrer Bedrängniß zu unterstützen, so geschah es, nachdem ihm ein lockender Kampfpreis geboten war, nämlich die Vereinigung von Cypern und Kreta mit Aegypten und die Statthalterschaft für seinen Sohn Ibrahim. Der letztere, der sich schon als ein geschickter Feldherr bewährt hatte, erhielt daher im Sommer 1824 Befehl, mit der ägyptischen See- und Landmacht gegen die Griechen zu operiren. Doch ging das Jahr 1824 für die Griechen ziemlich glücklich vorüber; sie konnten zwar nicht verhindern, daß die Insel Ipsara von dem türkischen Admiral Chosrew-Pascha genommen und verwüstet wurde, allein sie rächten sich durch mehrere Seesiege, die sie unter Anführung des Hydrioten Miaulis über die türkische und ägyptische Flotte erfochten; auch wurden die Versuche der Türken, in das Innere von Griechenland einzudringen, vereitelt.

Anders gestaltete sich aber die Lage der Dinge in Griechenland, als Ibrahim im Februar 1825 sein Heer in Morea ans Land setzte und sich nach der Entsetzung von Modon und Koron der Festung Navarin bemächtigte. Das offene Land war nun den Aegyptern preisgegeben, mit denen sich die Griechen in keine Feldschlacht einzulassen wagten, und nur die Festungen und Gebirge wurden von diesen mit unbezwinglichem Muthe vertheidigt. Während Morea von Ibrahim auf das grausamste verwüstet wurde, war ein türkisches Heer unter Reschid-Pascha gegen Missolunghi vorgedrungen und hatte diese Festung, die schon zweimal den Türken getrotzt hatte, zum dritten Male zu belagern angefangen. So heldenmüthig auch der Widerstand war, den die Besatzung den Angriffen der Türken entgegenstellte, so hatten doch diese Befehl, die Stadt um jeden Preis zu nehmen. Auch Ibrahim Pascha kam im Anfange des Jahres 1826 mit einem Theile des ägyptischen Heeres aus Morea herüber und nahm an der Belagerung Theil. Nun wurde die Festung auch von der Seeseite eingeschlossen und ihr jede Zufuhr von Lebensmitteln und Munition abgeschnitten. Der Mangel ließ der Besatzung keine andere Wahl, als sich zu ergeben oder sich durchzuschlagen. Sie entschloß sich zum letzteren und brach am 22. April 1826 aus; nur ungefähr 2000 Mann bahnten sich einen Weg durch die Feinde, die übrigen wurden entweder von den Türken erschlagen oder mit dem von ihnen selbst angezündeten Pulverthurm in die Luft gesprengt. Nach dem tragischen Fall von Missolunghi schien die Lage Griechenlands verzweifelt zu sein, allein auch hier war, als die Noth aufs höchste gestiegen, die Hilfe nahe. Die griechische Nation hatte in einem langen rühmlichen Kampfe bewiesen, daß sie der Unabhängigkeit, für die sie die Waffen ergriffen, würdig sei. Jetzt nahmen sich England und Rußland ihrer an, und die griechische Frage ward nicht mehr bloß durch die Waffen, sondern auch durch diplomatische Künste entschieden.

Was zuerst England betrifft, so war das strenge Regierungssystem, das man während des Krieges mit Napoleon für nothwendig gehalten hatte, auch nach geschlossenem Frieden beibehalten worden. Die Tories unter der Leitung der Lords Castlereagh und Wellington hatten im Parlament eine so entschiedenene Majorität, daß sie allen Versuchen der Whigs, die innere und auswärtige Politik zu ändern, siegreich entgegentraten und Volksunruhen mit Gewalt unterdrückten. Noch immer stand während der fortdauernden Geisteskrankheit des alten Königs Georg III dessen ältester Sohn als Prinz-Regent an der Spitze der Regierung. Er suchte seinen Ruhm darin, in äußerem würdevollen Anstand das vollendete Muster eines englischen Gentleman darzustellen, und harmonirte in Gesinnung und politischen Principien mit der Aristokratie der Tories. Deren Einfluß war aber um so fester begründet, da sie nicht bloß im Oberhause des Parlaments verfassungsmäßig den einen Factor der Gesetzgebung bildeten, sondern misbräuchlich auch im Unterhause den anderen Factor der Gesetzgebung beherrschten. Denn die Wahlen zum Unterhause, welches das eigentliche Volk vertreten soll, hingen größtentheils von Ortschaften ab, die ihnen gehörten, und sie benutzten daher ihren Einfluß auf die Wahlen, um ihre nachgeborenen Söhne in das Unterhaus zu bringen. Die wenigen unabhängigen Mitglieder bildeten eine einflußlose Minorität, und wenn sich unter ihnen Männer von eminentem Talent hervortheaten, so sorgte die herrschende Aristokratie dafür, sie zu hohen Aemtern zu befördern und dadurch für ihr Interesse zu gewinnen. So war am Ende des Krieges gegen Napoleon die englische Regierung in allen ihren Bestandtheilen durch und durch aristokratisch, und das Tory-Ministerium, welches den Krieg mit unerschütterlicher Festigkeit geführt hatte, fühlte sich stark genug, das bisherige Regierungssystem unverändert fortzusetzen. Statt also im Frieden die Lasten, welche während des Krieges auf das Volk gelegt worden waren, zu vermindern, vermehrte es dieselben im Interesse der Aristokratie noch mit einer neuen Last. Denn um der Entwerthung des englischen Grund und Bodens vorzubeugen und der Aristokratie ihre reichen Einkünfte aus ihren Landgütern ungeschmälert zu erhalten, setzte es im Jahre 1815 eine Kornbill durch, welche Einfuhr von fremdem Getreide erst dann gestattete, wenn der Preis des einheimischen Getreides auf eine unerschwingliche Höhe gestiegen war. Allein was das Volk in der Kriegszeit aus Noth ertragen hatte, wollte es sich im Frieden nicht länger gefallen lassen. Es entstand daher gegen die Kornbill eine Aufregung, die von dem Stiefelwichsfabrikanten Hunt angefacht in den Fabrikbezirken zu Aufständen und in London selbst zu bedenklichen Störungen der Ruhe führte. Als der Prinz-Regent am 28. Januar 1817 aus dem Parlamente, das er eröffnet hatte, nach seinem Palaste zurückfuhr, wurde er von einem Haufen Volks angegriffen, und unter dem Geschrei: Nieder mit dem Prinz-Regenten! Nieder mit dem Ministerium! wurde sein Wagen mit Steinen und Koth beworfen, und selbst eine Kugel, wahrscheinlich aus einer Windbüchse geschossen, schlug durch das Fenster des Wagens, glücklicher Weise jedoch, ohne jemanden zu verletzen. Diesen Vorfall benutzten die Minister, um die Habeas-Corpus-Acte auf ein Jahr zu suspendiren, wodurch sie das Recht erhielten, ohne Beobachtung der gesetzlichen Formen jeden des Aufruhrs Verdächtigen zu verhaften. Auch stand der Regierung noch soviel Militär zu Verfügung, daß sie mit Hilfe desselben die Zusammenrottungen mit leichter Mühe, aber nicht ohne Blut zu vergießen, zerstreute. Auch nach außen hin wurden im Jahre 1816 die Streitkräfte Englands gebraucht. Die Raubstaaten an der nordafrikanischen Küste, Algier, Tunis und Tripolis, die zwar dem Namen nach zum türkischen Reiche gerechnet, aber in der Wirklichkeit von unabhängigen Deys oder Beys regiert wurden, beunruhigten mit ihren Kaperschiffen nicht bloß das mittelländische Meer, sondern trieben ihre Frechheit so weit, ihre Raubzüge bis in die Nordsee auszudehnen. England als die See beherrschende Macht erkannte es als seine Pflicht, die Sicherheit der Meere wiederherzustellen. Eine englische Flotte unter Lord Exmouth erschien im Frühjahr 1816 im mittelländischen Meere und nöthigte die drei Raubstaaten zur Freilassung der christlichen Gefangenen. Kaum war aber Lord Exmouth abgesegelt, so wurden an der Küste von Bona die meist maltesischen Korallenfischer mitten in ihrer Beschäftigung von den Eingeborenen überfallen und in die Sclaverei geschleppt. Um diesen Frevel zu rächen, kehrte Lord Exmouth um und züchtigte Algier am 27. August mit einem furchtbaren Bombardement, in Folge dessen der Dey nicht bloß die gefangenen Korallenfischer frei ließ, sondern ihnen auch die verlangte Entschädigung bezahlte.

Die Unterhaltung eines größeren stehenden Heeres, als es sonst in England in Friedenszeiten üblich war, wurde nicht allein durch die Unruhen in England, sondern auch besonders durch die Zustände in Irland motivirt, in welchem man den Gehorsam nur mit militärischer Gewalt aufrecht erhalten konnte. Auf dieser schönen, aber unglücklichen Insel hatte die Zeit die Uebelstände, welche seit der Eroberung und besonders seit der Reformation über sie gekommen waren, nicht gemildert, sondern verschlimmert. Die Eingeborenen ohne Besitz und politische Rechte in die tiefste Armuth versunken fürchteten und haßten zugleich die protestantischen Engländer, die allein im Besitz des irischen Grund und Bodens waren. Wo sie konnten, rächten sie sich an ihren Unterdrückern durch Mord und Brand, und die traurige Lage Irlands stellt sich in der Thatsache dar, daß sich die Unterdrückten in der geheimen Verbindung der weißen Buben und auf der anderen Seite die Unterdrücker in der Verbindung der Oranien-Männer wie zwei feindliche Mächte mit den Waffen in der Hand und in beständigem Kriegszustande einander gegenüber standen. Die Verbindung der Iren war bekannt unter dem Namen Captain Rock, eine fabelhafte Person, die als ihr unbekanntes und unsichtbares Oberhaupt galt, und da sich die Theilnehmer an weißen Bändern erkannten, so hießen sie White Boys oder Ribbon-men. Der Name der Orange-men erklärt sich durch sich selbst, da in ihm die Tendenz ausgesprochen war, die von Wilhelm von Oranien nach der Revolution von 1688 in Irland eingeführte protestantische Herrschaft aufrecht zu erhalten. Unter solchen Umständen konnte die Ruhe auf der Insel nur durch eine starke Militärmacht gesichert werden, bis ein katholischer inländischer Advocat, Daniel O'Connel, seine Landsleute und Glaubensgenossen auf einen anderen Weg führte. Statt der geheimen Verbindungen, die selbst rechtlos sich auch illegaler Mittel bedienten, bildete er einen offenen katholischen Verein mit dem eingestandenen Zwecke, durch gesetzliche Mittel eine Gleichstellung der katholischen Irländer mit den protestantischen Engländern herbeizuführen. So begann der langdauernde Kampf, der in dem Worte Emancipation der Katholiken seinen Ausdruck und sein

Ziel fand. Mit diesen Bestrebungen zur Verbesserung des Zustandes von Irland verband sich bald eine Bewegung in England selbst, welche sich ihr Ziel in der Reform des Parlaments setzte. Zum ersten Male trug im Jahre 1819 Sir Francis Burdett im Unterhause auf Parlamentsreform an, die den von den großen Grundbesitzern abhängigen Ortschaften, den s. g. rotten boroughs, ihr Wahlrecht entziehen und ihr Wahlrecht auf große und reiche Städte, die im Parlamente nicht vertreten waren, übertragen sollte. Was konnte in der That der modernen Staatsanschauung mehr zuwider sein, als daß Orte, die ihr Wahlrecht im Mittelalter erhalten hatten, es auszuüben fortfuhren, auch nachdem sie vollständig verfallen waren, während volkreiche und wohlhabende Städte, die im Mittelalter noch nicht existirt hatten, aber durch Industrie entstanden und reich geworden waren, wie Manchester, Birmingham, Leeds u. a. keine Deputirten in das Haus der Gemeinen wählten? Solange aber die Tories die Regierung in Händen hatten, konnten die Versuche, das Uebergewicht der Aristokratie zu brechen, keinen Erfolg haben. Uebrigens erklärt sich aus dem Widerstande, den die Minister dem englischen Volksgeiste entgegenstellen mußten, ihre Sympathie mit dem Bestreben der Continental-Mächte, überall die demokratischen Bewegungen niederzuhalten. Der Haß gegen sie nahm zwar bis zu einem solchen Grade zu, daß sich im Jahre 1820 ein gewisser Thistlewood mit anderen Gleichgesinnten zu ihrer Ermordung verschwor, allein die Endeckung und Bestrafung dieser Verschwörung diente nur dazu ihre Stellung stärker zu machen.

Durch den Tod des alten Königs Georg III, der am 29. Januar 1820 erfolgte, wurde in den politischen Verhältnissen nichts geändert, allein der neue König Georg IV eröffnete seine Regierung mit einem Acte, der die Würde der Krone und das Ansehen des Königs in den Augen der Welt herabsetzte. Georg IV war mit der braunschweigischen Prinzessin Karoline vermählt, allein diese Ehe, aus der nur eine einzige Tochter, die Kronprinzessin Charlotte, entsproß, war durch gegenseitige Abneigung so unglücklich, daß das Ehepaar getrennt lebte. Sobald ihr durch den Frieden der Continent zugänglich geworden war, verließ Karoline im Jahre 1814 England und brachte seitdem auf abenteuerlichen Reisen im Orient zu, bis sie sich auf einer Villa am Comer-See niederließ. Hier gab ihr Verhältniß zu einem ihrer Diener, dem Italiener Bergami, zu anstößigen Vermuthungen Anlaß. Ihr Gemahl hatte sie mit Kundschaftern umgeben und sammelte schon damals Stoff zu einer Scheidungsklage. Das einzige Band, welches das so getrennte Paar noch zusammenhielt, zerriß durch den Tod der gemeinschaftlichen Tochter Charlotte, die mit dem Prinzen Leopold von Coburg vermählt am 5. November

1817 nach der Entbindung von einem todten Kinde zum Bedauern von ganz England gestorben war. In Folge dieses Todesfalles beeilten sich die Brüder des Prinz-Regenten, welche unvermählt waren, sich zu verheirathen, nämlich die Herzoge von Clarence, Kent und Cambridge. Die Ehe des ersteren blieb kinderlos, dem Herzog Eduard von Kent aber, der sich mit der Schwester Leopolds von Coburg vermählte, wurde im Jahre 1819 eine Tochter Victoria geboren. Die Abneigung des Prinz-Regenten gegen seine Gemahlin verwandelte sich in Haß gegen sie, und nachdem er den Thron bestiegen hatte, verweigerte er die Anerkennung der ihr gebührenden Würde als Königin. Ihr Name wurde aus dem Kirchengebete ausgelassen, und selbst fremde Höfe erniedrigten sich so weit, daß sie, um der englischen Regierung zu gefallen, der gekränkten Frau die ihrem Range gebührenden Ehrenbezeigungen versagten. Darüber entrüstet kehrte Karoline am 20. Juni 1820 nach England zurück. Da man ihr ein königliches Schiff zur Ueberfahrt verweigert hatte, so kam sie auf dem gewöhnlichen Packetboot von Calais nach Dover. Für die Versagung der officiellen Empfangsfeierlichkeiten wurde sie reichlich durch die ihr dargebrachte freiwillige Huldigung des Volkes entschädigt. Denn ihre Reise von Dover nach London glich einem Triumphzuge, und bei ihrer Ankunft ward sie mit dem Geläute aller Glocken empfangen und Abends mit einer glänzenden Illumination geehrt, wobei den Ministern die Fenster eingeworfen wurden. Trotz dieser Popularität der Königin ging aber der König durch seinen Haß verblendet so weit, sie förmlich des Ehebruches anzuklagen und durch einen ans Parlament gebrachten Antrag einen Proceß einzuleiten, der das ganze Land in Aufregung versetzte und, wie er auch enden mochte, das königliche Haus mit Schmach bedeckte. Die Vertheidiger der Königin, besonders der geschickte Advocat Brougham, wiesen so überzeugend nach, daß die Zeugen der Anklage erkauft oder bestochen seien, und die Aufregung unter dem Volke nahm einen so bedenklichen Charakter an, daß die Regierung es gerathen fand, die Anklage fallen zu lassen. Doch war damit weder der Scandal, noch die Aufregung zu Ende. Als sich der König am 19. Juli 1821 krönen ließ, verlangte die Königin, um ihren Rechten nichts zu vergeben, ebenfalls gekrönt zu werden, wie dies von jeher üblich gewesen sei. Mit ihrer Forderung abgewiesen erschien sie am Krönungstage vor der Westminsterabtei und begehrte Einlaß, wurde aber schimpflich und mit Gewalt zurückgewiesen. Als die Königin, wenige Wochen darauf, durch soviele Kränkungen gebrochen am 7. August starb, veranstaltete ihr der Regierung zum Trotz das Volk eine feierliche Leichenbegleitung, bei welcher es nicht ohne Blutvergießen abging. — Der bei dieser Gelegenheit so unverhohlen und energisch hervorgetretene Haß gegen die Regierung entlud sich besonders auf Lord Castlereagh, der für die Seele derselben galt, und fing an seinen Geist zu verwirren. Von der fixen Idee geplagt überall Feinde zu sehen, die ihm nach dem Leben trachteten, verfiel er in einen Zustand des Wahnsinns, in welchem er sich am 12. August 1822 mit einem Federmesser die Hauptpulsader des Halses durchschnitt und sich so selbst das Leben nahm. Sein Tod wurde von der ganzen der Regierung feindlichen Partei als ein glückliches Ereigniß betrachtet, und in der That trat in seinem Nachfolger Georg Canning ein Mann in das Ministerium, der nach und nach den freisinnigen Ansichten, von denen er selbst beseelt war, Geltung verschaffte.

Canning, von einer irländischen Familie abstammend, war im Jahre 1770 zu London geboren. Auf der Schule zu Eton und auf der Universität zu Oxford gebildet hatte er sich durch eisernen Fleiß und glänzende Talente so ausgezeichnet, daß ihm eine bedeutende Laufbahn nicht entgehen konnte. In der That wurde er schon in einem Alter von 23 Jahren ins Parlament gewählt und zog sofort durch Beredtsamkeit und Einsicht die öffentliche Aufmerksamkeit auf sich. Es war daher natürlich, daß die Regierung, an deren Spitze damals William Pitt stand, ein so bedeutendes Talent für sich zu gewinnen suchte und ihn im Jahre 1793 als Unterstaatssecretär in ihre Mitte aufnahm. Er hätte keine bessere Schule für die Ausbildung zum Staatsmanne und kein würdigeres Vorbild finden können, als den großen Minister, auf den noch heutzutage England stolz ist. Denn obgleich er durch seine Anschließung an Pitt den Tories beitrat, so faßte er doch deren Grundsätze, ebenso wie Pitt, nicht in dem engherzigen Sinne auf, von dem die Castlereaghs und Wellingtons beseelt waren, sondern hielt es für wahrhaft conservativ, die bestehenden Zustände weiter zu bilden und durch nothwendige Verbesserungen immer mehr zu befestigen. Eine weise Vereinigung des Princips der Stabilität mit dem des Fortschrittes und besonders der Grundsatz, daß ein großes gedeihliches Staatswesen nur auf dem Boden der Freiheit erwachsen könne, wurden die Leitsterne, denen er bei seiner politischen Laufbahn folgte. Mit Pitt trat er aus dem Ministerium und wieder in dasselbe, bis er in Folge eines Zweikampfes zwischen ihm und Castlereagh im Jahre 1809 auf längere Zeit aus der Verwaltung schied. Als aber das Ministerium nach dem Frieden das Bedürfniß fühlte, gegen das stürmische Andringen der Volkspartei eine kräftige Stütze im Unterhause zu haben, trat er im Jahre 1816 als Präsident des Board of Control von neuem in die Regierung ein. Allein einer großmüthigen Natur, wie die seinige war, mußte die Verfolgung der Königin im höchsten Grade zuwider sein, und lieber, als sich an den gehässigen Maßregeln seiner Collegen zu betheiligen, legte er zum zweitenmal seine Stelle nieder. Natürlich zog er sich durch diese öffentliche Demonstration die Ungnade des Königs und den Haß der hochgestellten Männer zu, die sich als Werkzeuge der Verfolgung hatten gebrauchen lassen; allein sein überlegenes Talent und seine Rednergabe, in der ihm von der ministeriellen Partei niemand gewachsen war, machten ihn in der Opposition nicht bloß zu einem unbequemen, sondern auch zu einem gefährlichen Gegner. Als er im Unterhause die Emancipation der Katholiken durchbrachte, erkannte das Ministerium die Nothwendigkeit, ihn um jeden Preis für sich zu gewinnen, und ernannte ihn zu dem wichtigen und hohen Posten eines Generalgouverneurs von Ostindien. Er war schon im Begriffe zu seiner neuen Bestimmung abzureisen, als der plötzliche Selbstmord Castlereaghs das Minsterium der auswärtigen Angelegenheiten eröffnete, für dessen Uebernahme niemand geeigneter schien, als Canning. Auch sprach sich die öffentliche Meinung so energisch zu seinen Gunsten aus, daß der König seine Abneigung und die Mitglieder des Cabinets ihren Widerwillen gegen ihn überwinden und ihn am 16. September 1822 zum Minister der auswärtigen Angelegenheiten ernennen mußten. Mit seinem Eintritte in das Ministerium beginnt ein neuer Zeitabschnitt nicht bloß in der Geschichte Englands, sondern auch in der Geschichte Europas. Sein öffentlich ausgesprochener Wahlspruch: Liberty, civil and religious, all over the world! fiel wie ein befruchtender Thau auf die in den Metternichschen Stabilitätsprincipien erstarrten Gemüther. Statt, wie Castlereagh, sich von der heiligen Allianz ins Schlepptau nehmen zu lassen, war es Cannings Bestreben, eine selbständige auf Englands Interessen basirte und mit dessen politischen Einrichtungen übereinstimmende Politik sowohl im innern als nach außen zu befolgen. Doch mußte er vorsichtig zu Werke gehen, bis er seine Stellung, die anfangs eine ziemlich vereinzelte war, durch Zuziehung übereinstimmender Collegen befestigt hatte. Dies gelang ihm, als Robinson, der spätere Lord Goderich, als Finanzminister, und der als Schöpfer des Freihandels später berühmt gewordene Huskisson als Handelsminister in die Regierung eintraten. Sein Einfluß zeigte sich nun in der inneren Politik bei Gelegenheit der Fragen über die Kornbill und über die Emancipation der Katholiken. Obgleich er die Aristokratie in einem ihrer wesentlichsten Interessen angriff, als er sich für die Aufhebung der Korngesetze erklärte, so bedachte er sich doch keinen Augenblick, einem Gesetze entgegenzutreten, das die Reichen auf Kosten der Armen noch mehr bereicherte. Wenn es ihm auch nicht gelang, die Kornbill ganz abzuschaffen, so ward es ihm doch möglich, sie so zu modificiren, daß sie viel von ihrem drückenden verlor. Eben so hielt er die Emancipation der Katholiken zur Beruhigung Irlands für unumgänglich nothwendig, und so oft auch dieselbe vom Oberhause verworfen wurde, nachdem sie im Unterhause angenommen worden war, so ermüdete er doch nicht, sie immer wieder von neuem vorzubringen und ihr so den Weg zum Siege zu bahnen. Nach außen hin konnte er zwar die Intervention in Spanien, so sehr er sie auch misbilligte, nicht hindern, allein er that den entscheidenden Schritt, die Unabhängigkeit der von Spanien abgefallenen südamerikanischen Staaten anzuerkennen. Wenn auch diese Staaten die an ihre Unabhängigkeit geknüpften Erwartungen nicht befriedigten und sich bis auf den heutigen Tag noch nicht aus ihrer chaotischen Verwirrung zu organischer Gestaltung zu erheben gewußt haben, so ist deshalb nur ihr Volkscharakter anzuklagen, nicht aber Canning, der ihnen den Weg zu ungestörter Entwickelung gebahnt hatte. Auch Griechenland fühlte den wohlthätigen Einfluß der in England vorgefallenen Veränderung. Cannings Vorgänger, Lord Castlereagh, hatte die Ansicht Metternichs getheilt, daß der Aufstand der Griechen als ein strafbarer Aufruhr gegen die legitime Gewalt zu betrachten und zu behandeln sei, und hatte alles, was an ihm lag, gethan, um die Unterdrückung der Griechen zu befördern. Canning dagegen, obwohl ebenfalls überzeugt, daß die Aufrechthaltung der Türkei für das Gleichgewicht Europas nöthig sei, erkannte doch, daß sich die Interessen der Humanität mit denen der Politik vereinigen ließen. Der erste Hoffnungsstrahl, der den Griechen leuchtete, war der von Canning ausgegangene Befehl an die englischen Kriegsschiffe in der Levante, die von der griechischen Regierung verordneten Blockaden eben so zu achten, wie die türkischen. Man kann sich denken, welchen Haß die absoluten Mächte auf den Minister warfen, der ihrem System in den Weg zu treten wagte. Allein ihre Bemühungen, in Verbindung mit der Torypartei seinen Sturz herbeizuführen, scheiterten an der einflußreichen Stellung, welche Canning im Parlamente einnahm, und die ihn zu einer für die Regierung unentbehrlichen Person machte. Als Lord Liverpool, der bisherige Chef des Ministeriums, im Februar 1827 durch Krankheit genöthigt wurde, sich zurückzuziehen, blieb sogar dem Könige keine andere Wahl, als Canning an seine Stelle zu setzen. Zwar zogen sich sofort die Tories aus dem Ministerium zurück, in der Erwartung, daß es Canning nicht möglich sein werde, ein neues zu bilden, allein zu ihrer Ueberraschung und ihrem Aerger gelang es seiner Gewandtheit, ihre Erwartung zu täuschen. Schon durch seine freisinnigen Grundsätze den Whigs genähert, bedachte er sich nicht, einige hervorragende Mitglieder dieser Partei in sein Ministerium aufzunehmen, und dies ist vielleicht die wichtigste Bedeutung

Cannings in der englischen Geschichte, daß er nach Durchbrechung des starren Systems der Tories den Whigs und ihren Grundsätzen wieder den Weg zum Einfluß und zur Gewalt gebahnt hat. Allein wenn auch seine geistige Kraft stark genug war, es mit den Tories aufzunehmen, die nun ihre ganze Wuth gegen ihn losließen, so war es seine physische Kraft nicht. Diese erlag der riesenhaften Last, die auf seine Schultern gelegt war, und den täglichen Kränkungen, die ihm seine Gegner bereiteten. Nach wenigen Monaten ward er aufs Krankenlager geworfen, von dem er nicht mehr aufstehen sollte. Denn er starb am 8. August 1827 auf dem Landgute Cheswick bei London. Ein Denkmal seiner Thätigkeit bleibt die Unabhängigkeit Griechenlands, für die er mit seinem zunehmenden Einflusse auch immer energischer in die Schranken trat. Doch that er in dieser Sache nicht eher entscheidende Schritte, als bis er sich mit Rußland verständigt hatte, wo mit einer neuen Regierung auch neue Ansichten über die Behandlung der orientalischen Frage zur Herrschaft gelangt waren.

Sechstes Capitel.

Rußland war aus dem siegreichen Kampfe gegen Napoleon mit Ruhm bedeckt und mit bedeutender Gebietserweiterung hervorgegangen. Die edele und großherzige Gesinnung, welche Alexander während des Krieges gezeigt hatte, bewährte sich auch im Frieden in den Grundsätzen der Verwaltung und sprach sich aufs deutlichste in zwei Thatsachen aus, in der Verleihung einer Constitution an das Königreich Polen und in der Aufhebung der Leibeigenschaft in den Ostseeprovinzen. Ueber die letzten Lebensjahre Alexanders und über die Geschichte der Thronbesteigung Nikolaus' I war bis vor kurzem die einzige Quelle Schnitzlers Histoire intime de la Russie sous les Empereurs Alexandre et Nicolas, obgleich dieses Werk von Fehlern und falschen Urtheilen wimmelt. Die von dem russischen Geschichtschreiber Ustrjälow gegebene Darstellung ist, wenn gleich richtig, doch zu kurz, um der Wißbegier zu genügen. Um so dankbarer müssen wir dem gegenwärtigen Kaiser von Rußland sein, daß er über eine der denkwürdigsten Episoden in der Geschichte seines Reiches ausführliche und aus den zuverlässigsten Quellen geschöpfte Nachrichten hat sammeln und publiciren lassen. Schon als Großfürst gab er dem Staatssecretär Baron Korff den Auftrag, aus den Erinnerungen der Zeitgenossen und aus schriftlichen Dokumenten die Thatsachen in ihrer Reinheit zusammenzustellen, um sie mit dem Absterben der Augenzeugen der Vergessenheit zu entreißen und sie vor der Entstellung zu bewahren, der historische Ueberlieferungen in der mündlichen Tradition immer ausgesetzt zu sein pflegen. Was Korff in Folge dieses Auftrages niederschrieb, wurde zuerst als Manuscript und nachher in einigen Exemplaren gedruckt als ein Familiengeheimniß bewahrt, bis Alexander II den Thron bestieg und die Scheu vor der Publicität überwindend das Korffsche Werk zur allgemeinen Kenntniß zu bringen befahl. Was der bekannte politische Flüchtling Herzen gegen die Glaubwürdigkeit Korffs vorgebracht hat, verdient keine Beachtung; denn politische Flüchtlinge sind in der Regel in ihrem Parteistandpunkte zu befangen, um die Lage und Bedürfnisse ihres eigenen Vaterlandes richtig zu beurtheilen.

Obgleich Alexander auf dem Gipfel menschlichen Glückes und menschlicher Macht zu stehen schien, so fühlte er selbst sich doch am wenigsten befriedigt. Die Anstrengungen und Aufregungen, zu denen ihn die kriegerische und thatenreiche Zeit gezwungen hatte, hatten seine Kräfte erschöpft, und die Sehnsucht nach Ruhe erweckte in ihm einen alten Lieblingswunsch, vom Throne herabzusteigen und sich in die Stille des Privatlebens zurückzuziehen. Auch verstimmte ihn nicht wenig, daß ihm sein Experiment mit Polen mislungen war. Er hatte demselben eine Constitution gegeben, in der Hoffnung, daß freie Staatseinrichtungen sich mit der Ordnung vertrügen, allein die Opposition, die er bei den unruhigen Polen fand und die er um so weniger vertragen konnte, da er in Rußland an den blindesten Gehorsam gewöhnt war, verleidete ihm sein Experiment und bestärkte ihn in der Abneigung, die er seitdem gegen das constitutionelle Wesen zu erkennen gab. Sein Bruder, der Cesarewitsch Constantin, der als Oberbefehlshaber an der Spitze der polnischen Armee stand, und der demselben beigegebene Nowosilzoff regierten von nun an Polen nach russischer Weise und trugen nicht wenig dazu bei, die schon vorhandene Misstimmung noch mehr zu verbittern. — Noch schmerzlicher, als die Erfahrungen, die er in Polen gemacht hatte, mußte für Alexanders Herz die Entdeckung sein, daß sich auch in Rußland geheime Verbindungen nach Art der Carbonari gebildet hatten, die mit revolutionären Planen umgingen und ihre Frechheit sogar bis zu dem Gedanken des Kaisermords trieben. Unter verschiedenen Namen und mit verschiedenen Zwecken hatten sich diese Verbindungen unter den jungen Officieren der Armee und in der Beamtenwelt verzweigt; die einen schwärmten für republikanische, die anderen für constitutionelle Regierungsformen, allein weder die einen noch die anderen konnten auch nur auf den allergeringsten Anklang unter dem Volke rechnen, mit dessen Geist und wirklichen Bedürfnissen solche Plane nicht im Einklange standen, ja für welches der Name Republik oder Constitution ein hohler unverständlicher Schall war. Ohne Zweifel war es diese Ueberzeugung in Verbindung mit der ihm eigenthümlichen Großmuth, welche den Kaiser abhielt, die zu seiner Kenntniß gebrachte Verschwörung mit Strenge zu unterdrücken; allein während er hoffte, daß die Zeit die Unerfahrenen belehren und die Verirrten wieder auf den rechten Weg zurückbringen werde, breitete sich allmählich der geheime Bund wie ein Netz über das ganze Reich aus. Es lohnt nicht der Mühe, die Entwickelung dieses Bundes durch alle seine Phasen zu begleiten; es genügt zu erwähnen, daß er in zwei Abtheilungen zerfiel, in einen nördlichen Bund, der seinen Mittelpunkt zu Petersburg hatte, und in einen südlichen, dessen Hauptsitz die Festung Tultschin war; auch zeigte sich in ihm die gewöhnliche Erscheinung, daß ein Theil der Verschwörer ihren Zweck auf friedlichem Wege, durch Bildung und Literatur, zu erreichen suchte, — und als Repräsentant dieser Richtung kann der auch als Schriftsteller berühmt gewordene Nikolaus Turgenjew gelten — während ein anderer Theil, dessen Führer der Oberst Paul Pestel war, auf gewaltsamen Umsturz hinwirkte.

Neben diesen Sorgen beschäftigte den Kaiser die Anordnung der Thronfolge für den Fall seines Todes oder seiner Abdication. Da er selbst keine Kinder hatte, so war der natürliche Thronerbe sein nächster Bruder, der Cesarewitsch Constantin. Dieser hatte sich aber am 20. März 1820 von seiner Gemahlin Anna Feodorowna, einer coburgischen Prinzessin, scheiden lassen und sich mit der zur Fürstin Lowitz erhobenen polnischen Gräfin, Johanna Grudsinski, vermählt. Da nach den Reichsgesetzen die Kinder aus einer solchen morganatischen Ehe keinen Anspruch auf die Thronfolge hatten, so verlor für den Großfürsten Constantin die Kaiserwürde um so mehr allen Reiz, da er sich den mit ihr verbundenen Pflichten nicht gewachsen fühlte. Er erklärte daher im Jahre 1822 seiner Mutter und dem Kaiser seinen Entschluß, dem Thronfolgerecht zu entsagen und dasselbe seinem nächstfolgenden Bruder Nikolaus abzutreten. Der Kaiser nahm diese ihm am 14. Januar 1822 schriftlich mitgetheilte Verzichtleistung in einem Rescript vom 2. Februar an, allein erst im folgenden Jahre gab er diesem geheimen Familienarrangement eine offizielle Form, indem er ein Manifest unterzeichnete, das den Großfürsten Nikolaus zu seinem Nachfolger bestimmte. Dieses Manifest wurde aber nicht publicirt, sondern versiegelt in drei Exemplaren in der Uspenskischen Kathedrale zu Moskau und in den Archiven des Reichsraths und Senats zu St. Petersburg niedergelelegt, um erst nach dem Tode des Kaisers eröffnet zu werden. Merkwürdig und unerklärbar ist und bleibt es, daß nicht einmal der bestimmte Nachfolger, der Großfürst Nikolaus, mit diesem Geheimnisse bekannt gemacht wurde. Die von Korff dafür angeführten Gründe sind ungenügend, und es bleibt nichts übrig, als sich die Geheimhaltung aus der mystischen Geistesrichtung des Kaisers zu erklären. Wenigstens weisen die Worte, die er kurz vor seiner Abreise nach Taganrog über diese Sache äußerte, darauf hin, denn auf die Bemerkung des Fürsten Golyzin, der in das Geheimniß eingeweiht war, wie gefährlich die Geheimhaltung werden könne, antwortete er, indem er die Hand nach oben erhob: Remettons nous en à Dieu; il saura mieux ordonner les choses, que nous autres faibles mortels! So galt in den Augen der Welt der Cesarewitsch Constantin für den muthmaßlichen Thronerben, als Alexander im Jahre 1515 nach Taganrog abreiste, um seine erkrankte Gemahlin Elisabeth Alexiewna in ein südlicheres Klima zu begleiten, und als er selbst dort von einem Gallenfieber befallen wurde, das am 19. November (1. December) seinem Leben ein Ende machte. Als die Nachricht von seinem Tode nach Petersburg kam, huldigte der daselbst anwesende Großfürst Nikolaus mit den Garden seinem Bruder Constantin, und das ganze Reich so wie die ganze Armee folgten diesem Beispiele. Nach diesem Acte diente die Entsiegelung und Verlesung des von dem verstorbenen Kaiser hinterlegten Manifests nur dazu, die Verwirrung zu vermehren; denn während der Großfürst Nikolaus in St. Petersburg sich weigerte, den ihm bestimmten Thron zu besteigen, nahm der Cesarewitsch Constantin in Warschau die ihm geleistete Huldigung nicht an und erklärte sowohl in offiziellen Actenstücken als in Privatbriefen seinen Willen, bei dem Entschlusse der Thronentsagung zu beharren. Auch bestätigte er dies dadurch, daß er seinem jüngeren Bruder, dem Großfürsten Nikolaus, als seinem Kaiser huldigte. So mußte sich Nikolaus entschließen, den Umständen nachzugeben und die Kaiserwürde anzunehmen.

Nikolaus war am 25. Juni 1796 geboren und als der dritte von Pauls Söhnen ohne Aussicht auf den Thron und ohne Vorbildung für denselben aufgewachsen. Nicht so freisinnig, aber auch nicht so weichlich, wie Alexander, erzogen hatte er keine andere Bildung erhalten, als für die nachgeborenen Prinzen gewöhnlich vorbehaltene Bestimmung, irgend ein militärisches Commando ehrenvoll zu verwalten. Dafür hatte aber die spartanische Zucht in ihm einen nüchternen und arbeitsamen Geist entwickelt und seinen von Natur schon kräftigen Willen noch mehr gestärkt. Mit dieser Willensstärke und mit einem gesunden Verstande vereinigte sich bei ihm eine ungeschwächte Körperkraft. Seit dem Jahre 1817 war er mit der ältesten Tochter Friedrich Wilhelms III und der edelen Königin Luise, mit der Prinzessin Charlotte vermählt, die nach ihrem Uebertritte zur griechischen Kirche den Namen Alexandra Feodorowna angenommen hatte; ihre Ehe war durch Innigkeit und häusliches Glück ein Muster und mit Kindern gesegnet, da dem Ehepaar schon damals ein Sohn, der jetzt regierende Kaiser Alexander, und eine Tochter, die nachmalige Herzogin Maria von Leuchtenberg, geboren waren. So nicht für den Thron erzogen und doch durch die Umstände auf denselben erhoben, war er von dem natürlichen Gefühl durchdrungen, seinem Vaterlande ein Opfer zu bringen, und die Worte, mit denen er die Krone annahm, sind gewiß der Ausdruck einer wahren Empfindung, die Worte: J'ignore lequel des deux sacrifices, dans une pareille circonstance, est le plus grand: de la part de celui qui refuse ou bien de celui qui accepte.

Ehe aber Nikolaus sich entschloß die Krone anzunehmen, waren bei den damals noch langsamen Communicationen zwischen zwei so weit von einander entfernten Städten, wie Petersburg und Warschau, Wochen verstrichen, und obgleich während des Interregnums die Ruhe äußerlich nicht gestört worden, so waren doch die Verschwörer insgeheim um so thätiger gewesen, die Umstände zur Ausführung ihrer verbrecherischen Entwürfe zu benutzen. Als daher am $\frac{14}{26}$ December die Garden dem neuen Kaiser Nikolaus huldigen sollten, ließ sich ein Theil des moskowischen Garderegiments durch die Vorspiegelung, daß eine Usurpation beabsichtigt sei und daß der Kaiser Constantin gefangen gehalten werde, dazu verleiten, die Huldigung zu verweigern. Mit fliegenden Fahnen zogen die Meuterer auf den Platz vor dem Senatsgebäude, wo sich ihnen ein Theil des Garde-Grenadierregiments und sämmtliche Garde-Marinetruppen anschlossen. Sie ließen den Kaiser Constantin hoch leben und mischten in ihr Geschrei auch das Wort Constitution, jedoch in dem irrigen Glauben, wozu sie von den Verschwörern verführt worden waren, daß dies der Name von Constantins Gemahlin sei. Unter diesen drohenden Umständen zeigte Nikolaus eine bewundernswürdige Geistesgegenwart und bewährte das Wort, das er an diesem Tage gesprochen hatte, daß wenn ihm vergönnt sei, auch nur eine Stunde Kaiser zu sein, er zeigen werde, daß er dessen würdig gewesen. Er ließ von den treu gebliebenen Truppen die Meuterer umstellen, in der Hoffnung, sie durch diese Anstalten einzuschüchtern und durch vernünftige Vorstellungen zu ihrer Pflicht zurückzuführen. Allein die halbbetrunkenen Anführer ließen sich weder schrecken noch belehren; der aus dem Kriege gegen Napoleon berühmte General, Graf Miloradowitsch, der sie anredete, wurde von einem der Verschworenen, dem Lieutenant Kachowsky, niedergeschossen, und selbst die Metropoliten von Petersburg und Kiew, die in vollem Ornate mit vorgetragenem Kreuze vor ihnen erschienen, konnten sich kein Gehör verschaffen. So mußte der neue Kaiser zur Gewalt schreiten, so schwer es ihm auch fiel, den ersten Tag seiner Regierung mit dem Blute seiner verirrten Unterthanen zu beflecken. Erst als die Dunkelheit hereinzubrechen und die Stadt während einer langen Decembernacht allen Schrecken des Aufruhrs zu überliefern drohte, gab der Kaiser den Vorstellungen seiner Umgebung nach. Den Grafen Toll, der eben angekommen war, empfing der Kaiser mit den Worten: Voyez ce qui se passe ici; voilà un joli commencement de règne: un trône de sang! Allein auch

Toll rieth, was schon seit Stunden die Umgebung gerathen hatte: Sire, sagte er, le seul moyen d'y mettre fin, c'est de faire mitrailler cette canaille. Drei Kartätschensalven aus einigen Feldstücken reichten hin, das Viereck der Meuterer zu sprengen; sie lösten sich auf und suchten ihr Heil in der Flucht und ihre Rettung in der aufrichtigen Reue, mit der sie bedauerten, durch falsche Vorspiegelungen irre geführt worden zu sein. In der That ergab sich aus der angestellten Untersuchung, daß der ganze Aufruhr das Werk der geheimen Verbindungen gewesen sei, von denen früher die Rede war. So hatte dieser Aufruhr auch eine wohlthätige Folge, Licht in das Dunkel der Verschwörung zu bringen und die Häupter derselben der Bestrafung zu überliefern. Die Theilnehmer des nordischen Bundes wurden in Petersburg selbst verhaftet, die des südlichen Bundes, der seinen Sitz in Tultschin hatte, geriethen ebenfalls ohne Widerstand der Regierung in die Hände; nur einer der Schuldigen, der Oberst Sergei Murawiew-Apostol, suchte mit einer Hand voll Soldaten sich zu widersetzen, wurde aber von dem General Geismar mit leichter Mühe besiegt und gefangen genommen. Nach sechs Monaten wurde von dem außerordentlichen Gerichtshofe, der zur Aburtheilung der Verschwörung niedergesetzt war, das Urtheil gesprochen und nach einer Milderung desselben durch die Gnade des Kaisers vollzogen: nur fünf der Haupträdelsführer, Pestel, Murawiew-Apostol, Rylejew, Bestuschew-Rjumin und Kachowsky wurden mit dem Tode am Galgen bestraft, die übrigen nach Sibirien verbannt. Schon während der Regierung des Kaisers Nikolaus wurde das Schicksal dieser Unglücklichen, die alle den ersten Adelsfamilien des Reichs angehörten, bedeutend gemildert, allen aber, die noch diese Wendung erlebten, ließ der gegenwärtige Kaiser bei seiner Krönung im Jahre 1856 volle Verzeihung zu Theil werden mit den hochherzigen Worten: Gott gebe, daß es nie mehr einem Kaiser von Rußland verhängt sein möge, für solche Verbrechen zu strafen oder zu verzeihen! Durch so traurige Erfahrungen belehrt, zu welchen Verirrungen falsche Bildung und falscher Ehrgeiz führen, war es eine Hauptsorge der neuen Regierung, die Erziehung und Bildung der Jugend mit der Lage und den Bedürfnissen des Reiches in Einklang zu bringen und ihnen eine nationale Grundlage zu geben. Aus den Eindrücken, welche diese Begebenheiten in der Seele des Kaisers zurückließen, erklärt sich vieles, was in der Richtung seiner inneren Politik zuletzt in eine förmliche Abschließung gegen westeuropäische Bildung ausartete. Am 22. August 1826 wurde der neue Kaiser in Moskau gekrönt; der Cesarewitsch Constantin wohnte dieser Feierlichkeit bei und bestätigte noch einmal die feierliche Thronentsagung durch die Huldigung, die er seinem gekrönten Bruder darbrachte, und durch die Herzlichkeit, mit der sich beide Brüder vor den Augen des Volkes umarmten.

Während in England Canning sich der Griechen anzunehmen angefangen hatte, zweifelte in Europa niemand, daß auch der neue Kaiser von Rußland für seine bedrängten Glaubensgenossen in die Schranken treten werde. Damals war ein Krieg gegen die Pforte nicht bloß bei dem russischen Klerus und Volk, sondern in ganz Europa populär, und nur die Regierungen blickten mit Sorge auf die Verwickelungen, die aus einem solchen Kampfe hervorgehen mußten. Besonders in England fürchtete man nichts mehr, als eine einseitige Intervention Rußlands in den orientalischen Angelegenheiten. Da das englische Ministerium ohnehin schon zu dem Entschlusse gekommen war, sich der Griechen anzunehmen, so beschloß es, sich mit Rußland in dieser Frage zu verständigen. Zu diesem Zwecke wurde der Herzog von Wellington, der dem Kaiser zu seiner Thronbesteigung den Glückwunsch Englands überbringen sollte, zugleich beauftragt, mit ihm über die Errichtung eines griechischen Staates zu verhandeln. Obgleich es ein traditioneller Grundsatz der Politik Rußlands war, in seine Beziehungen zu der Türkei keine fremde Einmischung zu gestatten, so handelte es sich hier doch um eine Frage, die ganz Europa interessirte, und so unterzeichnete Kaiser Nikolaus am 4. April 1826 zu St. Petersburg einen Vertrag, worin der neue griechische Staat anerkannt wurde, zu dessen Anerkennung die Pforte nöthigenfalls durch Gewalt gezwungen werden sollte. Die drei andern Großmächte wurden mit dem Vertrage bekannt gemacht und zum Beitritt eingeladen.

Unterdessen gaben die Perser durch einen ebenso unerwarteten als unprovocirten Angriff den Russen Gelegenheit, das Uebergewicht ihrer Waffen über orientalische Heere aufs glänzendste zu zeigen. Persien, das seit Nadir-Schahs Ermordung in Anarchie verfallen war, hatte sich unter dem Kadscharen Feth-Ali wieder zu einem Reiche geeinigt. Der kriegerische Sohn des Schahs, Abbas Mirsa, der zu Tebris residirte, hatte kaum von inneren Unruhen in Rußland gehört, deren Kunde in übertriebener Gestalt zu ihm gedrungen war, als er sofort beschloß, die erste Verwirrung zu benutzen, um sich der Provinzen wieder zu bemächtigen, die Persien früher an Rußland verloren hatte. Mit einem zahlreichen Reiterheere brach er im Jahre 1826 in Transkaukasien ein; zugleich brachen unter den Grusiniern Unruhen aus, da ihr ehemaliger Fürst Alexander sie zum Abfalle von Rußland aufforderte. Der Generalgouverneur Yermolow verlor indessen unter diesen schwierigen Umständen den Muth nicht; er ließ durch den General Madatow zuerst den Aufstand der Grusinier unterdrücken und schickte diesen alsdann dem persischen

Prinzen entgegen, der im Anzuge auf Tiflis war. Madatow hielt die Perser am Flusse Schamhora so lange auf, bis der russische General **Paskewitsch** mit Verstärkungen angekommen war und den Oberbefehl übernommen hatte. Die Eile und Entschlossenheit, mit welcher dieser bis dahin wenig bekannte Feldherr der bedrohten Provinz zu Hilfe kam, erwarb ihm zuerst das Vertrauen des Kaisers, das er dann später durch glänzende Thaten rechtfertigte. Es ist zwar in der neuesten Zeit das Talent und Verdienst dieses nach und nach zu den höchsten Ehren emporgestiegenen Mannes bestritten worden, allein der Erfolg entscheidet in militärischen Dingen für den Ruf eines Feldherrn, und der Erfolg begleitete Paskewitsch seit seinem ersten Auftreten im persischen Kriege auf seiner ganzen glänzenden Laufbahn. Nachdem also Paskewitsch sich mit Madatow vereinigt hatte, erfolgte am $\frac{13}{25}$. September bei Elisabethpol eine Schlacht, die mit der berühmten Pyramidenschlacht Napoleons gegen die Mamelucken viele Aehnlichkeit hatte. Der ungestüme Angriff der persischen Reiter brach sich an den Vierecken der russischen Infanterie, und Abbas Mirsa erlitt eine vollständige Niederlage. Er zog sich über den Arares zurück, um sein geschlagenes Heer von neuem zu organisiren, während Paskewitsch, der an Yermolows Stelle zum General-Gouverneur von Transkaukasien ernannt worden war, sich zu entscheidenden Schlägen für das folgende Jahr rüstete. Im Frühling 1827 drangen die Russen über die Grenze und belagerten die Festungen Eriwan und Abbas-Abad. Der letztern kam der Prinz Abbas-Mirsa zu Hülfe, erlitt aber am $\frac{5}{17}$. Juli eine Niederlage, in deren Folge sich die Festung ergab. Nun erschienen die Perser bei dem Kloster Etschmiadzin und griffen den hier stehenden russischen General Krassowsky mit überlegenen Streitkräften an, allein auch hier endigte der Kampf am $\frac{17}{29}$. August mit ihrer völligen Niederlage. Die Folge dieser Siege war die Uebergabe der Festung Sardar-Abad am 19. September (1. October) und der Festung Eriwan am $\frac{1}{13}$. October. Nach dem Falle von Eriwan, das in den Augen der Orientalen für uneinnehmbar gegolten hatte, zerstreute sich das persische Heer, und die Russen drangen nun ohne Widerstand zu finden bis zur Hauptstadt von Aserbeidschan, Tebris vor, in welches Paskewitsch am $\frac{19}{31}$. October unter dem Donner der Kanonen seinen feierlichen Einzug hielt. Der persische Schah Feth-Ali beeilte sich nun, dem Kriege, welcher eine so unglückliche Wendung für ihn genommen hatte, durch Unterwerfung unter die ihm vorgeschriebenen Bedingungen ein Ende zu machen. Als er aber mit der Ausführung zögerte, weil er sich nicht entschließen konnte, sich zur Bezahlung der Kriegskosten von den mühsam gesammelten Schätzen zu trennen, erneuerte Paskewitsch im Februar 1828 die Feindseligkeiten mit solcher

Kraft, daß der Schah alle Bedenklichkeiten überwand und sich der Noth fügte. Am $\frac{10}{22}$. Februar wurde der Friede zu Turkmantschai geschlossen: Persien trat an Rußland die Provinzen Eriwan und Nachitschewan ab und bezahlte als Entschädigung für die Kriegskosten die Summe von 20,000,000 R. S. Durch diese Erwerbung kam Rußland in den Besitz des Hochlandes von Armenien und erlangte durch den armenischen Patriarchen, der in Etschmiadzin residirte und nunmehr russischer Unterthan war, einen moralischen Einfluß auf die ganze in Persien und in der Türkei zerstreute armenische Christenheit. Der Kaiser Nikolaus belohnte den Feldherrn, der diese glänzende und vortheilhafte Eroberung gemacht hatte, mit der Erhebung in den Grafenstand unter dem Titel Eriwansky.

Die Beendigung des Perserkrieges kam dem Kaiser um so gelegener, da gerade in diesem Augenblicke seine Beziehungen zu der Pforte eine Wendung genommen hatten, die einen Türkenkrieg unvermeidlich machte. Nach dem Abschlusse des St. Petersburger Vertrages vom 4. April 1826 hatte die russische Regierung Unterhandlungen mit der Pforte eröffnet, die bei dem damaligen bedrängten und wehrlosen Zustande des türkischen Reiches für dasselbe verhängnißvoll werden mußten. Die Unterhandlungen wurden zu Akjerman in Bessarabien geführt und endigten am 26. September 1826 mit einem Vertrag, in dem sich die Pforte zu Concessionen verstand, die ihre Ohnmacht offenbarten. Denn um einem Kriege auszuweichen, bewilligte der Sultan Forderungen, denen sich eine Macht sonst erst nach einem unglücklich geführten Kriege zu unterwerfen pflegt. Durch diesen merkwürdigen Vertrag erhielten die Moldau und Wallachei eine von der Pforte unabhängige Verwaltung unter einem auf sieben Jahre für jedes der beiden Fürstenthümer gewählten Hospodar, dem ein aus den Bojaren gebildeter Divan zur Seite stehen sollte. Die Hospodaren konnten nach Ablauf ihrer Amtszeit wiedergewählt und durften nicht ohne Zustimmung der russischen Regierung abgesetzt werden. Eine gleich privilegirte Stellung ward dem serbischen Fürstenthum zugestanden. Außerdem erhielten die Russen die Ostküste des schwarzen Meeres und für ihren Handel sowohl auf diesem Meere als im innern des türkischen Reiches besondere Vortheile. Von einem solchen Vertrage hätte man erwarten sollen, daß er auf lange Zeit allen Streitigkeiten zwischen der Pforte und Rußland ein Ende machen würde. Allein nun traten die Unterhandlungen über die Unabhängigkeit Griechenlands in den Vordergrund, und damit berührte man einen Punkt, an dem der türkische Stolz empfindlich und leicht zu verletzen war.

So nachgiebig die Pforte gegen Rußland gewesen war, so hartnäckig wies sie jede Intervention der europäischen Mächte in die griechischen Angelegenheiten zurück. Nach dem Falle von Missolunghi war in der That die Lage Griechenlands traurig. Während Ibrahim verwüstend Morea durchzog, richtete Reschid-Pascha seinen Marsch gegen Athen und belagerte die Akropolis, die während des ganzen Jahres 1826 und in dem Anfange des folgenden Jahres der Mittelpunkt blutiger Kämpfe war. Zu diesen Bedrängnissen von außen kam innere Zwietracht hinzu, um das Unglück von Griechenland zu vollenden. Der Regierung und Nationalversammlung, die ihren Sitz in Aegina genommen hatte, stellte Kolokotronis eine andere Regierung und Nationalversammlung in Hermione entgegen. Zum Glück für Griechenland wurde indessen das Uebel des Bürgerkrieges, das aus dieser Spaltung hervorzugehen drohte, durch den Admiral Lord Cochrane und den General Church abgewandt. Beide Männer erschienen im Anfange des Jahres 1827 in Griechenland, der erstere, um über die griechische Flotte, der zweite, um über das griechische Landheer den Oberbefehl zu übernehmen. Ihren Bemühungen gelang es, die beiden Nationalversammlungen zu einer gemeinschaftlichen in Trözene zu vereinigen und durch die Wahl eines Regenten eine geordnete Regierung anzubahnen. Die Wahl zum *Κυβερνήτης ἐπὶ κεφαλῆς τῆς Ἑλληνικῆς πολιτείας* fiel am 11. April 1827 auf den Grafen Johann Capodistria, der sie annahm und von Genf, wo er damals lebte, nach Griechenland zu kommen versprach. Man hoffte nun von Cochrane und Church Wunderdinge, allein ihr erstes Unternehmen, den Entsatz der Akropolis von Athen zu bewirken, scheiterte an der Niederlage, die Reschid-Pascha den Griechen beibrachte. In Folge dessen mußte die Akropolis am 2. Juni den Türken übergeben werden. Von neuem riß unter den Griechen Zwietracht ein, und die Lage der Dinge würde sich noch verschlimmert haben, wenn nicht Hilfe von außen gekommen wäre. Allein gerade in diesem Augenblicke wurde in London am 6. Juli 1827 von den Bevollmächtigten Rußlands, Englands und Frankreichs ein Vertrag unterzeichnet, in welchem sich die drei Mächte verpflichteten, dem Kampfe zwischen den Türken und Griechen ein Ende zu machen, und demzufolge sie die nöthigen Befehle an die Admirale ihrer Flotten in den griechischen Gewässern abschickten. Dieser Vertrag, der die Unabhängigkeit Griechenlands verbürgte, war Cannings letztes Werk; denn, wie schon erzählt, dieser große Staatsmann, erschöpft durch die doppelte Anstrengung, zugleich die Last der Geschäfte zu tragen und dem immer wachsenden Hasse der Tories zu widerstehen, starb am 8. August 1827.

Während sich aus dem Londoner Vertrag ein Sturm gegen die Pforte zusammenzog, hatte diese sich selbst durch die Vernichtung der Janitscharen einen Schlag versetzt, der ihre Streitkräfte desorganisirte und lähmte.

Die alte berühmte Miliz der Janitscharen war, wie es gewöhnlich bei privilegirten Körperschaften der Fall zu sein pflegt, schon seit längerer Zeit ausgeartet; früher der Schrecken der Christenheit, war sie jetzt nur noch den Sultanen selbst furchtbar durch den meuterischen Geist, der in ihrem Corps herrschte und der sich allen, auch den nothwendigsten Reformen entgegensetzte. Sultan Selim III hatte seinen Versuch, europäische Disciplin in das türkische Heer einzuführen, mit Thron und Leben bezahlt, und auch Sultan Mahmud hatte schon mehrere Male den Uebermuth dieser Prätorianer erfahren. Da er aber überzeugt war, daß er nur durch eine Reform der Militäreinrichtungen seinem Reiche die verlorene Kraft zurückgeben könne, beschloß er, den Versuch zum zweiten Male zu wagen, nachdem er alles sorgfältig dazu vorbereitet und die Ulmas sowie die Marinetruppen und Artilleristen für seine Absichten gewonnen hatte. Als die Janitscharen auf den Befehl des Sultans zu ihrer Reform mit einem furchtbaren Aufstande antworteten, sprach dieser am 17. Juni 1826 ihre förmliche Aufhebung aus und setzte dieselbe, unterstützt von den ihm treuen Truppen, mit unbeugsamer Energie durch. Die Meuterer wurden durch ein von Hussein-Pascha geschickt geleitetes Manoeuvre auf einen Haufen zusammengedrängt und mit Kartätschen niedergeschmettert. Schonungslos wurden alle, die sich ergeben hatten, hingerichtet, und alles, was mit den Janitscharen zusammengehangen hatte, wurde vernichtet. Eine so gewaltsame Reform lähmte aber für den Augenblick die Kräfte des Reichs, und es gehörte Zeit dazu, ein neues disciplinirtes Heer zu bilden. Zu dieser Schwächung der Landmacht kam nun noch die Vernichtung der türkischen Seemacht hinzu, um, wie es schien, die Pforte völlig wehrlos zu machen. Da nämlich der Sultan hartnäckig den europäischen Mächten das Recht verweigerte, sich in die griechischen Angelegenheiten zu mischen, so erschien die combinirte Flotte der drei verbündeten Mächte unter den Admiralen Codrington, Rigny und Heyden vor der Bucht bei Navarin, in welcher die vereinigte türkisch-ägyptische Flotte lag, um dieselbe am Auslaufen zu verhindern. Die christlichen Admirale hatten weder Befehl noch Absicht, die Türken anzugreifen, und insofern meinte es die englische Regierung ehrlich, als sie die Schlacht bei Navarin ein untoward event nannte — allein wie hätten zwei Flotten mit gereizter Stimmung einander gegenüber stehen können, ohne daß es zum Conflicte gekommen wäre? Man versichert, ein türkisches Schiff habe zuerst auf ein französisches geschossen — genug am 20. October 1827 entspann sich eine furchtbare Seeschlacht, in der die Türken trotz verzweifeltem Widerstande dem überlegenen Geschütze der Verbündeten erlagen. Der Kampf dauerte vier Stunden und endigte mit der völligen Zerstörung der türkisch-ägyptischen Flotte. Nun schloß Ibrahim einen Waffenstillstand mit den Admiralen und versprach, mit seinen Truppen Morea zu verlassen, sobald ihm Transportmittel zu Gebote ständen. Der Sultan dagegen entbrannte in wildem Zorne und wies alle Vermittelungsvorschläge stolz zurück. Indem er alle mit den drei Mächten bestehenden Verträge für aufgehoben erklärte und deren Gesandte zur Abreise von Constantinopel veranlaßte, wandte er seinen Grimm besonders gegen Rußland, mit dem er den Krieg für unvermeidlich hielt, und erließ im December 1827 einen für diese Macht so beleidigenden Hati-Scherif, daß darauf nur mit einer Kriegserklärung geantwortet werden konnte. Diese erfolgte von russischer Seite am $\frac{14}{26}$. April 1828, und zugleich mit ihr der Einmarsch der russischen Armee unter dem Feldmarschall Fürsten Wittgenstein in die Donaufürstenthümer. Wie verschieden war damals die öffentliche Meinung in Europa von derjenigen, die sich in unseren Tagen bei einem ähnlichen Ereignisse manifestirte! Wenn auch die Cabinete mit ängstlicher Besorgniß den Beginn dieses Krieges sahen, so freuten sich damals die Völker, unter dem Einflusse des Philhellenismus, daß eine christliche Macht die Waffen gegen die Ungläubigen erhoben habe, und die besten Wünsche für einen glücklichen Erfolg begleiteten damals die russischen Heere. — Diese fanden nach ihrem Uebergange über den Pruth im Anfange des Mai den ersten Widerstand an der Donaulinie, die mit größeren und kleineren Festungen besetzt war, hinter deren Wällen die Türken sich mit gewohnter Hartnäckigkeit vertheidigten. Die türkische Armee hatte nur auf 50,000 Mann gebracht werden können, von denen ein Theil unter Hussein-Pascha in Schumla, der andere unter dem Kapudan-Pascha in Varna concentrirt war, um diese Schlüssel der Balkanlinie zu schützen. Die Türken hüteten sich, mit ihren noch nicht ganz disciplinirten Truppen sich in offene Feldschlachten einzulassen; daher war der erste Feldzug in diesem Kriege ein bloßer Festungskrieg. Nachdem die Festung Brailow oder Ibrail nach tapferer Vertheidigung am 19. Juni übergeben worden und die kleinern Festungen gefallen waren, ging die russische Hauptmacht, bei der sich Kaiser Nikolaus in Person befand, über die Donau; während die noch unbezwungenen Donaufestungen Silistria und Widdin cernirt wurden, wandte sich die russische Macht gegen Schumla und Varna. Die erstere Festung wurde nur beobachtet, Varna dagegen ernstlich belagert und sowohl von der Land-, als von der Seeseite angegriffen. Denn der russischen Flotte des schwarzen Meeres war in diesem Kriege eine große Rolle zugedacht, und sie konnte dieselbe um so leichter ausführen, da ihr die Türken nach ihrem Unglücke bei Navarin keine Flotte entgegenzustellen hatten. Sie hatte ihre Aufgabe mit der Belagerung von Anapa an der Ostküste des schwarzen Meeres angefangen, und nachdem diese Festung am 24. Juni gefallen war, erschien sie jetzt vor Varna. Ihr Oberbefehlshaber, der Vice-Admiral Fürst Menschikow, übernahm die Leitung der Operationen, bis er durch eine Kanonenkugel, die ihm ein Bein zerschmetterte, schwer verwundet den Oberbefehl an den Grafen Woronzow abtreten mußte. Die Festung wurde auf das tapferste vertheidigt, aber nachdem ihre Mauern zerschossen waren, entstand unter der Besatzung Zwietracht: der Commandant Jussuf-Pascha wünschte zu capituliren, während der Kapudan-Pascha erklärte, sich bis auf den letzten Mann vertheidigen zu wollen. Die Folge dieser Zwietracht war, daß Jussuf sich mit dem größten Theile der Besatzung ergab, der Kapudan-Pascha dagegen sich mit ungefähr 300 Gleichgesinnten in die Citadelle warf, wo er seinen Entschluß aussprach, sich lieber in die Luft sprengen, als die Schmach der Gefangenschaft dulden zu wollen. Der Kaiser, der auch an dem Feinde Treue und Tapferkeit achtete, bewilligte ihm mit seinem kleinen Häuflein freien und ehrenvollen Abzug. Am 12. October hielt er seinen Einzug in die eroberte Stadt. Hier war einst einer seiner Vorgänger auf dem polnischen Königsthrone, Wladislaw III, im Kampfe gegen die Türken gefallen; beim Einzuge in Varna erinnerte sich der Kaiser jenes für die Christen unglücklichen Tages, und in dem Gefühle, daß die Niederlage von 1444 durch diesen Triumph von 1828 ausgeglichen worden sei, rief er freudig aus: Endlich ist der Tod Wladislaws gerächt! — Mit der Eroberung von Varna war der Feldzug in der europäischen Türkei für das Jahr 1828 beendigt und damit die Erwartung derjenigen getäuscht, die geglaubt hatten, der russische Koloß brauche nur einen Schlag zu thun, um den morschen Bau des türkischen Reiches zu zertrümmern. In der asiatischen Türkei war der Krieg nicht minder lebhaft und mit größerem Erfolge für die russischen Waffen geführt worden. Obgleich hier als auf einem untergeordneten Kriegsschauplatze nur geringe Mittel verwendet worden waren, so hatte doch das Talent des hier commandirenden Generals Paskewitsch glänzende Erfolge errungen. Paskewitsch eröffnete den Feldzug im Juni mit Ueberschreitung der Grenze und mit der Belagerung von Kars. Diese Festung, an deren Mauern früher die ganze Macht Nadirschahs gescheitert war, gilt im Orient für uneinnehmbar, und wie schwierig ihre Belagerung und Eroberung ist, wenn sie gut vertheidigt wird, hat sich in unseren Tagen wieder gezeigt; allein ihr damaliger Commandant, Emir-Pascha, war eine unentschlossene und feige Natur. Ehe daher die von Halil-Pascha gesammelte Armee zum Entsatze heranrücken konnte, bot Paskewitsch alle Kräfte auf, um durch die Eroberung von Kars dem

Orient das Uebergewicht russischer Kriegskunst zu zeigen. Am 25. Juni a. St., dem Geburtstage des Kaisers, ward die Festung mit so geringem Verluste erstürmt, daß die Russen nicht mehr als 250 Mann verloren. Ohne durch die Pest, die vom türkischen Heere auf das russische übergegangen war, sich aufhalten zu lassen, rückte Paskewitsch sodann vor Achalkalaki und nahm diese Felsenfestung am 23. Juli ein. Von hier aus erschien er vor Achalzych, und nachdem er das türkische Heer am 9. August geschlagen hatte, zwang er die Festung am 16. August zur Uebergabe. Nach diesen entscheidenden Schlägen unterwarf sich im Laufe des September das ganze Paschalik Bajasid; da aber mit dem October auf der Hochebene von Armenien ein strenger Winter eintrat, so ruhten die Waffen, und beide Parteien bezogen die Winterquartiere.

Während des Winters setzte Fürst Metternich alle Künste der Diplomatie in Bewegung, um im Interesse Oesterreichs die Pforte zu retten. Es bedarf keiner weitläufigen Auseinandersetzung, um das Interesse zu erklären, welches Oesterreich an der Erhaltung der Türkei nahm, seitdem diese aufgehört hatte, ihm gefährlich zu sein; es genügt ein Blick auf die Landkarte, um aus der Lage und aus der Ethnographie der illyrischen Halbinsel sich zu überzeugen, daß vor allem Oesterreich die Festsetzung der Russen daselbst zu fürchten hatte. Auch war es eine Tradition der österreichischen Politik, die Ausdehnung der russischen Herrschaft über die Donauprovinzen um jeden Preis zu verhindern. Schon bei dem ersten Türkenkriege der Kaiserin Katharina II hatte Joseph II erklärt, que ni lui, ni sa mère ne souffriraient jamais que les Russes demeurassent en possession de la Moldavie et de la Valachie. Metternich folgte daher nur dem Gebote einer traditionellen Politik, als er die übrigen Großmächte zu einer Intervention zwischen den kriegführenden Parteien mit Oesterreich zu vereinigen suchte. Allein die Umstände waren damals nicht so günstig, als im Jahre 1853, wo eine solche Coalition zu Stande kam. Frankreich war vielmehr für Rußland gewonnen; man hielt den Franzosen einen Köder vor, der nie verfehlt, sie anzulocken, die Aussicht auf die Erwerbung des linken Rheinufers, im Falle es mit Oesterreich zum Kriege kommen sollte. England dagegen war durch wichtige Fragen der inneren Politik so in Anspruch genommen, daß es diese erst lösen mußte, ehe es unternehmen konnte, nach außen hin seine Thätigkeit zu richten. So im Stiche gelassen, wagte Metternich nicht, sich in einen Kampf einzulassen, der die mit so vieler Mühe vor 14 Jahren begründete Ordnung der Dinge über den Haufen zu werfen drohte. Noch war die äußerste Noth, auf welche sich Oesterreich allerdings im Stillen rüstete, nicht eingetreten, und so bedachte sich der österreichische Staatskanzler nicht, sich einer diplomatischen Nothlüge zu bedienen, um der russischen Regierung gegenüber seine Interventionsbestrebungen geradezu abzuleugnen. Der russische Gesandte in Wien, Tatischtschew, war klug genug, die Versicherung des Fürsten Metternich als Wahrheit gelten zu lassen, obgleich er vom Gegentheil überzeugt war, und berichtete daher seiner Regierung darüber als ein der Geschichte angehöriges Factum: c'est un fait qui appartient désormais au domaine de l'histoire. — Die Pforte war also auf ihre eigenen Kräfte angewiesen. Sie hatte nach Möglichkeit gerüstet und zuerst den tapfern Vertheidiger von Varna, Izzet-Mehmed-Pascha, und als auch dieser den Anforderungen des Sultans nicht genügte, den Eroberer von Missolunghi und Athen, Reschid-Pascha, als Großvesir an die Spitze gestellt. Auch bei den Russen fand eine Veränderung des Oberbefehls statt, indem an die Stelle Wittgensteins der General Graf Diebitsch trat. Dieser faßte für den Feldzug des Jahres 1829 den Plan, zuerst Silistria zu erobern und dann durch den Uebergang über den Balkan den Krieg zu entscheiden. Während Silistria belagert wurde, gewann der Großvesir einige Vortheile über das gegen Schumla aufgestellte Corps des Generals Roth, allein er ließ sich durch dieselben verlocken, sich so weit von Schumla zu entfernen, daß sich eine russische Armee zwischen ihn und diese Festung werfen konnte. Diebitsch, der nichts sehnlicher wünschte, als die Türken in offenem Felde zu fassen, benutzte sofort diesen Umstand, um mit einem Theile des vor Silistria stehenden Heeres den Großvesir von Schumla abzuschneiden. Dieser, der jetzt nur noch die Wahl hatte, entweder Schumla seinem Schicksale zu überlassen oder sich dahin durchzuschlagen, wählte in der Ueberzeugung, daß mit dem Falle von Schumla der des türkischen Reiches entschieden sei, das letztere. So erfolgte am $\frac{\text{30. Mai}}{\text{11. Juni}}$ 1829 die Schlacht bei Kulewtschi, in der die Türken nach achtstündigem Kampfe eine so furchtbare Niederlage erlitten, daß ihre ganze Armee zersprengt wurde und der Großvesir sich nur mit einem Reitercorps auf Umwegen nach Schumla retten konnte. Die Festung Silistria, der nun alle Hoffnung auf Entsatz abgeschnitten war, capitulirte am 30. Juni. Nun stand dem Marsche der Russen über den Balkan kein Hinderniß mehr im Wege, als was ihnen die rauhe Natur der Gebirges, die schlechte Beschaffenheit der Wege und die Schwierigkeit des Transportes entgegenstellten. Graf Diebitsch überwand aber glücklich alle diese Schwierigkeiten und erwarb sich von seinem dankbaren Monarchen den Ehrennamen Sabalkansky. Als er in die Ebenen von Rumelien hinabstieg und vor den Thoren Adrianopels, der zweiten Hauptstadt des türkischen Reiches, erschien, räumten die Türken die volkreiche Stadt, um sie nicht den Schrecknissen einer gewaltsamen

Eroberung auszusetzen, und am $\frac{8}{20}$. August hielten die Russen ihren Einzug. Nach der Besetzung von Adrianopel trat Diebitsch mit den russischen Flotten in Verbindung, indem er seinen linken Flügel auf die Flotte des schwarzen Meeres und seinen rechten Flügel auf die Flotte im Archipelagus stützte. Die Nähe des Feindes entflammte zwar in dem Sultan selbst die ganze Thatkraft eines energischen und stolzen Charakters, allein seine Entschlossenheit theilte sich nicht seinem Volke mit. Selbst die Entfaltung der Fahne des Propheten, zu deren Schutz sonst die Gläubigen von allen Seiten zusammenzuströmen pflegten, verfehlte diesmal ihre Wirkung; denn der Sultan Mahmud hatte durch seine Reformen gleichsam das Recht verscherzt, an die religiösen Gefühle seiner Unterthanen zu appelliren. Die wahren Gläubigen erblickten vielmehr in den Niederlagen der disciplinirten Heere des Padischahs eine gerechte Strafe des Himmels für dessen Neuerungen. Zu den äußeren Gefahren gesellte sich noch die innere, daß die Ueberbleibsel der Janitscharen wieder hervortraten und nach alter Weise zu einer Thronumwälzung conspirirten. Zwar wurde die Conspiration mit grausamer Strenge unterdrückt, und jeden Morgen sah man auf dem Bosporus die Leichen derer treiben, die in der Nacht hingerichtet worden waren, aber begreiflicherweise wurde dadurch der Schrecken in der Hauptstadt nur vermehrt. Zu der Furcht vor äußerer und innerer Gefahr kam nun noch hinzu, daß vom asiatischen Kriegsschauplatze nicht weniger beunruhigende Nachrichten einliefen.

Hier hatte es zwar im Frühjahr 1829 den Anschein gehabt, als ob auch die Perser feindlich gegen die Russen auftreten würden; denn der Pöbel von Teheran, gereizt durch den Uebermuth, mit dem sich die armenischen Agenten der russischen Gesandtschaft benahmen, hatte den Gesandten Gribojedow, den berühmten Verfasser des Lustspiels Tops omk Yetta, nebst dem gesammten Gesandtschaftspersonal ermordet; allein der Schah fürchtete sich selbst unter den damals günstigen Conjuncturen vor einer Erneuerung des Krieges mit Rußland und war froh, daß der Kaiser von Rußland für den Frevel von Teheran keine andere Genugthuung forderte, als eine demüthige Bitte um Verzeihung. Der Schah schickte seinen Enkel Chosrew Mirsa nach St. Petersburg, um persönlich den Kaiser zu versöhnen. So konnte Paskewitsch, ohne seine Macht theilen zu müssen und in der Flanke gesichert, den Feldzug gegen die Türken eröffnen. Er überstieg das Saganlug-Gebirge, und nachdem er die türkischen Corps einzeln geschlagen, erschien er vor Erzerum, das sich ihm am 9. Juli ergab. In der hoffnungslosen Lage, in welche die Pforte durch das Vordringen der Russen in Europa und Asien gekommen war, blieb ihr nichts übrig als die Vermittelung anzunehmen, welche der König von Preußen durch den General von Müffling anbieten ließ. Unter seiner Mitwirkung kam ein Waffenstillstand zu Stande, dem der Friede um so rascher folgte, da die von Rußland gestellten Bedingungen äußerst gemäßigt waren. Die Verhandlungen in Adrianopel wurden russischerseits von den Grafen Orlow und Pahlen, türkischerseits von Sadik Efendi geführt, und nachdem sich diese über den schwierigsten Punkt, die Entschädigung für die Kriegskosten, verglichen hatten, unterzeichneten sie am $\frac{2}{14}$. September 1829 den Vertrag, der den Krieg beendigte. Rußland behielt von seinen Eroberungen in der europäischen Türkei nur die von den Donaumündungen gebildeten Inseln, jedoch mit der Verpflichtung, auf denselben weder Festungswerke, noch andere Gebäude als Quarantäneanstalten zu errichten, und auch in Asien gab es alles zurück, mit Ausnahme der Festungen an der Ostküste des schwarzen Meeres und eines Theils des Paschaliks von Achalzych mit den Festungen Achalzych und Achalkalaki. In Beziehung auf die Moldau und Walachei wurden die Bestimmungen des Vertrages von Akjerman nicht allein erneuert, sondern auch noch dahin ausgedehnt, daß die Hospodare auf Lebenszeit gewählt werden und nur einen jährlichen Tribut an die Pforte bezahlen sollten; auch durfte kein Mohamedaner mehr seinen Wohnsitz in ihnen aufschlagen, und alle Festungen auf dem linken Donauufer mußten geschleift werden. Endlich ward in den Adrianopeler Friedensvertrag ein Artikel aufgenommen, in welchem die Pforte die Unabhängigkeit Griechenlands anerkannte.

England und Frankreich hatten ebenfalls zur Befreiung dieses Landes durch entscheidende Thatsachen mitgewirkt. Der englische Admiral Codrington erschien mit seiner Flotte vor Alexandria und nöthigte Mehemed-Ali am 8. August 1828 zur Zurückberufung seines Sohnes Ibrahim; zugleich landete ein französisches Armeecorps von 14000 Mann unter General Maison in Morea, um im Nothfalle die Aegypter aus dieser Halbinsel zu vertreiben. In Folge dessen räumte Ibrahim Griechenland, und nun konnte der Präsident Capodistria, der im Januar 1828 angelangt war, dazu schreiten, in dem befreiten Lande eine dauernde Ordnung zu gründen. Dies war indessen ein um so schwierigeres Werk, da demselben ebenso sehr der zuchtlose Geist der Griechen, als die Rivalität der Schutzmächte Hindernisse in den Weg legte. Der Noth der Finanzen halfen Frankreich und Rußland durch baare Geldvorschüsse ab, und seiner Auctorität verschaffte Capodistria dadurch eine volksthümliche Grundlage, daß er im Juli 1829 die Nationalversammlung nach Argos berief, die seine Maßregeln durch ihre Zustimmung bestätigte und seine Gewalt erweiterte. Seine Regierung konnte indessen nur eine interimistische bleiben, da die Schutzmächte beschlossen, dem neuen Staate eine monarchische Form und einen König aus einem europäischen Fürstenhause zu geben. In dem Protokoll vom 3. Februar 1830 wurde das Königreich Griechenland als ein unabhängiger tributfreier Staat constituirt, aber auf den Wunsch der Pforte in engeren Grenzen, als es ursprünglich beabsichtigt war; denn statt die nördliche Grenze bis an den Meerbusen von Arta hinaufzurücken, reichte sie jetzt nur bis zum Aspropotamos. Die Krone ward dem Prinzen Leopold von Coburg angeboten, allein von diesem abgelehnt, als man seine Bedingung einer Erweiterung der Grenzen nicht annahm. So behielt einstweilen noch Capodistria die Zügel der Regierung. Es war natürlich, daß er als ehemaliger russischer Minister bei seiner Verwaltung sich nicht von den Formen losmachen konnte, die er in Rußland gewohnt gewesen war, und insofern gab er allerdings Blößen, die von seinen Gegnern, an deren Spitze Mawrokordatos stand, geschickt benutzt wurden, um ihn verhaßt zu machen; allein es würde unrecht sein, die Verdienste zu verkennen, die er sich um den neuen Staat erworben hat, in dem Ordnung nicht anders als mit strengen Mitteln eingeführt werden konnte. Ein Theil der französischen Truppen blieb zu seiner Verfügung in Morea zurück, auch nachdem Maison, der für seine Expedition mit dem Marschallstabe belohnt wurde, mit den übrigen nach Frankreich heimgekehrt war.

Sechstes Capitel.

Wir haben bemerkt, daß England durch wichtige Fragen der inneren Politik abgehalten wurde, bei der Entscheidung der orientalischen Krisis Rußland die erste Rolle streitig zu machen. Denn obgleich Canning aus seiner schöpferischen Thätigkeit durch einen frühzeitigen Tod abgerufen worden war, so wirkten doch die von ihm angeregten Ideen fort. Nach Cannings Tode war zwar dessen Ministerium im Besitze der Regierung geblieben, allein der an die Spitze desselben gestellte Lord Goderich, früher unter dem Namen Robinson bekannt, war nicht stark genug, sich in seiner Stellung zu behaupten. Schon am Ende des Jahres 1827 dankte er ab, und nun übernahm der Herzog von Wellington den Vorsitz in dem Ministerium. Anfangs behielt er Cannings Freunde bei, bald aber wählte er sich seine Collegen aus gleichgesinnten Tories, unter denen besonders Lord Aberdeen als Minister der auswärtigen Angelegenheiten und Sir Robert Peel als Minister des Innern zu bemerken sind. Trotz seiner torystischen Gesinnung mußte aber das neue Ministerium sich der Nothwendigkeit fügen, die wichtigste Frage der inneren Politik, die Emancipation der Katholiken, im Sinne Cannings zu entscheiden. Der Anfang dazu ward mit Aufhebung der sogenannten Testacte gemacht. Dieses Gesetz war im 17. Jahrhundert in einer Zeit erlassen worden, wo die Strömung der öffentlichen Meinung in England gegen den Papismus ging. Es verordnete, daß niemand zu einem öffentlichen Amte, weder im Gemeinde- noch im Staatsdienste, zugelassen werden dürfe, der nicht den König als Haupt der Kirche anerkannte, das heilige Abendmahl nach dem Ritus der anglicanischen Kirche empfing und sich schriftlich gegen die Lehre von der Transsubstantiation erklärte. Durch dieses Gesetz wurden aber nicht bloß die Katholiken, sondern auch die Dissenters getroffen. Für die letzteren war es indessen nach und nach außer Gebrauch gekommen, besonders seitdem Schottland, in welchem die presbyterianische Kirche die herrschende war, mit England unirt worden; man begnügte sich, jedes

Jahr durch eine sogenannte Indemnity-bill den Staatsbeamten, die nicht zur anglicanischen Kirche gehörten, die Strafen zu erlassen, die auf die Verletzung der von der Testacte geforderten Verpflichtungen gesetzt worden waren. Auf den Katholiken dagegen lastete noch die Testacte mit ihrer ganzen Härte. Es war daher ein Vorspiel zu einer völligen Veränderung in der politischen Stellung der Katholiken, als der Herzog von Wellington selbst im Jahre 1828 zugab, daß die Testacte nicht länger mehr zu halten sei, und sich bereit erklärte, dieselbe fallen zu lassen, wenn an die Stelle der von der Testacte geforderten Eide und Handlungen die Versicherung träte, daß der zu irgend einem Amte Beförderte niemals seinen amtlichen Einfluß dazu anwenden wolle, die Staatskirche zu benachtheiligen oder zu stürzen. Unter dieser Bedingung ging schon im März 1828 die Aufhebung der Testacte durch beide Häuser des Parlamentes und erhielt am 9. Mai durch die königliche Sanction Gesetzeskraft. Nach einem solchen Zugeständnisse war die Aufhebung aller Beschränkungen, die im Laufe der Zeit den Katholiken auferlegt worden waren, eine ebenso natürliche als nothwendige Consequenz. In der That nahm die Aufregung in Irland einen so drohenden Charakter an, daß die Verwerfung der Emancipation gleichbedeutend mit dem Ausbruche eines Bürgerkrieges gewesen wäre. Schon Niebuhr hat in seiner römischen Geschichte das Streben der Plebejer nach dem Consulate mit dem Anspruche der katholischen Irländer auf einen Sitz im Parlamente verglichen und jenes entfernte Ereigniß durch dieses nähere auf eine überraschende und schlagende Weise erläutert. Wie dort für die Masse der Plebejer die Zulassung zum Consulate, so hatte hier für die Masse des irischen Volkes der Zutritt zum Parlament keine Bedeutung, da sie doch keinen Anspruch darauf machen konnte, ein Staatsamt zu bekleiden oder einen Sitz im Parlament einzunehmen. Allein O'Connel wußte die Masse für diese Frage zu begeistern, weil er eine derselben verständliche Sprache redete und nicht allein ihre Gefühle, sondern auch ihre Interessen in Anspruch nahm. Denn er stellte den katholischen Iren vor, daß die Aufhebung des Gesetzes, welches die Katholiken vom Parlament ausschließe, gleichbedeutend sei mit ihrer eigenen Befreiung, daß das katholische Irland nicht eher Gerechtigkeit zu erwarten habe, als bis es im Parlamente vertreten sei. Von diesem Augenblicke an war die Frage der Emancipation eine irische Nationalsache, und das arme irische Volk, das bisher bei den Wahlen nach den Weisungen seiner Gutsherren gestimmt hatte, wagte jetzt, sein Wahlrecht frei auszuüben. Im Vertrauen auf diese Stimmung trat O'Connel selbst als Bewerber auf, als der Parlamentssitz für die Grafschaft Clare im Jahre 1828 durch die Beförderung seines bisherigen

Inhabers Vesey Fitzgerald zum Handelsminister erledigt ward. Das Gesetz der Ausschließung erklärte O'Connel deshalb nicht mehr für anwendbar, weil es erlassen worden sei, als Irland und England jedes sein besonderes Parlament gehabt hätten, daß es aber nicht mehr auf das vereinigte Parlament passe. O'Connels Reise nach dem Wahlorte Ennis, dem Hauptorte der Grafschaft Clare, glich einem Triumphzuge, und schon daraus ließ sich auf den Erfolg der Wahl schließen. In der That nahmen die irischen Bauern und Pächter, die in O'Connel ihren Befreier begrüßten und bei ihrer lebhaften Einbildungskraft von ihm goldene Zeiten erwarteten, auf ihre Grundherren keine Rücksicht mehr; selbst auf die Gefahr hin, von diesen aus ihren Pachtungen geworfen zu werden, stimmten sie für O'Connel, und so ward dieser am 5. Juli 1828 zum Parlamentsmitglied für Clare erwählt. Diese Wahl brachte die Frage zur Entscheidung. Denn die Regierung hatte nun keine andere Wahl, als den Agitator von Irland zuzulassen oder mit den Waffen Irland zu unterwerfen. Wenn auch das letztere für Englands Uebermacht nicht schwer war, so bebte doch selbst ein so eiserner Charakter wie der des Herzogs von Wellington vor dem Gedanken eines Bürgerkrieges zurück, und er beschloß zu gewähren, was er ohne Gefahr nicht länger verweigern konnte.

Die Durchführung der Katholikenemancipation ist eine That, die dem Herzog von Wellington nicht weniger Ehre gemacht hat, als sein Sieg bei Waterloo. Es gehörte vielleicht noch mehr Muth und Selbstüberwindung dazu, mit den Vorurtheilen seiner Partei zu brechen, als in offenem Schlachtfelde dem größten Heerführer des Jahrhunderts entgegenzutreten. Denn den Tories erschien die Emancipation als die Untergrabung des Bodens, auf dem die Verfassung beruhte, und es war von ihnen zu erwarten, daß sie ihr Terrain mit Aufbietung aller ihrer Kräfte und ihres ganzen Einflusses vertheidigen würden. Mit der Klugheit eines geschickten Strategen leitete der Herzog seinen Plan ein, um seine Gegner zu überraschen und sie unvorbereitet zu schlagen. In der Thronrede, mit der das Parlament am 5. Februar 1829 eröffnet wurde, empfahl der König diesem, den Zustand von Irland in Erwägung zu ziehen und die Gesetze zu revidiren, welche die römisch-katholischen Unterthanen Seiner Majestät mit bürgerlicher Unfähigkeit behafteten. Um die Gegner der Papisten zu beruhigen, wurden dem eigentlichen Antrage der Emancipation zwei Maßregeln vorausgeschickt, welche die Macht des irländischen Agitators brechen sollten, zuerst die Unterdrückung des katholischen Vereines, mit dessen Hilfe O'Connel seine Wahl durchgesetzt hatte, und sodann die Erhöhung des Wahlcensus in Irland von 40 Schillingen auf 10 Pfund Sterling, wodurch mehr als 200,000 Wähler ihr Recht verloren, unter denen freilich, wie Sir Robert Peel nachwies, die meisten so ungebildet waren, daß sie nicht einmal ihren Namen schreiben konnten. Erst nach diesen Vorbereitungen ward die Bill zur Emancipation der Katholiken ins Parlament gebracht und im Unterhause, wo sie in den letzten Jahren schon mehrere Male durchgegangen war, am 30. März mit einer so überwiegenden Mehrheit angenommen, daß das Oberhaus nicht wagen durfte, sie von neuem zu verwerfen. Hier hatte sie der Herzog von Wellington nicht bloß mit Gründen, sondern auch mit Waffen zu verfechten; denn die Wuth seiner erbitterten Gegner machte sich in persönlichen Beleidigungen Luft, so daß der Herzog genöthigt war, den Grafen von Winchelsea auf Pistolen zu fordern. Bei der Abstimmung am 10. April nahm das Oberhaus die Emancipation an, und am 13. April wurde sie durch königliche Sanction zum Gesetze erhoben. Die Katholiken wurden durch das neue Gesetz den Protestanten in politischen Rechten gleichgestellt und nur von den beiden Stellen eines Lordkanzlers und Lordlieutenants von Irland ausgeschlossen; bei ihrem Eintritte ins Parlament mußten sie einen Eid schwören, daß sie ihre Rechte als Parlamentsmitglieder nicht zum Umsturze oder zur Schwächung der protestantischen Kirche gebrauchen wollten. Den katholischen Bischöfen ward untersagt, sich den Titel von protestantischen Bischofssitzen beizulegen, und die religiösen Orden wurden Beschränkungen unterworfen, die darauf berechnet waren, den Einfluß der gefürchteten Jesuiten abzuwehren. Nun konnte O'Connel, nachdem er sich einer neuen Wahl unterworfen, seinen Sitz im Parlamente einnehmen, zu dem er seinen Glaubensgenossen den Zugang erobert hatte. Die Bestätigung der Emancipation war der letzte wichtige Act in der Regierung Georgs IV; er starb am 26. Juni 1830, und da er keine Kinder hatte, so folgte ihm sein Bruder, der Herzog von Clarence als Wilhelm IV. Dieser, zum Seemann gebildet und nach Seemannsart von derbem Wesen aber biederem Charakter, bezeichnete seinen Regierungsantritt mit einer wahrhaft königlichen Handlung. Obgleich er als Prinz sich mit dem Herzog von Wellington nicht gut gestanden hatte, so vergaß er doch als König, was ihm als Privatmann unangenehmes widerfahren war, und bestätigte den Herzog und dessen Ministerium mit der Erklärung, daß sie sein volles Vertrauen besäßen, und daß er darauf rechne, sie würden die Verwaltung mit derselben Treue fortführen, die sie seinem Bruder bewiesen hätten.

Wenn auch das torystische Ministerium des Herzogs von Wellington in der Emancipationsfrage seinen wahren Charakter verleugnet hatte, so blieb es doch in Beziehung auf die auswärtigen Angelegenheiten demselben getreu und näherte sich wieder mehr dem politischen Systeme der heiligen Allianz. Dieses erfuhr besonders das mit England so eng verbündete Königreich Portugal, wo nach dem Tode Johanns VI wichtige Ereignisse vorgefallen waren. Der König hatte in seinem Testamente seiner Tochter Maria Isabella die Regentschaft übertragen, ohne die Thronfolge näher zu bestimmen. Diese wurde daher jetzt der Zankapfel zwischen den beiden im Lande vorhandenen Parteien, indem die absolutistische Partei den Thron für Dom Miguel, die constitutionelle dagegen für den Kaiser Dom Pedro in Anspruch nahm. Da Dom Pedro durch die Gesetze von Brasilien gehindert war, die Krone von Portugal für sich selbst anzunehmen, so übertrug er sie am 2. Mai 1826 auf seine erst siebenjährige Tochter, Donna Maria da Gloria, unter der Bedingung, daß dieselbe sich mit seinem Bruder Dom Miguel vermählen und das Land nach einer von ihm gegebenen Constitution regiert werden sollte. Diese Constitution, wenn auch aus den edelsten Absichten hervorgegangen, war doch den wirklichen Verhältnissen und Bedürfnissen des Landes kaum entsprechend; sie war nach der Schablone der französischen Charte zugeschnitten und verletzte eine Menge alter Gewohnheiten, Vorurtheile und Interessen, ohne einen der ungebildeten Volksmasse verständlichen Vortheil zu bieten. Gegen diese Verfassung erhoben sich die Absolutisten unter der Anführung des Marquis von Chaves, der heimlich von Spanien unterstützt und offen durch den Zulauf des Landvolks, dem die Constitution als ein Werk des Teufels vorgestellt worden war, verstärkt, der Regentin so gefährlich wurde, daß diese sich um Hilfe an England wandte. Die englische Regierung, in der damals noch Canning dominirte, schickte am Ende des Jahres 1826 ein Armeecorps unter dem General Clinton nach Portugal, und dessen Ankunft reichte hin, um den Constitutionellen in Portugal das Uebergewicht zu verschaffen. Von dem constitutionellen General Villaflor am 9. Januar 1827 bei Penaverde und am 2. Februar bei Penafiel geschlagen flüchteten die Absolutisten auf spanisches Gebiet und wurden hier entwaffnet, da die spanische Regierung aus Furcht vor England sie nicht weiter zu unterstützen wagte. Nun eröffnete sich aber für Dom Miguel eine andere Aussicht. Die Regentin war offenbar den schwierigen Verhältnissen in Portugal nicht gewachsen, und der Kaiser Dom Pedro ließ sich durch die Empfehlung des Fürsten Metternich, den Dom Miguel über seinen wahren Charakter zu täuschen gewußt hatte, bewegen, seinem Bruder die Regentschaft Portugals zu übertragen, nachdem derselbe zu Wien zuerst die Charte beschworen und dann sich mit Donna Maria verlobt hatte. Kaum war aber Dom Miguel im Februar 1828 in Portugal gelandet und im Besitze der Gewalt, so wartete er nur den Abzug des englischen Hilfscorps ab, um mit seinen Absichten offen hervorzutreten. Er sagte sich von jeder Verpflichtung gegen Dom Pedro und dessen Tochter Donna Maria los und berief die alten Cortes von Lamego, mit deren Zustimmung er am 7. Juli 1828 sich zum Könige von Portugal erklärte. Die Constitutionellen suchten zwar von Oporto aus, wo sich ihnen die Besatzung anschloß, der Usurpation entgegenzurücken, allein sie wurden bei Coimbra geschlagen und entweder zur Flucht nach England oder über die spanische Grenze genöthigt. Dom Miguel befestigte sich nun in seiner usurpirten Gewalt durch die grausamsten Maßregeln, mit denen er seine Gegner erdrückte. Die Rechtlosigkeit seiner Stellung zwang ihn, sich zu deren Behauptung rechtloser Mittel zu bedienen, und das 19. Jahrhundert erblickte mit Schauder und Abscheu in dem Tyrannen von Portugal eine Erscheinung, wie sie seit den Zeiten der Tyrannen von Syrakus im Alterthum oder der viscontischen Herzoge von Mailand im Mittelalter nicht in der Geschichte aufgetreten war. Nur auf der zu den Azoren gehörigen kleinen Insel Terceira war der Usurpator nicht anerkannt. Hier sammelten sich die aus Portugal geflüchteten Constitutionellen, und nachdem zwei Versuche Dom Miguels, die Insel mit Gewalt zu unterwerfen, der erste an der Ungunst des Wetters, der zweite an der tapfern Vertheidigung der Besatzung gescheitert waren, ward hier unter Palmella und Villaflor eine Regentschaft im Namen der Königin Donna Maria errichtet, die sich dem Usurpator gegenüber als die rechtmäßige Regierung von Portugal betrachtete. Der Streit der feindlichen Brüder ward eine wichtige Episode in den europäischen Verhältnissen, in denen unmittelbar darauf durch die Juli-Revolution in Frankreich eine bedeutende Veränderung vorging.

Bisher war auf Grund der Verträge von 1815 die Ordnung in Europa erhalten worden, und die Eintracht der Großmächte, welche die Pentarchie bildeten, hatte ihren Grundsätzen überall den Sieg verschafft. Selbst die abgesonderte Stellung Oesterreichs in der griechischen Frage und dessen Parteinahme für das osmanische Reich während des Türkenkrieges hatte das gute Vernehmen zwischen den Mächten nur einen Augenblick getrübt aber nicht zerstört. Anders dagegen wurde die Lage von Europa, und eine große Veränderung trat in den Beziehungen der Mächte zu einander ein, als in **Frankreich** eine Revolution ausbrach, die den Thron der Bourbons umstürzte.

Ludwig XVIII hatte zwischen den Parteien lavirt und sich in der Rolle eines constitutionellen Königs mit Gewandtheit zu benehmen verstanden. Wenn auch der siegreiche Feldzug der Franzosen in Spanien keine Gelegenheit geboten hatte, großen Kriegsruhm zu erwerben, so hatte er doch offenbar zur Stärkung der royalistischen Partei beigetragen und der liberalen Partei eine große Demüthigung bereitet. Denn alle ihre Warnungen, alle ihre Voraussetzungen waren durch den Erfolg widerlegt worden. Bei den Wahlen für die Deputirtenkammer konnten sich nur drei namhafte Liberale, der General Foy, der Banquier Casimir Périer und Benjamin Constant, denen sich noch etwa 15 Stimmen anschlossen, auf ihren Plätzen behaupten, während die royalistische Majorität so entschieden war, daß sie zu den ausschweifendsten Hoffnungen ermuthigt wurde. Doch hütete sich der staatskluge Villèle, den Ultraroyalisten in ihren Planen einer Contrerevolution zu folgen, und begnügte sich, den Vortheil der Lage für die Entschädigung der Emigranten und für die Befestigung seines Ministeriums auszubeuten. Die erste erschien als eine heilige Schuld, welche die wiederhergestellte Dynastie dem ausgewanderten Adel für seine Treue auszuzahlen verpflichtet war. Um die Mittel dafür herbeizuschaffen, brachte der Minister in der Session von 1824 ein Gesetz ein, durch welches die Zinsen der Staatsschuld von 5 auf 3 Procent herabgesetzt werden sollten; damit verband er ein Gesetz, durch welches statt der 5jährigen Wahlperiode eine 7jährige und statt der jährlichen Erneuerung eines Fünftels der Deputirten eine allgemeine Wahl für alle sieben Jahre eingeführt wurde. Das letzte Gesetz ging durch, und wenn auch die Umwandlung des Zinsfußes an dem Widerspruche der Pairskammer scheiterte, so gab doch der Minister seinen Entschädigungsplan um so weniger auf, da jeden Augenblick der Tod des alten Königs erwartet wurde, und dessen Nachfolger dem Gedanken günstig war. In der That war Ludwig XVIII in einen Zustand der Schwäche verfallen, in dem sein Leben nur noch ein halbbewußtes war; in dem letzten Augenblicke kehrte aber sein volles Bewußtsein noch einmal zurück, und nachdem er seinem Bruder und Nachfolger die heilsamsten Rathschläge gegeben hatte, segnete er den Herzog von Bordeaux mit den bedeutungsvollen Worten: „Möge Karl X diesem Kinde die Krone bewahren!" Am 16. September 1824 verschied der königliche Greis, und Karl X bestieg den Thron. Obwohl der neue König seine Regierung mit dem Versprechen und gewiß auch mit der ernst gemeinten Absicht antrat, weder an der Verfassung, noch an der Verwaltung etwas zu ändern, so brachte er doch aus seiner Jugend und seinen späteren Lebensschicksalen Ansichten mit auf den Thron, die in schroffem Widerspruche zu den Vorstellungen der Gegenwart standen. Offenen und ritterlichen Charakters, wie er war, machte er kein Hehl daraus, daß er seinen Thron nicht auf den Bürgerstand, sondern auf die Kirche und Aristokratie stützen wolle. In der Erwartung, daß er mit einer ihm ergebenen Kammer, wie bisher, seinen Willen durchsetzen könne, gelobte er die Verfassung treu zu bewahren.

Auch eröffnete er seine Regierung mit einigen Maßregeln, die wohl geeignet waren, ihm die Volksgunst zu sichern; er hob die Censur auf und setzte die Familie Orleans wieder in den Besitz der Güter und Rechte, die dieser jüngeren Linie des königlichen Hauses vor der Revolution gehört hatten. Der Herzog Ludwig Philipp von Orleans, vermählt mit der neapolitanischen Prinzessin Amalie und Vater einer zahlreichen Nachkommenschaft, war durch die Rolle, die sein Vater und er selbst in der Revolution gespielt hatten, der herrschenden Dynastie entfremdet worden. Ludwig XVIII hatte ihm mistraut und ihn in gemessener Entfernung gehalten; Karl X dagegen hoffte ihn durch Großmuth für sich zu gewinnen und durch Aussöhnung der jüngeren Linie mit der älteren die Stellung des bourbonischen Hauses zu stärken. Er gab ihm daher den ihm bisher versagten Titel „Königliche Hoheit" und machte ihn durch die Zurückgabe der orleansschen Apanage zum reichsten Gutsbesitzer in Frankreich. Ludwig Philipp war aber zu vorsichtig, um sein Geschick unwiderruflich mit dem eines Fürsten zu verbinden, dessen Herzensneigungen ihn mit den herrschenden Vorstellungen in Conflict bringen mußten. Schon die Wiederherstellung veralteter Formen zeigte, daß Karl X mit seinen Ideen in dem vorrevolutionären Gedankenkreise wurzele. Er hielt seine Krone nicht eher für geheiligt, als bis er sie am 29. Mai 1825 nach alter Sitte zu Rheims aus den Händen des Erzbischofs empfangen hatte und mit dem heiligen Oele gesalbt worden war, das der Legende zufolge bei der Taufe Chlodwigs von dem heiligen Geiste in Gestalt einer Taube vom Himmel herabgebracht worden sein sollte. Zwar war die St. Ampoule, wie dieses wunderbare Krönungsfläschchen hieß, in der Revolution zerschlagen worden, und die Frevler hatten sich mit dem Oele die Stiefeln geschmiert, allein es wurde protokollarisch festgestellt, daß ein Priester und einige fromme Bürger die Scherben aufbewahrt und das daran klebende Oel gesammelt hatten. Mit diesem wurde Karl X gesalbt. Er selbst verband damit die Idee, daß das Königthum eine geheiligte Institution sei, die alle Revolutionen überdauere; allein dem frivolen Sinne der Franzosen erschien die ganze Ceremonie als eine lächerliche Komödie und erweckte nicht ihre Theilnahme, sondern ihren Spott.

Es war natürlich, daß es Karl X seine erste Pflicht sein ließ, die alte Schuld der Restauration an die Emigranten abzutragen. Villèle wußte durch ein Meisterstück der Finanzkunst die Sache so einzurichten, daß er die Emigranten entschädigte, ohne die Steuern zu erhöhen oder den Staatscredit zu gefährden, indem er 30 Millionen 3procentiger Renten schuf, welche das zur Entschädigung bestimmte Capital von einer Milliarde repräsentirten. Obgleich die Entschädigung selbst von einem

Theile derjenigen, die sie empfangen sollten, als unzulänglich, und von denen, die sie bezahlen mußten, als unnöthig bekämpft wurde, so bewilligte man sie doch, und es war damit der Vortheil gewonnen, daß eine die Gemüther beunruhigende Frage für immer entschieden und beseitigt war. Bei weitem aufregender, als diese Geldfrage, wirkte auf die Franzosen eine Richtung der neuen Regierung, welche ihrer Vorliebe für die Gleichheit und ihrer Abneigung gegen priesterlichen Einfluß schnurstracks entgegenlief. Nichts war den in den Grundsätzen der Revolution erzogenen Franzosen unerträglicher, als der Gedanke, wieder unter das Joch der Priesterherrschaft zurückzukehren, das sie für immer abgeschüttelt zu haben glaubten. Man braucht nur einen Blick in die damaligen Journale zu werfen, um sich zu überzeugen, mit welchem giftigen Hasse sie die Preßfreiheit benutzten, um dem geistlichen Einflusse entgegenzuwirken. Selbst aus den Reihen der Royalisten trat ein angesehener Mann, der Graf Montlosier, hervor und denuncirte die sogenannte Congregation, einen von den Jesuiten geleiteten Verein, als gefährlich für die Sicherheit des Staates, der Gesellschaft und der Religion. Die wegen ihrer Angriffe auf die Religion vor Gericht gestellten Journale wurden freigesprochen, weil sie, wie der Gerichtshof erklärte, nichts strafbares gethan hätten, indem sie sich gegen geistliche Corporationen, die das Gesetz verbiete, und gegen Lehren, welche die Freiheiten des Landes gefährdeten, ausgesprochen. Wenn schon dieses Urtheil bezeichnend genug war, um die Regierung auf die Gefahr der von ihr eingeschlagenen Richtung aufmerksam zu machen, so war noch bezeichnender die Demonstration, zu welcher das Leichenbegängniß des Generals Foy Veranlassung gab. Dieser Vorkämpfer der liberalen Partei in der Deputirtenkammer war in der Blüthe seiner Kraft im November 1825 durch einen plötzlichen Tod hinweggerafft worden. Seiner Leiche folgten bei deren feierlicher Bestattung am 28. November mehr als 100,000 Menschen aus allen Ständen, und zur Versorgung seiner ohne Vermögen nachgebliebenen Familie wurde ein Capital von einer Million durch freiwillige Beiträge zusammengebracht, zu dem auch der Herzog von Orleans beigesteuert hatte. Die liberale Partei hatte bei dieser Gelegenheit ihre Streitkräfte gemustert, und das Bewußtsein, an dem gebildeten Theile der Nation eine Stütze zu haben, flößte ihr Muth zu dem entschlossensten Widerstande ein.

Es war Karls X Unglück, daß er durch die Disharmonie zwischen seinen Ideen und denen der Mehrzahl seiner Unterthanen den letzteren Veranlassung gab, ihm zu mistrauen. Dieser unglückliche Fürst, der um die Volksgunst, welche ihn bei seiner Thronbesteigung begrüßt hatte, gekommen war, ohne zu wissen, wie und warum, erweiterte die Kluft zwischen sich und seinem Volke noch mehr durch Gesetze, die ihm von seinem Standpunkte aus gerade zur Befestigung des constitutionellen Systems nothwendig schienen, die aber den mehr demokratischen als constitutionellen Geist des französischen Volkes verletzten. Karl X hatte den ganz richtigen Gedanken, daß, wenn die der englischen Verfassung nachgebildete Charte eine Wahrheit sein sollte, der Pairskammer eine aristokratische Grundlage und Färbung gegeben werden müsse. Daß die von Villèle mit so vieler Mühe durchgesetzte Milliarde keinen selbständigen Adel schaffen werde, lag auf der Hand; er erkannte, daß dazu ein großer und befestigter Grundbesitz gehöre, wie bei den englischen Peers, allein war es möglich, einen solchen zu gründen, solange das gleiche Erbrecht für alle Kinder bestand? Der König ließ daher durch den Minister Peyronnet ein Gesetz ausarbeiten, durch welches die Primogenitur eingeführt werden sollte, und dasselbe im Jahre 1826 der Pairskammer, für die es hauptsächlich berechnet war, vorlegen. Allein wenn irgend ein Grundsatz der Revolution in den Gemüthern der Franzosen feste und dauernde Wurzel gefaßt hatte, so war es der der Egalité, der gleichen Berechtigung aller. An diesem Grundsatze, an der Abneigung der Franzosen gegen die Ungleichheit scheiterte das Gesetz; sogar die Pairs verwarfen es, und obgleich sie sich damit selbst ihr Todesurtheil gesprochen hatten, so bewies doch der Jubel, mit dem ihre Entscheidung in ganz Frankreich aufgenommen wurde, daß sie das allgemeine Volksgefühl befriedigt hatten; denn ihr Ausspruch wurde wie ein großer Nationalsieg mit Illumination und öffentlichen Festen gefeiert. Ein zweites Gesetz zur strengen Bestrafung des Sacrilegiums oder der Entweihung des heiligen wurde zwar angenommen, aber nicht ohne daß die bei dieser Gelegenheit gehaltenen Reden und noch mehr die von der Presse verbreiteten Zeitungsartikel dem Hasse gegen das Priesterthum neue Nahrung gaben. Tief verletzt, daß das Geschenk der Preßfreiheit, das er bei seinem Regierungsantritte gegeben hatte, zu seiner Verhöhnung misbraucht wurde, wollte zwar der König sein Geschenk nicht wieder zurücknehmen, aber er hielt es für nothwendig, der Opposition, die sich in den Zeitungen Luft machte, einen Zügel anzulegen. Denn allerdings übte damals die sogenannte öffentliche Meinung, wie sie in der Presse repräsentirt war oder vielmehr von derselben gemacht wurde, eine unerträgliche Tyrannei. Alles, was gegen die Regierung und die Kirche gesagt wurde, fand als das allein wahre den Beifall der Menge, während die Gegenpartei mit ihren Behauptungen kein Gehör oder nur Hohn und Spott fand. Um diesem unnatürlichen Zustand ein Ende zu machen, ließ der König ein Preßgesetz ausarbeiten und den Kammern vorlegen, in welchem jedes Preßvergehen mit den schwersten Strafen belegt und namentlich die Verleumdung in einem so weiten Sinne für ein Verbrechen erklärt wurde, daß jedes freimüthige Wort bestraft werden konnte. Die allgemeine Misbilligung, mit der dieses Gesetz von allen Classen empfangen wurde, vereitelte seine Durchführung, und die Regierung war genöthigt, um nicht in der Pairskammer damit durchzufallen, es zurückzunehmen. Allein diese erzwungene Zurücknahme trug dem Könige nicht den Dank ein, auf den er gerechnet hatte. Als er am 29. April 1827 eine Musterung der Nationalgarde hielt, scholl ihm aus deren Reihen nicht überall der loyale Ruf: Es lebe der König! entgegen, sondern es mischte sich darunter auch das Geschrei: Nieder mit den Ministern! Nieder mit den Jesuiten! Für nichts war Karls X Seele empfindlicher als für die Verletzung seiner Würde. Mit Stolz erwiderte er auf jenen Ruf, daß er hierher gekommen sei, um Huldigungen, nicht um Lehren zu empfangen. In seiner Entrüstung ließ sich der Köng hinreißen, noch an demselben Tage die Auflösung der Nationalgarde zu befehlen. Obgleich man den König zu überreden suchte, daß an seiner Unpopularität hauptsächlich das Ministerium Villèle schuld sei, so war doch Karl zu stolz, um seine Minister dem Hasse des Volkes und dem Neide ihrer Gegner in der Kammer aufzuopfern. Lieber machte er auf den Rath Villèles noch einen Versuch, die Pairskammer durch Ernennung von 76 neuen Pairs und die Deputirtenkammer durch neue Wahlen für die Maßregeln der Regierung zu gewinnen. Allein die Wahlen zeigten, wie tief das Mistrauen in den Gemüthern gewurzelt und wie weit es verbreitet war. Royalisten, wie Chateaubriand und der Herzog von Broglie, vereinigten ihre Anstrengungen mit denen der liberalen Partei, um die Absichten des verhaßten Villèle zu vereiteln. Der Verein der Freunde der Preßfreiheit und die Gesellschaft Aide-toi, le ciel t'aidera sparten weder Geld noch Mühe, um in einem für das Ministerium feindseligen Sinne auf die Wahlen einzuwirken. Diese Verbindung der Royalisten mit den Liberalen zu gemeinschaftlicher Opposition gegen Villèle änderte die ganze Grundlage, auf der seit sieben Jahren die französische Regierung geruht hatte. Statt einer gehorsamen Kammer, wie sie die Minister erwartet hatten, ging aus den Wahlen des Jahres 1827 eine liberale Majorität hervor. Paris war mit seinem Beispiel vorangegangen und hatte zu seinen acht Deputirten lauter entschiedene Liberale gewählt, unter ihnen Dupont de l'Eure, Jacques Lafitte, Casimir Périer, Benjamin Constant und Royer Collard. Die Provinzen waren diesem Beispiele gefolgt, und als man nach Vollendung der Wahlen die Stimmen zusammenrechnete, ergab sich für das Ministerium ein so ungünstiges Resultat, daß es am 3. Januar 1828 seinen Abschied nahm. An Villèles Stelle übernahm der Vicomte von Martignac den Vorsitz in dem neuen Ministerium, das der veränderten Lage der Parteien gegenüber von dem als deplorable bezeichneten System seiner Vorgänger abgehen und sich zu Concessionen entschließen mußte. Unter diesen war vornehmlich ein Gesetz, das den Jesuiten allen Einfluß auf den Unterricht entzog und sie zur Auswanderung nach der Schweiz oder nach Italien trieb. Auch für die Freiheit der Wahlen und für die Freiheit der Presse wirkte das Ministerium in solchem Sinne, daß die liberale Partei alle Ursache hatte, mit demselben zufrieden zu sein. Allein die alte Erfahrung, daß eine siegreiche Partei sich nicht zu mäßigen wisse, bestätigte sich auch hier; statt sich mit den errungenen Vortheilen zu begnügen, bedrängte sie das Ministerium mit Forderungen, die dasselbe nicht zugestehen konnte, wenn es nicht das Vertrauen des Königs verlieren sollte. Karl X betrachtete ohnehin seine Minister mit misgünstigen Augen; er hielt ihre Nachgiebigkeit für Schwäche und sah in dem Fortschritt des Liberalismus einen Fortschritt zur Revolution. Eine Reise, die er im Herbste 1828 in die östlichen Provinzen Frankreichs unternommen hatte, täuschte ihn über die Stimmung des Landes, indem er aus der ehrenvollen Aufnahme, die ihm überall zu Theil ward, den Schluß zog, daß in den Provinzen ein anderer Geist herrsche, als in der Hauptstadt. Auch ward sein Bewußtsein durch die Erfolge gehoben, welche damals Frankreich in der auswärtigen Politik errang. Die Theilnahme der Franzosen an der Schlacht bei Navarin und die Erscheinung einer französischen Armee in Morea unter Maison waren glorreiche Thatsachen, welche bewiesen, daß die Flagge und Fahne Frankreichs in Europa wieder zu hohen Ehren gelangt seien. So reifte in der Seele des Königs der Entschluß, den Zugeständnissen an die Volksmeinung ein Ende zu machen und den Widerstand der unersättlichen Revolutionspartei nöthigenfalls mit Gewalt zu brechen. Er sah es daher nicht ungern, als Martignac im Jahre 1829 mit einem wichtigen Gesetze in der Minorität blieb. Dieses Gesetz war bestimmt, durch eine Gemeindeordnung (loi municipale) und eine Landschaftsverfassung (loi départementale) der Constitution eine gesunde und nothwendige Grundlage zu geben. Solange die Gemeinden und Provinzen keine selbständige Verwaltung hatten und von Maires und Präfecten noch eben so despotisch wie in der Kaiserzeit regiert wurden, war die constitutionelle Regierung eine bloße Täuschung. Die Geschicke Frankreichs würden eine ganz andere Wendung genommen haben, wenn es gelungen wäre, die Gewalt der Centralisation zu brechen und durch Hervorrufung eines selbständigen politischen Lebens in den Gemeinden nnd Provinzen den unheilvollen Einfluß zu neutralisiren, den bisher Paris ausgeübt hatte. Die von Martignac vorgelegten Gesetze waren darauf berechnet, eine solche Entwickelung einzuleiten und mit der Emancipation der Gemeinden und Provinzen den Anfang zu machen. Allein weder die Liberalen noch die Royalisten waren mit den Gesetzen einverstanden; die ersteren, denen der Minister nicht weit genug ging, griffen ihn mit eben so großer Heftigkeit an, als die anderen, denen er zu weit gegangen zu sein schien. Bei der Abstimmung bereiteten sie den Ministern eine Niederlage. Das war es, was Karl X erwartet hatte und sofort benutzte, um sich von einem Ministerium zu befreien, mit dem er in keinem Stücke harmonirte. Am 8. August 1829 ernannte er den Fürsten Julius von Polignac zum Vorsitzer eines Ministeriums, das schon durch seinen Chef als die Verkörperung der Contrerevolution charakterisirt war. Neben Polignac traten besonders Labourdonnaye, das Haupt der Ultraroyalisten, und der Kriegsminister General Bourmont hervor. Wenn der erstere wegen seiner Energie gefürchtet wurde, so war der letztere wegen seiner Desertion zu den Alliirten vor der Schlacht bei Waterloo verhaßt. Denn die Franzosen können sich in ihrer Eitelkeit eine Niederlage ihrer Waffen nicht ohne Verrath denken, und so schrieben sie die vernichtendste Niederlage, die sie je erlitten hatten, dem Verrathe Bourmonts zu. Die übrigen Minister, Montbel, Courvoisier, Chabrol, d'Haussez, empfahlen sich dem Könige durch ihre Ergebenheit und Geschäftserfahrung.

Den Fürsten von Polignac empfing bei seinem Auftreten ein Mistrauen, das durch nichts zu besiegen war. In seiner Person repräsentirte sich gleichsam das ancien régime, und in der Voraussetzung, daß er zu dessen Wiederherstellung berufen sei, wartete man nicht auf seine Maßregeln, sondern verurtheilte im voraus sein Ministerium als ein unmögliches. Die Pariser Journale schlugen zuerst Allarm, und selbst ein so gemäßigtes Blatt, wie das Journal des Débats, schilderte in einem bemerkenswerthen Artikel die Lage der Dinge als so gefährlich, daß nichts anderes, als der Bürgerkrieg, daraus hervorgehen könne. „Die Männer," sagte es, „welche jetzt die Verwaltung leiten, wollten sie auch gemäßigt sein, sie könnten es nicht. Der Haß, den ihr Name in allen Gemüthern erweckt, ist zu tief, um nicht zurückgegeben zu werden. Gefürchtet von Frankreich, werden sie Frankreich furchtbar werden." Und es schloß seinen Aufsatz mit dem schmerzlichen Ausrufe: Unglückliches Frankreich! Unglücklicher König! Die Provinzen, gewohnt dem von Paris gegebenen Impulse zu folgen, bereiteten sich zum Widerstande vor durch Bildung von Vereinen, die den Zweck hatten, ungesetzlich aufgelegte Steuern zu verweigern. Es war bedeutungsvoll, daß gerade in diesem Augenblicke der alte General Lafayette aus seiner Zurückgezogenheit hervortrat und der in Polignacs Person repräsentirten Contrerevolution in seiner Person die Revolution entgegenstellte. Seine Reise nach Lyon war ein wahrer Triumphzug, und es wurden ihm Huldigungen dargebracht, wie sie nur dem Herrscher des Landes gebührt hätten. Es war in allem, was die Opposition that, nicht zu verkennen, daß ihm planmäßige Leitung zu Grunde lag, die von einem Ausschusse der geheimen Gesellschaften, dem Comité directeur, ausging.

Diesen Bewegungen gegenüber zeigte das Ministerium eine Gleichgiltigkeit und Ruhe, die auffallend gewesen wäre, wenn man nicht gewußt hätte, daß es in sich selbst noch nicht einig war. Der energische Labourdonnaye, welcher der Opposition zuvorkommen und sie durch entscheidende Maßregeln entwaffnen wollte, wurde daran von Polignac gehindert, dem es klüger zu sein schien, erst einen Versuch mit der Mäßigung zu machen. Da Polignacs System den Beifall des Königs erhielt, so nahm Labourdonnaye seinen Abschied und trat nun mit der ganzen Kraft seines Charakters und seines Anhanges den Gegnern des Ministeriums bei. Diese wurden überhaupt durch royalistische Defectionen verstärkt, die ihrem Hasse gegen Polignac ihre Grundsätze zum Opfer brachten. Das Ministerium ward durch den Eintritt Guernon de Ranvilles ergänzt und mußte seine Probe bestehen, als die Kammern am 2. März 1830 wieder eröffnet wurden. In der Thronrede drückte der König die Hoffnung aus, daß Frankreich seinen guten Absichten vertrauen und die Uebelgesinnten nicht hören werde, welche dieselben verdächtigten. Doch fügte er die Drohung hinzu, daß er Kraft finden werde, die Hindernisse, welche strafbare Umtriebe seiner Regierung in den Weg legen könnten, zu überwinden. In der heftigen Bewegung, mit welcher der König diese Worte sprach, entfiel ihm der Hut, und es ward als ein bedeutungsvolles Omen bemerkt, daß der neben ihm stehende Herzog von Orleans denselben aufhob. Die Antwort, welche die Kammer in ihrer Adresse auf diese Thronrede geben sollte, mußte entscheiden, ob sie dem Könige und dessen Ministern das geforderte Vertrauen bewilligen oder verweigern werde. In den Berathungen über die Adresse entfaltete daher der Parteigeist seine ganze Kraft: auf liberaler Seite trat neben den alten Koryphäen der Partei ein neugewähltes Mitglied Guizot hervor, der durch philosophische Bildung und historische Gelehrsamkeit sich bald zum Haupte der doctrinären Richtung erhob; in den Reihen der Royalisten zeichneten sich der Advocat Berryer, ebenfalls ein neugewähltes Mitglied, und Chantelauze aus. Das Resultat konnte indessen keinen Augenblick zweifelhaft sein, da, wie gesagt, ein großer Theil der bisherigen royalistischen Partei aus Abneigung gegen Polignac mit den Liberalen gemeinsame Sache machte. Die Adresse enthielt daher eine Stelle, in welcher die Kammer dem Ministerium ihre Mitwirkung versagte. Auch in der Pairskammer waren erklärte Royalisten, wie Chateaubriand, kurzsichtig genug, ihrem Hasse gegen Polignac das Interesse des königlichen Hauses aufzuopfern. Wenn auch ihre Adresse sich nicht so offen wie die der Deputirtenkammer aussprach, so gab sie doch nicht undeutlich zu verstehen, daß sie dieser im Kampfe gegen die Minister secundiren werde. Der König hörte die Adresse mit Ruhe an und beantwortete sie mit Würde: „Ich hatte," sagte er, „ein Recht, auf die Mitwirkung der Kammern zur Ausführung alles Guten, was ich im Sinne habe, zu vertrauen. Mein Herz ist bekümmert, von Ihnen zu hören, daß diese Mitwirkung nicht vorhanden ist. Aber meine Entschließungen sind unerschütterlich, das Wohl des Volkes erlaubt mir nicht, mich davon zu entfernen." Am folgenden Tage wurden die Kammern vertagt; bei dieser Gelegenheit sprachen sich die Gegensätze, von denen die Parteien getrennt wurden, in dem kurzen Rufe aus, mit dem sie auf die Verfügung der Regierung antworteten. Während die Royalisten riefen: Es lebe der König! brachte die liberale Majorität der Charte ein donnerndes Lebehoch.

Der Vertagung der Kammer folgte bald ihre Auflösung. Zwei Minister, Courvoisier und Chabrol, die sich derselben bis zum letzten Augenblick widersetzt hatten, weil sie davon die unheilvollsten Folgen voraussahen, nahmen ihren Abschied; an ihre Stelle traten Peyronnet, der in dem früheren Villèleschen Ministerium sich durch Entschiedenheit und Energie ausgezeichnet hatte, und Chantelauze, der bei den Verhandlungen über die Adresse als ein Talent hervorgetreten war. Außerdem wurde für den Baron Capelle, dem man die Geschicklichkeit zutraute, die neuen Wahlen zu leiten, ein eigenes Ministerium, das der öffentlichen Arbeiten, errichtet. Die Regierung setzte nun alles in Bewegung, um auf die Wahlen, von deren Ausgang ihre Existenz abhing, einzuwirken. Der König selbst wandte sich in einer rührenden und ergreifenden Ansprache an das französische Volk; er wiederholte darin noch einmal feierlich das Versprechen, die von ihm beschworene Verfassung aufrecht zu erhalten. Die constitutionelle Charte und die durch dieselbe begründeten Einrichtungen zu bewahren, sei stets das Ziel seiner Bestrebungen gewesen, und werde es immer sein. Um aber dieses Ziel zu erreichen, müsse er die geheiligten Rechte, die das Erbtheil seiner Krone seien, frei ausüben und ihnen Achtung verschaffen; denn in ihnen lägen die Bürgschaften der öffentlichen Ruhe und der Volksfreiheit. Die Natur der Regierung würde verkehrt werden, wenn strafbare Eingriffe die Vorrechte der Krone schmälerten, und der König würde seine Eide verrathen, wenn er dies duldete. Sodann wurden die Beamten instruirt, ihren ganzen Einfluß aufzubieten, um den Wahlen einen für die Regierung günstigen Ausgang zu verschaffen. Endlich hoffte die Regierung mit einer gegen den Dey von Algier beschlossenen Expedition auf die für Kriegsruhm empfänglichen Gemüther der Franzosen einen vortheilhaften Eindruck zu machen. An demselben Tage, an welchem die Kammer aufgelöst wurde, am 16. Mai, schiffte sich eine Armee von 37000 Mann unter dem Oberbefehl des Kriegsministers Generals Bourmont zu Toulon ein, um Algier zu erobern.

Mit dem Beherrscher dieses Raubstaates, Hussein-Bey, war Frankreich schon seit längerer Zeit in Streitigkeiten verwickelt. Diese führten zu einem offenen Bruche, als der Dey dem französischen Consul Duval in öffentlicher Audienz mit einem Fliegenwedel ins Gesicht schlug und die geforderte Genugthuung nicht bloß verweigerte, sondern auch mit Feindseligkeiten beantwortete. Die französische Regierung ergriff diese Gelegenheit mit Begierde, um einen Krieg anzufangen, der ihr nach außen und nach innen die größten Vortheile zu versprechen schien. Die Abmahnungen des eifersüchtigen England wurden mit Festigkeit zurückgewiesen, und die französische Flotte lief am Ende Mai aus dem Hafen von Toulon aus. Durch widrige Winde in der Bai von Palma aufgehalten, erreichten sie erst am 13. Juni die Küste von Algier. Sobald die Truppen gelandet waren, konnte bei ihrer Ueberlegenheit über die rohen Massen des Feindes der Sieg nicht lange zweifelhaft sein. Am 4. Juli wurde die Citadelle von Algier, das sogenannte Kaiserschloß, von den Franzosen erstürmt, und der Dey dadurch in solchen Schrecken gesetzt, daß er schon am folgenden Tage capitulirte. Die Stadt mit allen ihren Kriegsvorräthen und Schätzen fiel den Franzosen in die Hände, und der Dey erhielt die Erlaubniß, sich mit seinem Privatvermögen nach Neapel in den Privatstand zurückzuziehen. Die Nachricht von dieser glänzenden und vortheilhaften Eroberung aber kam zu spät, um die beabsichtigte Wirkung auf die Wahlen auszuüben. Diese waren unterdessen vollzogen worden und so unglücklich für das Ministerium Polignac ausgefallen, daß die Mehrheit gegen dasselbe in der neuen Kammer stärker, als in der vorigen, war. In der Spannung, mit der alle Blicke auf die inneren Zustände des Landes und deren Lösung gerichtet waren, ließ der Siegesjubel die Gemüther kalt, und die Belohnung des verachteten Bourmont mit dem Marschallsstabe trug nicht dazu bei dieselben zu erwärmen. Im Gegentheil, der Haß gegen die Minister dämpfte alle Freude über deren Erfolge, und zahlreiche Feuersbrünste, die damals auf so vielen Punkten und so häufig ausbrachen, daß an absichtlicher Brandstiftung nicht zu zweifeln war, erfüllten das ganze Land mit Unruhe und Schrecken. Unter diesen Umständen mußte die Regierung einen Entschluß fassen. Man kann nicht sagen, daß es ihr an verständigen Rathschlägen und Warnungen gefehlt habe. Das übrige Europa, dessen eigene Ruhe durch innere Unruhen Frankreichs bedroht war, sah dem Streite zwischen Karl X und seinen Kammern mit derselben fieberhaften Spannung zu, wie Frankreich selbst. So entschieden Fürst Metternich allen revolutionären Bestrebungen entgegen war, so ließ er doch wiederholt das französische Ministerium warnen, keinen Gewaltstreich zu versuchen, bei dem man nicht zum voraus des Erfolges gewiß war, und sich nicht eher mit den Revolutionären in einen Kampf einzulassen, als bis dazu die umfassendsten Vorbereitungen getroffen seien. Selbst der Kaiser Nikolaus von Rußland warnte die französische Regierung vor einer Verletzung der Charte. Er ließ sie durch den französischen Gesandten Duc de Mortemart, der gerade damals eine Urlaubsreise nach Frankreich antrat, darauf aufmerksam machen, daß sein Bruder der Kaiser Alexander eben so sehr die Charte als den Thron verbürgt habe, und daß daher, wenn der König die Charte angreife, die Verbündeten nichts für ihn thun könnten. Mit England war Frankreich wegen der Eroberung von Algier gespannt; sein Rath hätte übrigens nur dahin lauten können, sich der constitutionellen Praxis zu fügen und der Majorität zu weichen. Auch Preußen betrachtete das Ministerium Polignac mit Mistrauen, weil ihm nicht unbekannt war, daß dasselbe sich durch Begünstigung der ultramontanen Parteien in Belgien und in den Rheinprovinzen einen Einfluß auf diese Länder zu verschaffen suchte. Uebrigens hatten die Vorstellungen und Warnungen der auswärtigen Diplomatie auf die französische Regierung keine andere Wirkung, als daß diese ihre Maßregeln in das tiefste Geheimniß hüllte, und um nicht mit Rathschlägen belästigt zu werden, geradezu jeden Gedanken an einen Gewaltstreich ableugnete. Man konnte dies mit einem Scheine von Recht thun, weil man sich mit sophistischen Gründen in die Ueberzeugung hineinredete, daß die Verfassung selbst das Mittel darbiete sie zu ändern. Denn Karl X war zu gewissenhaft, die von ihm beschworene Charte zu brechen; er glaubte aber in dem 14. Artikel derselben die Berechtigung zu finden, durch eigenmächtige Verordnungen zur Sicherheit des Staates die Frage zu lösen, welche zwischen ihm und der Kammer streitig war. Dieser verhängnißvolle Artikel lautete: Le Roi fait les règlemens et ordonnances nécessaires pour l'éxécution des lois et la sûreté de l'état. Sobald er sich überzeugt hatte, daß er den verfassungsmäßigen Weg nicht zu verlassen brauche, um die Uebelstände zu entfernen, ohne deren Beseitigung der Thron nicht bestehen zu können schien, bedachte er sich nicht länger, den entscheidenden Schritt zu thun. Am 25. Juli unterzeichnete er zu St. Cloud, wo er seinen Sommeraufenthalt genommen hatte, die Ordonnanzen, in welchen mit Berufung auf den 14. Artikel der Charte folgendes verordnet wurde: in der ersten Ordonnanz ward die Preßfreiheit aufgehoben und an ihre Stelle die Censur gesetzt, zugleich mit der Bedingung für die Journale, nicht eher erscheinen zu dürfen, als bis sie die polizeiliche Bewilligung dazu erhalten hätten; die zweite Ordonnanz sprach die Auflösung der neugewählten Kammer aus, noch ehe dieselbe zusammengetreten und constituirt war; die dritte Ordonnanz hob das bisherige Wahlgesetz auf und setzte ein anderes an dessen Stelle, wodurch die Zahl der Abgeordneten von 430 auf 230 veminderts und deren Erwählung den Departementscollegien übertragen wurde, während die Bezirkscollegien nur das Recht behielten, Candidaten vorzuschlagen; zugleich wurde, um die Wahlen besser überwachen zu können, die geheime Abstimmung aufgehoben und durch die öffentliche ersetzt. Die vierte Ordonnanz berief die nach diesen Bestimmungen neu zu wählende Kammer auf den 28. September zusammen; die fünfte Ordonnanz endlich ernannte den Marschall Marmont, Herzog von Ragusa, zum Oberbefehlshaber der Truppen in Paris.

Obgleich unter den am 25. Juli 1830 erlassenen Ordonnanzen die drei ersten offenbar eine Verletzung der Charte enthielten, da durch sie Gesetze aufgehoben wurden, die nach der bestehenden Verfassung nur mit Zustimmung der Kammern geändert werden konnten, so waren doch der König und seine Minister verblendet genug, auf keinen ernstlichen Widerstand zu rechnen und daher sich auf einen solchen nicht vorzubereiten. Karl X setzte sich am Abend, nachdem er die verhängnißvollen Ordonnanzen unterzeichnet hatte, zu seiner gewöhnlichen Whistpartie nieder und ging am folgenden Morgen auf die Jagd nach Rambouillet, als ob alles im gewöhnlichen Laufe der Dinge bleiben und als ob die Brandfackel, die er in das europäische Staatsgebäude geschleudert, nicht zünden werde. Wenn man diese Gleichgiltigkeit damals aus dem Stumpfsinne des Alters erklärte und ihm bei seinem beschränkten Gedankenkreise zutraute, daß er alles mit einem Tel est notre plaisir! abgemacht zu haben glaubte, so muß man dagegen billig erstaunen, daß Polignac nicht mehr Energie und Verstand zeigte, daß er es wagte, die Opposition herauszufordern, ohne die Mittel zu ihrer Bekämpfung in Bereitschaft zu haben. Die Truppen, über welche dem unzuverlässigen Marmont der Oberbefehl übertragen worden war, betrugen kaum 12000 Mann, und Polignac, der während Bourmonts Abwesenheit auch das Kriegsministerium verwaltete, hatte weder für Munition noch Proviant gesorgt. Er bildete sich offenbar ein, durch das überraschende und unerwartete des Schlages die Gemüther zu betäuben, und fürchtete höchstens Zusammenrottungen des Pöbels, die mit den vorhandenen Mitteln leicht zu zerstreuen sein würden.

Als am 26. Juli die Ordonnanzen durch den Moniteur bekannt gemacht wurden, war allerdings ihre erste Wirkung eine dumpfe Betäubung; nur die Herausgeber und Mitarbeiter von Journalen mußten einen Entschluß fassen, weil durch die sie betreffende Ordonnanz ihre ganze Stellung verändert worden war. Während ein Theil derselben sich fügte und die polizeiliche Erlaubniß zum Forterscheinen ihrer Blätter einholte, versammelten sich dagegen die meisten Mitarbeiter der liberalen Zeitungen, unter denen damals der Geschichtschreiber der Revolution, A. Thiers, durch seine Gewandtheit und politische Keckheit hervorragte, und beschlossen, den verfassungswidrigen Ordonnanzen den Gehorsam zu verweigern und ihnen eine Protestation entgegenzustellen. Mit dieser Protestation, in welcher der Widerstand nicht allein als erlaubt, sondern auch als eine Pflicht dargestellt war, erschienen die Journale am Morgen des 27. Juli. Nunmehr, aber freilich erst, nachdem die Protestation das ihrige dazu beigetragen hatte, die Gemüther aufzuregen, schritt die Regierung zur Unterdrückung der widerspenstigen Journale. Die Versiegelung oder Zertrümmerung der Pressen ging aber nicht vor sich, ohne Volksaufläufe zu veranlassen, die überhaupt im Laufe des Tages zahlreicher und drohender wurden. Denn da die Arbeitslocale geschlossen und die Arbeiter entlassen wurden, so sahen sich einige Tausend rüstiger und kräftiger Männer ohne Brot und Erwerb und in eine Bewegung hineingestoßen, von der sie weder die Ursache begriffen noch die Interessen theilten. Allein voll Verzweifelung über den Verlust ihres Erwerbes und voll Erbitterung über die Regierung, die ihnen denselben entzogen hatte, vergrößerten sie die Volkshaufen, welche mit revolutionärem Geschrei die Straßen durchzogen und mit den Truppen und der Polizei, welche die Ordnung aufrecht erhalten sollten, in Conflict geriethen. Die ersten Schüsse, die bei dieser Gelegenheit fielen, veranlaßten das Volk durch Plünderung der Waffenläden sich für den folgenden Tag zu offenem Kampfe zu rüsten. Auch die Deputirten hatten sich im Laufe des Tages bei Casimir Périer versammelt, um zu berathen, wie sie den Gewaltstreichen der Regierung gegenüber sich verhalten sollten. Es traten hier, wie gewöhnlich in solchen Fällen, zwei Richtungen hervor, die eine, welche den gesetzlichen Boden nicht verlassen wollte, die andere, welche es für widersinnig erklärte, die Gesetzlichkeit zu Gunsten einer Gewalt geltend zu machen, welche das Gesetz gebrochen habe. Die kühne Aufforderung von Mauguin, Laborde, Audry-de-Puyraveau, sich an die Spitze der Volksbewegung zu stellen, fand indessen bei der Mehrheit keinen Beifall; Casimir Périer, der die Anarchie noch mehr als den Despotismus fürchtete, erklärte sich mit der ganzen Heftigkeit seiner Natur gegen das Verlassen des gesetzlichen Bodens, und da ihm die meisten zustimmten, so kam nichts weiter zu Stande, als eine Protestation gegen die Auflösung der Kammer. Schon war aber klar, daß nicht mehr das Gesetz, sondern nur noch die Gewalt entscheiden werde; auch die Minister erkannten jetzt die Größe ihres Wagnisses und beschlossen Paris in Belagerungszustand zu erklären.

Am Morgen des 28. Juli begann die Bewegung damit, daß die Arbeiter aus den Vorstädten sich des Hôtel de Ville bemächtigten und auf demselben eine große dreifarbige Fahne aufpflanzten. Dieses alte Feldzeichen der Revolution und der napoleonischen Siege ward von allen entfaltet, die sich unter dem Rufe: es lebe die Charte! gegen die Ordonnanzen und die Dynastie der Bourbons erhoben. Zwar ward beim Anrücken der Truppen das Hôtel de Ville wieder geräumt, aber dafür füllten sich alle Straßen mit bewaffneten Kämpfern, unter denen auch die Uniform der im Jahre 1827 aufgelösten Nationalgarde wieder auftauchte, und es erhoben sich Barricaden, die den Truppen die freie Bewegung erschwerten. Sobald der Kampf entbrannt war, nahmen alle Stände, alle Alter, alle Geschlechter an demselben Theil; auch fehlte es dem Volke nicht an intelligenten Führern, da sich die Jugend der polytechnischen Schule und der übrigen höheren Lehranstalten zugleich mit dem Leichtsinn, aber auch mit dem Enthusiasmus, wie er diesem Alter eigenthümlich ist, ihm anschloß. Die ideale Begeisterung dieser muthigen Jünglinge erhob auch den gemeinen Mann zu dem Bewußtsein, für höhere Güter als bloß materielle zu fechten, und flößte ihm mitten in der Anarchie Respect für fremdes Eigenthum ein, so daß Diebstahl oder Plünderung von dem Volke selbst an denen, die sich dieses Vergehens schuldig machten, mit augenblicklichem Tode bestraft wurde. Dieser geistige Aufschwung war es, der dem Volke den Sieg über die Disciplin der Truppen verschaffte. Von allen Seiten angegriffen, in den engen Straßen zusammengekeilt und aus den Häusern mit Flintenschüssen und Steinwürfen niedergeschmettert, ermatteten die Soldaten um so eher, da nirgends Anstalten zu ihrer Erfrischung getroffen waren. In der Gluthhitze eines Julitages von Durst und Hunger geplagt, wurden die Linientruppen der Aufforderung zugänglich mit dem Volke zu fraternisiren. Nach dem Abfall der Linie blieben dem Marschall Marmont nur noch die Garden und die Schweizer übrig, mit denen er bis zum Abend das Hôtel de Ville vertheidigte, dann aber dasselbe räumte und alle seine noch übrigen Truppen um die Tuilerien concentrirte. Marmont hatte für eine Sache, die er selbst misbilligte, nur mit halbem Herzen den Degen gezogen und hörte daher um so leichter auf Vorstellungen, die ihm im Laufe des Tages von den Deputirten gemacht wurden. Diese hatten sich wieder bei Audry-de-Puyraveau versammelt, aber noch nicht den Muth, sich offen auf die Seite des Aufruhrs zu schlagen; das äußerste, wozu sie sich entschlossen, war eine neue Protestation gegen die Ordonnanzen und die Absendung einer Deputation an Marmont, um von ihm die Einstellung der Feindseligkeiten und seine Verwendung für die Entlassung des Ministers Polignac zu fordern. Die Deputation, aus Lafitte, Périer, Mauguin und den Generalen Gérard und Lobau zusammengesetzt, wurde von Marmont empfangen, aber bewirkte nichts weiter, als daß er versprach, dem Könige über ihre Forderungen zu berichten. In St. Cloud, wo der königliche Hof residirte, war man aber noch immer verblendet genug, den Aufstand von Paris als eine bloße Emeute zu betrachten, während diese bereits die Dimensionen einer Revolution angenommen hatte. In seiner Verblendung und Halsstarrigkeit hörte Karl X weder auf den Bericht seines Feldherrn, noch auf die Vorstellungen, die ihm die Pairskammer durch zwei ihrer Mitglieder, Semonville und d'Argout, machen ließ. So erneuerte sich am Morgen des 29. Juli der Kampf, um dieses Mal mit einem entscheidenden Siege des Volkes zu endigen. Im Laufe des Tages wurden die noch von den Truppen besetzten Paläste des Louvre, der Tuilerien und des Palais Royal einer nach dem andern von dem Volke erstürmt und Marmont genöthigt, sich nach St. Cloud zurückzuziehen; doch auch hier wurde das Eigenthum geachtet und nur der erzbischöfliche Palast, aus dem der Erzbischof entflohen war, wurde, bezeichnend genug für den Haß der Pariser gegen das Kirchenthum, geplündert und zerstört.

Nach dem Siege des Volkes mußte die Versammlung der Deputirten sich zu kräftigeren Maßregeln entschließen, als wozu sie bisher Muth gehabt hatte, wenn sie nicht die Leitung der Dinge ihren Händen entschlüpfen lassen wollte. Schon hatte sich ein verabschiedeter Oberst Dubourg auf dem Stadthause als Befehlshaber der bewaffneten Macht installirt, und es war von einer provisorischen Regierung die Rede, die aus den Generalen Lafayette, Gérard und dem Pair Herzog von Choiseul bestehen sollte. Die bei Lafitte versammelten Deputirten schritten daher zur Aufstellung einer provisorischen Regierung, die unter dem bescheidenen Namen einer Municipalcommission auf dem Stadthause eingesetzt wurde. Der Name Lafayettes, der durch Uebernahme des Oberbefehls über die Nationalgarde im hohen Greisenalter noch einmal die Rolle begann, die er im Jahre 1789 gespielt hatte, gab ihr Bedeutung und Ansehen. Er war jetzt wieder, wie damals, Herr von Paris, und die Bewegung, an deren Spitze er stand, würde jede Richtung angenommen haben, die ihm ihr zu geben beliebt hätte, wenn er mit sich selbst im reinen gewesen wäre. Aber überrascht durch die Revolution und durch Altersschwäche an Willenskraft gelähmt, wußte er weder, was für den Augenblick, noch was für die Zukunft zu thun sei, und so überließ er es anderen, den Ereignissen ihre Bahn anzuweisen. Von der Anerkennung Karls X und seiner Dynastie wollte keine der siegenden Parteien etwas wissen; der so lange Zeit hindurch geschürte Haß gegen die Bourbons konnte sich jetzt ungescheut äußern und machte sich Luft in dem Geschrei: Nous ne voulons plus des Bourbons! Obgleich der König nach der Niederlage seiner Truppen die Ordonnanzen zurückgenommen und an die Stelle des Polignacschen Ministeriums ein liberales unter dem Herzog von Mortemart ernannt hatte, so war doch der Unwille über seinen Treubruch und der Schmerz über das vergossene Blut zu stark und zu frisch, um eine Aussöhnung zuzulassen. Für Karl X und seine Dynastie war daher der von der Revolution umgestürzte Thron verloren. Es fragte sich jetzt nur noch, ob an die Stelle desselben die Republik oder ein neuer Thron für eine andere Dynastie zu wählen sei. Die Republikaner konnten für sich anführen, daß sie zur Erringung des Sieges das meiste beigetragen hätten; allein der Name der Republik war in der Vorstellung der meisten unzertrennlich von den Greueln und der Anarchie, welche sie in der ersten Revolution begleitet hatten. Die constitutionelle Partei benutzte dies, um den Sieg, der für die Charte erfochten worden war, auch für die Charte und damit für sich auszubeuten. Gestützt auf die Nationalgarde, die zum Schutze der Ordnung und des Eigenthums wieder zusammengetreten war, und auf die Mehrheit der Deputirten, welche, obgleich noch nicht vollzählig, doch ihre Sitzungen in ihrem gewöhnlichen Locale begonnen hatten, wandte sie ihre Augen auf den Herzog von Orleans, der dem Despotismus gegenüber die Freiheit und der Anarchie gegenüber die Ordnung verbürgen sollte. Auf Lafittes Vorschlag wurde am 30. Juli Ludwig Philipp zum Generalstatthalter (Lieutenant-général) des Königreichs ernannt und eingeladen, sich sofort nach Paris zu begeben, um die ihm angebotene Gewalt zu übernehmen. Ludwig Philipp hatte sich während des Kampfes in Paris ruhig und beobachtend auf seinem Landsitze Neuilly aufgehalten. Jetzt kam er nach Paris zurück, nahm aber am 31. Juli die ihm angebotene Stelle nicht eher an, als bis ihm Talleyrand, an den er sich um Rath gewandt hatte, ihm sagen ließ, er möge annehmen. Seinen Entschluß machte er den Parisern in einer Proclamation bekannt, worin er versprach, sie vor Anarchie zu schützen, die dreifarbige Fahne beizubehalten und die Kammern am 3. August zu eröffnen; er schloß seine Ansprache mit der Versicherung, daß man weiß nicht ob eine Charte oder die Charte von nun an eine Wahrheit sein werde. Es ist charakteristisch, daß die neue Regierung sogleich mit einer Zweideutigkeit anfing; denn die ursprüngliche Versicherung: Une charte sera désormais une vérité, die also die Verpflichtung enthielt, eine neue Verfassung zu machen, ward dahin ausgelegt, daß es hätte sein sollen: La charte sera désormais une vérité, wodurch man sich zu nichts weiter verpflichtete, als an der bestehenden Verfassung einige Aenderungen zu machen. Auch die Deputirten erließen eine Proclamation, in der sie dem Volke die Rechte verbürgten, die durch den Sieg erfochten worden seien, unter anderen die Wiederherstellung der Nationalgarde, die Verantwortlichkeit der Minister und die Aburtheilung von Preßvergehen durch die Geschwornengerichte. Es kam jetzt nur darauf an, die auf dem Stadthause constituirte Regierung zur Anerkennung des Generalstatthalters zu bewegen. Dorthin machte sich also Ludwig Philipp, von allen Deputirten begleitet, in feierlichem Zuge auf den Weg, und es gelang ihm leicht, den alten Lafayette zu täuschen und zu gewinnen. Die Republikaner wurden durch die Versicherung, daß der Thron von republicanischen Institutionen umgeben sein solle, beruhigt, und Lafayette stellte den Herzog der versammelten Menge als den Freund des Volkes vor und nannte ihn „die beste der Republiken". So von allen Parteien anerkannt, ergriff Ludwig Philipp die Zügel der Regierung und ernannte vorläufig ein Ministerium, das aus allen Parteien mit Ausnahme der legitimistischen zusammengesetzt war. Damit ging die ereignißvolle Woche zu Ende, die man in der französischen Geschichte die große Woche genannt hat, und in der die drei Tage vom 27. bis 29. Juli hingereicht hatten, eine Revolution zu Stande zu bringen, die man sich gewöhnt hat mit dem Namen der Julirevolution zu bezeichnen.

Auch in St. Cloud, wo am Hofe die größte Niedergeschlagenheit herrschte, ergriff man die Generalstatthalterschaft des Herzogs von Orleans als einen Rettungsanker, und Karl X beeilte sich, in dem Vertrauen auf die Treue und Dankbarkeit des Herzogs denselben in dieser Würde zu bestätigen. Dieses Vertrauen wurde selbst dann nicht erschüttert, als von Karl X, der sich unterdessen mit den ihm treu gebliebenen Truppen nach Rambouillet zurückgezogen hatte, die Thronentsagung für sich und seinen Sohn den Dauphin verlangt wurde. Der König entschloß sich auf das Zureden des russischen Botschafters Pozzo di Borgo auch zu diesem Opfer; am 1. August unterzeichnete er eine Urkunde in der Form eines Schreibens an den Herzog von Orleans, worin er in seinem und des Dauphins Namen die Krone niederlegte und sie auf seinen Enkel Heinrich V übertrug, in dessen Namen der Generalstatthalter die Regierung führen sollte. In Paris nahm man die Abdankung an, ohne den Vorbehalt zu berücksichtigen, und suchte die königliche Familie aus Frankreich zu entfernen. Zu diesem Zwecke wurde eine Commission, bestehend aus dem Marschall Maison, Schonen und Odilon Barrot, nach Rambouillet geschickt mit dem Auftrage, Karl X zur Abreise zu vermögen und bis an die Grenze zu begleiten, und um dieser Aufforderung mehr Nachdruck zu geben, ward ein bewaffneter Haufe aus Paris nach Rambouillet in Bewegung gesetzt. Der Schrecken vor dem Anzuge dieser revolutionären Horde hatte auf Karl X die beabsichtigte Wirkung; er entschloß sich mit seiner Familie zur Abreise nach England und trat unter dem Geleite der Commission die Reise nach Cherbourg an, wo er sich einschiffen wollte. Mit Würde und frommer Ergebung in Gottes Willen ertrug Karl X sein Unglück, und selbst seine Enttäuschung über die Absichten des Herzogs von Orleans, als er noch unterwegs dessen Thronbesteigung erfuhr, entlockte ihm keine anderen Klagen, als daß er Frankreichs Schicksal bedauerte, von dem er voraussagte, daß es nur mit einer eisernen Hand zu regieren sei. Nach einem rührenden Abschiede von der Leibgarde, die ihn bis Cherbourg begleitet hatte, schiffte er sich am 16. August nach England ein. Hier bezog er nach einem kurzen Aufenthalt in Dorsetshire den Palast Holyrood zu Edinburg, bis er im Jahre 1832 nach Oesterreich übersiedelte und erst in Prag, später in Görz seinen Wohnsitz aufschlug. In Görz starb er am 6. November 1836 und acht Jahre später sein Sohn, der Herzog von Angoulême.

Nach der Abreise Karls X beeilte man sich in Paris, aus dem unbehaglichen Revolutionszustande so schnell als möglich herauszukommen und durch die Erhebung des Herzogs von Orleans auf den Thron in die Bahn der constitutionellen Ordnung zurückzukehren. Ludwig Philipp legte großen Werth darauf, seine Erhebung auf den Thron nicht als die Folge der Revolution, sondern der Abdankung Karls X und der Entfernung der königlichen Familie aus Frankreich darzustellen. In diesem Wunsche kam ihm die Mehrheit der Deputirtenkammer, die am 3. August eröffnet wurde, entgegen, indem sie erklärte, daß der Thron factisch erledigt sei, und indem sie den Herzog von Orleans als „König der Franzosen" auf denselben berief, ohne sich weder in eine Discussion der Rechte Heinrichs V noch der Volkssouveränetät einzulassen. Die Bedingungen, unter welchen der neue König den Thron besteigen sollte, wurden in Abänderungen der Charte und in Zusätzen zu derselben zusammengefaßt. Aufgehoben wurde der Artikel, daß die römisch-katholische Religion Staatsreligion sei, und eine gleichmäßige Berechtigung aller Culte an dessen Stelle gesetzt. Dem Artikel über die Presse wurde die Bestimmung hinzugefügt, daß die Censur nie wieder eingeführt werden dürfe. Der 14. Artikel, aus dem Karl X seine Berechtigung zu den verhängnißvollen Ordonnanzen abgeleitet hatte, wurde dahin verändert, daß der König zwar die nöthigen Anordnungen und Verfügungen zur Ausführung der Gesetze zu erlassen habe, niemals aber die Gesetze selbst aufheben, noch sich von ihrer Ausführung entbinden dürfe. Auch wurde in diesem Artikel der Zusatz aufgenommen, daß von nun an keine fremden Truppen ohne ein Gesetz in französischen Dienst zugelassen werden sollten. Die Kammern erhielten zugleich mit dem Könige die Initiative beim Vorschlagen von Gesetzen, und für die Pairskammer wurde ebenso wie für die Deputirtenkammer die Oeffentlichkeit ihrer Verhandlungen festgesetzt. Das Alter eines Deputirten ward von 40 auf 30, das eines Wählers von 30 auf 25 Jahre herabgesetzt. Die 5jährige Wahlperiode wurde wiederhergestellt und den Wahlcollegien ebenso wie den Kammern das Recht verliehen, ihre Präsidenten selbst zu ernennen. Die Einsetzung außerordentlicher Gerichtshöfe wurde unbedingt verboten. Durch Zusatzartikel wurde die Tricolore als Nationalfarbe eingeführt und die Ernennung sämmtlicher von Karl X geschaffener Pairs widerrufen. Endlich wurde eine Reihe von Gegenständen, wie die schon versprochene Anwendung des Geschworenengerichts auf Preßvergehen, die Verantwortlichkeit der Minister und die Organisation der Nationalgarde, ausdrücklich als solche bezeichnet, welche später zu erledigen seien.

Schon am 7. August war die Deputirtenkammer mit ihrer Arbeit fertig und begab sich, ohne vorher die Zustimmung der Pairs abzuwarten, in den Palast des Herzogs von Orleans, um ihm seine Ernennung zum Könige der Franzosen anzukündigen. Der Herzog erklärte, daß es nie sein Wunsch gewesen sei, sein ruhiges Privatleben mit den Sorgen der Krone zu vertauschen, daß er aber aus Vaterlandsliebe das Opfer bringe, die ihm angebotene Krone anzunehmen. Zwischen Lafitte und Lafayette zeigte er sich auf dem Balkon dem versammelten Volke, das ihn mit dem Rufe: Vive le Roi! begrüßte. Natürlich blieb der Pairskammer nichts übrig, als den Beschlüssen der Deputirtenkammer beizutreten. Nur Chateaubriand hatte den Muth, in feuriger Rede die Rechte des Herzogs von Bordeaux zu erwähnen und zu vertheidigen; die Mehrheit fügte sich der Gewalt der Umstände und beschloß einfach alle von der Deputirtenkammer vorgenommenen Veränderungen in der Charte zu bestätigen und auch ihrerseits dem Herzoge von Orleans die Krone anzubieten. So konnte schon am 9. August die feierliche Thronbesteigung Ludwig Philipps vor sich gehen. Nachdem er in der Deputirtenkammer die veränderte Charte angenommen und beschworen hatte, bestieg Ludwig Philipp I, König der Franzosen, unter allgemeinem Vivatrufen den Thron und hielt eine Rede, worin er noch einmal wiederholte, daß er bei der Annahme der Krone nur der Nothwendigkeit nachgebe, die seine Person zu einer Bürgschaft auf der einen Seite für die Freiheit, auf der anderen für die öffentliche Ordnung gemacht habe. Damit sprach der neue König allerdings das aus, was allein seine Usurpation rechtfertigen konnte. Seine Stellung war von der Art, daß sie Parteien befriedigte, die sich sonst auf Leben und Tod bekämpft haben würden. Denn er war liberal genug, um den Liberalen zu genügen, und conservativ genug, um auch die Royalisten zu gewinnen. Die ersteren erkannten ihn als König an, obgleich er Bourbon war, den anderen wurde seine Anerkennung leichter, weil er ein Bourbon war. Das Juste milieu, das er als Princip seiner Regierung bezeichnete, war in der That ein richtiger Ausdruck für seine damalige Stellung. Wie wenig er indessen auf die Sicherheit derselben rechnete, zeigte er dadurch, daß er vor seiner Thronbesteigung zu Gunsten seiner Kinder auf die Privatgüter des Hauses Orleans verzichtete. Er wollte offenbar sein Privatvermögen von dem Krongute getrennt halten, um jenes nicht mit diesem zu verlieren. Einen übeln Verdacht warf es auf Ludwig Philipp und wurde von seinen Gegnern als eine Gelegenheit zu Verleumdungen ausgebeutet, als bald darauf am 27. August der alte Herzog von Condé in seinem Zimmer erhängt gefunden wurde, und zwar unter Umständen, die eher auf eine Gewaltthat, als auf einen Selbstmord schließen ließen; und als in seinem Testamente einer von Ludwig Philipps Söhnen, der Herzog von Aumale, zum Universalerben des Condéschen Vermögens eingesetzt war. Ueber dieser Tragödie schwebt noch bis jetzt ein Dunkel, obgleich später deshalb ein Proceß geführt worden ist. Ludwig Philipp hätte die entehrenden Gerüchte, die sich über ihn und seine Habsucht damals verbreiteten, am besten widerlegen können, wenn er die Erbschaft abgelehnt hätte; allein er ignorirte kaltblütig alles Gerede und nahm für seinen Sohn die reiche Erbschaft an. Uebrigens war es für die neue Regierung kein gutes Prognosticon, daß sie mit einem Mistrauen in ihre Dauer und einem Erwerbe anfing, dessen Zweideutigkeit zu dem schlimmsten Verdachte berechtigte.

Da Ludwig Philipp das unsichere seiner Stellung recht wohl fühlte, so unterließ er nichts, um sie zu befestigen. Mit großer Schlauheit spielte er die Rolle des Roi-citoyen, wie er sich nannte, um bei den Parisern populär zu bleiben und den Republikanern, an deren Spitze Lafayette noch immer von überwiegendem Einflusse war, keinen Grund zur Klage zu geben. Sein Hof nahm einen ganz bürgerlichen Zuschnitt an, zu dem jeder in gewöhnlicher Kleidung Zutritt hatte. Er selbst zeigte sich auf der Straße zu Fuße in einfachem Ueberrocke mit einem weißen Filzhute und mit dem sprichwörtlich gewordenen Regenschirme unter dem Arme, und theilte rechts und links Grüße und Händedruck aus. Er führte fortwährend die Erinnerungen an seine revolutionäre Jugend im Munde, an die Schlachten von Valmy und Jemappes, die er unter dem dreifarbigen Banner mitgemacht hatte, und wurde nicht müde, die Revolutionslieder der Marseillaise und Parisienne anzuhören und mitzusingen. Zugleich sorgte er aber dafür, aus der Armee und Verwaltung die ihm widerspenstigen Elemente zu entfernen und sie durch andere ihm ergebene zu ersetzen. So wurden die dem Volke verhaßten Garden und Gensdarmen aufgelöst und an ihrer Stelle eine sogenannte Municipalgarde eingeführt. Das Commando der Armee in Algier ging von Marschall Bourmont, der seinen Abschied erhielt, an General Clauzel über, und die ehemaligen Officiere der Napoleonischen Armee wurden aus ihrer Zurücksetzung hervorgezogen und wieder angestellt. Auch in den Civilstellen wurden die legitimistischen Beamten durch liberale verdrängt. Daß alle seit 1815 verurtheilten politischen Verbrecher für unschuldig erklärt und alle Verbannten, mit Ausnahme der Napoleonischen Familie, zurückberufen wurden, war eine natürliche Consequenz der Revolution, und ebenso war es ein Zugeständniß an die aufgeregten Ideen des Tages, daß die Kirche der heiligen Genovefa wiederum, wie in der ersten Revolution, in ein Pantheon für die Celebritäten der französischen Nation umgewandelt wurde. Während so der neue König dem, was man damals Freiheit nannte, Bürgschaften gab, legte ihm der Proceß gegen die Minister Karls X die schwere Probe auf, ob er auch im Stande sei, die Ordnung zu erhalten. Von den sieben Ministern, welche die Juliordonnanzen unterzeichnet hatten, waren vier, Polignac, Peyronnet, Chantelauze und Guernon de Ranville, auf ihrer Flucht ergriffen und in das Gefängniß von Vincennes gebracht worden. Zwischen dem wüthenden Volke von Paris, das ihren Tod als eine Sühne für ihr Verbrechen verlangte, und der Regierung, welche sie retten wollte, kam es zu einem drohenden Conflicte. Als das Ministerium am 9. October in der Kammer den Vorschlag machte und durchsetzte, die Todesstrafe für politische Verbrechen abzuschaffen, erblickte das Volk darin ein Mittel, die Angeklagten der Bestrafung zu entziehen, und erneuerte in wildem Auflaufe die Straßentumulte, welche die öffentliche Ordnung mit den größten Gefahren bedrohten. Die Gefahr wuchs noch durch die Uneinigkeit, welche im Schooße der Regierung selbst ausbrach. Der König hatte nur die Wahl, ob er mit Guizot und Casimir Périer dem Aufruhr Gewalt entgegensetzen oder durch Anschließung an

Dupont und Lafayette ihn durch das Ansehen dieser volksbeliebten Männer beschwichtigen wolle. Er wählte das letztere und bildete am 2. November unter dem Vorsitze von Lafitte ein Ministerium, unter dessen Mitwirkung ihm gelang, die fieberhafte Aufregung des Pariser Volkes während des Ministerprocesses im Zaume zu halten. Denn der alte Lafayette wurde durch die Vorstellung, daß die Ehre von ihm verlange, der Anarchie entgegen zu treten und das Leben der Angeklagten zu retten, zu der unermüdlichsten Thätigkeit für die Erhaltung der Ordnung angespornt. So gelang es, vom 15. December, wo der Proceß vor dem Pairshof begann, bis zum 21. December, wo der Spruch erfolgte, die Ordnung aufrecht zu erhalten. Die Minister Karls X wurden zu lebenslänglichem Gefängnisse auf dem Schlosse Ham verurtheilt und sogleich unter sicherer Bedeckung dahin abgeführt. Aber Lafayette hatte sich durch seinen Eifer für die Rettung der Angeklagten bei dem Volke von Paris um seine Popularität gebracht. Diesen Umstand benutzte der König mit Gewandtheit, um sich dieses unbequemen Mannes zu entledigen. Er wußte, daß die auswärtigen Mächte kein rechtes Zutrauen zu ihm fassen konnten, so lange ihm in Lafayette gleichsam die personificirte Revolution an der Seite stand. Es war ihm nicht unbekannt, daß Fürst Metternich geäußert hatte, er werde nicht eher glauben, daß Ludwig Philipp wirklich regiere, als bis der gefährliche Lafayette beseitigt sei. Am 24. December wurde Lafayette veranlaßt, seinen Oberbefehl über die Nationalgarde des Königreichs niederzulegen, und mit ihm schied auch der republikanisch gesinnte Dupont de l'Eure aus der Regierung aus. Erst jetzt fühlte Ludwig Philipp festen Boden unter seinen Füßen und suchte in der Nationalgarde, die in den Händen Lafayettes ein gefährliches Werkzeug war, die Hauptstütze seines Ansehens. Er wußte die Bürger von Paris für die Ordnung zu fanatisiren und seine Interessen mit denen des Bürgerstandes zu identificiren, so daß er auf die Nationalgarde gegen die Anarchisten, wie man die Gegner der neuen Regierung zu nennen anfing, zählen konnte. Auch sorgte er dafür, durch die größte militärische Capacität aus der Zeit des Kaiserreichs, den Marschall Soult, den er zum Kriegsminister ernannte, eine ihm ergebene Militärmacht aufstellen zu lassen. Er glaubte um so sicherer, eine dauernde Dynastie gegründet zu haben, da er nach und nach von allen Mächten Europas anerkannt wurde. England, wohin der schlaue Talleyrand als Gesandter geschickt worden war, ging mit seinem Beispiele voran, dem die übrigen Mächte um so leichter folgten, da Ludwig Philipp die bestehenden Verträge zu achten und den europäischen Frieden aufrecht zu erhalten versprach. Nur einer der kleinsten Fürsten Europas, der Herzog von Modena, wagte es, dem neuen

Könige der Franzosen die Anerkennung zu verweigern und dessen Schreiben mit der Erklärung zurückzuschicken, daß er mit einem Usurpator nicht unterhandele.

Ludwig Philipp gefiel sich in dem Gedanken, daß die Julirevolution in Frankreich dieselben Folgen haben werde, wie sie die Revolution von 1688 nach Vertreibung der Stuarts in England gehabt hatte. Durch die Anerkennung der auswärtigen Mächte vor den Bourbons gesichert, die ein unwiderrufliches Schicksal für immer gestürzt zu haben schien, brauchte er bloß nach außen Frieden, nach innen Ruhe zu erhalten, um seine Dynastie auf dauernden Grundlagen zu befestigen. Allein bei aller äußerlichen Analogie zwischen der Entwickelung Frankreichs und Englands fehlte doch die Hauptsache, die Aehnlichkeit der inneren Zustände. In England gab es zwei große, durch die Macht des Herkommens und der nationalen Interessen consolidirte Parteien mit festen Principien, zwischen denen die Regierung wechselte, je nachdem die eine oder die andere im Unterhause die Mehrheit hatte, und dem Könige blieb nichts übrig, als sich passiv zu verhalten und die aus der Mehrheit des Parlaments hervorgegangenen Minister gewähren zu lassen. In Frankreich dagegen gab es keine organisirte Mehrheit, sondern diese war der Spielball von Coterien, die in persönlichem Interesse nach Ministerstellen strebten; daher ein ewiger Wechsel, der in Anarchie ausgeartet sein würde, wenn nicht der König die oberste Leitung behalten hätte. Der König Ludwig Philipp konnte nicht ein constitutioneller König sein, wie es der von England war; er mußte, wenn nicht alles sich auflösen sollte, die pensée immuable, die man ihm nachher zum Vorwurfe gemacht hat, sein, und so drängten ihn die Umstände, denselben Scheinconstitutionalismus, der die Bourbonen gestürzt hatte, zu üben. Nicht an Ludwig Philipps persönlichem Charakter, sondern an dem Charakter der Franzosen sind die Hoffnungen gescheitert, die sich damals der loyale Constitutionalismus machte, und das Experiment, die Charte zu einer Wahrheit zu machen, nahm ein noch kläglicheres Ende, als der Versuch Karls X, sie zu einer Möglichkeit werden zu lassen.

Siebentes Capitel.

Durch den Fall der legitimen Dynastie in Frankreich und durch die Anerkennung des durch die Revolution erhobenen Bürgerkönigs wurden die Grundsätze, auf denen bisher die Ordnung Europas geruht hatte, geändert; an die Stelle des ewigen Rechtes trat das wandelbare Interesse des Augenblicks, und der Grundsatz der Intervention wurde von dem der Nichtintervention verdrängt. Frankreich und England schlossen sich enger an einander an und nahmen den drei sogenannten nordischen Mächten gegenüber, die das Princip der Erhaltung des bestehenden repräsentirten, das Princip des Fortschritts und der constitutionellen Entwickelung unter ihren Schutz. Wenn aus diesem gespannten Verhältnisse nicht ein europäischer Krieg hervorgehen sollte, so mußten von beiden Seiten Concessionen gemacht werden, und die Diplomatie war unermüdlich thätig, zur Erhaltung des allgemeinen Friedens mit ihren Protokollen die streitigen Fragen zu vermitteln und die durch die Erschütterung der Julirevolution aus ihren Fugen getriebenen Glieder des europäischen Staatensystems wieder einzurichten. Denn die Umwälzung in Paris ward, wie der Stoß eines Erdbebens, in ganz Europa gefühlt, und wo der Boden schon unterhöhlt war, stürzten die darauf gebauten Institutionen zusammen. Wie Belgien Frankreich am nächsten lag und mit demselben durch Sprache und Sitten verwandt war, so folgte es auch zunächst dem dort gegebenen Beispiele.

Durch den Wiener Congreß waren, wie wir früher erzählt haben, Belgien und Holland unter den Oranier Wilhelm I zu einem Königreich der Niederlande vereinigt worden in der Hoffnung, daß es dessen Regierung gelingen werde, die seit fast dreihundert Jahren getrennten und an Sitte, Sprache, Religion verschiedenen südlichen Provinzen mit den nördlichen zu einem einheitlichen Ganzen zu verschmelzen. Daß diese Aufgabe aber nicht bloß schwierig, sondern fast unmöglich war, erkennt man auf den ersten Blick, wenn man die Gegensätze ins Auge faßt, welche die Belgier von den Holländern unterschieden. Jene waren eben so eifrige Katholiken, als diese strenge Calvinisten; die ersteren waren durch langjährigen Gebrauch an die französische Sprache gewöhnt, die anderen hatten den niederdeutschen Dialekt zur Schriftsprache ausgebildet; während bei den Belgiern die gebildeten Stände zu französischer Bildung und Sitte sich bekannten, waren die Holländer dem französischen Wesen um so abgeneigter, je mehr sie dessen Druck während der napoleonischen Herrschaft empfunden hatten. Die durch solche Gegensätze erzeugte Abneigung beider Länder gegen einander wurde durch die Vereinigung nicht ausgeglichen, sondern wenigstens auf Seiten der Belgier zum Hasse gesteigert, als diese bemerkten, daß sie von der Regierung zurückgesetzt und in ihren theuersten Gefühlen gekränkt wurden. Obgleich an Zahl den Holländern um das doppelte überlegen, erhielten sie doch in den Generalstaaten nicht mehr Vertreter als diese und wurden in allen bürgerlichen und militärischen Aemtern denselben nachgesetzt. Der König zog seine Residenz im Haag der in Brüssel vor, und die Folge davon war, daß die wichtigsten Regierungsanstalten nach dem Norden verlegt wurden. Endlich ward die holländische Sprache zur Amtssprache erhoben, worin die Belgier, deren gebildete Stände an das Französische gewöhnt waren, gleichsam eine Verletzung ihrer Nationalität erblickten. Noch schroffer aber, als der Widerstreit der Nationalität, war der Gegensatz, in welchem sich die katholische Priesterschaft mit der protestantischen Regierung fühlte. Die von dem Könige getroffenen Maßregeln, um der Volksbildung in Schulen, Gymnasien und Universitäten eine zeitgemäße Aufklärung zu Grunde zu legen, wurde von der Geistlichkeit als ein Angriff auf ihr Ansehen betrachtet, und sie bot ihren ganzen Einfluß auf, um das Volk, das unter ihrer Leitung stand, mit demselben Hasse gegen die Regierung zu erfüllen, von dem sie selbst beseelt war. So entwickelten sich zwei Oppositionsparteien gegen die Regierung König Wilhelms, eine liberale und eine klerikale, und wie verschieden auch die Grundsätze waren, von denen beide ausgingen, so fanden sie doch in dem gemeinschaftlichen Hasse gegen die Regierung einen Vereinigungspunkt. Die Verehrer Voltaires und die Anhänger des Papstes reichten sich die Hand zum Bunde und setzten nun allen Vorschlägen der Regierung eine geschlossene und systematische Opposition entgegen. Ihre Sprache in den Generalstaaten und in den Journalen wurde kühner, und ihre Forderungen an die Regierung immer anmaßender, so daß der König in der Hitze sich verleiten ließ, das Benehmen der belgischen Opposition als infam zu bezeichnen. Die Belgier ergriffen dieses Wort, wie ehemals ihre Vorfahren den Namen der Geusen, und wie diese damals die Insignien des Bettlerstandes zum Parteizeichen wählten mit dem Wahlspruche: fidèle jusqu' à la besace — so ahmten sie jetzt dieses Beispiel nach, indem sie eine Denkmünze prägen ließen mit der Inschrift: fidèle jusqu' à l'infamie. Die Verfolgung einzelner Wortführer, wie de Potters, der zu achtjähriger Verbannung verurtheilt wurde, diente nur dazu, das belgische Volk in den Verfolgten die Männer seines Vertrauens, so wie in dem Verfolger, dem Justizminister van Maanen, den Gegenstand seines Hasses erblicken zu lassen.

So war die Lage der Dinge und die Stimmung der Gemüther in den Niederlanden, als die Nachricht von der Julirevolution eintraf. Der klerikalen Partei in Belgien war der Sturz Karls X ein Donnerschlag, weil seine Niederlage zugleich eine Niederlage der von ihm gepflegten kirchlichen Interessen war; gern hätte sie jetzt der von ihr selbst beförderten Gährung Einhalt gethan, wenn es so leicht gewesen wäre, Leidenschaften zu beschwichtigen, wie zu erregen. Die liberale Partei dagegen begrüßte in dem Siege ihrer Meinungsgenossen in Paris ihren eigenen Triumph. De Potter schrieb von Paris aus einen Brief an den König, worin er ihm rieth, einer Revolution in Belgien durch Bewilligung aller belgischen Forderungen zuvorzukommen. Der König ließ indessen diesen Brief unbeantwortet, und um keine Furcht zu zeigen, ergriff er keine außerordentlichen Maßregeln, obwohl die belgische Hauptstadt, die in allem gewohnt war, sich Paris zum Muster zu nehmen, vor Ungeduld brannte, dem Beispiele desselben auch in der Revolution nachzuahmen. Die Feier des königlichen Geburtstages am 25. August gab Veranlassung zum Ausbruche. Die an diesem Tage gegebene Festoper „die Stumme von Portici", deren Gegenstand bekanntlich der Aufstand des Masaniello in Neapel ist, entflammte mit ihrer revolutionären Musik die Gemüther zum wildesten Enthusiasmus. Wie vom Taumel ergriffen stürzte sich die Menge nach der Vorstellung zuerst auf das Haus des Grafen Libry-Bagnano, der ein Journal im Interesse der Regierung redigirte, zerstörte die Pressen und trank sich in dem geplünderten Weinkeller Muth zu neuen Excessen. Noch in derselben Nacht wurde das Haus des Polizeidirectors demolirt und der Palast des verhaßten Justizministers van Maanen niedergebrannt. Nicht eher konnte die Ordnung wiederhergestellt werden, als bis der Stadtrath am 26. die Bürgergarde bewaffnet und diese nicht ohne Kampf die Straßen vom Pöbel gesäubert hatte. Doch mußte der Stadtrath der Bewegung so weit nachgeben, daß er an der Stelle der oranischen Farben die alten Farben von Brabant (schwarz-roth-gelb) aufstecken ließ. Damit war als das Ziel der begonnenen Umwälzung die Trennung der südlichen Provinzen von den nördlichen bezeichnet. Und in der That erkannte der Prinz von Oranien, den der König nach Brüssel geschickt hatte, um die Gemüther zu beruhigen, die Trennung der Provinzen als das einzige Mittel der Wiederherstellung der Ordnung an und reiste daher nach dem Haag mit dem Versprechen zurück, daß er die Einführung einer besonderen von der holländischen getrennten Gesetzgebung und Verwaltung für Belgien bei seinem Vater befürworten wolle. In Holland war man einer Auflösung der Vereinigung mit Belgien nicht abgeneigt, allein ehe die Generalstaaten, die am 13. September eröffnet wurden, bei dem langsamen Gange ihrer Verhandlungen zu einem Beschlusse darüber kamen, gewann in Brüssel der Revolutionsgeist, genährt durch Zuzug aus Frankreich und Lüttich, immer mehr an Stärke und gerieth mit den Truppen, welche Prinz Friedrich zu seiner Unterdrückung in Bewegung setzte, in offenen Kampf. Auch Brüssel sollte, wie Paris, seine drei Tage haben. Die königlichen Truppen drangen zwar am 22. September in die Stadt ein und besetzten das Schloß mit dem Parke und der zu ihm führenden Königsstraße, allein bei dem Vorrücken in die engeren Straßen stießen sie auf Barricaden und hinter denselben auf entschlossene Vertheidiger, so daß sie sich in den Park zurückzogen. Während sie sich hier auf Vertheidigung ihrer Stellung beschränkten, erhielten die Aufrührer eine militärische Organisation: ein ehemaliger spanischer Officier, Don Juan van Halen, übernahm den Oberbefehl, und unterstützt von dem französischen General Mellinet traf er solche Anstalten, daß in dem am 23., 24. und 25. September fortgesetzten Kampfe die holländischen Truppen furchtbare Verluste erlitten und genöthigt wurden, sich in der Nacht vom 26. auf den 27. September auf der Straße nach Antwerpen zurückzuziehen. Der Ausgang des Kampfes in Brüssel entschied die belgische Revolution; während desselben hatte sich eine provisorische Regierung gebildet, die unter dem Vorsitze des Barons von Hooghvorst aus den verschiedensten Gegnern der Holländer, wie de Potter, Rogier, Vandeweyer, Graf Merode und anderen zusammengesetzt war. Diese erklärte nunmehr, daß alle Bande, welche Belgien an Holland geknüpft hätten, zerrissen seien, und daß Belgien einen unabhängigen Staat bilden solle. Zugleich wurde eine Commission niedergesetzt, um eine Verfassung auszuarbeiten, und der Nationalcongreß berufen, um dieselbe zu berathen und anzunehmen. In allen belgischen Städten folgte man dem Beispiele von Brüssel, und da überall die belgischen Soldaten die holländischen Fahnen verließen, so sahen sich die Holländer genöthigt, das Land zu räumen, mit Ausnahme der Festungen Mastricht und Antwerpen und der Citadelle von Gent, der einzigen Plätze, auf denen noch die oranische Fahne wehte.

Nach so entscheidenden Ereignissen kam der von den Generalstaaten gefaßte und vom Könige bestätigte Beschluß einer legislativen und administrativen Trennung Belgiens von Holland zu spät, und der Prinz von Oranien, der im Anfange October in den südlichen Provinzen erschien, um deren Regierung zu übernehmen, fand nirgends Anerkennung. Selbst als er erklärte, sich der Entscheidung des Nationalcongresses unterwerfen und sich an die Spitze der Bewegung stellen zu wollen, machte er sich nur bei den Holländern verhaßt, ohne das Vertrauen der Belgier zu gewinnen. Und in der That ist es unbegreiflich, wie der Prinz mit einem so zweideutigen Benehmen etwas ausrichten zu können hoffte. Denn wer mochte glauben, daß er zugleich als ein ungehorsamer Sohn und als Rebell gegen seinen Vater auftreten werde? Man konnte sich sein Benehmen nur dadurch erklären, daß er, um seinem Hause Belgien zu erhalten, in geheimem Einverständniß mit seinem Vater die Leitung der Dinge übernehmen wolle. Die provisorische Regierung wies daher jede Einmischung des Prinzen zurück, und dieser mußte sich, ohne etwas erreicht zu haben, zurückziehen. Nachdem der Prinz am 25. October Antwerpen verlassen hatte, kam es auch in dieser Stadt zum Kampfe, in Folge dessen der holländische General Chassé, der die Citadelle besetzt hielt, die Stadt bombardiren und einen Theil der reichen Waarenniederlagen in Brand schießen ließ. Unter dem Eindrucke dieses Ereignisses wurde der belgische Nationalcongreß am 10. November eröffnet. Seine Aufgabe, die Unabhängigkeit Belgiens und die Constituirung desselben zu einem eigenen Staate durchzuführen, wurde ihm wesentlich durch die Haltung der großen Mächte erleichtert. Denn diese zeigten keine Lust, zur Erhaltung der Verträge von 1815 zu den Waffen zu greifen, sondern bemühten sich nur zu verhindern, daß Belgien mit Frankreich, wie es eine Partei wollte, vereinigt oder, wonach eine andere Partei strebte, zur Republik gemacht würde. Am 4. November wurde in London eine Conferenz der Gesandten der Pentarchie eröffnet, deren Seele der alte Fürst Talleyrand war, und in welcher England von Lord Aberdeen, Oesterreich von dem Fürsten Esterhazy, Preußen von dem Grafen Bülow und Rußland von dem Grafen Matuschewitsch vertreten wurde. In ihrem ersten Protokoll vom 4. November schlug die Conferenz einen Waffenstillstand vor und setzte die Grenzen Belgiens in dem Umfange fest, den das Land vor seiner Vereinigung mit Holland gehabt hatte. Den friedlichen Absichten der Conferenz kam der belgische Nationalcongreß entgegen, der unter dem Einflusse der klerikalen Partei aus einer überwiegend gemäßigten Mehrheit zusammengesetzt war. Nach seiner Eröffnung zeigte der Congreß durch die Wahl seines Präsidenten, daß er von Anarchie und Ultraliberalismus nichts wissen wollte; nicht der revolutionäre de Potter, sondern ein Mann von großem Grundbesitz und gemäßigtem Sinne, Surlet de Chockier, wurde zu dieser Würde erhoben. In der Ueberzeugung, daß es zum Wohle Belgiens am besten sei, mit der Londoner Conferenz in Uebereinstimmung zu handeln, beschloß der Congreß, daß Belgien mit Vorbehalt der Beziehungen Luxemburgs zum deutschen Bunde eine unabhängige Monarchie in constitutioneller Form bilden und der von London aus vorgeschriebene Waffenstillstand angenommen werden solle. In Folge dieser Beschlüsse erkannte die Londoner Conferenz der Großmächte durch ihr Protokoll vom 20. December die Unabhängigkeit Belgiens an. Nachdem bis zum Februar 1831 die Constitution mit zwei Kammern und einem König entworfen worden war, mußte die wichtige Frage gelöst werden, wer den königlichen Thron besteigen solle. Den beiden Candidaten, die am meisten Aussicht hatten, dem Herzog August von Leuchtenberg, und dem zweiten Sohne Ludwig Philipps, dem Herzog von Nemours, stand entgegen, daß der erstere, als ein Napoleonide, dem Bürgerkönig in Frankreich gefährlich schien, und daß die Wahl des zweiten von allen europäischen Großmächten misbilligt wurde, weil sie eine versteckte Vereinigung Belgiens mit Frankreich gewesen wäre. Ludwig Philipp selbst lehnte die auf seinen Sohn gefallene Wahl ab, um sich nicht mit den übrigen europäischen Mächten zu überwerfen. So blieb kein anderer Ausweg übrig, als am 24. Februar den Präsidenten des Congresses Surlet de Chockier auf solange zum Regenten zu ernennen, bis es gelungen sein werde, die Königswahl zu vollenden. Dieser unentschiedene Zustand schloß aber für Belgien um so größere Gefahren in sich, da das Protokoll der Londoner Conferenz vom 20. Januar, welches den Belgiern Luxemburg absprach und sie zur Uebernahme eines Theils der holländischen Staatsschuld verpflichtete, von ihnen verworfen worden war. Während die Belgier Luxemburg nicht räumten, hielten auch die Holländer Antwerpen besetzt, und der zwischen beiden Völkern entbrannte Haß, der in fortwährenden Kämpfen Nahrung fand, entwickelte sich zu einem solchen Fanatismus, daß der holländische Lieutenant van Spyck lieber mit seinem Kanonenboot in die Luft sprengte, als sich den Belgiern ergab. An diesem Hasse scheiterten auch alle Versuche, die Königswahl in Belgien auf den Prinzen von Oranien zu lenken; eben so wenig hatte anfangs der Prinz Leopold von Coburg, der von London aus dringend empfohlen wurde, Sympathien in Belgien, weil ihm als Protestanten eben so viele religiöse wie als englischem Prinzen politische Vorurtheile entgegenstanden.

Wenn man die Protokolle liest, mit welchen die Londoner Conferenz die Verhältnisse zwischen Belgien und Holland zu ordnen suchte, so sieht man aus ihrer Menge und ihrem sich widersprechenden Inhalt, wie unfähig die Diplomatie ist, die Ereignisse zu leiten. Was der schwedische Reichskanzler Axel Oxenstierna seinem Sohne Johann zurief, als derselbe sich nicht Fähigkeit genug zutraute, die Stelle eines Gesandten auf dem westfälischen Friedenscongreß zu verwalten: Parva sapientia, mi fili, mundus regitur — das findet fast nirgends eine eclatantere Bestätigung, als in den Londoner Protokollen. Wie ein schwaches Rohr läßt sich die Diplomatie von den Ereignissen hin- und herbewegen, statt sie nach ihrem Willen zu lenken, und ihre ganze Kunst besteht darin, sich den Umständen zu accommodiren. Endlich entschlossen sich die Belgier, den Prinzen Leopold von Coburg, an dessen protestantischem Glaubensbekenntnisse bisher die katholische Mehrheit Anstoß genommen hatte, am 4. Juni 1831 zum Könige zu wählen, in der Hoffnung, dadurch von der Londoner Conferenz bessere Bedingungen zu erhalten. In der That faßte diese am 27. Juni ein Protokoll in 18 Artikeln ab, welche den Belgiern günstig waren, denn es wurde ihnen die Theilnahme an der Staatsschuld erlassen und den Holländern die Räumung von Antwerpen vorgeschrieben, während die Frage über Luxemburg noch unentschieden bleiben sollte. Obgleich Holland gegen die 18 Artikel protestirte und in Folge dessen die drei Gesandten der nordischen Mächte die Anerkennung Leopolds verschoben, so nahm doch dieser im Vertrauen auf den Schutz Englands und Frankreichs die Wahl an und wurde am 21. Juli, nach Beschwörung der Verfassung, zu Brüssel auf den Thron erhoben. Kaum aber hatte Leopold von seinem neuen Throne Besitz genommen, als er denselben gegen eine holländische Armee, die am 1. August unter dem Prinzen von Oranien in Belgien einbrach, vertheidigen mußte. Die belgischen Schaaren wurden überall von den disciplinirten holländischen Truppen mit leichter Mühe über den Haufen geworfen und bei Tirlemont, wo am 11. August König Leopold persönlich mit dem Prinzen von Oranien zusammenstieß, beschimpfte sich die belgische Armee und besonders die sogenannte glorreiche Nationalblouse durch voreilige Flucht und vollständige Auflösung. Nun nahmen sich aber Frankreich und England der Sache Belgiens an. Ein französisches Heer von 50,000 Mann unter Marschall Gérard rückte in Belgien ein, während eine englische Flotte unter Admiral Codrington an der Mündung der Schelde erschien. Diese Demonstration genügte, um den Fortschritten des Prinzen von Oranien Einhalt zu thun. Da er sich mit einer überlegenen Macht nicht in Kampf einlassen durfte, so nahm er am 12. August den ihm angebotenen Waffenstillstand an, und nachdem sich die Holländer und Franzosen aus Belgien zurückgezogen hatten, kehrte alles wieder in seinen vorigen Stand zurück. Doch hatten die Holländer mit ihrem zwölftägigen Feldzuge den Zweck erreicht, sich bessere Bedingungen von der Londoner Conferenz zu erwirken. Diese änderte in einem Protokoll vom 15. October die 18 Artikel dahin ab, daß Belgien die Hälfte von Limburg und Luxemburg an Holland abtreten und von der holländischen Staatsschuld einen Theil übernehmen mußte; dann erkannte sie feierlich im Protokoll vom 15. November die Unabhängigkeit Belgiens als eines neutralen Königreichs an. Leopold vermählte sich darauf am 9. August 1832 mit Ludwig Philipps ältester Tochter Luise und beruhigte durch diese Heirath sowie durch das Versprechen, daß seine Kinder katholisch erzogen werden sollten, die katholische Partei. Nur König Wilhelm, obgleich von allen seinen Verbündeten und zuletzt selbst von Rußland verlassen, erkannte weder das Königreich Belgien an, noch wollte er die von ihm besetzte Citadelle Antwerpens räumen, sondern erklärte, daß er nur dem Zwange weichen werde. Zu diesem schritten daher England und Frankreich im November 1832; eine englische Flotte blockirte die holländische Küste, während Marschall Gérard ein französisches Heer vor die Citadelle von Antwerpen führte, um die Holländer mit Gewalt daraus zu vertreiben. Die Belagerung der Citadelle von Antwerpen ist in der Geschichte eine in ihrer Art einzige Erscheinung; sie war ein Act des Kriegs, ohne daß Krieg erklärt war oder geführt wurde; die Festung wurde nach allen Regeln und mit allen Mitteln des Kriegs angegriffen und vertheidigt, und viele tapfere Männer auf beiden Seiten mußten mit ihrem Leben den Starrsinn König Wilhelms bezahlen. Der tapfere General Chassé übergab die Citadelle nicht eher, als bis sie am 23. December in einen Schutthaufen verwandelt worden war, und die Forts Lillo und Liffenshoek, welche die Mündung der Schelde beherrschten, wurden erst im Mai des folgenden Jahres den Belgiern ausgeliefert, weil dem holländischen Handel die Blockade der Küste zu nachtheilig war. Doch dauerte es bis zum Jahre 1839, ehe König Wilhelm dahin gebracht werden konnte, die Unabhängigkeit des Königreichs Belgien förmlich anzuerkennen. Das Königreich Belgien blühte unter der weisen Regierung Leopolds rasch auf; während seines langen Aufenthalts in England mit den Formen des constitutionellen Lebens vertraut geworden, verstand Leopold die schwere Kunst, seine Gewalt innerhalb der Schranken der Verfassung zum Wohle des Landes auszüben. Die beiden Parteien, durch deren Vereinigung das holländische Regiment gestürzt worden war, wußte er im Gleichgewicht zu erhalten und seinem Reiche auch unter den schwersten Stürmen die innere Ruhe zu erhalten. Von jeher war Belgien ein gewerbfleißiges Land, und seiner Industrie wurde jetzt durch Anlegung von Eisenbahnen ein neuer Aufschwung gegeben, so daß sich Belgien zu einem der reichsten und blühendsten Länder des europäischen Continents erhoben hat.

Von allen Großmächten hatte der Kaiser von Rußland das Unrecht, welches dem ihm nahe verwandten oranischen Hause durch die Losreißung Belgiens widerfahren war, am widerstrebendsten geduldet und dem neuen Königreiche am längsten die Anerkennung versagt. Allein an einem thätigen Eingreifen in die Verhältnisse des Westens hinderte ihn ein Aufstand der Polen, der am $\frac{17}{29}$ November 1830 in Warschau ausbrach. Denn wie viel Sorgfalt auch die russische Regierung dem von ihr wiederhergestellten Königreich Polen widmete, so konnte doch der materielle Wohlstand, der unleugbar zugenommen hatte, die Polen nicht mit ihrem Zustande aussöhnen. Das Gefühl ihrer Abhängigkeit erweckte in ihnen fortwährend die Sehnsucht nach der Wiederherstellung der alten Selbständigkeit und des alten Umfanges ihres Reiches. Besonders in der heranwachsenden Generation, sowohl in der studirenden Jugend als in der Jugend des Heeres, war diese Sehnsucht stärker, als die Ueberlegung, daß die Kräfte des kleinen Königreichs Polen einem Kampfe mit der russischen Uebermacht nicht gewachsen seien. Sie wurde fortwährend genährt durch geheime Verbindungen, in denen der Gedanke der Abschüttelung des russischen Jochs die Gemüther beherrschte und entflammte. Ein solcher Gedanke erschien aber um so unausführbarer, da das polnische Heer seinem Oberbefehlshaber, dem Cesarewitsch Großfürsten Constantin, der es gebildet hatte, ergeben war. Auch setzte der Cesarewitsch in die Treue seiner Soldaten ein unbedingtes Vertrauen und fühlte sich überhaupt in der Mitte der Polen um so sicherer, da er denselben durch seine Gemahlin verwandt war und ihnen so große Vorliebe zeigte, daß er sie in manchen Beziehungen den Russen vorzog. Unter diesen Umständen waren daher alle Verschwörungspläne bisher eben so leicht wieder aufgegeben als gefaßt worden, bis die französische Julirevolution die Gemüther der Polen wie ein elektrischer Schlag traf und sie anfeuerte, die verbrecherischen Entwürfe, die bisher auf den Kreis der Gedanken beschränkt geblieben waren, in das Gebiet der Thatsachen hinüber zu spielen. Eine Verbindung, die durch die untergeordnete Stellung ihrer Theilnehmer zu den unbedeutendsten gehörte, übernahm durch die Verwegenheit, mit der sie zur Ausführung ihres Planes schritt, die bedeutendste Rolle. Ein Gardelieutenant Peter Wysozky hatte die Zöglinge der

Unterfähnrichsschule und die aus derselben hervorgegangenen Officiere für den Plan der Befreiung Polens gewonnen. Diese Handvoll junger Leute, unterstützt von einigen Studenten, unternahmen es jetzt, den Großfürsten in seinem außerhalb der Stadt gelegenen Palast Belvedere zu überfallen und entweder gefangen zu nehmen oder zu ermorden. Am Abend des 29. November drangen sie in den Palast ein und stießen alles, was ihnen in den Weg kam, unter anderen den General Gendre und den Vicepräsidenten Lubowidzky nieder, allein den Großfürsten konnten sie nicht finden, der zum Glück noch Zeit gehabt hatte, sich zu verstecken, und verborgen blieb, bis die Mörder wieder abgezogen waren. Während um den Großfürsten die treuen Truppen sich sammelten, herrschte in der Stadt die grenzenloseste Verwirrung, die durch die Dunkelheit der Nacht, durch wüstes Geschrei, durch wirres Hin- und Herlaufen noch vermehrt wurde. Erst als einer der Verschworenen Bronikowsky mit dem lügenhaften Vorgeben, daß die Russen die Stadt in Brand stecken und die Polen ermorden wollten, das Volk zu den Waffen rief, erhielt die Bewegung eine bestimmte Richtung auf das Arsenal, wo sich die Meuterer mit Waffen versahen, und sodann eine gewisse Consistenz durch die Anschließung polnischer Truppen. Noch aber wagte kein Mann von Bedeutung an die Spitze zu treten. Als Stanislaus Potozki, Chef des gesammten polnischen Fußvolks, sich nicht bloß weigerte, die Anführung der abgefallenen Truppen zu übernehmen, sondern dieselben vielmehr zur Rückkehr zu ihrer Pflicht aufforderte, ward er vom Pferde gerissen und getödtet. Dasselbe Schicksal hatte der Kriegsminister General Hauke und die Generäle Trembizki und Blumer, so wie die Obersten Mecischewski und Saß. Entscheidend für den Erfolg der mit Brand und Mord begonnenen Revolution war es, daß der Großfürst Constantin sich durch den treulosen Rath seines Adjutanten, des Grafen Zamoyski, bewegen ließ, sich aus der Stadt zurückzuziehen; denn dieser stellte ihm vor, daß nur das Gerücht von der feindlichen Absicht der Russen, die Stadt zu verbrennen und ihre Einwohner zu ermorden, den Aufstand veranlaßt habe, und daß dieses Gerücht am besten durch den Abzug der Russen widerlegt werden könne. Durch die Entfernung des Großfürsten, der sich mit den russischen und den ihm treugebliebenen polnischen Truppen nach dem Dorfe Wirzba zurückzog, war die Stadt dem Aufruhr ohne Widerstand preisgegeben. In dieser suchte der Finanzminister Fürst Lubezki durch den Administrationsrath, den er durch Zuziehung angesehener Männer, wie der Fürsten Czartoryski und Radziwil, der Grafen Paz und Kochanowski so wie des alten Waffengefährten Kosciuskos, Julian Niemcewicz, verstärkte, Ruhe und Ordnung wiederherzustellen und ein friedliches Abkommen mit dem Großfürsten Constantin anzubahnen. Auch der General Chlopizki, dem das allgemeine Vertrauen und der Ruf eines geschickten Feldherrn aus der napoleonischen Schule den Oberbefehl über das polnische Heer verschafft hatte, war dieser friedlichen Politik geneigt, weil er bei dem Misverhältnisse zwischen der Macht Polens und Rußlands von dem Aufstande die unheilvollsten Folgen für sein Vaterland voraussah. Diesen Absichten trat aber der sogenannte patriotische Verein entgegen, in welchem sich unter der Leitung des gelehrten aber überspannten Professors Joachim Lelewel die revolutionären Elemente sammelten und Krieg mit Rußland so wie die Wiedervereinigung Litthauens, Volhyniens und Podoliens mit Polen verlangten. Da Lelewel und der mit ihm einverstandene Graf Ostrowski von der Deputation nicht ausgeschlossen werden konnten, die am 2. December in das Lager des Großfürsten geschickt wurde, um mit ihm zu unterhandeln, so richtete die Deputation nichts aus. Denn was konnte der Großfürst auf solche Forderungen, wie sie Lelewel und Ostrowski vorbrachten, anders antworten, als daß er die Deputirten mit ihren Anträgen an seinen Bruder den Kaiser Nikolaus verwies? Doch erlaubte der Großfürst den noch bei ihm befindlichen polnischen Regimentern, sich ihren bereits abgefallenen Kameraden anzuschließen, und er selbst zog sich mit den Russen unangefochten über die Grenze zurück. Nach dem Abzuge Constantins erklärte sich Chlopizki zum Dictator und wurde auch von dem Reichstage, der sich am 18. December versammelte, aber sogleich wieder vertagte, in dieser unumschränkten Gewalt bestätigt, weil Chlopizki in den schwierigen Umständen, in welchen sich Polen befand, sowohl bei der Armee als bei dem Volke für den einzigen Mann galt, der das Land retten könne. Nie ist ein Mann von seinen Mitbürgern höher geehrt und mit unbedingterem Vertrauen umgeben worden, als damals Chlopizki, allein nie ist auch ein Vertrauen bitterer getäuscht worden, weil Chlopizki ganz andere Anschauungen und Absichten hatte, als die Revolutionspartei. Seinem nüchternen Verstande waren alle die Illusionen fremd, mit denen sich die begeisterten Gemüther über ihre eigene Kraft und über die Macht ihres Gegners täuschten; seinem ganzen Wesen nach Soldat haßte er Volksbewegungen und verachtete die rohen undisciplinirten Schaaren, welche die Revolutionspartei aufbieten wollte. Nicht die Revolution, die er als ein Unglück ansah, noch weiter zu verbreiten, bildete den Zweck des Dictators, sondern seine Absicht und Hoffnung war, durch Unterhandlungen von Rußland soviel zu erreichen, daß dem Königreich Polen die treue Vollziehung der Verfassung, über deren Verletzung die Polen sich beklagen zu dürfen glaubten, zugesichert würde.

Zu diesem Zwecke sandte er den Fürsten Lubezki und den Grafen Jeserski nach St. Petersburg, während er zugleich Agenten nach England und Frankreich schickte, um die Verwendung und Vermittelung dieser Mächte für Polen in Anspruch zu nehmen.

Bei einem Herrscher von so strengem Charakter und energischem Machtgefühl, wie Kaiser Nikolaus, war aber mit Unterhandlungen nichts auszurichten. Obgleich der Kaiser dem ganzen Volke nicht anrechnete, was nur die Schuld weniger war, so mußte er doch von seinem Standpunkte aus unbedingte Unterwerfung und Bestrafung der Schuldigen verlangen. Man kann sagen, daß der Kaiser unter seinen Unterthanen noch der gemäßigste war; denn bei der Nachricht von dem Aufstande in Warschau entbrannte in Rußland der alte Nationalhaß gegen die Polen. Man muß die Beziehungen beider Völker aus ihrer früheren Geschichte kennen, um zu verstehen, wie zwei stammverwandte Nationen durch den bittersten Haß getrennt werden konnten. Man pflegt gewöhnlich im Westen Europas nur an die Bedrückungen zu denken, welche die Russen gegen die Polen ausgeübt haben, aber man bedenkt nicht, wie viel die Russen von dem Uebermuthe der Polen zu leiden gehabt haben. Ich will die Frage unentschieden lassen, ob die Russen mehr von den Polen oder diese mehr von den Russen bedrückt worden sind, — jedenfalls war von der ersten Berührung beider Völker in der Geschichte ein Same des Hasses in die Gemüther gestreut worden, der genährt durch Religionsverschiedenheit und fortwährende Conflicte die giftigsten Früchte trug. Als daher auf der Parade am 7. December der Kaiser den um ihn versammelten Generälen und Officieren die eben aus Polen erhaltenen Depeschen mittheilte, brach die Erbitterung derselben in ein lautes Verlangen nach Rache aus. Es war der Instinct eines alten eingewurzelten Nationalhasses, der sie bewog, die Degen zu ziehen und zu fordern, augenblicklich gegen den Feind geführt zu werden. Der Kaiser selbst erschrack über diesen Wuthausbruch und hielt es für nothwendig, die Leidenschaft zu mäßigen. Er hielt eine Anrede an die Officiere, worin er sie ermahnte, die Polen nicht zu hassen und die Schuldigen nicht mit den Unschuldigen zu verwechseln, und worin er die Hoffnung aussprach, daß mit Gottes Hilfe sich alles zum besten lenken werde. Doch gab er sofort Befehl, ein Heer zum Einrücken in Polen zu versammeln und den Abgesandten des Dictators Chlopizki erlaubte er nicht eher nach St. Petersburg und vor sein Angesicht zu kommen, als bis sie erklärt hatten, daß sie nicht als Gesandte einer ungesetzlichen Macht, sondern als treue Unterthanen gekommen seien. Seine Antwort auf ihre Bitte um Verzeihung des vorgefallenen war, daß die Polen dieselbe durch Wiederherstellung der gesetzlichen Ordnung verdienen müßten, daß aber der erste gegen Rußland abgefeuerte Kanonenschuß das Signal zum Untergange Polens sein werde. In diesem Sinne war auch die Proclamation abgefaßt, in welcher der Kaiser am 18. December den Polen gegen augenblickliche Unterwerfung Amnestie anbot. Nachdem der kaiserliche Wille in Polen bekannt geworden war, legte Chlopizki am 16. Januar 1831 die Dictatur nieder, weil er durch nichts zu bewegen war, sein Vaterland in einen ungleichen Kampf mit Rußland zu stürzen. Denn als erfahrener Kriegsmann erkannte er die Unmöglichkeit, in offenem Felde der russischen Uebermacht zu widerstehen, und als verständiger Staatsmann hatte er kein Vertrauen auf die Unterstützung fremder Mächte, weil er voraussah, daß weder Frankreich, so laut sich auch dort die Sympathie der Nation für die Polen aussprach, noch England und Oesterreich sich mit Rußland überwerfen, sondern nur dessen Verlegenheit benutzen würden, um daraus für ihre politischen Interessen Vortheil zu ziehen. Nachdem Chlopizki in das Privatleben zurückgetreten war, wählte der Reichstag, der sich zwei Tage darauf wieder versammelt hatte, den Fürsten Michael Radziwil zum Oberbefehlshaber der Armee, und nun bekam die Revolutionspartei, von dem Zügel befreit, den ihr Chlopizki angelegt hatte, das Uebergewicht. Um den Bruch mit Rußland unheilbar zu machen, erklärte der Reichstag am 25. Januar das russische Kaiserhaus des polnischen Thrones für verlustig. Fünf Tage später wurde eine neue Regierung eingesetzt, zu deren Mitgliedern Fürst Czartoryski, Niemojewski, Morawski, Barzykowski und Lelewel ernannt wurden. Auf so verzweifelte Maßregeln folgten die entschlossensten Rüstungen; das regelmäßige polnische Heer wurde um das doppelte verstärkt und ihm außerdem Schaaren von Sensenträgern und leichten Reitern, den sogenannten Krakusen, beigegeben. Allein bei aller Entschlossenheit und Tapferkeit war dieses Heer der Macht nicht gewachsen, mit welcher der Feldmarschall Graf Diebitsch am Ende Januar in Polen einrückte und begünstigt von dem Winterfroste gerades Wegs auf Warschau losging, in dessen Nähe vor der Vorstadt Praga die Polen eine Stellung gewählt hatten, in der sie ihn zum entscheidenden Kampfe erwarteten. Hier erfolgten schnell hinter einander zwei blutige Schlachten, die erste am 19. Februar bei Waver, die zweite am 25. Februar bei Grochow, in Folge deren die Polen sich über die Weichsel nach Warschau zurückzogen und nur den Brückenkopf von Praga besetzt hielten. Allgemein erwartete man nun, daß Diebitsch als Sieger am folgenden Tage nach dem Beispiel Suworows Praga stürmen und in Warschau einziehen werde, allein in der auf die Schlacht folgenden Nacht trat Thauwetter ein, das den Uebergang über das Eis des Flusses gefährlich machte und einen so vorsichtigen Feldherrn, wie Diebitsch, abhielt, seine Armee in eine Lage zu bringen, in der sie von ihren Verbindungen abgeschnitten gewesen wäre. Daher konnte Diebitsch seinen Sieg nicht benutzen, und da das Thauwetter die Wirkung hatte, die polnische Ebene in Koth aufzulösen, in dem zu operiren eine Unmöglichkeit war, so verlegte der russische Feldherr seine Truppen, um ihre Verpflegung zu erleichtern, längs dem rechten Weichselufer in weitläufigen Cantonirungen auseinander. So trat bis zum 31. März eine Waffenruhe ein, während deren sich die Polen von ihrem Schrecken erholten und sich rüsteten, noch einmal das Glück der Waffen zu versuchen. Da Radziwil sich in der Schlacht bei Grochow unfähig gezeigt hatte und Chlopizki schwer verwundet worden war, so wurde General Skrzynezki, der sich in den bisherigen Gefechten als ein tapferer Anführer bewährt hatte, zum Oberbefehlshaber ernannt. Dieser benutzte die zerstreute Aufstellung der Russen, um am 31. März das Corps des Generals Rosen zu überfallen und größtentheils aufzureiben, allein er verstand nicht diesen ersten Vortheil zu benutzen und die Pläne seines geschickten Generalstabschefs Prondzynski auszuführen, so daß Diebitsch Zeit behielt, seine Armee bei Siedlez zu concentriren, während das russische Gardecorps unter dem Großfürsten Michael zu seiner Verstärkung im Anzuge war. Doch war die Lage der Russen keineswegs ohne Gefahr, da auch in ihrem Rücken Aufstände ausbrachen, die ihre Verbindungen bedrohten. In den altpolnischen Provinzen war der zahlreiche Adel polnischen Ursprungs und daher voller Sympathie für die Revolution, allein der Bauernstand, der russischer Nationalität und griechischer Religion war, sympathisirte um so weniger mit seinen Herren, da er von denselben in der härtesten Leibeigenschaft gehalten und mit rechtloser Unterdrückung gequält wurde. Eine Emancipation des Bauernstandes hätte vielleicht einen großen Umschwung in den altpolnischen Provinzen hervorbringen können, und von diesem Gesichtspunkte aus regte auch die demokratische Partei die Frage über die Aufhebung der Leibeigenschaft in dem Warschauer Reichstage an, allein sie fand Widerspruch von Seiten der großen Grundbesitzer, und so trug die Emancipationsfrage, statt die Revolution zu stärken, nur dazu bei, sie zu schwächen. Denn durch sie wurde der innere Zwiespalt enthüllt und die Leidenschaft der Parteien zu einem solchen Grade gesteigert, daß der Reichstag oft ein Bild darstellte, welches an den alten sprichwörtlich gewordenen polnischen Reichstag erinnerte. Unter diesen Umständen waren die Aufstände in Volhynien, Podolien und Litthauen für die Russen mehr lästig, als gefährlich. Der polnische General Dwernizki, der einen Reiterzug nach Podolien unternahm, um diese Provinz zu insurgiren, fand nur bei dem Adel, aber nicht bei dem Volke Unterstützung und wurde von dem russischen General Rüdiger über die österreichische Grenze gedrängt, wo man ihn entwaffnete. In Litthauen griff zwar der Aufstand einzelner Edelleute weiter um sich, allein bei der schlechten Bewaffnung der Insurgenten hatte ihr Aufstand keine militärische Bedeutung, sondern war nur lästig, weil er das Land unsicher machte und die Zufuhr erschwerte. Auch ist es charakteristisch, daß die Wuth der litthauischen Bauern sich weniger gegen die Russen, als gegen die Juden wandte, die seit undenklichen Zeiten als wahre Blutsauger dem Volke verhaßt waren und jetzt die grausamste Rache erfuhren, wenn sie das Unglück hatten, den Insurgenten in die Hände zu fallen.

Zu diesen Schwierigkeiten gesellte sich noch die Erscheinung der Cholera. Diese furchtbare Krankheit, die in den Niederungen Ostindiens erzeugt sich durch Asien bis an die Grenzen Rußlands verbreitet hatte, war im Jahre 1830 zum ersten Male in Moskau ausgebrochen. Wie überall, wo sie zum ersten Male erschien, hatte sie auch hier durch ihren bösartigen Charakter einen panischen Schrecken erregt; die von ihr Befallenen wurden in wenigen Stunden unter schrecklichen Krämpfen ein Opfer des Todes. Ein Trost für die geängstigte Stadt war, daß der Kaiser Nikolaus persönlich in ihr erschien und durch die Unerschrockenheit, mit der er sich der Gefahr der Ansteckung aussetzte, die Gemüther beruhigte, so wie durch die von ihm angeordneten Maßregeln die Wirkung der Krankheit schwächte. In der Meinung, daß die Cholera, wie die orientalische Pest, durch Quarantainen aufgehalten werden könne, hatte man sich dieses Mittels gegen ihre weitere Verbreitung bedient, allein ohne Erfolg. Denn der Quarantaine spottend übersprang die Krankheit die gegen sie errichteten Schranken. So kam sie auch in St. Petersburg im Anfange des Sommers 1831 zum Vorschein und trat mit solcher Heftigkeit auf, daß das gemeine Volk an Vergiftung glaubte und in diesem Wahne gegen alles, was ihm verdächtig war, wüthete. Schon hatte der Pöbel Excesse angefangen, als der Kaiser mitten unter dem tobenden Haufen erschien und durch seine imponirende Haltung so wie durch sein mächtiges Wort den Aufruhr stillte. Nie ist vielleicht das schöne Bild Virgils von dem Redner, der den Volksaufruhr stillt, wirkungsvoller dargestellt und praktischer erläutert worden, als durch das damalige Auftreten des Kaisers Nikolaus. Indem er dem Volke befahl, auf die Kniee zu fallen und Gott um Abhilfe anzuflehen, statt sich gegen die von der Regierung angeordneten Maßregeln aufzulehnen, führte er die Verblendeten zur Vernunft und Ordnung zurück.

Die Cholera brach auch unter der russischen Armee in Polen aus und raffte mehr Menschen weg, als das feindliche Schwert. Unter diesen Umständen blieben die Hauptarmeen eine Zeitlang unthätig, bis sich Skrzynezki im Anfange Mai gegen die Garden in Bewegung setzte, um sie vor ihrer Vereinigung mit Diebitsch anzugreifen; allein dieser kam ihnen so schnell zur Hilfe, daß sich die Polen ihrerseits wieder zurückzuziehen anfingen. Auf diesem Rückzuge wurden sie am 26. Mai bei Ostrolenka am Flusse Narew zu einer Schlacht gezwungen, in der Diebitsch ihnen eine entscheidende Niederlage beibrachte. Diese Niederlage wurde für die polnische Sache um so verderblicher, da sie die Uneinigkeit und Parteiung im Reichstage vermehrte, und man anfing, dem Verrath zuzuschreiben, was eine natürliche Folge der Unfähigkeit oder der Schwäche war. Ehe indessen Diebitsch seinen Sieg benutzen konnte, wurde er am 10. Juni durch einen schnellen Tod von der Cholera weggerafft. Derselben Krankheit erlag auch am 17. Juni der Cesarewitsch Großfürst Constantin. Wenn man es dem rohen Pöbel kaum nachsehen kann, daß er bei Cholerafällen an Vergiftung dachte, so ist es unverzeihlich, daß selbst gebildete Menschen dieselben einer solchen Ursache zuschrieben, und daß dieser entehrende Verdacht, zu dem auch nicht der mindeste Grund vorliegt, noch heutzutage in Geschichtsbüchern wiederholt wird. — Während die Russen den zum Nachfolger ihres verstorbenen Oberbefehlshabers ernannten Feldmarschall Paskewitsch erwarteten, unternahmen sie im Laufe des Monats Juni eben so wenig etwas bedeutendes, als die Polen, deren Aufmerksamkeit sich vorzugsweise auf Litthauen richtete, wohin sich nach der Schlacht bei Ostrolenka ein abgeschnittenes polnisches Armeecorps unter General Gielgud gewandt hatte. Die Polen hofften von dieser Diversion um so glänzendere Erfolge, da über den Aufstand in Litthauen die übertriebensten Berichte nach Warschau gedrungen waren. Eine Amazone, die Gräfin Emilie Plater, die in diesem Aufstande eine Rolle spielte, verbreitete über denselben einen gewissen romantischen Schimmer, der aber freilich arg verdunkelt wurde durch die unerhörten und entsetzlichen Grausamkeiten, welche ein Bauernführer ausübte. Es war dies ein Bauer, Namens Matussewicz, der nicht bloß die Russen, sondern auch die Juden, die ihm in die Hände fielen, spießen, schinden oder lebendig begraben ließ. Im Anfange schien Gielguds Unternehmen Erfolg zu versprechen, allein am Ende scheiterte es, theils an der Uneinigkeit, theils an der Unfähigkeit der Anführer. Gielgud verlor in unnützem Umherziehen die Zeit, welche der russische General Sacken trefflich benutzte, um eine zahlreiche Macht in Wilna zu versammeln, und als die Polen am 19. Juni vor dieser Hauptstadt Litthauens erschienen, wurden sie geschlagen und zum Rückzug genöthigt. Auf diesem Rückzuge kam die Uneinigkeit der Führer zum Ausbruch: jeder suchte sich zu retten, so gut er konnte. Gielgud und Chlapowski wurden nach der preußischen Grenze gedrängt und genöthigt, jenseits derselben die Waffen zu strecken. Diesen kläglichen Ausgang schrieb man nicht, wie es wirklich der Fall war, der Unfähigkeit, sondern dem Verrathe Gielguds zu, und vor dem Uebertritte über die preußische Grenze wurde dieser unglückliche General von einem seiner Officiere niedergeschossen. Nur einen kleinen Theil des Gielgudschen Corps führte Dembinski, der dadurch seinen militärischen Ruf gründete, auf weitem Umwege nach Warschau zurück, wo er am 3. August anlangte, gerade in einem Augenblicke, als alle wegen der drohenden Gefahr, die sich gegen die polnische Hauptstadt zusammengezogen hatte, entmuthigt und rathlos waren. Denn kaum war der russische Feldmarschall Paskewitsch bei seiner Armee angelangt, als er sofort den schon von Diebitsch gefaßten und von Toll vorbereiteten Entschluß ausführte, über die Weichsel zu gehen und mit gesammter Macht gegen Warschau vorzudringen, um durch Eroberung der Hauptstadt mit einem Schlage der Empörung und dem Kriege ein Ende zu machen. Nicht weit von der preußischen Grenze und zum Theil mit preußischem Material wurde bei Ossieck eine Brücke über den breiten Strom geschlagen, der durch zwei Inseln hier in drei Arme getheilt wird, und bis zum 20. Juli war der Uebergang der russischen Armee auf das linke Weichselufer vollendet, ohne daß Skrzynezki auch nur einen Versuch gemacht hätte, denselben zu verhindern oder zu erschweren. Man hat der preußischen Regierung sowohl damals den Vorwurf gemacht, als auch bis auf den heutigen Tag fortgefahren, denselben zu wiederholen, daß sie aus Schwäche und Nachgiebigkeit gegen Rußland dessen Anstrengungen zur Unterdrückung des polnischen Aufstandes unterstützt hätte. Allein Preußen handelte nur in seinem eigenen Interesse, wenn es dem polnischen Aufstande entgegen war. Nur mit der größten Mühe konnte es seine eigenen polnischen Unterthanen in Gehorsam erhalten und doch nicht verhindern, daß Tausende derselben zur Verstärkung der Polen in das Königreich zogen; wie wäre es erst gewesen und in welche Lage wäre Preußen gekommen, wenn die polnische Sache triumphirt hätte? Freilich gilt es für ein politisches Axiom, daß die Wiederherstellung eines polnischen Reichs für den Westen Europas eine Schutzmauer gegen Rußland sei, allein wenn dies für den Westen Europas in gewissem Sinne zugegeben werden kann, so würde es doch für Preußen eine reelle Gefahr sein. Denn die Wiederaufrichtung des Sarmatenreichs an der Weichsel würde nicht allein Preußen mit dem Verluste von Posen bedrohen, sondern auch zur nothwendigen Folge haben, daß die Polen nicht eher ruhen würden, als bis sie den ganzen Lauf der Weichsel in ihre Gewalt gebracht und Westpreußen, das sie noch eben so, wie Litthauen, Volhynien und Podolien, zu den ihnen von Rechtswegen gehörenden Provinzen rechnen, sich unterworfen hätten. Preußen würde daher seine theuersten Interessen verrathen haben, wenn es der Sympathie, die sich auch bei seinen Unterthanen für die Polen erhob, hätte folgen wollen. Anders war es mit Oesterreich, dem wegen seines Verhältnisses zur orientalischen Frage eine Schwächung Rußlands eben so willkommen war, als wegen seines Einflusses in Deutschland eine Verlegenheit Preußens. In Oesterreich machte sich besonders die Sympathie der Ungarn für Polen laut: zwei und zwanzig Comitate wandten sich an den Kaiser in einer Adresse, in welcher sie um Unterstützung der Polen baten und daran erinnerten, daß im 17. Jahrhundert Wien und Oesterreich durch die treue Hilfe des Polenkönigs Johann Sobieski vor den Türken errettet worden seien. Wenn es wahr ist, daß Metternich sich wirklich mit den Polen in geheime Unterhandlungen einließ, so war es gewiß nicht die Dankbarkeit für eine so veraltete Schuld, die ihn dazu bewog, sondern die Aussicht auf eine Machtvermehrung Oesterreichs durch die Schwächung seiner politischen Nebenbuhler. Er soll den Polen seine Hilfe zugesagt und ihnen sogar die Abtretung Galiziens versprochen haben, wenn sie einen österreichischen Erzherzog auf ihren Thron erheben wollten, und wenn Frankreich und England den ersten Antrag darauf stellen würden. Man braucht aber nur die damalige Weltlage ins Auge zu fassen, um sich zu überzeugen, daß solche Gedanken, wenn sie die österreichischen Staatsmänner einen Augenblick beschäftigten, doch eben nur Gedanken bleiben konnten. Diese Betrachtung allein genügt, um zu erklären, daß Metternich seinem Stabilitätsprincip getreu blieb, und man braucht nicht den Charakter des Fürsten durch den Verdacht zu entehren, daß er sich von Rußland habe bestechen lassen. Große Hoffnungen setzten die Polen auf Schweden und die Türkei, aber wie entschieden auch in dem ersteren die Lust war, Finnland wieder zu gewinnen, und wie geneigt die Pforte erschien, sich die günstigen Umstände zu Nutze zu machen, so wollte doch weder die eine noch die andere Macht vorgehen, ohne der Unterstützung der Westmächte gewiß zu sein. England und Frankreich waren aber damals mit der belgischen Sache beschäftigt und erkauften durch die Preisgebung Polens von Rußland die Anerkennung der Unabhängigkeit Belgiens. Der Kaiser von Rußland ließ seinen Verwandten und Bundesgenossen, den König von Holland, fallen, unter der Bedingung, daß die Westmächte auch ihm gestatteten, mit Polen zu verfahren wie er wolle. So schlugen die diplomatischen Verhandlungen, die eine Zeitlang die Polen in Hoffnungen und Illusionen einwiegten, nur zu deren Verderben aus. Denn es ist gewiß, daß Skrzynezki sich durch die vertröstende Zusicherung aus Paris, er möge sich nur noch zwei Monate halten, so werde man interveniren, von entscheidenden Operationen abhalten ließ. Daraus allein erklärt sich, warum er dem Uebergange der Russen über die Weichsel unthätig zusah und ihnen weder bei dieser schwierigen Operation noch bei ihrem Anmarsche auf Warschau entgegentrat. In Warschau aber verbreitete die Annäherung des russischen Heeres eine allgemeine Bestürzung und brachte Aufregungen und Umwälzungen hervor, welche wie die Zuckungen eines mit dem Tode ringenden Körpers die Vorboten des unvermeidlichen Unterganges sind. Zuerst ward Skrzynezki vom Oberbefehl entfernt und Dembinski, der durch seinen Rückzug aus Litthauen der Held des Tages geworden war, an seine Stelle gesetzt. Aber da auch dieser nicht die vom Volke verlangten Siege erfocht, so kam am 15. August die Volkswuth zum Ausbruche. In dem Wahne, daß Verrath am Unglücke Polens Schuld sei, stürmte der aufgehetzte Pöbel die Gefängnisse und ermordete über 30 Personen, die im Verdachte des Einverständnisses mit Rußland standen, deren Schuld aber keineswegs erwiesen war. Der alte General Krukowiezki, der von den bisherigen Machthabern zurückgesetzt vor Neid und Ehrgeiz verging, hatte die Wuth des Pöbels geschürt und erreichte sein Ziel, sich der höchsten Gewalt zu bemächtigen. Denn er ließ sich von den Meuterern zum Gouverneur der Stadt ausrufen, und da die bisherige Regierung sich aufgelöst und ihre Mitglieder zum Theil ihr Heil in der Flucht gesucht hatten, so mußte auch der Reichstag sich der Gewalt Krukowiezkis unterwerfen. Er ernannte daher den General zum Präsidenten der Regierung mit dictatorischer Gewalt, ausgenommen die Entscheidung über Krieg und Frieden, welche sich der Reichstag vorbehielt. Der neue Präsident stellte erst Prondzynski und dann, als dieser schon nach 24 Stunden wieder abdankte, weil ihm niemand gehorchte, den alten General Malachowski an die Spitze des Heeres, und es wurde nun beschlossen, mit der einen Hälfte der Armee Warschau zu vertheidigen, während die andere Hälfte unter den Generalen Lubienski und Romarino auf dem rechten Weichselufer operiren sollte. Diese Theilung der polnischen Macht benutzte Paskewitsch zum entscheidenden Angriff auf Warschau, und am 6. September begann der Sturm auf die Befestigungen, welche die Stadt umgaben. Obgleich die Polen sich mit heldenmüthiger Tapferkeit vertheidigten, so wurden sie doch im Laufe dieses Tages aus den Schanzen von Wola vertrieben. Am folgenden Tage bemächtigten sich die Russen unter dem Oberbefehl des Grafen Toll, da der Feldmarschall Paskewitsch verwundet worden war, auch der übrigen Schanzen, worauf das polnische Heer in Folge einer Capitulation die Hauptstadt räumte, um sich begleitet von dem Reichstage und allen, die kein Vertrauen auf die Gnade des Kaisers hatten, nach der Festung Modlin zurückzuziehen. Mit dem Einzuge der Russen in Warschau am 8. September war das Schicksal des polnischen Aufstandes entschieden. Denn die Versuche, mit den Trümmern eines entmuthigten Heeres den Widerstand im freien Felde fortzusetzen, endigten, wie es nicht anders sein konnte, auf klägliche Weise mit dem Uebertritte der polnischen Truppen theils auf österreichisches, theils auf preußisches Gebiet. Die über die Grenze geflüchteten Polen von Rang und die Officiere erhielten meist Pässe nach Frankreich, und die polnische Emigration, die bei ihrer Durchreise durch Deutschland überall von der demokratischen Partei gefeiert worden war, wurde jetzt einer der Hauptfactoren bei allen unruhigen Bewegungen in Europa. Die gemeinen Soldaten dagegen kehrten größtentheils in ihre Heimath zurück, da Kaiser Nikolaus am 1. November eine Amnestie ertheilte, von der nur die Urheber der Revolution, die Theilnehmer an den Mordscenen des 15. August, die Reichstagsmitglieder, welche für die Thronerledigung gestimmt hatten, und die Officiere der Armeecorps, die nach der Capitulation von Warschau ihren Widerstand fortgesetzt hatten, ausgeschlossen waren. Während aber so der Kaiser die Verführten von den Verführern unterschied, glaubte er die Quelle verstopfen zu müssen, aus welcher der Aufstand entsprungen war. Er hob daher die polnische Constitution auf und ordnete die Verfassung des Königreichs durch das Organische Statut vom $\frac{14}{26}$. Februar 1832 in Uebereinstimmung mit den Institutionen, nach welchen das Kaiserreich regiert wurde. Polen verlor seine eigene Armee, und an die Stelle des Reichstages trat ein Staatsrath, dessen Mitglieder von dem Kaiser ernannt wurden. Die Universitäten Warschau und Wilna wurden aufgehoben und anstatt derselben für die Polen die St. Wladimir-Universität zu Kiew gegründet, die man mit der Bibliothek und den wissenschaftlichen Sammlungen der Wilnaer Universität ausstattete. An die Spitze der Regierung des Königreichs Polen ward der zum Fürsten von Warschau erhobene Feldmarschall Paskewitsch als Statthalter gestellt, und seiner zwar strengen aber wohlwollenden Verwaltung gelang es nach und nach durch Wiederherstellung der Ruhe und des Wohlstandes die Polen mit der neuen Ordnung der Dinge auszusöhnen.

Achtes Capitel.

In Deutschland war seit den Karlsbader Beschlüssen und der Wiener Schlußacte die Ruhe nicht gestört worden und die Furcht vor demagogischen Umtrieben endlich der Ueberzeugung gewichen, daß die Treue der deutschen Völker gegen ihre angestammten Fürsten und Verhältnisse unerschütterlich sei. Die politischen Inquisitionen und Verfolgungen hatten daher nach und nach aufgehört; die über einzelne Verirrte verhängte Strafe war um so milder, je weniger in Folge der getroffenen Maßregeln neue Verirrungen zu besorgen waren. Auf dem Gebiete der Literatur herrschte ein reges und reiches Leben, aber in der Politik war eine vollkommene Stagnation eingetreten. Während der Bundestag seine Thätigkeit hauptsächlich darauf beschränkte, die Universitäten und die Presse zu überwachen, wurde das wenige, was für die Entwickelung des deutschen Lebens geschah, ohne seine Zuthun und gewissermaßen hinter seinem Rücken zu Stande gebracht. Der Bundestag stand unter dem dominirenden Einflusse von Oesterreich, das mit ängstlicher Sorge jede Neuerung abzuwehren suchte, und wie hätte sich die deutsche Nation bei einem solchen Drucke aus der Misère erheben können, in der sie durch die Kleinstaaterei gehalten wurde? Nur Preußen war mächtig genug, seinen eigenen Weg, wenn auch langsam und bedächtig, zu gehen, und es sind hier besonders zwei Maßregeln zu nennen, von denen die eine zu einer freieren Entwickelung im inneren und die zweite zu einem größeren Einflusse auf die übrigen Bundesstaaten den Weg bahnte. Die erstere war die Einführung der Provinzialstände, deren Anordnung am 5. Juni 1823 vom Könige vollzogen und am 3. August bekannt gemacht wurde. Die Competenz dieser ständischen Versammlungen sollte sich auf Berathung über Gesetzentwürfe beschränken, welche Veränderungen im Personen- und Eigenthumsrechte und in den Steuern zum Gegenstand hätten; da sie als das gesetzmäßige Organ der verschiedenen Unterthanenstände in jeder Provinz betrachtet wurden, so sollten ihre Bitten und Beschwerden von der

Regierung angenommen, geprüft und beantwortet werden. Den ersten Stand bildeten die Rittergutsbesitzer; zu Abgeordneten des zweiten Standes sollten nur städtische Grundbesitzer gewählt werden, und die Abgeordneten des dritten Standes sollten aus denen hervorgehen, die ein Hauptgewerbe daraus machten, ein Landgut selbst zu bewirthschaften. Im October 1824 wurden die Stände der Provinzen Brandenburg, Pommern und Preußen zum ersten Male versammelt; am 2. October 1825 kamen die Stände von Schlesien zusammen, und im folgenden Jahre die Stände der Rheinprovinz und der Provinz Westfalen. Eben so erfolgte im October 1827 die Eröffnung der Ständeversammlungen in Posen und im Herzogthume Sachsen. Man pflegt heutzutage bei freierer Entwickelung der Staatsverhältnisse auf diese Anfänge des constitutionellen Lebens in Preußen mit einer gewissen Geringschätzung herabzusehen, allein mit Unrecht; denn wenn auch diese Institution das Verlangen nach constitutionellen Verfassungsformen nicht befriedigte, so war sie doch als ein Anfang dazu und als eine Vorübung auf dieselben von hoher Bedeutung. — Was die zweite Maßregel betrifft, so war diese eine Wohlthat für das gesammte Deutschland; denn sie bestand in der Bemühung, den inneren Verkehr von den Zollschranken, die ihm überall hinderlich im Wege standen, zu befreien. Die Bundesacte hatte zwar versprochen, daß die Bundesglieder bei ihrer ersten Versammlung wegen des Handels und Verkehrs zwischen den verschiedenen Bundesstaaten in Berathung treten sollten, allein diese Berathung führte zu keinem Ziele. Jeder noch so kleine Staat richtete gegen den anderen seine Zollbarrièren auf, und es war dem Bundestag nicht möglich, einen commerziellen Friedenszustand im inneren von Deutschland herbeizuführen. Der aus dieser Abschließung hervorgehende schmachvolle Zustand machte die Deutschen bei den Fremden zum Gespötte; diese verglichen sie mit wilden Thieren in einer Menagerie, die durch eiserne Gitter von einander getrennt sind und sich nur hinter denselben einander ansehen können. Durch nichts wurde die Misère der Kleinstaaterei so deutlich zum Bewußtsein der Massen gebracht, als durch die Zollschranken, die den Reisenden nöthigten, sich oft mehrere Male an einem Tage von Zollbeamten visitiren zu lassen. Durch die Zollvereinigung von Bayern und Würtemberg im Jahre 1827 und noch mehr durch die Zollvereinigung von Preußen und Hessen-Darmstadt im Jahre 1828 wurde zuerst ein Ausweg aus dieser Verwickelung gebahnt. Dem preußischen Zollsystem schlossen sich mehrere nord- und süddeutsche Staaten an, und die Vereinigung derselben zu einem deutschen Zollverein am 27. Mai 1829 wurde mit um so größerer Freude begrüßt, da sie von neuem die Hoffnung der deutschen Nation auf politische Einheit belebte. Sofort regte sich der Associationsgeist, und die Versammlung der deutschen Naturforscher und Aerzte, die auf Okens Antrieb zum ersten Mal im Jahre 1828 zu Stande kam und sich dann jährlich abwechselnd in Nord- und Süddeutschland wiederholte, war das erste Symptom des erwachenden Nationalgeistes. Dem Beispiele der Naturforscher folgten nach und nach andere Kreise und Berufsgenossen, so daß sich über der politischen Zersplitterung gewissermaßen ein ideales Deutschland in der Association seiner edelsten Kräfte erhob. — Neben Preußen zeichnete sich besonders der König Ludwig von Bayern, der im Jahre 1825 seinem Vater Maximilian I gefolgt war, durch seine Bestrebungen für die deutschen Nationalinteressen aus. Durch seine Vorliebe für die Kunst erhob er München, das er mit Prachtbauten schmückte, und in dem er bisher zerstreute Schätze der Plastik und Malerei concentrirte, zur Metropole der deutschen Kunst, und indem er die Universität von Landshut nach München verlegte, machte er seine Hauptstadt zugleich zum Mittelpunkt der wissenschaftlichen Bildung in Bayern. — In den thüringischen Fürstenthümern ging durch Erlöschen des gothaischen Regentenhauses im Jahre 1825 eine bedeutende Veränderung vor; die drei erbberechtigten Nebenlinien verglichen sich unter Vermittelung des Königs von Sachsen im November 1826 über einen Theilungsvertrag. Demzufolge trat der bisherige Herzog von Hildburghausen sein Fürstenthum ab und erhielt dafür das Fürstenthum Altenburg, nach welchem er sich von nun an Herzog von Sachsen-Altenburg nannte. Der Herzog von Coburg erhielt das Fürstenthum Gotha und nahm den Titel eines Herzogs von Coburg und Gotha an; der Herzog von Meiningen endlich bekam das Fürstenthum Hildburghausen und nannte sich Herzog von Meiningen und Hildburghausen. — In Baden starb der Großherzog Ludwig am 30. März 1830, und sein Stiefbruder Leopold folgte ihm auf Grund der früher erwähnten Verträge unbestritten in der großherzoglichen Würde nach. Unter seiner milden Regierung nahm das constitutionelle Leben in Baden einen großen Aufschwung, und die liberale Partei, geleitet von Rotteck und Welcker, erhielt hier ein größeres Uebergewicht, als irgendwo in Deutschland. Leider aber wandte sich der badische Liberalismus in einer Zeit, wo über politische Fragen zu sprechen bedenklich war, gegen die Kirche und trug dazu bei, sowohl auf protestantischem als katholischem Gebiet den Volksglauben zu erschüttern. Im Gebiet des protestantischen Kirchen- und Schullebens herrschte ohnehin der von Paulus in Heidelberg gelehrte Denkglaube, ein crasser Rationalismus; und in der katholischen Kirche sollten die Wessenbergschen Grundsätze zur Geltung kommen, die mit den Begriffen der katholischen Kirche in grellem Widerspruche standen. Dadurch wurde ein Same ausgestreut, der erst später unheilvoll aufging und Conflicte erzeugte, mit denen die badische Regierung noch immer ihre Noth hat.

Es war natürlich, daß in Deutschland die Julirevolution viele schlummernden Wünsche weckte und eine weitverbreitete Aufregung hervorbrachte; zu gewaltsamen Explosionen und wirklichen Umwälzungen führte sie aber nur da, wo schon längst die Unzufriedenheit mit dem bestehenden Zustande die Gemüther nach einer Veränderung begierig gemacht hatte. In dem Königreich Sachsen war unter Friedrich August und nach dessen Tode im Jahre 1827 unter seinem Bruder und Nachfolger Anton in Verwaltung und Regierungsform alles beim alten geblieben. So mild und väterlich die Gesinnung der Regenten war, so stimmte sie doch nicht mehr mit dem Geiste und den Fortschritten der Zeit überein, und man sehnte sich in Sachsen nach Veränderungen. Besonders beklagte man sich über die veralteten Formen und die eingewurzelten Misbräuche der städtischen Verwaltungen. Kurz vor der Julirevolution hatte die dreihundertjährige Jubelfeier der augsburgischen Confession am 25. Juni 1830 in Leipzig und in Dresden unruhige Auftritte zur Folge gehabt und die Gemüther gegen die Polizei und den katholischen Hof erbittert. Die daraus hervorgegangene Aufregung war noch nicht gestillt, als die Ereignisse von Paris und Brüssel sie von neuem in Gährung versetzten. Am 2. September brach in Leipzig ein Tumult aus, der gegen die Polizei und Stadtverwaltung gerichtet nicht eher beruhigt werden konnte, als bis sich zur Wiederherstellung der Ordnung eine bewaffnete Bürgergarde gebildet hatte. Noch ernster war der Aufstand in Dresden, wo am 9. und 10. September das Rathhaus und das Polizeigebäude erstürmt und niedergebrannt wurden. Da sich diese Tumulte auch über die anderen Städte des Königreichs verbreiteten, so nahm der alte König Anton seinen beim Volke beliebten Neffen, Friedrich August, zum Mitregenten an, und dieser beruhigte die aufgeregten Gemüther durch Entlassung des verhaßten Ministers Einsiedel und durch Berufung eines freisinnigen Nachfolgers, Bernhard von Lindenau. Unter dessen Mitwirkung wurden die Misbräuche, über die man sich mit Recht beschwert hatte, abgeschafft und den Sachsen am 4. September 1831 eine constitutionelle Verfassung gegeben, die nach dem Muster der übrigen constitutionellen Staaten Deutschlands in zwei Kammern allen Ständen eine gleichmäßige Vertretung verschaffte. Nach dem Tode Antons im Jahre 1835 folgte ihm der Mitregent Friedrich August II als König nach. — Wenn irgend ein deutsches Land unter dem Drucke der Regierung litt, so war es das Kurfürstenthum Hessen. Zwar hatte der Kurfürst Wilhelm II, der im Jahre 1821 seinem

Vater Wilhelm I gefolgt war, manches in den Formen, aber nichts in dem Wesen der Regierung geändert. Die alte strenge Bevormundung, die jede freie Lebensregung erstickte, dauerte noch in ihrer ganzen Härte fort, als die revolutionäre Bewegung des Jahres 1830 auch in Kurhessen zum Ausbruche kam. In Kassel verlangte und erhielt die Bürgerschaft von dem Kurfürsten das Versprechen, die Stände einzuberufen und die Verfassung zu revidiren, während in Hanau und Fulda das Volk sich gegen die verhaßten Zollstätten wandte und dieselben zerstörte. Im October wurde die Ständeversammlung berufen und arbeitete unter der Leitung des Marburger Professors Sylvester Jordan eine Constitution aus, die am 5. Januar 1831 unterzeichnet und von den Ständen und der Regierung beschworen wurde. Allein der Kurfürst konnte sich um so weniger mit der neuen Ordnung der Dinge befreunden, da seine Maitresse, die Gräfin Reichenbach, unter deren Einfluß er stand, in derselben keinen Platz fand; er zog es daher vor, sich aus Hessen zu entfernen und seinem Sohne dem Kurprinzen Friedrich Wilhelm als Mitregenten die Regierung zu übertragen. Dieser setzte den liberalen Forderungen energischen Widerstand entgegen und bediente sich dazu des Ministers Hassenpflug, der gleichsam eine personificirte Reaction war. Sein Pietismus hielt ihn nicht ab; sich alle juristischen Chicanen zu Nutze zu machen, um die Stände wieder zu beschränken, und so wurde der lange Streit zwischen den Ständen und der kurhessischen Regierung eingeleitet, der zu den unerquicklichsten Erscheinungen der neuesten deutschen Geschichte gehört.

In dem Herzogthum Braunschweig hatte der Herzog Karl, der älteste Sohn des bei Quatrebras im Jahre 1815 gefallenen Herzogs Wilhelm, 1823 im neunzehnten Jahre seines Alters die Regierung angetreten, sie aber in jugendlichem Uebermuthe auf eine so unverständige Weise geführt, daß die Stände genöthigt waren, sich mit einer Klage an den Bundestag zu wenden, ohne jedoch Abhilfe zu finden. Der Herzog war in Paris Zeuge der Julirevolution. Erschreckt von den Ausbrüchen der Volkswuth kehrte er eilig in sein Herzogthum zurück. Er war indessen nur vor einer Revolution geflohen, um einer anderen in die Arme zu laufen; denn statt die in Paris empfangene Lehre zu seiner Besserung zu benutzen, forderte er durch Härte und Trotz in einer Zeit, wo die Gemüther ohnehin aufgeregt und gereizt waren, das Volk gleichsam zum Aufstande heraus. Dieser brach denn auch im September 1830 zu Braunschweig mit solcher Energie aus, daß der Herzog nach England entfloh. Nach seiner Flucht drang der Pöbel am 7. September in das Schloß ein und legte dasselbe in Asche. Nicht eher konnte die Ordnung und Ruhe dauernd wiederhergestellt werden, als bis der Bruder des entflohenen Herzogs, Wilhelm, aus Preußen, wo er im Militärdienst stand, nach Braunschweig gekommen war und die Regierung übernommen hatte. Da der vertriebene Herzog Karl zu einer Verzichtleistung auf seine Rechte nicht zu bewegen war, sondern im November in den Harzgegenden erschien, um eine Contrerevolution zu bewirken, wobei aber nur von neuem sein Unverstand und seine Unfähigkeit zum Vorschein kamen, so überließ es der Bundestag den Agnaten, die Verhältnisse des Herzogthums dauernd zu ordnen. Demzufolge kam der Herzog Wilhelm mit dem König von England als dem Haupte der englischen Linie des braunschweigischen Hauses überein, die Regierungsunfähigkeit des Herzogs Karl als eine notorische Thatsache auszusprechen. Auf Grund dieser Entscheidung übernahm er am 20. April 1831 die Regierung, die er bisher nur als Stellvertreter seines Bruders geführt hatte, aus eigenem Rechte und ließ sich dem Herkommen gemäß als rechtmäßigem Landesherrn huldigen. Dieser Regierungsveränderung folgte auch eine Umgestaltung der Verfassung: der Entwurf der neuen Landschaftsordnung, der auf eine gleichmäßige Vertretung aller Stände basirt war, wurde von den Landständen angenommen und am 12. October 1832 als Grundgesetz des Landes verkündet. — In den übrigen deutschen Staaten wurde die Regierung der Bewegungen, die sich gegen sie erhoben, leicht Meister. So wurde im Königreich Hannover der Aufstand, der im Jahre 1831 in Göttingen ausbrach, mit Militär unterdrückt; aber indem die Regierung gegen den Aufruhr Kraft entwickelte, nahm sie auch mit verständiger Einsicht darauf Bedacht, die Uebelstände zu beseitigen, über die man sich mit Recht beklagte. Der Graf Münster, der bisher von London aus als hannöverischer Cabinetsminister die Regierung des Landes geleitet hatte, wurde entlassen, und der Bruder des Königs, der Herzog von Cambridge, zum Vicekönig ernannt. Dieser berief die Stände ein, mit denen im Jahre 1833 eine Verfassung vereinbart wurde, welche der bisherigen fast ausschließlichen Adelsherrschaft ein Ende machte.

Zum ersten Male schlug damals der Schmerzensschrei der Herzogthümer Holstein und Schleswig über dänische Unterdrückung an das Ohr der deutschen Nation. Wenn auch damals noch wenig beachtet, so nahmen doch diese Verhältnisse von Jahr zu Jahr an Wichtigkeit zu, bis sie sich zu einer der verwickeltsten Fragen des europäischen Staatsrechtes erhoben. Trotz der großen Literatur über diesen Gegenstand wird es dem Leser wohl nicht unerwünscht sein, in diesem Labyrinth, das die Spitzfindigkeit der Gelehrten und die Rabulisterei der Advocaten errichtet hat, den Ariadnefaden in der Hand zu halten, und so versuchen wir es denn, in die frühere Geschichte dieser Länder zurückgehend, die beiden Hauptereignisse kurz darzustellen, von denen das eine die Grundlage der deutschen, das andere die Grundlage der dänischen Ansichten und Ansprüche bildet, und von denen uns das erste in das Jahr 1460, das andere dagegen in die viel näher gelegene Zeit der Beendigung des nordischen Krieges oder in das Jahr 1720 zurückführt. Seidem das deutsche Reich eine feste Begründung und Gestalt gewonnen hatte, galt die Eider als seine nördliche Grenze, und bis zum Untergang desselben stand auf dem Südthor der Altstadt von Rendsburg die Inschrift: Eidora, Romani terminus imperii. Das, was heutzutage das Herzogthum Schleswig heißt, hieß damals Südjütland und war von dänisch redenden Jüten bewohnt. Wie in allen Grenzländern fehlte es auch hier nicht an fortwährenden Reibungen und an Versuchen jeder der beiden Nationalitäten, sich auf Kosten der anderen auszubreiten. Fast schien es, als ob bei der vorherrschenden Richtung der deutschen Könige nach Süden dieser entfernte Theil des Nordens von den Dänen den Deutschen entrissen und Dänemark über ganz Nordalbingien bis an die Elbe ausgedehnt werden sollte. Nachdem dieser Theil Deutschlands durch den Fall Heinrichs des Löwen und die Zerstückelung der welfischen Macht seine Stütze verloren hatte, breiteten die dänischen Könige am Ende des zwölften und im Anfange des dreizehnten Jahrhunderts, während die Hohenstaufen ganz von der italienischen Politik absorbirt wurden, ihre Herrschaft bis zur Elbe und Trave aus, und Waldemar II, der in Hamburg und Lübeck gebot, nannte sich König der Wenden und Herr von Nordalbingien. Allein es ist aus der Geschichte bekannt, wie bald und wie entscheidend zum Nachtheile der Dänen das Blatt sich wandte. Mit Waldemars II abenteuerlichem Sturz fiel nicht bloß das dänische Reich von seiner Höhe herab, sondern es sank auch in innere Auflösung durch Theilung und Thronstreitigkeiten, die das Reich über hundert Jahre lang (1240—1340) völlig lähmten und schwächten. Während dieser Zeit wurde Südjütland ein Theilfürstenthum von Dänemark, und man fing an, es nach der Hauptstadt und Residenz das Herzogthum S c h l e s w i g zu nennen. Der deutsche Einfluß überschritt die Eider; die Grafen von Holstein aus dem Hause Schauenburg benutzten die Verwirrung in Dänemark, um sich in dessen Angelegenheiten einzumischen und darin so festen Fuß zu fassen, daß sie nach dem Aussterben des schleswigschen Zweiges der dänischen Königsfamilie in der Mitte des vierzehnten Jahrhunderts von Dänemark mit dem Herzogthum Schleswig belehnt wurden und zwar, wie behauptet wird, mit der Bedingung, daß Schleswig nie wieder mit der Krone und dem Reiche von Dänemark vereinigt werden solle. Das ist die oft angeführte sogenannte Constitutio Waldemari, von der eben nur der eine Satz, welcher die bezeichnete Bedingung enthält, bekannt ist. Mag die Urkunde echt sein, wie die Deutschen wollen, oder untergeschoben, wie die Dänen behaupten, jedenfalls ist sie merkwürdig als der erste Versuch, Schleswig sogleich von Anfang an unauflöslich mit Holstein zu verbinden. Natürlich gewann von dem Augenblicke an, wo die holsteinschen Grafen in Schleswig herrschten, das deutsche Element das Uebergewicht; der eingeborne jütische Adel, dem die deutsche Herrschaft verhaßt war, zog sich größtentheils nach dem Königreiche hin; dafür drängte sich der holsteinsche Adel oder die Ritterschaft in Schleswig ein und nahm das Grundeigenthum in Besitz. Dieser deutsche Adel führte von nun an das Wort im Namen Schleswigs und beherrschte das Land in Verbindung mit den holsteinschen Grafen. Der so entstandenen Verbindung drohte aber eine Auflösung, als mit Adolf VIII, dem letzten Grafen von Holstein und Herzog von Schleswig aus dem Hause Schauenburg, das Fürstenhaus ausstarb, welches diese Verbindung geknüpft hatte. Denn unstreitig stand in diesem Falle dem Könige von Dänemark das Recht zu, Schleswig als heimgefallenes Lehen der dänischen Krone einzuziehen. Um die daraus zu befürchtenden Verwickelungen abzuwenden, gab es zwei Mittel: nämlich entweder den Grafen von Holstein auf den dänischen Thron zu erheben, oder den König von Dänemark zum Grafen von Holstein zu machen. Schon im Jahre 1448, wo durch Christophs von Bayern Tod der dänische Thron erledigt wurde, versuchte man das erstere Mittel; allein Adolf VIII lehnte aus Rücksicht auf seine Kinderlosigkeit die ihm angetragene Krone ab, er lenkte jedoch die Wahl auf seinen Schwestersohn, den Grafen Christian von Oldenburg, und dieser war also König von Dänemark, als im Jahre 1459 mit Adolfs Tode die mit Schleswig belehnte Linie der Schauenburger ausstarb. Nun blieb, um die Verbindung von Schleswig-Holstein zu erhalten, nichts übrig, als die Anwendung des zweiten Mittels, den König Christian zum Grafen von Holstein zu machen. Freilich konnte dies nicht geschehen, ohne Herkommen und Recht zu verletzen; denn nach dem Herkommen und dem Rechte hatten die Nebenlinien des schauenburgschen Hauses, die Lehensvettern des verstorbenen Grafen, Anspruch auf die Succession in Holstein; allein die menschlichen Verhältnisse sind einmal so geartet, daß das Recht, wenn es nicht mit Macht verbunden ist, im Conflict mit dem Vortheil gewöhnlich unterliegt. Man braucht sich nur zu erinnern, daß damals die oberste Reichsgewalt in Deutschland in den schwachen Händen Friedrichs III war, um zu begreifen, daß von Seiten des Kaisers einer Verletzung des Lehnrechtes kein Hinderniß im Wege stand. So ließen sich also die Holsteiner im

Jahre 1460 mit König Christian in den Handel ein, der für beide Theile vortheilhaft war; der König konnte den deutschen Rittern die fortdauernde Verbindung mit Schleswig, diese konnten ihm ihrerseits den Besitz von Holstein anbieten. Auf diese Bedingungen kam das Pactum zu Stande. Man liest gewöhnlich in Geschichtsbüchern, der vereinigte Landtag von Schleswig-Holstein habe den König Christian zum Grafen von Holstein und Herzog von Schleswig gewählt, als ob eine solche Wahl ein legitimer Act gewesen sei; allein nie stand es einem deutschen Reichslande zu, seinen Fürsten zu wählen, und wenn die Holsteiner sich dieses Recht herausnahmen, so ist dies eine bloße Anmaßung, die sie sich aus Rücksicht auf ihren Vortheil erlaubten und die ihnen wegen der Ohnmacht der obersten Reichsgewalt gelang. Den Preis für seine Erwählung bezahlte König Christian mit der berühmten Versicherungsacte, die er am Mittwoch nach Invocavit den zu Ripen versammelten Ständen ausstellte, und worin er versprach, daß Holstein und Schleswig auf ewige Zeiten ungetheilt zusammenbleiben sollten. Diese Acte ist die magna Charta der privilegirten Stellung, welche Schleswig-Holstein im dänischen Reiche einnahm, und auf deren Grundlage beide Länder sich als einen engverbundenen Staat zu betrachten gewöhnt wurden. Die natürliche Folge der Verbindung mit Holstein war, daß in Schleswig der Einfluß des deutschen Elementes wuchs; die deutsche Sprache drang über die Schley vor, und besonders, als im folgenden Jahrhunderte mit Einführung der Reformation deutsche Prediger und Schullehrer das Land überschwemmten, eroberte die deutsche Sprache und Bildung eine Position nach der anderen bis an die Königsau oder die Grenze des eigentlichen Jütland. Ohne daß die deutsche Nation davon Notiz nahm, hatte sich im Stillen ihre Herrschaft über eine große und durch ihre Lage zwischen zwei Meeren wichtige Provinz erweitert. Allein wenn auch Schleswig auf der einen Seite durch seine Bildung und seine politische Verbindung mit Holstein mit Deutschland zusammenhing, so war es doch wieder auf der anderen Seite durch wichtige und entscheidende Merkmale von demselben getrennt. Denn gerade diejenigen Institutionen, welche Völker am schärfsten von einander scheiden, blieben fortwährend verschieden und machten die staatliche Einheit von Schleswig-Holstein zu einer gefährlichen Fiction. Jedes der beiden Fürstenthümer hatte einen verschiedenen Lehensherrn, Schleswig den König von Dänemark, Holstein den römischen Kaiser; jedes seine besonderen Gesetze, das erstere das in Dänemark geltende Jydske Lov, das zweite das deutsch-römische Recht; die Schleswiger appellirten nach Kopenhagen, die Holsteiner an das Reichskammergericht; die Schleswiger stellten ihr Truppencontingent zum dänischen, die Holsteiner zum deutschen

Reichsheer. Man sieht also, daß, während beide Herzogthümer sich durch gleiche Bildung und Interessen mächtig zu einander gezogen fühlten, sie nicht weniger mächtig von anderen Kräften auseinander getrieben wurden. Wir haben daher hier eine von jenen unglückseligen politischen Schöpfungen, die durch Vereinigung von widerstrebenden Elementen den Keim zu fortwährendem Hader und Streit in sich tragen. Und in der That bilden die schleswig-holsteinschen Verhältnisse von nun an einen Angelpunkt der Politik des Nordens; sie sind bei allen nordischen Kriegen wesentlich mit interessirt und oft geradezu die Veranlassung derselben.

Bei der damals üblichen Gewohnheit regierender Familien, ihre Erbländer zu theilen, wurde einer der Hauptpunkte der Versicherungsacte von 1460, daß die Fürstenthümer ungetheilt zusammenbleiben sollten, bald verletzt. Ich will die früheren Theilungen mit Stillschweigen übergehen; bleibend und von wichtigen Folgen ist aber die geworden, welche König Christian III im Jahre 1544 mit seinen beiden Brüdern vornahm, und durch welche Adolf außer Holstein den südlichen Theil von Schleswig oder das Herzogthum Gottorp erhielt. Diese von Adolf gegründete Linie des oldenburgschen Hauses beherrschte also Holstein als Lehen des deutschen und Gottorp als Lehen des dänischen Reiches. Sogleich von Anfang an ging das Bestreben der Herzoge von Holstein-Gottorp darauf aus und wurde gleichsam ihre erbliche Familienpolitik, den dänischen Lehensnexus zu lösen und die Souveränetät über ihr schleswigsches Fürstenthum zu erwerben. Zur Erreichung dieses Zweckes verbanden sie sich mit dem Erbfeinde Dänemarks, mit Schweden, und es ist bekannt, wie der König Karl X Gustav durch seinen kühnen Zug über die zugefrorenen Belte vor die Mauern Kopenhagens im Winter 1658 die Dänen zum Roschilder Frieden zwang, durch den dem Herzog Friedrich III von Holstein-Gottorp die schon lange ersehnte Souveränetät über Schleswig bewilligt wurde. Was aber der König von Dänemark aus Noth und unter dem Drucke der schwedischen Uebermacht zugestanden hatte, nahm der König Christian V nach der Niederlage, die der große Kurfürst von Brandenburg den Schweden im Jahre 1675 bei Fehrbellin beigebracht hatte, wieder zurück. Er nöthigte den Herzog durch den Rendsburger Vertrag vom 10. Juli 1675 zur Wiederherstellung des Lehensnexus und nahm, als der Herzog flüchtete und protestirte, Schleswig ganz weg. Allein Schweden war in diesem Kriege ein Bundesgenosse Ludwigs XIV gewesen, und Ludwig hätte es für eine Kränkung seiner Ehre und seines Stolzes gehalten, wenn einer seiner Bundesgenossen um seinetwillen auch nur einen Fuß breit Landes verlieren sollte. Er legte daher die Waffen nicht eher nieder, als bis Dänemark im Frieden von Fontainebleau 1679 den

Herzog von Holstein-Gottorp völlig restituirte. Wie durch diese und andere Reibungen ein unversöhnlicher Groll zwischen der dänischen und gottorpischen Linie des oldenburgischen Hauses entstanden war, so knüpfte sich dagegen das Band zwischen Schweden und Gottorp immer enger; der Herzog Friedrich V vermählte sich mit Karls XI ältester Tochter Hedwig Sophie. Er war mit seinem Schwager Karl XII erzogen worden und theilte dessen Liebhaberei für tollkühne Unternehmungen. Man erzählt von ihm, daß er auf einem wilden Hirsche geritten sei, und daß er mit Karl XII in Versuchen, Treppen hinauf zu jagen und über Gräben, Hecken und Holzstöße zu sprengen, gewetteifert habe. Die Gelegenheit zur Befriedigung der Rache, über welcher Dänemark schon lange brütete, schien gekommen, als Karl XII noch fast im Knabenalter den schwedischen Thron bestieg. Dänemark und Polen vereinigten sich zur Benutzung des ihnen günstig scheinenden Momentes, das erstere, um Schleswig, das zweite, um Liefland zu erobern, und als dritten zogen sie den russischen Zaren Peter in ihren Bund, der nach nichts so sehnlich trachtete, als nach der Erwerbung eines Hafens an der Ostsee. So brach im Jahre 1700 der nordische Krieg aus, dessen Ausgang über das Schicksal von Holstein-Gottorp entschied. Man weiß, wie glänzend dieser Krieg für Schweden anfing. Das Bewußtsein, unschuldig angegriffen zu werden und sich in gerechter Sache gegen einen ungerechten Ueberfall zu vertheidigen, weckte in dem jugendlichen Könige von Schweden die ganze Energie eines Helden, die niemand in demselben vermuthet hatte. Ohne sich zu bedenken, ging er, während die Dänen in Gottorp eingefallen waren, mit außerordentlicher Kühnheit geradeswegs nach Seeland hinüber, landete am 25. Juli 1700 und drohte das wehrlose Kopenhagen in den Grund zu schießen. Die Dänen wagten nicht, es zu diesem äußersten kommen zu lassen, sondern trennten sich in dem Frieden von Travendal, der im August geschlossen wurde, von ihrer Verbindung mit Polen und Rußland und versprachen, den Herzog von Gottorp künftig in Ruhe zu lassen. Nachdem sich Karl so von dem einen seiner Feinde befreit hatte, eilte er gegen die beiden anderen, von welchen die Polen Riga, die Russen Narwa belagerten. Fast schien er hier eben so leichtes Spiel zu haben, wie in Dänemark; nachdem er am 5. October bei Pernau gelandet war, zwang er zuerst die Polen, die Belagerung von Riga aufzuheben, und wandte sich dann gegen die Russen, denen er am 20. November 1700 bei Narwa eine so entscheidende Niederlage beibrachte, daß die ganze Artillerie nebst dem größten Theile der Generalität in seine Hände fiel. Karl XII hatte sich bisher gegen die Erwartung der Welt und über seine Jahre als einen Helden und geschickten Feldherrn gezeigt; jetzt kam es aber bei der Entscheidung der Frage, gegen welchen von seinen beiden Feinden er seine Hauptmacht richten solle, auf politische Klugheit an, und diese fehlte dem hitzköpfigen König von Schweden. Er sah nicht ein, daß der russische Zar sein gefährlichster Feind sei; die Geringschätzung der russischen Macht, die er schon mitgebracht hatte, war durch seinen Sieg bei Narwa noch bestärkt worden; er ließ daher dem Zaren Zeit, sich zu erholen, und wandte sich voll Haß und Rachsucht gegen den König August von Polen. Während des Krieges in Polen fiel der Herzog Friedrich von Holstein-Gottorp in der Schlacht bei Klissow im Jahre 1702, und für seinen unmündigen Sohn Karl Friedrich trat nun unter schwedischem Protectorat eine vormundschaftliche Regierung ein. Wenn auch Karl XII in Polen seinen Zweck erreichte, den König August vom Throne zu stürzen und ihm in Sachsen selbst einen schimpflichen Frieden zu dictiren, so scheiterte er doch gerade da, wo er es am wenigsten erwartet, an dem Feinde, den er am meisten verachtet hatte. Denn unterdessen hatten die Russen in fortwährendem Kampfe mit den Schweden und zum Theil von den Schweden die Kriegskunst gelernt, und als sich nun Karl gegen den Zaren wandte, bezahlte dieser den Schweden das Lehrgeld mit der entscheidenden Niederlage, die er ihnen am 27. Juni 1709 bei Poltawa beibrachte.

Die Schlacht bei Poltawa gab, wie mit einem Zauberschlage, dem Norden Europas eine neue Gestalt. Schweden sank vom Range einer ersten Macht, die es seit dem 30jährigen Kriege eingenommen hatte, herab, und der Herzog von Holstein-Gottorp, dessen Geschick an Schweden geknüpft war, fiel mit ihm. Dänemark griff von neuem zu den Waffen, eroberte in dem fortgesetzten nordischen Kriege Schleswig und vertrieb den Herzog auch aus Holstein. Dem unterdessen herangewachsenen Herzog Karl Friedrich gebührte eigentlich nach dem Tode Karls XII der schwedische Thron, da seine Mutter Karls älteste Schwester war, allein die gegen Schweden Verbündeten und vorzüglich Dänemark hatten ein Interesse daran, das Haus Holstein-Gottorp vom schwedischen Throne auszuschließen, und sie unterstützten daher das Bestreben des schwedischen Adels, der Karls XII jüngere Schwester Ulrike Eleonore und deren Gemahl den Landgrafen Friedrich von Hessen zur schwedischen Krone berief. So wie diese Thronveränderung in Schweden vorgegangen war und sich consolidirt hatte, beeilte sich Dänemark im Jahre 1720, den im Kriege erworbenen Besitz von Schleswig durch einen Frieden mit Schweden zu sichern. In diesem zu Frederiksborg geschlossenen Frieden ließ Schweden den Herzog von Holstein-Gottorp fallen, und England wurde durch die Abtretung von Bremen und Verden an Hannover bestimmt, für den Frederiksborger Frieden die Garantie zu übernehmen d. h. den Dänen den

Besitz von Schleswig zu sichern. Man weiß, wie sehr die auswärtige Politik Frankreichs unter der Regentschaft des Herzogs von Orleans von England abhing; dem Einflusse Englands hatte es Dänemark zu verdanken, daß auch Frankreich ganz gegen sein Interesse und gegen das von Ludwig XIV gegebene Beispiel dieselbe Garantie übernahm.

So hatte sich also Dänemark in Folge des Eroberungsrechtes und mit Zustimmung der Hauptmächte von Europa wieder in Besitz von Schleswig gesetzt, und es fehlte nur noch, um diesen Besitz ganz legitim zu machen, die Cession des bisherigen Besitzers. Durch kein noch so vortheilhaftes Anerbieten war aber Karl Friedrich zu dieser Cession zu bewegen. Er trieb sich, seiner Länder beraubt, in der Welt umher und vergeudete das wenige, was er noch hatte, in diplomatischen Unterhandlungen, die ihm zu nichts nützten. Auf einmal ging ihm sein Glücksstern gerade da wieder auf, wo er früher untergegangen war, nämlich in Rußland. Schweden hatte mit den übrigen zu seiner Bekämpfung verbündeten Mächten Frieden geschlossen, um seine ganze Kraft gegen Rußland concentriren zu können, und so blieb Peter der Große vom Jahre 1720 an allein mit Schweden im Kriege. Der Herzog von Holstein-Gottorp konnte jetzt der russischen Politik nützlich werden; er erhielt daher eine Einladung nach St. Petersburg und folgte derselben. Obgleich durch den schnellen Abschluß des Nystädter Friedens im Jahre 1721 die ihm zugedachte Rolle überflüssig ward, so hatte doch seine Erscheinung am russischen Hofe wichtige Folgen; denn er verlobte sich mit Peters des Großen ältester Tochter Anna Petrowna und erhielt wirklich deren Hand nach Peters Tode. Diese Verbindung von Holstein-Gottorp mit Rußland bedrohte aber Dänemark mit ganz neuen Gefahren, deren Beseitigung nur dann möglich erschien, wenn es gelang, die weibliche Nachkommenschaft Peters des Großen von der Thronfolge in Rußland zu verdrängen. Darauf arbeitete die dänische Politik mit aller Macht und Schlauheit, und die Umstände sind bekannt, die ihr dabei hilfreich zu statten kamen. Indem nach Peters II Tode im Jahre 1730 die Nachkommenschaft von Peters des Großen ältestem Bruder, Johann V, auf den russischen Kaiserthron erhoben wurde, schien sich das Ungewitter wieder zu verziehen, das Dänemark bedroht hatte. Der Herzog von Holstein-Gottorp hatte schon vorher mit seiner Gemahlin Rußland verlassen und lebte in gedrückten Verhältnissen zu Kiel; hier ward ihm ein Sohn geboren, der nach seinem Großvater Peter genannt wurde, und an dessen Wiege niemand ahnte, daß er bestimmt sei, der Stammvater der russischen Kaiserfamilie zu werden. Denn wer konnte voraussehen, daß eine dem Anscheine nach so fest begründete Macht, wie die der Johannschen Familie, mit so geringen Mitteln, wie die waren, über welche Elisabeth Petrowna gebieten konnte, über den Haufen geworfen werden würde? Der russische Kaiserhof war aber im 18. Jahrhundert ein vulkanischer Boden, dessen plötzliche Eruptionen die Welt in Erstaunen setzten und alle Berechnungen der Diplomatie verwirrten. Wenige Grenadiere der Preobraschenskischen Garde reichten hin, um im Jahre 1741 den Kaiser Johann vom Throne in ewiges Gefängniß und seine Eltern und Beschützer in das Elend sibirischer Verbannung zu stürzen. Elisabeth Petrowna, die nun den Kaiserthron bestieg und weder legitime Kinder noch Lust hatte, sich zu vermählen, ernannte sogleich ihren Schwestersohn, den Herzog Peter von Holstein-Gottorp, zum russischen Großfürsten und zu ihrem dereinstigen Nachfolger. Mit dieser Veränderung stieg über Dänemark das Ungewitter von neuem und viel schwärzer und drohender, als das erste Mal, auf. Denn es wurde bei Peter eine fixe Idee, die alte Unbill, die sein Haus von Dänemark erlitten, jetzt, wo Gott die Macht dazu in seine Hand gelegt habe, zu rächen. Und er hatte in der That im Januar 1762 kaum den russischen Kaiserthron bestiegen, als er alles zum Dänenkriege rüstete; schon war ein Landheer auf dem Marsche nach Deutschland, und eine Flotte lag zum Absegeln in Kronstadt bereit, als im Juni 1762 die Katastrophe eintrat, welche Dänemark rettete. Katharina II, die nun an der Stelle ihres von ihr gestürzten Gemahls die Zügel der Regierung ergriff, hatte kein Interesse an den holstein-gottorpschen Händeln; sie beruhigte sofort Dänemark durch einen vorläufigen Vergleich und wartete nur die Volljährigkeit ihres Sohnes Paul Petrowitsch ab, um den langen Streit durch ein definitives Arrangement zu endigen. Dieses kam am 31. Mai 1773 zu Stande; der Großfürst Paul verzichtete nicht allein auf Schleswig, sondern vertauschte auch Holstein gegen Oldenburg. Seitdem gehörten die beiden Herzogthümer zur dänischen Monarchie, und obgleich nur Holstein, als ehemaliges Reichsland, in den deutschen Bund aufgenommen wurde, so blieb es doch mit Schleswig in der altherkömmlichen Verbindung, und es setzte sich in Holstein die Ansicht fest, daß, wenn dieses Land nach dem 13. Artikel der Bundesacte eine Verfassung erhalten solle, dieselbe auf Schleswig ausgedehnt werden müsse. Diese Frage brachte nun nach der Julirevolution der Kanzleirath Lornsen, Landvogt auf der Insel Sylt, zur Sprache und regte zuerst das Verlangen der Herzogthümer nach einer sie beide umschlingenden Repräsentativverfassung an. Lornsen büßte sein Auftreten mit Cassation und Festungshaft, allein sein Schritt blieb nicht ohne Folgen. Die Dänen fingen nun an, für Schleswig zu fürchten, und arbeiteten mit allen Mitteln darauf hin, an die Stelle der deutschen die dänische Sprache und Bildung zu setzen. Schleswig erhielt im

Jahre 1831 eine von der holsteinischen getrennte Verfassung und Ständeversammlung, und so ward ein Conflict eingeleitet, der zu den schwierigsten in der Geschichte gehört.

Je stärker die Autorität der Regierungen sich in Deutschland wieder geltend machte, nachdem der erste Sturm vorbei war, und je energischer der Bundestag besonders gegen die Presse, als den Hebel der aufrührerischen Gesinnung, auftrat, desto leidenschaftlicher wurden die Bestrebungen der Gegenpartei. Schon fingen in den von Wirth und Siebenpfeifer redigirten Blättern republikanische Grundsätze zu spuken an, und unter der Form und dem Namen eines Vereins für Preßfreiheit organisirte sich eine radicale Partei, die ihren Hauptheerd in Rheinbayern hatte. Diese Partei enthüllte ihren Geist und ihre Absichten in der großen Volksversammlung, die sie auf den 27. Mai 1832 auf den Hambacher Schloßberg bei Neustadt a. d. H. ausgeschrieben hatte. Die Versammlung kam zu Stande, und außer den deutschen Radicalen, deren Repräsentant Dr. Wirth war, betheiligten sich an derselben auch Polen und Franzosen. Wie groß der Umschwung in den Gemüthern besonders der deutschen Jugend war, erkennt man am besten, wenn man dieses wilde Hambacher Fest mit dem Wartburgsfest von 1817 vergleicht. Wenn auf diesem religiöse Innigkeit und fromme Vaterlandsliebe geherrscht hatten, so trat auf jenem das Buhlen mit einem fremden Geiste in der frechsten Gestalt hervor. Obgleich es beim bloßen Reden blieb, so war doch der Inhalt der gesprochenen Worte so gefährlicher Art, daß der Bundestag die energischsten Maßregeln ergreifen zu müssen glaubte: durch Bundesbeschlüsse vom 28. Juni und 5. Juli 1832 wurden Vereine, Volksversammlungen und Volksfeste verboten und durch Zusicherung militärischer Hilfe auch die kleinen Regierungen ermuthigt, ähnlichen Versammlungen, wie sie zu Hambach und an anderen Orten stattgefunden hatten, hindernd entgegen zu treten. Der Haß der Radicalen wandte sich nun gegen den Bundestag und erzeugte den Plan, den Bundestag in Frankfurt selbst zu sprengen. Daraus ging das Frankfurter Attentat hervor. Am 3. April 1833 bemächtigte sich eine Schaar junger Leute der Hauptwache in Frankfurt, aber da sie ohne alle Unterstützung blieb, so schlug das tolle und verwegene Unternehmen zum Verderben derer aus, die sich daran betheiligt hatten. Sie wurden mit leichter Mühe überwältigt und theils gefangen genommen, theils zur Flucht ins Ausland genöthigt. Dieses unsinnige Attentat benutzte die Reaction, um der politischen Aufregung in Deutschland ein Ende zu machen. Im September 1833 fand ein Monarchencongreß in Münchengrätz statt, zu dem sich die Kaiser von Oesterreich und Rußland und der Kronprinz von Preußen eingefunden hatten. Die drei sogenannten nordischen Mächte schlossen sich hier im Gegensatze gegen die Revolution wieder enger aneinander an und verabredeten namentlich, die Bewegung in Deutschland durch eine neue Ministerconferenz zu zügeln. Diese Conferenz ward in Wien am 13. Januar 1834 eröffnet, und man beschloß, daß von nun an jede Regierung eines Bundesstaates verpflichtet sei, den Ständen gegenüber an ihren Souveränetätsrechten festzuhalten, und daß Streitigkeiten zwischen Fürsten und Ständen durch ein Bundesschiedsgericht zum Austrag kommen sollten. Steuerverweigerung von Seiten der Stände wurde als ein Act des Aufruhrs bezeichnet, gegen welche der Bund mit Executionstruppen einschreiten sollte. Da zugleich die Ueberwachung der Presse und der Lehranstalten im Sinne der Karlsbader Beschlüsse angeordnet und die Zahl der politischen Blätter beschränkt wurde, so kehrte in Deutschland wieder alles in den Zustand wie vor der Julirevolution zurück.

Neuntes Capitel.

In der Schweiz hatte sich gegen den im Jahre 1815 begründeten Zustand nach und nach eine Opposition gebildet, deren Losung Sturz der Aristokratie und Reform des Bundes war. Schon vor der französischen Julirevolution hatte die Agitation gegen das Regiment der Patricier begonnen, und im April 1830 war im Canton Tessin die bisherige Oligarchie gestürzt und durch eine demokratische Regierung ersetzt worden. Natürlich gewann diese Bewegung durch die Ereignisse in Frankreich neuen Antrieb und größere Stärke. Umsonst versuchte Bern als Vorort die Cantonsregierungen zu kräftigem Einschreiten gegen die revolutionäre Partei zu vereinigen und zu ermuthigen; der nach Bern mächtigste Canton Zürich erklärte sich gegen die Politik des Vorortes und empfahl im Gegentheil Nachgiebigkeit gegen die Wünsche des Volkes und zeitgemäße Reform. Auch ging er mit seinem Beispiele voran: die Verfassung ward umgestaltet, und schon im December 1830 ein großer Rath gewählt, zu dem die Stadt Zürich nur ein Drittel, das Land dagegen zwei Drittel der Mitglieder zu stellen hatte. Aehnliche Verfassungsreformen wurden im Aargau, Thurgau, St. Gallen, Solothurn, Luzern, Freiburg und Waadtland durch große Volksversammlungen im Laufe des Herbstes 1830 durchgesetzt. Länger widerstand die Berner Aristokratie, allein als im Anfange des Jahres 1831 das Landvolk sich bewaffnete und Miene machte, seinen Willen mit Gewalt durchzusetzen, legten die Patricier die Regierung nieder und zogen sich aus Trotz ganz von der Theilnahme an der Verwaltung der öffentlichen Angelegenheiten zurück, so daß durch die neue Verfassung, welche Volksherrschaft an die Stelle der Adelsherrschaft setzte, die Regierung in die Hände der Demokraten kam. Nur im Canton Basel wich die Regierung den bloßen Demonstrationen durch Volksversammlungen nicht, sondern ließ es auf die Anwendung von Gewalt ankommen. Und da sie zum Widerstande gegen diese zu schwach war, zog sie eine Trennung von der Landschaft der Nachgiebigkeit gegen deren Wünsche vor, und so constituirte sich im März 1832 der neue Canton Basel-Landschaft, dessen Hauptstadt der Flecken Liestal ward. Der lange Widerstand der Stadt Basel und die Unfähigkeit der Tagsatzung, die streitigen Verhältnisse zu ordnen, hatte zur Folge, daß sich die Anhänger des alten im ganzen Umfange der Eidgenossenschaft ermuthigt fühlten. Daraus ging ein Gegensatz der Parteien in geschlossenen Bündnissen hervor, welche die schweizerische Eidgenossenschaft aufzulösen oder in einen Bürgerkrieg zu stürzen drohten. Während sich im März 1832 sieben Cantone, Bern, Zürich, Luzern, Aargau, Solothurn, Thurgau und St. Gallen in dem sogenannten Siebener-Concordat zum Schutze der neuen Verfassungen und zur Umgestaltung des Bundes vereinigten, traten Schwyz, Uri, Unterwalden, Wallis, Neuenburg und Basel am 14. November zu Sarnen in ein Separatbündniß, mit der ausgesprochenen Absicht, an keiner Tagsatzung Theil zu nehmen, zu welcher Gesandte der von Schwyz und Basel abgefallenen Landschaften zugelassen würden. An dem Widerstande dieses Sarner Bündnisses scheiterte im Jahre 1833 der Versuch einer Reform der Bundesverfassung, allein als nun dadurch ermuthigt die Schwyzer gegen Küßnacht und die Baseler gegen Liestal zogen, um diese Landschaften mit Gewalt der Waffen wieder zu unterwerfen, entwickelte die Tagsatzung auch in ihrer alten Form noch Energie genug, um den drohenden Bürgerkrieg zu verhindern. Sie ließ sowohl den Canton Schwyz als die Stadt Basel mit eidgenössischen Truppen besetzen und zog dieselben nicht eher zurück, als bis das Sarner Bündniß aufgelöst und das Verhältniß der abgefallenen Landschaften zu ihren Cantonen rechtlich geordnet war.

Bald darauf gerieth aber der Radicalismus in der Schweiz durch den Schutz, den er den politischen Flüchtlingen gewährte, mit den Regierungen der Nachbarländer in einen bedrohlichen Conflict. Denn die zahlreichen Flüchtlinge aus Deutschland, Italien und Polen, die in der Schweiz Aufnahme gefunden hatten, setzten hier ihre Umtriebe zur Revolutionirung ihrer Heimathländer fort. Anfangs waren ihre Pläne auf Deutschland gerichtet, allein nach dem Mißlingen des Frankfurter Attentats wandten sie sich auf Italien. Den Gedanken, dieses Land von der Schweiz aus zu befreien, näherte besonders der Genuese Joseph Mazzini, der wegen politischer Umtriebe aus seinem Vaterlande entflohen, die Gesellschaft des jungen Italiens gestiftet und damit eine Laufbahn begonnen hatte, die ihn zu einer der merkwürdigsten Erscheinungen unserer Zeit macht. Denn ohne bedeutendes Vermögen, ohne andere als geistige Mittel hat Mazzini es verstanden, der Macht der Regierungen und den Nachstellungen der Polizei zum Trotz ein Gewebe über Italien auszubreiten, dessen Fäden in seiner Hand zusammenlaufen. Damals wandte er einen Theil seines Vermögens daran, die politischen Flüchtlinge in der Schweiz zu einem bewaffneten Einfalle in Savoyen unter dem General Romarino zu vereinigen. Dieses Unternehmen, das wirklich am 1. Februar 1834 zur Ausführung kam, scheiterte aber vollkommen. Ein Theil der Freischaar ward von den Genfer Behörden entwaffnet, und der andere Theil, der in Savoyen einbrach, fand dort so wenig Theilnahme, daß er sich noch an demselben Tage wieder auf das Schweizer Gebiet zurückzog. Der verunglückte Savoyer Zug gab den Regierungen der Nachbarländer Veranlassung, die Schweiz zum Theil durch Zwangsmaßregeln zu vermögen, alle politischen Flüchtlinge, die ihrer Ruhe gefährlich waren, auszuweisen und die übrigen unter strengere Aufsicht zu stellen.

In Italien war zwar seit dem Jahre 1821 die Ruhe nicht weiter gestört worden, allein auch hier regte die von der Julirevolution hervorgebrachte Erschütterung Europas die revolutionäre Partei zu neuen Versuchen an, ihre in den Carbonari-Vereinen gepflegten Wünsche zu verwirklichen. Neapel und Sardinien blieben indessen ruhig, weil gerade in der Zeit der Aufregung junge Fürsten den Thron dieser Länder bestiegen und durch Abschaffung von Misbräuchen die Gegenwart befriedigten und für die Zukunft zu noch schöneren Hoffnungen berechtigten. In dem Königreich Neapel war nämlich auf Ferdinand I im Jahre 1825 sein Sohn Franz I gefolgt, und dieser starb nach einer kurzen Regierung, während welcher er dem System seines Vaters getreu blieb, am 8. November 1830. Sein Sohn und Nachfolger Ferdinand II nahm sogleich nach seiner Thronbesteigung mit dem Feuer der Jugend und mit der Einsicht eines reiferen Alters Reformen vor, die ihn zum Abgotte des Volkes machten, so daß in Neapel alles für und niemand gegen die Regierung war. — Ebenso hatte in Sardinien durch den am 27. April 1830 erfolgten Tod des Königs Karl Felix eine Thronveränderung stattgefunden. Der neue König Karl Albert, derselbe, der als Prinz von Carignan in der Revolution von 1821 eine Rolle gespielt hatte, machte in der Verwaltung solche Verbesserungen, daß sich auch in Sardinien die Hoffnung auf eine glückliche Zukunft an die Person des Königs knüpfte. Anders dagegen war die Lage der Dinge im Kirchenstaate, wo weder Leo XII, der im Jahre 1823 auf Pius VII gefolgt, noch dessen Nachfolger Pius VIII, der im Jahre 1829 auf St. Peters Stuhl erhoben worden war, etwas zur Verbesserung der Institutionen oder zur Versöhnung der Gemüther mit dem priesterlichen Regiment gethan hatte. Hier war daher alles in voller Unzufriedenheit und zum Aufstande bereit, besonders als Pius VIII am 30. November 1830 starb und eine lange Sedisvacanz eintrat, ehe die Cardinäle sich am 2. Februar 1831 zur Erwählung eines neuen Papstes Gregors XVI vereinigen konnten. Zufällig brach aber der erste Aufstand in Modena aus, von wo der Herzog Franz, der sich durch seine Strenge verhaßt gemacht hatte, entfloh. Am 5. Februar ward in Bologna eine provisorische Regierung errichtet, unter dem Vorsitze des Advocaten Vicini, und diese erklärte die weltliche Herrschaft des Papstes für aufgehoben. Die Bewegung in Bologna und ihr Zweck, die Beseitigung des Priesterregiments, fand im ganzen Kirchenstaate mit Ausnahme von Rom und einigen wenigen Städten Beifall und Nachahmung, so daß im Laufe des Monats Februar überall die päpstlichen Behörden von provisorischen Regierungen abgelöst wurden. Auch Parma folgte dem Beispiele und schloß sich nach Vertreibung der Erzherzogin Marie Luise der Insurrection an. Es verdient bemerkt zu werden, daß zwei Napoleoniden, die Söhne des ehemaligen Königs von Holland, Napoleon Ludwig und Ludwig Napoleon, diese Gelegenheit ergriffen, zum ersten Male, seitdem ihre Familie in den Privatstand zurückgetreten war, wieder eine öffentliche politische Rolle zu spielen. Sie schlossen sich zu Spoleto der Revolution an. Vergebens bemühte sich der neue Papst Gregor XVI seine abgefallenen Unterthanen durch Versprechungen zum Gehorsam zurückzuführen. Seine Autorität ward nicht mehr anerkannt, und der von ihm abgeschickte Cardinal Benvenuti wäre beinahe ein Opfer seines Eifers für die päpstliche Sache geworden. Am 26. Februar versammelte sich in Bologna ein Nationalcongreß der von dem päpstlichen Stuhle abgefallenen Provinzen und entwarf eine gemeinsame Verfassung, der zufolge an der Spitze des Staats ein Präsident nebst einem Ministerrathe und einer gesetzgebenden Versammlung stehen sollte. Zum Präsidenten wurde Vicini ernannt; zugleich bemühte sich der General Zuchi, eine italienische Armee zum Schutze des neuen Staates zu bilden. Allein als österreichische Truppen im Anfange März in den Kirchenstaat einrückten, hielten die Italiener nirgends Stand, und bis zum Ende dieses Monats war die Revolution unterdrückt und ihre Führer und Theilnehmer entweder gefangen oder auf der Flucht. Von den beiden Napoleoniden starb der älteste am 17. März zu Forli an den Folgen der Strapatzen des kurzen Feldzuges; der jüngere dagegen, Ludwig Napoleon, den das Schicksal zu großen Dingen bestimmte, wurde von seiner Mutter, der Königin Hortensia, in einer Verkleidung gerettet. In Modena und Parma wurden die Fürsten, im Kirchenstaate die Herrschaft des Papstes wiederhergestellt. Wenn es bei der Restauration der erstern nicht ohne Härte und Grausamkeit abging, so erwirkte dagegen im Kirchenstaate der Einfluß der Franzosen den Provinzen eine mildere Behandlung und eine Verbesserung ihrer Verwaltung. Kaum waren aber die Oesterreicher abgezogen, als die Unruhen von neuem begannen, und da die päpstlichen Truppen nicht stark genug waren, sie zu unterdrücken, so rückte ein österreichisches Corps unter dem General Hrabansky zum zweitenmal in den Kirchenstaat ein. Diesesmal nahmen aber auch die Franzosen an der Intervention Theil; sie besetzten im Februar 1832 die Stadt Ancona. Anfangs erregte ihre Erscheinung bei den Italienern um so größere Freude, weil die französische Regierung öffentlich erklärte, daß, wie die Oesterreicher für die Rechte des Papstes, so die Franzosen für die Rechte der Unterthanen intervenirten, allein bald zeigte sich, daß die französische Intervention keinen andern Zweck habe, als die österreichische, nämlich die päpstliche Herrschaft gegen die Revolution zu schützen. Seit diesem Augenblick trat um so tiefere Ruhe im Kirchenstaate ein, da die Besetzung desselben durch fremde Truppen fortdauerte. Doch bestand auch die revolutionäre Gährung in den Gemüthern fort und wurde vom Auslande her durch die Flüchtlinge genährt, unter denen besonders J. Mazzini eine große Thätigkeit entwickelte und einen unheilvollen Einfluß gewann.

Daß die Julirevolution in Deutschland, in der Schweiz und in Italien zündete, ist weniger zu verwundern, als daß sie auch auf England einen unverkennbaren Einfluß gewann. Hier fiel sie mit den Wahlen zum neuen Parlament zusammen, das verfassungsmäßig bei der Thronbesteigung des neuen Königs Wilhelm IV hatte aufgelöst werden müssen. Eine Parlamentswahl ist ohnehin jedesmal ein das Land von einem Ende bis zum andern aufregender Act und diesmal, wo sie mit einem so welterschütternden Ereigniß, wie die Julirevolution, zusammenfiel, mußte sie die Aufregung der Gemüther auf den höchsten Grad steigern. Ihr Ziel erhielt diese Aufregung in der Parlamentsreform, die als ein Heilmittel für alle Uebel betrachtet wurde. Schon längst waren die Whigs für diese Maßregel gewonnen, und auch die gemäßigteren Tories ließen sich unter den damaligen Umständen überzeugen, daß die Stellung der Aristokratie sich nicht anders werde behaupten lassen, als wenn dem vermögenden Mittelstande Zugeständnisse gemacht würden, die seine Sache von jener der niederen Volksclassen trennten. Es war daher zu erwarten, daß die Reformfrage sich nicht länger werde aufschieben lassen, allein nicht minder, daß eine so tiefgehende Veränderung der Verfassung nicht ohne einen leidenschaftlichen Kampf durchgesetzt werden könne. Wie wir gesehen haben, so hatte Wilhelm IV nach seiner Thronbesteigung das Ministerium Wellington beibehalten, aber dies war nur in der Voraussetzung geschehen, daß dasselbe die Majorität des Parlaments auf seiner Seite haben werde. Allein als das neugewählte Parlament am 26. October 1830 zusammentrat, zeigte sich, daß die Reformpartei das Uebergewicht hatte; sie konnte in dem Unterhause um so zuversichtlicher auftreten, da sie von der Sympathie des Volkes getragen wurde, und da die ungeheuere Aufregung in London und in den übrigen Theilen des Landes in die ärgsten Excesse auszubrechen drohte, wenn die Parlamentsreform verweigert werden sollte. In der That konnte sich Wellington nicht behaupten, sondern nachdem das Ministerium in seinem ersten Antrage, durch welchen die Civilliste des neuen Königs gesetzlich festgestellt werden sollte, eine Niederlage erlitten hatte, nahm es am 16. November seine Entlassung. An die Stelle der Tories trat nun ein aus Whigs gebildetes Ministerium, in welchem der alte Graf Grey den Vorsitz übernahm und der zum Lord erhobene Brougham so wie die Lords Holland und John Russel durch Talent und Eifer für die Reform glänzten; doch erkannte Graf Grey, daß sein Ministerium keinen Erfolg und keine Aussicht auf langen Bestand haben würde, wenn er nicht auch einige gemäßigte Tories in dasselbe aufnähme und dadurch die Macht seiner Gegner verminderte und lähmte. Es gelang ihm, sich die Unterstützung derjenigen Fraction der Tories, die als Gegner des Herzogs von Wellington bekannt waren, zu verschaffen, indem er einigen Staatsmännern derselben wichtige Stellen in der Verwaltung einräumte, wie z. B. dem Lord Palmerston das Ministerium der auswärtigen Angelegenheiten. Im Vertrauen auf seine Popularitat konnte das neue Ministerium die energischsten Maßregeln ergreifen, um die Ruhe wiederherzustellen; es ließ selbst den Agitator von Irland, O'Connel, verhaften und vor Gericht stellen, als derselbe mit ungesetzlichen Mitteln für die sogenannte Repeal d. h. für eine administrative Trennung Irlands von England zu wirken anfing. Das Hauptmittel aber zur Beruhigung und Befriedigung der öffentlichen Meinung war die Parlamentsreform, welche am 1. März Lord J. Russel im Unterhause vorschlug. Der Hauptgedanke dieser Reformbill war, den im Laufe der Zeit verfallenen Flecken (rotten boroughs) ihr Wahlrecht zu nehmen und dasselbe auf die im Unterhause nicht vertretenen großen Fabrik- und Handelsstädte zu übertragen. Dem Einwande, daß ein solches Verfahren eine Rechtsberaubung sei, hielt J. Russel den von den Tories selbst bei Beschränkung des irischen Wahlrechtes vor zwei Jahren aufgestellten Satz entgegen, daß das Wahlrecht allerdings ein gesetzlich erworbenes Recht sei, daß es sich aber wesentlich von dem Eigenthumsrecht und anderen Privatrechten unterscheide; denn es sei ein anvertrautes öffentliches Pfand, über welches das Parlament verfügen könne. Demzufolge sollten 60 verfallene Flecken das Wahlrecht ganz und 47 kleinere Städte dasselbe halb verlieren, und dafür den größeren Städten eine ihrer Bevölkerung entsprechende Vertretung gegeben werden. So gemäßigt diese Vorschläge waren, so erblickten die Gegner darin doch eine förmliche Revolution; sie lobten an dem bisherigen Wahlsystem, daß durch dasselbe solche Männer, wie Pitt, Fox, Burke, Canning und andere Zierden der englischen Nation, zum erstenmale in das Parlament gekommen seien, und tadelten an der vorgeschlagenen Veränderung, daß durch dieselbe nur der Pöbelberedtsamkeit der Zutritt eröffnet werden würde; ja sie gingen so weit, in der Ausdehnung des Wahlrechts das allgemeine Stimmrecht zu erblicken und hinter demselben eine Revolution, die den Raub an die Stelle des Eigenthums und die Gottesverleugnung an die Stelle des Glaubens setze. Sie boten daher ihre ganze Kraft auf, um die Reformbill, die am 22. März bei der zweiten Lesung nur mit der Mehrheit einer Stimme (304 gegen 303) durchgegangen war, bei der Detailberathung in ihrem Sinne umzugestalten. Einem solchen Widerstande gegenüber blieb dem Ministerium nichts übrig, als durch Auflösung des Parlaments an das Volk zu appelliren. Der König selbst begab sich am 22. April unter den Segenswünschen des Volks in das Parlament, um dasselbe aufzulösen. Die Befürchtungen und Vorhersagungen von den unheilvollen Folgen dieser Maßregel wurden von dem gesunden Sinne der englischen Nation aufs glänzendste widerlegt. Wenn je das englische Volk bewiesen hat, daß es der Freiheit, die es genießt, würdig ist, so war es bei dieser Gelegenheit. Die Wahlen wurden in größerer Ruhe und Ordnung vollzogen, als sonst in gewöhnlichen Zeiten; die öffentliche Meinung überwog aber so sehr zu Gunsten der Reform, daß die Anhänger derselben in bedeutender Mehrheit gewählt wurden. Als daher das neue Parlament am 21. Juni eröffnet wurde, ging im Unterhause die Reformbill in allen Stadien durch und wurde schließlich am 21. September mit einer Majorität von 109 Stimmen angenommen. Die eigentliche Entscheidung des Schicksals der Bill lag aber im Oberhause, und hier stieß sie natürlich auf Widerstand, da sie den Einfluß der Pairs bedrohte. Obgleich der Lordkanzler Brougham die Pairs bei allem, was ihnen heilig sei, und auf seinen Knieen beschwor, die Bill nicht zu verwerfen, so wurde dieselbe doch bei der Abstimmung über die zweite Lesung mit einer Majorität von 41 Stimmen auf sechs Monate verschoben. Die Aufregung, welche in Folge dieses Beschlusses ganz England durchzuckte, war ungeheuer und blieb nicht überall in den Schranken der Mäßigung; einige Hauptgegner der Reform wurden insultirt, anderen ihre Häuser verbrannt oder geplündert, und ein Aufstand zu Bristol, der nur mit Militärgewalt unterdrückt werden konnte, war das drohende Vorzeichen eines zu befürchtenden Bürgerkriegs. In der That bildeten sich zahlreiche Vereine mit militärischer Organisation, um im Nothfall, auf Gebot ihrer Führer, ins Feld rücken und die Reform mit Gewalt durchführen zu können. Um so mehr beeilte sich die Regierung, das vertagte Parlament von neuem zu berufen und ihm die Reformbill mit einigen Veränderungen zum drittenmal vorzulegen. Im Unterhause ging sie wiederum mit einer bedeutenden Majorität am 22. März 1832 durch; auch im Oberhause stieß die erste und zweite Lesung auf keinen Widerstand, allein bei der Berathung über die Details der Bill enthüllte sich der Plan der Gegner, dem Gesetze eine andere ihren Ansichten entsprechendere Gestalt zu geben. Nunmehr erlangte Graf Grey von dem Könige die Ermächtigung, so viel neue Pairs ernennen zu dürfen, als nothwendig seien, um den Widerstand des Oberhauses zu brechen. Allein der König verweigerte ihm dieselbe, und als in Folge dessen das Ministerium am 9. Mai seine Entlassung nahm, beauftragte er den Herzog von Wellington mit der Bildung eines neuen Cabinets. Jetzt nahm aber die Gährung eine drohende Gestalt an; zwar der eiserne Herzog selbst ließ sich durch dieselbe nicht einschüchtern und ihm wäre es am liebsten gewesen, den Aufstand mit militärischen Mitteln zu unterdrücken, allein er konnte unter den Mitgliedern seiner eigenen Partei niemanden finden, der mit ihm die Verantwortlichkeit für gewaltsame Maßregeln übernehmen wollte. Als Sir Robert Peel sich weigerte, in das Ministerium einzutreten, gab Wellington die ihm ertheilte Vollmacht zurück und entschloß sich mit seiner Partei, der Reform des Grafen Grey, der wieder in sein Amt getreten war, keinen weiteren Widerstand entgegenzusetzen, sondern sich nur von aller Theilnahme an den Berathungen zurückzuziehen. So ging die Reformbill durch das Oberhaus und wurde am 7. Juni 1832 durch die Sanctionirung des Königs zum Gesetze des Landes erhoben. Aus diesem inneren Kampfe, einem der großartigsten, den die Geschichte kennt, ging England gestärkt hervor; denn wie heftig und leidenschaftlich auch der Kampf geführt worden war, so hatte doch keine Partei den Boden des Gesetzes verlassen, und wenn auch die Adelsherrschaft eine Schwächung erfahren hatte, so behielt doch der hohe Adel den natürlichen Einfluß, der überall mit großem Grundbesitz verbunden ist, und der noch durch die dem Engländer angeborene Verehrung für das herkömmliche vermehrt wird. Lord Grey legte im Jahre 1834 den Vorsitz im Ministerium nieder, und an seine Stelle kam Lord Melbourne. Den Whigs war durch die Reformbill auf lange Zeit die Herrschaft gesichert; zwar benutzten die Tories die schwierigen Verhältnisse zu Irland, um noch einmal ans Ruder zu kommen, allein ihre kurze Zwischenregierung unter Sir Robert Peel vom November 1834 bis April 1835 zeigte die Unmöglichkeit, das reformirte England nach torystischen Principien zu regieren, und die Gewalt kam wieder an das Melbournesche Ministerium zurück. Selbst die Tories verwandelten ihren Geist; sie fingen an, sich den Namen der Conservativen beizulegen und mit dem Namen auch den starren Grundsätzen zu entsagen, auf denen früher ihre Festigkeit und ihre Kraft beruht hatte.

Zehntes Capitel.

Während des Kampfes um die Reformbill hatte England keine Zeit gehabt, sich um die auswärtigen Angelegenheiten zu bekümmern; nach demselben trat aber das Whigministerium in Verbindung mit Frankreich als Beschützer der liberalen Ideen und Bestrebungen im Westen Europas auf. In Frankreich hatte nämlich Ludwig Philipp nach Beseitigung Lafayettes sich auch von dem Einflusse unabhängig gemacht, den bisher Lafitte auf die Regierung ausgeübt hatte. Lafitte, der durch die Erschütterung und die Folgen der Revolution den größten Theil seines fürstlichen Vermögens verloren hatte, legte am 9. März 1831 sein Ministerium nieder, und ihm folgte am 13. März Casimir Périer, der es zur Aufgabe seiner Verwaltung machte, Ruhe nach innen und Frieden nach außen zu erhalten. Sein energischer Geist half dem König glücklich über die gefährliche Zeit hinüber, wo die leidenschaftliche Theilnahme der Franzosen für den Aufstand in Polen und für die Revolutionen in Deutschland und Italien die Regierung zum Kriege mit dem Auslande drängte. Seine tiefe Ueberzeugung, daß Freiheit ohne Ordnung nicht bestehen könne, gab ihm Kraft, die Parteien zu zügeln und das Verhalten der Regierung zu den auswärtigen Angelegenheiten gegen die Angriffe der Oppositionsredner, unter denen besonders der General Lamarque und der Advocat Mauguin sich durch ihre Heftigkeit auszeichneten, zu vertheidigen. Einen im Herbst 1831 in Lyon ausgebrochenen Aufstand der Arbeiter gegen die Fabrikanten schlug er mit Gewalt nieder und bestrafte ihn mit Strenge, während er durch sein Eingreifen in die Angelegenheiten von Belgien und Italien den Vorwurf der Schwäche, den man der Regierung Ludwig Philipps in Beziehung auf das Ausland machte, widerlegte. Kaum aber hatte Périer durch seine Energie und Consequenz dem Throne des Bürgerkönigs Festigkeit gegeben, als er von der Cholera, die in Paris mit großer Heftigkeit ausbrach und hier bei dem unwissenden Pöbel denselben Wahn und dieselben Unruhen, wie früher in Moskau und Petersburg, hervorrief, am 16. Mai 1832 hinweggerafft wurde. Sein Tod gab der Opposition Veranlassung, in einem sogenannten Compte rendu die Misgriffe der Regierung zusammenzustellen, um dieselbe in eine andere Bahn zu drängen. Allein die daraus hervorgehende Aufregung bot der Regierung die Gelegenheit, der Opposition eine entscheidende Niederlage beizubringen und sich in dem angegriffenen System Périers immer mehr zu befestigen. Denn das Glück begünstigte Ludwig Philipp, indem es ihm im Jahre 1832 über seine beiden gefährlichsten Feinde, über die Republikaner und Legitimisten, einen doppelten Sieg verschaffte. Was zuerst die republikanische Partei betrifft, so hatte diese seit der Julirevolution an Stärke und Ausdehnung zugenommen. Sie bestritt die Rechtmäßigkeit der Regierung Ludwig Philipps durch die Behauptung, daß nach dem Sturze Karls X die Kammern nicht das Recht gehabt hätten, einen neuen König zu wählen, sondern daß die Nation in ihrer Gesammtheit hätte gefragt werden müssen. Dazu kam, daß von allen unbestimmten Erwartungen, die sich an die Thronbefestigung Ludwig Philipps geknüpft hatten, keine einzige in Erfüllung gegangen war. Man sah vielmehr alle die Männer, die in der Revolution als Führer hervorgetreten waren, bei Seite gedrängt, und die Thatsachen selbst schienen die Anklage zu rechtfertigen, die man von allen Seiten gegen die Regierung erhob, daß dieselbe im Begriff sei, wieder in alle Irrwege der Restauration einzulenken. Da der König selbst nach Périers Tode den Vorsitz im Ministerrathe übernommen hatte, so benutzten die republikanischen Journale National und Tribune diesen Umstand, um die maßlosesten Angriffe gegen die Person Ludwig Philipps zu richten. Nicht die Minister, hieß es, die den Kammern verantwortlich wären, regierten das Land, sondern der König, der dadurch aus seiner Unverantwortlichkeit heraustrete und selbst verantwortlich werde. Der bloße Wechsel der Dynastie habe keine andere Veränderung herbeigeführt, als daß der König nicht mehr Karl X, sondern Louis Philipp heiße; der Grundsatz der Volkssouveränetät sei aber unter der neuen Regierung eben so wenig zur Geltung gekommen, wie unter der alten; ja man zahle unter dem Julikönigthum höhere Abgaben, als unter der Restauration; der Hof des Bürgerkönigs koste eben so viel, als der des Königs von Gottes Gnaden, und stehe mit den despotischen Regierungen des Nordens in eben so vertrauten Verhältnissen, wie der Hof Karls X. Nach der Anschauungsweise aller, die diese Gedanken theilten, gab es für Frankreich kein anderes Rettungsmittel, als eine neue Revolution, die dem Königthum für immer ein Ende mache und die Republik als die einzige vernünftige Regierungsform an dessen Stelle setze. Und diese Gesinnung verbreitete sich leider in alle Schichten der Gesellschaft und wurde durch zahlreiche Vereine genährt, die selbst Perriés kräftiger Arm nicht hatte unterdrücken können. In diesen Vereinen ward eine Sprache geführt, wie man sie seit 1793 nicht mehr gehört hatte. Das von der Opposition veröffentlichte Compte rendu schien den Republikanern ein Signal zum Losbrechen zu sein, und so wagten sie im Juni 1832 eine Schilderhebung. Die Veranlassung gab das Leichenbegängniß des Generals Lamarque, der am 1. Juni an der Cholera gestorben war und am 5. Juni feierlich beerdigt wurde. Die unübersehbare Volksmenge, welche zu dieser Feierlichkeit zusammengeströmt war, kehrte von den am Grabe gehaltenen Reden erhitzt mit dem Geschrei: à bas Louis Philippe! vive la république! in die Stadt zurück und gerieth hier mit der Polizei und den Truppen in Reibungen, aus denen sich ein furchtbarer Kampf entwickelte. Denn die Republikaner verschanzten sich hinter schnell aufgeworfenen Barricaden und vertheidigten sich mit solcher Wuth und Tapferkeit, daß die Truppen nichts ausrichteten und sich mit einbrechender Nacht zurückzogen. Aber am folgenden Tage (6. Juni) bot die Regierung eine Militärmacht von 40,000 Mann gegen die Insurgenten auf und rechnete besonders auf die Unterstützung der Nationalgarde, welche den Aufstand misbilligte und von einer Republik nichts wissen wollte, die mit den Doctrinen von 1793 auch alle Greuel des Pöbelregiments zurückführen zu wollen drohte. So stand der Regierung eine Uebermacht zu Gebote, mit welcher es ihr nicht schwer fiel, den Aufstand zu unterdrücken. Doch dauerte es bis zum Abend, ehe der letzte Haufe, der sich in der Kirche St. Mery verschanzt hatte, erlag. Fast alle wurden niedergemacht, wenige gefangen genommen, und nur ein geringer Theil entkam. Obgleich damit jeder Widerstand überwunden war, so erklärte doch die Regierung am 7. Juni die Stadt in Belagerungszustand und ließ die Häupter der Legitimisten, wie Chateaubriand, Fitz-James und Hyde de Neuville, so wie einige bekannte Republikaner, wie Garnier Pagés und Cabet, verhaften. Obgleich der Belagerungszustand in Folge einer Erklärung des Cassationshofes über die Ungesetzlichkeit dieser Maßregel wieder aufgehoben und die Verhafteten freigelassen wurden, so benutzte doch Ludwig Philipp seinen Sieg, um seiner Regierung größere Festigkeit zu geben. Da sein persönlicher Vorsitz im Ministerrath Anstoß gegeben hatte, so versteckte er denselben hinter den Marschall Soult, auf dessen Ergebenheit er unbedingt rechnen konnte, und unter dessen Vorsitz er am 11. October ein neues Ministerium zusammenberief, in welchem besonders Thiers und Guizot durch Talent und Gewandtheit glänzten. Beide Männer, die mit der Julirevolution gestiegen waren und mit derselben fallen mußten, erschienen indessen in ihrem Charakter außerordentlich verschieden: der erstere beweglich, wie Quecksilber, intrigant und reich an Auskunftsmitteln, in deren Wahl er weder schwierig noch delicat war; der zweite fest in seinen Grundsätzen und unbeugsam und ebenso, wie Périer, überzeugt, daß nur eine starke Staatsgewalt die Ordnung und mit ihr die Freiheit werde erhalten können. Obgleich Guizot, als Minister des öffentlichen Unterrichts, die am wenigsten bedeutende Stellung in dem neuen Ministerium einnahm, so übte er doch auf die politische Richtung desselben den entschiedensten Einfluß aus, und die erste Maßregel, mit der das Ministerium am 11. October debutirte, war ein Ausfluß seines Geistes. Sie war darauf berechnet, die Pairskammer aus dem Verfall, in welchen dieselbe durch die Julirevolution gestürzt worden war, wieder zu erheben. Zu diesem Zwecke wurden 62 neue Pairs ernannt, meistens Männer, die theils durch altadelige Abkunft, theils durch Kriegsruhm oder durch Auszeichnung im Staatsdienste und durch Verdienste um die Wissenschaft einer Körperschaft, wie der Pairskammer, den verlorenen Glanz und Einfluß zurückgeben konnten. Guizot war aber mit der constitutionellen Doctrin zu gut bekannt, um nicht einzusehen, daß ohne ein Fundament der Stetigkeit, wie es die Pairskammer darbot, das Königthum stets schwach bleiben müsse, so lange es allein dem durch den Wechsel der Wahlen herbeigeführten Schwanken der Deputirtenkammer gegenüberstand. Mit dieser bedeutungsvollen Maßregel kündigte also die neue Verwaltung ihren Entschluß an, eine starke Regierungsgewalt zu gründen und das von Périer aufgestellte System fortzusetzen.

Nachdem es Ludwig Philipp gelungen war, die eine Partei, die seine Rechtmäßigkeit leugnete, niederzuwerfen und auf längere Zeit zu lähmen, verschaffte ihm sein Glück einen eben so entscheidenden Sieg über die zweite Partei, die ihn noch bitterer haßte, über die Legitimisten. Die Herzogin von Berry war im April 1832 persönlich in Frankreich erschienen, um die Rechte ihres Sohnes, des Herzogs von Bordeaux, der von seinen Anhängern Heinrich V genannt wurde, geltend zu machen. Unter großen Gefahren und in den verschiedensten Verkleidungen langte die muthige Fürstin in der Vendée an, dem classischen Boden royalistischer Treue, und forderte in einer Proclamation die Vendéer auf, sich am 24. Mai in Waffen zu erheben. Allein auch in der Vendée hatte sich vieles geändert, wie äußerlich in der Gestalt des Landes, das jetzt in allen Richtungen von Heerstraßen durchschnitten wurde, so auch innerlich in der Gesinnung seiner Bewohner. Statt eines allgemeinen Aufstandes erfolgten daher nur vereinzelte Ausbrüche, die ohne Zusammenhang und nachhaltige Kraft den von der Regierung ergriffenen Maßregeln durchaus nicht gewachsen waren. Die schwachen royalistischen Schaaren wurden, wo sie sich zeigten, durch Uebermacht zersprengt oder erdrückt, und selbst glänzende Waffenthaten, wie die Vertheidigung des Schlosses Penissière de la Cour, hatten keine andere Bedeutung, als daß tapfere Männer sich opferten, ohne der Sache, für die sie kämpften und fielen, zu nützen. Als endlich die Herzogin auf den Rath ihrer Freunde sich wieder aus der Vendée entfernen wollte, war sie bereits umgarnt und verrathen. Zwar hatten ihre Anhänger ausgesprengt, sie wäre bei dem Brande des Schlosses Penissière umgekommen, um den Eifer ihrer Verfolger zu lähmen und ihr Zeit zum Entkommen zu verschaffen, allein die Regierung war besser unterrichtet. Ein deutscher Jude, Namens Deutz, dem sie ihr ganzes Vertrauen geschenkt hatte, verkaufte das Geheimniß ihres Zufluchtortes in Nantes für eine große Summe an die Regierung, und diese ließ am 6. November das Haus, in dem sie sich befand, umstellen und durchsuchen. Aus allem, was sich vorfand, ging unzweifelhaft die Anwesenheit der Herzogin hervor, allein ihr Versteck selbst war nicht zu entdecken, bis zwei Gensdarmen in dem ihnen zur Bewachung übergebenen Zimmer ein Kaminfeuer anmachten und durch die Hitze die gerade hinter diesem Kamin versteckte Herzogin hervortrieben. Auf Befehl der Regierung wurde sie sogleich nach dem Schlosse Blaye abgeführt. Noch härter, als durch die Gefangenschaft der Herzogin, wurde die legitimistische Partei durch die Nachricht gedemüthigt, daß die Herzogin von Berry durch ihren Zustand gezwungen worden sei, dem Gouverneur von Blaye, dem General Bugeaud, anzuzeigen, daß sie sich während ihres Aufenthalts in Italien heimlich mit dem Grafen Luchese-Palli vermählt habe. Die Schonungslosigkeit, mit der die Regierung diese delicate Sache der Publicität übergab, trug nicht dazu bei, die Achtung für den Charakter Ludwig Philipps zu erhöhen. Die Oppositionsblätter vereinigten sich vielmehr in dem Urtheil, daß es in ganz Frankreich keinen ehrlichen Mann gebe, der gegen eine Frau und gar gegen ein Mitglied seiner eigenen Familie so handeln werde, wie hier die Regierung Ludwig Philipps gegen die Herzogin von Berry gehandelt habe, ja der „National" ging sogar so weit, drucken zu lassen, daß die ärmste Tagelöhnerfamilie zuviel Ehrgefühl gehabt haben würde, um auf die Stirn eines ihrer Mitglieder, und wäre es auch das verdorbenste Weib, die Schmach einer solchen Urkunde zu drücken, wie die, womit Ludwig Philipp sein Archiv vermehrt habe. Bei dem Bürgerkönig überwog aber der politische Vortheil das Gefühl der Familienehre; denn allerdings war nach der Erklärung der Herzogin ihre politische Bedeutung vernichtet, und die gedemüthigte Frau konnte, nachdem sie am 10. Mai 1833 von einer Tochter entbunden worden war, in Freiheit gesetzt werden. Zu diesem Triumphe über die republikanische und legitimistische Partei kam nun noch der Tod des Herzogs von Reichstadt hinzu, um Ludwig Philipps Stellung zu befestigen. Dieser einzige Sohn des großen Napoleon, der übrigens in seiner Physiognomie mehr der Familie seiner Mutter als seines Vaters nachschlug, starb zu Wien am 22. Juli 1832, und mit seinem Tode schien die Gefahr, die noch einmal von den Imperialisten drohen konnte, für immer verschwunden zu sein. Man glaubte nun ohne Besorgniß, dem Cultus des Andenkens von Napoleon nachgeben zu dürfen, ja Ludwig Philipp ging absichtlich darauf aus, den Ruhm der Kaiserzeit zu seinem Vortheil auszubeuten. Er ließ Napoleons Standbild auf der Vendômesäule wieder aufrichten, und sein Minister Thiers spitzte schon seine gewandte Feder, um in seiner Histoire du Consulat et de l'Empire Napoleons Gestalt im glänzendsten Lichte zu verherrlichen. Der sonst so weltkluge Bürgerkönig vergaß das alte Sprichwort, daß man den Teufel nicht an die Wand malen soll oder, um es höflicher auszudrücken, daß man nicht einen Geist heraufbeschwören darf, wenn man nicht die Mittel hat ihn wieder zu bannen. Nach den glücklichen Ereignissen des Jahres 1832 konnte indessen Ludwig Philipp seine Stellung in Frankreich und Europa für befestigt genug halten, um sowohl im innern als nach außen mit größerer Zuversicht und Energie aufzutreten.

Den nordischen Mächten gegenüber, die auf dem Münchengrätzer Congreß die heilige Allianz erneuert hatten, bildeten die Westmächte, England und Frankreich, ein Gegengewicht, das noch verstärkt wurde durch die Hereinziehung der beiden Reiche der pyrenäischen Halbinsel. Diese Quadrupel-Allianz verschaffte der constitutionellen Partei sowohl in Portugal als in Spanien das Uebergewicht. Was zuerst Portugal betrifft, so empfand der Usurpator Dom Miguel sofort die Folgen der in England und Frankreich vorgegangenen Veränderung. Das Whigministerium hatte nicht mehr die Schonung für ihn, die ihm das Toryministerium gezeigt hatte, und bei der ersten Beleidigung, die er sich gegen englische Unterthanen erlaubte, zwang ihn eine englische Flotte, die verlangte Genugthuung zu leisten. Eben so erschien im Frühjahre 1831 eine französische Flotte vor Lissabon, um das gleiche für französische Unterthanen zu fordern, und gebrauchte auf seine Weigerung Gewalt. Die Franzosen nahmen zehn portugiesische Schiffe weg und zwangen den Usurpator durch die Drohung, Lissabon zu beschießen, zur Einwilligung in alle ihre Forderungen. Diese doppelte Demüthigung Dom Miguels ermuthigte die liberale Partei zu neuen Hoffnungen, besonders als sie in Dom Pedro einen Führer erhielt. Der Kaiser Dom Pedro war nämlich durch eine in Brasilien ausgebrochene Revolution im April 1831 genöthigt worden, die brasilianische Kaiserkrone seinem unmündigen Sohne Dom Pedro II abzutreten, und mit seinen Schätzen nach Europa zurückgekehrt. Diese benutzte er nun, um ein Truppencorps und eine kleine Flotte auszurüsten, mit der er seiner Tochter Maria zu ihrem Rechte verhelfen und seinen Bruder Dom Miguel für seine Untreue strafen wollte. Er segelte mit der von ihm gesammelten Macht im März 1832 nach den Azoren, wo sich, wie wir erzählt haben, eine Regentschaft im Namen der Königin Maria behauptet hatte, und nachdem sein Armeecorps hier mit den Truppen der Regentschaft auf 7500 Mann gebracht worden war, ging er am 27. Juni nach Portugal unter Segel. Er landete, ohne Widerstand zu finden, in der Nähe von Oporto und bemächtigte sich am 8. Juli dieser großen Handelsstadt, in der er als Befreier von einem unerträglichen Joche mit Jubel empfangen wurde. Allein die Hoffnung, daß seine Ankunft das Signal zu einer allgemeinen Erhebung des Landes sein werde, ging nicht in Erfüllung; denn die Geistlichkeit, die in dem freisinnigen Dom Pedro ihren schlimmsten Feind fürchtete, hielt das Volk im Gehorsam gegen Dom Miguel. Daher wagte Dom Pedro nicht in das innere des Landes vorzudringen; der Zug gegen Lissabon, der anfangs als ein leichtes Unternehmen beabsichtigt war, mußte aufgegeben werden, weil er schon aus Mangel an Reiterei mislingen mußte. So blieb nichts übrig, als sich in Oporto zu verschanzen und sich hier gegen ein Heer von 40,000 Mann, mit dem Dom Miguel die Stadt einschloß und belagerte, zu vertheidigen. Wenn auch in den Gefechten, die nun täglich vorfielen, die Miguelisten den Kürzeren zogen, so hatten diese doch den Vortheil, daß sie aus dem hinter ihnen liegenden Königreich ihre Verluste leicht ersetzen konnten, während die Gegner ihre Reihen, die durch diese Gefechte natürlich ebenfalls gelichtet wurden, nicht wieder zu ergänzen im Stande waren. Je mehr sich die Belagerung in die Länge zog, desto mehr gingen die ohnehin beschränkten Mittel Dom Pedros auf die Neige. In der That waren diese im Sommer 1833 bereits so erschöpft, daß er seinen Leuten nicht mehr regelmäßig ihren Sold bezahlen konnte. Schon drohte der Engländer Sartorius, der das unthätig in dem Hafen liegende Geschwader befehligte, seine Schiffe nach England zu führen und sie dort zu verkaufen, um sich und seine Leute bezahlt zu machen. In einer so verzweifelten Lage konnte nur der verwegenste Entschluß Rettung bringen, und Dom Pedro bedachte sich keinen Augenblick, durch eine kühne Unternehmung dem Kriege eine andere Wendung und einen anderen Schauplatz zu geben. Durch eine Anleihe in Oporto brachte er die Mittel auf, um den Admiral Sartorius zu befriedigen und ihn durch den englischen Schiffscapitän Napier zu ersetzen. Ein Corps von 3000 Mann, das man in Oporto entbehren konnte, ward unter der Anführung des zum Herzog von Terceira erhobenen Generals Villaflor an Bord der Flotte eingeschifft und nach Algarbien detachirt. Dieses Unternehmen hatte den glänzendsten Erfolg; denn kaum war der Herzog von Terceira in dem von Truppen entblößten Algarbien gelandet, so fiel ihm die ganze Provinz zu. Während er sich hier festsetzte und verstärkte, erfocht Capitän Napier einen Seesieg, der zu den rühmlichsten Waffenthaten der neuesten Geschichte gehört. Auf der Rückfahrt nach Oporto nämlich stieß Capitän Napier am 5. Juli auf der Höhe des Caps St. Vincent auf die Flotte Dom Miguels, die von Lissabon ausgelaufen war, um den Fortschritten der Constitutionellen in Algarbien Einhalt zu thun. Ohne sich durch das Misverhältniß der Zahl und Größe seiner Schiffe zu den feindlichen abhalten zu lassen, griff Napier die Flotte Dom Miguels an und bemächtigte sich derselben nach einem kurzen Kampfe und mit keinem größeren Verlust als 100 Mann. Nur vier der kleinsten Fahrzeuge, die am Gefechte keinen Theil genommen, sondern im Anfange desselben das weite gesucht hatten, entkamen. Der Herzog von Terceira wagte es nunmehr gegen Lissabon selbst vorzudringen, und nachdem er am 23. Juli Tellez Jordao, den Günstling Dom Miguels, der in der Schlacht selbst fiel, besiegt hatte, zog er am folgenden Tage in Lissabon ein, wo nach Entfernung der miguelistischen Behörden die Königin Maria bereits proclamirt worden war. Vier Tage später traf auch Dom Pedro in Lissabon ein und übernahm als Regent im Namen seiner Tochter die Zügel der Regierung. Dessenungeachtet war mit dem Falle Lissabons der Bruderkrieg noch nicht entschieden. Auf die große Masse des portugiesischen Volkes machte die Eroberung der Hauptstadt wenig Eindruck. Sie war vielmehr von dem guten Rechte Dom Miguels überzeugt und sah Dom Pedro, der durch Besteigung eines auswärtigen Thrones nach den Grundsätzen der Cortes von Lamego seine Rechte in Portugal verloren hatte, als einen Fremden an, welcher mit Hilfe fremder Abenteurer, der ketzerischen Engländer und der verhaßten Franzosen, ihr ein drückenderes Joch auflegen wolle, als das Dom Miguels war. Denn die Mehrheit des Volkes betrachtete Dom Pedro nicht als ihren Befreier, wofür er sich ausgab, sondern als einen Unterdrücker der Religion. So in der Sympathie des Volkes wurzelnd und zugleich von den Legitimisten in ganz Europa unterstützt fand Dom Miguel Mittel genug, um seinen Bruder in Lissabon jetzt ebenso, wie früher in Oporto, zu belagern. Der französische Marschall Bourmont befehligte seine Armee, und der Krieg hätte sich noch lange hingezogen, wenn nicht nach dem Tode Ferdinands VII in Spanien eine Veränderung eingetreten wäre, die entscheidend auf Portugal zurückwirkte. Denn Dom Miguel verlor nicht allein die bisher aus diesem Lande bezogene Unterstützung, sondern wurde auch von demselben aus feindlich angegriffen, weil der spanische Kronprätendent Don Carlos bei ihm Aufnahme und Beistand gefunden hatte. Seine Stellung wurde vollends unhaltbar, als England und Frankreich die Königinen Maria in Portugal und Isabella in Spanien anerkannten und mit den Regierungen beider am 22. April 1834 eine Quadrupel-Allianz schlossen, deren Zweck die Vertreibung des Dom Miguel und Don Carlos war. Nunmehr gab auch der hohe Adel Portugals, der noch zu Dom Miguel gehalten, dessen Sache als eine verlorene auf; zuerst fielen die Silveiras in Tras-os-Montes von ihm ab, und bald folgten diesem Beispiele andere, so daß die Königin Maria nach kurzem in allen Theilen des Königreichs ihre bewaffneten Anhänger hatte. Dem Dom Miguel blieb nun nichts übrig, als auf die usurpirte Krone zu verzichten. Am 26. Mai 1834 unterzeichnete er zu Evoramonte einen Vertrag, durch welchen er gegen das Versprechen, sich nie wieder in die portugiesischen Angelegenheiten mischen zu wollen, die Erlaubniß erhielt, sich nach jedem ihm beliebigen Orte außerhalb der pyrenäischen Halbinsel zu begeben und daselbst die ihm bewilligte Pension zu genießen. Auch seinem Freunde Don Carlos wurde die Entfernung aus Portugal gestattet, und beide begaben sich an Bord englischer Schiffe, Don Carlos nach England, Dom Miguel nach Italien.

Dom Pedro stellte als Regent im Namen seiner Tochter Maria die von ihm im Jahre 1826 gegebene constitutionelle Charte wieder her und begann nach den Formen derselben den Zustand des Landes umzugestalten. Es gereichte ihm zur Ehre, daß er gegen die besiegten Feinde jedes Rachegefühl unterdrückte und die früher wider seine Anhänger ausgeübte Verfolgung nicht mit Unterdrückung seiner Gegner vergalt. Daß er sämmtliche Mönchsklöster aufhob, war weniger ein Act der Rache, als eine Folge des constitutionellen Systems, welches immer auf Beschränkung des geistlichen Einflusses ausgeht und in dem Mönchsgeist einen seiner natürlichen Feinde bekämpft. Allein er genoß nicht lange die Freude des von ihm mit so vieler Mühe errungenen Sieges; seine durch Anstrengungen und Sorgen geschwächte Gesundheit warf ihn schon im September 1834 auf das Krankenlager, von dem er nicht mehr aufstehen sollte. Als er sein Ende nahe fühlte, nahm er von dem Heere, das ihm mit aufopfernder Hingebung gedient hatte, einen rührenden Abschied, er ließ von jedem der in Lissabon stehenden Regimenter einen Soldaten an sein Bett kommen, küßte ihn und beauftragte ihn, seinen Kameraden das letzte Lebewohl ihres sterbenden Führers zu überbringen. Am 24. September verschied er noch in der Blüthe seiner Jahre und auf der Höhe seines Ruhmes, und man kann sagen, zu seinem Glücke, da er bei längerem Leben schwerlich bitteren Enttäuschungen entgangen wäre. Seine Tochter Maria, die für diesen Fall volljährig erklärt war, übernahm nun selbst die Regierung und vermählte sich im Januar 1835 mit dem Herzog August von Leuchtenberg, dem ältesten Sohne von Napoleons Stiefsohn Eugen Beauharnais. Die Hoffnungen, die sich an diesen vielversprechenden Prinzen knüpften, wurden aber durch dessen frühzeitigen Tod vereitelt; denn er starb schon nach drei Monaten am 28. März an den Folgen einer Erkältung, die er sich durch Unvorsichtigkeit zugezogen hatte. Zum zweiten Male vermählte sich die Königin Maria mit dem Prinzen Ferdinand von Coburg. Dieses Fürstenhaus, das schon einem europäischen Throne einen König gegeben hatte, war in einer seiner Linien katholisch geworden; der Herzog Ferdinand von Coburg, ein Bruder des Königs Leopold, hatte sich nämlich mit der Erbtochter des Hauses Kohary in Ungarn verheirathet, und die aus dieser Ehe entsprossenen Kinder waren in der Religion der Mutter erzogen worden. Dieser Linie gehörte der Prinz Ferdinand an, der sich mit Donna Maria vermählte. Ihre Ehe war mit zahlreicher Nachkommenschaft gesegnet, allein ihre Regierung war keineswegs eine ruhige, sondern der innere Friede wurde oft durch Bewegungen der Parteien gestört, die in der Regel als eine Nachahmung oder Nachwirkung der Unruhen in dem benachbarten Königreich Spanien erschienen.

Die Lage von Spanien war in den Jahren 1823—30 die traurigste, zu der jemals ein Volk herabgesunken ist. Die apostolische Junta regierte das Land nach den Grundsätzen des bigottesten Fanatismus und des unversöhnlichsten Hasses gegen jeden Fortschritt geistiger Bildung; sie hatte ihre Stütze in den sogenannten königlichen Freiwilligen, die an die Stelle des aufgelösten regelmäßigen Heeres getreten waren, und die aus den wüthendsten Glaubenseiferern zusammengesetzt sich jede Gewaltthätigkeit gegen diejenigen erlaubten, welche sie für Constitutionelle oder Negros hielten. Umsonst suchte der hohe Rath von Castilien diesem Zustande der Anarchie, in dem ein Theil der Nation schutz- und rechtlos den Unterdrückungen des anderen Theiles Preis gegeben war, ein Ende zu machen; seine Bemühungen fanden keine Unterstützung von Seiten des Königs, der selbst zu sehr von Abneigung gegen die Constitutionellen und von Furcht vor ihrer einstigen Wiedererhebung erfüllt war, um etwas zur Erleichterung des Schicksals einer so verhaßten Partei zu thun. Wenn ihm auch die Herrschaft der Apostolischen oft unbequem war und selbst zu Zeiten gefährlich schien, so wußte er doch, daß in Spanien, wo es zwischen den beiden Extremen keine Mittelpartei gab, auf die er sich hätte stützen können, ihm keine andere Wahl blieb, als zwischen den Constitutionellen und der apostolischen Junta; und wenn er einmal wählen mußte, so entschied er sich für das von den beiden Uebeln, welches in seinen Augen das kleinste war. So gründete die apostolische Junta ihre Herrschaft, und ihre Hoffnung auf deren Dauer beruhte auf der Thronfolge des Infanten Don Carlos, der ihren Grundsätzen ergeben und im Falle von Ferdinands VII Ableben dessen gesetzlicher Nachfolger war. Um so unerwarteter erschien es, als Umstände eintraten, welche den König bestimmten, sich den Liberalen wieder zu nähern. Ferdinand VII hatte sich am 11. December 1829 mit der neapolitanischen Prinzessin **Marie Christine**, einer Schwester der Herzogin von Berry, in vierter Ehe vermählt, und während seine drei ersten Ehen unfruchtbar geblieben waren, eröffnete ihm die vierte Aussicht auf Nachkommenschaft. Für den Fall, daß ihm seine Gemahlin eine Tochter schenken würde, hob er, um derselben die Thronfolge zu sichern, durch ein am 29. März 1830 erlassenes Edict, die sogenannte pragmatische Sanction, das von den Bourbons in Spanien eingeführte salische Gesetz der Erbfolge auf und stellte die alte castilianische Successionsordnung wieder her, nach welcher die Tochter des Königs ihren Oheimen in der Thronfolge vorgeht. Und als in der That die Königin am 10. October 1830 eine Tochter **Isabella** gebar, wurde dieselbe allen Protestationen ihrer Oheime zum Trotz als Prinzessin von Asturien oder als Thronerbin anerkannt. Je mehr die Liberalen in dieser Veränderung den Keim zu einer besseren Zukunft für sich erblickten, desto eifriger bemühte sich die apostolische Partei, die Rechte des Don Carlos aufrecht zu erhalten. Sie, die sonst gegen jede Beschränkung der königlichen Gewalt eiferte, äußerte sich jetzt dahin, daß der König nicht das Recht habe, einseitig die Thronfolgeordnung zu ändern. Schon jetzt würde dieser Gegensatz in Spanien gewaltsame Ausbrüche herbeigeführt haben, wenn nicht die Julirevolution Frankreichs den Gedanken und Bestrebungen der Machthaber in Spanien eine andere Richtung gegeben hätte; denn in Ferdinand erwachte jetzt die alte Abneigung gegen die Liberalen mit um so größerer Stärke, da die spanischen Flüchtlinge im Auslande sich zu gewaltsamer Rückkehr rüsteten, und in Paris sich ein Ausschuß bildete aus Männern wie **Toreno**, **Martinez de la Rosa**, **Calatrava**, **Isturiz**, **Mendizabal** u. a. und mit dem ausgesprochenen Zwecke, Spanien in Revolutionszustand zu setzen. Auch war es kein Geheimniß, daß nicht bloß die revolutionäre Partei in Frankreich sich der spanischen Flüchtlinge aufs thätigste annahm, sondern daß auch die Regierung die Plane derselben unterstützte. Hörte man doch den damaligen Minister Guizot äußern, Frankreich habe im Jahre 1823 ein politisches

Verbrechen begangen, es sei Spanien eine Genugthuung schuldig, und diese werde nicht ausbleiben. Wenn auch die Regierung Ludwig Philipps im entscheidenden Augenblick ihre Unterstützung zurückzog und die vereinzelten Versuche der Flüchtlinge zu ihrem Verderben ausschlugen, so hatte doch diese Lage der Dinge die Folge, daß Ferdinand VII auf dem Wege, den er seit der Geburt seiner Tochter betreten hatte, inne hielt und sich von neuem der apostolischen Partei zuwandte. Als der König im September 1832 in eine gefährliche Krankheit fiel, die sein nahes Ende erwarten ließ, wurde er in halbbewußtem Zustande von seinem Beichtvater und von seinem Minister Calomarde beredet, die pragmatische Sanction wieder aufzuheben; und in einem Augenblicke, wo man den König für todt hielt, erschienen zwei Bekanntmachungen, von denen die eine den Regierungsantritt der Königin Christine als Regentin im Namen ihrer Tochter Isabella und die andere die Thronbesteigung des Don Carlos verkündigte. Während so die Parteien am Sterbebette des Königs sich um dessen Erbe stritten, erwachte dieser aus seiner Erstarrung und hörte mit unverhohlener Entrüstung, was während seiner Bewußtlosigkeit geschehen war. Er benutzte sofort sein wiedergekehrtes Bewußtsein, um am 1. October seinen Beichtvater und seine bisherigen Minister zu entlassen und seiner Gemahlin unter dem Beistande eines von Zea Bermudez gebildeten Ministeriums die Regierung während seiner Krankheit zu übertragen. Christine erkannte, daß sie eher bei den Constitutionellen, als bei den Royalisten, die alle dem Don Carlos ergeben waren, eine Stütze für sich und die Ansprüche ihrer Tochter finden werde; sie erließ daher nicht bloß am 7. October eine Amnestie, sondern beförderte auch freisinnige Männer zu den wichtigsten Stellen. Die folgenreichste Maßregel, die sie ergriff, war, die royalistischen Freiwilligen, dieses stehende Heer der apostolischen Partei, unter militärische Disciplin zu stellen und, wo sie sich empörten, sie entwaffnen und auflösen zu lassen. Als Ferdinand sich im Januar 1833 soweit erholt hatte, daß er wieder selbst die Regierung übernehmen konnte, bestätigte er alle Verfügungen seiner Gemahlin und berief, um der pragmatischen Sanction die gesetzliche Form zu geben, auf den 20. Juni die Cortes in ihrer alten Form und ließ seiner Tochter als künftiger Königin von denselben huldigen. Nur der Infant Don Carlos, der sich nach Portugal entfernt hatte, verweigerte die Huldigung und verwahrte seine Rechte in einer an den hohen Rath von Castilien gerichteten Protestation. So war alles für einen Thron- und Bürgerkrieg in Spanien vorbereitet, als Ferdinand VII am 29. September 1833 starb. Um den Thron der Königin Isabella II, für die ihre Mutter die Regentschaft übernahm, sammelte sich die liberale Partei, und ihr Einfluß drängte sofort die Regierung zu dem Entschlusse, dem Lande eine gemäßigte constitutionelle Verfassung zu geben. Zea Bermudez machte dem liberalen Ministerium Martinez de la Rosa Platz, und dieses erließ am 10. April 1834 das Estatuto real, eine der Charte Ludwigs XVIII nachgebildete Constitution, nach welcher die Cortes in zwei Kammern, in die der Proceres und Procuradores, getheilt einen regelmäßigen Antheil an der Gesetzgebung und namentlich an der Steuerbewilligung erhielten. Diese Verfassung war schon im Jahre 1823 von den Gemäßigten vorgeschlagen worden, um den Untergang des constitutionellen Wesens in Spanien abzuwenden, allein wie sie damals den Exaltirten nicht genügt hatte, so auch jetzt nicht. Es war ein Unglück für Spanien, daß ihm die Constitution der Cortes von 1812 als ein Ideal vorschwebte, und daß diese der Maßstab war, nach welchem viele die Verfassungen beurtheilten und sie für um so besser hielten, je näher sie ihrem Ideal kamen, oder für um so schlechter, je weiter sie sich von demselben entfernen. Den Anhängern der Cortesverfassung von 1812 gingen daher die Bewilligungen des Estatuto real nicht weit genug, und die Partei der Christinos, wie nunmehr die Liberalen genannt wurden, spaltete sich in Moderados und Progressisten in einem Augenblicke, wo die absolutistische Partei unter dem Namen der Carlisten einen gefährlichen Bürgerkrieg anfachte.

Der carlistische Aufstand begann schon im October 1833 in den baskischen Provinzen. Diese für ihre alten Volksrechte, die Fueros, besorgt erhoben sich unter dem Vorwande, für das Thronrecht des Don Carlos zu kämpfen, gegen die christinische Regierung, in deren liberales System solche Particularrechte, wie sie seit undenklichen Zeiten besaßen, nicht paßten. Anfangs ward der Aufstand eines Bergvolkes, das kaum 300,000 Seelen zählte, in Madrid wenig beachtet, allein bald nahm er durch das Talent des Feldherrn, der an seine Spitze trat, große Dimensionen an. Denn in Zumalacarregui erhielten die Basken einen Führer von seltenem Talent. Man muß in die älteste Geschichte Spaniens zurückgehen, um etwa in Viriathus eine Parallele für ihn zu finden. Seiner Geisteskraft gelang es, aus den Basken ein Heer zu bilden, an dessen Tapferkeit die Geschicklichkeit und Uebermacht der christinischen Generale scheiterte. Drei der bewährtesten Heerführer, Sarsfield, Valdez und Quesada, hatten einer nach dem anderen sich gegen das Bergvolk versucht, ohne etwas auszurichten, und auch Rodil, der nach ihnen das Commando übernahm, verlor hier den Ruhm, den er kurz zuvor durch seinen Feldzug nach Portugal zur Vertreibung des Don Carlos erworben hatte. Diese Erfolge ermuthigten die Carlisten, auch in den übrigen Provinzen das Haupt kühner zu erheben, besonders als Don Carlos aus England, wohin er sich aus Portugal zurückgezogen hatte, heimlich entfloh und im Juli 1834 in Biscaya ankam. Hier wurde er als Karl V ausgerufen, und wenn auch seine Persönlichkeit nicht geeignet war, großartiges zu leisten, so hatte doch seine Ankunft die Bedeutung, seinem Anhang in ganz Spanien einen Vereinigungspunkt darzubieten. Das Uebergewicht der Carlisten bewog die Regentin, sich an die mit ihr verbündeten Mächte, England und Frankreich, um Hilfe zu wenden, allein weder England noch Frankreich wollten durch offene Intervention einen europäischen Krieg provociren. Denn es war kein Geheimniß, daß die nordischen Mächte nicht bloß mit ihren guten Wünschen auf der Seite des Don Carlos standen, sondern ihn auch mit bedeutenden Geldsummen unterstützten und bereit waren, ihn als König von Spanien anzuerkennen, sobald er die erste bedeutende Stadt in seine Gewalt gebracht hätte. Unter diesen Umständen beschränkten sich England und Frankreich darauf, das erstere, eine freigeworbene Legion unter dem General Evans, und das zweite, die in Algier gebildete Fremdenlegion den bedrängten Christinos zu Hilfe zu schicken. Dieser Beistand war aber nicht hinreichend, um das Uebergewicht der Carlisten zu brechen. Auch nachdem Zumalacarregui am 16. Juni 1835 bei der Belagerung von Bilbao gefallen war, dauerte der von ihm erweckte kriegerische Aufschwung der Basken fort; er hatte die Mittel zum Kriege geschaffen, und diese konnten jetzt auch von weniger ausgezeichneten Feldherren, wie Eraso, Moreno und Villareal, mit Erfolg benutzt werden. Die christinischen Generale, durch Niederlagen vom Eindringen in das empörte Gebirgsland abgeschreckt, begnügten sich zuletzt damit, dasselbe zu umstellen, um die Ausbreitung des Aufruhrs über die Ebenen von Navarra und über den Ebro zu verhindern. Allein hinter ihrem Rücken brach überall der Aufruhr aus, und in Aragonien erstand ein neuer Zumalacarregui in der Person Cabreras, der eben so, wie jener, verstand, aus nichts Armeen zu schaffen und sie mit nichts zu unterhalten, und der gereizt durch die Erschießung seiner Mutter den Krieg mit furchtbarer Grausamkeit führte. Ein Bürgerkrieg pflegt in jedem Lande mit erbitterter Grausamkeit verbunden zu sein, aber in einem Lande wie Spanien nahm er den Charakter der Unmenschlichkeit an. Die Liberalen rächten sich für die Niederlagen, die sie im offenen Felde erlitten, an Wehrlosen, über die sie mit fieberhafter Wuth herfielen; daraus ging die Erschießung der Mutter Cabreras hervor, wofür dieser über 24 Frauen von Liberalen denselben Tod verhängte. Auch die Mönche und Geistlichen waren den ärgsten Verfolgungen Preis gegeben, und als zu dem vielen Elend, mit dem das Land heimgesucht war, auch noch die Cholera hinzukam, wurden in vielen Städten die Mönche als Brunnenvergifter vom liberalen Pöbel überfallen und aufs greulichste ermordet.

Die Lage der Königin-Regentin wurde noch schwieriger, als zu den Aufständen der Carlisten auch noch die der Progressisten hinzukamen. Denn diese hatten die Ueberzeugung, daß nur durch die Rückkehr zu den Grundsätzen der Constitution von 1812 und zu den Männern, die dieselbe im Jahre 1820 wiederhergestellt hatten, Rettung zu erwarten sei. Die Folge davon waren revolutionäre Bewegungen in fast allen größeren Städten des Landes. Martinez de la Rosa hatte schon im Jahre 1835 die Leitung der Geschäfte, zu der es ihm unter den schwierigen Umständen an Kraft fehlte, an den Grafen Toreno abtreten müssen, allein auch dieser konnte sich, trotz aller Zugeständnisse, die er den Progressisten machte, nicht lange halten. In fast allen Provinzialhauptstädten bildeten sich Juntas, die der Regierung den Gehorsam verweigerten, und das Haupt der Opposition in der Deputirtenkammer, Graf de las Navas, zog an der Spitze bewaffneter Freiwilligen gegen Madrid, und die gegen ihn abgeschickten Truppen gingen, statt ihn zu bekämpfen, zu ihm über. In dieser Noth sah die Königin-Regentin, wenn sie nicht aus Spanien flüchten wollte, keinen anderen Ausweg, als zu dem radicalen Mendizabal ihre Zuflucht zu nehmen, der ihr Wiederherstellung der Ruhe und Ordnung versprach, wenn sie seine Rathschläge befolgen wolle. In der That erfüllte das Ministerium Mendizabal sein Versprechen, aber auf Kosten von weiteren Zugeständnissen, die der progressistischen Partei gemacht werden mußten. Aber alle seine Maßregeln, wozu namentlich sein Bestreben gehörte, auf Kosten der Kirche den leeren Schatz zu füllen, konnten weder der Noth der Finanzen abhelfen, noch dem militärischen Uebergewicht der Carlisten ein Ende machen. Die Regentin wandte sich daher der gemäßigten Partei wieder zu im Vertrauen auf die Hilfe, die ihr von der französischen Regierung unter dem Namen einer Coopération versprochen war. Als sie aber im Mai 1836 Mendizabal entließ und den Versuch wagte, durch ein neues Ministerium unter Isturiz die Progressisten zu zügeln, brach eine Revolution zu Gunsten der Verfassung von 1812 aus. Zuerst erhob Barcelona die Fahne der Empörung, und dies Beispiel fand in den meisten Provinzen Nachahmung, wo sich progressistische Junten bildeten, welche die Verfassung von 1812 forderten. In Madrid selbst wurde zwar der Aufstand von dem tapferen General Quesada unterdrückt, aber er kam desto gefährlicher in La Granja, einem Lustschlosse in der Nähe von Madrid, wo damals der königliche Hof residirte, zum Ausbruche. In der Nacht vom 12. auf den 13. August 1836 wurde die Regentin von dem vierten Garderegiment, das sich unter Führung des Sergeanten Garcia empört hatte, unter der Androhung körperlicher Mißhandlungen gezwungen, die Verfassung von 1812 mit der Bedingung anzunehmen, daß sie von den Cortes revidirt werden solle. Das Ministerium entfloh und der General Quesada wurde ermordet. An die Spitze des neuen Ministeriums, in das auch Mendizabal als Finanzminister wieder aufgenommen wurde, trat Calatrava. Bei der Revision der Verfassung, welche die Cortes vom October 1836 bis zum 18. Juni 1837 beschäftigte, bemühte man sich dieselbe der französischen nachzubilden, so daß die Cortes wiederum aus zwei Kammern, der der Senatoren und der der Abgeordneten, zusammengesetzt wurden.

Natürlich trug die Verwirrung und Anarchie, welche eine Folge der Revolution von La Granja war, dazu bei, den carlistischen Waffen glänzende Erfolge zu verschaffen. Denn aus der von Frankreich versprochenen Cooperation wurde nichts, weil Ludwig Philipp eine Richtung in Spanien nicht begünstigen konnte, die er bei sich zu Hause bekämpfte. Ueberhaupt hatte die Quadrupel-Allianz für Spanien nicht die erwartete Wirkung, weil die beiden Verbündeten in diesem Lande verschiedene Zwecke verfolgten. Frankreich ging offenbar darauf aus, die Revolution zu unterdrücken und geordnete Zustände zurückzuführen; auch reifte schon in Ludwig Philipps Geiste der Plan, durch eine Heirath die Zukunft Spaniens an die seines Hauses zu knüpfen. England dagegen arbeitete diesen französischen Zwecken entgegen, und daher kam es, daß die Progressisten an England eine Stütze fanden, während die Gemäßigten ihren Haltpunkt in Paris hatten. Unter solchen Verhältnissen war es natürlich, daß die Carlisten das Uebergewicht behaupteten, und es gewann eine Zeitlang den Anschein, als ob Don Carlos als Sieger aus dem Kampfe hervorgehen werde. Nicht bloß durchzog einer seiner Generale, Gomez, das ganze südliche Spanien, sondern Don Carlos selbst brach im Frühjahre 1837 mit der Hauptarmee auf, um Madrid anzugreifen. Er drang in der That bis in die Nähe dieser Hauptstadt vor, aber hier trat der Wendepunkt des Krieges ein. Unter den Generalen der Christinos hatten sich seitdem zwei durch Energie und Talent ausgezeichnet, Narvaez bei der Verfolgung des Gomez und Espartero durch den Entsatz von Bilbao, für welche Waffenthat er von der Regentin den Ehrentitel eines Grafen von Luchana erhalten hatte. Espartero eilte der bedrängten Hauptstadt zu Hilfe und kam noch zu rechter Zeit zu ihrem Schutze. Nun wagte Don Carlos nicht, es auf eine Schlacht ankommen zu lassen, sondern trat am 12. September den Rückzug an, auf welchem sein bisher musterhaft disciplinirtes Heer sich zum Theil auflöste und wenigstens viel von seiner moralischen Kraft verlor. Von diesem Augenblick an war die

Sache des Don Carlos verloren, und das militärische Uebergewicht ging von den Carlisten auf die Christinos über, in deren Reihen Espartero mit starker Hand und unerbittlicher Strenge die Kriegszucht wiederhergestellt hatte. Don Carlos selbst beschleunigte seinen Fall durch die Undankbarkeit und den Unverstand, womit er die verdienstvollsten Männer zurücksetzte und sich mit den Anhängern der apostolischen Junta umgab. Die Folge davon war, daß die Basken, die mit unerschütterlicher Treue seit sechs Jahren die größten Opfer für ihn gebracht hatten, des Krieges müde wurden und sich überzeugten, daß sie durch eine Capitulation mit der christinischen Regierung die Erhaltung ihrer Fueros, für die sie ursprünglich die Waffen ergriffen hatten, ebenso leicht erlangen würden, als durch einen fortgesetzten Krieg für die Rechte des Don Carlos. Diese Gesinnung theilte der General Maroto, der im Jahre 1838 den Oberbefehl über das Baskenheer übernommen hatte. Er begann damit, daß er im Februar 1839 sechs Generale des Don Carlos, die seinen Absichten entgegen waren, verhaften und erschießen ließ, und als ihn Don Carlos im Zorne darüber absetzte und zur Rechenschaft zog, bedachte er sich nicht, feindlich gegen denselben aufzutreten. Er zwang ihn, nicht bloß sein Decret zu widerrufen, sondern auch die ganze apostolische Partei zu entfernen. Die Häupter derselben, der Bischof von Leon, der Hofcaplan Echeverria, Arias Tejeiro, der Capuziner Larraga und der Hofprediger Domingo wurden unter militärischer Bedeckung über die französische Grenze gebracht mit der Weisung, sich nie mehr in Spanien sehen zu lassen. Von diesem Augenblicke an war der Zauber, der bisher den Namen des Don Carlos umgeben hatte, sowohl im Auslande als im Inlande vorbei. Der Fürst Lichnowsky, der sich der carlistischen Sache als Volontär angeschlossen hatte, hat über den Verfall derselben in seinen „Erinnerungen" als Augenzeuge die beste Auskunft gegeben. Jedermann überzeugte sich nun davon, daß nicht die Persönlichkeit des Don Carlos die bisherigen Erfolge hervorgebracht habe, und daß sie in ihrer Schwäche und Charakterlosigkeit enthüllt nur noch das monarchische Princip compromittiren könne. Ohne daher auf ihn weiter Rücksicht zu nehmen, trat Maroto mit Espartero in Unterhandlungen und schloß am 30. August 1839 zu Bergara einen Vertrag mit ihm, wonach die Basken sich gegen Anerkennung ihrer Fueros der Königin Isabella unterwarfen. Nach dem Abfalle der Basken wagte Don Carlos nicht länger in Spanien zu bleiben, sondern ging im September über die französische Grenze, wo ihm Ludwig Philipp unter anständiger Bewachung seinen Aufenthalt in Bourges anweisen ließ. Zwar setzte Cabrera den Kampf noch eine Zeitlang fort, aber von Espartero und O'Donnel mit Uebermacht zurückgedrängt mußte auch er im Sommer 1840 mit dem Rest seines Heeres nach Frankreich flüchten, und damit war der Thron- und Bürgerkrieg in Spanien beendet.

Mit dem Aufhören des Bürgerkrieges trat indessen in Spanien keine Ruhe ein, sondern es begann um so lebhafter der Kampf der Parteien um Fragen der innern Politik, in welchen sich die Heerführer mischten, und in dem sie die Entscheidung gaben. Der Ehrgeiz und der Neid der Generale wurden nun ein Hauptfactor in der inneren Entwickelung Spaniens und ließen durch oft wiederholte sogenannte Pronunciamentos das unglückliche Land nicht zur Ruhe kommen. Vor allen machten sich die beiden alten Nebenbuhler, Espartero und Narvaez, einander die Macht streitig. Der erstere, der zum Herzog von Vittoria erhoben worden war, hatte sich durch seine Verdienste um die Beendigung des Bürgerkrieges eine so hervorragende Stellung erworben, daß er mächtig genug war, die Königin-Regentin zu verdrängen. Er benutzte die Unzufriedenheit mit dem Gange der Regierung und die Verachtung, in welche die Königin Christine durch ihre Vermählung mit dem Leibgardisten Muñoz gesunken war, um sich zuerst zum Chef eines von ihm gebildeten Ministeriums aufzuschwingen, und dann, als die Königin Christine im Gefühl, nun nichts mehr zu bedeuten, im October 1840 die Regierung niederlegte und Spanien verließ, selbst als Regent an die Spitze der Regierung zu treten. Zwar fehlte es von Seiten der anderen Generale, die ihn beneideten, nicht an Versuchen, den neuen Regenten zu stürzen, allein er behauptete sich durch die Energie, mit der er seine Gegner, wenn sie ihm in die Hände fielen, erschießen ließ. Dieses Schicksal betraf unter andern den tapfern General Diego Leon, und die Härte, mit welcher Espartero jeden Aufstandsversuch unterdrückte, trug nicht wenig dazu bei, die Zahl seiner Gegner und deren Haß gegen ihn zu vermehren. Diese bedienten sich des Vorwandes, daß die junge Königin Isabella von dem Regenten in Gefangenschaft gehalten werde, um fortwährend Opposition gegen ihn zu machen und Aufstände gegen ihn zu erregen, wozu namentlich der Oberst Prim, unterstützt von den Rathschlägen des Generals Narvaez und von dem Gelde Christinens, thätig war. Besonders regten sich die Parteien, als die Zeit sich näherte, wo die Frage über Isabellens Vermählung entschieden werden mußte. Während Espartero dem Plane Englands zustimmte, die Königin mit einem fremden Prinzen zu vermählen, wollte deren Mutter, im Einverständniß mit Frankreich, Spanien dem Hause Bourbon erhalten. Um den letzteren Zweck zu erreichen, mußte Espartero gestürzt werden. Der alte Gegner des Regenten, Narvaez, landete am 27. Juni 1843 in Valencia und fand, als er hier die Fahne der Moderados aufpflanzte, solchen Zulauf, daß er gegen Madrid aufbrechen konnte. Ein Sieg, den er am 3. Juli bei Teruel erfocht, bahnte ihm den Weg dahin, und Espartero, von allen Seiten verlassen und bedroht, sah keine andere Rettung als in der Flucht nach England, wohin er sich am 30. Juli einschiffte. Narvaez, der zum Herzog von Valencia ernannt wurde, trat nun an Esparteros Stelle, und die Folge seines Sieges war die Rückkehr der Königin-Mutter und deren Einfluß auf die Vermählung ihrer Tochter. Die Königin Christine war mit Ludwig Philipp übereingekommen, ihre beiden Töchter mit bourbonischen Prinzen zu vermählen, die älteste mit ihrem Vetter, dem Infanten Franz de Assis, und die jüngere Luise mit dem französischen Prinzen, dem Herzog von Montpensier. Dieses Uebereinkommen ward trotz dem Widerspruche Englands, das sich in dieser Frage von Frankreich getäuscht und beleidigt fühlte, am 10. October 1846 vollzogen. Die Königin Isabella heirathete ihren Vetter, während ihre Schwester mit dem Herzog von Montpensier vermählt ward. Doch wurde Ludwig Philipps Speculation, durch diese Heirath seinem Hause die Thronfolge in Spanien zu verschaffen, dadurch vereitelt, daß die Ehe der Königin Isabella fruchtbar war und mit Nachkommenschaft gesegnet wurde.

Elftes Capitel.

Die orientalische Frage, die schon längst am politischen Horizont wie eine drohende Wolke schwebte, läßt sich in die zwei Worte zusammenfassen: Rußlands wachsende Macht und den Verfall der osmanischen Pforte. Mit Eifersucht blickten die übrigen europäischen Staaten auf den nordischen Koloß, der mit seinem Gewicht zugleich auf Europa und Asien drückte. Wenn man die ungeheuere Ausdehnung des russischen Reiches durch drei Welttheile betrachtet, so sollte man glauben, daß auch der ehrgeizigste Monarch seinen Ruhm mehr darin suchen würde, diese unermeßlichen seinem Scepter unterworfenen Länderstrecken gut zu organisiren, als sie mit neuen Erwerbungen zu vergrößern. Schon Peter der Große hinterließ seinen Nachfolgern nicht das angebliche Testament, auf das sich die russenfeindliche Politik so oft beruft, um die Absichten Rußlands zu verdächtigen, sondern den Rath, es nun genug sein zu lassen und zu Hause zu arbeiten. Und in der That hat kein Land den Frieden nöthiger, als Rußland; denn keines ist im Verhältniß zu seiner Ausdehnung an Volk ärmer, und keines bedarf mehr der Künste des Friedens. Allein wie ein im Wachsthum begriffener Körper nicht eher aufhört zu wachsen, als bis er die ihm von der Natur vorgeschriebenen Dimensionen erreicht hat, so lehrt die Geschichte, daß auch Staaten sich in ihrem natürlichen Wachsthum nicht aufhalten lassen. Rußland hatte seit dem Anfange des achtzehnten Jahrhunderts, wo es in die Reihe der europäischen Staaten eingetreten war, seinen Riesenleib nach allen Seiten hin ausgedehnt und die allerdings nicht ungegründete Besorgniß erregt, daß es das türkische Reich verschlingen werde, da dieses nicht allein in sichtbarem Verfalle begriffen, sondern schon seiner Auflösung nahe war. Orientalische Reiche — und als ein solches muß auch das türkische betrachtet werden — haben immer, wenn die Zeit ihrer Kraft vorbei war, sich entweder in ihre einzelnen Bestandtheile aufgelöst, oder sich durch eine innere Revolution, durch das Auftreten eines neuen kriegerischen Volkes und einer aus seiner

Mitte hervorgegangenen neuen Dynastie regenerirt. Allein der europäischen Politik erschien das erstere eben so gefährlich wie das letztere, und so betrachtete sie es als ihre Aufgabe, die Existenz des türkischen Reiches in seiner Schwäche als ein nothwendiges Mittel des sogenannten europäischen Gleichgewichts zu erhalten. Die Türkei war ein Staat, der nicht leben konnte, und den man doch nicht sterben ließ. Das ist in kurzen Worten der ganze Charakter der orientalischen Frage, weder eine Regeneration der Türkei durch eine innere Revolution, wozu eine Zeitlang die Möglichkeit und der Anschein vorhanden waren, zuzulassen, noch den der Pforte unterworfenen christlichen Völkern zu gestatten, sich von derselben unabhängig zu machen, weil diese, die mit dem russischen Volke durch das Band des gemeinsamen Glaubens und größtentheils der gleichen Abstammung verbunden waren, alsdann eine sichere Beute der russischen Macht werden zu müssen schienen.

Der Verfall des türkischen Reiches war in dem griechischen Unabhängigkeitskampfe aller Welt sichtbar geworden. Doch erschien der neu entstandene griechische Staat der Türkei um so weniger gefährlich, da er noch lange Zeit brauchte, ehe er sich aus der Anarchie zu innerer Ordnung und regelmäßiger Verwaltung erheben konnte. Die Regierung des Präsidenten Capodistria war den Griechen durch die Höhe der ihnen auferlegten Steuern und durch die Härte, mit welcher dieselben beigetrieben wurden, bald verhaßt und unerträglich geworden. Die Insel Hydra empörte sich offen gegen den Präsidenten, und der daselbst befehligende Admiral Miaulis verbrannte im Juli 1831 lieber die griechische Staatsflotte, als daß er dieselbe der Regierung zur Verfügung ließ. Als sich der Präsident aus Mistrauen gegen die Mainotten des Häuptlings derselben, des alten Pietro Mawromichalis, bemächtigte und denselben nebst einem Theil seiner Verwandten in Haft hielt, reizte er die Rachsucht dieser mächtigen Familie. Zwei Glieder derselben, Constantin, der Bruder, und Georg, der Sohn des verhafteten Pietro, beschlossen den Präsidenten zu ermorden und führten am 9. October 1831 ihren Entschluß aus. Beim Eintritte in die Kirche ward Graf Capodistria von dem einen Mörder mit einer Pistolenkugel in den Kopf geschossen und von dem anderen mit einem großen Messer durchbohrt, so daß er auf der Stelle den Geist aufgab. Von den beiden Mördern wurde der eine, Constantin, sogleich niedergemacht und der andere, Georg, von einem Kriegsgericht zum Tode verurtheilt und erschossen. Erst nach seinem Tode erkannte man die großen Verdienste an, die sich der Präsident trotz aller Willkühr und Eigenmächtigkeit um Griechenland erworben hatte. In Folge seiner Ermordung entstand die schrecklichste Verwirrung; während der Bruder des Ermordeten,

Augustin Capodistria, an dessen Stelle trat und einen Nationalcongreß um sich versammelte, bildete sich unter Kolettis eine andere Regierung und eine andere Nationalversammlung, und es kam zu einem förmlichen Kriege zwischen den Parteien. Vergebens versuchte der berühmte Philolog Thiersch, der damals im Auftrage der bayerischen Regierung in Griechenland verweilte, die streitenden Parteien zu versöhnen, — der Haß gegen Augustin Capodistria war zu heftig, um sich durch Worte beschwichtigen zu lassen, und diesem blieb nichts übrig, als dem gegen ihn losgebrochenen Sturme zu weichen. Im April 1832 schiffte er sich mit der Leiche seines ermordeten Bruders, dessen Gebeine er nicht in dem undankbaren Griechenland ruhen lassen wollte, nach Corfu ein. Die neue Regierung, die aus den Anhängern der beiden bisher einander entgegenstehenden Parteien zusammengesetzt war, hatte weder Einigkeit noch Ansehen genug, um die Ruhe herzustellen; sie war vielmehr eine förmlich organisirte Anarchie. Um diesem traurigen Zustande ein Ende zu machen, beeilte sich die Londoner Conferenz, durch die Wahl eines Königs eine feste Ordnung in Griechenland zu begründen. Ihre Wahl fiel auf den bayerischen Prinzen Otto, dessen Vater König Ludwig in poetischer Begeisterung für Hellas schwärmte. Nachdem er am 7. Mai 1832 für seinen minderjährigen Sohn die Wahl angenommen hatte, wurde beschlossen, der neuen Regierung mit einer Anleihe von 60 Millionen Franken, für welche die drei Schutzmächte die Garantie übernahmen, zu Hilfe zu kommen und ihr ein bayerisches Truppencorps von 3500 Mann mitzugeben. Auf die Nachricht von der Ernennung Ottos vereinigten sich alle Parteien in Griechenland zur Anerkennung ihres neuen Königs und schickten eine Huldigungsadresse nach München. Auch wurde der König bei seiner Ankunft in Nauplia am 5. Februar 1833 mit Jubel empfangen, allein da er noch minderjährig war, so übernahm eine aus bayerischen Beamten zusammengesetzte Regentschaft die Regierung. An der Spitze derselben stand der Graf von Armansperg, und die übrigen Mitglieder waren der Staatsrath Maurer, der General von Heideck und der Legationsrath von Abel. Die Maßregeln derselben, die weder den natürlichen Bedürfnissen noch dem Bildungszustand des Volkes angemessen waren, erregten indeß bald Unzufriedenheit und erhielten das Land um so mehr in einem Zustande der Unruhe, da die Mitglieder der Regentschaft unter sich nicht einig waren. Auch nachdem König Otto am 1. Juni 1835 die Regierung selbst übernommen hatte, dauerte der Zustand der Schwäche noch lange Zeit fort; doch muß man mit Freude anerkennen, daß unter ihm die griechische Nation sich nach und nach aus dem Zustande der Barbarei zu gebildeten Staatsverhältnissen erhob. Der König verlegte seine Residenz von Nauplia nach Athen und machte diese altberühmte Stadt durch Gründung einer Universität und durch Anlegung von wissenschaftlichen und Kunstsammlungen zu einem Heerde, von dem aus sich das Licht der Bildung über die Provinzen verbreitete. Die Armuth und die engen Grenzen des Landes hinderten es jedoch, sich zu einer selbständigen politischen Macht zu erheben. Auch ist es für Grichenland als ein Unglück zu betrachten, daß der Gründer der Wittelsbacher Dynastie in diesem Lande ohne Nachkommen blieb. Denn seine im Jahre 1837 geschlossene Ehe mit der Prinzessin Amalie von Oldenburg ist unfruchtbar gewesen, und die Frage über die künftige Thronfolge konnte Schwierigkeiten bereiten. So war also das Königreich Griechenland der Pforte, von der es sich losgerissen hatte, ein wenig drohender Nachbar.

Einen desto gefährlicheren Feind hatte dagegen der Sultan in dem Vicekönig von Aegypten, Mehemed-Ali. Dieser, von einer unbedeutenden Familie aus Macedonien abstammend, war im Anfange des Jahrhunderts mit einer Schaar Arnauten nach Aegypten gekommen und hatte sich durch Klugheit und Energie zum Pascha dieses Landes emporgeschwungen. In dieser Stellung entwickelte er die Talente, welche einen zum Herrscher geborenen Geist verriethen und ihn würdig machten, der Gründer eines Reiches und einer neuen Dynastie zu werden. Zuerst vernichtete er die Mamelucken, die seit der Mitte des dreizehnten Jahrhunderts das Land beherrscht hatten, und deren Beys auch nach ihrer Unterwerfung unter die osmanische Pforte die eigentlichen Herren des Landes geblieben waren und den Türken nichts als die nominelle Oberherrschaft gelassen hatten. Nachdem es ihm so gelungen war, durch Vernichtung dieser stolzen Militär-Aristokratie seine Herrschaft zu gründen, erweiterte und befestigte er sie durch Eroberungen nach Süden, wo er die Eifersucht der Pforte nicht erregte und sich doch den großen Vortheil verschaffte, sowohl seine Einkünfte zu vermehren, als eine kriegsgeübte Armee zu bilden. Besonders verstand er es aber, den natürlichen Reichthum des ägyptischen Bodens auszubeuten und den Ertrag desselben in seinen Schatz zu leiten. Durch ein Finanzsystem, das dem der alten Pharaonen nachgebildet war, machte er sich zum Herrn des Grund und Bodens, den die fleißigen Fellahs für ihn bauten, und von dem der Hauptertrag in seine Schatzkammer floß. Mit den so gewonnenen Mitteln konnte er eine regelmäßige Armee aufstellen, die er von europäischen, besonders französischen Officieren discipliniren ließ und die an seinem Sohne Ibrahim-Pascha einen tüchtigen Oberbefehlshaber erhielt. Auch baute er eine Flotte, die ebenfalls nach europäischem Muster angelegt und geleitet der osmanischen überlegen war. Denn obgleich selbst in Lebensgewohnheiten und Ansichten ein Orientale vom Kopf bis zur Zehe, erkannte er doch die Ueberlegenheit europäischer Bildung und benutzte dieselbe durch talentvolle Abenteuerer, die er in seinen Dienst zog, zu seinem Vortheile. Auch der griechische Aufstand, welcher der osmanischen Pforte so verderblich geworden, hatte ihm eine Vermehrung seiner Macht verschafft, indem er für die geleistete Hilfe die wichtigen Inseln Cypern und Creta erhielt. Wenn er auch dem Namen nach noch ein Vasalle der Pforte war, so hatte er doch, wie die Macht, so auch das Gefühl eines unabhängigen Herrschers und konnte sich wohl die Aufgabe stellen, die von ihm beherrschte arabische Race an die Stelle der osmanischen zu setzen, Kairo zum Mittelpunkte eines regenerirten muselmännischen Weltreiches zu machen. — Von jeher haben aber die Beherrscher von Aegypten nach dem Besitz von Syrien oder wenigstens von Cölesyrien gestrebt. Die Geschichte zeigt, daß von König Necho an bis auf Napoleon Bonaparte herab sich kein Besitzer Aegyptens sicher gefühlt hat, bis er diesem Lande gerade an seiner offensten und zugänglichsten Stelle eine Vormauer in Cölesyrien gegeben hatte. Auch Mehemed-Ali erkannte die Nothwendigkeit, zur Befestigung seiner Stellung Syrien mit Aegypten zu vereinigen. Deshalb hatte er als Lohn für seine der Pforte geleistete Hilfe das Paschalik Damascus verlangt, es aber nicht erhalten, weil der Sultan die Absicht seines mächtigen Vasallen durchschaute. Dieser hatte sich hierfür dadurch gerächt, daß er im Kriege der Pforte mit den Russen in den Jahren 1828—29 zur Unterstützung der ersteren keine Hand regte. Vielmehr unterstützte er die meuterischen Bosnier und Albanesen heimlich mit Geld und Rath, und als in Folge der Julirevolution alle europäischen Mächte mit ihren eigenen Angelegenheiten zu sehr beschäftigt waren, als daß sie sich um den Orient hätten bekümmern können, schien ihm der rechte Moment gekommen zu sein, um sich seiner Beute zu bemächtigen.

Syrien ist in vier Paschaliks getheilt, von Damascus, Aleppo, Adana und St. Jean d'Acre. An der Spitze des letzteren stand Abdallah, und mit diesem fing Mehemed-Ali Streit an, indem er von ihm die Bezahlung einer alten Schuldforderung von elf Millionen Piaster und die Auslieferung zu ihm geflüchteter ägyptischer Unterthanen verlangte. Als Abdallah die Forderung abschlug, ergriff Mehemed-Ali die günstige Gelegenheit, um im October 1831 seinen Sohn Ibrahim-Pascha mit einem gut disciplinirten Heere nach Syrien zu schicken. Gaza, Jaffa, selbst Jerusalem öffneten den Aegyptern die Thore, und diese begannen im November die Belagerung von St. Jean d'Acre sowohl zu Lande als zu Wasser, allein sie fanden hier einen unerwarteten, hartnäckigen Widerstand; denn Abdallah erklärte, daß er sich lieber in die

Luft sprengen als ergeben werde. Ein Krieg zwischen zwei Paschas war zwar im türkischen Reiche keine ungewöhnliche Erscheinung, allein der in Syrien ausgebrochene Kampf schien anderer Natur: die Pforte fühlte, daß sie von demselben selbst bedroht sei. Die hartnäckige und tapfere Vertheidigung von St. Jean d'Acre kam ihr daher gelegen, weil sie ihr Zeit verschaffte, sich zu rüsten, um, wenn ihre Auctorität nicht anerkannt würde, sie mit Gewalt geltend zu machen. Im März 1832 suspendirte sie Mehemed-Ali und Ibrahim-Pascha auf solange von ihren Aemtern und Würden, bis sie sich von dem Ungehorsam, den sie gegen kaiserliche Befehle gezeigt, abgewendet hätten. Als aber Mehemed-Ali seinem Sohne gebot, um jeden Preis die Festung zu nehmen, ehe noch die Pforte den äußersten Schritt gegen ihn gethan habe, da säumte diese nicht länger, ihre Autorität geltend zu machen. Sie sprach am 23. April über Mehemed-Ali als einen Verräther am Propheten und am Sultan den Bann aus und schickte ein zahlreiches Heer unter Hussein-Pascha nach Syrien. Allein nun war es zu spät: St. Jean d'Acre wurde am 25. Mai 1832 von den Aegyptern mit Sturm genommen, und damit fiel ganz Syrien unter die Botmäßigkeit des Vicekönigs von Aegypten. Denn Damascus und Aleppo unterwarfen sich nach Vertreibung ihrer Paschas freiwillig dem Eroberer von St. Jean d'Acre. Die türkischen Truppen unter Hussein-Pascha waren aber dem disciplinirten Heere Ibrahims nicht gewachsen und wurden am 9. Juli 1832 bei Homs geschlagen und vierzehn Tage später bei Beylan völlig zersprengt. Nun stand dem Uebergang Ibrahims über den Taurus kein anderes Hinderniß im Wege, als die Schwierigkeit der Gebirgswege, aber auch diese wurden von den abgehärteten ägyptischen Truppen überwunden, und sie erschienen am Ende des Jahres 1832 in Kleinasien. Hier trat ihnen zwar der Großvesir Reschid-Pascha mit einem zahlreichen Heere entgegen, allein er wurde am 21. December bei Konia, dem alten Ikonium, geschlagen und selbst gefangen genommen. Diese entscheidende Schlacht war eine von denen, die das Schicksal der Reiche zu ändern pflegen, und die, wenn die Pforte sich selbst überlassen geblieben wäre, nothwendig dahin geführt hätte, an die Stelle der osmanischen Herrschaft eine arabische zu setzen. Denn dem Sieger stand der Weg nach Constantinopel offen, und er ward allenthalben von der Bevölkerung mit um so größerer Gunst aufgenommen, da man von ihm eine Wiederbelebung des Islam und eine Erhebung des Reiches aus seinem Verfalle erwartete. Sein Heer war auf 100,000 Mann angewachsen, während ihm der Sultan keines mehr entgegenzustellen hatte. Der Sultan wäre in der That verloren gewesen, wenn er nicht Hilfe gefunden hätte. England und Frankreich waren damals mit den belgischen Angelegenheiten zu sehr beschäftigt, um den Ereignissen im Orient eher ihre Aufmerksamkeit zuzuwenden, als bis dieselben bereits die Dimensionen einer weltgeschichtlichen Veränderung angenommen hatten. Rußland dagegen hatte von Anfang an die ganze Bedeutung der Unternehmung Mehemed-Alis und die Gefahren erwogen, die eine Dynastie-Veränderung im Orient zur Folge haben mußte. Von jeher galt es in der Politik als eine Regel, einen im Verfall begriffenen Nachbarstaat als ein Element der eigenen Sicherheit und Macht zu betrachten und daher denselben weder fallen noch sich regeneriren zu lassen. Montesquieu spricht in seinem Esprit des loix diese Maximen in folgenden Worten aus: Lorsqu'on a pour voisin un état qui est dans sa décadence, on doit bien se garder de hâter sa ruine. Et il est rare que, par la conquête d'un pareil état, on augmente autant en puissance réelle, qu'on a perdu en puissance relative. Auf Grund dieser allerdings richtigen Maxime lag es im Interesse Rußlands, die Pforte zu schützen. Der Kaiser Nikolaus hatte schon vom ersten Augenblicke an, wo Mehemed-Alis Empörung begann, durch Abberufung des russischen Generalconsuls aus Alexandrien zu erkennen gegeben, daß er sich in dem Streite zwischen der Pforte und deren Vasallen auf die Seite der ersteren stelle. Sodann bot der Kaiser dem Sultan Mahmud schon vor der Katastrophe bei Konia und noch dringender nach derselben seine Hilfe an. Der Sultan war in einem peinlichen Dilemma: es war eben so gefährlich, sich einer Macht wie Rußland, das bisher immer als Erbfeind der Türkei gegolten hatte, in die Arme zu werfen, als wehrlos den Anzug Ibrahims zu erwarten, dessen Einmarsch in Constantinopel gleichbedeutend mit dem Sturze der Osmaniden gewesen wäre. England und Frankreich hatten aber keine Streitkräfte im Orient, die dem Sieger von Konia imponirten, und ehe sie solche schicken konnten, war der Moment der Rettung vorbei. Hier kam das alte Sprichwort zur Geltung: Noth kennt kein Gebot. Es blieb dem Sultan nichts übrig, als die Annahme der russischen Hilfe. Am 21. Januar 1833 verlangte er sie förmlich. Zuerst erschien die russische Flotte von Sewastopol unter dem Admiral Lasarew, die nur wenige Tage brauchte, um im Bosporus Anker zu werfen. Jetzt erwachte die ganze Eifersucht der französischen und englischen Diplomatie, um zu verhindern, daß nicht Rußland unter dem Scheine des Protectors sich zum Herrn der Pforte mache und einen überwiegenden Einfluß in Constantinopel gewinne. Der französische Admiral Roussin eilte mit außerordentlichen Vollmachten seiner Regierung nach der türkischen Hauptstadt, in der Hoffnung, durch seinen Einfluß auf Mehemed-Ali eine Vermittelung zu bewirken, die den russischen Beistand unnöthig mache, allein er hatte seinem Einflusse mehr zugetraut, als der schlaue Vicekönig von Aegypten gewähren wollte; dieser lehnte die französische Vermittelung ab, und da auf seinen Befehl Ibrahim weiter vorrückte, so hatte der Sultan keine andere Wahl, als bei der Macht Beistand zu suchen, die ihn im Augenblicke allein gewähren konnte: bei Rußland. Ein russisches Truppencorps von 5000 Mann stellte sich im Frühjahr 1833 bei Scutari auf, um Constantinopel zu decken, während zugleich ein zahlreiches Landheer über den Pruth ging und den Türken zu Hilfe eilte. Diese Stellung der Russen und der davon zu erwartende Einfluß bewogen England und Frankreich zu kräftigerem Auftreten, und beide Mächte schickten Flotten in den Orient, um ihrer Vermittelung Nachdruck zu geben, und da sich ihnen auch Oesterreich anschloß, so trugen sie den Erfolg davon, daß Mehemed-Ali seine Forderungen mäßigte und der Sultan Concessionen machte. So kam am 6. Mai 1833 der Vertrag von Kiutahia zu Stande, durch welchen Mehemed-Ali ganz Syrien als Lehen und den District von Adana, der wegen der Tauruspässe wichtig war, als Pachtung (Mohassit) erhielt. Sobald die Aegypter über den Taurus zurückgegangen waren, räumten auch die Russen das türkische Gebiet, doch trugen sie als Lohn ihres Beistandes den am 8. Juli geschlossenen Vertrag von Hunkiar-Skelessi davon. Dieser Vertrag enthielt in seinem ostensibeln Theile eine förmliche Defensivallianz zwischen Rußland und der Pforte; in einem geheimen Artikel ward aber festgesetzt, daß die Dardanellen für die Kriegsschiffe der übrigen Mächte verschlossen bleiben, dagegen für die russischen geöffnet sein sollten. Vergebens protestirten die Westmächte gegen diesen Vertrag, nachdem er bekannt geworden war; der Sultan fühlte sich dem russischen Kaiser zu sehr verpflichtet, um ihm nicht dankbar zu sein.

Von dieser Zeit an begannen die Verdächtigungen gegen die russische Politik im Orient, die besonders von David Urquhart im westlichen Europa verbreitet wurden und unverkennbar einen großen Einfluß auf die öffentliche Meinung in England ausübten. Urquhart hatte auf mehrmaligen Reisen in den Orient die Zustände desselben genau kennen gelernt und, was auch einem oberflächlichen Beobachter in die Augen fallen mußte, die Sympathien der christlichen Bevölkerungen für das glaubensverwandte Rußland wahrgenommen. Was aber das nothwendige Resultat der natürlichen Entwickelung der Dinge und Verhältnisse war, schrieb er einem tief angelegten Plane der russischen Politik zu, und es ward bei ihm zu einer fixen Idee, von dem Gelingen der bei Rußland vorausgesetzten Entwürfe Gefahr für ganz Europa und namentlich für England zu fürchten. Besonders nach dem Vertrage von Hunkiar-Skelessi hielt er es für nothwendig, Allarm zu schlagen und in einer Reihe von Schriften, die er in den Jahren 1833—34 publicirte, die öffentliche Aufmerksamkeit auf die orientalische Frage zu richten. Er gründete sogar eine eigene Zeitschrift unter dem Titel Portfolio, deren Zweck darauf gerichtet war, durch Mittheilung von diplomatischen Actenstücken und durch größere Aufsätze die russische Politik zu beleuchten und zu zeigen, wie sie auf den verschiedensten, oft entgegengesetzten Wegen immer nur ein Ziel verfolge, nämlich Vergrößerung auf allen Seiten, Schwächung der Nachbarn, um sie zu verschlingen, und besonders Herabdrückung des englischen Einflusses. Wie es bei einem von einer fixen Idee beherrschten Manne nicht anders sein konnte, lag in seinen Darstellungen viel Uebertriebenes, allein das Richtige, das damit gemischt war, und die unverkennbare Sachkenntniß und Urtheilsfähigkeit des Verfassers verschafften auch den Uebertreibungen bei dem großen Publicum Glauben, und das von Urquharts Einbildung geschaffene Gespenst fing an, die Engländer zu schrecken und zu beunruhigen. Die öffentliche Meinung gewöhnte sich an seine Anschauungsweise und drang darauf, daß ihm im Orient eine diplomatische Wirksamkeit gegeben werden möchte. So ungern Lord Palmerston einen solchen Mann anstellte und so unbequem er dem englischen Gesandten in Constantinopel Lord Ponsonby war — beide mußten sich gefallen lassen, daß er als erster Gesandtschaftssecretär in der türkischen Hauptstadt angestellt wurde. Hier aber hätte er beinahe einen Krieg zwischen Rußland und England angefacht. Er nahm sich nämlich der Tscherkessen an, die sich die russische Herrschaft nicht gefallen lassen wollten und sich mit der unbezwinglichen Tapferkeit eines freien Bergvolkes gegen die russische Uebermacht wehrten. Urquhart, der selbst im Jahre 1834 Tscherkessien besucht und mit den Häuptlingen der Bergvölker Verbindungen angeknüpft hatte, bestärkte sie nicht bloß in ihrem Widerstande, sondern vertröstete sie auch auf die Hilfe Englands; in Europa aber suchte er die Ueberzeugung zu verbreiten, daß die Pforte kein Recht gehabt habe, Tscherkessien an Rußland abzutreten, und daß daher der Kaukasus als unabhängiges Land zu betrachten sei, welches besonders von England unterstützt zu werden verdiene, weil es allein im Stande sei, die russischen Entwürfe auf Asien zu vereiteln. Als Gesandtschaftssecretär in Constantinopel ermuthigte er die englischen Kaufleute, den Tscherkessen Pulver und Waffen zuzuführen, und im Herbst 1836 segelte das englische Schiff Vixen mit Kriegsmunition und Kanonen beladen nach der tscherkessischen Küste, wurde aber hier von russischen Kriegsschiffen aufgebracht und wegen Verletzung der Blokade als gute Prise verurtheilt. Die Aufregung, welche dieses Factum in England hervorbrachte, suchte nun Urquhart zur offenen

Flamme anzufachen; allein die Regierung, der das Drängen dieses Mannes nach Krieg lästig und unbequem war, ergriff die Gelegenheit, um sich seiner zu entledigen. Lord Palmerston zeigte sich durch die Erklärungen, die Rußland über die Wegnahme des Vixen gegeben, vollkommen zufrieden gestellt. Natürlich war nun aber die Stellung Urquharts, der die Absendung des Vixen veranlaßt hatte, nicht länger haltbar; er wurde im Jahre 1837 von Constantinopel abberufen und trat in das Privatleben zurück. Der von ihm ausgestreute Samen war aber auf keinen unfruchtbaren Boden gefallen; er ging in den Gemüthern der Engländer als Mistrauen gegen die russische Politik auf und erzeugte jene Rivalität, welche sich von den Ufern des Bosporus bis an die Küsten von China zwischen England und Rußland bildete und das erstere immer mehr an den Gedanken gewöhnte, daß ein Krieg mit dem letztern unvermeidlich sein werde.

Seit dem ersten Kriege zwischen Sultan Mahmud und Mehemed-Ali wurden die Angelegenheiten des Orients ein wichtiger Factor in der allgemeinen Politik. Zwar in Europa selbst hielten sich die großen Mächte, in zwei einander gegenüber stehende Bündnisse getrennt, einander das Gleichgewicht, und weder die Regierungsveränderung in Oesterreich, wo am 2. März 1835 auf Franz I sein Sohn **Ferdinand I** gefolgt war, noch der Thronwechsel in England, wo nach Wilhelms IV Tode am 20. Juni 1837 seine Nichte **Victoria** den Thron bestiegen hatte, änderten etwas an den bestehenden Verhältnissen. Allein im fernen Asien stießen überall englische und russische Interessen feindlich auf einander. Die Rivalität beider Mächte hatte in Mittel- und Hinterasien ein weites Feld und rief in Persien, Afghanistan und China Ereignisse hervor, die zu bedeutend und folgenreich waren, um mit Stillschweigen übergangen zu werden.

In Persien war im Jahre 1834 auf Feth-Ali sein Enkel **Mohammed-Mirsa** gefolgt. Dieser, ein Sohn des kriegerischen Abbas-Mirsa, nahm die Eroberungsversuche seines Vaters wieder auf und machte im Jahre 1837 den Versuch, sich der Stadt Herat, die einen der wichtigsten Zugänge nach Ostindien beherrscht, zu bemächtigen. Der Fürst von Herat, **Kamran**, vertheidigte aber seine Hauptstadt mit unbezwinglichem Muthe und mit um so besserem Erfolge, da ihm die Engländer, die hinter diesem Angriffe russischen Einfluß vermutheten, Officiere schickten, unter denen sich der Lieutenant **Pottinger** besonders auszeichnete. Zugleich drohte das englische Ministerium den Persern mit Krieg, wenn sie die Belagerung Herats nicht aufgäben, und unterstützte seine Drohung mit Absendung einer Flotte in den persischen Meerbusen. Diese Demonstration hatte zur Folge, daß der Schah die Belagerung von Herat im September 1838 aufhob. Die Folge dieses Ereignisses war, daß die Engländer ihre Aufmerksamkeit auf Afghanistan richteten und sich in diesem Lande, als einer Vormauer ihrer Besitzungen in Ostindien, Einfluß zu verschaffen suchten. Afghanistan war im Jahre 1747 durch Ahmed-Schah aus der Familie der Suddosis zu einem Reiche vereinigt worden, aber schon unter dessen Enkeln wieder auseinander gefallen. In Folge von Thronstreitigkeiten, die unter diesen ausbrachen, bemächtigte sich die Familie der Barukfis der Herrschaft und gründete mehrere Fürstenthümer, unter denen das von Kabul das bedeutendste war sowohl durch seinen Umfang, als durch das Talent seines Fürsten Dost Mohammed. Einer der vertriebenen Suddosis, Schudscha, hatte sich nach Ostindien geflüchtet und bei den Engländern Aufnahme und Unterstützung gefunden; es war daher natürlich, daß Dost Mohammed bei dem Rivalen Englands, bei Rußland, eine Stütze suchte. Dieses Vordringen russischen Einflusses bis an die Grenze von Indien erschreckte die Engländer und bewog sie zu dem Entschlusse, den vertriebenen Schah Schudscha mit Gewalt wieder auf den Thron seiner Väter zurückzuführen. Am 27. Juli 1838 wurde zwischen dem Generalgouverneur von Ostindien, Lord Auckland, und dem Schah Schudscha ein Bündniß geschlossen, und auf Grund desselben rückte Schudscha mit englischen Truppen in Afghanistan ein. Dost Mohammed war nicht mächtig genug, den Engländern zu widerstehen, und schon im August 1839 hielt Schah Schudscha seinen Einzug in Kabul und nahm von dem Throne seiner Väter Besitz. Während sich so die Engländer in Afghanistan festsetzten, rüstete die russische Regierung eine Expedition gegen den Khan von Chiwa aus. Dieses kleine Reich, eine fruchtbare Oase in den Sandwüsten am Osten des kaspischen Meeres, war für Rußland ein lästiger Nachbar, weil seine räuberische Bevölkerung den Handelskarawanen auflauerte und die russischen Kaufleute, die das Unglück hatten, in ihre Hände zu fallen, als Sklaven verkaufte. Schon oft hatte die russische Regierung versucht, den Khan durch Verträge zu friedlicher Nachbarschaft zu verpflichten, allein ohne Erfolg, weil der Khan im Vertrauen auf seine geschützte Lage den Räubereien keinen Einhalt that, aus denen er selbst den größten Vortheil zog. Der Kaiser Nikolaus beschloß daher, sich Chiwas zu bemächtigen, um einen doppelten Zweck zu erreichen, zugleich die Karawanenstraße zu sichern und auf die Besetzung Afghanistans durch die Engländer mit der Wegnahme Chiwas zu antworten. Die Ausführung dieser Unternehmung wurde dem General Perowsky, Generalgouverneur von Orenburg, übertragen. Dieser traf die umfassendsten und verständigsten Anstalten, um die Schwierigkeiten zu überwinden, die dem Zuge weniger die Tapferkeit des Feindes, als die Natur entgegenstellte. Da der Marsch durch eine wasserlose Wüste ging, so mußte der Winter gewählt werden, in welchem der den Boden bedeckende Schnee das nöthige Wasser lieferte; zugleich wurden viele tausende von Kameelen zusammengebracht, und um sie gegen die Kälte zu schützen, in Filz eingenäht. So trat Perowsky im November 1839 seinen Zug an und erreichte glücklich trotz der Kälte, die bis zu 32° stieg, den Fluß Emba. Allein hier traten jene furchtbaren Schneestürme ein, denen in der offenen Steppe weder Menschen noch Thiere widerstehen können. Die Kameele, auf deren Erhaltung das Gelingen des Zuges beruhte, fanden kein Futter mehr und fielen aus Erschöpfung hin, um nicht wieder aufzustehen. So mußte Perowsky umkehren, um nicht sein Heer der Vernichtung auszusetzen, und im Februar 1840 bezog er in einem von ihm erbauten Fort an der Mündung der Emba die Winterquartiere. Allein wenn auch diese Expedition wegen der rauhen Jahreszeit ihr Ziel nicht erreicht hatte, so setzte sie doch wenigstens einen ihrer Zwecke durch. Denn aus Furcht vor der Wiederholung der Expedition schickte der Khan eine Gesandtschaft nach St. Petersburg, durch welche er anzeigen ließ, daß er alle russischen Sclaven in Freiheit gesetzt und seinen Unterthanen künftige Räubereien bei Todesstrafe verboten habe. — Die Engländer konnten sich mit dem von ihnen eingesetzten Herrscher in Afghanistan nicht behaupten. Die allgemeine Unzufriedenheit brach im December 1841 in einem offenen Aufstand der Afghanen aus, in Folge dessen die englische Armee unter dem General Elphinstone zur Räumung des Landes gezwungen, aber auf dem Rückmarsche in den Keyberpässen größtentheils aufgerieben wurde.

Auch in China sahen die Engländer mit neidischen Augen den neben dem ihrigen größeren Einfluß Rußlands; denn während die Russen eine Mission in Pecking unterhielten, die freilich nur zu geistlichen Zwecken gestiftet war und nur zu solchen von den Chinesen zugelassen wurde, scheiterten alle Versuche der englischen Regierung, mit der chinesischen in unmittelbare Verbindung zu treten. Denn es war Politik der letzteren, ihr Land, das bei seiner ungeheuern Ausdehnung sich selbst genügte, den Fremden zu verschließen und die eigenthümlichen Sitten und Gebräuche vor fremdem Einflusse zu bewahren. Der chinesische Hochmuth sah mit Verachtung auf die rothborstigen Barbaren, wie die Engländer genannt wurden, und erblickte in ihren Gesandtschaften eine dem chinesischen Bogdochan dargebrachte Huldigung; die Geschenke, welche die Gesandten brachten, waren in den Augen der Chinesen ein Tribut, den die entferntesten Nationen dem Sohne des Himmels darzubringen verpflichtet seien. Auch ließen sich die Engländer, um nicht den vortheilhaften Handel mit

China zu verlieren, die von den Chinesen verfügten Beschränkungen gefallen, so daß sie diese an den Gedanken gewöhnten, ihre Gewinnsucht werde sich jeder Demüthigung unterwerfen. Der englische Handel war auf die Stadt Canton beschränkt und ein Monopol der ostindischen Compagnie, die ihrerseits wieder nur mit einer chinesischen Handelsgesellschaft, den Hongs, verkehren durfte. So lange das Monopol bestand, bewegte sich der Handel ruhig in den vorgeschriebenen Bahnen; als aber im Jahre 1833 durch Parlamentsbeschluß das Monopol der ostindischen Compagnie aufgehoben und der Handel nach China fortan jedem Engländer freigegeben wurde, fühlte man doppelt die demselben auferlegten Beschränkungen und versuchte dieselben zu durchbrechen. Die Engländer organisirten einen großartigen Schmuggel; sie überschwemmten China mit Opium, dem Hauptartikel ihres Handels nach China, und verdienten um so mehr dabei, je strenger die Einfuhr des Opiums verboten war. Das Opium, wie es in Ostindien gebaut und für den Gebrauch der Orientalen zubereitet wird, ist aber eine gesundheitsgefährliche Waare; es wird geraucht, und sein Genuß hat eine völlige Zerrüttung des Nervensystems zur Folge. Es war daher von Seiten der chinesischen Regierung eine Pflicht, daß sie ihre Unterthanen vor diesem Gifte zu bewahren suchte; sie verbot die Einfuhr desselben und setzte auf das Opiumrauchen Todesstrafe. Anfangs wandte sie die ganze Strenge dieses Verbotes nur gegen Einheimische an; sie ließ die Opiumboote wegnehmen und verbrennen und hin und wieder einen Opiumraucher hinrichten. Als aber nun die Engländer selbst mit bewaffneten Booten den Schmuggel betrieben, und der Verbrauch jener ungesunden Waare, statt abzunehmen, immer mehr zunahm, wandte sie sich direct gegen jene. Im Jahre 1839 verlangte sie von den englischen Kaufleuten in Canton die Auslieferung alles Opiums, welches sich auf ihren Schiffen oder in ihren Magazinen befand und eingeschmuggelt werden sollte. Als sich die Engländer weigerten, wandte sie Gewalt an und belagerte dieselben so lange in ihrer Factorei, bis der englische Regierungscommissar Capitän Elliot endlich nachgab und den ganzen Vorrath von Opium, über 20,000 Kisten, auslieferte. Dieser erste Vortheil ermuthigte die Chinesen zu weiteren Schritten; sie nahmen das Recht in Anspruch, englische Schiffe zu durchsuchen, und verlangten die Auslieferung jedes Engländers, der sich am Schmuggelhandel betheilige. Dieses führte, noch ehe der Krieg erklärt war, zu Feindseligkeiten; denn im November 1839 kamen die englischen Handelsschiffe mehrere Male mit der chinesischen Kriegsflotte ins Gefecht. Dieser Zustand veranlaßte die chinesische Regierung, den Handel mit England ganz zu verbieten, und aus diesem Verbot ging der Krieg hervor. Die

Engländer griffen im Jahre 1840 das chinesische Reich mit ihren Flotten an, und ihre Ueberlegenheit war so groß, daß sie im Jahre 1842 den Jantsekiang bis nach Nanking hinaufsegelten und den Chinesen einen Frieden dictirten, durch welchen sie nicht allein den Opiumhandel wieder herstellten, sondern auch die Insel Hongkong und außer Canton noch die Eröffnung von vier anderen Häfen an der Küste von China erhielten. Den materiellen Vortheil, den die Engländer durch diesen Krieg errangen, begleitete aber der moralische Nachtheil, daß sie in der Achtung der Welt verloren. Der Kaiser von Rußland versäumte diese Gelegenheit nicht, sein Verfahren dem englischen gegenüber in ein glänzendes Licht zu stellen. Denn während die Engländer den Chinesen das Opiumgift aufgezwungen hatten, erließ Kaiser Nikolaus freiwillig eine Verordnung, durch welche er seinen Unterthanen die Einfuhr von Opium in China verbot.

Wie groß aber auch die Rivalität zwischen Rußland und England im Orient erschien, so waren doch beide Mächte darüber einig, daß zur Erhaltung der osmanischen Pforte die immer steigende Macht Mehemed-Alis beschränkt werden müsse. Diesem war es gelungen, allerdings durch Anwendung der härtesten Maßregeln, in Syrien Ruhe und Ordnung herzustellen, den Ackerbau und Handel zu hoher Blüthe zu bringen; zugleich hatte er durch seinen Feldherrn Kurschid-Pascha die ganze arabische Halbinsel vom rothen Meere bis zum persischen Meerbusen seiner Herrschaft unterworfen. Im Besitze der heiligen Städte Mekka und Medina konnte er wohl daran denken, die Araber wieder aus ihrer Verwilderung zu einer welthistorischen Bedeutung zu erwecken und in seiner Person den alten Glanz des Kalifats wieder aufleben zu lassen. Unter den europäischen Mächten sah Frankreich dieses neue arabische Reich mit Wohlgefallen an, und in der französischen Deputirtenkammer, wo Lamartine, aus eigener Anschauung ein Kenner orientalischer Verhältnisse, von dem osmanischen Reich wie von einem verwesenden Leichnam sprach, sowie bei der Mehrheit der Franzosen setzte sich der Gedanke fest, daß man sich mit Mehemed-Ali verbinden müsse, um das mittelländische Meer in einen lac français zu verwandeln. Mit andern Augen sahen dagegen die Engländer das im Entstehen begriffene Reich an. Dasselbe beherrschte, da es jetzt schon Aegypten, Syrien und Arabien umfaßte, die Handelsstraße, welche die Engländer als die nächste nach ihren ostindischen Besitzungen ins Auge gefaßt hatten, die Straße über die Landenge von Suez. Mit Rücksicht auf die Wichtigkeit dieser Straße hatten die Engländer sich im Jahre 1838 der Stadt Aden bemächtigt, die auf einem Vorgebirge an der Südküste Arabiens gelegen den Schlüssel zur Einfahrt aus dem indischen in das rothe Meer bildet. Die Ausplünderung eines bei Aden gestrandeten englischen Schiffes hatte ihnen als Vorwand gedient, um sich dieses Punktes zu bemächtigen, der für ihre Weltstellung in Asien fast eben so große Bedeutung hatte, als Gibraltar in Europa. Allein was konnte ihnen dieser Vortheil nützen, so lange die Straße aus dem mittelländischen in das rothe Meer in den Händen einer von ihrem Einflusse unabhängigen und ihnen sogar feindseligen Macht war? Die Engländer hatten also ein entschiedenes Interesse dabei, den Sultan Mahmud gegen seinen mächtigen Vasallen in Schutz zu nehmen und ihn zum Kriege gegen denselben zu reizen. Uebrigens bedurfte der Sultan eines solchen äußeren Antriebes nicht, da ihn seit dem Vertrage von Kutahia der Zorn gegen seinen ungetreuen Vasallen zur Rache und Demüthigung desselben anstachelte. Der Name Mehemed-Alis kam ihm Tag und Nacht nicht aus dem Sinne, und alle seine Gedanken waren darauf gerichtet, die Mittel zur Ausführung seines Racheplanes vorzubereiten. Trotz dem erschöpften Zustande des Staatsschatzes brachte er das regelmäßige Heer auf einen stärkeren Bestand, als dasselbe jemals gehabt hatte, und der Vorwand, die Empörung der Kurden in Mesopotamien zu unterdrücken, gab ihm Gelegenheit, das Heer ohne Aufsehen in Kleinasien zu concentriren. Der Befehlshaber des türkischen Heeres, Hafis-Pascha, unterdrückte den Aufstand der Kurden. Jetzt schien dem Sultan der so sehnlich erwartete günstige Augenblick zur Rache gekommen zu sein; er gab seinem siegreichen Feldherrn, Hafis, Befehl, über den Euphrat zu gehen und Ibrahim-Pascha aus Syrien zu verdrängen. Das Unternehmen schien um so eher gelingen zu müssen, da die syrischen Bevölkerungen bereit waren, das verhaßte ägyptische Joch abzuschütteln, sobald ein türkisches Heer zu ihrer Unterstützung bereit stände. Allein Ibrahim-Pascha war auf seiner Hut und concentrirte seine Armee bei Aleppo, und sobald im Jahr 1839 Hafis über den Euphrat gegangen war, rückte er demselben entgegen und griff ihn am 24. Juni bei Nisib auf dem rechten Ufer des Flusses an. Die Türken wurden in dieser Schlacht so entscheidend besiegt, daß sie mit dem Verlust ihrer sämmtlichen Geschütze und ihres Lagergeräths sich in wilder Flucht zerstreuten. Der Eindruck dieser Niederlage wurde noch erschütternder durch den sechs Tage darauf, am 1. Juli, erfolgten Tod des Sultans Mahmud. Sein Sohn Abdul-Medschid, der ihm nachfolgte, war erst 17 Jahre alt, ohne Kraft und Erfahrung. Unter diesen Umständen schien selbst vielen Türken das osmanische Reich verloren zu sein, so daß der Kapudan-Pascha Ahmed, statt, wie ihm befohlen war, seine Flotte gegen die Aegypter zu führen, mit derselben zu ihnen überging. Und in der That wäre der Sturz der Pforte unvermeidlich gewesen, wenn nicht die europäischen Mächte zu ihrem Schutze aufgetreten wären. Rußland verständigte sich mit England, indem es den Vertrag von Hunkiar-Skelessi fallen ließ, und da auch Oesterreich und Preußen gleicher Ansicht waren, so kamen diese vier Mächte, ohne auf den Widerspruch Frankreichs Rücksicht zu nehmen, in einem zu London am 15. Juli 1840 geschlossenen Vertrage überein, den Vicekönig Mehemed-Ali in engere Grenzen zurückzuweisen. Frankreich, das für Mehemed-Ali Partei genommen hatte, war isolirt, und es fragte sich, ob Ludwig Philipp, der bisher den Frieden um jeden Preis erhalten hatte, den Muth haben werde, ihn um Mehemed-Alis willen zu brechen? Die Bestimmungen des Londoner Vertrages waren folgende: Mehemed-Ali sollte im erblichen Besitze von Aegypten bleiben und auf lebenslang das syrische Paschalik von St. Jean d'Acre behalten, wenn er binnen zehn Tagen Arabien, Creta, Adana und das übrige Syrien räume und die zu ihm übergegangene türkische Flotte zurückgebe; wenn er die zehn Tage verstreichen lasse, ohne diese Bedingungen zu erfüllen, so solle ihm nur noch Aegypten gelassen werden, falls er in weiteren zehn Tagen den Londoner Vertrag annehme; ließe er aber auch diesen zweiten Termin vorübergehen, so solle die Pforte zu nichts gegen ihn verpflichtet sein, sondern nach ihren Interessen und nach den Rathschlägen der vier Mächte handeln. Im Vertrauen auf die Hilfe Frankreichs verscherzte Mehemed-Ali die Vortheile, die ihm die augenblickliche Annahme des Londoner Vertrages verschafft hätte, und ließ einen Termin nach dem andern unbenutzt verstreichen. Und in der That war die Aufregung in Paris über den Londoner Vertrag so groß, daß man erwarten mußte, Frankreich werde seine ganze Macht für den Vicekönig von Aegypten aufbieten. Der Angriff auf denselben ward von den Franzosen wie ein Angriff auf sich selbst betrachtet, und die frühere Nationalfeindschaft gegen England, dem man Treulosigkeit vorwarf, erwachte wieder in ihrer ganzen Stärke. Frankreich rüstete zu Lande und zur See, und Ludwig Philipp benutzte den günstigen Moment, einen alten Lieblingsplan, die Befestigung von Paris, auszuführen. Es wird hernach in der Geschichte Frankreichs gezeigt werden, wie wenig es dem Bürgerkönig mit diesen Rüstungen Ernst war, und wie richtig Lord Palmerston geurtheilt hatte, als er annahm, Frankreich werde zwar anfangs üble Laune zeigen, aber am Ende gute Miene zum bösen Spiele machen. Mehemed-Ali wurde indessen ein Opfer seines Vertrauens auf französischen Beistand. Nach dem Ablaufe des 20tägigen Termins begann die englische Flotte unter Admiral Stapfford, der sich der österreichische Admiral Bandiera mit einigen österreichischen und der zum türkischen Admiral ernannte Engländer Walker mit einigen türkischen Schiffen angeschlossen hatte, die Feindseligkeiten mit der Beschießung von Beiruth, das sich nach sechs Tagen in einen Trümmerhaufen verwandelt am 14. September ergeben mußte. Nachdem auch die kleine Stadt Saida genommen worden war, kam die Bevölkerung des Libanon in Aufruhr, und die tapfern Stämme der Drusen und Maroniten nöthigten, von dem Engländer Napier geführt, die Aegypter, die Küste zu räumen und sich in das Innere von Syrien zurückzuziehen. Hier wurden sie am 10. October bei Kaleb Medina von dem Hamburger Jochmus, den der Sultan zum Pascha von zwei Roßschweifen ernannt hatte, geschlagen. Das feste St. Jean d'Acre ward am 4. November von der Seeseite aus angegriffen und erstürmt, bei welcher Gelegenheit sich besonders der Erzherzog Friedrich, ein Sohn des berühmten Feldherrn Erzherzog Karl, auszeichnete. Jetzt sah Mehemed-Ali die Nutzlosigkeit längeren Widerstandes ein, besonders da sich seine Aussicht auf Hilfe Frankreichs als Täuschung erwiesen hatte. Eigentlich hätte Mehemed-Ali nach dem Buchstaben des Londoner Vertrages alles verlieren sollen; allein England nahm sich selbst seiner an, zumal da sich dadurch ein Mittel darbot, Frankreich auf wohlfeile Weise wieder zu versöhnen. England hatte seinen Zweck erreicht, die Macht Mehemed-Alis gebrochen und gedemüthigt zu haben; es konnte darauf rechnen, daß dieser seinen Interessen nicht mehr feindlich entgegentreten und daß von nun an statt des französischen der Einfluß Englands in Aegypten dominiren werde. Es nahm sich daher sowohl bei den mit ihm verbündeten Mächten als bei der Pforte des Vicekönigs von Aegypten an und vindicirte demselben die Erblichkeit der Herrschaft in Aegypten. Seine mächtige Verwendung erreichte ihr Ziel; zwar mußte sich Mehemed-Ali der Form wegen unbedingt unterwerfen, allein nachdem er dieses gethan, erging am 13. Februar 1841 von der hohen Pforte ein kaiserlicher Befehl, welcher die früher gegen Mehemed-Ali ausgesprochene Achtserklärung und Absetzung wieder aufhob und ihm die Statthalterschaft von Aegypten mit Hinzufügung der Vererbung in seiner Familie wieder verlieh. Aus dieser Erledigung der orientalischen Frage zog England den größten Vortheil; nach Art der Orientalen, sich vor der überlegenen Macht zu demüthigen, schloß sich Mehemed-Ali an England an, das seine Macht gebrochen hatte, und wandte Frankreich den Rücken, von dem er im Stiche gelassen worden war. Die Engländer erhielten die Erlaubniß, eine regelmäßige Straße über die Meerenge von Suez anzulegen, und richteten nun die Ueberlandpost nach Indien ein. Der Verkehr der Reisenden und wichtigeren Waaren fing ebenfalls an, diesen Weg zu nehmen und das mittelländische Meer wieder zu der Bedeutung für den Welthandel zu erheben, den es im Alterthum und Mittelalter gehabt hatte. Obgleich Rußland in dem Kampfe gegen Mehemed-Ali nur eine diplomatische, keine militärische Rolle gespielt hatte, so wußte es sich doch bei der Pforte das Ansehen zu verschaffen, als ob es deren treuester Freund gewesen sei, und gab nicht undeutlich zu verstehen, daß, wenn es nach ihm gegangen wäre, der Londoner Vertrag in seiner ganzen Strenge hätte erfüllt werden sollen. Ueberhaupt trat Englands und Rußlands Rivalität, die einen Augenblick dem gemeinsamen Interesse der Erhaltung der Pforte gewichen war, wieder hervor, sobald dieses Ziel erreicht war; und seitdem Sir Stratford Canning, der spätere Lord Redcliffe, englischer Gesandter in Constantinopel geworden war, arbeitete er dem russischen Einflusse mit um so größerem Eifer entgegen, je mehr ihn persönlicher Haß gegen Rußland bewegte. So blieb das osmanische Reich, obgleich es gerettet und vergrößert aus dem Kampfe mit Mehemed-Ali hervorgegangen war, doch ein Spielball der europäischen Diplomatie und ein Zankapfel rivalisirender Mächte. Es fehlte zwar in der Türkei nicht an einsichtsvollen und patriotischen Männern, die das Reich aus seinem Verfalle zu erheben suchten, allein sie stimmten in der Wahl der Mittel nicht überein und trugen durch die entgegengesetzten Systeme, die sie befolgten, nur zu größerer Verwirrung und Zerrüttung bei. Das eine System, als dessen Repräsentant Reschid-Pascha betrachtet werden kann, suchte das türkische Reich durch Reformen in europäischem Geiste zu regeneriren. Die Vertheidiger dieses Systems erinnerten sich, daß auch Rußland durch Aufnahme europäischer Bildung sich zu seiner gegenwärtigen Macht emporgeschwungen habe, und glaubten, daß sie auf demselben Wege ein gleiches Resultat erreichen würden. Sie vergaßen indessen dabei, daß Rußland als ein christlicher Staat sich leichter der europäischen Bildung und den europäischen Sitten assimiliren konnte, während der Geist und die Anschauungsweise der Türken durch den Koran in Schranken gebannt wurde, die man nicht durchbrechen konnte, ohne überall religiöse Vorstellungen und Vorurtheile zu verletzen. Der Sultan Mahmud hatte sich schon mit starkem Willen bemüht, von den alten Formen des türkischen Reiches eine nach der andern abzutragen, und doch war das Reich unter ihm nicht stärker, sondern schwächer geworden. Daher ging das zweite entgegengesetzte System, das das einflußreiche Corps der Ulemas und die große Masse des Volkes zu seiner Stütze hatte, von dem Gedanken aus, durch Wiederbelebung des alttürkischen Geistes das Reich zu regeneriren. Dieselben Mittel, die ihren Vorfahren die Herrschaft gewonnen hatten, sollten sie den Nachkommen erhalten. Die dem Orient eigene Bildung in ihrer Reinheit wiederherzustellen und die daraus fließende Gesinnung zu stärken, setzte sich diese Partei zum Ziele. Allein eine solche Wiedergeburt war unmöglich, weil der Geist, den man erneuern wollte, auf dem natürlichen Wege der Entwickelung gealtert und im Erlöschen begriffen war. So wenig man einen Greis wieder verjüngen und seinem Körper die frühere Stärke und seinen Nerven die verlorene Spannkraft zurückgeben kann, so wenig läßt sich ein Volk, das sich ausgelebt hat, regeneriren. Man konnte es wohl durch Aufregung des religiösen Fanatismus in einen künstlichen Zustand der Kraft gleichsam hinein galvanisiren, allein es fiel nach einer solchen unnatürlichen Anstrengung in eine desto größere Schwäche und Ermattung zurück. Dabei war der junge Sultan Abdul-Medschid, schon in seiner Jugend entnervt, ein Bild des Verfalls seines Volkes im Großen. Indem er zwischen der Reform nach europäischem Muster und dem alttürkischen Systeme schwankte und je nach dem Wechsel der ihn beherrschenden Umgebung bald dem einen, bald dem andern huldigte, vermehrte er die innere Schwäche seines Reiches. Fürs erste aber blieb die osmanische Frage auf das Gebiet der Diplomatie beschränkt und drehte sich um Intriguen, mit denen jede Macht ihren eigenen Einfluß zu vergrößern, den ihrer Nebenbuhler zu schwächen suchte.

Zwölftes Capitel.

Fast wäre die Folge der orientalischen Verwickelung ein europäischer Krieg gewesen, wenn Ludwig Philipp Muth gehabt hätte, die Sache Mehemed-Alis zu der seinigen zu machen. Als Ludwig Philipp im Jahre 1830 versprach, daß die Charte eine Wahrheit werden solle, meinte er es gewiß ernstlich mit seinem Versprechen; denn er theilte mit dem übrigen Frankreich während der Restauration die Täuschung, daß alle Uebelstände, über die man sich mit Recht beklagte, nur von der schlechten Treue herrührten, mit welcher die von Ludwig XVIII der Nation verliehene Verfassung vollzogen werde. Er war wie alle übrigen Franzosen der Meinung, daß Frankreich nur einer Regierung bedürfe, die auf die Stimme des Landes höre, wie sie sich in der Deputirtenkammer ausspreche, um auf die höchste Stufe des Glückes und der Wohlfahrt erhoben zu werden. Leider war aber die Stimme des Landes nicht einig, sondern äußerte sich in so viel verschiedenen, oft entgegengesetzten Richtungen und Wünschen, als es Parteien im Lande gab. So war also das Programm des Julikönigthums, nach der Stimmung des Landes zu regieren, von Anfang an unausführbar. Ferner fühlte Ludwig Philipp die Schwäche des Julithrons, weil die Basis, auf die derselbe gegründet worden war, keinen Halt hatte. Dieser Thron ruhte nicht auf der breiten Grundlage einer allgemeinen Nationalabstimmung; sondern eine kleine Anzahl von Deputirten, ohne Mandat dazu, hatte sich herausgenommen, über Frankreichs Krone zu verfügen. Das mangelhafte dieses Ursprungs gab dem, der diese Krone trug, keine rechte Kraft, weil ihm das Bewußtsein der Unrechtmäßigkeit anklebte. Endlich war das Bürgerthum, als dessen König sich Ludwig Philipp vorzugsweise proclamirt hatte, keine zuverlässige Stütze. Wenn der alte Adel mit seinen historischen im Volke wurzelnden Traditionen, mit seinem feinen politischen Tact, mit seiner Aufopferungsfähigkeit den Ideen der Gleichheit gegenüber die alte Monarchie nicht zu halten im Stande gewesen war — wie hätte dann das Bürgerthum, eine Geldaristokratie von gestern, ohne Wurzel in der Vergangenheit, unpopulär wegen seines Eigennutzes und nach allen Seiten hin den Verführungen der Demagogen zugänglich, eine feste Stütze für den neuen Thron werden können? Von oben und unten gehaßt und mit dem Namen der épiciers lächerlich gemacht, hatten sie für nichts Sinn, als für ein gesichertes Eigenthum und so geringe Abgaben als möglich. Wenn man diese Verhältnisse und Zustände bedenkt, so wird man begreifen, wie Ludwig Philipp, nicht mit der Absicht, die Franzosen um ihre Freiheit zu betrügen, sondern durch die Nothwendigkeit seiner Lage gezwungen dahin gebracht wurde, die constitutionelle Regierungsform zu einer Täuschung zu machen und in seiner Person eine starke Regierungsgewalt zu concentriren. Mit großer Gewandtheit wußte er eine Partei nach der andern abzunutzen, indem er nur die gerade im Moment mächtigste ins Ministerium zu berufen brauchte, um sie dadurch sofort mit den andern Parteien zu verfeinden und so zu schwächen. Dieses Abnutzungssystem, bei dem indeß die Gefahr vorhanden war, daß er sich selbst abnutzte, hatte ihm durch alle Gefahren der ersten Jahre seiner Regierung hindurch geholfen. Nachdem es ihm gelungen war, die republikanischen und legitimistischen Parteien mit den Waffen niederzuwerfen, hielt er seine Stellung für befestigt genug, um offener und energischer aufzutreten und seine persönliche Einmischung in die Regierung nicht länger hinter constitutionellen Formen zu verstecken. Freilich gerieth er dadurch in Conflict mit dem parlamentarischen Regierungssystem, welches den Grundsatz aufstellte: Le roi règne, mais ne gouverne pas — allein da er seine Minister nie anders, als aus der Majorität der Deputirtenkammer wählte, so vermied er den Schein, die Constitution verletzt zu haben. Die Folge war zuerst ein häufiger Ministerwechsel, weil der König in seinen Ministern stets nur Werkzeuge seines Willens suchte, und sodann wiederholte Attentate auf seine Person. So folgten sich in den acht Jahren von 1832—1840 in dem Vorsitze des Ministerraths der Marschall Soult, der Marschall Gérard, der Herzog von Bassano, der Marschall Mortier, der Herzog von Broglie, Thiers, der Graf Molé, der Herzog von Montebello, der Marschall Soult zum zweitenmal und endlich Thiers ebenfalls zum zweitenmal. In allen diesen Ministerien dominirte Ludwig Philipps Einfluß, den man mit dem Ausdruck la pensée immuable bezeichnete, und der ganze Haß der besiegten und unterdrückten Parteien wandte sich daher gegen Ludwig Philipps Person. Dieser Haß entlud sich in Versuchen des Meuchelmordes, und die Geschichte kennt keinen Herrscher, der so oft das Ziel der Meuchelmörder war, als Ludwig Philipp. Denn die republikanische Partei hielt gegen einen König, den sie als den ärgsten Tyrannen zu schildern gewohnt war, und den sie beschuldigte, mit einer feilen Kammer die Freiheiten des Landes zu unterdrücken, kein Mittel für unerlaubt. Obwohl besiegt, setzte sie doch proteusartig ihren Kampf unter wechselnden Gestalten fort, und obgleich die Minorität, hatte sie doch eminente Talente und aufopferungsfähige Begeisterung auf ihrer Seite. In der Kammer war sie vertreten durch Garnier Pagès, Voyer d'Argenson, Cormenin, Audry de Puyraveau, Cabet und den alten Lafayette, in der Journalistenwelt durch Carrel, Marrast, Raspail, unter den Advocaten durch Dupont und Marin und unter den Männern der That durch Cavaignac und Guinard. Nach ihrer Besiegung im Jahre 1832 organisirte sie sich von neuem in dem Verein der Menschenrechte, an dessen Spitze Cavaignac stand. Er umging das Gesetz, welches jede Versammlung von mehr als zwanzig Personen ohne polizeiliche Erlaubniß verbot, dadurch, daß er sich in Abtheilungen von weniger als zwanzig Personen theilte, welche unter Leitung ihrer Chefs besondere Versammlungen hielten, aber durch den Gehorsam, zu dem sie sich sämmtlich gegen den leitenden Ausschuß verpflichteten, zu einem Ganzen verbunden waren. Alle Mitglieder waren bewaffnet, und es gehörte zu ihren Pflichten, sich regelmäßig in den Waffen zu üben. Dieser Verein verbreitete sich von Paris aus über das ganze Reich und wurde besonders dadurch gefährlich, daß seine verführerischen Lehren und Grundsätze ihm die Theilnahme der großen Masse der Handwerker und Arbeiter gewannen. Diese, die bei jeder Revolution ihre frühere Knechtschaft nur mit einer neuen viel härtern vertauscht hatten und durch die Freiheit, für die sie gekämpft, nur geäfft und getäuscht worden waren, nahmen mit Begierde eine Lehre auf, die ihnen eine bessere Gliederung der Arbeit und eine billigere Vertheilung des Ertrages derselben in Aussicht stellte. Während sie von dem bestehenden Zustande der Gesellschaft ein Zerrbild entwarf, stellte sie in dem ihr vorschwebenden Staatsideal ein Bild auf, das jedem einzelnen seinen Antheil an Lebensgenuß und Lebensglück zu geben versprach. Unter 33 Millionen Bewohnern, behauptete der Verein der Menschenrechte, zähle Frankreich eine halbe Million schwelgender Müßiggänger, eine Million glücklicher Sklaven, und die übrigen seien Heloten oder Parias, die schon von Geburt an allen Qualen des Körpers und des Geistes geweiht seien. Alles das werde anders werden, wenn erst ihr republikanisches Ideal verwirklicht sein werde; dann werde eine Regierung eintreten, die keinen großen Aufwand erfordere und die, indem sie nur den Ueberfluß besteuere, dem Armen und dem Proletarier Mittel biete, ein menschenwürdiges Dasein zu führen. Gegen diesen gefährlichen Verein der Menschenrechte ergriff die Regierung im Jahre 1834 die Maßregel, das Recht der freien gesellschaftlichen Vereinigung zu verbieten, und die Kammer, in welcher die Fabrikanten, Kaufleute und Banquiers für ihr Eigenthum zitterten, gab ihre Zustimmung zu einer Beschränkung, die weder der Despotismus Napoleons, noch der Argwohn der Restauration den Franzosen aufzulegen gewagt hatte; allein ein so gehässiger Zwang vermehrte den Haß gegen Ludwig Philipp und erklärt die Mordversuche, die aus dem Kreise der Republikaner hervorgingen. Schon im Jahre 1832 war am 19. November auf den König geschossen worden, ohne daß der Mörder entdeckt werden konnte. Damals hatte man den Schuß für einen blinden, von der geheimen Polizei angestifteten erklärt, um das Verbrechen den Republikanern oder Legitimisten zuschieben zu können, um nebenbei den guten Bürgern von Paris begreiflich zu machen, wie werthvoll ihnen die Person des Königs sein müsse, der sie allein vor Anarchie und Beraubung schütze, und um sie in ihrer Loyalität und Hingebung zu befestigen. Bald aber zeigte ein furchtbares Attentat, daß die republikanische Partei vor einem Verbrechen, wie der Meuchelmord, nicht zurückbebe. Als der König am 28. Juli 1835, bei der fünften Julifeier, mit großem Gefolge die Boulevards entlang ritt, um die Truppen und Nationalgarden zu mustern, überschüttete ihn auf einmal eine Explosion, die sich aus einem kleinen Hause entlud, mit einem wahren Hagel von Flintenkugeln. Der Marschall Mortier, der dicht hinter dem König ritt, ward getödtet, eben so noch ein anderer General und mehrere höhere Officiere, viele andere wurden verwundet. Dem ältesten Sohne des Königs, dem Herzog von Orleans, wurde eine Contusion beigebracht, dem jüngeren Bruder desselben, dem Prinzen von Joinville, das Pferd unter dem Leibe erschossen; der König allein blieb, wie durch ein Wunder, mitten in dieser Niederlage unverletzt und war nur in Gefahr, von seinem sich bäumenden Pferde abgeworfen zu werden. Die Ursache dieser furchtbaren Explosion war eine Höllenmaschine, die ein Genuese Namens Fieschi aus hundert Flintenläufen zusammengesetzt und auf einmal losgeschossen hatte, um den König mit seinen Söhnen zu treffen. Der Mörder ward ergriffen und mit zwei Pariser Bürgern, Morey und Pepin, die ihn zu seiner verruchten That angestiftet haben sollten, hingerichtet. Die Regierung benutzte dieses Ereigniß, um ihre dictatorische Gewalt zu verstärken. Die schnell zusammenberufenen Kammern votirten im Schrecken über eine so entsetzliche Manifestation des in Frankreich gährenden Geistes die sogenannten Septembergesetze, durch welche die Presse beschränkt und die Censur für Zeichnungen und Bilder wieder eingeführt wurde. Allein wenn auch dadurch für den Augenblick mehr als hundert Journale genöthigt wurden einzugehen und die übrigen sich in ihren Angriffen mäßigen mußten, wenn die schändlichen Carricaturen aufhörten, mit denen man Ludwig Philipp beschimpft hatte, so konnte man nicht verhindern, daß die neuen Gesetze mit den Juliordonnanzen Karls X verglichen wurden und man sich fragte: wozu Ludwig Philipp, wenn er nicht anders verfährt, als Karl X? Wie wenig aber diese Strenge ihren Zweck erreichte, zeigte sich darin, daß im folgenden Jahre 1836 zweimal auf den König geschossen wurde, am 27. Juni von einem Handlungscommis Namens Alibaud und am 27. December von einem gewissen Meunier. Der erste ward hingerichtet, der zweite deportirt.

Diese Manifestationen eines unversöhnlichen Hasses gegen die Regierung ermuthigten den Prinzen Ludwig Napoleon zu einer Schilderhebung. Seit seiner Flucht aus Italien hatte er bei seiner Mutter, der Königin Hortensia, auf dem Schlosse Arenenberg im Thurgau gelebt und sich mit wissenschaftlichen Arbeiten politischen und militärischen Inhaltes beschäftigt. Von hier aus knüpfte er Verbindungen mit dem Obristen Baudrey und einigen anderen Officieren der Straßburger Garnison an, und nachdem er alles zu einem Handstreich hinlänglich vorbereitet glaubte, erschien er selbst heimlich in Straßburg. Früh am Morgen des 30. October 1836 ließ er sich zum Kaiser ausrufen. Ein Theil der Truppen fiel ihm zu, und sowohl der Commandant als der Präfect von Straßburg wurden verhaftet, allein die Mehrzahl der Besatzung blieb ihrem Eide getreu, überwältigte die Verschworenen und nahm sie gefangen. Mit der überraschenden Kunde von diesem Unternehmen kam zugleich die Nachricht von dessen Vereitelung nach Paris, und die Regierung war nur in Verlegenheit, was sie mit dem gefangenen Prinzen machen solle. Man beschloß mit ihm eben so wie mit der Herzogin von Berry zu verfahren und ihn ohne großes Aufsehen nach Amerika zu deportiren. Sein Unternehmen ward in lächerlichem Lichte als der Streich eines Tollhäuslers dargestellt, allein der ganze Ernst desselben ward der Welt klar, als die Elsasser Jury, vor welche seine Mitschuldigen gestellt worden waren, dieselben freisprach. Dieser Spruch war eine wahre Niederlage für die Regierung; denn die Geschworenen gaben durch ihr Verdict zu verstehen, daß, wenn die Regierung den Haupturheber des Attentats der Gerechtigkeit entzogen und freigelassen habe, auch seine Mitschuldigen keine Strafe verdienten. Wie mußte Ludwig Napoleon durch diesen Act der Volksjustiz in seinen Hoffnungen bestärkt werden! Er kehrte unter dem Vorwande, seine aus Kummer um ihn erkrankte Mutter pflegen zu müssen, schon im Jahre 1837 nach der Schweiz zurück, ohne durch das Fehlschlagen seines ersten Versuchs an seinem Sterne irre geworden zu sein; vielmehr tröstete er sich damit, die Augen der Welt auf sich gelenkt und den zahlreichen Feinden Ludwig Philipps in Frankreich den Mann gezeigt zu haben, auf den sie künftig ihre Hoffnungen bauen sollten.

Ludwig Philipp stand indessen gerade damals auf der Höhe seiner Macht und seines Glückes, und er fühlte sich in der That so sicher, daß er im Jahre 1837 eine Amnestie geben konnte, durch welche unter anderen auch die ehemaligen Minister Karls X ihre Freiheit wiedererhielten. Auch schien es zur Befestigung der Julidynastie nicht wenig beizutragen, daß Ludwig Philipps ältester Sohn, der Herzog von Orleans, sich im Jahre 1837 mit der Prinzessin Helene von Mecklenburg-Schwerin vermählte. Doch war die für die äußere Ehre so empfindliche Nation unzufrieden, daß Ludwig Philipp mit ängstlicher Scheu jeder Frage auswich, die ihn in Conflict mit den großen Mächten bringen konnte, und sich nur tapfer zeigte, wo er es mit schwachen Gegnern zu thun hatte. So drohte er der Schweiz mit einem Kriege, weil Ludwig Napoleon in ihr ein Asyl gefunden hatte, bis dieser, um der Schweiz den ungleichen Kampf zu ersparen, dieses Land im Jahre 1838 freiwillig verließ und sich nach England begab. Eben so zwang er so schwache Staaten, wie Buenos-Ayres und Mexico, durch eine Seeexpedition, sich den französischen Forderungen zu fügen, und begründete französischen Einfluß auf den Inseln der Südsee. Es bildete daher für seine Politik, die auf Erhaltung des Friedens um jeden Preis gerichtet war, eine harte Probe, als sich in der orientalischen Frage England mit den drei anderen großen Mächten gegen Mehemed-Ali verband, während Frankrich auf Mehemed-Alis Seite stand. Es schien, als ob ein allgemeiner Krieg unvermeidlich wäre, so ernsthaft wurden die Rüstungen auf französischer Seite betrieben. Der Geschichtschreiber Napoleons, Thiers, der damals an der Spitze des Ministeriums stand, weckte die Erinnerung an Frankreichs kriegerischen Ruhm und veranlaßte den Beschluß, die Asche Napoleons von St. Helena nach Paris zu holen, und ein Sohn des Königs, der Prinz von Joinville, ward zu diesem Zwecke nach St. Helena geschickt. Obgleich auch auf deutscher Seite zum Kriege gerüstet wurde und den nach Eroberungen begierigen Franzosen das damals von Nikolaus Becker gesungene Lied entgegenschallte: Sie sollen ihn nicht haben, den freien deutschen Rhein! — so blieb es doch bei dem bloßen Kriegslärm; denn nachdem Ludwig Philipp seine Armee vermehrt und einen alten Lieblingsplan, die Befestigung von Paris, ausgeführt hatte, lenkte er ein. Er entließ den kriegslustigen Thiers, um im October 1840 ein Ministerium Soult-Guizot zu bilden, in welchem Guizot die Seele und bald auch das nominelle Oberhaupt war. Die Asche Napoleons kam erst unter ungeheurem Jubel des Volkes in Paris an, als

Guizot bereits die freundschaftlichen Beziehungen zu den übrigen Mächten Europas wiederhergestellt hatte. Wie bedenklich es übrigens war, den großen Schatten Napoleons heraufbeschworen zu haben, zeigte zunächst die Begeisterung, mit welcher der Sarg des Kaisers in Paris empfangen wurde. Man hörte überall den sonst streng verpönten Ruf: Vive l'Empereur! und wie vor den Reliquien eines Heiligen sanken viele auf die Kniee oder drängten sich herbei, die Sargdecke zu küssen. Sodann bewies es noch deutlicher ein zweiter Versuch Ludwig Napoleons, die Rechte seiner Familie in Frankreich geltend zu machen. Wer konnte es in der That dem Prinzen verdenken, wenn er aus der Huldigung, die man dem Schatten seines großen Oheims darbrachte, den Schluß zog, daß die Verdrängung und Verbannung der Napoleoniden nicht im Sinne der Franzosen sei? Der Augenblick, wo alles für Napoleon schwärmte, schien ihm günstig, Frankreich daran zu erinnern, daß in ihm der Erbe Napoleons lebe. Er schiffte sich am 4. August 1840 mit einem Gefolge, unter dem der General Montholon der einzige Mann von Bedeutung war, an Bord eines von ihm gemietheten englischen Dampfschiffes ein und landete am Morgen des 6. August in der Nähe von Boulogne. Bei seinem Einzuge in diese offene Stadt vertheilte er eine Masse Proclamationen, in welchen er den Franzosen, wenn sie sich ihm anschließen wollten, die Aussicht auf eine glänzende Zukunft eröffnete. Charakteristisch ist darin der Gedanke, daß er sich nicht auf eine einzelne bevorzugte Classe der Reichen und Gebildeten, sondern auf die Interessen und den Willen der großen Masse stützen wolle; er fühle sich vom Schatten des Kaisers vorwärts gedrängt und werde nicht eher Halt machen, als bis er den Degen von Austerlitz zurückgenommen und das Volk in seine Rechte wieder eingesetzt habe. Mit dieser Proclamation war ein Decret verbunden, worin er in altnapoleonischem Stil erklärte, das Haus Bourbon-Orleans habe aufgehört zu regieren. Allein ein mit so kühnen Worten und Beschlüssen angekündigtes Unternehmen scheiterte in Boulogne noch kläglicher, als vor vier Jahren in Straßburg. Als der Unterpräfect mit den aufgebotenen Nationalgarden und der Zollwache anrückte, blieb dem Prinzen nichts übrig, als sein Heil in der Flucht zu suchen. Fast wäre er ein Opfer seines tollkühnen Unternehmens geworden; denn das Boot, mit dem er nach seinem Dampfschiffe zurückrudern wollte, schlug um und er ward mit seinen Gefährten aufgefischt, um als Gefangener nach Paris gebracht zu werden. Diesmal ließ man ihn nicht wieder entschlüpfen, sondern stellte ihn vor den Pairshof. Er vertheidigte sich selbst mit Berufung auf die Abstimmung der Nation, die seine Familie auf den Thron gehoben habe, und er schloß seine Rede mit der Erklärung, daß kein Unglück ihn so niederbeugen werde, um ihn das Bewußtsein seiner Rechte vergessen zu lassen. Ludwig Napoleon ward zu lebenslänglichem Gefängniß verurtheilt und nach dem Fort Ham gebracht, um unschädlich gemacht zu werden. Während alle Welt sich über ihn lustig machte und ihn für einen Thoren hielt, der von einer fixen Idee beherrscht sei, machte er sich seine Gefangenschaft zu nutze, um sich durch ernste Studien zu der Rolle eines Staatsoberhauptes vorzubereiten, zu der er sich von der Vorsehung berufen fühlte.

Für die Demüthigung, welche Frankreich in der orientalischen Frage erfahren hatte, entschädigte Ludwig Philipp seine nach Kriegsruhm begierige Nation durch die Ausbreitung der französischen Herrschaft in Algerien. Nachdem die Franzosen sich in Algier festgesetzt hatten, wurden sie bald in Kämpfe mit den streitbaren Beduinen verwickelt, besonders seitdem diese einen talentvollen Führer an Abdel-Kader gefunden hatten. Dieser, der jüngste Sohn eines von den Arabern hochverehrten Marabuts, Sidi-Mahiddin, erkannte in dem Falle der von den Franzosen gestürzten Türkenherrschaft in Algier einen günstigen Moment, um in derselben Zeit, wo Mehemed-Ali in Aegypten an der Errichtung eines arabischen Reiches arbeitete, auch an der Küste von Nordafrika die Araber wieder zur Herrschaft zu erheben. Religiöse Prophezeiungen, daß er von Allah zum Herrscher der Gläubigen berufen sei, bahnten ihm den Weg zur Macht, und Tapferkeit sowie Glück im Kampfe gegen die Franzosen befestigten ihn in derselben, so daß der Jüngling mit schwärmerisch-mildem Blicke und mit wildem Kriegsmuth bald von allen Stämmen seiner heimathlichen Provinz Oran zugleich als ihr geistliches und weltliches Oberhaupt anerkannt war und seine Residenz in Mascara aufschlug. Während sich so im westlichen Theile von Algerien, in Oran, ein talentvoller Gegner wider die Franzosen erhob, fanden sie im östlichen Theile dieses Landes, in Constantine, einen anderen Feind an dem Türken Achmed-Bei, der sich noch unter dem Regiment des Deys von Algier zum Herrn von Constantine aufgeworfen und sich in der uralten von Römermauern umgebenen Stadt dieses Namens festgesetzt hatte, von wo aus er die ganze fruchtbare und gut angebaute Provinz beherrschte. Die beständigen Kämpfe mit den Eingeborenen, so wie der große Aufwand von Geld und Menschenleben, den die Behauptung Algiers kostete, verleidete anfangs den Franzosen diesen Besitz, den sie zum Theil aus Rücksicht auf Englands Eifersucht nicht recht auszubeuten wagten, zum Theil auch nicht zu benutzen verstanden, weil mit den Gouverneuren zu oft gewechselt wurde. Erst seit dem Jahre 1836 fing die französische Regierung an, ernstlich die Colonisation von Algier zu betreiben. Der damalige Gouverneur von

Algier, Marschall Clauzel, ein unternehmender Mann, fing damit an, den beiden Gegnern der französischen Herrschaft das Uebergewicht derselben zeigen zu wollen. Nachdem es ihm gelungen war, die Residenz Abdel-Kaders, Mascara, zu erobern und zu zerstören, wandte er sich im Spätherbst 1836 auch gegen Constantine, aber mit unzureichender Macht und ohne gehörige Kenntniß von der Festigkeit dieser Stadt, so daß er mit großem Verlust zurückgeschlagen wurde und nur mit einem kleinen Reste Bona erreichte. Um diese Niederlage zu rächen, wurde im folgenden Jahre eine besser ausgerüstete Expedition unternommen und von dem General Damrémont, der Clauzels Nachfolger geworden war, so gut geleitet, daß sie ihren Zweck erfüllte. Constantine ward am 13. October 1837 erstürmt, bei welcher glänzenden Waffenthat der General Damrémont das Leben verlor. Während so durch die Eroberung von Constantine der französischen Herrschaft im Osten ein fester Halt gegeben wurde, verschaffte General Bugeaud durch den Vertrag an der Tafna, den er mit Abdel-Kader schloß, auch im Westen den Franzosen die nöthige Ruhe, um die innere Verwaltung auf soliden Grundlagen zu ordnen. Der Friede mit Abdel-Kader war indessen nicht von langer Dauer. Soviel Tapferkeit und Schlauheit auch Abdel-Kader auf demselben Boden, auf dem einst Jugurtha der Römermacht getrotzt hatte, entwickelte, so konnte er doch der Uebermacht der Franzosen auf die Länge nicht widerstehen. Bugeaud führte als Generalgouverneur den Krieg gegen ihn mit derselben Wildheit, welche die Beduinen in ihren Raubzügen zeigten; die sogenannten Razzias oder Expeditionen, um das feindliche Gebiet mit Raub, Brand und Mord zu verwüsten, brachen bei der Bevölkerung den fanatischen Geist des Hasses und Widerstandes. Wenn auch die Franzosen sich in diesen Kämpfen durch Thaten unerhörter Grausamkeit schändeten, so war doch der Krieg eine Schule, in der sich später berühmt gewordene Feldherrn ausbildeten. Auch erreichte Bugeaud seinen Zweck: der von seinen entmuthigten Anhängern verlassene Abdel-Kader ward genöthigt, sich an die Grenze von Marokko zurückzuziehen und die dortige Bevölkerung zu seinem Beistande aufzubieten. Bugeaud verfolgte ihn aber im Jahre 1844 bis auf das marokkanische Gebiet, und Frankreich gerieth dadurch mit dem Kaiser von Marokko, Muley Abderrhaman, in Krieg. Muley sollte aber bald die Ueberlegenheit der europäischen Waffen erfahren. Während der Prinz von Joinville mit der französischen Flotte die marokkanischen Häfen Mogador und Tanger bombardirte, überschritt Bugeaud am 14. August den Fluß Isly und sprengte das marokkanische Heer auseinander. Nach dieser Niederlage verlor der Kaiser von Marokko die Lust, den Krieg fortzusetzen; schon am 10. September wurde zu Tanger der

Friede geschlossen, durch den sich Marokko verpflichtete, dem Emir Abdel-Kader alle weitere Unterstützung zu entziehen. Dieser irrte noch einige Jahre in der Wüste umher, vergebens bemüht, von neuem einen Widerstand gegen die Franzosen zu organisiren; er mußte sich im December 1847 dem General Lamoricière ergeben und wurde als Gefangener nach Frankreich gebracht. Das ganze Gebiet von Algerien war nun den Franzosen unterworfen, hauptsächlich durch die Thätigkeit Bugeauds, der sich hier den Marschallsstab und den Ehrentitel eines Herzogs von Isly verdient hatte.

Dreizehntes Capitel.

In Deutschland war nach Unterdrückung der Bewegungen, die auf die Julirevolution folgten, die Gährung der Gemüther aus dem Gebiete der Politik in das der Kirche übergegangen. Die Frage über die gemischten Ehen rief einen Streit hervor, in dem der Gegensatz zwischen Staat und Kirche, zwischen Katholicismus und Protestantismus aufs neue in seiner ganzen Schroffheit zum Vorschein kam. Wie alle solche Fragen regte auch diese die Leidenschaften bis zum tiefsten Grunde auf und erzeugte die maßlosesten Urtheile und Verdächtigungen. Um so wichtiger ist es, diesen Gegenstand, den der Parteien Gunst und Haß verwirrt und verdunkelt hat, einfach im Zusammenhang unleugbarer historischer Thatsachen darzustellen; und wir hoffen Ruhe und Unparteilichkeit genug zu besitzen, um über diesen Streit ebenso unbefangen zu berichten, als ob wir über den Investiturstreit oder über ähnliche der Vergangenheit angehörige religiös-politische Fragen zu sprechen hätten.

In der preußischen Monarchie, die der Confession ihrer Unterthanen nach zu drei Fünfteln aus Protestanten und zu zwei Fünfteln aus Katholiken bestand, war die Erhaltung des kirchlichen Friedens eine der wichtigsten Aufgaben der inneren Politik. An der Spitze des Ministeriums, das die geistlichen Angelegenheiten und den öffentlichen Unterricht zu leiten hatte, stand während der Regierung Friedrich Wilhelms III der Freiherr von Altenstein, ein Mann nicht allein von ausgebreiteter Weltbildung, sondern auch von philosophischem Geiste. Ihm schien der einzige Weg, um Kirche und Staat zu identificiren, durch das Gebiet der Philosophie zu gehen; sein System war, die alten Streitsymbole durch philosophische Gotteserkenntniß wenigstens unter den gebildeten und tonangebenden Ständen zu verdrängen. In der evangelischen Kirche fand auch dieses System keine Schwierigkeiten; hier war schon seit Kant die Religion innerhalb der Grenzen der Vernunft die herrschende gewesen, und wen der Rationalismus Kants nicht befriedigte, der fand in dem speculativen Systeme Hegels eine philosophische Begründung der Glaubenslehre. Auch in der katholischen Kirche Preußens wurde durch einen ausgezeichneten Theologen, Georg Hermes, der zuerst an der Akademie zu Münster und dann an der Universität zu Bonn lehrte, der Weg zur philosophischen Auffassung der Glaubenslehre gebahnt; denn Hermes lehrte, daß die Vernunft die vorzüglichste Norm und für den Menschen das einzige Mittel sei, um zur Erkenntniß übersinnlicher Wahrheiten zu gelangen: rationem principem normam ac unicum medium esse, quo homo assequi possit supernaturalium veritatum cognitionem. Hermes wirkte lange genug ungestört, um einen mächtigen Eindruck auf die katholische Kirche Preußens zu gewinnen; man kann sagen, daß die Mehrheit der katholischen Facultäten, der bischöflichen Seminarien, der Domcapitel und viele tausende von Pfarrgeistlichen aus seiner Schule hervorgegangen waren. So konnte man darauf rechnen, daß durch den Geist gründlicher Forschung und Wissenschaft, durch die volksthümliche Bildung uud den vaterländischen Sinn der katholischen Geistlichkeit und durch die Gewohnheit eines friedlichen Nebeneinanderlebens verschiedener Ueberzeugungen und Bekenntnisse der Kirchenfriede auf die Dauer begründet sei. Man konnte um so mehr darauf rechnen, da der König mit der Treue, die seinem ganzen Wesen eigenthümlich war, die Parität beobachtete und der katholischen Kirche nicht weniger als der evangelischen die Wohlthaten des Staats zufließen ließ. Zwar zeigte sich das Bewußtsein der confessionellen Trennung darin, daß man in den katholischen Provinzen mit Eifersucht zu zählen anfing, wie viele Beamte evangelisch, wie viele katholisch seien, wie viele evangelische Geistliche decorirt würden, und wie viele katholische, und was dergleichen mistrauische Vergleichungen mehr waren, allein im ganzen und großen blieb der Kirchenfriede ungestört. Selbst das Beispiel der belgischen Revolution war nicht im Stande, die Treue der katholischen Rheinländer und Westfalen zu erschüttern, obgleich Versuche gemacht wurden, auch hier, wie dort, das Volk gegen den protestantischen Landesherrn aufzuregen. Die Rheinlande fühlten zu stark, was sie der preußischen Regierung zu danken hatten, was sie vor derselben gewesen, und was sie durch die preußische Herrschaft geworden waren. Man hörte damals von der Kanzel herab katholische Geistliche predigen: Obwohl der König nicht unserer Religion ist, so ist er doch ein frommer und gerechter Herr, dem wir viel zu verdanken haben, und dem wir auch nach den Vorschriften unserer Religion Ehrfurcht und Dankbarkeit schuldig sind.

So sehr aber auch Kirche und Staat versöhnt schienen, so gab es doch ein wichtiges Verhältniß, wo die Interessen und Gesetze beider collidirten, — das war die Ehe, die auf der einen Seite ein kirchliches Institut ist, aber auf der anderen Seite auch ein Staatsinstitut, und zwar das wichtigste von allen, da es die Grundlage der Staatsgesellschaft bildet. In einem confessionell gemischten Staate, wie Preußen, waren auch gemischte Ehen unvermeidlich, und diese mußten nothwendig einen Conflict herbeiführen, da in dieser Beziehung die Staatsgesetze mit den Kirchengesetzen in Widerspruch standen. In den altpreußischen Provinzen galt in Bezug auf die gemischten Ehen das Staatsgesetz, daß die Kinder in der Religion des Vaters erzogen werden sollten, und dieses Gesetz war seit dem Jahre 1803, wo es in Kraft getreten, vollzogen worden, ohne den geringsten Widerspruch gefunden zu haben; die katholische Kirche hingegen hatte den Grundsatz, gemischte Ehen nur unter der Bedingung zuzulassen, daß die Kinder aus denselben im katholischen Glauben erzogen würden. Bei der Anwendung des Staatsgesetzes auf die Rheinprovinz war die katholische Kirche offenbar im Nachtheil, weil es hier in der Regel protestantische Männer, Officiere und Beamte aus den alten Provinzen, waren, die sich mit katholischen Mädchen verheiratheten. Man fing an zu berechnen, wie lange es dauern werde, bis der gebildete Theil der Einwohner protestantisirt sei, wenn dem Staatsgesetz gemäß alle Kinder aus solchen Ehen der protestantischen Kirche zugeführt würden. Kein Wunder daher, daß die katholischen Geistlichen anfingen, von den Brautleuten das Versprechen zu fordern, die Kinder beiderlei Geschlechts in der katholischen Religion erziehen zu wollen, und daß sie dieses in vielen Fällen erhielten. Nun wurde aber auch auf der anderen Seite der Eifer wach, und Controverspredigten waren die Vorboten des kommenden Sturmes, die Vorläufer des Streites über die Frage, ob päpstliches oder preußisches Recht gelten solle? Denn durch eine königliche Cabinetsordre vom 17. August 1825 war das altpreußische Gesetz über die gemischten Ehen auch für die Rheinprovinz publicirt worden. Dieser Cabinetsordre gegenüber erklärten aber die Entschiedeneren unter den Geistlichen, daß keine Gewalt der Erde sie zwingen könne, sich bei dem Sacrament der Ehe anders zu betheiligen, als der Papst es vorschreibe oder billige. Es kam daher für die preußische Regierung darauf an, sich mit dem päpstlichen Stuhl zu verständigen, und man hoffte um so leichter zu einer solchen Verständigung zu gelangen, da frühere Päpste sich in dieser Frage oft schwankend und nachsichtig gezeigt hatten. Ich erinnere nur an das Breve Benedicts XIV vom Jahre 1750, das in Fällen, wo das päpstliche Gesetz nicht durchzuführen war, Dissimulation d. h. stillschweigendes Gehenlassen gestattete. Es wurden also directe Unterhandlungen zwischen der preußischen Regierung und dem römischen Stuhle angeknüpft, und in Folge derselben erging am 25. Mai 1830 ein Breve des Papstes Pius VIII, das die preußische Regierung als ihren Absichten günstig auslegte. Auf Grund dieses Breves kam am 19. Juni 1834 eine Convention zwischen dem Erzbischofe von Cöln und den vier rheinisch-westfälischen Bischöfen und der Regierung zu Stande, wodurch sich die ersteren verpflichteten, die Interpretation des päpstlichen Breves im Sinne der Regierung anzuerkennen und bei gemischten Ehen das Staatsgesetz gelten zu lassen. So lange der Graf Spiegel, ein milder und friedliebender Mann, als Erzbischof an der Spitze der Cölner Diöcese stand, machte die auf jenes Uebereinkommen gestützte Praxis keine Schwierigkeit. Allein nach Spiegels Tode ward in Clemens August Droste von Vischering ein Mann auf den erzbischöflichen Stuhl erhoben, der von einem ganz anderen Geiste beseelt war. Vielleicht in nichts hat die preußische Regierung ihre ernstliche Absicht vollkommener Parität deutlicher gezeigt, als in der Wahl dieses Mannes. Sie hörte nicht auf die Warnungen derer, die von einer solchen Wahl das schlimmste fürchteten, sondern sah nur auf den ehrwürdigen Charakter des Mannes und erwartete von ihm, der die Religion der Selbstverleugnung und der aufopfernden Liebe in seinem Berufe als Geistlicher so treu und beharrlich geübt hatte, daß er den Versuchungen der Streitlust nicht unterliegen werde. Nur in dem Punkte der gemischten Ehen glaubte man sich sicherstellen zu müssen und begehrte daher die Erklärung von ihm, daß er die auf Grund des päpstlichen Breves mit den Bischöfen geschlossene Convention beobachten werde. Bereitwillig stellte er die Erklärung schriftlich aus, daß er sich wohl hüten werde, jene gemäß dem Breve des Papstes Pius VIII über die gemischten Ehen getroffene und in den vier Sprengeln zur Vollziehung gekommene Vereinbarung nicht aufrecht zu erhalten oder gar, wenn solches thunlich wäre, anzugreifen oder umzustoßen, und daß er dieselbe nach dem Geiste der Liebe und der Friedfertigkeit anwenden wolle. Man hat sowohl von protestantischer als katholischer Seite den Erzbischof einer Hinterlist beschuldigt, weil es schwer zu glauben war, daß er ein solches Versprechen gegeben habe, ohne die Convention, auf welche es sich bezog, genau zu kennen; allein wenn man bedenkt, wie offen und redlich sonst seine Gesinnung war, und daß er die vorhergegangenen fünfzehn Jahre in großer Zurückgezogenheit und fast nur mit asketischen Uebungen beschäftigt verlebt hatte, so muß man annehmen, daß er jene Convention und ihr Verhältniß zum päpstlichen Breve wirklich nicht gekannt und in gutem Glauben gewesen, was vier Bischöfe vor ihm gebilligt hätten, müsse auch von ihm gebilligt werden können. Man kann ihn höchstens der

Uebereilung anklagen, daß er in einer so wichtigen Sache sein Wort verpfändete, und nachher erklärte, es nicht halten zu können.

Von welchem Geiste Clemens August beseelt sei, zeigte er sogleich nach seinem Amtsantritte in seinem Verfahren gegen die Hermesianer. Ihm war das Bedürfniß wissenschaftlicher Bildung und Erkenntniß stets fremd geblieben. Er haßte alles, was seiner Meinung nach die katholische Vernunft rebellisch machen könne, und daher war ihm die ganze deutsche Literatur verdächtig, um so mehr, weil sie größtentheils von Protestanten ausgegangen war. Die kostbare Bibliothek seines Vorgängers, des Grafen Spiegel, die dieser dem Domstifte unter der Bedingung vermacht hatte, daß sie in dem erzbischöflichen Palaste aufgestellt bleiben solle, ließ er fortschaffen, weil ihn schon die Nähe solcher Bücher beunruhigte. Kein Wunder daher, daß er die Schriften des Professor Hermes, dessen theologisches System von dem Papste verdammt worden war, verbot und dessen Schüler verfolgte und von ihren Stellen entfernte. Der Staat, seinem Systeme der Parität getreu, mischte sich nicht in diesen Streit, sondern überließ es den Hermesianern selbst, ihre Sache zu verfechten. Diese, in der Ueberzeugung, daß der Papst durch falsche Darstellungen und Uebersetzungen irre geführt worden sein müsse, um Schriften zu verdammen, die die Verherrlichung des Papstthumes und der katholischen Kirche zum Inhalt und Zwecke hätten, schickten zwei ihrer gelehrtesten Vertreter nach Rom selbst; allein sie brachten nichts weiter als die Antwort zurück, daß das Verdammungsurtheil des heiligen Stuhles unwiderruflich sei; dieses bleibe eben so fest bestehen, als die Autorität, von der es ausgegangen, unerschütterlich sei. Da der Staat sich in diesem Streite zwischen der Wissenschaft und der Kirchenlehre völlig neutral verhielt, so blieb den Hermesianern nichts übrig, als sich zu unterwerfen. Anders aber und ein unmittelbarer Eingriff in die Rechte des Staates war es, als der Erzbischof von Cöln im Jahre 1837 erklärte, daß er die bisher bei gemischten Ehen befolgte Praxis nicht länger dulden werde. Er rechtfertigte den Bruch seines vor der Wahl gegebenen Versprechens damit, daß er bei näherer Prüfung gefunden habe, daß die Convention von 1834 mit dem päpstlichen Breve von 1830 nicht übereinstimme und daß er daher, wo jene mit diesem nicht in Einklang zu bringen sei, sich nach dem letzteren richten müsse. Demzufolge instruirte er die Pfarrer dahin, die Trauung einer gemischten Ehe nicht zu gewähren, wenn nicht vorher das Versprechen der Erziehung der Kinder in der katholischen Religion abgegeben worden sei. Ein so directer Angriff auf das Staatsgesetz konnte von der Regierung nicht ungeahndet bleiben; sie ließ den Erzbischof auffordern, entweder sein Wort zu halten oder auf das Erzbisthum zu verzichten; und als er die Niederlegung seines Amtes aus dem Grunde verweigerte, weil ihm dies seine Verpflichtung gegen die Erzdiöcese, sowie gegen die ganze Kirche verbiete, versuchte sie noch einen Mittelweg. Sie schlug ihm vor, sich einstweilen so lange seiner Amtsverrichtungen zu enthalten, bis durch directe Unterhandlungen mit dem römischen Stuhle ein Ausweg aus dieser Verwickelung gefunden sei, und erst als der Erzbischof auch dies verweigerte, ließ ihn die Regierung auf Grund einer königlichen Cabinetsordre am 20. November 1837 verhaften und als Staatsgefangenen nach der Festung Minden abführen.

Dem von seinem Cölner Collegen gegebenen Beispiele folgte auch der Erzbischof von Posen, Martin von Dunin. Nachdem ihm die Regierung die Erlaubniß verweigert hatte, das nur für die rheinisch-westfälischen Bischöfe erlassene Breve Pius' VIII auch in seiner Diöcese zu publiciren und zu befolgen, nahm er sich dieselbe eigenmächtig und wies die ihm untergebene Geistlichkeit an, bei der Einsegnung gemischter Ehen nur nach den päpstlichen Vorschriften zu handeln. Wegen dieser Ueberschreitung seiner Amtsgewalt ward er im Februar 1839 von dem Kammergericht in Berlin zu sechsmonatlicher Festungsstrafe und zur Entsetzung von seinem Amte verurtheilt. Zwar erließ ihm der König die Festungshaft und modificirte die Amtsentsetzung dahin, daß sich der Erzbischof einstweilen seiner amtlichen Wirksamkeit enthalten und nicht wieder in seine Diöcese zurückkehren solle; als aber Dunin sich am 3. October heimlich nach Posen entfernte, ward er daselbst am 6. October verhaftet und nach der Festung Colberg abgeführt. In der polnischen Provinz Posen lag die Gefahr nahe, daß das Volk in dem Angriffe auf seinen geistlichen Oberhirten einen Angriff auf seine Nationalität erblicken und den Streit vom kirchlichen auf das politische Gebiet hinüberspielen könnte. Auch ließ es in der That die Geistlichkeit nicht an Aufregung fehlen: indem sie nach der Abführung des Erzbischofs in die Gefangenschaft eine Kirchentrauer anordnete, während welcher weder die Orgel ertönen, noch die Glocken läuten durften, wurde das Volk mit dem Gefühle erfüllt, als ob es von einem großen Landesunglück betroffen worden sei. Allein die Regierung hatte ein einfaches Mittel in der Hand, um dieser Agitation, ehe sie noch schlimmere Folgen erzeugte, ein Ende zu machen; sie brauchte der Geistlichkeit nur mit Sperrung der Temporalia d. h. der Entziehung ihrer Einkünfte zu drohen, so hörte die Trauer sofort auf. Auch in der Rheinprovinz kehrte die Ruhe zurück, als das Cölner Domcapitel den Generalvicar Hüsgen zum Capitularverweser ernannte und der päpstliche Stuhl, wenn auch nach einigem Sträuben, dieser Anordnung die Bestätigung nicht zu versagen wagte. Doch blieb die eigentliche Frage, über welche der

Streit entstanden war, unentschieden, und wenn auch die äußere Ruhe, unbedeutende Aufläufe abgerechnet, nirgends gestört wurde, so dauerte doch die innere Gährung in den Gemüthern fort. Denn die „Cölner und Posener Wirren" brachten in der ganzen katholischen Kirche eine ungeheuere Aufregung hervor, besonders nachdem der Papst Gregor XVI am 10. December 1837 in einer Allocution an die Cardinäle das Verfahren der preußischen Regierung als einen Eingriff in die Rechte der Kirche bezeichnet hatte. Bayern, dessen König Ludwig die freisinnigen Anfänge seiner Regierung mit einer streng katholischen Richtung vertauscht und dies so eben durch die Entlassung des Minsteriums Wallerstein und durch die Ernennung des Ministeriums Abel bewiesen hatte, ward der Heerd, auf dem das Feuer des katholischen Eifers entzündet und genährt wurde. Der alte Görres, der seit 1827 Professor an der Universität München war, trat jetzt mit derselben Kraft, mit welcher er früher politisch-liberale Grundsätze verfochten hatte, für den Ultramontanismus in die Schranken. Unter der Fluth von Schriften, welche die Cölner Wirren hervorriefen, machte der Athanasius von Görres die größte Wirkung; auch entstanden damals in München die historisch-politischen Blätter, die sich die Vertheidigung der katholischen Interessen zur Aufgabe setzten.

Gleichzeitig mit dieser Aufregung auf kirchlichem Gebiete wurde durch den Umsturz der Verfassung in Hannover auch eine politische Bewegung hervorgerufen. Nach dem Tode Wilhelms IV, der am 20. Juni 1837 erfolgte, ward die mehr als hundertjährige Verbindung Hannovers mit England aufgelöst; denn während ihm in England seine Nichte Victoria folgte, bestieg in Hannover, wo die männliche Erbfolge galt, sein nächster Bruder Ernst August, bisher Herzog von Cumberland, den Thron. In England hatte der neue König zu den entschiedensten Anhängern der Torypartei gehört und war als ein Gegner der Lehren und Grundsätze des Liberalismus bekannt. Man konnte daher erwarten, daß er mit der im Jahre 1833 eingeführten Verfassung um so weniger einverstanden sein werde, da er als Agnat gegen die Bestimmung derselben protestirt hatte, durch welche die Domänen in Staatsgut verwandelt worden waren. Auch war das erste, was er nach seiner Ankunft in Hannover that, daß er die gerade versammelten Stände, ohne eine Begrüßung von ihnen anzunehmen, vertagte. Nach dem hannoverschen Staatsgrundgesetze hätte der König eigentlich nicht eher eine Regierungshandlung vornehmen dürfen, als bis er die Landesverfassung beschworen hatte, allein niemand wagte, dem Vertagungsdecret zu widersprechen. Das einzige, was geschah, war, daß in der zweiten Kammer der Bürgermeister von Osnabrück, Dr. Stüve, sich die schüchterne Bemerkung erlaubte:

„Ich glaube nicht, daß Seine Majestät der König schon die Regierung angetreten haben." Da aber diese Bemerkung in der Kammer kein Echo fand, sondern alles schwieg, so wurde die Vertagung vollzogen. Damit war eigentlich schon die Verfassung von 1833 beseitigt; doch ging der König Ernst August mit großer Besonnenheit zu Werke. Er verlangte von den Ministern, die das Staatsgrundgesetz beschworen hatten, nicht, daß sie ihren Eid brechen sollten, sondern ernannte einen Staatsmann, der durch keinen Eid gebunden war, den geheimen Rath von Scheele, zum Cabinetsminister und ließ durch eine Commission unter dessen Vorsitz die Verfassungsfrage prüfen. Erst nachdem diese ihre Arbeiten vollendet hatte, löste der König die bisher nur vertagte Ständeversammlung auf und erklärte durch ein am 1. November 1837 erlassenes Patent das Staatsgrundgesetz von 1833 für aufgehoben; an die Stelle desselben sollte vorläufig die Verfassung von 1819 treten, um mit den nach den Bestimmungen desselben einzuberufenden Ständen ein neues Staatsgrundgesetz zu vereinbaren. Dieser Act der Willkühr rief sofort in der öffentlichen Meinung den heftigsten Widerspruch hervor; nicht bloß die ganze liberale Partei des Auslandes brandmarkte das Verfahren des Königs von Hannover als eine Rechtsverletzung der schlimmsten Art, sondern auch die deutschen Ständeversammlungen erhoben ihre Stimmen für die hannoversche Verfassung mit um so größerem Eifer, da sie in dem Umsturze derselben eine Gefahr für sich selbst erblickten. Die badische Kammer verpflichtete zuerst ihre Regierung, am Bundestage sich für die Erhaltung oder Wiederherstellung der hannoverschen Verfassung zu verwenden. Ihr Beispiel fand Nachahmung in allen übrigen deutschen Ständeversammlungen, die, so wie sie zusammentraten, es für ihre Pflicht hielten, in mehr oder weniger entschiedener Weise sich des verletzten Rechtszustandes in Hannover anzunehmen. Am nachhaltigsten wirkte aber eine Erklärung von sieben Göttinger Professoren, welche die Frage aus dem verwickelten und daher nicht allen verständlichen Staatsrechte auf das jedem zugängliche Gebiet der Sittlichkeit hinüberspielte. Da nämlich der König mit der Aufhebung des Staatsgrundgesetzes auch alle Beamte von ihrem auf dasselbe geleisteten Eide entbunden hatte und verlangte, daß die Stände nach der Verfassung von 1819 gewählt werden sollten, so nahmen, da auch die Universität Göttingen einen Abgeordneten zu wählen hatte, sieben ihrer ausgezeichnetsten Lehrer davon Veranlassung zu protestiren. Die Professoren Dahlmann, Albrecht, die Brüder Jakob und Wilhelm Grimm, Gervinus, Ewald und W. Weber richteten an das Curatorium der Universität eine Protestation, in der sie erklärten, daß sie von der rechtlichen Unmöglichkeit einer Aufhebung der Verfassung durch königliches Patent überzeugt wären, daß sie sich durch ihren auf die Verfassung geschworenen Eid für verpflichtet hielten, und daß sie daher, da ihnen, als Lehrern der Jugend, am wenigsten anstehen würde, mit Eiden zu spielen, entschlossen wären, an den Wahlen zu der neuen Ständeversammlung nach der Verfassung von 1819 keinen Theil zu nehmen. Der König, der sich nicht bedacht hatte, die Landesverfassung umzustürzen, bedachte sich noch weniger, eine Auflehnung gegen seinen Willen zu bestrafen. Die sieben Professoren wurden ihrer Aemter entsetzt und drei von ihnen — Dahlmann, Jakob Grimm und Gervinus — weil sie durch Verbreitung der Protestation sich des Verbrechens der Aufwiegelung schuldig gemacht haben sollten, des Landes verwiesen. Dieser Gewaltstreich hatte zwar zur Folge, daß fernere Widersetzlichkeiten unterblieben, allein er konnte nicht verhindern, daß selbst die Mehrheit der nach der Verfassung von 1819 gewählten Stände sich für die Rechtsbeständigkeit des Staatsgrundgesetzes erklärte und sich mit einer Beschwerde an den Bundestag wandte. Allein obgleich hier von den siebzehn Stimmen acht sich gegen das Verfahren des Königs von Hannover aussprachen, so entschied doch die Majorität von neun Stimmen dafür, daß zum Einschreiten des Bundes in der hannoverschen Verfassungsfrage keine bundesgesetzlich begründete Veranlassung bestehe. Der passive Widerstand, den man hin und wieder in Hannover dem König durch Steuerverweigerung entgegensetzte, war nicht stark genug, dessen Energie zu brechen, und um so weniger, da er wußte, daß der großen Masse des Volkes die Verfassungssache gleichgiltig war; denn diese sprach sich mit der den deutschen Volksstämmen innewohnenden monarchischen Gesinnung dahin aus, man solle den König nur gewähren lassen; er meine es gut und verstehe es am besten. So setzte der König Ernst August durch die Energie seines Charakters und die Consequenz seines Verfahrens seinen Willen durch; nach mehreren Jahren passiven Widerstandes willigten endlich die hannoverschen Stände, da sie bei dem Bundestage kein Gehör fanden, im Jahre 1840 in eine neue Verfassung, durch welche die Domänen wieder Eigenthum des Königs und die Rechte der Stände in der Gesetzgebung beschränkt wurden. — Es läßt sich indessen nicht leugnen, daß das Ansehen der Souveräne und der Constitutionen in Deutschland durch diese Geschichte einen gewaltigen Stoß erhielt. Seit dieser Zeit fingen demokratische Grundsätze an unter den Deutschen festen Boden zu gewinnen und durch einen immer inniger werdenden Verkehr mit Nordamerika sich auszubreiten. Zwischen den Jahren 1832—47 zog ein unerklärbarer Trieb die Deutschen über den atlantischen Ocean, und es fand aus Deutschland eine Völkerwanderung in großartigerem Maßstabe statt, als diejenige gewesen war, die wir die große Völkerwanderung zu nennen pflegen und die im vierten und fünften Jahrhundert das Römerreich umgestaltet hat. Diese Auswanderer zogen zwar nicht in Heerschaaren und mit bewaffneter Hand, wie jene Horden der großen Völkerwanderung, sondern in kleineren Zügen und mit keinen anderen Waffen als den Werkzeugen des Ackerbaus und des Handwerks; sie verloren sich ferner in jenen unabsehbaren Länderstrecken, welche erst durch ihren Fleiß aus einer Wildniß in einen behaglichen Wohnsitz für gebildete Menschen umgeschaffen werden sollten — allein dessenungeachtet ist diese massenhafte Auswanderung aus Deutschland ein Ereigniß von welthistorischer Wichtigkeit. Denn seitdem es in Deutschland fast keine Familie mehr giebt, die nicht ihre Verwandten jenseits des großen Wassers hat, sind die Beziehungen zwischen Deutschland und Amerika so innig, die Reisen hin und her so häufig und die Wechselwirkungen so mächtig geworden, daß es uns nicht wundern darf, wenn sich unter dem Einflusse amerikanischer Ideen in Deutschland eine demokratische Partei ausbildete. Und ein solcher Vorgang, wie der Verfassungsstreit in Hannover, mußte der Partei, die weder von den Fürsten, noch von dem Liberalismus der Kammern etwas wissen wollte, immer mehr Anhänger zuführen.

So war Deutschland in kirchlicher und politischer Aufregung, als am 7. Juni 1840 Friedrich Wilhelm III im 70. Jahre seines Alters und nach 42jähriger Regierung durch einen sanften Tod aus den Tagen der Unruhe, wie er selbst seine Lebenszeit genannt hat, zur ewigen Ruhe hinüberging. Der ganze Geist des verewigten Monarchen sprach sich in seinem letzten Willen aus, den sein Nachfolger sogleich veröffentlichen ließ, und aus dem das preußische Volk mit Rührung den frommen und gerechten Sinn des von ihm beweinten Monarchen erkannte. In einem Anhange, der überschrieben war „An meinen lieben Fritz" gab er seinem Nachfolger weise Rathschläge, unter andern den, sich eben so vor der um sich greifenden Neuerungssucht zu hüten, als vor einer zu weit getriebenen Vorliebe für das alte. Auch ermahnte er ihn, in fester Eintracht mit Oesterreich und Rußland zusammenzuhalten; denn ihr Bund mit Preußen sei als der Schlußstein der großen europäischen Allianz zu betrachten. Der neue König nahm den Namen Friedrich Wilhelm IV an und gab schon dadurch so wie durch eine ausdrückliche Erklärung zu erkennen, daß er in den Wegen des Vaters wandeln werde. Doch war sein Wesen von dem seines Vaters sehr verschieden. Dieser war ernst und schweigsam gewesen, der Sohn dagegen voll Geist, beredt und redelustig. Die Großherzigkeit, mit welcher der König sogleich nach seinem Regierungsantritt alle seit der Zeit der demagogischen Umtriebe Verfolgten rehabilitirte und drei der aus Göttingen vertriebenen Professoren, die Gebrüder Grimm und Dahlmann, im preußischen Staatsdienste anstellte, gewann ihm eben so die Sympathie der Liberalen, als die Milde, mit der er die kirchlichen Wirren ordnete, die Herzen seiner katholischen Unterthanen. Dem Erzbischof von Posen wurde die Rückkehr in seine Diöcese gestattet, nachdem, wie die officielle Erklärung lautete, der Erzbischof an dem Fuße des Thrones Erklärungen niedergelegt hatte, die zu der Hoffnung berechtigten, daß die Rechte der Krone und das Ansehen der Gesetze gewahrt werden könnten, ohne die kirchliche Ordnung zu verletzen. Wenn auch der starre Sinn des Erzbischofs von Cöln verhinderte, ihm die Rückkehr auf seinen erzbischöflichen Stuhl zu gestatten, so wurde er doch aus der Haft entlassen mit der Erlaubniß, sich mit alleiniger Ausnahme der Erzdiöcese Cöln seinen Aufenthalt in einem beliebigen Orte zu wählen; die Verwaltung des Erzbisthums wurde aber dem vom Papste zum Coadjutor ernannten bisherigen Bischof von Speier, Joh. von Geissel, übertragen. — Es war natürlich, daß man von einem Könige mit so eigenthümlichem Geiste und so umfassender Bildung große Aenderungen im bisherigen preußischen System erwartete. Namentlich hoffte man, daß das seit 1815 unerfüllt gebliebene Versprechen einer preußischen Reichsverfassung jetzt in Erfüllung gehen werde. Als daher der König im August 1840 nach Königsberg reiste, um hier, an der Wiege der preußischen Souveränetät, in der Hauptstadt der Provinz, von der die ganze Monarchie ihren Namen erhalten hat, sich nach alter Sitte huldigen zu lassen, überreichten ihm die ostpreußischen Stände unter dem Einflusse des Oberpräsidenten von Schön am 7. September die Bitte um Einführung der versprochenen Repräsentativ-Verfassung. Die angesehensten Namen der Provinz, die Brünneck, die Auerswald, die Bardeleben, die Saucken, gaben dieser Bitte durch ihre Unterschrift einen bedeutenden Nachdruck. Wenn dessenungeachtet der König sich veranlaßt sah die Bitte ablehnend zu bescheiden, weil er eine Repräsentativ-Verfassung für unzweckmäßig und es überhaupt für gewagt halte, den historischen Boden der ständischen Gliederung und der Provinzial-Vertretung zu verlassen, so bestimmte ihn dazu die Rücksicht auf die preußische Geschichte. Preußen war groß und mächtig geworden durch seine Dynastie, seine Armee, seine Büreaukratie — wie sehr war zu fürchten, daß die Einheit des Willens und der Macht durch einen Reichsrath gestört werden könne, in dem von der liberalen und katholischen Opposition nichts als Hemmungen zu erwarten war! Trotz dieser Ablehnung erregte der König den größten Enthusiasmus, als er am 10. September bei der Huldigung der Stände in Königsberg eine Ansprache an das versammelte Volk hielt, worin er in beredten Worten die edelsten Vorsätze für das Wohl seines Volkes und die Entwickelung seines Staates aussprach. Nachdem nämlich die Stände von Preußen und Posen das Gelöbniß der Treue abgelegt hatten, trat der König an den Rand des Balkons und gelobte auch seinerseits vor Gottes Angesicht und vor diesen lieben Zeugen allen, daß er ein gerechter Richter, ein wahrhaft christlicher König sein wolle. Er pries das Vaterland, in dem Einheit an Haupt und Gliedern herrsche, und flehte zu Gott, er möge dasselbe sich selbst, Deutschland und der Welt erhalten mannigfach und doch eins — wie das edle Erz, das aus vielen Metallen zusammengeschmolzen nur ein einziges edles sei, keinem andern Rost unterworfen, als allein dem verschönernden der Jahrhunderte. Alle, welche dieser Scene beigewohnt haben, schildern den Eindruck, den diese königlichen Worte und Gesinnungen hervorbrachten, als einen überwältigenden. Einen Monat später, am 15. October 1840, fand die Huldigung der übrigen Provinzen zu Berlin statt, und auch hier strömte der Mund des Königs in feuriger Rede von dem über, wessen sein Herz voll war. Allein die politischen und kirchlichen Ideale, die seinen Geist erfüllten, standen nicht in Einklang mit den herrschenden Ideen des Liberalismus und Rationalismus. So trat ihm bei dem Ausbau der Verfassung auf Grund ständischer Gliederung eine Opposition entgegen, welche die Regierung in die Bahn constitutioneller Entwickelung zu drängen suchte. Den Anstoß dazu gaben zwei Flugschriften, welche beide von Ostpreußen ausgingen. Die erste unter dem Titel „Woher und wohin" war von dem Oberpräsidenten von Schön verfaßt und versuchte zu beweisen, daß die von den preußischen Ständen beantragte Einrichtung von Reichsständen eine durch die Entwickelung des preußischen Staates gebotene Forderung der Zeit und der Lage sei. Sie behauptete, daß der Tag für das öffentliche Leben in Preußen, dessen Morgenröthe schon im Jahre 1813 geleuchtet habe, nunmehr aufgegangen sei und sich eben so wenig aufhalten lasse, als die Sonne in ihrem Laufe; die Zeit der sogenannten väterlichen oder patriarchalischen Regierung sei vorbei und lasse sich nicht wieder zurückführen, weil das Volk mündig geworden sei. Die zweite Flugschrift unter dem Titel „Vier Fragen", von Dr. Jacoby in Königsberg verfaßt, stellte das, was die Stände erbeten hatten, als wohlerworbenes Recht dar und beantwortete die Frage, was dieselben nach der ablehnenden Erklärung des Königs zu thun hätten, mit den kurzen aber entschiedenen Worten: Sie haben das, was sie bisher als Gunst erbaten, nunmehr als erwiesenes Recht in Anspruch zu nehmen. Die Wirkung dieser Flugschriften war unermeßlich und indem ihr Inhalt in das Bewußtsein der Gebildeten überging, trat der König mit seinen Anschauungen in einen schroffen Gegensatz zu den Ideen eines großen Theils seiner Unterthanen. In nichts zeigt sich der wahre Adel von Friedrich Wilhelms IV Charakter deutlicher, als daß er, ohne sich durch Opposition irre machen oder reizen zu lassen, fortfuhr zu gewähren, was ihm die Zeit zu verlangen schien. So befreite er die Presse von den Beschränkungen, die ihr bisher eine strenge Censur auferlegt hatte, in dem Bewußtsein, daß die Regierung eine wahrheitsliebende Kritik ihrer Maßregeln nicht zu scheuen brauche. Allein er gab damit seinen Gegnern eine gefährliche Waffe in die Hand, und man muß es mit schmerzlichem Bedauern gestehen, daß die Preßfreiheit misbraucht wurde. Kaum waren die bisherigen Schranken hinweggenommen, als die publicistischen Brotschriftsteller mit täglich zunehmender Schamlosigkeit anfingen, die Gesetze und Einrichtungen des Staates herabzuwürdigen, die Beamten zu verleumden, die Volkssouveränetät zu predigen und die Religion zu lästern. Selbst die Person des Königs wurde nicht geschont, und es ward ein Stichwort der Gegner der Regierung, alle Neigungen und Handlungen des Königs als „mittelalterliche Romantik" zu charakterisiren. Es wurde keine Lüge, keine Entstellung gescheut, um das deutsche Publicum glauben zu machen, daß der König ein Mann sei, der vor lauter mittelalterlichen Wäldern die Bäume der Gegenwart nicht sehe.

Noch heftiger und leidenschaftlicher als in der Sphäre der Politik waren die Bewegungen auf dem Gebiete der Kirche und der Wissenschaft. Altenstein, der so lange dieses Departement verwaltet hatte, war bald nach dem König Friedrich Wilhelm III gestorben, und die Wiederbesetzung dieser in dem Staate der Intelligenz so wichtigen Stelle erregte bei allen Parteien die gespannteste Erwartung. Die Ernennung des geheimen Rathes Eichhorn zum Cultusminister ward anfangs mit Jubel begrüßt, weil man von ihm als einem vertrauten Freunde Schleiermachers hoffte, daß er durch eine liberale und großartige kirchliche Organisation neues Leben und Freiheit von dem Symbolzwange schaffen werde. Um so größer war der Haß, den sich dieser Minister zuzog, als er ein geradezu diesen Erwartungen entgegengesetztes System befolgte. Auch läßt sich nicht leugnen, daß der Uebergang zu schroff und die Energie zu verletzend war, mit welcher der neue Minister den Unterricht und die Erziehung der Jugend wieder auf die Grundlagen des Christenthums zurückzuführen sich bemühte. Der Minister trat mit einem Zeitgeiste in Kampf, der sich auf dem langen Wege einer hundertjährigen Culturgeschichte gebildet und nach und nach die ganze Nation durchdrungen hatte. Verbieten, was alle wollen, und gebieten, was alle nicht wollen, läßt sich kaum bei Völkern durchführen, die an Sclaverei gewöhnt sind, und wie hätte in dem intelligenten Preußen ein so schroffer Uebergang von der unbegrenzten

Freiheit der Wissenschaft zu dem gebundenen Systeme der Rechtgläubigkeit gelingen können? Daß Eichhorn an die Stelle der Hegelschen Philosophie, die bisher herrschend gewesen war, die Schellingsche setzte und im preußischen Volke den alten Glauben erhalten oder wiederherstellen wollte, ward ihm als Rückschritt und Verdunkelung ausgelegt. Dem Zwange von oben trat Widerstand von unten entgegen; die alten Rationalisten, die bisher wenigstens den Schein der Achtung vor den Symbolen und vor der Autorität der Bibel bewahrt hatten, warfen jetzt die Maske ab und sagten sich förmlich von den Grundlagen des allgemeinen christlichen Glaubens los. Es bildeten sich in Berlin die Gemeinde der Freien und in der Provinz Sachsen die Vereine der Lichtfreunde. Ihr Hauptredner war ein sächsischer Landpastor, Namens Uhlich, der diesen Vereinen Organisation und Zusammenhang zu geben wußte. Die Zusammenkünfte zu Köthen erweiterten sich nach und nach zu Volksversammlungen, und von dem Kampfe für Denk- und Glaubensfreiheit, die angeblich bedroht sein sollte, ging man zu einem förmlichen Abfalle von dem christlichen Glauben über. Der Prediger Wislicenus in Halle sprach es in seiner Abhandlung über „Schrift und Geist" zuerst aus, daß nicht in der heiligen Schrift, sondern in dem Geiste des Menschen und in den Fortschritten der Bildung die wahre göttliche Offenbarung enthalten sei. Und diese Bewegung blieb nicht bloß auf einen kleinen Kreis beschränkt, sondern fand in allen Provinzen des preußischen Staates zahlreiche Anhänger. Unter dem Einflusse dieses Oppositionsgeistes wurden selbst so edle Unternehmungen, wie der Ausbau des cölnischen Doms und die Stiftung eines protestantischen Bisthums in Jerusalem als „romantische Grillen" mit Mistrauen aufgenommen. Was den ersteren betrifft, so ging der König mit Begeisterung auf den Gedanken ein, das größte Denkmal, in dem der religiöse Sinn des Mittelalters sich zu verkörpern gesucht hatte, das aber kaum zur Hälfte fertig geworden war, den Cölner Dom, auszubauen. Ueberall in Deutschland, und, was ein erfreuliches Zeichen des wiederhergestellten religiösen Friedens war, sowohl unter Protestanten, als unter Katholiken bildeten sich Vereine, um zur Vollendung des riesenhaften Werkes mitzuwirken. Der König selbst legte im September 1842 den Grundstein zur Wiederaufnahme des unter dem Hohenstaufen Friedrich II begonnenen, aber seit mehr als drei Jahrhunderten unterbrochenen Baues. Er hielt bei dieser Gelegenheit an die zahlreiche Versammlung eine Rede, die durch Schwung der Gedanken, durch Adel der Empfindung alle Gemüther ergriff. Der leitende Gedanke in dieser Rede war, daß der fertige Cölner Dom ein Denkmal des Brudersinnes aller Deutschen, aller Bekenntnisse sein werde. Er sprach die Hoffnung aus, daß die Thore, zu denen er den Grundstein lege, die Thore einer neuen und guten Zeit werden möchten, durch welche nie das ehrlose Untergraben der Einigkeit der deutschen Fürsten und Völker, das Rütteln an dem Frieden der Confessionen und Stände, sowie der Geist einziehe, der einst den Bau dieses Gotteshauses, ja den Bau des Vaterlandes gehemmt habe. „Der Dom von Cöln," rief er begeistert aus — „das bitte ich von Gott — rage über diese Stadt, rage über Deutschland, über Zeiten, reich an Menschenfrieden, reich an Gottesfrieden, bis an das Ende der Tage!" Der Ton, den der König in seiner herrlichen Rede angeschlagen hatte, klang noch lange nach; von den fürstlichen Gästen, die sich zu diesem Feste eingefunden hatten, brachte der König von Würtemberg bei der Tafel den Trinkspruch aus: Deutschland, unserem gemeinsamen großen Vaterlande! und der Erzherzog Johann von Oesterreich sprach den Gedanken aus: „So lange Preußen und Oesterreich, so lange das ganze übrige Deutschland, soweit die deutsche Zunge reicht, einig sind, so lange werden wir unerschütterlich dastehen, wie die Felsen unserer Berge!" Dieser ebenso wahre als schöne Spruch ward aber unter das Volk gebracht in der entstellten Form, als habe der Erzherzog gesagt: Kein Preußen, kein Oesterreich! Ein einiges, großes Deutschland, fest wie seine Berge! Wie weit aber diese idealen Wünsche und Anschauungen von der realen Wirklichkeit des Lebens entfernt waren, hatte kurz vorher ein Vorfall gezeigt, der alle deutsch gesinnten Gemüther empörte. Die Darmstädter Regierung ließ bei Biberich eine Menge Steine in den Rhein werfen, um diesen nassauschen Hafen unbrauchbar zu machen, weil die Mainzer behaupteten, daß der Hafendamm von Biberich ihrer Schifffahrt nachtheilig sei. Dieses Mal schritt indessen der Bundestag energisch ein und ließ die Steine wieder wegschaffen.

Die Errichtung eines evangelischen Bisthums in Jerusalem ging von dem Gedanken aus, daß der Moment, in dem die Türkei durch die Eintracht der Großmächte gerettet worden war, eine günstige Gelegenheit darbiete, den evangelischen Christen im Orient einen so lang entbehrten Schutz und Mittelpunkt zu verschaffen. Während im Orient sowohl die lateinische, als die griechische und armenische Kirche von der Pforte als Corporationen anerkannt und mit vertragsmäßig festgesetzten Rechten ausgestattet waren, entbehrte die evangelische Kirche in der Türkei aller gesetzlichen Anerkennung. Diese zu bewirken in einem Augenblicke, wo es ohne große Schwierigkeit möglich war, hielt der König für seine Pflicht, und es begeisterte ihn zugleich der Gedanke, auch der evangelischen Kirche, als einem ebenbürtigen Gliede der Kirche Christi, das Recht zu verschaffen, auf dem heiligen Boden des Ursprungs der Christenheit ihre Bekenner zu sammeln und die evangelische Lehre frei zu verkündigen. Dieses Ziel schien aber nicht zu erreichen, ohne eine Vereinbarung mit England, dessen Macht und Einfluß im Orient der Pforte mehr imponirte, als der Name Preußens, der daselbst wenig bekannt war. Der König trat daher mit der englischen Regierung und Kirche in Unterhandlungen, und das Resultat derselben war der Beschluß, gemeinschaftlich ein protestantisches Bisthum an dem heiligen Grabe zu Jerusalem zu errichten, zu dem der Bischof alternirend von Preußen und England ernannt werden sollte, jedoch unter der Bedingung, daß der Bischof die Weihe der anglicanischen Kirche erhalten haben müsse. Dieses war der Fall bei dem ersten von Preußen ernannten Bischof Gobat und gab denen, welche die neue Institution verhaßt oder lächerlich machen wollten, zu der Verleumdung Gelegenheit, als gehe der König mit dem Gedanken um, die bischöfliche Kirche Englands in Preußen einzuführen. Ueberhaupt nahm die Opposition gegen die religiöse Richtung der Regierung einen immer gehässigern Charakter an, und die Misdeutungen, denen der Minister Eichhorn ausgesetzt war, fingen schon an, auch auf die Person des Königs übertragen zu werden. Wie weit es mit der Verirrung der Gemüther schon gekommen war, zeigte ein in der deutschen Geschichte unerhörtes Attentat. Ein abgesetzter Bürgermeister, Namens Tschech, feuerte am 26. Juli 1844 zwei Schüsse auf den König ab, zum Glücke, ohne ihn ernstlich zu verletzen. Obgleich es verworfene Menschen gab, welche die Hinrichtung des Mörders als ein Martyrium ansahen und dessen Tochter dahin brachten, die königliche Gnade, welche für sie gesorgt hatte, undankbar zurückzuweisen, so wurde doch der König in dem Vertrauen zu seinem Volke keinen Augenblick erschüttert. Er erklärte vielmehr, daß er ruhig sein Haupt in den Schooß jedes einzelnen niederlegen werde.

Während in dem protestantischen Theile von Deutschland alles voller Gährung war, ward auch unter den Katholiken ein Brand entzündet, der dazu beitrug, die Verwirrung zu vermehren. Im August 1844 stellte der Bischof von Trier, Arnoldi, den in der Kathedrale von Trier aufbewahrten heiligen Rock, welchen der Sage nach der Heiland während seines Erdenwallens getragen haben sollte, zu allgemeiner Verehrung aus. Der Zudrang zu dieser Reliquie war über alle Erwartung groß; aus den Rheinlanden und Westfalen, aus Belgien, Lothringen und Frankreich zogen die Wallfahrer unter Anführung ihrer Geistlichen in Processionen herbei, um dem heiligen Rocke ihre Verehrung zu beweisen; und ihre Zahl stieg in den sechs Wochen, während welcher die Ausstellung dauerte, auf mehr als eine Million Menschen. Welch ein Contrast der Gegensätze, von denen die Zeit zerrissen war! Während in dem protestantischen

Deutschland viele die Göttlichkeit Christi leugneten, ja fast seine historische Persönlichkeit in Frage stellten, beugten sich zu Trier die Kniee in Demuth vor der äußeren Hülle, vor dem bloßen Gewande des Heilands. Diese Schaustellung und ihr Erfolg, den man bei der herrschenden Aufklärung nicht für möglich gehalten hatte, erregte aber nicht bloß bei den Protestanten Aergerniß und bei den Ungläubigen Spott, sondern gab auch vielen gebildeten Katholiken Anstoß. Ein junger katholischer Geistlicher in Schlesien, Johannes Ronge, sprach in einem offenen Briefe an den Bischof von Trier diesen Anstoß in derben Worten aus. Obwohl Ronge kein unbescholtener Charakter war, da er von seinem geistlichen Amte suspendirt, und obgleich sein Brief nichts enthielt, als was von protestantischer Seite gegen Reliquien und Wallfahrten schon längst hundertmal gründlicher und würdiger gesagt worden war, so schien doch seine Eigenschaft als katholischer Geistlicher dem Briefe eine besondere Wichtigkeit zu geben. Ronges Schreiben erregte daher großes Aufsehen und zog seinem Verfasser eine Bewunderung und ein Ansehen zu, als ob in ihm ein gewaltiger Reformator aufgetreten wäre. Allein der ganze Lärm würde ohne Folgen geblieben sein, wenn nicht ein katholischer Pfarrer zu Schneidemühl in Posen, Namens Czerski, die Bewegung aus dem Gebiete der Phrasen in das der Thatsachen hinübergespielt hätte, indem er sich mit seiner Gemeinde von der römisch-katholischen Kirche lossagte und ein eigenes Glaubensbekenntniß aufstellte. Dieses Beispiel fand Nachahmung: zuerst bildete sich in Breslau eine deutsch-katholische Gemeinde, die übrigens vom Katholicismus nichts beibehielt, als den Namen, sonst aber sich in ihrer Auffassung der Glaubenslehren den Lichtfreunden näherte. Die neue Kirche fand schnell Anhänger in Mittel- und Süddeutschland, besonders als Ronge im Jahre 1845 einen Umzug hielt, bei welchem er in Offenbach, Frankfurt a. M., Darmstadt, im Großherzogthum Baden und im Königreiche Würtemberg deutsch-katholische Gemeinden stiftete. Obgleich ein so bedeutender Historiker, wie Gervinus, in einer von ihm publicirten Flugschrift der neuen Kirche eine große Zukunft prophezeite, so zeigten doch gerade die Reformatoren durch ihre Rundreisen und Reden, daß sie unfähig seien, etwas dauerndes zu schaffen. Ihre glaubensleere und radicale Richtung entzog ihnen ebenso die Theilnahme der Protestanten, wie die der Katholiken, und als sich herausstellte, daß der Deutschkatholicismus nichts weiter als eine Maske für die politische Demokratie sei, hörte die Bewegung nach und nach von selbst auf. Nur in Leipzig gab sie zu einem traurigen und blutigen Ereignisse Veranlassung. Hier, in dem Mittelpunkte des deutschen Buchhandels und dem Hauptsitz des für Brot schreibenden Literatenthums, fand die neue religiöse Bewegung einen zur Aufnahme vorbereiteten Boden. Obgleich Sachsen fast ganz protestantisch ist, ward doch die Begeisterung für Ronge nirgends mehr auf die Spitze getrieben, als hier. Ein Mann, der von Natur alle Eigenschaften eines Volksredners und Demagogen besaß und sie durch eine eigenthümliche Laufbahn ausgebildet hatte, Robert Blum, ergriff die deutsch-katholische Bewegung als ein Mittel, um sich zu einer Bedeutung emporzuschwingen, welche er auf anderem Wege zu erlangen nicht die entfernteste Aussicht hatte. Viele schlossen sich der von ihm gebildeten deutsch-katholischen Gemeinde aus bloßer Opposition gegen den katholischen Hof an. Man kann sich daher denken, in welche Aufregung Stadt und Land geriethen, als am 17. Juli 1845 die in Evangelicis beauftragten Minister ein Verbot der bisher geduldeten öffentlichen Versammlungen zu religiösen und kirchlichen Besprechungen erließen. Die Minister motivirten dieses Verbot durch ihren Amtseid, der sie verpflichte, darüber zu wachen, daß gegen das Bekenntniß der auf die augsburgische Confession gegründeten Kirche weder öffentlich noch heimlich etwas vorgenommen werde, daß sie daher Vereine und Versammlungen nicht dulden dürften, welche darauf gerichtet wären, die augsburgische Confession in Frage zu stellen oder anzugreifen. Dieses Verbot ward als eine Unterdrückung der Glaubensfreiheit aufgefaßt und vorzüglich dem Einflusse des Prinzen Johann zugeschrieben, der nun, obgleich ein Mann der edelsten Gesinnung, voll Liebe für Wissenschaft und Kunst und selbst ein ausgezeichneter Schriftsteller, Gegenstand der unwürdigsten Verleumdungen wurde. Als der Prinz am 12. August 1845 nach Leipzig kam, um als Chef sämmtlicher Communalgarden des Landes die Leipziger Communalgarde zu besichtigen, machte sich die Aufregung gegen ihn in der rohesten Weise Luft. Schon bei der Musterung der Garde war aus deren Reihen ein Lebehochruf für Ronge erschollen; am Abend aber sammelte sich vor dem Hôtel, in welchem der Prinz abgestiegen war, ein großer Volkshaufe, der mit dem Geschrei: Ronge lebe hoch! Fort mit den Jesuiten! anfing und dann zu Thätlichkeiten schritt, indem er unter drohendem Gebrüll gegen das Hôtel andrang, Steine in die Fenster schleuderte und in das Thor einzubrechen suchte. Zum Schutze des Prinzen rückte eine Abtheilung Schützen herbei, die, da der Tumult sich nicht legte, von ihren Waffen Gebrauch machten und unter die Menge feuerten. Sieben Personen, sämmtlich unschuldige Zuschauer, wurden getödtet und eine noch größere Menge verwundet. Der Prinz, dem man die Schuld des vergossenen Blutes beimaß, reiste am nächsten Morgen, verfolgt von den Drohungen und Verwünschungen der Menge, in einer Eile ab, die ganz den Anschein der Flucht hatte. Die Stadt aber, aus der das Militär entfernt wurde, blieb nun im Besitz des nach Rache schnaubenden Volkes. Mitten in dieser Aufregung, welche die ärgsten Excesse befürchten ließ, war es ein Glück für Leipzig, daß es in Robert Blum einen Mann besaß, der Einfluß genug hatte, um die Menge zu zügeln, und hinreichenden Verstand, um sie auf den Weg der Besonnenheit und der Mäßigung zu führen. Acht Tage lang war Blum in Leipzig unumschränkter Gebieter. Denn die Regierung zögerte absichtlich mit gewaltsamem Einschreiten, um den erhitzten Gemüthern Zeit zur Abkühlung zu lassen. Erst nachdem dies geschehen war, wurde eine Untersuchung eingeleitet, die aber kein anderes Resultat hatte, als daß eine Menge von Literaten, in deren Treiben man die vornehmste Ursache der Unruhen erkannte, aus Leipzig ausgewiesen und die Volksversammlungen und Bürgervereine verboten wurden. Da auch die Presse der strengsten Beaufsichtigung unterworfen ward, so verschwanden zwar äußerlich alle Zeichen der Gährung, allein in den Gemüthern blieben Keime der Unzufriedenheit zurück, die einige Jahre später in verderblichen Früchten aufgingen. Wenn auch die Deutschkatholiken von den Regierungen geduldet wurden, so mußte doch nach einem solchen Ereignisse, wie das Leipziger gewesen war, ihr Treiben die Misbilligung der Regierungen erregen. Nach und nach fingen alle, die einen Namen zu verlieren hatten, an, sich von ihnen zurückzuziehen und die Ueberzeugung, durch Gemeinschaft mit ihnen ihre Sache zu compromittiren, bewog auch die politisch Liberalen, sie ihrem Schicksal zu überlassen. So konnten allenthalben die Regierungen die Bewegung Beschränkungen unterwerfen, durch welche sie alle Bedeutung verlor.

Die Unruhen in Deutschland ermuthigten die Polen zu einem Versuche, ihre Unabhängigkeit herzustellen, und es bildeten sich zu diesem Zwecke Verschwörungen, die zugleich in dem Großherzogthum Posen und in dem österreichischen Galizien einen Aufstand hervorrufen und leiten sollten. Schon war ein polnischer Flüchtling Mieroslawski aus Paris in Posen angekommen, um den Oberbefehl bei der beabsichtigten Insurrection zu übernehmen, als die Wachsamkeit der preußischen Regierung den Plan entdeckte und ihn mit leichter Mühe vereitelte. Am 14. Februar 1846 wurden die Verschworenen, die sich in der Stadt Posen versammelt hatten, um die letzten Verabredungen zu treffen, verhaftet. Es waren meistens Edelleute, die sich durch Leichtsinn und Unbesonnenheit zu einem Unternehmen hatten verleiten lassen, dessen Hoffnungslosigkeit auch dem beschränktesten Verstande einleuchten mußte. Auch blieb die Provinz ruhig, und es zeigte sich, daß die große Masse des polnischen Landvolkes für die Wohlthaten, die sie der preußischen Regierung verdankte, Verständniß und Dankbarkeit hatte. Nur ein paar hundert Bauern ließen sich durch die Beamten eines der verhafteten Gutsbesitzer verführen, bewaffnet gegen Posen zu ziehen, um die Festung zu überrumpeln und die Gefangenen zu befreien — ein Versuch, der eben so lächerlich als erfolglos war und nichts als die Bestrafung der Schuldigen herbeiführte. — In dem kleinen Freistaate Krakau dagegen, wo die republikanische Regierung zu machtlos war, den Aufwieglern Widerstand zu leisten, kam der Aufstand zu vollem Ausbruche. Hier wurde eine provisorische Regierung gebildet, an deren Spitze Dr. Tyssowski trat, und die in einem Aufrufe die Polen zur Wiederherstellung ihres Reiches aufforderte. Diese Aufforderung brachte bei dem Landvolke in Galizien eine unerwartete Wirkung hervor. Denn statt sich mit dem Adel gegen die österreichische Regierung zu erheben, wandten sich die Bauern gegen den Adel und ersparten der österreichischen Regierung die Mühe, den Aufstand zu unterdrücken, indem sie selbst schonungslos und unter unerhörten Greueln alle Edelleute und Verwalter, die ihnen in die Hände fielen, todtschlugen. In Krakau dauerte die Herrschaft der provisorischen Regierung indeß nur wenige Tage; schon am 3. März besetzten österreichische und russische Truppen die Stadt, aus der die Machthaber entflohen waren, und später rückten auch preußische Truppen ein, um im Namen der drei Schutzmächte die Ordnung wiederherzustellen. Krakau büßte den Aufstand durch den Verlust seiner Existenz als Freistaat; auch diese Schöpfung des Wiener Congresses erwies sich als unhaltbar, seitdem sich herausgestellt hatte, daß der Freistaat ein Nest der Verschwörung geworden war, um von hier aus die polnischen Besitzungen der drei Schutzmächte zu beunruhigen. Krakau ward nach einem zwischen den Schutzmächten am 6. November 1846 geschlossenen Vertrag dem österreichischen Kaiserthum einverleibt und blieb im Besitz desselben trotz des Widerspruches, der von England und Frankreich gegen diese Verletzung der Verträge von 1815 eingelegt wurde.

Man kann nicht verkennen, daß aus den Bewegungen in Deutschland seit dem Jahre 1840 ein bemerkenswerthes Resultat hervorging, nämlich ein Aufschwung des allgemeinen deutschen Nationalgefühls. Die Einheit der deutschen Nation blieb nicht mehr, wie früher, bloß auf die Literatur beschränkt, sondern stellte sich in zahlreichen Vereinen dar, die sich jährlich an wechselnden Orten zu versammeln pflegten; auch trugen die Eisenbahnen nicht wenig dazu bei, die deutschen Stämme einander zu nähern und in regem Verkehr immer mehr zu vermischen. Dieses Nationalgefühl trat in überraschender Energie hervor, als bei der Frage über die Erbfolge in Dänemark dänische und deutsche Interessen in Bezug auf die Herzogthümer Schleswig und Holstein mit einander in Conflict kamen. Schon unter der milden Regierung Friedrichs VI war durch die

Frage, ob in Schleswig die deutsche oder die dänische Sprache die herrschende sein solle, eine große Aufregung hervorgerufen worden; diese nahm von Jahr zu Jahr an Stärke zu, als nach Friedrichs VI Tode im Jahre 1839 unter der Regierung seines Nachfolgers Christians VIII die wichtigere Frage über die Erbfolge in der dänischen Monarchie zur Sprache kam. Denn da Christian VIII nur einen Sohn hatte, von dem keine Nachkommenschaft zu erwarten stand, so war das Erlöschen des Mannsstammes der dänischen Königsfamilie in nahe Aussicht gestellt. In diesem Falle würde in Dänemark nach der lex regia die weibliche, in Holstein die männliche Erbfolge zur Geltung gekommen, Schleswig dagegen ein Zankapfel geworden sein, da es staatsrechtlich zu Dänemark gehörte, in der Wirklichkeit aber durch eine fast vierhundertjährige Verbindung mit Holstein so zusammengewachsen war, daß es sich von demselben nicht trennen lassen wollte und sich unter dem Namen Schleswig-Holstein als einen zusammengehörigen und auf Grund alter Urkunden und Verträge untheilbaren Staat fühlte und darstellte. Lange, ehe der wirkliche Erbfall eingetreten war, fing derselbe an die Gemüther zu beunruhigen und aufzuregen. Während die Schleswiger, als deren Wortführer sich besonders der Advocat Beseler auszeichnete, geradezu daran dachten, mit Holstein gemeinschaftlich sich dem deutschen Bunde anzuschließen, arbeiteten die Dänen darauf hin, ihre Monarchie, die durch Losreißung der Herzogthümer zu einer unbedeutenden Macht herabgesunken wäre, ungetheilt zu erhalten. Der Bürgermeister von Kopenhagen, Algreen Ussing, machte im Jahre 1844 die in Roeskild versammelte dänische Provinzialversammlung auf die Gefahr aufmerksam, die der dänischen Monarchie von den Bestrebungen in den Herzogthümern drohe, und stellte den Antrag, den König zu bitten, er möge auf eine feierliche Weise zur Kunde der Unterthanen bringen, daß die dänische Monarchie — das Königreich Dänemark und die Herzogthümer Schleswig, Holstein und Lauenburg — nach den Bestimmungen der lex regia über die Erbfolge zu ungetheiltem Erbe gehe. Sofort legte die holsteinische Ständeversammlung gegen diesen Ussingschen Antrag Protest ein und beschloß eine Adresse an den König, worin durch historische Deductionen der Beweis versucht war, daß die Herzogthümer selbständige Staaten seien, in denen nur der Mannsstamm herrsche, und die daher ohne Rechtsverletzung nicht den Bestimmungen der lex regia unterworfen werden dürften. Allein nicht bloß die Holsteiner traten für die Schleswiger auf, sondern auch die Ständeversammlungen der deutschen Mittelstaaten nahmen sich der schleswig-holsteinschen Sache als einer allgemeinen deutschen Nationalangelegenheit an und drangen wetteifernd in ihre Regierungen, den deutschen Bund zur kräftigen Aufrechterhaltung des deutschen Volksthums und der deutschen Rechte in den Herzogthümern zu veranlassen. Diesen Bestrebungen gegenüber ließ Christian VIII die streitige Erbfolgefrage von einer aus dänischen und deutschen Staatsmännern zusammengesetzten Commission untersuchen und sprach das Resultat am 8. Juli 1846 in einem offenen Briefe aus, worin er erklärte, daß für Lauenburg, als ein durch Verträge von der Krone Dänemark erworbenes Land, und für Schleswig die Erbfolge nach den Bestimmungen des dänischen Königsgesetzes gelte, daß dagegen für Holstein zwar andere Grundsätze maßgebend wären, daß aber seine Bemühungen unausgesetzt darauf gerichtet sein sollten, auch dieses Land der dänischen Monarchie zu erhalten. Er beruhigte daher seine Unterthanen mit der Versicherung, daß die unter seinem Scepter vereinigten Landestheile niemals von einander getrennt werden, sondern in ihren bisherigen Verhältnissen und mit den ihnen zustehenden Rechten zusammenbleiben sollten. Statt aber, wie gehofft wurde, die Gemüther zu beruhigen, brachte diese Erklärung die heftigste Aufregung hervor. Man hatte sich in den Herzogthümern in den Gedanken hineingelebt, daß ihre Trennung von Dänemark ein Glück für sie sei, daß sie, die bisher von Dänemark übervortheilt und ausgesogen worden seien, eine neue Epoche ungeahnter Wohlfahrt zu erwarten hätten, wenn erst das drückende Band, das sie mit Dänemark verknüpfte, gelöst wäre. Die holsteinschen Stände wandten sich an den deutschen Bund und die schleswigschen protestirten gegen die in dem offenen Briefe ausgesprochenen Grundsätze. Volksversammlungeu, wie am 20. Juni zu Neumünster und am 14. September zu Nortorf, erhitzten die öffentliche Stimmung, die sich unter anderem in dem damals entstandenen Liede „Schleswig-Holstein meerumschlungen" aussprach, und befestigten sie in der Ueberzeugung, daß Schleswig und Holstein weder von einander noch von Deutschland getrennt werden dürften. Auch erhielt die Agitation erst ihre rechte Stärke durch die Sympathie, welche die schleswig-holsteinsche Sache in Deutschland fand. Unzählige Adressen und Petitionen wurden zu ihren Gunsten erlassen, denen allen der Gedanke zu Grunde lag, daß Deutschland diese Gelegenheit ergreifen müsse, um sich wieder nach außen die Geltung zu verschaffen, die einer so großen Nation gebühre. Ein ritterlicher Fürst auf einem deutschen Throne, der diese Sache zu der seinigen mache, würde einen Sturm der Begeisterung im ganzen Lande erregen, und es würde sich zeigen, wie weit die Deutschen seit den Befreiungskriegen in einmüthiger Kraft und Gesinnung gewachsen seien, und was man selbst in äußerer Politik mit einem Volke wagen dürfe, in welchem die innere Eintracht die äußerliche Spaltung zu vergüten strebe. Doch ließ sich der deutsche Bund von dem allgemeinen Taumel nicht fortreißen. Ohne auf

Schleswig, das nicht zu seinem Ressort gehörte, Rücksicht zu nehmen, sprach er als Antwort auf die Beschwerden der holsteinschen Stände die Erwartung aus (am 17. September), daß der König von Dänemark als Landesherr die Rechte aller und jeder, insbesondere aber die des deutschen Bundes, erbberechtigter Agnaten und der gesetzlichen Landesvertretung beachten werde. Obgleich dieser Bundesbeschluß nichts entschied, so hatte er doch die Wirkung, die Aufregung in Deutschland zu beschwichtigen, und auch in den Herzogthümern wurde die Ruhe nicht gestört. Hier blieb die Angelegenheit und Stellung der Parteien unverändert, bis am 20. Januar 1848 König Christian VIII starb und ihm sein Sohn Friedrich VII nachfolgte.

Unterdessen hatte der König von Preußen den Ausbau der Verfassung seines Reiches auf der Grundlage ständischer Gliederung vollendet. Schon im Jahre 1842 hatte er den Versuch gemacht, durch den vereinigten Ausschuß sämmtlicher Provinzial-Landtage solche Angelegenheiten berathen zu lassen, die nicht bloß ein provinzielles, sondern ein allgemeines Landesinteresse berührten. Da aber der vereinigte Ausschuß nicht als die Versammlung betrachtet werden konnte, ohne deren Zustimmung nach der merkwürdigen Cabinetsordre des vorigen Königs vom 17. Januar 1820 keine neue Staatsschuld contrahirt werden durfte, so sah sich die Regierung durch das dringende Bedürfniß einer Anleihe für die Anlegung von Eisenbahnen genöthigt, eine Versammlung zu schaffen, die im Sinne der erwähnten Cabinetsordre das Recht hatte, Anleihen zu bewilligen. Der König überraschte daher am 3. Februar 1847 sein Volk mit einem Patente, durch welches er statt der Provinzialstände den vereinigten Landtag nach Berlin berief und denselben in Beziehung auf die Bewilligung der Steuern soviele Rechte beilegte, daß derselbe als eine Erfüllung der im Jahre 1815 versprochenen Reichsstände betrachtet werden konnte. Durch die Wahl des 3. Februar für die Bekanntmachung des Patentes hatte der König zu erkennen gegeben, welche große Bedeutung er diesem wichtigen Fortschritte in der Entwickelung der preußischen Verfassung beilegte. An diesem Tage hatte einst König Friedrich Wilhelm III sein Volk zu einem Kampfe aufgerufen, durch den Preußen aus tiefer Erniedrigung wieder zum Range einer Großmacht emporgehoben wurde; es war freilich ein Werk des Friedens, aber von nicht minder wichtiger Bedeutung für das ganze Wohl und Wehe des Staates, zu welchem an demselben Tage Friedrich Wilhelm IV sein Volk aufrief. Der vereinigte Landtag theilte sich in eine Herren-Curie, die außer den Prinzen des königlichen Hauses von sämmtlichen Standesherren und von allen mit Viril- oder Collectivstimmen begabten Mitgliedern der acht Provinzial-Landtage gebildet werden sollte, und in eine aus den Deputirten der Ritterschaft, der Städte und Landgemeinden zusammengesetzte Stände-Curie. Er sollte jedesmal versammelt werden, wenn es nöthig sei, Anleihen zu machen oder neue Steuern einzuführen; dagegen solle ein aus seiner Mitte gewählter vereinigter Ausschuß in Zwischenräumen von höchstens vier Jahren regelmäßig zusammentreten, und endlich sollte eine ständische Deputation jährlich einberufen werden, um das Staatsschuldenwesen zu prüfen. Obgleich niemand zweifelte, daß mit diesem Patente Preußen die constitutionelle Bahn betreten habe, so wich doch die in demselben verkündigte Verfassung so weit von den Formen des gewöhnlichen Constitutionalismus ab, daß sofort, nachdem die erste Ueberraschung vorbei war, sich Zweifel erhoben, ob man das Patent vom 3. Februar als eine Erfüllung der im Jahre 1815 versprochenen Repräsentativ-Verfassung annehmen solle. Die reiche Mannigfaltigkeit der neuen Schöpfung des Königs paßte nicht in das enge Schema, ohne welches sich der Liberalismus keine constitutionelle Verfassung denken konnte, daher die Zweifel, die besonders von Ostpreußen und den Rheinprovinzen ausgingen, aber auch in Sachsen und Schlesien Widerhall fanden. Und doch war die Entwickelung der preußischen Verfassung durch das Patent eine naturgemäße, und ihr Hauptvorzug lag darin, daß sie nicht nach einer Schablone zugeschnitten, sondern aus den historischen Verhältnissen des Staates hervorgegangen war. Auch war, als am 11. April 1847 der vereinigte Landtag feierlich eröffnet wurde, im weißen Saale des königlichen Schlosses zu Berlin eine Versammlung vereinigt, die sowohl an Zahl der Mitglieder, als durch die Vollständigkeit, in der alle Stände, von dem höchsten bis zum geringsten, vertreten waren, sich außer dem englischen Parlament keiner anderen politischen Versammlung vergleichen ließ. Wie die Zusammensetzung und Form der Stände eigenthümlich war, so war es auch die merkwürdige Rede, mit welcher der König die Versammlung begrüßte und eröffnete. Er las nicht eine von seinen Ministern verfaßte Thronrede ab, sondern sprach frei aus vollem Herzen, worüber es ihn drängte sich mit seinen Unterthanen zu verständigen. Vor allem legte er einen großen Nachdruck darauf, daß er mit seinem Patent das natürliche Verhältniß zwischen Fürst und Volk nicht in ein conventionelles habe verwandeln wollen, und daß er nicht zugeben werde, daß sich zwischen ihn und sein Volk ein geschriebenes Blatt, gleichsam als eine zweite Vorsehung, eindränge. Er verwies in dieser Hinsicht auf das eine glückliche Land, dessen Verfassung die Jahrhunderte und eine Erbweisheit ohne gleichen, aber kein Stück Papier gemacht hätten. Ferner warnte er vor dem Geiste der Auflockerung und des Umsturzes, der zur Schmach für die deutsche Treue und preußische Ehre einen Theil der Presse beherrsche, und dem Unglauben gegenüber rief er begeistert mit den Worten Josuas aus: „Ich und mein Haus, wir wollen dem Herrn dienen!“ Eine Antwortsadresse auf die Rede des Königs zu erlassen, lag eigentlich nicht in den Befugnissen der Stände, dessenungeachtet setzten die Ostpreußen und Rheinländer es durch, daß dem Könige durch eine Adresse bemerklich gemacht werden sollte, wie wenig die von ihm gegebene Verfassung befriedige und es nicht überflüssig mache, die Rechte einer künftigen Repräsentativ-Verfassung zu wahren. Ein Mann, der einen in der preußischen Geschichte berühmten Namen trug und der treuesten Provinz, Pommern, angehörte, der Graf von Schwerin, übernahm es, den Antrag auf eine Adresse zu stellen. Er that dies am folgenden Tage, indem er in der vereinigten Sitzung beider Curien darauf antrug, neben dem Danke für die Schöpfung eines allgemeinen ständischen Organs auch die ehrerbietigen Bedenken auszusprechen, welche sich vom Standpunkte des Rechts und der Garantien, die namentlich durch die Cabinetsordre vom 17. Januar 1820 gegeben worden seien, gegen das Patent vom 3. Februar aufdrängen müßten. So leicht es gewesen wäre, die ganze Adreßdebatte abzuschneiden, so ließ doch der Landtagsmarschall, Fürst von Hohensolms-Lich, dieselbe zu, weil er über dem Dank, den die Adresse aussprechen sollte, die Gefahr übersah, die in den „ehrerbietigen Bedenken“ verborgen lag. Es wurde daher eine Commission zur Entwerfung der Adresse ernannt, und diese wählte zu ihrem Berichterstatter den Crefelder Fabrikanten von Beckerath, der wegen seines Reichthums an Worten und Phrasen für einen schwungvollen Redner galt. Die von demselben entworfene Adresse enthielt als Hauptgedanken den Satz, daß dem vereinigten Landtage alle die Rechte gehörten, welche in früheren Gesetzen der Versammlung beigelegt worden seien, die bald eine allgemeine ständische, bald eine reichsständische geheißen habe — und dann folgte eine lange Aufzählung aller der verschiedenen Rechte, die so angeblich für den Landtag erworben sein sollten. Die Debatten über diese Adresse waren das wichtigste Ereigniß des vereinigten Landtags, doch genügt es, um nicht zu weitläufig zu werden, die drei Phasen, welche dieselben durchliefen, kurz zu charakterisiren. Die erste dieser Phasen war, daß besonders von Seiten der rheinländischen Deputirten das Verfassungswerk des Königs einer Kritik nach dem Maßstabe constitutioneller Verfassungen unterworfen und die Regierung gedrängt wurde, es nach diesem Muster umzugestalten. In diesem Sinne sprach sich namentlich Ludolf Camphausen von Cöln unumwunden dahin aus, daß nur eine reichsständische Versammlung, wie sie durch die früheren Gesetze bereits festgestellt sei, dem

Lande alle Vortheile einer wahrhaften Volksvertretung zu gewähren vermöge, daß dagegen die größte Verwirrung daraus hervorgehen müsse, wenn an die Stelle derselben nach dem Plane des Königs fünf verschiedene Versammlungen träten, deren Thätigkeit in- und durch einander greife. Diesen Anschauungen, die von vielen getheilt wurden, trat der frühere Minister Graf Arnim entgegen und leitete damit die zweite Phase in der Debatte ein, die darin bestand, die Aufzählung der Rechte und Beschwerden aus der Adresse zu entfernen. Mit Recht machte der Graf Arnim darauf aufmerksam, wie lange es gedauert habe, und wie schwer es geworden sei, das gegenwärtige Ziel zu erreichen, und wie unverantwortlich es wäre, dasselbe durch Rechtsverwahrungen in Frage zu stellen. Zwischen den beiden unvereinbaren Standpunkten, der ursprünglichen Adresse und dem Amendement des Grafen Arnim, schlug darauf der ostpreußische Deputirte Alfred von Auerswald eine Vermittelung vor, die dahin ging, zwar die Aufzählung der Rechte wegzulassen, aber eine Wahrung der ständischen Rechte im allgemeinen auszusprechen. Er hielt dies für um so unverfänglicher, da der König selbst in der Thronrede die Stände Vertreter und Wahrer ihrer Rechte genannt habe. In dieser Form ging die Adresse durch, in welcher sich der Landtag auf einen sogenanten Rechtsboden gegenüber dem Patente vom 3. Februar stellte. Anfangs fürchtete man, daß der König eine Adresse, die soviel verletzendes enthielt, nicht annehmen werde, allein in dem Rathe des Königs überwog die mildere Auffassung, und so erfolgte statt strenger Zurechtweisung ein gnädiger Bescheid. Der König erklärte darin, daß er zwar für den vereinigten Landtag keine andere Berechtigung kenne, als die ihm durch das Patent vom 3. Februar beigelegte, daß er aber die Verfassung keineswegs als abgeschlossen, sondern als bildungsfähig ansehe, und versprach Anträge, welche die Stände auf dem Wege der Petition an ihn bringen würden, genau zu prüfen und, wenn sie mit den unveräußerlichen Rechten der Krone und dem Wohle des Landes vereinbar wären, gern anzunehmen. Auch zeigte er seine Bereitwilligkeit der Gewährung dadurch, daß er auf den vielseitig geäußerten Wunsch einer periodischen Zusammenberufung des Landtags denselben innerhalb vier Jahren wieder um sich zu versammeln versprach. Der bei den Adreßberathungen hervorgetretene Geist der Opposition bewirkte, daß die Ergebnisse des vereinigten Landtags weniger fruchtbringend für das Land wurden, als sie es hätten sein können; denn um dem von ihr aufgestellten Rechtsboden nichts zu vergeben, lehnte die Majorität die Garantie für neue Staatsschulden ab und verwarf sogar eine Anleihe für die Erbauung einer Eisenbahn nach Ostpreußen. Obgleich anerkannt wurde, daß die Herstellung dieser

Eisenbahnverbindung für den Staat ebenso nützlich als für die Provinz Preußen nothwendig sei, so wurde doch von den Ostpreußen selbst diese Wohlthat zurückgewiesen, weil sie dieselbe nicht mit der Aufopferung ihrer vermeintlichen ständischen Rechte erkaufen wollten. Nichtsdestoweniger war der vereinigte Landtag der Anfang einer neuen Entwickelung in Preußen, und die Gewandtheit, mit der sich die Mitglieder in den parlamentarischen Formen bewegt hatten, zeigte auch, daß das Land für eine veränderte Verfassung reif sei. Auch das übrige Deutschland erwartete von dem in Preußen erwachten Geiste einen um so wohlthätigeren Einfluß, da sich der König eine Reform des deutschen Bundes zur Aufgabe gemacht hatte. Er berief den General von Radowitz, der seit dem Jahre 1836 preußischer Militärbevollmächtigter am Bundestag und Gesandter in Karlsruhe war, und arbeitete nach dessen Rathschlägen einen Reformplan aus, dessen Grundgedanke die Hegemonie Preußens in Deutschland war; denn nur durch Deutschland und in innigster Verbindung mit Deutschland könne Preußen die Kräfte finden, deren es bedürfe, um seine Stellung in der Pentarchie zu behaupten. Daß Deutschland mächtig und einträchtig dastehe, sei eine Lebensfrage für Preußen, ja die oberste Bedingung seiner eigenen Existenz. Die Details des Reformplanes sind in der von dem General von Radowitz herausgegebenen Schrift: Deutschland und Friedrich Wilhelm IV, ausführlich entwickelt, — allein zur Ausführung solcher Plane hätte eine ruhigere Zeit gehört; die unmittelbar darauf ausbrechende Februarrevolution aber führte statt einer regelmäßigen Entwickelung der angeregten Ideen einen gewaltsamen Umsturz des bestehenden herbei.

Während in Preußen der Staat ein wirklich constitutioneller geworden war, regte sich auch in Oesterreich der Geist der Veränderung. Das erste überraschende Zeugniß von einem geistigen Aufschwung in Oesterreich legten Anastasius Grüns (Grafen von Auersperg) „Spaziergänge eines Wiener Poeten" ab, und es entstand eine eigene österreichische politische Literatur, die außerhalb Oesterreichs gedruckt, aber von Oesterreichern geschrieben und hauptsächlich in Oesterreich gelesen wurde. Aus dem Gebiete der Literatur bahnten sich aber die Tendenzen der Neuerung bald ihren Weg in das praktische Leben. In Ungarn erstarkte die Reichstagsopposition und richtete ihre Bestrebungen zunächst darauf, statt der lateinischen, die seit Jahrhunderten die Staatssprache gewesen war, die magyarische Sprache zu dieser Würde zu erheben. Dies war aber nur eine Maske, hinter der sich das Gelüste nach Unabhängigkeit und Selbständigkeit versteckte. Nach diesem Ziele strebte besonders Ludwig Kossuth, der das einflußreichste Mitglied der Opposition und ein gefürchteter Redner war. Ihn unterstützten die periodische Presse, begeisterte Dichter und enthusiasmirte Damen, und die Regierung setzte diesem Streben kein Hinderniß entgegen, obgleich die übrigen in Ungarn lebenden Nationalitäten, die Deutschen, Slaven und Wallachen durch den Vorzug der Magyaren tief verletzt wurden. Auch in Böhmen regten sich nach langer Zeit zum ersten Male die Stände wieder. Im Jahre 1847 erklärten sie sich gegen die Censur, ließen ihre eigenen Verhandlungen drucken und vertheidigten ihr Steuerbewilligungsrecht. Sie reichten bei dem Kaiser eine Landtagsschrift ein, in welcher sie alle Rechte für sich in Anspruch nahmen, die einst den böhmischen Landtagen im Mittelalter gehört hatten, darunter das Recht der Königswahl im Fall des Erlöschens der herrschenden Dynastie, das Recht der unbedingten Steuerbewilligung, sowie des Beiraths bei allen Gesetzen. So hatte also Metternich mit allen Maßregeln der strengsten polizeilichen Ueberwachung, mit der sorgfältigen Absperrung gegen das übrige Deutschland nicht verhindern können, daß der Geist der Neuerung in Oesterreich eindrang und sich in bedeutenden Thatsachen Luft machte. Selbst in den rein deutschen Ländern Oesterreichs erhob der Liberalismus sein Haupt. Die Postulaten-Landtage, die bisher schweigend die Anträge der Regierung genehmigt hatten, thaten nunmehr den Mund auf und nahmen alle fast vergessenen Rechte wieder in Anspruch. Vor allen zog der niederösterreichische Landtag die öffentliche Aufmerksamkeit auf sich, indem hier ein der höchsten Aristokratie angehöriger Mann, der Graf Breuner, die Theilnahme bürgerlicher Abgeordneter bei Berathung der Steuern verlangte, und die Ablösung der Feudallasten so wie eine Reform des Unterrichtswesens beantragte. So fand auch in Oesterreich die bald darauf ausbrechende Revolution einen zu ihrer Aufnahme bereiteten Boden.

Vierzehntes Capitel.

Dieselben Gegensätze, wie in Deutschland, standen sich auch in der Schweiz gegenüber. Nachdem hier der Radicalismus herrschend geworden war, wandte er sich, um den ihm feindlichen Einfluß der Geistlichkeit auf das Volk zu brechen, gegen die Kirche. Allein auf diesem Gebiete trat ihm in der Anhänglichkeit des Volkes an seinem ererbten Glauben sowohl auf protestantischer als katholischer Seite ein Widerstand entgegen, der nicht leicht zu überwältigen war. Als im Jahre 1839 die Züricher Regierung den Dr. David Strauß, der wegen seiner im „Leben Jesu" ausgesprochenen Ansichten von dem theologischen Lehrstuhl in Tübingen entfernt worden war, als Professor an ihre Hochschule berief, erhob sich im Volke ein gewaltiger Sturm gegen diesen frevelhaften Angriff auf das rechtgläubige Christenthum. Die Regierung glaubte denselben zu beschwichtigen, indem sie den Dr. Strauß, noch ehe er nach Zürich gekommen war, mit Pension in den Ruhestand versetzte; allein die Bewegung, die einmal begonnen hatte, ließ sich nicht aufhalten und ging von dem religiösen Gebiet bald auf das politische über. Die radicale Regierung konnte sich nicht länger behaupten; sie legte ihre Gewalt nieder, und es wurde im September 1839 eine neue Regierung aus christlich gesinnten und gemäßigten Männern gebildet. — Eben so kam die radicale Regierung im Aargau mit ihren katholischen Unterthanen in Conflict. Diese, erbittert, daß sie bei der Revision der Verfassung im Januar 1841 durch die Mehrheit überstimmt worden waren, griffen zu den Waffen, wurden aber, ohne großen Widerstand zu leisten, leicht besiegt. Da in den Klöstern der sogenannten Freiämter zuerst Sturm geläutet worden war, so wurden die Mönche beschuldigt, daß sie durch ihre Anreizung den Aufstand hervorgerufen hätten. Mit Begierde ergriff die radicale Regierung diesen Vorwand, um die Klöster, die ihr schon längst ein Dorn im Auge waren, zu beseitigen und sich ihres reichen Vermögens zu bemächtigen. Am 23. Januar faßte daher der große Rath zu Aarau den Beschluß, sämmtliche Klöster des Cantons aufzuheben und das Klostergut, dessen Werth auf mehr als sieben Millionen Schweizerfranken angeschlagen wurde, zum besten des Staates einzuziehen. Mit militärischer Gewalt wurde dieser Beschluß ausgeführt und allen Protestationen zum Trotz aufrecht erhalten. Obgleich Oesterreich protestirte, weil ein Theil der aufgehobenen Klöster aus habsburgschen Stiftungen bestand, und seine Protestation von Frankreich und Preußen unterstützt wurde, so war doch das äußerste, wozu sich der aargausche Liberalismus verstand, die Wiederherstellung von drei Nonnenklöstern, weil man den friedlichen Bewohnerinnen derselben nicht, wie den Mönchen, den Vorwurf machen konnte, daß sie beständig gegen Verfassung, Gesetz, Behörden und Beamte revoltirt hätten. Bei dieser Entscheidung blieb es, da die Tagsatzung nach mehrjährigen Verhandlungen über den aargauschen Klosterstreit im Jahre 1843 durch Stimmenmehrheit entschied, daß die Klosterfrage durch das aargausche Anerbieten der Herstellung mehrerer Klöster erledigt sei. — Eine solche Gewaltthat entzündete in der Schweiz den Gegensatz der Confessionen zu offenem Hasse, und dieser machte sich zuerst in Luzern, einem der drei Vororte, Luft. Bei der Revision der Verfassung im Jahre 1841 zeigte sich, daß der vor zehn Jahren auch in diesem katholischen Canton zur Herrschaft erhobene Radicalismus mehr das Werk einzelner Parteihäupter, als der Ausdruck des allgemeinen Landeswillens gewesen war. Dieser machte sich jetzt bei der Revision auf überraschende Weise geltend. Ein Mann von einfachen Sitten, ohne alle gelehrte Bildung, aber von kräftigem Charakter, ein wohlhabender Bauer, Namens Peter Leu, trat an die Spitze der ländlichen Bevölkerung, und ein gebildeter Staatsmann Siegwart Müller übernahm in gleichem Sinne die Führung der städtischen Partei. Von beiden Männern geleitet erhielt die katholische Partei ein so entschiedenes Uebergewicht, daß sie die Radicalen aus der Regierung verdrängte. Die neue Regierung beging aber den Fehler, die Berufung der Jesuiten nach Luzern zu einem Hauptartikel ihres Programms zu machen und so ihre Sache mit der des gefürchteten und verhaßten Ordens zu identificiren. In der Schweiz hatten sich die Jesuiten auch nach ihrer Aufhebung im vorigen Jahrhundert unter dem Schutze des Bischofs von Sitten gehalten, ohne jedoch in dem abgeschiedenen und schwer zugänglichen Walliser Gebirgsland Aufmerksamkeit zu erregen. Anders dagegen wurde in der Schweiz ihre Stellung, als sie nach ihrer Wiederherstellung in Freiburg die Leitung des Unterrichts erhielten und hier eine Lehranstalt gründeten, die sich zu einer der berühmtesten der katholischen Welt erhob und Zöglinge aus allen Ländern Europas anzog. Wenn schon ihre Festsetzung in Freiburg Besorgnisse erweckte, so wurden diese noch vermehrt, als auch die Schwyzer Landgemeinde den Beschluß faßte, im Hauptorte ihres Cantons ein Jesuiten-Collegium zu gründen, und als nun in Folge dieses Beschlusses die Jesuiten gleichsam im Herzen der deutschen Schweiz festen Fuß faßten. Von diesem Augenblicke an begann eine Agitation gegen sie, die alles, was auf dem Gebiete der Politik oder Religion den Radicalen misliebiges geschah, geheimen jesuitischen Umtrieben zuschrieb. Der üble Ruf, in dem der Orden aus früherer Zeit stand, wurde ausgebeutet, um ihm auch jetzt das ärgste nachzusagen, und der Ruf: Nieder mit den Jesuiten! wurde das Feldgeschrei des Radicalismus. Man kann sich daher denken, welches Aufsehen und welche Aufregung es hervorbrachte, als der große Rath von Luzern am 24. October 1844 beschloß, die Jesuiten zu berufen, um ihnen die Erziehung der Jugend anzuvertrauen, und als bei der Abstimmung des ganzen Landes dieser Beschluß eine Mehrheit von zwei Drittheilen erhielt. Dadurch regte die Luzerner Regierung den größten Theil der Schweiz gegen sich auf, weil dieser von der Festsetzung der Jesuiten in einem der Vororte nichts anderes als Unheil erwartete. Zuerst beschlossen die Radicalen des Cantons Luzern, statt sich der Entscheidung des souveränen Volkswillens zu unterwerfen, ihre Zuflucht zur Gewalt zu nehmen. Unter Leitung des Dr. Steiger bildete sich eine Verschwörung, die im Vertrauen auf bewaffneten Zuzug von außen sich am 8. December des Zeughauses bemächtigen und die jesuitenfreundliche Regierung stürzen wollte. Der Plan wurde aber vor der Ausführung entdeckt und durch Verhaftung der Rädelsführer vereitelt. Nun trat allerdings in Luzern eine Schreckensregierung ein. Die Gesetze wider den Aufruhr wurden mit äußerster Strenge angewandt, und da kein Mann von freisinniger Bildung in Luzern länger sicher war, so flüchteten über 1200 Luzerner, die alle den gebildeten Ständen angehörten, aus ihrer Heimath und verbreiteten ihre Erbitterung über die benachbarten Cantone, wo alles mit Abscheu und Entrüstung gegen die Greuel der Jesuitenherrschaft erfüllt wurde. Da die Tagsatzung weder den Muth noch die Kraft hatte, die sich immer drohender entwickelnde Entzweiung zu verhindern, so bildete sich offen in der Schweiz der Plan aus, mit bewaffneter Hand das Jesuitenregiment in Luzern zu vernichten. Obgleich die Tagsatzung am 20. März 1845 bewaffnete Freischaaren verboten hatte, so sammelten sich doch unter ihren Augen zahlreiche Corps unter Anführung des Berners Ochsenbein und des Aargauers Rothpletz und fielen am 30. März in Luzern ein. Dieses aber hatte sich gegen den schon längst erwarteten Einfall so gut gerüstet, daß der Freischaarenzug schmählich scheiterte. Die Freischaaren drangen zwar bis vor die Thore von Luzern vor, allein hier, wo sie am späten

Abend ankamen, wagten sie nicht anzugreifen, theils weil sie vom Marsche ermüdet waren, theils weil die Luzerner Hilfe aus den mit ihnen verbündeten Cantonen Schwyz, Uri und Unterwalden erhalten hatten. In der Nacht lösten sie sich von panischem Schrecken ergriffen auf und suchten so schnell als möglich aus dem Luzerner Gebiete zu entkommen, allein nun fiel das erbitterte Landvolk über die Fliehenden her; 104 wurden erschlagen und 1785, unter ihnen auch Rothpletz, zu Gefangenen gemacht und entwaffnet und gefesselt in die Stadt gebracht, gegen die sie am Tage vorher in voller Siegeshoffnung ausgezogen waren. Die Tagsatzung that diesem offnen Landfriedensbruch und den gerechten Klagen der Luzerner gegenüber nichts, als daß sie den Preis festsetzte, für welchen die Gefangenen ausgelöst werden sollten. Ihre eigenen Unterthanen bestrafte dagegen die Luzerner Regierung aufs strengste; Dr. Steiger, zum Tode verurtheilt, sollte hingerichtet werden, wurde aber durch List aus dem Kerker gerettet. Die Erbitterung der Parteien stieg zu einem solchen Grade, daß sie sich des Meuchelmordes bedienten. Am 20. Juli 1845 wurde Peter Leu von Ebersol von einem gewissen Jakob Müller erschossen, und obgleich der Mörder zum Theil aus Privatrache gehandelt, so ging doch aus den gerichtlichen Verhandlungen hervor, daß Parteimänner den Privathaß geschürt hatten, um ihn zu dem Meuchelmord zu verleiten.

Der Freischaarenzug, dieses Vorspiel eines Bürgerkrieges, war für die Luzerner eine Warnung, sich gegen die Wiederholung des Angriffs und gegen die Rachsucht der erbitterten Liberalen um so mehr zu sichern, da einer der Führer der Freischaaren Ochsenbein an die Spitze der Berner Regierung und somit auch für das Jahr, wo Bern Vorort war, an die Spitze der ganzen Schweiz gestellt wurde. Luzern verband sich mit den sechs übrigen katholischen Cantonen, Schwyz, Uri, Unterwalden, Zug, Freiburg und Wallis zu einem Vertheidigungsbündnisse, das, sobald es bekannt wurde, unter dem Namen Sonderbund von den Gegnern sofort als ungesetzlich und bundeswidrig bezeichnet wurde. Es lag in dem Interesse der europäischen Großmächte, das Feuer in der Schweiz zu dämpfen, und sie ließen es auch nicht an Versuchen fehlen, allein sie waren nicht einig und richteten daher nichts aus. Ihre Bemühungen brachten vielmehr die Wirkung hervor, daß sie die Gegner des Sonderbundes in dem Verdachte bestärkten, als ob dieser in geheimem Einverständnisse mit den fremden Mächten diese zur Einmischung in die inneren Angelegenheiten der Schweiz reize. England nahm sich sogar offen der Radicalen an, seitdem Lord Palmerston ans Ruder gekommen war. Die Schweizer Radicalen wurden dadurch zu der rücksichtslosesten Kühnheit ermuthigt; sie wiesen die Vorstellungen Frankreichs mit einer scharfen Antwort ab, weil sie wußten, wie sehr Frankreich mit seinen inneren Angelegenheiten beschäftigt war. Obgleich es nun noch ungewiß erschien, ob Oesterreich dem Sonderbund die versprochene Hilfe leisten werde, so handelten sie doch so, als ob eine solche Hilfeleistung unmöglich sei. Und in der That wagte es Fürst Metternich nicht, im entscheidenden Augenblick sich des Sonderbundes anzunehmen, und man kann wohl sagen, daß mit dem Sonderbund auch das System Metternichs fiel, und daß der Sturz des Sonderbundes der Vorläufer von Metternichs eigenem Sturze war.

Noch hatten aber die Gegner des Sonderbundes auf der Tagsatzung die Mehrheit nicht auf ihrer Seite, und als Zürich auf der Tagsatzung von 1846 den Antrag stellte, die Auflösung des Sonderbundes zu beschließen, so traten demselben von den 22 Cantonalstimmen nur 10½ bei. Es mußte erst durch weitere Cantonalrevolution dem Radicalismus auch das numerische Uebergewicht verschafft werden. Der reformirte Canton Genf war erbittert darüber, daß seine Regierung durch ihren Gesandten auf der Tagsatzung für den Sonderbund hatte stimmen lassen. Diese Erbitterung brach in eine blutige Revolution aus; die Bevölkerung der Vorstadt St. Gervais empörte sich gegen die Regierung und vertheidigte sich am 8. October hinter schnell aufgeworfenen Barricaden so tapfer, daß die Regierung sich nicht halten konnte. So dankte sie am 9. October ab, und es wurde nun eine provisorische Regierung gebildet, in der James Fazy, der Leiter der Bewegung, den Vorsitz übernahm, und die sogleich den Beitritt Genfs zu dem Antrage von Zürich erklärte. Noch fehlte aber eine Stimme, um den Gegnern des Sonderbundes die verfassungsmäßig erforderliche Mehrheit von 12 Stimmen zu sichern. Es wurde daher alles aufgeboten, um den größtentheils katholischen Canton St. Gallen für den Antrag von Zürich zu gewinnen, und nachdem dies gelungen war, so kam auf der Tagsatzung von 1847 endlich mit 12½ Stimmen die ersehnte Majorität gegen die Jesuiten und den Sonderbund zu Stande. Am 20. Juli faßte hierauf die Tagsatzung den Beschluß, daß der Sonderbund, als ein dem Grundvertrag der Eidgenossenschaft zuwiderlaufendes, die Eintracht und den öffentlichen Frieden störendes Bündniß, aufgelöst werden müsse. Die sieben Cantone des Sonderbundes dagegen erklärten, daß sie diesen Beschluß als einen den Grundgesetzen des Landes widersprechenden nicht anzuerkennen vermöchten und demselben daher nicht nachkommen würden. Ebenso legten sie Verwahrung ein gegen den Beschluß, welchen die Tagsatzung am 3. September faßte, daß die Jesuiten künftig in der Schweiz nicht mehr geduldet und die in derselben befindlichen sofort entfernt werden sollten. Da Nachgiebigkeit weder von der einen noch von der andern Seite zu erwarten war, so blieb nichts übrig, als den Streit mit den Waffen zu entscheiden; so schwer auch jedem patriotischen Herzen der Gedanke war, einen Bürgerkrieg entbrennen zu sehen. Noch einmal wurde daher vom September bis zum October, während sich die Tagsatzung vertagt hatte, der Versuch gemacht, sowohl vom Auslande her den Streit zu vermitteln, als durch Vergleichsvorschläge die Parteien zur Mäßigung zurückzuführen. Allein den Bemühungen der auswärtigen Mächte, durch eine Conferenz die Schweizer Angelegenheiten zu ordnen, stand der Stolz der Schweizer entgegen, die sich nicht protocolliren lassen wollten, und die Vergleichsvorschläge scheiterten an der einmal feststehenden Zwölfermehrheit. Denn diese verwarf das Anerbieten des Sonderbundes, sich unter der Bedingung aufzulösen, daß die Angelegenheit der Jesuitenausweisung als eine nicht politische, sondern kirchliche Angelegenheit der Entscheidung des Papstes überlassen werden solle; eben so wenig wollte sie auf die Bedingung eingehen,. daß die Frage wegen der Wiederherstellung der aargauschen Klöster in letzter Instanz vom Papste entschieden werden müsse, und noch weniger endlich das Versprechen geben, daß in Zukunft keines der noch bestehenden Klöster aufgehoben werden dürfe. In Folge dessen erklärten die Stände des Sonderbundes, daß sie nicht länger mehr an der Tagsatzung Theil nehmen könnten, und verließen Ende October Bern, wo die Tagsatzung versammelt war. Am 4. November entschied sich diese dann dahin, ihren Beschluß vom 20. Juli mit Waffengewalt auszuführen. Der Genfer Dufour, ein Offizier aus Napoleons Schule, wurde zum Oberbefehlshaber der Executionstruppen ernannt und stellte eine so zahlreiche Armee auf, daß der Sonderbund ihm mit seinen um das vierfache schwächeren Kräften nicht gewachsen war, besonders da der zum Oberbefehlshaber der Sonderbundstruppen gewählte Salis-Soglio sich weder im Talent noch Ansehen mit Dufour vergleichen ließ. In wenigen Wochen wurde daher der Bürgerkrieg beendigt, ehe noch das überraschte Ausland Zeit hatte, sich zwischen die kämpfenden Parteien zu werfen. Zuerst wurde Freiburg angegriffen, das, durch das Gebiet der feindlichen Cantone Bern und Waadtland umschlossen, von seinen Verbündeten keine Unterstützung erhalten konnte. Zwar hatte der Oberst Maillardoz die Stadt in guten Vertheidigungszustand gesetzt, und das Volk war zum Widerstande entschlossen, allein, als Dufour mit einem Heere von 30,000 Mann und einer zahlreichen Artillerie vor den Thoren der Stadt erschien, überzeugte sich die Freiburger Regierung von der Nutzlosigkeit des Widerstandes und capitulirte am 14. November auf die Bedingung der Schonung der Personen und des Eigenthums. Trotz dieser Bedingung übte aber die radicale Soldatesca großen Unfug aus und kühlte besonders ihr Müthchen an dem Collegium der verhaßten Jesuiten. Aus diesem waren Schüler und Lehrer unter dem Schutze der französischen Gesandtschaft vorher weggebracht worden, in dem prachtvollen Gebäude selbst aber wurde alles geplündert oder zertrümmert. Es versteht sich von selbst, daß die Regierung geändert wurde, und daß unter dem Schutze der radicalen Bayonnete sich die Flüchtlinge derselben bemächtigten und ein dem bisher herrschend gewesenen entgegengesetztes System einführten. Nach dem Falle von Freiburg mußte auch das kleine Zug, das ebenfalls von seinen Verbündeten keine Unterstützung erhielt, am 21. November capituliren. Natürlich übte die leichte Unterwerfung von zwei zum Sonderbunde gehörigen Cantonen auf die noch übrigen fünf eine entmuthigende Wirkung aus; allein sie konnten sich doch nicht zur Ergebung verstehen, besonders da gleichzeitig mit der Nachricht von der Unterwerfung Freiburgs eine Siegesbotschaft ihren Muth wieder belebte. Denn die tapfern Hirten von Uri hatten am 20. November die Tessiner, welche ihre auf dem St. Gotthard aufgestellten Posten verrätherisch überfielen, den Berg hinabgetrieben und sie bis über den Ponte grande verfolgt. Allein was wollte ein so vereinzelter Vortheil gegen die große Gefahr bedeuten, mit der Dufour den Sonderbund bedrohte, indem er seine Uebermacht benutzte, um Luzern wie mit einem Netze zu umziehen? Am 23. November griff Dufour das Hauptheer des Sonderbundes bei Gislikon an, wo es sich verschanzt hatte. Das Gefecht dauerte nicht lange und war trotz des vielen Schießens mit Kanonen und Büchsen nicht sehr blutig, weil sich die Sonderbundstruppen bald in ihren Schanzen umgangen und zum Rückzug genöthigt sahen. In der Ueberzeugung, daß man zum Widerstande zu schwach sei, zogen sich die Contingente der Urcantone in das Innere der Alpen zurück, Luzern dagegen capitulirte, nachdem die am meisten bloßgestellten Mitglieder der Regierung, wie Siegwart Müller, entflohen waren. Auch die Jesuiten mußten ihr eben erst in Luzern gebautes Nest, noch ehe es warm geworden war, wieder verlassen; sie flohen, unter ihnen der später als Missionsprediger berühmt gewordene Pater Roh, unter mancherlei Gefahren nach Italien. In Luzern wurde sogleich eine neue radicale Regierung eingesetzt, an deren Spitze der politische Flüchtling Dr. Steiger trat. Wie gewöhnlich bei solchen Umwälzungen machte sich die schonungsloseste Reaction geltend: die Freunde des Sonderbundes wurden verfolgt, eingekerkert und mit Vermögensconfiscation bestraft; die Klöster wurden aufgehoben und ihre Güter versteigert. Den drei Urcantonen, Schwyz, Uri und Unterwalden, blieb nun ebenfalls nichts weiter übrig, als sich zu unterwerfen, und diese Landschaften, die sonst als die Wiege der Eidgenossenschaft den Schweizern heilig waren, wurden jetzt für den Trotz, mit dem sie sich den Beschlüssen der Tagsatzung widersetzt hatten, dadurch bestraft, daß sie eidgenössische Truppen als Besatzung aufnehmen mußten. Nachdem auch der entfernteste Canton Wallis am 30. November 1847 von den Executionstruppen besetzt worden war, hatte der Bürgerkrieg ein Ende. Auch in Wallis ergriff jetzt die radicale Partei unter dem zurückgekehrten Flüchtlinge Barman die Zügel der Regierung und ging in ihrem Hasse gegen das Mönchthum so weit, daß sie nicht bloß die Klöster des Cantons einzog, sondern sogar die Mönche aus dem Hospiz auf dem St. Bernhard vertrieb. Die Sonderbundscantone mußten außerdem die Kriegskosten bezahlen und schon vorläufig am 20. December die Summe von einer Millionen Franken entrichten.

Der schnelle Verlauf des Sonderbundskrieges hatte die auswärtigen Mächte, die an dem Schicksale der Schweiz Theil nahmen, überrascht und ihre Intervention verhindert. Auch zeigte sich bei dieser Gelegenheit, wie unklug es war, daß der Sonderbund seine Sache mit der der Jesuiten identificirt hatte. Denn wie in der Schweiz selbst viele, die gern das Recht der Katholiken unterstützt hätten, sich von dem verhaßten Namen des Jesuitismus abschrecken ließen, so wollten auch die auswärtigen Mächte nichts mit der Jesuitenberufung zu thun haben. Ludwig Philipp fürchtete, seine Unpopularität in Frankreich noch zu vermehren, wenn er sich der Jesuiten annähme, und Preußen und Rußland hatten noch weniger ein Interesse daran, für den Orden in die Schranken zu treten. Sogar Oesterreich wagte nicht, die von ihm getadelte unzeitgemäße Berufung der Jesuiten in Schutz zu nehmen. Erst nach Beendigung des Krieges traten diese vier Mächte wenigstens für die Cantonalsouveränetät auf: sie ließen am 18. Januar 1848 bei der Tagsatzung eine gemeinschaftliche Note übergeben, worin sie erklärten, sie sähen den Schweizerbund so lange als nicht in regelmäßiger und vertragsmäßiger Lage an, bis die besiegten Cantone wieder ihre volle Unabhängigkeit haben würden. Allein schon aus dem Datum dieser Intervention sieht man, daß sie zu spät kam, um die Entwickelung der Dinge in der Schweiz aufzuhalten. Denn wenige Wochen darauf brach die Februarrevolution in Frankreich aus, und ihr folgte eine Umwälzung in fast ganz Europa, so daß die europäischen Mächte mit ihren eigenen Angelegenheiten zu sehr beschäftigt waren, um sich in fremde zu mischen. So konnte die radicale Partei in der Schweiz ihren Sieg über den Sonderbund benutzen, um mit Beseitigung der alten Verfassungsformen der Centralgewalt größere Einheit und Kraft zu geben. Die alte Form der Schweiz mit ihren souveränen Cantonen, ihren wechselnden drei Vororten und ihrer Tagsatzung, auf der es so schwer war, eine Majorität zu bilden, war schon längst wegen ihrer Schwerfälligkeit einem großen Theil der Schweizer verhaßt gewesen. Die Verfassung der vereinigten Staaten von Nordamerika wurde das Ideal, nach dem der schweizerische Radicalismus sein Vaterland umgestalten wollte, um ihm durch straffere Einheit im innern auch nach außen hin größere Macht zu verschaffen. Da aber der Bundesvertrag von 1815 von allen europäischen Mächten garantirt worden, so war es unmöglich, ohne deren Zustimmung diese Umgestaltung zu bewirken. Nichts hätte daher für die radicale Partei glücklicher sein können, als daß unmittelbar auf ihren Sieg die europäische Revolution von 1848 folgte, und sie benutzte mit Energie und Verstand den günstigen Moment, um ungestört von außen eine Verfassung einzuführen, durch welche die Schweiz in einen Bundesstaat umgebildet wurde. Die neue Verfassung ward von der zum letzten Mal in ihrer alten Gestalt versammelten Tagsatzung am 12. September 1848 angenommen. Derselben zufolge trat an die Stelle der Tagsatzung die Bundesversammlung in zwei Abtheilungen: dem Nationalrath, dessen Mitglieder auf drei Jahre nach der Seelenzahl der einzelnen Cantone in dem Verhältniß von einem Mitgliede auf 20,000 Seelen gewählt werden, und dem Ständerath, zu dem jeder Canton zwei Abgeordnete schickt. Die vollziehende Gewalt ward, statt dem bisherigen wechselnden Vororte, einem auf ein Jahr gewählten Bundespräsidenten übertragen, dem ein Bundesrath von sieben auf drei Jahre ernannten Mitgliedern an die Seite trat. Der einheitlichen Spitze der Regierung mußte auch ein fester Sitz angewiesen werden, und um die Ehre, Bundesresidenz zu werden, konnten nur zwei Städte, Bern und Zürich, rivalisiren. Bern hatte es der hervorragenden Stellung, die es von jeher in der Eidgenossenschaft eingenommen, zu verdanken, daß die Entscheidung zu seinen Gunsten ausfiel. Am 25. November 1848 wurde es zur Bundesstadt und zum festen Sitz und Mittelpunkt der Regierung bestimmt. Nur ein Punkt bei dieser Umgestaltung gab zu einer Verwickelung mit dem Auslande Veranlassung. Denn das Fürstenthum Neuenburg, in dem die Souveränetät dem König von Preußen gehörte, wurde als republikanischer Canton dem neuen Bundesstaat einverleibt, nachdem die Neuenburger selbst den preußischen Gouverneur vertrieben und die Rechte des Königs von Preußen auf das Fürstenthum für erloschen erklärt hatten. Dadurch war der Grund zu einem Conflicte gelegt, dessen Entscheidung erst später erfolgte.

Auch Italien wurde in fieberhafte Aufregung versetzt, seitdem im Jahre 1846 Pius IX den päpstlichen Stuhl bestiegen und seine Regierung mit politischen Reformen begonnen hatte. Der Gedanke einer Einigung

Italiens, wie er von Mazzini und dessen Anhängern stets im Stillen genährt worden war, trat jetzt mit Macht an die Oeffentlichkeit und sprach sich in Ereignissen aus, welche die apenninische Halbinsel von den Gestaden Siciliens bis zu dem Fuße der Alpen erschütterten. — Italien war nach Unterdrückung der Aufstände in dem Anfange der dreißiger Jahre ruhig geblieben, obgleich die Hoffnung auf eine Befreiung und Einigung Italiens in geheimen Gesellschaften fortwährend genährt ward. Die Lage Europas war aber einer Verwirklichung dieser Hoffnung wenig günstig, und wo einzelne Ausbrüche zum Vorschein kamen, endigten sie mit dem tragischen Untergang ihrer Urheber. So wurden im Jahre 1843 die Söhne des österreichischen Contreadmirals Bandiera, die von Corfu aus eine Landung in Calabrien machten und das Landvolk zum Aufstande zu reizen suchten, ergriffen und erschossen. Nun trat aber in Italien ein unerwartetes Ereigniß ein: ein liberaler Papst ward auf den Stuhl St. Petri erhoben. Gregor XVI starb nämlich am 1. Juli 1846. Obwohl persönlich mild, war dieser Papst doch ein strenger Gegner des Fortschritts jeder Art gewesen; er hatte den römischen Gelehrten den Besuch der wissenschaftlichen Congresse verboten, die nach dem Muster der deutschen Gelehrtenversammlungen auch in Italien Mode geworden waren, weil er die Ueberzeugung hatte, daß dadurch mehr die Idee der politischen Einheit Italiens, als die Wissenschaft gefördert werden sollte; auch war er nicht zu bewegen gewesen, seine Zustimmung zur Anlegung von Eisenbahnen zu geben, weil ihm auch diese Erfindung der neuesten Zeit ein Hebel politischer Neuerungen zu sein schien. Nach seinem Tode standen sich in dem Conclave, das sich am 14. Juni zur Wahl des neuen Papstes versammelte, zwei Parteien einander gegenüber, von denen man die eine als die genuesische bezeichnete, weil ihr Candidat, der Cardinal Lambruschini, ein geborener Genuese war, die andere dagegen die römische hieß, weil sie ihre Blicke auf den Cardinal Mastai Ferretti, einen Römer, gerichtet hatte. Dem Cardinal Lambruschini stand entgegen, daß er wegen seines hochfahrenden Wesens wenig beliebt war, und es war wohl die Furcht vor diesem Charakterzuge, was am 16. Juni seinem Nebenbuhler die Mehrheit verschaffte. Der neugewählte Papst, der sich Pius IX nannte, war von wohlwollender Natur und gütigem Herzen; und daß er bei seiner Regierung andere Grundsätze befolgen werde, als die seines strengen Vorgängers gewesen waren, zeigte er dadurch, daß er den römischen Gelehrten den Besuch der italienischen Gelehrtenversammlungen gestattete und eine besondere Commission zur Begutachtung der Eisenbahnfrage niedersetzte. Er hob ferner nicht bloß die Militärgerichte auf und setzte unpopuläre Beamte ab, sondern er erließ auch am 17. Juli eine allgemeine Amnestie, durch welche allen wegen politischer Verbrechen Verhafteten oder Verurtheilten unbedingte Verzeihung gewährt wurde. Ein sicilianischer Mönch, der Pater Ventura, soll auf diesen Entschluß des Papstes einen bestimmenden Einfluß ausgeübt haben, indem er dem Papste die Aussicht eröffnete, durch einen Bund mit der Völkerfreiheit dem päpstlichen Stuhle wieder die Weltherrschaft zu erobern. Wie auch dieser Gnadenact zu Stande gekommen sein mag, so viel ist gewiß, er machte auf einmal den Namen des Papstes zum gefeiertsten in ganz Italien und erweckte den Gedanken wieder, den ein piemontesischer Priester, Vincenz Gioberti, in seiner Schrift del primato morale e civile degli Italiani vor drei Jahren ausgesprochen hatte, daß Italiens Unabhängigkeit und Einheit nur durch den Papst wiederhergestellt werden könne. Nachdem Pius IX einmal den ersten Schritt auf der Bahn des Liberalismus gethan hatte, ließ er sich durch den Volksjubel auf derselben immer weiter vorwärts treiben. Die Römer maßten sich das Recht der Preßfreiheit an und übten es aus, ehe noch die Censur aufgehoben oder gesetzlich beschränkt worden war, und eben so nahmen sie das Versammlungsrecht, noch ehe sie die Erlaubniß dazu erhalten hatten, für sich in Anspruch. Ein politischer Clubb, der im März 1847 unter dem Namen Circolo Romano zusammengetreten war, bemächtigte sich der Leitung der Entwickelung und drängte den gütigen Papst von einer Concession zur andern. Die Einberufung einer Versammlung von Notabeln, welche die Regierung in allen Fragen der Gesetzgebung und Verwaltung mit ihrem Rathe unterstützen sollte, und die Erlaubniß zur Bewaffnung des Volks als Bürgergarde (gardia civica) vollendete die Umgestaltung des Kirchenstaats in eine fast constitutionelle Monarchie. Die große Veränderung, die innerhalb eines einzigen Jahres in dem sonst so unveränderlichen Rom vor sich gegangen war, erregte in ganz Europa Aufsehen und besonders bei der österreichischen Regierung Besorgnisse. Diese hielt es für nothwendig, den Papst zu warnen, und richtete eine Note an ihn, worin sie ihm zu bedenken gab, wohin der von ihm eingeschlagene Weg führen werde. Durch Zugeständnisse seien die Völker nicht zu befriedigen, da die Erfahrung lehre, daß sie immer mehr verlangten, je mehr ihnen bewilligt werde. Auch rege das in Rom gegebene Beispiel die Nachbarstaaten auf, die kaum noch zu bändigen wären. Pius IX antwortete auf diese Vorstellungen, daß er sich bis jetzt noch nicht über Unordnungen zu beklagen, sondern vielmehr von seinen Unterthanen die reinste Liebe und Dankbarkeit geerntet habe; auch sei er der Meinung, daß es leichter sei, die Völker durch weise Reformen und durch eine milde Regierung in Ordnung zu erhalten, als durch Gewaltmaßregeln. Doch durfte er eine so gewichtige Stimme wie die Oesterreichs, nicht ganz unbeachtet lassen; er erließ daher am 22. Juli eine Bekanntmachung, worin er seinen Entschluß aussprach, zwar auf der eingeschlagenen Bahn zu beharren, aber auch seine Unterthanen warnte, von ihm weder zu verlangen noch zu erwarten, was er als Papst nicht gewähren könne.

Daß übrigens die Besorgnisse Oesterreichs gegründet waren, zeigte der Erfolg, denn der von Rom gegebene Anstoß pflanzte seine Wirkungen bald in die benachbarten italienischen Staaten fort. Zuerst wurde der Großherzog Leopold II von Toscana durch den Zwang öffentlicher Demonstrationen, der, obgleich mit Versicherungen der Hochachtung und des Dankes gemischt, doch nicht aufhörte ein Zwang zu sein, genöthigt, dem Beispiele des Papstes zu folgen. Er gab der Presse durch Annahme des päpstlichen Censurgesetzes größere Freiheit und berief unter dem Namen Consulta di stato eine berathende Versammlung; auch bewilligte er eine Bürgergarde, nachdem das römische Volk bewaffnet worden war. Wie in Rom, kannte auch in Toscana der Volksjubel keine Grenze, und der Name Leopoldo ward mit dem von Pio Nono das Losungswort im Munde aller, die an eine Auferstehung Italiens glaubten. Einer so mächtigen Bewegung mußte der Herzog Karl Ludwig von Lucca, nachdem er sich vergebens zu widersetzen versucht hatte, weichen. Er legte am 7. October 1847 die Regierung über sein Fürstenthum nieder, das den Bestimmungen des Wiener Congresses zufolge nach dem Tode der Herzogin Marie Louise von Parma ohnehin an Toscana fallen mußte, während ihm die Nachfolge von Parma und Piacenza zukam. Fast wäre durch diese Frage über die Theilung von Lucca der Friede Italiens gestört worden, indem der Herzog von Modena einen kleinen District, auf den er Ansprüche hatte, militärisch besetzen ließ; schon hatten sich in Toscana Freischaaren gebildet, um die Modenesen mit Gewalt zu vertreiben, als der Papst und Sardinien sich ins Mittel legten und den Frieden erhielten. Da bald darauf am 18. December 1847 Marie Louise starb, so wurde die ganze Angelegenheit nach den Bestimmungen der Wiener Congreßacte geordnet.

Der König Karl Albert von Sardinien widerstand anfangs der Reformbewegung, gab aber in der Hoffnung, durch sie an die Spitze Italiens gehoben zu werden, derselben zuletzt ebenfalls nach. Am 30. October 1847 kündigte er in einem Decrete den Entschluß an, eine neue Aera der Reform zu eröffnen. Sardinien war nach Oesterreich in Italien die bedeutendste Militärmacht, und sein Beitritt zu der Bewegung hatte daher eine entscheidende Wichtigkeit. Auch gab es derselben sofort eine praktische Richtung, indem es am 3. November mit dem Papste und dem

Großherzog von Toscana einen Zollverein schloß, dessen politische Bedeutung in der Vertragsurkunde mit den Worten ausgesprochen war, daß die wahre und wesentliche Grundlage der italienischen Einheit eine Verschmelzung der materiellen Interessen der Bevölkerungen sei. Merkwürdig war bei diesem Zollverein das Bestreben, Oesterreich von demselben auszuschließen und ihm auf diese Art den Einfluß zu entziehen, den es bisher auf alle Staaten der Halbinsel ausgeübt hatte. Ueberhaupt nahm Sardinien von diesem Augenblick an eine feindselige Stellung gegen Oesterreich an, das die Ruhe in seinen italienischen Besitzungen nur mit der größten Kraftanstrengung aufrecht erhalten konnte. Denn obgleich die Lombardei und Venedig für ihren Wohlstand der österreichischen Regierung zum Danke verpflichtet waren, so überwog doch in den italienischen Gemüthern der Haß gegen die deutsche Herrschaft und machte sich in dem Rufe: Morte ai Tedeschi! Luft. Wenn auch die Lombarden aus Furcht vor der österreichischen Militärmacht keinen offenen Aufstand wagten, so organisirten sie einen moralischen Widerstand. Von Neujahr 1848 sollte niemand mehr Cigarren rauchen, um den Staat der großen Einkünfte zu berauben, die derselbe aus dem Tabaksmonopol bezog. Jeder Umgang mit den Oesterreichern wurde abgebrochen und alles aufgeboten, ihnen den Aufenthalt in Italien unleidlich zu machen. Die Nachsicht, welche die Regierung dieser Demonstration gegenüber bewies, forderte zu immer größerer Frechheit heraus. Da den Soldaten verboten war, von ihren Waffen Gebrauch zu machen, außer wenn sie dazu commandirt wurden, so waren sie wehrlos der Verhöhnung preisgegeben, und es begannen Mordanfälle gegen einzelne. Auch konnte die Regierung nicht verhindern, daß nicht die italienische Tricolore in der Kleidung zum Vorschein kam und der sogenannte Calabreserhut getragen wurde, an dem sich die Mazzinisten einander erkannten. Kurz man sah aus allen Symptomen der öffentlichen Stimmung, daß es in dem österreichischen Italien nur eines Anstoßes von außen bedürfe, um alles in Flammen zu setzen.

In dem Königreiche beider Sicilien brach die Bewegung am spätesten, aber auch am heftigsten aus. Nachdem vereinzelte Aufstände in Messina und Reggio mit militärischer Gewalt unterdrückt worden waren, erhob sich im Anfange des Jahres 1848 die Bevölkerung von Palermo und verlangte die Trennung Siciliens von Neapel und die Wiederherstellung der Constitution von 1812. So heftig und einmüthig der Ausbruch war, so würde er doch auch hier an den energischen Maßregeln der Regierung gescheitert sein, wenn nicht die Hoffnung auf auswärtigen Beistand den Muth der Insurgenten belebt und aufrecht erhalten hätte.

Denn als am 14. Januar das Fort Castelamare sein Feuer gegen die Stadt eröffnete und dieselbe mit Bomben und Granaten zu überschütten begonnen hatte, erklärte der Capitän eines auf der Rhede liegenden englischen Kriegsschiffes, daß er sich der Fortsetzung des Bombardements widersetzen müsse, weil durch dasselbe das Leben und Eigenthum der in Palermo lebenden englischen Unterthanen bedroht sei. Diese fast offene Begünstigung des Aufstandes durch die Engländer ermuthigte eben so sehr die Insurgenten, als sie die Maßregeln der Regierung zu deren Unterdrückung lähmte. Um einer fremden Einmischung in seine Angelegenheiten zuvorzukommen, entschloß sich König Ferdinand II zur Bewilligung von Reformen. Am 19. Januar erschien eine Reihe königlicher Decrete, worin die Verwaltung Siciliens von der Neapels getrennt und der Bruder des Königs, der Graf von Aquila, zum Statthalter der Insel mit einem besondern aus Sicilianern zusammengesetzten Ministerium ernannt wurde. Allein was acht Tage früher mit Freude angenommen worden wäre, wurde jetzt von den Sicilianern als ungenügend zurückgewiesen; der Aufstand hatte sich einmal sein Ziel gesteckt, die Wiederherstellung des Parlaments von 1812, und ruhte nicht eher, als bis er dasselbe erreicht hatte. Obgleich König Ferdinand am 29. Januar seinem Königreiche eine Constitution bewilligte, die der Verfassung von Frankreich nachgebildet war, so verwarfen doch die Sicilianer dieses königliche Geschenk und erklärten, daß sie nicht eher die Waffen niederlegen würden, als bis ein nach der Constitution von 1812 gewähltes Parlament in Palermo versammelt sei. Auch schritten sie sofort zur That und wählten ein Parlament, das am 25. März in Palermo zusammenkommen sollte, so daß Sicilien für den Augenblick freilich von Neapel unabhängig war und nicht anders als mit Gewalt der Waffen wieder unterworfen werden konnte. — Nachdem Neapel ein constitutioneller Staat geworden war, mußten auch die übrigen größern Staaten Italiens diesem Beispiele folgen. Der König Karl Albert von Sardinien, der danach strebte das Haupt von Italien zu werden, und nun fürchten mußte, daß ihn ein Nebenbuhler, der König Ferdinand von Neapel, überflügeln werde, beeilte sich am 8. Februar 1848 seinem Staate eine Verfassung zu geben, welche die merkwürdige und folgenreiche Bestimmung enthielt, daß in dem Königreiche Sardinien die katholische Kirche nicht mehr die allein herrschende sein, sondern neben ihr auch der Protestantismus geduldet werden sollte. Die bisher aller politischen Rechte beraubt gewesenen Protestanten und Waldenser wurden von nun an den Katholiken gleichgestellt. Nachdem auf diese Art eben so wie Neapel im Süden auch Sardinien im Norden seine Constitution erhalten hatte, konnte das mittlere Italien nicht länger von gleichen Bewilligungen ausgeschlossen werden. Der Großherzog von Toscana gab am 17. Februar seinem Staate eine Verfassung, in der ebenfalls die Gleichberechtigung aller religiösen Culte ausgesprochen war, und der Papst mußte nicht minder in diesen Weg einlenken, so schwierig auch die Aufgabe war, die Stellung des absoluten und unfehlbaren Hauptes der Kirche mit der Rolle eines constitutionellen Herrschers zu vereinigen. Obgleich die Consulta di stato eine heilsame Thätigkeit entwickelt hatte, so genügte doch ihr geräuschloses Wirken dem revolutionär aufgeregten Volke nicht, und dieses bedrängte den Papst so lange, bis er am 14. März das Statuto fondamentale erließ, worin er sich für seine weltliche Herrschaft constitutionelle Beschränkungen auferlegte, während er sorgfältig seine Autorität als Oberhaupt der Kirche ungeschmälert zu bewahren suchte. In allen kirchlichen Dingen, oder in solchen, die sich auf die Religion und Moral bezogen, sollten weder die Kammern noch die Minister mitzusprechen haben, sondern hier sollte allein das Collegium der Cardinäle, das als ein von dem Papste nicht zu trennender Körper anerkannt war, den Beirath desselben bilden. Das Cardinalcollegium sollte nach wie vor den Papst wählen, daher waren mit dem Tode eines Papstes die Kammern von selbst aufgelöst, und es durften nicht eher andere einberufen werden, als bis der neue Papst gewählt sei. Auch war es den Kammern, obwohl sie in weltlichen Dingen das Recht der Initiative hatten, verboten, Gesetzvorschläge in geistlichen oder gemischten Angelegenheiten einzubringen, und ebenso wurde die Censur, die in weltlichen Dingen aufgehoben war, für geistliche beibehalten. Sonst war durch das Fundamentalstatut die Regierung des Kirchenstaats einem verantwortlichen Ministerium anvertraut, das ganz von dem Papste ernannt wurde, aber von den Kammern abhängig war. Eine so sonderbare Verfassung, die ein seltsames Gemisch widersprechender Bestandtheile enthielt, konnte unmöglich haltbar sein, und es hing von den Umständen ab, welches Element, ob das weltliche oder geistliche, die Oberhand behalten werde.

Fünfzehntes Capitel.

Die allgemeine Aufregung in den Staaten des europäischen Continents seit dem Jahre 1846 wurde durch England befördert, weil dieses, nachdem die sogenannte Entente cordiale mit Frankreich durch die spanischen Heirathen zerstört worden war, in seiner Isolirung einen Bundesgenossen in den revolutionären Elementen suchte. Die Königin Victoria, welche am 20. Juni 1837 ihrem Oheim Wilhelm IV auf dem englischen Thron gefolgt war, behielt das Whigministerium, das sie bei ihrer Thronbesteigung vorgefunden hatte, bei. Im Jahr 1840 verband sie sich mit dem Prinzen Albert von Sachsen-Coburg zu einer Ehe, die sowohl mit häuslichem Glücke, als mit zahlreicher Nachkommenschaft gesegnet war. Der Prinz erhielt nur den Titel eines Queens Consort und wurde durch die auf ihre Macht eifersüchtigen Lords von jeder Theilnahme an der Regierung ausgeschlossen. Der feine Verstand, mit welchem sich die Königin den Formen der englischen Verfassung unterwarf, verschaffte ihr die Zuneigung und Achtung ihres Volkes in hohem Grade. Sie konnte daher die Whigs, welche seit der Reformbill die Regierung Englands geleitet hatten, im Jahr 1841 entlassen und unter dem Vorsitze Sir Robert Peels ein Ministerium aus Tories bilden, in welches auch der alte Herzog von Wellington wieder eintrat. Die Aufgabe dieses Ministeriums war, Irland zu beruhigen und den ärmeren Volksclassen durch eine Veränderung der Korngesetze wohlfeileres Brot zu verschaffen. Der Agitator von Irland O'Connel suchte ein Heilmittel für die Noth seines Vaterlandes in dem sogenannten Repeal oder der Auflösung der Union zwischen Irland und England, allein die Regierung widersetzte sich diesen Bestrebungen, und O'Connel starb im Jahr 1847, ohne seinen Zweck erreicht zu haben. Dagegen suchte die Regierung durch Gerechtigkeit die Irländer zu versöhnen und durch weise Gesetze ihren Zustand zu verbessern; doch auch diese Maßregeln würden entweder keinen oder nur einen langsamen Erfolg gehabt haben, wenn ihnen nicht eine schreckliche Katastrophe zu Hilfe gekommen wäre. Auf räthselhafte Weise fingen die Kartoffeln über und unter der Erde zu faulen an, und da diese Frucht fast das einzige Nahrungsmittel der armen Volksclassen bildete, so brach in Irland eine Hungersnoth aus, die viele Tausende wegraffte und andere Tausende zur Auswanderung trieb. Mit der Verminderung der Bevölkerung, die sich massenhaft nach Nordamerika wendete, kehrte in Irland Ruhe und ein besserer Zustand zurück. Auch scheute sich das Toryministerium nicht, der katholischen Kirche in Irland gerecht zu werden, und durch die sogenannte Maynooth-Bill für das Priesterseminar in Maynooth Staatsunterstützung vom Parlament zu verlangen und in demselben durchzusetzen. Selbst der damals auftretende Puseyismus machte die Regierung in diesem Bestreben nicht irre. In der alten Universität Oxford, einem der Hauptsitze des eifrigsten Anglicanismus, trat nämlich Dr. Pusey mit einer Lehre auf, die zugleich gegen die Reformation und gegen das Papstthum gerichtet war, und welche die wahrhafte Gestalt der christlichen Kirche in der Form suchte, die sie in den ersten vier Jahrhunderten ihres Bestehens gehabt hatte. Obgleich sich also Pusey auch gegen die römische Kirche erklärte, so fühlten sich doch seine Anhänger, wenn sie die Reformation verließen, unwiderstehlich nach Rom hingezogen. Fast jedes Jahr erlebte man in England Uebertritte gelehrter Puseyten zur katholischen Kirche. Allein diese Bewegung blieb auf die Kreise der gelehrten Welt beschränkt und erweckte nicht den alten Antagonismus des englischen Volkes gegen das Papstthum. Als aber der Papst diese katholische Bewegung in England unterstützen zu müssen glaubte und auf einmal neun Bischöfe für Großbritannien ernannte, unter denen er einem, dem zum Cardinal erhobenen Wiseman, den Titel eines Erzbischofs von Westminster beilegte, da erschallte wieder das alte Nopopery-Geschrei von einem Ende der Insel bis zum anderen, und die Regierung mußte, um die Aufregung zu beschwichtigen, gegen Wisemans Ernennung protestiren und demselben ihre Anerkennung verweigern. — In der Frage über die Veränderung der Korngesetze stießen die Interessen der Industrie und des Ackerbaues, der Fabrikanten und der Aristokraten feindlich auf einander. Die Fabrikanten wollten wohlfeiles Brot für ihre Arbeiter, um denselben nicht höheren Lohn zahlen zu müssen, während der güterbesitzende Adel in den Korngesetzen seinen Wohlstand vertheidigte, der wesentlich auf dem hohen Preise des Korns beruhte. Auch hier, wie in der Parlamentsreform, war der Widerstand der Lords nur durch eine Volksbewegung zu überwinden. Eine solche organisirte John Cobden durch die Gründung der Anticornlawleague d. h. eine Verbindung gegen die Korngesetze, welche sich bald über das ganze Königreich verbreitete und sich aller gesetzlichen Mittel bediente, um ihren Ansichten auch in dem Parlamente den Sieg zu verschaffen. — Dessenungeachtet wurde ein Antrag auf Abschaffung der Korngesetze am 10. Juni 1845 im Unterhause verworfen. Erst als Peel seine Entlassung einreichte, überwand er den Widerstand seiner Gegner, weil diese von einem Whigministerium weniger Schonung zu erwarten hatten, als von einem Toryministerium. Er blieb daher an der Spitze des Ministeriums, nachdem er die Ueberzeugung gewonnen hatte, daß sein Antrag nicht zum zweiten Mal fehlschlagen werde. In der That setzte Peel am 16. Mai 1846 seine Kornbill zuerst im Unterhause und am 25. Juni auch im Oberhause durch und eröffnete damit fremdem Getreide die freie Einfuhr in England. Damit war die Mission des Peelschen Ministeriums erfüllt. Die Aristokraten, welche Peel, früher ihre Stütze, jetzt als einen Abtrünnigen haßten, ergriffen die erste Gelegenheit, ihn ihre Rache fühlen zu lassen. Sie verwarfen im Juni 1846 ein von ihm vorgeschlagenes Gesetz zur Regelung der irischen Verhältnisse und nöthigten ihn seine Entlassung zu nehmen. An seine Stelle trat das Haupt der Whigs, Lord J. Russel, in dessen Ministerium der Minister der auswärtigen Angelegenheiten, Lord Palmerston, die einflußreichste Persönlichkeit war. England stand damals auf dem Gipfel seiner Macht und Handelsgröße. Durch die Erwerbung von Aden auf der Südküste Arabiens beherrschte es die Handelsstraße aus dem rothen Meere nach Indien und hatte in Indien selbst die in Afghanistan erlittene Niederlage wieder gut gemacht und sein altes Ansehen und Uebergewicht wieder hergestellt, als es den kriegerischen Staat der Sikhs überwand und denselben nach dem Siege bei Alliwal im Jahre 1845 völlig zertrümmerte. Unter seinen Colonien blühten besonders die australischen auf, und neugegründete Städte, wie Adelaide und Melbourne, schwangen sich schnell zu zahlreicher Bevölkerung und regem Leben empor. Nicht wenig trug die Entdeckung reicher Goldlager, deren Ertrag bald mit der Goldausbeute von Californien wetteiferte, dazu bei, den Strom der Auswanderung nach diesen Gegenden zu leiten, die durch ihr dem europäischen verwandtes Klima ein Neueuropa zu werden versprechen. Nichts desto weniger fühlte sich England, nachdem sich Frankreich wegen der spanischen Heirathen von ihm getrennt hatte und sich den nordischen Mächten zu nähern anfing, in seiner Isolirung unbehaglich. Lord Palmerston hielt es daher im Interesse Englands für nothwendig, die revolutionären Elemente auf dem Continent in seinen Schutz zu nehmen und Unruhen hervorzurufen und zu nähren, um die Continental-Mächte zu beschäftigen und zu schwächen. England übernahm gleichsam die Hegemonie der Revolutionspartei, und Palmerston verschmähte es nicht eine Rolle zu spielen, deren Bedeutung schon Canning gefühlt, aber wegen ihrer Unmoralität von sich gewiesen hatte. Wie in der Schweiz der Radicalismus durch Englands Hilfe zur Herrschaft gelangt war, so ward von England das Feuer der Revolution in Italien geschürt. So trug Palmerston, den die allgemeine Stimme bald als Lord Feuerbrand bezeichnete, wesentlich dazu bei, die Umwälzung vorzubereiten, welche im Jahr 1848 Europa erschütterte.

Die Unruhen in verschiedenen Ländern Europas würden indessen schwerlich zu den Dimensionen einer großen europäischen Umwälzung angewachsen sein, wenn nicht der alte Revolutions-Vulcan Frankreich wieder zu gähren angefangen und mit einem gewaltigen Ausbruche explodirt hätte. Nachdem Frankreichs Zerwürfniß mit den übrigen Mächten in der orientalischen Frage beigelegt worden war, trat in Paris eine seltene Ruhe ein. Die Regierung stützte sich auf eine festgeschlossene Majorität in der Kammer, welche Guizot innerhalb der Formen der constitutionellen Verfassung zu bilden verstanden hatte, und die ihr um so mehr ergeben war, da sie dabei ihre persönlichen Vortheile befriedigen konnte. Doch würde es ungerecht sein, der Regierung Ludwig Philipps, wie so oft geschehen ist, den Vorwurf zu machen, daß sie die Corruption systematisch befördert habe. Diese war vielmehr durch das Streben nach bloß materiellen Gütern und materiellem Genuß in der höheren Gesellschaft von selbst erzeugt worden, und die damaligen Criminalprocesse eröffneten einen Blick in den Abgrund der tiefsten Entsittlichung. Dabei war es charakteristisch, daß man sich an dem Gräßlichen weidete und für das Einförmige und Langweilige des gewöhnlichen Lebens in der Poesie des Verbrechens Unterhaltung suchte. Die Literatur, in der sich immer der gesellschaftliche Zustand einer Zeit abspiegelt, reflectirte in ihren berühmtesten und gelehrtesten Werken diese Richtung des französischen Geistes. Wer hat je einen Blick in Victor Hugos Producte geworfen, ohne von dem Anblicke des Scheußlichsten und Unnatürlichsten in der menschlichen Gesellschaft angeekelt worden zu sein? Und doch galt Victor Hugo für einen der größten Dichter Frankreichs und wurde als solcher vom Könige zum Pair erhoben. Eben so war eine geschiedene Madame Dudevant wie in ihrer Persönlichkeit, so auch in ihren literarischen Werken eine unnatürliche Erscheinung. Sie benahm sich in Kleidung und Lebensgewohnheiten wie ein Mann, und schrieb unter dem Namen Georges Sand eine Menge Romane, in denen die Grundlage der menschlichen Gesellschaft, die Ehe, angegriffen wurde. Derjenige aber, der vor allem die Kunst verstand, die Phantasie mit gräßlichen Bildern zu füllen und alle schlechten Leidenschaften aufzuwühlen, war Eugen Sue. In seinen Mystères de Paris, in seinem Juif errant, führte er seine Leser in die untersten Schichten der Gesellschaft, unter die Proletarier, schilderte deren Noth und entschuldigte die daraus entsprungenen Verbrechen. Man kann kaum begreifen, wie diese Bücher damals als Modelecture ihrem Verfasser einen europäischen Ruhm und ein fürstliches Vermögen einbringen konnten, wenn man nicht in Betracht zieht, daß die Gemüther von der Begierde nach Aufregung verzehrt wurden und daher ihre Befriedigung in solchen Werken fanden, die ihnen im Reiche der Einbildungskraft das gewährten, was ihnen die Wirklichkeit versagte. — Dem sittlichen Verfalle der reichen und herrschenden Classe gegenüber zeigte sich in den untern Schichten der Bevölkerung, den sogenannten Proletariern, die man mit dem neuen Namen des **vierten Standes** beehrte, ein Aufschwung, der die Zukunft mit großen Gefahren bedrohte. So lange die Religion ihren Einfluß auf die Gemüther noch nicht verloren und sie über die ungleiche Vertheilung des irdischen Besitzes mit der Hoffnung auf himmlische Güter beruhigt und getröstet hatte, war jeder mit dem Stande, in dem ihn Gott hatte geboren werden lassen, zufrieden gewesen; allein mit dem Unglauben bemächtigte sich der Gemüther die Begierde, schon in dem diesseitigen Leben das Glück zu finden, an das sie in dem jenseitigen nicht mehr glaubten. Die Arbeiter und die Armen hingen sich an ein Ideal des Communismus, das sie mit der Aussicht auf gleiche Vertheilung der irdischen Güter lockte. Was bisher von dem Grafen St. Simon und seinen Schülern, den St. Simonisten, nur in beschränkten Kreisen und in einer allein den Gebildeten verständlichen Form gelehrt worden war, was sodann Fourier mit mathematischer Schärfe ausgerechnet hatte, das wurde vom Jahre 1840 an den Massen gewissermaßen auf offenem Markte gepredigt. In dem genannten Jahre gab Cabet seine Voyage en Icarie heraus, worin er das Ideal einer Republik darstellte, in welcher Arbeit und Genuß unter alle gleich vertheilt waren. Zu diesem Zwecke nahm in Icarien der Staat alles Eigenthum im Namen der Communauté in Beschlag und bewilligte jedem Einzelnen an den Revenüen einen gleichen Antheil. Noch weiter ging Proudhon in seiner Schrift: Qu'est ce que la propriété? indem er diese Frage dahin beantwortete, daß das Eigenthum ein Diebstahl sei. Bei der großen Masse der Eigenthumslosen fanden solche Träume und Theorien nur einen zu fruchtbaren Boden. Der ungeheuere Contrast zwischen dem in den oberen Classen angehäuften Reichthum und zwischen der in den unteren Schichten leidenden Armuth, zwischen dem Capital und der Arbeit drängte allerdings zur Lösung der Frage, wie dem wirklichen Nothstande unter den Arbeitern abgeholfen werden könne, allein welcher Verständige konnte von den Ausgeburten eines verbrannten Gehirns etwas anderes erwarten als Unheil? Bei weitem praktischer waren die Vorschläge, die der als

Journalist und Geschichtschreiber berühmte Louis Blanc in seiner im Jahre 1841 erschienenen Organisation du travail machte. Er verlangte, daß der Staat jedem, der arbeiten könne und wolle, Gelegenheit zur Arbeit und zum Verdienst geben solle. Zu diesem Zwecke schlug er die Errichtung von Nationalwerkstätten vor, um die Arbeiter aus der Abhängigkeit zu befreien, in der sie von den großen Capitalisten und Geldspeculanten gehalten wurden. Man nannte diejenigen, die sich den Ideen Louis Blancs anschlossen, Socialisten zum Unterschiede von denjenigen, die alles Eigenthum aufheben wollten, und die davon den Parteinamen der Communisten erhielten. Jedenfalls bedrohte diese Frage, nachdem sie einmal angeregt war und auf Lösung wartete, die Zukunft mit großen Gefahren.

Auch wurde die Aussicht in die Zukunft durch ein Unglück verdunkelt, welches in dieser Zeit die königliche Familie betraf. Am 13. Juni 1842 fiel der bei dem Volke beliebte Thronerbe, der Herzog von Orleans, beim Hinausspringen aus dem Wagen, vor welchem die Pferde durchgegangen waren, so unglücklich auf das Pflaster, daß er sich den Kopf zerschmetterte und nach wenigen Stunden starb. Wenn auch nicht durch außerordentliche Geistesgaben ausgezeichnet, hatte der Herzog von Orleans doch viele Eigenschaften besessen, die ihn sowohl bei der Armee als bei dem Volke beliebt machten. So lange er lebte, schien die Zukunft der Julimonarchie gesichert zu sein, durch seinen Tod aber ward diese getrübt. Er hinterließ zwei unmündige Söhne, Ludwig Philipp Grafen von Paris und Robert Herzog von Chartres. Bei dem vorgerückten Alter des Königs war also eine Minoritätsregierung vorauszusehen, und wer konnte ohne bange Sorgen an eine solche denken, da ein Rückblick in die frühere Geschichte Frankreichs lehrte, daß jedesmal die Zeiten der Minderjährigkeit des Königs die unglücklichsten gewesen seien und die Wahrheit des Spruches Salomons bestätigt hatten: „Wehe dem Lande, deß König ein Kind ist!" Schon bei der Frage über die Regentschaft zeigte sich der drohende Zwiespalt. Während die Regierung vorschlug, für den Fall der Minderjährigkeit des Grafen von Paris die Regentschaft dem zweiten Sohne des Königs, dem Herzog von Nemours, zu übertragen, verlangte dagegen die liberale Opposition die Regentschaft für die Herzogin von Orleans. Sie hoffte offenbar unter der Regierung einer Frau, die als Fremde in dem nationalstolzen Frankreich, als Protestantin in einem katholischen Lande wenig Sympathien hatte, das Uebergewicht zu erlangen, nach dem sie schon so lange vergebens gestrebt, allein um so mehr war dies für die Gegenpartei ein Antrieb, für das von der Regierung vorgeschlagene Regentschaftsgesetz zu stimmen, und so wurde mit einer bedeutenden Majorität der Herzog von Nemours für den Fall von Ludwig Philipps Ableben zum Regenten von Frankreich ernannt. — Das Unglück, welches die Familie des Königs betroffen hatte, wurde von der legitimistischen Partei als eine günstige Gelegenheit benutzt, die französische Nation an das Dasein des rechtmäßigen Erben ihrer Könige zu erinnern. Paris wurde im Jahre 1843 mit Medaillen überschwemmt, auf denen König Heinrichs V Bildniß geprägt war, und im Herbste erschien der Prätendent selbst in London, nicht zwar um eine Landung in Frankreich zu versuchen, aber um die Huldigungen in Empfang zu nehmen, zu denen seine Anhänger in großer Zahl über den Kanal reisten. Die Häupter der angesehensten und durch ihren Grundbesitz einflußreichsten Adelsgeschlechter in Frankreich pilgerten nach London, um ihren König zu begrüßen und ihn zu versichern, daß sie ihm unter allen Umständen ihre Treue bewahren würden. Wie unschuldig und wenig gefährlich diese Demonstration auch im Augenblick war, so zeigte sie doch eine für die Zukunft bedrohliche Erscheinung, und der Aerger der Anhänger der Julirevolution machte sich dadurch Luft, daß sie die legitimistischen Wallfahrten als coupables manifestations brandmarkten. — Noch gab es einen andern Prätendenten, der schon zweimal seine Ansprüche mit Gewalt geltend zu machen versucht hatte, aber dieser saß hinter Schloß und Riegel. Um so wichtiger war es, daß es auch ihm in der Zeit, wo Ludwig Philipp in die Schwäche des Alters versank und die Fortdauer seiner Dynastie auf einem Kinde ruhte, gelang, aus seiner Haft zu entkommen. Der Gefangene von Ham, Ludwig Napoleon, hatte die Muße seiner Gefangenschaft zu ernsten Studien und unausgesetzten Arbeiten benutzt. Ham war, wie er selbst sagte, seine Universität geworden, auf der er sich durch eingehende Beschäftigung mit den Fragen des Tages und der Zeit für die Rolle eines Staatsmannes vorbereitete. Er schrieb über das Artilleriewesen, über die Ausrottung des Pauperismus, wofür ihm die Arbeitervereine eine Dankadresse votirten, und über andere Dinge, die zeigten, daß sein Muth ungebrochen und das Vertrauen auf seinen Stern ungeschwächt sei. Plötzlich am 26. Mai 1846 verschwand er aus Ham; denn es gelang ihm, mit Hilfe seines Arztes Dr. Conneau, in der Verkleidung eines Arbeiters aus seinem Gefängnisse zu entfliehen und glücklich nach England zu entkommen. Während so in der Person des Herzogs von Bordeaux die Legitimität und in der Person Ludwig Napoleons der Imperialismus dem Julikönigthum drohend gegenübertraten, waffnete sich auch wieder der Meuchelmord gegen das Leben des greisen Bürgerkönigs. Zweimal ward im Jahre 1846 auf ihn geschossen, am 16. April von einem Forstbeamten Lecomte, und wenige Wochen nach dessen Hinrichtung am 29. Juli von einem bankerotten Fabrikanten Henry, allein beide Male ohne Erfolg. Zu gleicher Zeit ward das herzliche Einverständniß mit England getrübt, da dieses dem Könige Ludwig Philipp nicht verzeihen konnte, in der Frage über die spanischen Heirathen von ihm überlistet und betrogen worden zu sein. Bald empfand die französische Regierung die Rache Lord Palmerstons in der Verbindung, in welche sich dieser mit der Opposition einließ. Dessen ungeachtet sah die Regierung in dem Bewußtsein, sich streng innerhalb der Verfassung gehalten zu haben, den Abgrund nicht, der sich zu ihren Füßen öffnete. Alles, was sie that, geschah mit Zustimmung der Majorität der Kammern, und ihr System schien um so unerschütterlicher, da es noch zuletzt dem König gelungen war, durch Vollendung der Befestigung von Paris und durch Bewaffnung der Forts demselben gleichsam den Schlußstein aufzusetzen. Als bei Erneuerung der Deputirtenkammer im Jahre 1846 die ministerielle Majorität sich noch mehr befestigte, rief Guizot stolz aus, daß seine conservative Politik endlich die Ordnung im innern für die Dauer hergestellt, endlich den Frieden nach außen für die Dauer gesichert habe. Er selbst fühlte zwar, daß es etwas kühn sei, sich des Worts für die Dauer zu bedienen, aber er glaubte versichern zu dürfen, daß die Ordnung und der Friede außer Gefahr seien. Und allerdings wäre dies der Fall gewesen, wenn man noch mit derselben aufrichtigen Verehrung an der Charte gehangen hätte, wie im Jahr 1830, allein die Charte war in Miscredit gekommen, seitdem innerhalb ihrer Schranken und mit buchstäblicher Anwendung ihrer Bestimmungen eine Majorität gebildet worden war, deren festgeschlossene Reihen die Opposition vergebens zu durchbrechen suchte. In wüthender Verzweiflung über ihre Ohnmacht sah sich die Minorität genöthigt, auf eine Aenderung in der Zusammensetzung der Kammer zu dringen, um ihrer Stimme Gehör zu verschaffen und durch eine Coalition aller nicht ministeriellen Parteien auf den Sturz der ministeriellen Majorität hinzuarbeiten. Seit dem Jahre 1845 trat der berühmte Dichter Alfons Lamartine als Gegner der Regierung und als beredter Sprecher für die Interessen der niederen Classen auf und vereinigte sich mit dem radicalen Advocaten Ledru-Rollin, der im folgenden Jahre in die Kammer getreten war, in dem Gedanken einer Wahlreform als des einzigen Mittels, um die Majorität zu brechen. Nach ihrer Ansicht sollte das Wahlrecht auf breitester Grundlage ruhen; das gesammte Volk mit Einschluß der arbeitenden Classen, des sogenannten vierten Standes, sollte mitwählen, um nicht länger allein die Reichen in ihrem Interesse die Deputirten-Kammer zusammensetzen zu lassen. Obgleich Thiers und Odilon Barrot, die Führer der sogenannten dynastischen Opposition, nicht so weit gingen, einen Weg zu betreten, der offenbar zur Republik führen mußte, so stellten doch auch sie eine parlamentarische Reform als Ziel ihres Strebens auf. Diese sollte darin bestehen, daß die Beamten von der Kammer ausgeschlossen und die sogenannten Capacitäten ohne Rücksicht auf Wahlcensus in dieselbe zugelassen würden. Es war dies von jeher eine wunde Stelle in dem constitutionellen System, daß die gesetzgebende Versammlung aus einer Mehrheit von Beamten zusammengesetzt werden konnte, die alsdann nicht die Wünsche und Bestrebungen des Volkes, von dem sie gewählt worden waren, sondern die Ansichten und Interessen der Regierung vertraten. England, dieser Musterstaat des Constitutionalismus, hatte sich nach der Revolution von 1688 von diesem Uebel befreit. Damals wurden alle Beamte, die Gehalte oder Pensionen aus der Civilliste empfingen oder die zur Erhebung der Steuern und Zölle angestellt waren, so wie einige andere Kategorien, deren Abhängigkeit von der Regierung für notorisch galt, auf ewige Zeiten vom Hause der Gemeinen ausgeschlossen. In Frankreich dagegen war die Zahl der Beamten in der Kammer von Jahr zu Jahr gewachsen, und es erschien allerdings keine Uebertreibung, wenn behauptet wurde, daß die Mehrheit der Majorität, auf welche sich das Guizotsche Ministerium stützte, von Regierungsbeamten, also von der Regierung selbst gebildet würde. Sollte daher, wie es bei der Julirevolution versprochen worden war, die Repräsentativ-Verfassung eine Wahrheit werden, so war die Ausschließung oder wenigstens die Beschränkung der Beamten in der Kammer keine unbillige Forderung. Allein wie war zu erwarten, daß eine solche Forderung in der Kammer durchgehen, daß die Majorität sich ihr eigenes Todesurtheil sprechen würde? In der That wurden in der ersten Session der neugewählten Kammer im März 1847 sowohl der Antrag auf eine Aenderung des Wahlgesetzes, den Duvergier de Hauranne eingebracht hatte, als die von Remusat vorgeschlagene Parlamentsreform vermittelst Ausschließung der Beamten durch eine Majorität von mehr als zwei Drittheilen sämmtlicher Stimmen verworfen. Die Regierung verschanzte sich hinter dem Palladium der Charte, als einem unbezwinglichen Bollwerk, allein sie nöthigte damit ihre Gegner, die Charte als ein Mittel und einen Deckmantel der Corruption um alles moralische Ansehen zu bringen. Nicht mehr der Ruf: Vive la Charte!, mit dem die Julirevolution gesiegt hatte, war das Losungswort, sondern dies lautete jetzt: Vive la Réforme! Mit dieser Parole ward eine Bewegung eingeleitet, die, da sie ihr Ziel nicht innerhalb der Charte erreichen konnte, aus derselben heraustreten und gegen die Absicht der meisten Anstifter zu einer Revolution führen mußte.

In Paris war von den letzten Wahlen her das Comité electoral, das die Wahlen geleitet hatte, zusammen geblieben unter dem Vorwande, die Wählerlisten zu revidiren, in der That aber, um für die Wahlreform zu wirken. Die Agitation fing damit an, daß in der Presse das ganze bisherige Wahlsystem als eine Quelle der ärgsten Misbräuche geschildert wurde; man faßte alle Anklagen gegen die Regierung in das eine gehässige Wort der Corruption oder Bestechung zusammen; eine so compacte Majorität, wie diejenige, über welche die Regierung gebieten konnte, habe nur durch Bestechung zusammengebracht werden können. Sodann ging man einen Schritt weiter, der verfälschten öffentlichen Meinung, deren Ausdruck nicht mehr in der Kammer war, bei großen Festmahlen Gelegenheit zu geben, sich in ihrer wahren Gestalt zu manifestiren. Zu diesem Zwecke wurde am 9. Juli 1847 in Chateaurouge, einem Belustigungsorte in der Nähe von Paris, ein Festbankett veranstaltet, für dessen Charakter es bezeichnend war, daß an die Stelle des üblichen Trinkspruches auf das Wohl des Königs ein Toast auf die Volkssouveränetät gesetzt ward. Alle Reden, die bei dieser Gelegenheit gehalten wurden, athmeten die glühendste Begeisterung für die Reform, durch welche erst das große Werk der Revolutionen von 1789 und 1830 seine Vollendung erhalten werde. Auch wurde sehr geschickt mit der Reform die Sache des vierten Standes, die Verbesserung der Lage der arbeitenden Classe verbunden, indem man, ohne anzugeben oder zu wissen wie, von der Reform die Erwartung erregte, daß sie der unverdienten Noth des in Armuth und Elend vergehenden Volkes ein Ende machen werde. Das Bankett von Chateaurouge war das Muster, nach dem sich ähnliche Festmahle im Laufe des Jahres 1847 in mehr als 60 Städten wiederholten. Bei allen sprach sich in Reden und Trinksprüchen offen ein republikanischer Geist und Abneigung gegen das constitutionelle Wesen aus. Man warf dem letzteren vor, daß es in eine Oligarchie ausgeartet sei und nur der Habsucht derjenigen diene, die sich auf Kosten des Landes bereichert hätten. Solche Anklagen erhielten unglücklicher Weise ihre Bestätigung durch scandalöse Processe, in welchen ehemalige Minister, wie Teste und Cubières, so wie andere Häupter der constitutionellen Partei des Aemterverkaufes beschuldigt und überwiesen wurden. Es ist merkwürdig, daß die Regierung die sich in den Banketten manifestirende Bewegung nicht als eine Gefahr erkannte, und es bestätigte sich hier die Wahrheit des alten Spruches: Quem Deus perdere vult, dementat. Denn der Minister des Innern, Graf Duchatel, glaubte im Bewußtsein, der Majorität der Kammer sicher zu sein, ein Geschrei verachten zu dürfen, das sich außerhalb der gesetzgebenden Versammlung erhob. Ihm schien die ganze Sache so unbedeutend, daß er es den Localbehörden überließ, die Reformbankette zu gestatten oder zu verbieten. Erst als bei Wiedereröffnung der Kammern im December 1847 angekündigt wurde, daß in den zwölf Stadtbezirken von Paris Reformbankette veranstaltet werden sollten, um die Deputirten auch über die Gesinnung der Hauptstadt aufzuklären, schritt die Regierung mit einem Verbote dagegen ein. Wenn schon durch dieses Verbot gereizt, wurde es die Opposition noch mehr, als der König in seiner Thronrede am 28. December ihr feindselige oder blinde Leidenschaften (des passions ennemies ou aveugles) vorwarf und seine Hoffnung aussprach, daß die ganze dadurch hervorgebrachte Agitation an der Uebereinstimmung der drei großen Staatsgewalten scheitern werde. Die Verhandlungen über die Adresse auf diese Thronrede, die am 22. Januar 1848 begannen und volle drei Wochen bis zum 12. Februar dauerten, erzeugten daher Stürme in der Kammer, wie man sie seit der Julirevolution nicht mehr erlebt hatte. Es war ein großartiges Schauspiel, den Minister Guizot, wie den justum et tenacem propositi virum des Horaz, mitten in diesem Sturme, der sich hauptsächlich gegen ihn richtete, gleich einem unerschütterlichen Felsen im Meere dastehen und alle Leidenschaften machtlos an ihm zerschellen zu sehen. Denn der Haß ging so weit, daß Odilon Barrot den Ministern zurief: Polignac und Peyronnet waren constitutioneller als Sie! und daß die ganze Opposition sich erhob und mit dem Finger auf die Ministerbank zeigend das Wort ihres Chefs wiederholte: Polignac und Peyronnet waren constitutioneller als Sie! Die Opposition dachte eine Zeitlang daran, ihr Mandat in Masse niederzulegen und von der Majorität an das Land zu appelliren, allein sie kam von diesem Gedanken wieder zurück, als ihr Thiers bewies, daß ein solcher Rückzug eine entscheidende Niederlage sein werde. Sie beschloß vielmehr ein großes Reformbankett in den elysäischen Feldern zu veranstalten, um der Regierung Trotz zu bieten und den Parisern Gelegenheit zu geben, ihre Sympathie für die Reform zu zeigen. Ueber das polizeiliche Verbot setzte sie sich mit der Ueberzeugung hinweg, daß das Versammlungsrecht in den Gesetzen des Landes begründet sei und ohne deren Verletzung nicht verwehrt werden könne. Niemandem war es aber zweifelhaft, daß es bei einer solchen Demonstration weniger auf Essen und Trinken oder auf Reden abgesehen sei — denn was konnte man sagen, was nicht schon hundertmal gesagt worden war? — als vielmehr auf eine große Volksbewegung, um der Regierung durch die Masse zu imponiren. War aber einmal eine solche Bewegung in Gang gebracht, wie schwer ward es alsdann, ihr wieder Halt zu gebieten! In der That war das Programm für das Festmahl, das auf den 22. Februar angesetzt worden, kaum erschienen, so zeigten sich überall Symptome der Unruhe und Besorgniß. Wie das ängstliche Flattern der Vögel dem kommenden Sturme vorhergeht, so sah man Fremde, die den Winter in Paris hatten zubringen wollen, einpacken und abreisen, und Stockungen im Verkehr verriethen, daß die Ruhe und Sicherheit der Zukunft bedroht sei. Die Regierung hatte anfangs die Absicht, der von der Opposition beabsichtigten Demonstration kein Hinderniß in den Weg zu legen, sondern die Frage über die Gesetzlichkeit derselben einer gerichtlichen Entscheidung zu unterwerfen. Als aber durch das Festprogramm die Nationalgarde eingeladen wurde, sich unbewaffnet aber uniformirt einzufinden, um für den Zug der Gäste ein Spalier zu bilden, sah die Regierung darin einen Eingriff in ihre Rechte und erklärte am 21. Februar, daß sie das Bankett mit Gewalt verhindern werde. In Folge dessen unterblieb das Fest, und die constitutionelle Opposition beschränkte sich darauf, eine Anklage gegen die Minister in der Kammer einzureichen, worin alle bisherigen Beschuldigungen, die Grundsätze der Verfassung verfälscht und durch eine systematische Bestechung die Repräsentativ-Regierung unmöglich gemacht zu haben, noch einmal zusammengefaßt waren. Allein mit dieser Mäßigung war der republikanischen und socialistischen Partei nicht gedient. Diese hatte ihren Mittel- und Vereinigungspunkt in dem Journal La Réforme, das von Flocon redigirt seiner Partei die Bankettfrage als das Signal zum Losschlagen bezeichnet hatte. Am 21. Februar hatte es drucken lassen: „Die Revolution und die Contrerevolution stehen einander gegenüber; auf der einen Seite das Recht, auf der anderen die Willkühr. Unsere Wahl kann nicht zweifelhaft sein. Wir treten in die Kundgebung ein und rufen zu diesem Zwecke alle unsere Freunde herbei!" Jetzt, wo Thiers und Odilon Barrot zurücktraten, wollten diese herbeigerufenen Freunde ihrem Beispiele nicht folgen; eine so günstige Gelegenheit, wie die gegenwärtige Aufregung, schien nicht sobald wiederzukehren, und so wurde von ihnen beschlossen, sich am folgenden Tage auf der Straße zu zeigen und nach der Haltung der Volksmassen zu beurtheilen, ob sich etwas mit Aussicht auf Erfolg werde wagen lassen. Zugleich ward abgemacht, daß man keinen anderen Ruf laut werden lassen dürfe, als den: Es lebe die Reform! weil man nur für diesen bei der Menge Anklang finden werde. Der Verwegenste unter diesen Verschwörern, ein Mann, der in alle geheimen Gesellschaften eingeweiht und in Leitung von Volksmassen geübt war, Charles Lagrange, übernahm die Hauptrolle mit dem von ihm ausgesprochenen Entschlusse, sein Gewehr nicht eher aus der Hand zu legen, als bis er gefallen oder die Republik ausgerufen sei.

Wenn man bedenkt, über welche Mittel die Regierung gebieten

konnte, so begreift man leicht, daß sie der Reformbewegung gegenüber sich vollkommen sicher fühlte. Eine Armee von 55,000 Mann, über welche der tapferste und entschlossenste Degen Frankreichs, der Marschall Bugeaud, den Oberbefehl führte, war sowohl bereit, als auch vollkommen im Stande, die Ordnung zu erhalten oder, wo sie gestört wurde, sie wiederherzustellen. Sodann lag Paris, seitdem es befestigt worden war, unter den drohenden Kanonen der Forts, die es wie mit einem steinernen Gürtel umgaben. Man hatte von Anfang an, seit es sich um eine Befestigung von Paris handelte, den Argwohn gehabt, daß Ludwig Philipp es dabei weniger auf die Vertheidigung gegen einen äußeren Feind, als auf die Unterdrückung innerer Unruhen abgesehen habe. Auch war das allgemeine Urtheil, daß in der von den Kanonen der Forts beherrschten Hauptstadt ein solcher Volkssieg, wie in der Julirevolution, nicht mehr möglich sein werde. Kein Wunder daher, daß Ludwig Philipp ganz ruhig war und auf die Besorgnisse des Stadtpräfecten nur mit ungläubigem Lächeln antwortete. Eben so zuversichtlich war Guizot, dem die wider ihn und sein Ministerium gerichtete Anklage ein höhnisches Gelächter entlockte. Denn über die Anklage hatte dieselbe Majorität zu entscheiden, die ihm unbedingt ergeben und durch Dick und Dünn zu folgen entschlossen war. An dem für das Bankett bestimmt gewesenen Tage, am 22. Februar, war es zwar in den Straßen von Paris unruhig, aber der ganze Lärm hatte so wenig einen ernsten Charakter, daß der gewöhnliche Verkehr keinen Augenblick unterbrochen ward. Massen von müßigen Neugierigen, an denen es in keiner großen Stadt, und am wenigsten in Paris, fehlt, füllten die Sammelplätze, pour voir, s'il y avait quelque chose à voir — allein es gab nichts weiter zu sehen, als einige Haufen von jungen Leuten und Arbeitern, die unter Absingen von revolutionären Liedern und mit dem Geschrei: Es lebe die Reform! nieder mit Guizot! die Straßen durchzogen, hin und wieder Barricaden zu errichten suchten, aber sie bei dem Anrücken der Municipalgarde ohne Widerstand verließen. Am folgenden Tage, am 23. Februar, wiederholten sich dieselben Erscheinungen, aber es kam ein bedenkliches Symptom hinzu, daß nämlich die aufgebotene Nationalgarde ebenfalls in das Geschrei nach Reform und nach Guizots Sturz einzustimmen anfing. Freilich waren auf den Rappell, der die Nationalgarde zusammenrief, nur die exaltirtesten Liberalen und die Republikaner erschienen, und diese waren es, die wetteifernd mit den Meuterern das Losungswort der Revolution ausstießen, allein das Ausbleiben der besonnenen, dem politischen Parteitreiben fremden Bürger war nicht weniger ein beredtes Zeugniß gegen die Regierung; denn es bewies, daß die Nationalgarde nicht geneigt sei, sich für ein verhaßtes Ministerium, wie das Guizotsche, zu schlagen. Den König versetzte die Nachricht von der unerwarteten Haltung der Nationalgarde in die größte Bestürzung. Er konnte sich nicht entschließen, auf die Nationalgarde, die er immer als die festeste Stütze seines Thrones betrachtet hatte, schießen zu lassen, und glaubte, den Sturm durch Entlassung des Guizotschen Ministeriums beschwören zu können. In dem Wahne, daß der wüthende Haß gegen Guizot der Person dieses Staatsmannes und nicht dem ganzen Regierungssystem gelte, daher nicht gegen ihn selbst, als die Pensée immuable, gerichtet sei, entließ er am Nachmittag des 23. Februar das Ministerium und beauftragte den Grafen Molé mit der Bildung eines neuen Cabinets. Mit Guizots Sturze war das ausgesprochene Ziel der Bewegung erreicht, und die allgemeine Befriedigung manifestirte sich am Abend in einer glänzenden Illumination von Paris. Die Gestalt der Hauptstadt, deren Straßen noch so eben vom Aufruhr durchtobt worden, war wie mit einem Zauberschlage verändert; unzählbare Massen friedlicher Menschen wogten durch die erleuchteten Straßen und freuten sich, daß das unheildrohende Gewitter ohne Schaden vorübergegangen sei. Nur die Republikaner theilten diese allgemeine Befriedigung nicht und gingen darauf aus, die friedliche Stimmung zu stören und die versöhnten Gemüther von neuem zum Hasse und zum Kampfe aufzuregen. Der Sieg der Mäßigung war für sie eine Niederlage, und um diese abzuwenden, scheuten sie sich nicht, absichtlich Blut vergießen zu lassen, um den Kampf erneuern zu können. Eine ihrer Schaaren, von Charles Lagrange geführt, erschien unter Vortragung einer blutrothen Fahne und von Fackeln begleitet vor dem Hotel Guizots, zu dessen Schutz ein Bataillon Infanterie aufgestellt war. Ein aus dem Volkshaufen abgefeuerter Schuß, man weiß nicht von wessen Hand, aber wahrscheinlich von Lagrange selbst, hatte zur Folge, daß die Truppen unter das Volk schossen und in dem dichtgedrängten Haufen eine Menge Todter und Verwundeter niederstreckten. Dieser mit berechneter Bosheit herbeigeführte Conflict veränderte auf einmal die Lage der Dinge. Der Ruf nach Rache erscholl bald durch alle Straßen von Paris, und der Anblick der blutigen Leichen, die auf einem Karren unter Fackelschein und wildem Geschrei durch die Stadt gefahren wurden, rief den schon eingeschlafenen Aufruhr von neuem und zwar mit vermehrter Stärke ins Leben. Den wenigen Männern, die sich auf dem Bureau des Journals La Réforme verschworen hatten, war es so gelungen, den Aufruhr wieder anzufachen und ihm eine thronumwälzende Richtung zu geben. Freilich standen dem Könige in der Nacht vom 23. auf den 24. Februar noch alle Machtmittel zu Gebote, die ihn am Morgen dieses Tages in Sicherheit eingewiegt hatten, allein was halfen die Mittel, wenn es an Muth und Entschlossenheit fehlte, sie zu gebrauchen? Den alten König verließ seine Klugheit und Besonnenheit im entscheidenden Augenblick; es war, als ob der Abfall oder die Unthätigkeit der Nationalgarde alle Kraft in ihm gelähmt und die Erinnerung an das von ihm Karl X bereitete Schicksal seinen Geist verdunkelt habe. Jetzt rächte sich an ihm, daß er einen energischen Charakter, wie Guizot, so leicht hatte fallen lassen; denn es war keine Regierung da, die den Rathlosen mit ihrem Rathe hätte unterstützen können. Graf Molé gab in der Nacht den ihm ertheilten Auftrag zur Bildung eines Ministeriums mit den Worten zurück: Ma couleur est depassée. Der König wandte sich nunmehr an die Häupter der constitutionellen Opposition, Thiers und Odilon Barrot, allein auch ihre Ernennung kam zu spät, um den Revolutionssturm, der jetzt andere Ziele als die parlamentarische Reform hatte, zu beschwichtigen. Vielmehr gewann der Aufruhr durch die Rathlosigkeit des Hofes von Stunde zu Stunde an Stärke. Es war für Ludwig Philipp eine unglückliche Fügung, daß die beiden kräftigsten Prinzen des Hauses Orleans, der Prinz von Joinville und der Herzog von Aumale, in Algier abwesend waren, und nur der schwächliche Herzog von Nemours und der jugendliche Herzog von Montpensier sich in dieser Stunde der Prüfung bei ihrem Vater befanden. Alles, was dieser bewilligte, ward von den Anführern mit einem höhnischen Trop tard zurückgewiesen, und wenn auch die Reform noch fortwährend das Losungswort blieb, so war doch deutlich der Sturz der Dynastie das Ziel des Aufruhrs. Nachdem ein Theil der Truppen unter dem General Bedeau mit der Nationalgarde eigenmächtig Waffenstillstand geschlossen hatte, willigte der König in die Absetzung Bugeauds, dessen Unpopularität man ihm als ein Hinderniß der Versöhnung mit den Empörern dargestellt hatte, und statt diesen tapferen Degen zu seiner Vertheidigung zu benutzen, bestand der letzte Befehl an die Truppen, den er von demselben unterzeichnen ließ, in der Ordre, nicht mehr auf das Volk zu schießen. Von dem Augenblicke an, wo der Marschall befohlen hatte, de cesser le feu partout et la garde nationale va faire la police, war der Sieg des Aufruhrs entschieden. Denn von der Nationalgarde, der die Herstellung der Ordnung übertragen werden sollte, hatten sich nur solche gestellt, die mit den Grundsätzen der Meuterer übereinstimmten und daher mit denselben gemeinschaftliche Sache machten. Die übrigen waren vorsichtig zu Hause geblieben und ließen den Thron im Stich. Nie ist das unnütze und gefährliche einer solchen Bürgermiliz, wie die Nationalgarde von Paris war, deutlicher zu Tage getreten, als am 24. Februar, wo der Thron des Bürgerkönigs, der im Jahre 1830 von ihr errichtet und bisher gestützt worden war, vor einer Pöbelrotte zusammenstürzte. Denn die Aufrührer ließen sich durch die Einstellung der Feindseligkeiten von Seiten der Truppen nicht aufhalten, sondern drangen, nachdem sie das Palais royal, den Familienpalast der Orleans, erstürmt und verwüstet hatten, von allen Seiten gegen die Tuilerien vor. Nur das sogenannte Chateau d'Eau, ein altes schußfestes Gebäude, das von einer tapferen Compagnie des vierzehnten Regiments besetzt war, hielt eine Stunde lang den Angriff des Volkes auf, bis es in Brand gesteckt zusammenstürzte und seine Vertheidiger unter den Trümmern begrub. Niemand kam diesen Tapferen zu Hilfe, die man eben so untergehen ließ, wie die Municipalgardisten, die, dem Volke verhaßt, überall, wo sie demselben in die Hände fielen, schonungslos abgeschlachtet wurden.

Während sich der Aufstand dem Palaste der Tuilerien näherte, herrschte im innern desselben unsägliche Verwirrung und Bestürzung. Die französischen Berichterstatter haben die Agonie des sterbenden Königthums mit großer Ausführlichkeit und, da sie zu den Gegnern desselben gehörten, mit unverhohlener Schadenfreude erzählt, allein ihre Schilderung gleicht eher einer Carricatur als einem wirklichen Lebensbilde. So erbärmlich, wie sie uns Ludwig Philipp darstellen, wie er von sich, von Gott und der Welt verlassen einem Ertrinkenden gleich nach jedem Strohhalm greift, kann der Bürgerkönig unmöglich gewesen sein. Das wahre an der Sache ist, daß er bei seinem hohen Alter von dem Abfall der Nationalgarde wie von einem Schlagflusse gelähmt und durch die Mahnungen seines inneren Gewissens betäubt auf den Rath von Berufenen und Unberufenen hörte und zu keinem festen Entschlusse kommen konnte. Man hat oft bemerkt, und die Geschichte bestätigt es, daß in den Frauen der bourbonischen Familie ein heißeres Blut wallt und ein kräftigerer Muth lebt, als in den Männern derselben. Diesen Charakterzug bewährte in diesen schweren Stunden auch die alte Königin Amalie. Empört über die Schwäche und Rathlosigkeit ihrer Umgebung forderte sie ihren Gemahl auf, zu Pferde zu steigen und, wenn es sein müsse, ritterlich zu sterben; sie selbst wolle mit ihren Kindern vom Balkon dem Kampfe zusehen. Dieser Stachel weiblichen Vorwurfs spornte einen Augenblick den König aus seiner Apathie auf und bewog ihn, sich zu Pferde zu setzen und über die im Tuilerienhof aufgestellten Truppen und Nationalgarden Heerschau zu halten. Aber er commandirte sie nicht zum Kampfe, sondern ritt nur stumm, wie bei einer gewöhnlichen Parade, an ihrer Fronte entlang, und als ihm aus den Reihen der Nationalgarde auch hier der Revolutionsruf: Es lebe die Reform! entgegenschallte, kehrte er bestürzt wieder in den Palast zurück. In diesem Augenblicke erschien ungerufen und unangemeldet der Herausgeber des Journals La Presse Emil von Girardin, eine der dreistesten und frechsten Naturen, welche die französische Nation hervorgebracht hat, und rief dem Könige zu, daß er, wenn er seiner Dynastie die Krone erhalten wolle, abdanken müsse. Zugleich legte er ihm schon fertig gedruckt eine Proclamation vor, welche die vier Sätze enthielt: Abdankung des Königs; Regentschaft der Herzogin von Orleans; Auflösung der Kammer; allgemeine Amnestie. Als der König zögerte, soll sein eigener Sohn, der Herzog von Montpensier, mit einer Heftigkeit, welche dem Sohne gegen den Vater nicht geziemte, ihn zur Abdankung gedrängt haben. So verzichtete Ludwig Philipp noch am Vormittag des 24. Februar auf die Krone zu Gunsten seines Enkels, des Grafen von Paris. Da das Papier, auf dem der König seine Abdication niederschrieb, verloren gegangen ist, so ist uns der Wortlaut derselben in verschiedenen Versionen überliefert worden. Nach Lamartines Erzählung lautete die Abdication: J'abdique en faveur de mon petit-fils, le comte de Paris. Je désire qu'il soit plus heureux que moi! — Die andere Version läßt den König sagen: J'abdique cette couronne, que la voix nationale m'avait appellé à porter, en faveur de mon petit-fils le comte de Paris. Puisse-t-il réussir dans la grande tâche qui lui échoit aujourd'hui. — Diese Abdication, die ein paar Stunden früher vielleicht der Bewegung Einhalt gethan hätte, kam zu spät; auch wollte es das Unglück, daß der General Lamoricière, der es übernommen hatte, mit dieser wichtigen Urkunde dem Aufruhr Stillstand zu gebieten, zuerst auf die von Lagrange befehligte Schaar stieß. Dieser fanatische Republikaner, der am Abend vorher durch den verhängnißvollen Schuß vor Guizots Hotel den ganzen Aufruhr von neuem entzündet hatte, entschied jetzt zum zweitenmal durch sein Benehmen das Schicksal Frankreichs und, insofern von Frankreichs Ruhe die des ganzen Welttheils abhing, das Schicksal von Europa. Er ließ sich die Urkunde geben und steckte sie nach einem flüchtigen Blicke kaltblütig in die Tasche mit den Worten: Kehren sie um, General; die Abdankung genügt nicht; wir wollen den Sturz der Dynastie. Da die Abdankung nicht die erwartete Wirkung hervorbrachte, so war in der That der Tuilerienpalast kein sicherer Aufenthalt mehr für die königliche Familie, und es war daher ein verständiges Motiv und keineswegs eine verrätherische Absicht, die den jüdischen Advocaten Cremieux bewog, dem Könige die Abreise anzurathen. Nachdem sich Bugeaud, tief betrübt, daß seine Thatkraft gelähmt worden war, entfernt, nachdem sich Thiers beladen mit den gerechten Vorwürfen der Königin davon geschlichen hatte, was blieb dem alten König übrig als abzureisen? In einem Miethwagen fuhr er mit der Königin und der Herzogin von Nemours nebst deren Kindern in der Richtung von St. Cloud ab, während sich die Herzogin von Orleans mit ihren Söhnen und dem Herzog von Nemours in die Deputirtenkammer begab, um zu versuchen, ob mit Hilfe der Deputirten das Königthum des Grafen von Paris gegründet und die Regentschaft geordnet werden könne. Kaum hatte aber die königliche Familie das Tuilerienschloß verlassen, so hielt die Republik um ein Uhr Nachmittags in dasselbe ihren Einzug. Schaaren des rohesten Pöbels, vom Kampfe erhitzt und vom Siege begeistert, brachen in den Königspalast ein. Im Thronsaale ward die Republik ausgerufen; ein gemeiner Kerl stieg mit einer rothen Fahne in der Hand auf den Thron, nachdem er am Sammet desselben seine schmutzigen Stiefel abgewischt hatte, und rief die wahre Parole der Sieger, die bisher mit dem Worte Reform verdeckt worden war, aus: Es lebe die Republik! Eine Flintensalve, von deren Kugeln zertrümmert die Marmorbüste Ludwig Philipps in Stücke flog, begleitete diesen Ruf. Dann ward alles, was an königliche Pracht erinnerte, mit vandalischer Wuth zerstört und zum Schlusse der Thron nach dem Bastilleplatz getragen und dort zu den Füßen der Julisäule verbrannt. Ein charakteristischer Zug, der die Februarrevolution von der Julirevolution unterschied, war die Achtung des Volkes vor der Religion. Im Juli 1830, wo die aufgeklärten Liberalen den Ton angaben, hatte sich der dem constitutionellen Liberalismus eigenthümliche Haß gegen Kirche und Priesterthum geltend gemacht; im Februar 1848 dagegen, wo das gemeine Volk die Revolution machte, zeigte sich Respect vor dem Kirchenthum. In der Hofcapelle wurden zwar der Betstuhl des Königs und die Sitze der königlichen Familie und des Hofes zerstört, aber der Altar mit seinem Schmucke und Geräthe blieb unangetastet. Arbeiter sammelten vielmehr die heiligen Geräthe, die Meßgewänder und Ornamente, und brachten sie in feierlicher Procession nach der nahen Rochuskirche. Voran trug ein Zögling der polytechnischen Schule ein schwarzes Crucifix mit einem aus Elfenbein geschnitzten Christusbilde, welches er der Menge mit den Worten zeigte: Meine Freunde, das ist unser aller Meister! Alle zogen vor dem Heilande den Hut ab und in den Ruf: Es lebe die Republik! mischte sich der Ruf: Es lebe Jesus Christus! — Das Volk richtete sich nun in den Tuilerien häuslich ein und ließ es sich mit den Vorräthen der königlichen Küche und des königlichen Kellers wohl sein. Wie in der Julirevolution wurde auch in der Februarrevolution wenig gestohlen; es ist eine unbezweifelte Thatsache, daß Menschen, die keinen Pfennig in der Tasche hatten, die werthvollsten Gegenstände nach der Bank trugen, und daß einzelne Plünderer, die ihren Raub bei Seite schaffen wollten, erschossen wurden. Man darf indessen diesen Thatsachen keinen höheren Werth beilegen, als den, daß das Volk, welches sich nun selbst als Eigenthümer des ganzen fühlte, keinem einzelnen erlauben wollte, etwas von der allgemeinen Beute zu veruntreuen. Die Stunde, in welcher der Königspalast in eine Wohnung des gemeinen Volkes verwandelt worden war, wurde damit bezeichnet, daß ein Arbeiter in den Thurm des Pavillon d'Horloge hineinstieg und den Pendel des hier angebrachten Uhrwerkes zerschlug. Der Zeiger blieb auf halb zwei Uhr stehen, so wenige Stunden hatten hingereicht, um das Gebäude der constitutionellen Monarchie zu zerstören.

Die eigentliche Entscheidung über die Frage, was nun nach Ludwig Philipps Abdankung und Flucht geschehen sollte, mußte in der Deputirtenkammer erfolgen, wohin sich die Herzogin von Orleans mit ihren Kindern und dem Herzog von Nemours begeben hatte. Allein die Majorität, die so lange die Stütze der orleansschen Dynastie gewesen war, hatte weder Muth noch Kraft, dem Revolutionssturm zu trotzen. Von den beiden Führern der constitutionellen Opposition war der eine Thiers nur auf einen Augenblick in der Kammer erschienen und hatte mit verstörtem Gesichte ausgerufen: La marée monte, monte, monte! Dann war er, wie von dieser steigenden Fluth weggeschwemmt, verschwunden, um nicht eher, als nach Wiederherstellung der Ordnung, von neuem zum Vorschein zu kommen. Der zweite, Odilon Barrot, betrat zwar muthig die Tribüne, um die Rechte der Julikrone, die nunmehr auf dem Haupte eines Kindes und einer Frau ruhe, zu vertheidigen, allein wie überzeugend er auch darstellte, daß in der Regentschaft der Herzogin von Orleans alle Mittel gegeben seien, die Freiheit zu sichern, sie mit den Erfordernissen der Ordnung zu vereinigen und alle Lebenskräfte des Landes zu sammeln, so vereinigte sich doch der Widerspruch der Legitimisten und Republikaner gegen die Regentschaft der Herzogin, die nicht proclamirt werden könne, weil ihr das Regentschaftsgesetz von 1842 entgegenstehe. Die beiden Häupter der nach Wahlreform auf breitester Grundlage strebenden Partei, Ledru-Rollin und Lamartine, benutzten dies, um eine Berufung an das Volk und in der Zwischenzeit eine provisorische Regierung zu verlangen. Der erstere erinnerte daran, daß Napoleon im Jahre 1815 zu Gunsten seines Sohnes habe abdanken wollen, das Volk aber habe es verweigert; eben so habe Karl X im Jahre 1830 zu Gunsten seines Enkels abdanken wollen, das im Aufstande begriffene Volk aber es verweigert; auch jetzt sei das Volk aufgestanden, und man dürfe nichts ohne dasselbe thun. In gleichem Sinne, nur poetischer und schwunghafter, sprach sich Lamartine aus. Schon lag aber die Entscheidung nicht mehr in den Händen der Kammer, sondern des aufgeregten Pöbels, der in immer größerer Anzahl und mit immer drohenderen Geberden in die Kammer eindrang und auch hier die Republik proclamirte. Die Herzogin von Orleans, die sich passiv verhalten und kein Wort gesprochen hatte, weder um die Rechte ihres Sohnes zu behaupten, noch um, wie man ihr rieth, dieselben von der Abstimmung der Nation abhängig zu machen, flüchtete bei dem Eindringen des Pöbels aus dem Saale mit dem bitteren Gefühle, daß die Herrschaft ihrer Familie zu Ende sei. Nachdem die meisten Deputirten ebenfalls den Saal geräumt hatten, wurde mitten in einem Tumulte, der an die wildesten Scenen der ersten Revolution erinnerte, eine provisorische Regierung eingesetzt. Sie bestand aus dem alten Dupont de l'Eure, der seit langer Zeit in dem Rufe stand, der uneigennützigste Volksfreund zu sein, aus Lamartine, dem Sänger sanfter und sentimentaler Gedichte, der sich aber in den letzten politischen Stürmen auch als einen Mann von Muth und Kraft gezeigt hatte, aus dem Akademiker Arago, einem berühmten Physiker und Astronomen, aus dem radicalen Advocaten Marie, aus dem stets republikanisch gesinnt gewesenen Garnier Pagès, aus Ledru-Rollin, dem Verbündeten Lamartines in der Sache der Wahlreform, und endlich aus dem Juden Cremieux, der sich rühmen durfte, das Königthum in den Reisewagen gepackt zu haben. Die neue Regierung beeilte sich, von dem Stadthause Besitz zu nehmen, wo sich schon eine andere Regierung aus Louis Blanc, Marrast, Bastide, Flocon und anderen Häuptern der Republikaner und Socialisten zu bilden angefangen hatte. Um nicht gleich im Anfang einen Streit zu erregen, nahm die aus der Kammer gekommene Regierung die auf dem Stadthause gebildete unter dem Titel von Secretären in ihre Mitte auf. Es war keine kleine Arbeit, in das Chaos, von dem die provisorische Regierung umgeben und umwogt war, Ordnung zurückzuführen, und man kann Lamartine das Zeugniß nicht versagen, daß er durch Geistesgegenwart und bewunderungswürdige Rednergabe die Gemüther zu beherrschen und die Revolution zu einem gemäßigten Ziele zu leiten verstand. Er setzte es durch, daß die Republik nur unter dem Vorbehalt der Genehmigung durch das Volk ausgerufen wurde, und als der roheste Pöbel unter der rothen Fahne den Terrorismus der jacobinischen Zeiten erneuern wollte, führte ihn sein mächtiges Wort wieder auf die Bahn der Mäßigung zurück. Er erklärte eher sterben zu wollen, als die Blutfahne an die Stelle der dreifarbigen zu setzen; „denn," sagte er, „Eure rothe Fahne hat nie einen anderen Weg gemacht, als die Runde um das Marsfeld, wo sie in den Jahren 1791 und 93 im Blute des Volkes geschleift wurde; dagegen hat die dreifarbige Fahne mit dem Namen, dem Ruhme und der Freiheit des Vaterlandes die Runde um die Welt gemacht." Solche Worte fanden auch in den rohesten Herzen einen Widerklang. Zu dem moralischen Einfluß, den die Regierung ausübte, gesellten sich bald auch materielle Mittel; die Regierung bildete zu ihrem Schutze eine Mobilgarde, und auch die wohlhabenderen Bürger wurden durch das Schreckbild des Communismus und der Pöbelherrschaft getrieben, die Regierung in ihren Bestrebungen zur Wiederherstellung der Ordnung zu unterstützen. Die Nationalgarde, die während des Februarkampfes feig zu Hause geblieben war und den Thron im Stiche gelassen hatte, trat jetzt wieder zusammen, als es galt, sich ihrer eigenen Haut zu wehren. Endlich suchte man die Arbeiter wieder zu regelmäßiger Beschäftigung zurückzuführen. Einer aus ihrer Mitte, Albert, wurde in die Regierung aufgenommen, um den Arbeitern einzubilden, sie selbst seien es jetzt, die sich und ganz Frankreich regierten. Er und Louis Blanc, der Verfasser der Organisation du travail, sollten die Arbeit organisiren. Zu diesem Zwecke wurde ihnen der Palast der Pairskammer, die spurlos verschwunden war, eingeräumt, und auf den weichen Sitzen der Pairs hielten jetzt die Arbeiter einen Congreß, um über die Maßregeln, die zu ihren Gunsten getroffen werden könnten, selbst zu berathen und zu entscheiden. Der Congreß brachte aber weiter nichts gescheiteres zu Stande, als was schon Louis Blanc in seinem angeführten Buche vorgeschlagen hatte, nämlich die Errichtung von Nationalwerkstätten, in denen jeder Arbeit und Lohn finden sollte, der es nöthig hatte. Der Versuch erwies sich bald als unpraktisch und unnatürlich; denn da in diesen Werkstätten die Arbeit nicht streng überwacht und doch gut bezahlt wurde, so füllten sie sich bald mit faulen Arbeitern, und man erkannte die Unmöglichkeit, eine ins unendliche wachsende Zahl von Arbeitern auf Kosten des Staats und zum Nachtheile aller Privatgewerbe zu unterhalten. Wir werden später sehen, zu welchem schrecklichen Resultat dies unnatürliche Experiment führte, für den Augenblick aber war es ein Nothbehelf, um die Ordnung wiederherzustellen; und so konnte ein leidlicher Zustand geschaffen werden bis zu dem Moment, wo die Nationalversammlung zusammentreten werde, um über Frankreichs künftige Verfassung und Geschicke zu entscheiden.

Die provisorische Regierung und mit ihr die Republik ward in ganz Frankreich anerkannt. Nicht wenig trug dazu bei, daß die Kirche, die immer dem Bürgerkönigthum Ludwig Philipps abgeneigt gewesen war, die neue Ordnung der Dinge mit ihrem Segen heiligte. Schon am Abend des 24. Februar gab der Erzbischof von Paris, Affre, den Befehl, in der Messe statt des Domine, salvum fac Regem das republikanische Domine, salvum fac Populum zu singen. Eben so beeilten sich die obersten Civil- und Militärbehörden, sich der Republik zu unterwerfen, und selbst diejenigen Männer, die bisher für die treuesten Stützen und vertrautesten Freunde des gestürzten Königs gegolten hatten, säumten nicht, ihr ihre Dienste anzubieten. Sogar in Algier, wo zwei Prinzen des Hauses Orleans, der Herzog von Aumale als Generalgouverneur eine große Armee und der Prinz von Joinville eine ihm ergebene Flotte commandirten, fand die Republik keinen Widerstand. Beide legten ihr Commando nieder und reisten am 3. März nach England ab, wohin sich der gestürzte König mit seiner Familie begeben und den seinem Schwiegersohne, dem König von Belgien, gehörigen Landsitz Claremont bezogen hatte. Nur die Herzogin von Orleans wandte sich mit ihren Söhnen nach Deutschland, um in Eisenach, wo sie ihren Aufenthalt nahm, ihre Kinder fern von allen Hof- und Familienintriguen zu erziehen. Auch die fremden Mächte erkannten die französische Republik an, nachdem Lamartine als Minister der auswärtigen Angelegenheiten die Versicherung gegeben hatte, daß die Republik, wenn sie nicht angegriffen werden würde, den europäischen Frieden nicht stören werde. England ging mit dem Beispiel voran, sich mit der Republik in freundschaftliche Beziehungen zu setzen, und die Continentalmächte folgten diesem Beispiele um so bereitwilliger, da ihnen in ihrer eigenen bedrohten Lage nichts willkommener sein konnte, als daß Frankreich sich ruhig verhielt und weder in Deutschland noch Italien intervenirte. Die provisorische Regierung und an ihrer Spitze besonders Lamartine erwarben sich das Verdienst, die Ruhe in Frankreich solange zu erhalten, bis am 4. Mai die Nationalversammlung in Paris eröffnet wurde. Diese, in deren Hände jetzt die höchste Gewalt fiel, erkannte jenes Verdienst dadurch an, daß sie bis zur Vollendung des Verfassungswerkes die Regierung in den Händen derer ließ, welche sie bisher geleitet hatten. Denn in die Executiv-Commission, welche die Geschäfte führen sollte, wurden Lamartine, Arago, Garnier Pagès, Marie und Ledru-Rollin gewählt.

Sechzehntes Capitel.

Wenn aber auch Frankreich sich nicht direct in die Angelegenheiten fremder Länder einmischte, so wirkte doch sein Beispiel mächtig auf dieselben ein und steigerte die schon vorhandene Aufregung zur revolutionären Bewegung. Die überraschende und erschütternde Nachricht von den Ereignissen in Paris wirkte wie ein elektrischer Schlag auf das übrige Europa. Daß der Thron eines mächtigen Reiches binnen wenigen Stunden vor einer Pöbelrotte gefallen war, ermuthigte überall, wo es Demokraten gab, dieselben, mit ihren Hoffnungen und Bestrebungen offen hervorzutreten. Auf die Februarrevolution in Frankreich folgte zuerst die Märzrevolution in Deutschland. Seit dem in Preußen eröffneten vereinigten Landtage war in Deutschland überall die Erwartung rege geworden, daß eine neue Entwickelung der Dinge begonnen habe. Die Leitung dieser Entwickelung machten sich zwei Parteien streitig, die demselben Ziele, der politischen Einheit und Größe des Vaterlandes, aber auf verschiedenem Wege und mit verschiedenen Mitteln zustrebten. Die erste, die Partei der Radicalen, glaubte ihr Ziel nicht anders erreichen zu können, als durch Umgestaltung Deutschlands nach dem Muster der vereinigten Staaten von Nordamerika, die zweite dagegen, die der Constitutionellen, hoffte durch eine Reform des deutschen Bundes zu ihrem Ziele zu gelangen. Die Führer der Radicalen im südwestlichen Deutschland waren Fr. Hecker und G. Struve, von welchen der letztere in Mannheim ein vielgelesenes und weitverbreitetes Blatt unter dem Titel des „Zuschauers" herausgab, das gewissermaßen der Sammelplatz aller Verleumdungen und Beschimpfungen war, welche der Radicalismus gegen Fürsten und Regierungen in Umlauf zu setzen wagte. Diese beriefen auf den 12. September 1847 ihre Anhänger zu einer Volksversammlung zu Offenburg im Badischen, und die hier gefaßten Beschlüsse sind um so bemerkenswerther, da sie zum Theil die Quelle waren, aus der nachher die sogenannten Wünsche des Volkes geschöpft wurden. Die Offenburger Beschlüsse zerfallen in zwei

Titel: 1) Wiederherstellung der verletzten Verfassung und 2) Entwickelung der Verfassung. In Beziehung auf die erstere wurde verlangt, daß sich die badische Staatsregierung lossage von den Karlsbader Beschlüssen des Jahres 1819 und von den im Jahre 1832 und 1834 erlassenen Bundesverordnungen zur Zügelung der damals nach der Julirevolution entstandenen Aufregung, weil diese Beschlüsse gleichmäßig die unveräußerlichen Menschenrechte wie die deutsche Bundesacte und die badische Landesverfassung verletzten; sodann wurden verlangt Preßfreiheit, Gewissens- und Lehrfreiheit, Beeidigung des Militärs auf die Verfassung und endlich persönliche Freiheit, worunter die Abschaffung der Bevormundung durch die Polizei und das Recht, sich zu versammeln und auf dem Boden des deutschen Vaterlandes frei zu verkehren, verstanden wurde. In Beziehung auf den zweiten Titel wurden als Ziele der weiteren Entwickelung der Verfassung aufgestellt: Vertretung des Volkes beim deutschen Bunde, Abschaffung der stehenden Heere und dafür volksthümliche Wehrverfassung, da nur der bewaffnete und waffengeübte Bürger den Staat beschützen solle, gerechte Besteuerung durch Einführung einer progressiven Einkommensteuer, unentgeltlicher Unterricht, um jedem die Bildung durch denselben zugänglich zu machen, Ausgleichung des Mißverhältnisses zwischen Capital und Arbeit, Schwurgerichte, Selbstregierung des Volkes und Abschaffung aller Vorrechte. Man sieht, daß dieses Programm der Radicalen ihrem Ideal, der Verfassung Nordamerikas, nachgebildet war und daher auch zu keinem anderen Ziele als zu der Republik führen konnte. — Durch dieses Vorgehen der Radicalen sahen sich die Constitutionellen veranlaßt, sich auch ihrerseits zu versammeln und sich über ihre Absichten und Ziele zu verständigen. Zu diesem Zwecke kamen auf die Einladung des alten Itzstein im October 1847 eine Anzahl von Notabilitäten aus verschiedenen deutschen Kammern zu Heppenheim an der Bergstraße zusammen. Unter den Erschienenen waren die Mitglieder des preußischen Landtages Hansemann und Mevissen, die Badener Bassermann, Matthy, Soiron und Welcker, der Würtemberger Römer, der Hessen-Darmstädter Heinrich von Gagern und der Nassauer Hergenhahn die namhaftesten. Man vereinigte sich in dem Gedanken einer Umgestaltung des deutschen Bundes, aber man ließ es unentschieden, ob dieselbe durch eine Volksvertretung beim Bundestage oder durch Ausbildung des deutschen Zollvereins zu einem deutschen Bundesstaate zu bewirken sei. Zu diesen Symptomen der Aufregung und der Begierde nach politischen Veränderungen kam nun noch hinzu, daß das Jahr 1847 ein Noth- und Theuerungsjahr war. An vielen Orten erregte der hohe Brotpreis Unruhen und machte das hungernde Proletariat um so empfänglicher für Verführung durch demokratische Ideale. Man bemerkte bei dem gemeinen Volke eine ungewohnte Frechheit und nahm mit Schrecken wahr, daß ihm weder die Autorität der Beamten imponirte, noch selbst die Person der Fürsten Respect einflößte. So war schon in Deutschland eine Bewegung vorhanden, als der Stoß, den die Februarrevolution in Paris bewirkte, sie nur in schnelleren Schwung brachte, während er zugleich auf der anderen Seite die Kraft der Fürsten zum Widerstande lähmte. In der That schien die Zeit gekommen, um die politische Einheit Deutschlands herzustellen, als auch die großen Militärstaaten, Oesterreich und Preußen, die bisher die deutschen Angelegenheiten geleitet hatten, in den Strudel der Revolution hineingezogen wurden. Es wiederholte sich die Erscheinung, die im großen Bauernkriege von 1525 vorgekommen war, daß wie damals, so auch jetzt, das Programm der Revolution in zwölf Artikeln formulirt wurde, und daß die Einmüthigkeit, mit der diesmal die Deutschen auftraten, ihren Wünschen und Bestrebungen eine Kraft verlieh, an der jeder Versuch zum Widerstande scheiterte. Im allgemeinen stellt sich das Bild der Märzrevolution in der Erscheinung dar, daß die Fürsten, von dem plötzlichen Ausbruche überrascht, sich beeilten, die gemäßigten Constitutionellen für sich zu gewinnen, indem sie deren System adopfirten und deren Führer an die Spitze der Regierung stellten, um an ihnen eine Stütze gegen die Partei zu haben, die mit der constitutionellen Monarchie nicht zufrieden die Republik verlangte und an vielen Orten das niedere Volk zu Tumult, zu Brand und Zerstörungen aufreizte. Um aber dieses Bild im einzelnen auszuführen, wollen wir zuerst den Siegeslauf der Revolution durch die mittleren und kleineren Staaten verfolgen und dann die Umwälzung schildern, die in Wien das Metternichsche Regiment mit einem Hauche über den Haufen warf und in Berlin den Staat aus der Bahn drängte, die er so glücklich mit dem vereinigten Landtage betreten hatte.

In dem Großherzogthum Baden, das zugleich an die Schweiz und an Frankreich grenzte, hatten die verderblichen Grundsätze, die in jenen Ländern die öffentlichen Zustände untergruben, schon längst Eingang gefunden. Hier fing daher die Bewegung an, die sich rasch wie eine Epidemie über die anderen Staaten ausbreitete. Schon vierzehn Tage vor der Februarrevolution stellte Bassermann in der badischen Ständekammer den Antrag auf Volksvertretung am Bundestage. Er machte darauf aufmerksam, daß es der Fürsten dringendste Sorge sein müsse, die Abneigung der deutschen Nation gegen ihre Centralbehörde, den Bundestag, in Vertrauen zu verwandeln, und fügte die Warnung hinzu, sich zeitig von dem System der Reaction loszusagen, da die Tage an der Seine und an der Donau sich neigten. Die letztere Anspielung bezog sich auf das hohe Alter, in welches die beiden Hauptstützen dieses Systems, Ludwig Philipp und Fürst Metternich, getreten waren. Denn es war ein allgemein verbreiteter Glaube, daß mit Ludwig Philipps Tode eine große Veränderung eintreten und das bisherige System stürzen werde. Um so stärker wirkte natürlich die Nachricht von dem schmachvollen Falle des Julithrons und von der Ausrufung der Republik in Frankreich. In Karlsruhe selbst wurde zwar durch die Anwesenheit des Hofes und einer starken Garnison die Bewegung in den Schranken der Mäßigung gehalten, allein desto heftiger brauste die Gährung in den übrigen Städten des Großherzogthums auf. Die Stadt Mannheim gab das Signal. Diese ehemalige Residenz der pfälzischen Kurfürsten, die noch in den zwanziger Jahren unseres Jahrhunderts das traurige Bild einer verblühten Schönheit, die von ihren Anbetern verlassen worden ist, darstellte, und in deren Straßen damals Gras wuchs, hatte sich seitdem in den langen Friedensjahren durch ihre günstige Lage an zwei schiffbaren Flüssen und durch Eisenbahnverbindungen zu einer reichen Fabrik- und Handelsstadt erhoben und war mit regem Leben, aber auch zugleich, wie es bei einer Fabrik- und Handelsbevölkerung natürlich ist, mit demokratischem Geiste erfüllt. Hier ward am 27. Februar eine große Volksversammlung unter freiem Himmel gehalten und von ihr eine Adresse an die Kammer beschlossen, deren Sinn und Richtung schon daraus zu entnehmen ist, daß Struve ihr Verfasser war. Die Petition war aber keine gewöhnliche, sondern erhielt durch den Zusatz des Wortes Sturm ihre charakteristische Bedeutung. Was war eine solche Sturmpetition anders als ein Gewaltact? Sie war nicht eine demüthige Bitte, sondern eine ungestüme drohende Forderung; sie setzte der Regierung die Pistole auf die Brust. Zu diesem Zwecke betrieb Struve einen Massenzug nach Karlsruhe, und er langte daselbst am 1. März mit einem Haufen an, bei dem sich zwar auch einige angesehene und wohlhabende Bürger befanden, der aber in seiner Mehrheit aus Turnern, Handwerksburschen, Tagelöhnern zusammengesetzt und unterwegs durch Zuzug Gleichgesinnter wie eine Lawine angeschwollen war. Nur mit Mühe konnte Struve abgehalten werden, mit seiner Schaar in den Ständesaal einzudringen; auf das Zureden seiner Freunde, Itzstein und Hecker, ließ er sich endlich bewegen, bloß mit einigen seiner Begleiter einzutreten und die Petition zu übergeben. Doch ging es nicht ohne Tumult ab, da seine Anhänger die Galerien füllten und zu Tausenden das Haus umlagerten. Unter diesen drohenden Umständen beeilte sich der Minister von Bekk, die aufgeregten Massen durch eine Abschlagszahlung zu befriedigen. Er verkündigte, daß in Folge eines vom Großherzoge bestätigten

Ministerialbeschlusses von diesem Tage an die durch die Bundesgewalt aufgehobene Preßfreiheit wieder hergestellt sei. Dieser offene Bruch der Bundesgesetze ward zwar als der erste Sieg der Revolution mit Jubel aufgenommen, aber auch sogleich benutzt, um mit weiteren Forderungen hervorzutreten, die von Hecker vorgeschlagen im wesentlichen dasselbe wie die Offenburger Beschlüsse waren. Nur mit Mühe konnte die Kammer soviel erlangen, daß diese Vorschläge nicht sofort durch Acclamation zu Beschlüssen erhoben, sondern der Geschäftsordnung gemäß erst zur Berathung und Berichterstattung an die Abtheilungen verwiesen werden sollten; allein daß dies nur eine Form war, um den Anstand zu retten, zeigte die Erklärung Heckers, er wolle als Ultimatum, von dem er kein Haar breit abweichen werde, gestatten, daß seine Vorschläge heute in die Commission kommen sollten, aber morgen müsse darüber Bericht erstattet und sogleich beschlossen werden. Am folgenden Tage erstattete Welcker Bericht und formulirte die Forderungen in zwölf Artikeln, die nun als die Wünsche des deutschen Volkes das Programm der Revolution wurden. Diese Artikel waren folgende: 1) Aufhebung der Ausnahmegesetze des deutschen Bundes; 2) Beeidigung des Militärs auf die Verfassung; 3) die politische Gleichstellung der religiösen Glaubensbekenntnisse; 4) Verantwortlichkeit der Minister mit der Hinzufügung, daß überhaupt alle Staatsbeamten wegen ihrer amtlichen Handlungen gerichtlich belangt werden dürften; 5) Einführung von Schwurgerichten; 6) Aufhebung der noch übrigen Feudallasten; 7) Steuerreform; 8) Pflege der Arbeit; 9) Selbstregierung des Volkes durch Einführung einer volksthümlichen Kreisverwaltung; 10) Vertretung des Volkes am Bundestage durch ein deutsches Parlament; 11) Volksbewaffnung und 12) Purification des Ministeriums und der Bundesgesandtschaft vom Anhange des alten Systems und Besetzung dieser obersten Behörden mit Männern des allgemeinen Vertrauens. Diese Artikel wurden ohne lange Berathung einstimmig angenommen und die erste Kammer, die der Verfassung zufolge doch auch ein Wort dabei mitzusprechen hatte, dadurch umgangen, daß beschlossen ward, sie einfach durch einen Protokollauszug zur Kenntniß des Großherzogs zu bringen. Ein Brand, der in der Nacht vom 2. auf den 3. März das Gebäude des Ministeriums der auswärtigen Angelegenheiten in Asche legte und der offenbar von den Volksmassen, die sich in Karlsruhe gesammelt hatten, angelegt war, beschleunigte den Entschluß des Großherzogs, der schon am 4. März in alles willigte, was man gefordert hatte, um nur die Ruhe wiederherzustellen und die unheimlichen Gäste loszuwerden.

So war in Baden das Losungswort gegeben, das nun überall ein Echo und um so leichter Gehör fand, da selbst der Bundestag die Politik befolgte, das, was er nicht hindern konnte, zu bewilligen, um wenigstens den Schein der Bundesgesetzlichkeit zu retten und sich seine Competenz und Autorität zu wahren. Dem drohenden Auftreten der Demokraten gegenüber klammerte er sich an die Constitutionellen, und diejenigen, die bisher von ihm verfolgt worden waren, hielten jetzt als Bundestagsgesandte ihren Einzug in Frankfurt oder wurden als Vertrauensmänner zum Beirath berufen. Wie bezeichnend ist die Thatsache, daß Welcker und Sylvester Jordan in der Bundesversammlung Sitz und Stimme erhielten und daß der deutsche Bund, was ihm bisher gefehlt hatte, ein allgemeines deutsches Wappen, den alten Reichsadler, und die so lange und so streng verpönten Farben der Burschenschaft als deutsche Nationalfarben annahm! Unter diesen Umständen vollzog sich die Revolution in den mittleren und kleineren Staaten überall unter denselben Erscheinungen und fast mit denselben Redensarten; doch brachte der Charakter der Regenten und der Volksstämme Verschiedenheiten hervor, die wohl beachtet zu werden verdienen und ebenso interessant als lehrreich sind.

Im Großherzogthum Hessen-Darmstadt war kaum die Nachricht von der Pariser Februarrevolution bekannt geworden, als Heinrich von Gagern am 28. Februar in der zweiten Kammer denselben Antrag auf Bundesreform wie Bassermann in Baden stellte. Doch gab es auch hier eine demokratische Partei, die sich nun ebenfalls regte. Was in Baden Mannheim, war in Hessen Mainz, eine Stadt mit lebhaftem Handel und Verkehr und daher voll demokratischen Geistes, und die Rolle, welche in Mannheim Struve gespielt hatte, übernahm hier der radicale Advocat Zitz. Eine Sturmpetition kam zu Stande und ward nach Darmstadt gebracht, wo es der Großherzog Ludwig II seinem Sohne, dem Erbgroßherzog, den er am 5. März zum Mitregenten ernannte, überließ, durch Concessionen die in Gang gebrachte Bewegung zu stillen. Der neue Mitregent stellte darauf den Führer der liberalen Partei, Heinrich von Gagern, an die Spitze der Regierung, und dieser beeilte sich, durch Befriedigung der Volkswünsche neuen Unruhen zuvorzukommen. Nur in den zu Hessen-Darmstadt gehörigen Gebieten der mediatisirten Standesherren erhoben sich die Bauern bewaffnet gegen ihre adliche Herrschaft, und im Odenwalde, der im großen Bauernkriege des 16. Jahrhunderts ein Hauptschauplatz gewesen war, wiederholten sich im Jahre 1848 dieselben Erscheinungen, wie im Jahre 1525. Die Bauern überfielen die Schlösser, zerstörten die Archive, verjagten die herrschaftlichen Beamten und die ihnen besonders verhaßten Förster und zwangen den Grafen von Erbach, einen Revers zu unterschreiben, worin er sie von allen Feudallasten befreite. Glücklicher Weise war das hessische Militär zuverlässig, und sein Erscheinen an den Orten der Ruhestörung genügte, um ohne Blutvergießen die Ordnung wiederherzustellen. — Ein gleicher Wechsel der Grundsätze und Personen der Regierung, wie in Darmstadt, ging in dem Königreich **Würtemberg** vor. Der König, in dem trotz seines hohen Alters noch das Heldenblut seiner Jugend wallte, dachte einen Augenblick daran, dem politischen Schwindel Widerstand entgegenzustellen, allein da er sah, daß er für seine Entschlossenheit keine genügende Unterstützung fand, siegte in ihm die Besonnenheit über die Anwandelung militärischen Stolzes. Am 9. März ernannte er ein Ministerium aus den Führern der bisherigen Opposition und gab seine Zustimmung zu den zwölf Artikeln, die fürs erste das Ziel aller Bewegungen in Deutschland waren. — In dem Herzogthum **Nassau**, wo der Herzog Adolf abwesend war, wurden in einer am 1. März unter dem Vorsitz Hergenhahns abgehaltenen Volksversammlung dieselben Forderungen, wie in Baden, an die Regierung beschlossen mit der Hinzufügung, daß die Domänen in Staatseigenthum verwandelt und unter der Controle der Stände verwaltet werden sollten. Dieser Artikel fand namentlich den Beifall des Landvolkes, welches sich einbildete, daß nun die herzoglichen Domänen an die einzelnen vertheilt und besonders die Waldungen ein Gemeingut werden sollten, in dem jeder das Recht habe, nach Belieben Holz zu fällen und das Wild zu erlegen. Gegen 30,000 Bauern strömten zum 4. März in Wiesbaden zusammen, alle erfüllt mit Jubel über die nunmehr anbrechende Zeit des Ueberflusses und nur von **einer** Besorgniß gequält, daß der abwesende Herzog mit fremden Truppen zurückkehren und die Meuterer bestrafen werde. Auch fehlte es nicht an Wühlern, welche diese Besorgniß des Volkes zur Angst steigerten und durch das Gerücht, daß zwei Regimenter von Mainz im Anzuge seien, denen der Herzog auf dem Fuße folge, die Menge zu dem Entschlusse reizten, sich der **Herzogin Pauline**, der Mutter des abwesenden Herzogs, zu bemächtigen, um in ihrer Person eine Geißel gegen beabsichtigte Gewaltthätigkeiten zu haben. Fast wäre es zwischen dem bethörten Volke und den Truppen, die zum Schutze des Schlosses aufgestellt waren, zum Kampfe gekommen, wenn nicht der Bruder des Herzogs, der 16jährige **Prinz Nikolaus**, sich mitten unter die tobenden Haufen begeben und sie durch die Versicherung beruhigt hätte, daß alle ihre Forderungen bewilligt werden sollten. Bald darauf langte der Herzog selbst an und erklärte, daß er alles bestätige, was von seiner Mutter, seinem Bruder oder seinen Ministern dem Volke zugesagt worden sei. So endigte am 4. März die nassausche Revolution mit Jubel, und statt des Blutvergießens, das im Laufe des Tages eine Zeit lang gedroht hatte, wurde nur eine Unmasse Wein vergossen, den man am Abend in allen

Schenken auf das Wohl des Herzogs trank. — In Kurhessen war es die Stadt Hanau, die zuerst mit den Forderungen der Revolution hervortrat; sie fand aber in der Energie des Kurfürsten Friedrich Wilhelm einen unerwarteten Widerstand. Dieser, der seit 1831 als Mitregent die Regierung geführt und in fortwährendem Streite mit den Ständen das alte Polizeiregiment und die Bevormundung des beschränkten Unterthanenverstandes aufrecht erhalten hatte, war durch den am 20. November 1847 erfolgten Tod seines Vaters Kurfürst geworden. In der kurzen Sprechweise, die er sich von seinem verstorbenen Oheim, Friedrich Wilhelm III von Preußen, angewöhnt hatte, antwortete er auf die Anträge, die ihm der Bierbrauer Lederer an der Spitze einer Deputation im Namen des Volkes vortrug: „Bierbrauer Bier brauen; nicht um die Regierung sich bekümmern; das meine Sache.“ Eine so schnöde Antwort in so aufgeregter Zeit rief allgemeine Entrüstung hervor und rüttelte die treuen und geduldigen Hessen aus ihrer Unterthänigkeit auf. Noch an demselben Tage wurde in Kassel eine Sturmpetition beschlossen und überreicht, und nun hielt es der Kurfürst für gerathen, wenigstens so weit nachzugeben, daß er sein Ministerium änderte und auf den 11. März vertröstete, an welchem sich die Stände versammeln sollten. Wenn aber auch die Residenz sich bei dieser Vertröstung beruhigte, so war dies doch nicht in Hanau der Fall. Hier nahm die Gährung einen nicht bloß für Hessen, sondern für ganz Deutschland bedrohlichen Charakter an; denn aus Frankfurt, aus Offenbach, aus Mainz zogen die unruhigsten Köpfe bis an die Zähne bewaffnet nach Hanau, in der Erwartung, daß es hier zu einem gewaltsamen Ausbruche kommen werde. Diese vereinigt mit der Hanauer Bürgergarde, mit den Turnern und einem Freicorps fühlten sich stark genug, um den Kern einer Volkswehr zu bilden, von dem sie hofften, daß er durch zahlreichen Zuzug zu einem Volksheer anschwellen werde. Im Gefühl dieser Macht wagten die Hanauer, dem Kurfürsten ein Ultimatum zu stellen und ihm, wenn dasselbe nicht binnen drei Tagen angenommen würde, mit Abfall zu drohen. Anfangs war der Kurfürst entschlossen, den Trotz seiner Unterthanen mit Gewalt zu brechen, und es setzten sich am 10. März Truppen aus Fußvolk, Reiterei und Geschütz bestehend gegen Hanau in Bewegung. In der Stadt wurden aber alle Thore verbarricadirt und alle Vorkehrungen zu einer entschlossenen Vertheidigung getroffen. Wer konnte voraussehen, was es für Folgen haben werde, wenn hier der Bürgerkrieg zum Ausbruche käme? Die Demokraten warteten nur auf einen solchen Ausbruch, um überall offen ihre Fahnen zu erheben. Es war daher ein Glück, daß der Kurfürst zuletzt nachgab; nachdem die Hanauer die gröbsten und beleidigendsten Ausdrücke aus ihrem Ultimatum weggelassen hatten, willigte der Kurfürst in die Wünsche seines Volkes, und am 11. März verkündigte eine landesherrliche Proclamation unter allgemeinem Jubel die Wiederherstellung des inneren Friedens und des Einverständnisses zwischen Fürst und Volk. — Im Großherzogthum Oldenburg kam unter den ernsten und schwer beweglichen Niedersachsen und Friesen dieselbe Bewegung zum Ausbruche, welche die leichtblütigeren Südländer begonnen hatten. Hier war das im Jahre 1830 ertheilte Versprechen der Einführung einer ständischen Verfassung bisher unerfüllt geblieben, und niemand hatte in den 18 Jahren, welche seitdem verflossen waren, mit der Regierung Unzufriedenheit geäußert oder an die Erfüllung des Versprechens gemahnt. Der seiner Milde und Güte wegen hochverehrte Großherzog August hatte sein Land im patriarchalischen Geiste regiert. Jetzt aber drang die Aufregung auch bis in diesen entfernten Winkel Deutschlands vor, und von den beiden bedeutendsten Städten des Landes, von Oldenburg und Jever, wurde die Verfassung gefordert. Als der Großherzog dieselbe verhieß, beruhigte man sich bei diesem Versprechen nicht, sondern schrieb der Regierung die Grundlagen derselben vor und drang, während der Pöbel das Schloß umlagerte, auf Beschleunigung des Verfassungswerkes. Der Deputation, die mit ihm persönlich verhandelte, entgegnete der Großherzog, daß die Verfassung eine schwierige Arbeit sei, und daß man in so bewegter Zeit nichts übereilen dürfe. Darauf erklärte aber einer der Deputirten, daß der Großherzog mit denselben Worten vor siebzehn Jahren auf dasselbe Begehren geantwortet habe. Diese Sprache bewies, daß auch hier der alte Respect geschwächt sei, und daß, um ernstliche Unruhen zu verhüten, nichts übrig blieb, als nachzugeben. So wurden denn sofort Deputirte aus allen Landestheilen berufen, um eine Verfassung mit der Regierung zu vereinbaren. — Es würde zu weitläufig und auch ermüdend sein, die Details zu schildern, unter welchen die Revolution in der ersten Hälfte des März in den kleinen deutschen Staaten durchgeführt wurde. Es genügt, zu bemerken, daß überall durch Volkstumulte die Regierungen geschreckt und genöthigt wurden, in die Volkswünsche zu willigen. Nur die drei größeren Mittelstaaten, Sachsen, Hannover und Bayern, hielten länger Stand und wichen erst, als in Wien und Berlin die Revolution gesiegt hatte. In Sachsen war die Stadt Leipzig der Heerd, auf dem sich die revolutionäre Bewegung entzündete. Zuerst regten sich die Buchhändler am 28. Februar mit einer Petition um Preßfreiheit, und dann folgte auf den Antrieb des Professor Biedermann eine Sturmpetition für die zwölf Artikel. Der König schlug indessen standhaft die an ihn gerichteten Anträge ab und schien entschlossen, seine Autorität mit Gewalt der Waffen aufrecht zu erhalten. Allein sein Entschluß ward erschüttert, als der Fall Metternichs bekannt wurde, und er beeilte sich nunmehr am 16. März durch Bildung eines liberalen Ministeriums die Aufregung zu beschwichtigen, die besonders in Leipzig fast den Charakter des Aufruhrs angenommen hatte und nur durch das Ansehen Robert Blums, der wieder als Volkstribun auftrat, in den Schranken der Mäßigung gehalten worden war. — Von dem Charakter des alten Königs Ernst August von Hannover ließ sich erwarten, daß er sich nicht leicht in die neue Ordnung der Dinge fügen und von einem bloßen Adressensturm überwältigen lassen werde. So zufrieden im allgemeinen bisher die Hannoveraner mit der festen und consequenten Regierung ihres Königs gewesen waren, so wollten sie sich doch nicht von der allgemeinen Bewegung Deutschlands ausschließen. Der Ehrgeiz, nicht hinter den anderen deutschen Volksstämmen zurückzubleiben, trieb sie zu der Erklärung, daß sie ebenfalls wollten, was das ganze deutsche Volk begehre. Je standhafter der König ihre Forderungen abwies, desto gereizter und drohender ward die Stimmung, und es mußte zur Aufrechterhaltung der Ruhe eine Bürgergarde gebildet werden, um zu verhindern, daß nicht der Massentumult in Bürgerkrieg ausarte. Erst als die Nachrichten von der Revolution in Wien und Berlin ankamen, überzeugte sich der König von der Unmöglichkeit, allein dem Strome, der alle Dämme durchbrochen, zu widerstehen. Am 20. März unterwarf er sich der Nothwendigkeit, das zu bewilligen, was länger zu verweigern Thorheit und Unverstand gewesen wäre. Daß es ihm Ernst war, nachdem er einmal eine neue Bahn betreten, auch darin fortzuschreiten, bewies er durch die Wahl der neuen Minister. An die Spitze derselben war Bennigsen gestellt, der sich in der letzten Ständeversammlung durch Opposition gegen die Regierung bemerklich gemacht hatte, allein die eigentliche Seele des neuen Ministeriums war Stüve von Osnabrück, der berühmte Vorkämpfer für das Staatsgrundgesetz von 1833. Diese Wahl allein bewies, daß im Königreiche Hannover alles anders werden sollte.

Daß so die mittleren und kleinen Staaten Deutschlands dem Revolutionssturme unterlagen, darf uns nicht wundern, wenn wir sehen, wie selbst der größte derselben, das Königreich Bayern, von seinen Mitteln zum Widerstande keinen Gebrauch zu machen wagte und wie sogar die beiden großen Militärmächte, Oesterreich und Preußen, nicht Kraft genug hatten, den Sturm zu bemeistern. Bei diesen Umwälzungen, besonders bei den beiden letzten, war es entscheidend, daß ihr Schauplatz in großen volkreichen Städten lag, die in ihrem Schooße die beiden Extreme des höchsten Reichthums und der bittersten Armuth, der feinsten

Bildung und einer fast cannibalischen Rohheit bargen, und daß die Masse des wohlhabenden Mittelstandes, die an der Erhaltung der Ordnung das meiste Interesse hatte, muthlos und feig war. Hier brauchten die Wühler die Elemente der Revolution nicht von außen herbeizuziehen, sondern nur den Schmutz der großen Städte aufzuwühlen, um sich einen Anhang zu schaffen, der schon durch seinen scheußlichen Anblick den Gebildeten Furcht und Abscheu einflößte. Es ist ein trauriger Gedanke, daß in der modernen Civilisation neben unsern prachtvollen Gotteshäusern und prangenden Museen ein Geschlecht haust, das weder von Gottesfurcht gezügelt, noch von der Schönheit der Kunst gerührt, eher den Vandalen der Völkerwanderung als den Bürgern eines christlichen Staates gleicht. In gewöhnlichen Zeiten verkriecht es sich vor den Blicken der Polizei, die es allein im Zaume zu halten versteht, aber wenn in aufgeregten Zeiten dieser Zügel schlaff wird oder ganz wegfällt, dann taucht es zum Schrecken der gebildeten Gesellschaft aus seinen Schlupfwinkeln auf und bringt jene Persönlichkeiten auf die Bühne, die unter dem Namen der Bassermannschen Gestalten sprichwörtlich geworden sind. Daß solche Elemente von den Demokraten aufgewiegelt und zu ihren Zwecken benutzt wurden, daß sie eine Zeit lang in den Hauptstädten der Intelligenz dominirten, hat das Jahr 1848, das sonst für Deutschland schöne Früchte hätte tragen können, zu einem Jahr der Schande und des Unheils gemacht.

In Bayern hatte die Bewegung eigenthümliche Motive und hing mit der Aufregung zusammen, welche durch das Verhältniß des Königs Ludwig zu einer spanischen Tänzerin, Lola Montez, hervorgerufen worden. Es wurde früher erzählt, wie sich der König, theils aus politischen Gründen, theils aus frömmelnder Gemüthsrichtung, dem Ultramontanismus in die Arme geworfen hatte. Der Vertreter dieser Richtung war das Ministerium Abel, dessen Chef, ein Mann von Talent und Energie, Bayern zu heben glaubte, wenn er es zum Hort und Schirm katholischer Interessen mache. Daraus ging ein eigenthümliches Regierunssystem hervor. Während jede freiere Geistesrichtung planmäßig unterdrückt wurde, fand dagegen die Kunst die freigebigste Unterstützung. Man warf dem Minister Abel nicht mit Unrecht vor, daß über der Sorge für die Kunst alle Zweige der Staatsverwaltung und sogar die Armee vernachlässigt würden. Die größte Unzufriedenheit aber erregte es, daß in einem paritätischen Staate, wie es doch offenbar Bayern war, der Protestantismus aus seiner verfassungsmäßig gleichen Berechtigung mit dem Katholicismus in den Zustand bloßer Duldung herabgedrückt wurde. Man braucht nur einen Blick in die Zeitungen und Flugschriften des Jahres 1838 zu werfen, um sich zu überzeugen, welches Aufsehen es erregte, als das Ministerium Abel den Befehl erließ, daß die protestantischen Soldaten und Landwehrmänner vor der Monstranz mit dem „heiligen Gute" die Kniebeugung verrichten sollten. Wie fanatisch und rücksichtslos damals der Geist in München war, zeigte sich bei dem Tode der Mutter des Königs, der Königin Karoline, der als einer Protestantin von der Geistlichkeit die üblichen kirchlichen Ehrenbezeigungen verweigert wurden. Man wird fragen, wie es in einem constitutionellen Staate, wie Bayern, möglich war, daß in der Landesvertretung niemand seine Stimme gegen das Abelsche System erhob? Allein Abel verstand es eben so gut, wie gleichzeitig Guizot in Frankreich, sich eine ihm ergebene Mehrheit in der Kammer zu schaffen und mit deren Beifall die schüchternen Vorstellungen, welche sich einzelne Abgeordnete erlaubten, unbeachtet zurückzuweisen. Obgleich König Ludwig selbst nichts weniger als fanatisch war, so ließ er doch, von dem klerikalen Einfluß gefesselt, seine Minister gewähren. Dieser Zustand dauerte bis in den Herbst 1846, wo die spanische Tänzerin Lola Montez, die sich durch ihr keckes Auftreten und ihre Abenteuer auf einer Kunstfahrt durch die europäischen Hauptstädte bereits einen berüchtigten Namen gemacht hatte, in München erschien und den schon betagten König mit einer fast dämonischen Bezauberung in ihre Netze verstrickte. Der Minister Abel bemerkte bald, daß der Einfluß der Mätresse den seinigen aufwog. So leicht sonst solche Verhältnisse in München genommen zu werden pflegten und so nachsichtig die Geistlichkeit bei ähnlichen Fehltritten der Mächtigen, die ihr ergeben waren, ein Auge zudrückte, so empörte doch in diesem Falle die Schamlosigkeit, mit welcher sich das verworfene Weib über alle Schranken der Sitte und Zucht hinwegsetzte, das sittliche Gefühl des Volkes, und die Frechheit, mit der Lola ihren Einfluß zur Schau trug, machte die klerikale Partei um den ihrigen besorgt. So fest aber war der König in die Netze der Buhlerin verstrickt, daß er sich, als er zwischen der Kirche und dem, was er seine Liebe nannte, zu wählen hatte, unbedenklich für die letztere entschied. Er wollte nämlich die Tänzerin zur Gräfin erheben, um derselben am Hofe und beim Adel, von welchem sie mit Verachtung zurückgewiesen wurde, den Zutritt zu verschaffen. Einer solchen Standeserhöhung mußte aber erst die Verleihung des bayerischen Indigenats vorhergehen, das ohne die Unterschrift der Minister nicht ertheilt werden konnte. Mit ehrenwerther Festigkeit verweigerte das Ministerium Abel seine Unterschrift und entwickelte in einer Denkschrift vom 11. Februar 1847 die Gründe, die ihm dies verböten. Diese merkwürdige Schrift sagte in unverblümten Ausdrücken dem Könige die Wahrheit und wurde zugleich mit ihrer Ueberreichung durch die Zeitungen verbreitet. Seit dem

October des vorigen Jahres, hieß es darin, seien die Augen des ganzen Landes auf München gerichtet, und aus dem öffentlichen Scandal, der hier vorgehe, hätten sich Urtheile und Stimmungen gebildet, die zu den bedenklichsten gehörten. Die Ehrfurcht gegen die geheiligte Person des Monarchen verschwinde aus den Gemüthern, und das Nationalgefühl sei auf das tiefste verletzt, weil Bayern sich von einer Fremden, deren Ruf in der öffentlichen Meinung gebrandmarkt sei, regiert glaube. Von einer Grenze des Landes bis zur andern, in den Palästen der Reichen wie in den Hütten der Armen herrsche eine gleiche Stimmung; ja sie sei über ganz Europa verbreitet, und kein Unbefangener werde verkennen, daß nicht allein der Ruhm und das Glück des Königs, sondern die Sache des Königthums selbst auf dem Spiel stehe. Alle diese beredten Vorstellungen fanden bei dem von Leidenschaft bethörten König ein taubes Ohr, er entließ am 13. Februar seine sämmtlichen Minister und kündigte seiner Freundin, der er dies Opfer gebracht hatte, fröhlich an, daß das Jesuitenregiment in Bayern aufgehört habe. Zu jeder anderen Zeit und bei einer anderen Veranlassung würde der Sturz des Ministeriums Abel mit Jubel begrüßt worden sein, jetzt aber hatte sich dasselbe durch seine Opposition gegen den Lolascandal einen ehrenvollen Rücktritt gesichert. Der Staatsrath von Maurer, der an die Spitze des neuen Ministeriums kam, hatte nichts gegen die Indigenatsverleihung an Lola einzuwenden, und so wurde dieselbe zur Gräfin von Landsfeld erhoben. Indessen hatte die Ministerialveränderung keine andere Folge, als daß die hierarchischen Begünstigungen aufhörten, und wie unter Abel die freisinnigen, so jetzt von dem neuen Cultusminister von Zurhein die streng kirchlich gesinnten Universitätslehrer verfolgt wurden. Zehn Professoren wurden pensionirt oder versetzt, unter ihnen am 28. Februar der entschiedenste, Professor von Lassaulx. Die Quiescirung des letzteren gab zu einer bemerkenswerthen Manifestation Veranlassung. Nachdem die Studenten am 1. März ihrem Lehrer durch ein Ständchen und durch begeisterte Vivats ihre Achtung und Sympathie bezeugt hatten, zogen sie vor die Wohnung der Lola und brachten ihr nicht mit den schmeichelhaftesten Beinamen ein Pereat. Dem Könige selbst folgte, als er die Wohnung seiner Geliebten verließ, ein Volkshaufe mit Schimpfreden und Verwünschungen und ging so weit, Steine gegen die Fenster des königlichen Residenzschlosses zu schleudern. Ein so unerhörter Vorgang erweckte in Ludwig die größte Entrüstung und reizte seinen Zorn gegen die Jesuiten, denen er die Schuld davon zuschrieb. „Von Lola lasse ich nicht," soll er bei dieser Gelegenheit geäußert haben, „ich lasse nicht von diesem edlen herrlichen Wesen." Der Orden der Redemptoristen, unter welchen Namen die Jesuiten in

Bayern Aufnahme gefunden hatten, wurde aufgehoben und eine entschieden kirchenfeindliche Richtung eingeschlagen. So empfindlich war der König für jede Beleidigung der Lola, daß er im November das Ministerium Maurer entließ, weil dieses in der Kammer nicht hatte verhindern können, daß einige scharfe Bemerkungen über die Lola-Vorgänge gemacht worden waren. Mit dem Fürsten von Oettingen-Wallerstein, der an die Spitze des neuen Ministeriums trat, kehrte der alte Liberalismus zurück; da er sich aber gefallen lassen mußte, eine Creatur der Lola, den Staatsrath Berks, in dasselbe aufzunehmen, so wurde von vorn herein die neue Verwaltung als das Lolaministerium bezeichnet. Während die Erbitterung der Gemüther über den Einfluß Lolas von Tag zu Tag stieg, steigerte zugleich ihr Benehmen den öffentlichen Unwillen. Vom Adel und der höheren Gesellschaft zurückgewiesen, bildete sie sich einen Anhang unter den Studenten. Eine geringe Anzahl leichtsinniger junger Leute, die wegen ihres Verhältnisses zu Lola von ihren Commilitonen gemieden wurden, traten in eine besondere Verbindung, die sogenannte Allemannia, zusammen und bildeten das Gefolge, mit dem die Tänzerin am Tage lärmend durch die Straßen zog und des Nachts burschikose Orgien feierte — alles unter den Augen und dem Schutze des geblendeten Königs. Mitten unter diesem Scandal starb der alte Görres am 29. Januar 1848, und an seinem Grabe machte sich endlich der öffentliche Unwille und die sittliche Entrüstung der Jugend Luft. Als Lola die beabsichtigte Trauerfeier am Grabe von Görres verhinderte, rotteten sich am 7. Februar die Studenten von einem Volkshaufen unterstützt zusammen und ließen ihren Zorn zuerst an den Allemannen aus, und als Lola zu deren Schutze auf der Straße erschien, entging sie den Mißhandlungen durch die Metzger und Brauer, unter deren derbe Fäuste sie schon gerathen war, nur durch ihre Flucht in eine Kirche und durch militärischen Schutz, der sie von da aus in ihre Wohnung geleitete. Sie rächte sich, indem sie von dem König den Befehl auswirkte, daß die Universität auf ein halbes Jahr geschlossen werden sollte. Nun kam aber die Bürgerschaft in Bewegung und verlangte in Masse zuerst am 10. Februar die Zurücknahme dieses Befehls und dann am folgenden Tage die Auflösung der Allemannia und die Entfernung der Lola, als der Ursache des ganzen Unheils. Auch ließen sie es nicht bei der bloßen Forderung bewenden, sondern schritten sofort zur That, um sie zu erzwingen. Sie drangen vom Garten aus in ihr Haus und fingen an dasselbe zu verwüsten und zu demoliren, während Lola, von Schrecken ergriffen, anspannen ließ und in vollem Jagen in der Richtung nach Lindau entfloh. Auch ihr Gefolge, die Allemannen, fanden es gerathen, München zu verlassen.

Man muß diese Vorgänge kennen, um zu begreifen, wie das bayerische Stammland, dessen Bevölkerung in ihrem zwar derben aber religiösen Wesen bisher allen revolutionären Aufwiegelungen unzugänglich war, jetzt ebenfalls in die revolutionäre Bewegung hineingerissen ward. Volk und Klerus waren der Regierung entfremdet, und das Land und die Hauptstadt noch in voller Gährung, als die Februarrevolution und ihre Folgen zu den schon vorhandenen Elementen der Aufregung noch neue hinzufügten. Die Furcht vor Lola, die sich heimlich wieder eingeschlichen haben sollte, wurde von den Wühlern benutzt, um die Gemüther nicht zur Ruhe kommen zu lassen. Am 2. März wurde das Haus des Ministers Berks gestürmt und der Minister selbst genöthigt, sein Heil in der Flucht zu suchen. Zugleich ward eine Adresse für die zwölf Artikel berathen und mit zahlreichen Unterschriften dem Könige überreicht. Als dieser nicht zur Nachgiebigkeit zu bewegen war, brach das Volk am 4. März in das Zeughaus ein und bewaffnete sich mit den daselbst aufbewahrten alterthümlichen Waffen. Mit Speeren, Schlachtschwertern, Hellebarden, Streitkolben und anderen Waffen des Mittelalters gerüstet, stellten sich die Volkshaufen auf, während Kürassiere und Infanterie mit Geschützen gegen dasselbe heranrückten. Doch kam es zu keinem Conflict; denn der Bruder des Königs, der Prinz Karl, ritt unter die drohenden Volkshaufen und forderte sie auf, ruhig nach Hause zu gehen, indem er mit seinem Ehrenwort versprach, daß der König die Wünsche des Volks befriedigen werde. Auch erschien in der That am 6. März eine königliche Proclamation, in welcher der Unterschrift des Königs die sämmtlicher Prinzen des königlichen Hauses beigefügt waren, mit dem Versprechen, daß alle Wünsche gewährt seien. Um zugleich einen Beweis zu geben, daß es mit diesem Versprechen ernst gemeint sei, wurde noch an demselben Tage eine feierliche Beeidigung des in München liegenden Militärs auf die Verfassung vorgenommen. Schon glaubte man alles beendigt und feierte mit Illuminationen und Festgelagen den großen Sieg, den das deutsche Volksthum in Bayern errungen, als das Gespenst der Lola wieder die allgemeine Freude störte. Es hieß, daß sie in der Nacht vom 8. auf den 9. März noch einmal in München und wieder mit dem König zusammengewesen sei. Offenbar war dieses Gerücht von den Demokraten verbreitet, die auf den Umsturz des Thrones ausgingen, und mehrere Tage lang wurde in der Umgegend von München ein förmliches Treibjagen auf die Lola angestellt und zuletzt das Polizeigebäude, in welchem man sie verborgen wähnte, am 16. März erstürmt und verwüstet. Zur Beruhigung der wild aufgeregten Massen machte die Regierung am folgenden Tage bekannt, daß der Lola das bayerische Indigenat entzogen und die Polizei beauftragt sei, auf sie zu fahnden, wo sie sich blicken lasse. Man begreift aber, daß der König Ludwig nach einem solchen Acte nicht mehr mit Ehre auf dem Throne bleiben konnte, und daß die bayerische Revolution keinen andern Schluß erlangte, als durch die Thronentsagung des Königs. In der That erschien am 20. März eine Proclamation, worin König Ludwig erklärte, daß er in die neue Richtung, die begonnen habe, mit seinen Gefühlen und Ueberzeugungen nicht mehr passe, und daß er daher zu Gunsten seines Sohnes Maximilian die Krone niedergelegt habe. Doch fügte er hinzu, daß er jedem offen in die Augen sehen könne, da er treu der Verfassung regiert habe und so gewissenhaft, als ob er eines Freistaates Beamter gewesen wäre, mit dem Staatsgut umgegangen sei. Zugleich zeigte der neue König Maximilian II seine Thronbesteigung mit rührenden Worten an, worin er sein Vertrauen auf Gottes allmächtigen Schutz aussprach und seinen redlichen Willen erklärte, dieser Zeit Gebot zu verstehen und zu vollbringen. Mit dieser Thronveränderung kehrte in München die Ruhe zurück, so weit überhaupt in einer so aufgeregten Zeit von Ruhe die Rede sein konnte.

In Oesterreich enthüllte die Februarrevolution die Schwäche der Monarchie, die in ihrer Zusammensetzung aus verschiedenen Nationalitäten lag. Indem Ungarn, Slaven und Italiener nach einer nationalen Selbständigkeit strebten, suchten sie zuerst in dem Centralpunkte der Monarchie, in Wien, die Staatsmaschine zu zerstören, welche bisher das Ganze zusammengehalten und geleitet hatte. Mit dem greisen Fürsten Metternich, der so lange an der Spitze der Verwaltung gestanden hatte, war das ganze österreichische Staatswesen alt und schwach geworden, und es fiel fast ohne Widerstand, als auch die Deutschen mit den von ihnen bisher abhängigen Nationen gemeinschaftliche Sache machten. Der erste Angriff auf Metternichs System und Verwaltung ging von Ungarn aus. Am 3. März stellte Kossuth in dem gerade versammelten ungarischen Reichstag, nach einer feurigen Rede, in der er das System Metternichs beschuldigte, zur Auflösung der Monarchie zu führen, den Antrag auf eine Adresse an den Kaiser, worin eine nationale von jedem fremden Einflusse unabhängige Regierung für Ungarn verlangt wurde. So klar auch der Sinn und Zweck der Forderungen Kossuths darauf gerichtet war, Ungarn von dem bisherigen Verbande mit der österreichischen Monarchie loszureißen, so wurde doch die von ihm vorgeschlagene Adresse angenommen und er selbst in die Deputation gewählt, die sie nach Wien bringen und dem Kaiser überreichen sollte. Der Erzherzog Palatinus reiste schnell von Preßburg nach Wien, um vor den Gefahren zu warnen, deren Vorläufer die Adresse war. Hier aber war ebenfalls das Adressenwesen schon in vollem Gange und die Regierung in Verlegenheit, wie sie demselben begegnen solle. Anfangs hatte die Februarrevolution in Paris zu Wien die Gemüther nur mit unbestimmten Besorgnissen erfüllt und den Credit erschüttert. Der Verkehr gerieth ins Stocken, und indem sich jeder beeilte, die Noten der Bank in Silber zu verwandeln, sprach sich darin ein Mistrauen gegen die finanzielle Lage des Staates aus. Während die Regierung auf Mittel sann, das Vertrauen wiederherzustellen, regte sich auch die liberale Partei, die allen Bestrebungen Metternichs und allen Künsten seiner geheimen Polizei zum Trotz in Oesterreich eine weitere Verbreitung hatte, als es die Regierung für möglich hielt, um ihre Doctrinen zur Heilung der zerrütteten Finanzverhältnisse anzubieten. Am 6. März stellte in der Sitzung des niederösterreichischen Gewerbevereines, welcher der Erzherzog Franz Karl, damals der präsumtive Thronerbe, und der Minister Kollowrat beiwohnten, der Vorsitzende, Fabrikant Arthaber, den Antrag, eine Adresse an den Kaiser zu richten, worin freisinnige Institutionen und enger Anschluß an das übrige Deutschland als das einzige Mittel zur Wiederherstellung des Vertrauens empfohlen wurden. Dem Erzherzog erschien die Adresse so unverfänglich, daß er selbst deren Ueberreichung an seinen Bruder, den Kaiser, übernahm. Was in dieser ersten Adresse nur angedeutet war, wurde wenige Tage darauf in einer zweiten Adresse weiter ausgeführt, die aber nicht an den Kaiser, sondern an die niederösterreichischen Stände gerichtet war, deren Versammlung am 13. März eröffnet werden sollte. In dieser wurde offen constitutionelle Verfassung und Gewährung der in dem übrigen Deutschland schon bewilligten Volkswünsche verlangt. Die verschiedenen Vereine in Wien, wie der juristisch-politische Leseverein, der allgemeine Hilfsverein, der Verein der Studenten schlossen sich dieser Kundgebung nicht bloß an, sondern der letztere verstärkte sie auch durch eine unmittelbare Adresse an den Kaiser selbst. Damit begann der Einfluß der Universität auf die politische Bewegung in Wien, der zuletzt fast ein dominirender wurde; denn die Wiener Studenten übernahmen die Rolle, welche in Paris die Zöglinge der polytechnischen Schule bei allen bisherigen Revolutionen als Leiter der unwissenden Volksmassen mit so großem Erfolg gespielt hatten. Die Aufnahme, welche die mit Ueberreichung dieser Adresse beauftragte Deputation am Hofe fand, bewies die Rathlosigkeit, die in der Umgebung des Monarchen herrschte. Der Kaiser selbst bei seiner Nervenschwäche und halbem Blödsinn war unfähig, einen kräftigen Entschluß zu fassen, allein auch der Mann, auf dessen Schultern bisher die ganze Regierungslast geruht hatte, war eben so, wie Ludwig Philipp, im entscheidenden Augenblick von seiner so oft gerühmten Klugheit verlassen. Es schien, als ob Fürst Metternich vollständig gelähmt sei, so wenig that er, um einer Bewegung Halt zu gebieten, die nicht anders als mit seinem Sturze endigen konnte. Obgleich schon seit mehreren Tagen das Gerücht verbreitet war, daß am 13. März, als dem Tage der Eröffnung der niederösterreichischen Stände, die Constitution ausgerufen werden sollte, und obgleich dem Fürsten Metternich selbst zahlreiche anonyme Drohbriefe und Warnungen zugekommen waren, so hatte doch die Polizei nicht die mindesten Vorkehrungen getroffen. So konnte sich ungehindert am 13. März in dem geräumigen Hofe des Ständehauses eine große Menschenmasse versammeln, in der Absicht, die Stände ihrem Plane dienstbar zu machen und durch deren Autorität und Namen ihren Forderungen größeren Nachdruck zu geben. Als Sprecher dieser Masse, die so dichtgedrängt Kopf an Kopf stand, daß kein Apfel zur Erde hätte fallen können, trat ein als feuriger Freiheitsfreund bekannter jüdischer Chirurg, Namens Fischhof, auf. Er zählte dem versammelten Volke vor, was es zu fordern berechtigt und was die Regierung zu bewilligen verpflichtet sei. Preßfreiheit, Religionsfreiheit, Lehr- und Lernfreiheit, Constitution und Volksbewaffnung waren die Losungsworte, die er der Menge in den Mund legte und die nun von Tausenden mit Jubel und donnerndem Lebehoch für den Sprecher wiederholt wurden. Der Erfolg Fischhofs ermuthigte andere, das Dach des im Hofe stehenden Brunnens zu besteigen und von dieser improvisirten Rednerbühne herab dem Volke das Verständniß der großen Zeit und ihrer Bedürfnisse zu eröffnen. Auch die Rede Kossuths wurde vorgelesen und in ihren Kraftstellen mit Jubel begrüßt; nicht weniger Begeisterung erregte es, als der Sprecher mit einem Glase Wasser, das er sich aus dem Brunnen schöpfen ließ, einen Trinkspruch auf das freie constitutionelle Oesterreich ausbrachte. Den Versammelten wurde es aber zu lange, auf das Resultat der Berathung der Stände zu warten, obgleich diese zwölf Vertrauensmänner aus der Menge zugezogen hatten; sie drangen in den Ständesaal ein und verriethen ihren eigentlichen Zweck durch den Ruf: Wir wollen eine Constitution! es lebe der constitutionelle Kaiser von Oesterreich! Obgleich die Zahl der in Wien liegenden Truppen sich höchstens auf 12000 Mann belief, so wäre diese Macht doch hinreichend gewesen, jeden Aufruhr zu unterdrücken, wenn man ernstlich von ihr Gebrauch zu machen gewagt hätte. Allein schon nach dem ersten Versuch, den Pöbel mit Waffengewalt zu verscheuchen, wurden die Truppen wieder zurückgezogen, und der kurze Conflict zwischen Militär und Volk, bei welchem von dem letzteren ungefähr 30 Menschen fielen hatte keine andere Folge, als daß die Revolution einen neuen Fortschritt machte, indem die Bürger und Studenten Waffen verlangten, angeblich um die

Ruhe zu erhalten, in der That aber, um es mit den Truppen aufnehmen zu können, mit welchen sich der Erzherzog Albrecht und der Fürst Windischgrätz den Aufruhr niederzuschlagen erboten. Der Oheim des Kaisers, Erzherzog Ludwig, bestimmte aber den schwachen Kaiser, keine Gewalt anzuwenden, sondern den Forderungen nachzugeben. Damit war der Fall Metternichs ausgesprochen; mit dem Aufgeben des Systems, dessen Träger und Repräsentant er so lange gewesen, war auch er beseitigt; noch in derselben Nacht verließ er Wien und entkam unbelästigt nach England. Der durch die Straßen tausendfach wiederholte Ruf: Der Metternich ist gestürzt! die Studenten sind bewaffnet! wirkte wie ein Zauberschlag; die Häuser wurden beleuchtet, und alles schwamm in Freude und Wonne über die Zeit des Glückes und Segens, welche von den neuen Zuständen erwartet wurde. Man kann in der That nicht ohne Rührung die Begeisterung betrachten, von der die Oesterreicher erfüllt wurden, als nun mit einem Male die Schranken fielen, die sie so lange von Deutschland abgesperrt hatten. Sich im Geiste und in der Wahrheit wieder mit der deutschen Nation verbunden zu fühlen, sich mit ihr auf die gleiche Höhe geistiger und politischer Bildung zu heben — dies Bewußtsein gab den Wienern eine neue Seele, einen überraschenden Schwung. Mit der in revolutionären Zeiten so gewöhnlichen Illusion glaubte man schon mit den Worten Preßfreiheit, Constitution und Nationalgarde alles erreicht zu haben, und die Loyalität und Dankbarkeit, mit der die Wiener den Kaiser bei einer Spazierfahrt am 15. März begrüßten, kannte keine Grenzen; nur mit Mühe konnte die Menge abgehalten werden, die Pferde vor dem Wagen des gütigen Monarchen auszuspannen und sich selbst vorzuschirren. Am Abend ward die Stadt glänzend illuminirt, das Bild des Kaisers von Fackeln und Musik begleitet ward durch die Straßen getragen, und die Sprache war zu arm an Ausdrücken, um das warme Gefühl, von dem die Wiener beseelt waren, würdig auszudrücken. Die Adresse, die sie dem Kaiser überreichten, und mit welcher der erste Abschnitt der österreichischen Revolution zu Ende ging, schloß mit den Worten: „Ew. Majestät, wir getreuen Bürger beugen unsere Kniee vor dem in neuem Glanze thronenden constitutionellen Kaiser Ferdinand!“ Allein wie aufrichtig auch diese Gefühlsäußerungen sein mochten, so lag doch in dem Gange der Revolution der Keim zu ihrem Mislingen. Bei der Bewaffnung des Volkes war die Erlaubniß ausdrücklich auf die Bürger Wiens beschränkt worden, allein bei der Austheilung der Waffen im Zeughause war der Andrang so groß, daß bald jede Unterscheidung unmöglich wurde. Nicht bloß Bürger, sondern jeder, der es verlangte, Handwerksgesellen, Lehrburschen, Tagelöhner, erhielten Gewehre. Neben den Bürgern, die ein Interesse an der Erhaltung der Ruhe und an der regelmäßigen Entwickelung der Dinge hatten, bewaffneten sich auch die Unruhestifter. Italiener, Polen, Ungarn bildeten besondere Compagnien, und wem diese Volksarmee eigentlich dienen sollte, das zeigte sich, als Kossuth mit einem zahlreichen Gefolge von Ungarn erschien, um dem Kaiser die von dem Preßburger Reichstage beschlossene Adresse zu überreichen. Kossuth und Mazzini hatten ihre Agenten in Wien und nährten die Unruhen, um die Centralregierung zu keiner Festigkeit gelangen zu lassen. An eine ruhige Entwickelung auf der neuen Grundlage war um so weniger zu denken, da bald die verschiedenen Nationalitäten mit ihren Interessen aus einander gingen und unter sich und mit den Deutschen in Conflict geriethen.

Während in Oesterreich die Revolution das Werkzeug undeutscher Elemente wurde und den Intriguen und Plänen der Ungarn, Slaven und Italiener diente, wurde leider auch Preußen, statt der deutschen Entwickelung einen festen Halt zu bieten, durch die Revolution in Anarchie gestürzt. Wenn irgend ein Zeitpunkt für Preußen günstig erschien, um das mit einem Schlage wieder einzubringen, was es nach dem Befreiungskriege aus der Hand gegeben hatte, so war es das Jahr 1848; was zu jener Zeit der Wunsch aller Patrioten gewesen war, Deutschland unter Preußens Hegemonie zu vereinigen, das schien sich jetzt von selbst zu machen. Der König war von den edelsten und wohlwollendsten Absichten für Deutschland erfüllt und der alte Wahlspruch seines Hauses Suum cuique wohl geeignet, Vertrauen zu erwecken. Auch waren in der That die ehemaligen auf ihre Souveränetät so eifersüchtigen Rheinbundsstaaten unter dem Einflusse des Schreckens vor inneren Unruhen und äußeren Angriffen bereit, sich unter Preußens mächtigen Schutz zu flüchten; schon hatten sich Bayern, Würtemberg, Hessen-Darmstadt und Baden verständigt, Unterhändler nach Berlin zu schicken, um den König von Preußen für die constitutionelle Sache und die Volksvertretung am deutschen Bundestage zu gewinnen, als die Berliner Revolution vom 18. März einen Querstrich durch alle diese Pläne machte. An diesem unglückseligen Tage hat der Berliner Pöbel große Hoffnungen, die ihrer Erfüllung nie so nahe gewesen waren, vereitelt und wieder auf lange Zeit hinausgeschoben. So viele Unrichtigkeiten auch über dieses Werk der Lüge und des Verrathes verbreitet worden sind, so braucht man doch nur die Thatsachen in ihrem Verlaufe zu verfolgen, um den wahren Zusammenhang der Dinge zu erkennen und zu begreifen.

In Preußen war in dem Augenblicke, wo die Pariser Februarrevolution ausbrach, der vereinigte Ausschuß versammelt, um ein ihm vorgelegtes neues Strafgesetz zu berathen. Zwar hatten die Führer der liberalen Opposition, Graf von Schwerin, Auerswald und Camphausen, bei dieser Gelegenheit von neuem die im vorigen Jahre vorbehaltenen Rechte des vereinigten Landtages gewahrt, dann aber hatte sich der Ausschuß fünf Wochen lang dem Geschäfte, zu dessen Erledigung er berufen war, mit gewissenhaftem Eifer gewidmet. Am 6. März 1848 konnte der König den Ausschuß nach Beendigung seiner Arbeiten mit einer Rede entlassen, worin er mit hochherzigen Worten sein Vertrauen auf die Treue seines Volkes und auf die unerschütterliche Festigkeit der bestehenden Ordnung aussprach. Nachdem er erklärt hatte, daß er den im vorigen Jahre von den beiden Curien ausgesprochenen Wunsch erfüllt habe, die durch die Verordnung vom 3. Februar dem vereinigten Ausschuß gewährte regelmäßige Wiederkehr auf den ganzen vereinigten Landtag zu übertragen, ging er zu den auswärtigen Begebenheiten über und sprach die Hoffnung aus, daß es gelingen werde, den äußeren und den inneren Frieden zu erhalten. In Beziehung auf den letzteren ermahnte der König die Versammelten, als Boten des Friedens, der Einigkeit und der Kraft in ihre Provinzen und Städte zurückzukehren. Was jeder klare Verstand begreife, was jedes edle Herz fühle, das möchten sie in ihrer Heimath verkündigen, nämlich daß alle Parteien schweigen und nur auf das eine sehen sollten, was unter so schwierigen Verhältnissen Noth thue, die Erhaltung der Ruhe und Eintracht. Alle möchten sich wie eine eherne Mauer in lebendigem Vertrauen um ihn, den König, ihren besten Freund, schaaren. Sollte es aber zum Kriege kommen, so vertraue er, daß sein wehrhaftes Volk dem Rufe zu den Waffen folgen und wie vor 35 Jahren seinen Heldenmuth bewähren werde. Allein dieses Vertrauen des Königs wurde leider getäuscht, da es auch in der preußischen Monarchie nicht an Menschen fehlte, welche die Zeitumstände benutzten, um die Gemüther zu verwirren und schlechte Leidenschaften zu entflammen. Von den beiden Hauptsitzen des Liberalismus in Preußen, von den Rheinprovinzen und von Ostpreußen, kamen Adressen und Deputationen mit Forderungen im Geiste der allgemeinen deutschen Volkswünsche, und Tumulte, die fast in allen größeren Städten ausbrachen, bewiesen, wie tief die Gährung ging, und wie weit sie verbreitet war. Am 2. März ward zu Düsseldorf eine Petition berathen und angenommen, die auf constitutionelle Staatsform, Preßfreiheit, Associationsrecht und Zurücknahme des dem vereinigten Ausschusse vorgelegten Strafgesetzes drang. Am 3. März übergab zu Cöln ein wegen seiner revolutionären Gesinnung verabschiedeter Artillerieofficier, Namens Willich, an der Spitze eines von ihm aufgehetzten Pöbelhaufens dem Gemeinderath die sogenannten Forderungen des Volkes. Wenn auch der von Willich veranlaßte Tumult durch das Einschreiten des

Militärs gestillt wurde, so hatte er doch zur Folge, daß am nächsten Tage der Gemeinderath eine Bürgerversammlung berief, in welcher ebenfalls eine Petition, wie zu Düsseldorf, beschlossen wurde. In Aachen, in Elberfeld geschah das gleiche und es dauerte nicht lange, so hatte jede Stadt ihre Forderungen aufgestellt und in einer Petition formulirt. Die Aufregung der Rheinlande theilte sich auch den sonst ruhigeren Westfalen mit, und in Sachsen machte die lichtfreundliche Bewegung der politischen Platz. In Schlesien stellte sich Breslau, in Preußen Königsberg an die Spitze, und überall waren es die der Regierung misliebigen Personen, welche das Wort führten und ihre Anschauungen und Wünsche als Wünsche des Volkes geltend machten.

Auch in Berlin fanden vom 6. März an täglich Zusammenrottungen statt. Die sogenannte Zeitungshalle, ein von einem Juden D. Julius gegründeter Leseverein, wurde der Sammelplatz und das Hauptquartier aller misvergnügten Literaten, und von hier aus wurde die Bewegung eingeleitet, an der sich charakteristisch für Berlin besonders die Judenschaft betheiligte. Die Mitglieder der Zeitungshalle veranstalteten eine Volksversammlung „Unter den Zelten" im Thiergarten, und der Polizeipräsident von Minutoli war schwach genug, diesen ersten Keim der Revolution nicht bloß nicht zu unterdrücken, sondern vielmehr zu pflegen, da er auf eine an ihn gerichtete Anfrage erklärte, nichts dagegen zu haben, daß dem Könige Wünsche vorgetragen würden. So wurden die Versammlungen unter den Zelten, zuerst unter dem Vorwande, eine Petition zu berathen und dann sich über die Form ihrer Ueberreichung zu verständigen, permanent und erhielten durch die Theilnahme der Arbeiter einen gefährlichen Zusatz. Man konnte bemerken, daß mit jedem Tage die Gährung stieg, und daß das Volk von den Versammlungen im Thiergarten immer frecher und herausfordernder gegen die bewaffnete Macht zurückkehrte. Die zur Erhaltung der Ordnung aufgestellten Truppen sahen sich schon am 13. März genöthigt, von ihren Waffen Gebrauch zu machen und die zusammengerotteten Haufen auseinander zu sprengen, wobei es nicht ohne Verwundungen abging. Diese schwachen Versuche, der Unordnung durch Militär zu steuern, brachten aber nur Erbitterung gegen die Truppen hervor und veranlaßten die Stadtverordneten, zur Einrichtung von sogenannten Schutzcommissionen zu schreiten, die nach dem Muster der englischen Constablers gebildet die Ruhe erhalten sollten. Allein ein solches Institut, das in gewöhnlichen Zeiten und bei einem das Gesetz kennenden und achtenden Volke genügt, war in einer vom Revolutionssturm bewegten Zeit ein schwacher Damm. Auch fühlte der Berliner Magistrat, der doch die Stimmung seiner Mitbürger kennen mußte, die

Nothwendigkeit, Zugeständnisse von der Regierung zu erwirken, und in diesem Sinne war die Adresse abgefaßt, welche am 14. März eine Deputation der städtischen Behörden dem Könige persönlich überreichte. Der König empfing die Deputation auf das gnädigste und war billig genug anzuerkennen, daß, wenn es ringsum koche, man nicht erwarten dürfe, daß in Berlin die Stimmung unter dem Gefrierpunkt stehe. Im weitern Verlaufe der Unterhaltung sprach er zwei Worte als seinen Wahlspruch aus, die eine gewisse Berühmtheit erlangt haben; das eine lautete: Freie Völker, freie Fürsten; das andere: kühn und bedächtig. Im ganzen zeigte die Antwort des Königs, daß er geneigt sei, sowohl in der Frage der deutschen Bundesreform als der preußischen Verfassung Concessionen zu machen; allein er wollte sich vorher in der ersten Frage mit den übrigen deutschen Fürsten, die zu einem Congreß in Dresden eingeladen waren, verständigen und die zweite dem vereinigten Landtag vorlegen, der auf den 27. April einberufen werden sollte. Diese Vertröstung, wenn auch auf eine nahe Zukunft, genügte der Ungeduld der aufgeregten Gemüther nicht. Die Zeitstimmung war so geartet, daß man alles, was man wünschte, sogleich und in vollem Umfange haben wollte, und als nun gar die Nachrichten aus Wien in Berlin bekannt wurden, schämten sich die Berliner, von den langsamen Oesterreichern überholt worden zu sein. Auch fehlte es nicht an geheimen Wühlern, die mit der bestimmten Absicht nach Berlin gekommen waren, eine revolutionäre Bewegung herbeizuführen. Franzosen, Italiener und besonders zahlreich Polen waren unter diesen Emissären thätig, jede ruhige Entwickelung zu verhindern. Die Volksaufläufe wurden daher jeden Tag häufiger und wilder und drohten aus der Emeute in die Revolution überzugehen. Dazu kamen die Nachrichten aus den Provinzen, wo es nicht weniger unruhig als in der Hauptstadt war. Von Cöln langte eine Deputation an, an deren Spitze der Bürgermeister von Wittgenstein stand, bei der sich aber auch die beiden Hauptwortführer der revolutionären Partei, der Cigarrenhändler Franz Raveaux und der Arzt Dr. D'Ester befanden, und der sich sogar der Oberpräsident Eichmann angeschlossen hatte, um ihre Forderungen zu unterstützen, weil er dies für das einzige Mittel hielt, den Abfall der Rheinlande zu verhindern. Unter diesen Umständen glaubte der König der Bewegung nachgeben zu müssen und hoffte sie beherrschen zu können, wenn er unverweilt in Beziehung auf Deutschland die auch von ihm schon längst genährten Wünsche in Ausführung brächte, von deren Verwirklichung ihn bisher nur die Rücksicht auf Oesterreich abgehalten hatte. Am 17. März wurde das Patent aufgesetzt und sofort gedruckt, welches die neuen Entschlüsse des Königs verkündigte und alle berechtigten Wünsche weit über die Erwartung befriedigte. Um dieses zu beweisen, wird es genügen, da es zu weitläufig wäre, das Actenstück in extenso mitzutheilen, eine kurze Analyse desselben zu geben. In der Einleitung erkennt der König an, daß die großen Ereignisse in Wien auf der einen Seite die Vorschläge zur Regeneration Deutschlands wesentlich erleichterten, aber auch auf der anderen Seite eine Beschleunigung ihrer Ausführung unerläßlich machten. Jetzt sei der Moment gekommen, nicht allein vor Preußens, sondern auch vor Deutschlands — so es Gottes Wille sei — bald innigst vereintem Volke laut und unumwunden auszusprechen, welches die Vorschläge seien, die er seinen deutschen Bundesgenossen zu machen gedenke. Zuerst verlange er, daß Deutschland aus einem Staatenbund in einen Bundesstaat verwandelt werde. Dies setze eine Reorganisation der Bundesverfassung voraus, die nur im Verein der Fürsten mit dem Volke ausgeführt werden könne, und daher solle eine vorläufige Bundesrepräsentation aus den Ständen aller deutschen Länder gebildet und unverzüglich berufen werden. Eine solche Repräsentation bedinge aber eine constitutionelle Verfassung aller deutschen Länder, und in diesem Sinne solle auch die specielle preußische Verfassung umgestaltet werden. Er verlange eine allgemeine deutsche Wehrverfassung und hoffe, daß dieselbe derjenigen nachgebildet werde, unter welcher die preußischen Heere in den Freiheitskriegen unverwelkliche Lorbeeren errungen hätten; eben so solle eine deutsche Flotte entstehen und dem deutschen Namen in nahen und fernen Meeren Achtung verschaffen. Ein deutsches Bundesgericht, ein allgemeines deutsches Heimathsrecht, ein allgemeiner deutscher Zollverein mit gleichem Maß und Gewicht, gleichem Münzfuß, gleichem Handelsrecht solle die Einheit des Vaterlandes vollenden. Daß auch Preßfreiheit mit gleichen Garantien gegen deren Misbrauch unter den Vorschlägen war, versteht sich von selbst. Endlich sollte die Einverleibung der nicht zum Bunde gehörigen Provinzen Ost- und Westpreußen so wie Posen Deutschland verstärken und gleichsam das Aufgehen Preußens in Deutschland vorbereiten. Und damit in der Ausführung dieser Entschlüsse keine Zögerung eintrete, erklärte der König zum Schlusse, daß er den vereinigten Landtag schon auf den 2. April einberufen habe. Nach solchen Zugeständnissen konnte die Regierung wohl hoffen, daß sie alle Ursachen zu weiteren Unruhen hinweggeräumt habe. Es wird behauptet, daß der Minister Bodelschwingh am 17. März dem russischen Gesandten die Versicherung gegeben habe, er könne getrost nach St. Petersburg berichten, in Berlin sei die Sache abgemacht. In der That war das erste Gefühl in allen loyalen Herzen das des Dankes, und die Stadtverordneten beschlossen, denselben sofort dem Könige durch ein vor dem Schlosse ausgebrachtes Lebehoch und am Abend durch eine glänzende Illumination der Stadt darzubringen. Allein den Demokraten in Berlin, die mit einem unheilbaren Mistrauen erfüllt waren, war mit einem friedlichen und gesetzmäßigen Zustandekommen der deutschen Einheit nicht gedient. Ihre Führer, unter denen der Stadtrath Runge, der Assessor Jung, der ehemalige Candidat der Theologie Behrens, die Literaten Held und Wöniger besonders rührig waren, hatten schon am Tage vorher einen Massenzug nach dem Schlosse verabredet, nicht um dem Könige zu danken, sondern um Zurückziehung des Militärs und Bewaffnung der Bürgerschaft zu verlangen. So setzten sich am 18. März um 1 Uhr Nachmittags zwei Züge nach dem Schloßplatze in Bewegung, der eine, um dem Könige zu danken, der andere, um ihn mit neuen Forderungen zu bedrängen. Bald war der weite Platz dicht angefüllt mit Menschen, von denen die einen dem Könige, der sich auf dem Balkon zeigte, ein donnerndes Lebehoch brachten, während die anderen in den Jubel das mistönende Geschrei mischten: Fort mit dem Militär! das Militär zurück! Wenn es darauf abgesehen war, einen Conflict mit dem Militär herbeizuführen, so gelang diese Absicht nur zu gut. Denn indem einige Truppen in Bewegung gesetzt wurden, um die Schloßportale, in welche der Pöbel einzudringen suchte, frei zu machen und zu besetzen, entstand in der Menge ein Hin- und Herschieben, und mitten in diesem Gedränge fielen zwei Schüsse, wie nachher bekannt geworden ist, aus zwei Infanteriegewehren, die aus zufälliger Berührung losgingen, aber ihren Inhalt vollkommen unschädlich in die Höhe entluden. Obgleich also niemand von ihnen getroffen worden war, so erregten sie doch unter der versammelten Menge einen um so größeren Schrecken, da sich augenblicklich der Ruf erhob: Verrath! und Zu den Waffen! Die Menge stob auseinander, allein sie verbreitete ihren Schrecken durch die ganze Stadt, und in dem Wahne, daß absichtlich auf die Bürger geschossen worden sei, rüstete man sich zum Widerstande und zur Rache. Diese blinden Schüsse hatten in Berlin dieselbe Wirkung, wie am 23. Februar vor dem Hotel Guizots in Paris die scharfen Schüsse: es erhoben sich überall Barricaden. Man sah daraus, daß der Aufruhr planmäßig vorbereitet worden war, und in der Schnelligkeit und Kunst, mit der die Barricaden errichtet wurden, ließ sich nicht verkennen, daß ihr Bau von fremder und kundiger Hand geleitet worden sei. Umsonst suchte der König das Misverständniß aufzuklären, umsonst bemühten sich patriotische Männer, den drohenden Straßenkampf zu verhindern; theils böse Absicht, theils Leichtsinn trieb die Berliner, sich mit den Truppen in einen Kampf einzulassen. So entbrannte bald zwischen den Truppen, die vom General von Prittwitz commandirt wurden, und den Meuterern ein lebhafter und zum Theil sehr erbitterter Kampf, der die ganze Nacht hindurch bis zum frühen Morgen des 19. März fortdauerte. Es war eine schauerliche Nacht, um so schauerlicher, da die wenigsten auf eine solche Wendung der Dinge vorbereitet waren. Statt von der beschlossenen Festillumination wurde die Stadt von den Flammen der in Brand gesteckten Häuser erleuchtet, und statt des Freudenjubels erfüllte die Straßen das Knallen der Gewehre und das Geschrei der Kämpfer, in welches von allen Kirchthürmen herab unaufhörliches Sturmläuten tönte. Es ist hier nicht der Ort, die einzelnen Gefechte zu detailliren. Von dem Gardecorps, der Elite des preußischen Heeres, war zu erwarten, daß es einen Volksaufstand bemeistern werde, so tapfer auch der ihm entgegengesetzte Widerstand sein mochte, und in der That war bis um 3 Uhr Morgens der größte Theil der Stadt in der Gewalt der Truppen, und es stand nicht zu bezweifeln, daß bei fortgesetztem Kampfe der Aufruhr unterliegen werde. Da geschah das unerwartete, daß der König selbst das Schießen einzustellen und die Truppen zurückzuziehen befahl. Es ist unmöglich genau zu bestimmen, was ihn zu einem solchen Befehle veranlaßte, aber man wird gewiß nichts unrichtiges behaupten, wenn man annimmt, daß in jener verhängnißvollen Nacht sich verschiedene Motive vereinigten, um eine solche Wendung herbeizuführen. Dem gottesfürchtigen König war der Gedanke unerträglich, den Tag des Herrn (denn der 19. März war ein Sonntag) durch Blutvergießen zu entweihen, wenn er es verhindern könne; sodann hielt er an dem Glauben fest, daß die große Mehrheit der Bevölkerung von Berlin dem Throne treu sei und nur wegen des Misverständnisses aufgeklärt zu werden brauche, um über die geringe Zahl der Schlechten und Verführten die Oberhand zu gewinnen; endlich fehlte es auch nicht an Rathgebern, die es durch die Zeitumstände für geboten hielten, daß der König sich auf die Seite des Volkes stelle, um populär zu bleiben und die Sympathien des übrigen Deutschland nicht zu verscherzen. Unter dem Einflusse dieser Motive schrieb der König kurz nach Mitternacht eine Proclamation, die schon durch ihre Ueberschrift „An meine lieben Berliner" bewies, daß sie ein unmittelbarer Erguß seines landesväterlichen Herzens sei. Nachdem er im ersten Absatz den ganzen unseligen Kampf als das Resultat eines Misverständisses dargestellt hat, das von fremden Wühlern benutzt worden sei, um die erhitzten Gemüther mit Rachegedanken für vermeintlich vergossenes Blut zu erfüllen, beschwört er sodann die Einwohner seiner geliebten Vaterstadt, bei allem, was ihnen heilig sei, ihren Irrthum zu erkennen und zum Frieden zurückzukehren. Er verspricht ihnen, wenn sie die noch stehenden Barricaden wegräumten, die Truppen zurückzuziehen. Die Proclamation schloß mit den Worten: „Eure liebreiche Königin und wahrhaft treue Mutter und Freundin, die sehr leidend daniederliegt, vereinigt ihre innigen, thränenreichen Bitten mit den meinigen." Man sieht aus diesen Worten, daß der König bei seiner gemüthvollen Ansprache noch das Berlin vor sich zu haben glaubte, welches in früheren Jahren, sowohl in der Zeit der Demüthigung als der Wiedererhebung, sich mit der königlichen Familie in Leid und Freud vereinigt gefühlt hatte. Allein seitdem war der Charakter der preußischen Hauptstadt sehr verändert worden. In der kurzen Zeit eines Menschenalters hatte sich ihre Bevölkerung von 200,000 Seelen auf eine halbe Million gehoben. Dieser Zuwachs aus einem von allen Seiten in die Hauptstadt zusammengeströmten Pöbel hatte den alten Stamm der Berliner Bürgerschaft überwuchert und war dem alten Berliner Geiste, wie ihn der König in seiner Proclamation anrief, völlig fremd. Kein Wunder daher, daß die Proclamation nicht die erwartete Wirkung hervorbrachte. Der Pöbel zerriß sie und trat sie mit Füßen, indem er erklärte oder sich einbilden ließ, daß alles Lüge und Unwahrheit sei, und daß man ihn nur täuschen wolle. Der Befehl zum Rückzug der Truppen war aber einmal gegeben und damit dem Volke der Schein und das Bewußtsein des Sieges eingeräumt, um so mehr, da bald darauf die Besatzung auf königlichen Befehl die Stadt verließ und eine schnell gebildete Bürgerwehr an ihre Stelle trat. Man hat mit Recht die Disciplin der preußischen Truppen bei dieser Gelegenheit bewundert. Wie sie im Gefechte die glänzendste Tapferkeit bewiesen hatten, so zeigten sie auf dem Rückzuge, den sie auf Befehl ihres Kriegsherrn antraten, die musterhafteste und besonnenste Haltung, obgleich sie vielfachen Verhöhnungen und Beschimpfungen ausgesetzt waren. Unter klingendem Spiele marschirten sie, wie zur Parade, erst in ihre Cantonnirungen und Kasernen und dann aus der Stadt. Wahrlich es gehörte große sittliche Kraft dazu, einem besiegten Gegner so zu weichen und ihm den Schein und Triumph des Sieges zu überlassen. Mit dem Heere zog der Prinz von Preußen, der präsumtive Thronerbe, der bis zum letzten Augenblicke der Revolution widerstanden hatte und ihr nur auf Befehl seines königlichen Bruders gewichen war, aus der Stadt und begab sich nach London. Auf diesen tapfern und edeln Prinzen wurde der Haß der revolutionären Partei concentrirt, und keine Verleumdungen wurden gespart, um ihn dem Volke verhaßt zu machen, so daß sein Palast vor Verwüstung durch den Pöbel nur dadurch geschützt werden konnte, daß man ihn durch eine Aufschrift auf den Thüren als Nationaleigenthum bezeichnete. Nachdem der Prinz schon längst in London angekommen war, wurde dem Volke noch immer vorgelogen, er komme mit einer russischen Armee von Warschau herangezogen.

Die unmittelbare Folge dieser Ereignisse war am 19. März eine Veränderung des Ministeriums. Graf Heinrich von Arnim, bisher Gesandter in Paris, wurde zum Minister der auswärtigen Angelegenheiten ernannt; der liberale Graf von Schwerin trat als Cultusminister an die Stelle des besonders verhaßten Eichhorn, der sich ins Privatleben zurückzog, um nicht mehr daraus hervorzutreten, und der ihm gleichgestimmte Auerswald übernahm das Ministerium des Inneren. Eben so wurden die übrigen Stellen mit liberalen Männern besetzt und dem ganzen Cabinet sein Charakter dadurch aufgedrückt, daß Camphausen als Chef an dessen Spitze trat. Die Ernennung dieses Mannes zum Ministerpräsidenten sollte als Mittel dienen, die aufgeregten Rheinlande zu versöhnen, und erreichte auch diesen Zweck. Die Ereignisse der nächsten Tage zeigten, daß in Preußen eine ganz neue Ordnung der Dinge begonnen habe. Am 20. März wurden die seit 1846 gefangenen Polen in Freiheit gesetzt, und ihr Anführer Mieroslawski durfte öffentlich die Wiederherstellung Polens ankündigen und betreiben. Die preußische Armee nahm neben der preußischen Farbe die Farbe des deutschen Reiches, schwarz-roth-gold, an, und der König selbst ritt mit diesen Farben geschmückt am 21. März in feierlichem Umzuge durch die Straßen von Berlin. Voran zogen die Studenten mit einer Reichsfahne, auf welcher der Doppeladler gestickt war, und es wurden Stimmen laut, welche Friedrich Wilhelm IV als König der Deutschen und künftigen Kaiser begrüßten. Zwar wies der König diese Zurufe mit Unwillen ab, allein eine Proclamation an das deutsche Volk, worin eine Regeneration Deutschlands und ein Aufgehen Preußens in dasselbe versprochen wurde, zeigte deutlich, daß man sich in Berlin ernstlich mit dem Gedanken der deutschen Hegemonie trug. Auch würde diese ohne Zweifel dem Könige zugefallen sein, wenn er den Aufruhr in Berlin mit Gewalt niedergeschlagen hätte; allein jetzt, wo er kaum in seiner eigenen Hauptstadt Herr war, wurden solche Ansprüche als Usurpation verdächtigt und in Wien, München und Stuttgart mit Hohn abgewiesen. Zwei Parteien wetteiferten darin, den Haß gegen Preußen in dem übrigen Deutschland zu schüren, die geheime Partei der Reaction, die wieder alles auf den alten Zustand zurückzuführen hoffte, und die offene Partei der Demokraten, die ein Interesse daran hatten, ihre Gegner, die Constitutionellen, welche ihre Hoffnungen auf den König von Preußen setzten, durch dessen Unpopularität zu ärgern und zu schwächen. In welcher demüthigenden Lage sich allerdings der König befand, zeigte die Bestattung der in der Nacht des 18. März Gefallenen, denen die höchsten Ehren erwiesen wurden, als ob sie sich um das Vaterland wohl verdient gemacht hätten. Am 22. März wurden die Leichen der Gefallenen in 183 Särgen auf einem eigens für sie eingerichteten Friedhofe, dem Friedrichshain, feierlich beerdigt. Der unermeßliche Zug ging an dem Schlosse vorbei, von dessen Balkon der König zusah. Den Zug begleiteten alle Behörden und Corporationen in Trauergalla, und die Leichenrede, welche der Prediger Sydow hielt, zeigte, daß es dem, der die Macht hat, mag es nun Fürst oder Volk sein, nie an Schmeichlern fehlt; denn die Rede stellte die Barricadenhelden mit den Freiheitskämpfern von 1813 auf eine gleiche Stufe des Ruhmes und Verdienstes. Unter solchen Verhältnissen war an eine baldige Wiederherstellung der Ordnung um so weniger zu denken, da die Regierung wehrlos dem bewaffneten Volke gegenüber stand. Der vereinigte Landtag, der am 2. April zusammenkam, fand schon keinen Boden mehr, auf dem er fußen konnte. Nicht mehr als ein Jahr alt war schon die ganze Gesetzgebung vom 3. Februar 1847 veraltet und zu den veränderten Zeitumständen nicht mehr passend. Der vereinigte Landtag dauerte daher nur acht Tage und löste sich dann für immer auf, nachdem er das nöthige verfügt hatte, um eine constituirende Versammlung vorzubereiten, zwischen welcher und der Regierung die neue preußische Verfassung vereinbart werden sollte. Zu diesem Behufe wurden Wahlen nach einem andern Princip, als der ständischen Gliederung, welches bisher gegolten hatte, ausgeschrieben, und es läßt sich denken, daß unter den aufgeregten Stimmungen und Verhältnissen aus den Wahlen nichts anderes als ein Uebergewicht der Demokraten hervorgehen konnte. Diese constituirende Versammlung sollte am 21. Mai zusammentreten. Wir werden später auf ihre Thätigkeit zurückkommen, für jetzt aber müssen wir unsere Blicke auf Frankfurt richten, wo das deutsche Reich wie ein Phönix aus der Asche von neuem erstehen sollte. Die Einheit und Größe des deutschen Reiches unter einem mächtigen Kaiser war das Ideal der großen Mehrheit der Deutschen, und wenn auch dieses Ziel zu hoch war, um erreicht zu werden, so ist es doch ehrenvoll für die Nation, daß sie danach strebte.

Nicht von Berlin aus erwartete man die Wiedergeburt Deutschlands, sondern von Frankfurt aus, wo der Bundestag, der durch Aufnahme liberaler Gesandten, wie Welcker und Jordan, und durch Zuziehung freisinniger Vertrauensmänner, wie Uhland und Dahlmann, völlig umgestaltet worden war, beschlossen hatte, daß in allen Bundesstaaten Wahlen zu einem deutschen Parlament ausgeschrieben werden sollten. Damit kam er jedem ähnlichen Beschlusse einer Versammlung zuvor, die am 31. März unter dem Namen des Vorparlaments in Frankfurt zusammentrat. Diese Versammlung, die sich aus eigener Macht, ohne Mandat von irgend jemandem constituirte, bestand vorzugsweise aus den Mitgliedern der bisherigen Opposition in den Mittel- und Kleinstaaten;

Preußen war nur schwach und hauptsächlich durch Rheinländer vertreten, und das mächtige Oesterreich hatte keinen anderen Repräsentanten, als einen zufällig anwesenden jüdischen Literaten aus Wien, Namens Wiesner. Während die Mehrheit aus Constitutionellen bestand, die im Einverständnisse mit den Fürsten die neue Ordnung in Deutschland gründen wollten, fehlte es auch nicht an Demokraten, die das große Ziel nur durch Errichtung einer Republik zu erreichen glaubten, und es war ein bedenkliches Zeichen für die Zukunft, daß diese Partei unter dem Pöbel Frankfurts und der Nachbarstädte einen großen Anhang hatte. Dies zeigte sich am Abend vor der Eröffnung der Versammlung, wo dem preußischen Bundestagsgesandten, Grafen Dönhoff, die Fenster eingeworfen, Hecker und Struve dagegen, die als Führer der Republikaner auftraten, mit einem großen Fackelzuge begrüßt wurden. Das Vorparlament faßte in den vier Tagen, die es versammelt blieb, unter dem Vorsitz des Heidelberger Professors Mittermaier Beschlüsse, die, je weitreichender ihre Bedeutung war, sich um so mehr als unpraktisch erwiesen, da es der Versammlung an Macht fehlte, sie auszuführen. Sie beschlossen nämlich das Herzogthum Schleswig, das mit Deutschland nur durch Holstein zusammenhing, sonst aber staatsrechtlich mit Dänemark verbunden war, eben so wie Ost- und Westpreußen in den deutschen Bund aufzunehmen und das bei den Theilungen Polens begangene Unrecht wieder gut zu machen; denn es galt als Grundsatz, der, so richtig er in der Theorie ist, doch in der Anwendung besonders für Oesterreich bedenklich war, daß die Deutschen die Freiheit und Selbständigkeit, die sie für sich in Anspruch nähmen, anderen Nationen nicht schmälern dürften. Die Reform des deutschen Bundes sollte dem Beschlusse des Vorparlamentes zufolge darin bestehen, daß an die Stelle des bisherigen Bundestages ein Bundesoberhaupt mit einem Reichstage in zwei Häusern treten solle. Daß aber dem zu berufenden Parlament allein, mit ausdrücklicher Ausschließung der Fürsten, das Recht vindicirt wurde, die künftige Reichsverfassung zu entwerfen, war ein Fehler, der sich später schwer gerächt hat. Hecker und Struve bemühten sich mit ihrem Anhange vergebens, in der Versammlung Sympathien für die Republik zu erwecken; als ihnen dies nicht gelang, suchten sie wenigstens die Permanenz des Vorparlaments durchzusetzen. Das wäre eine andere Form gewesen, um ihre Absicht zu erreichen, denn wie leicht wäre es ihnen geworden, durch Tumulte der aufgeregten und von ihnen beherrschten Massen die Versammlung zu terrorisiren, die Gemäßigten durch Schrecken zu vertreiben und ihre Plätze mit Gleichgesinnten zu besetzen? Die Constitutionellen erkannten die Gefahr dieses Antrages und vereitelten sie. Statt der Permanenz der ganzen Versammlung wurde ein permanenter Fünfziger-Ausschuß gewählt, der darauf sehen und dafür sorgen sollte, daß das von dem Bundestage berufene Parlament auch wirklich zu Stande käme. Präsident dieses Ausschusses wurde der Mannheimer von Soiron, und unter den Mitgliedern desselben befanden sich außer den Notabilitäten von älterem Rufe, wie Itzstein, Biedermann, Robert Blum, auch neue Namen, wie der Jude Heckscher aus Hamburg, der Cigarrenhändler Raveaux aus Cöln und der preußische Flüchtling Venedey.

Die Republikaner, mit ihren Ansichten in Frankfurt abgewiesen, wandten sich nun, um dieselben mit Gewalt durchzusetzen, an das Volk. Schon in der letzten Woche des Monats März hatte sich durch Süddeutschland der sogenannte Franzosenlärm verbreitet, nämlich das Gerücht, daß Franzosen in großer Masse über den Rhein gegangen seien. Dies Gerücht war offenbar in der Absicht in Umlauf gesetzt worden, um eine allgemeine Volksbewaffnung herbeizuführen, aus der die Republikaner ihre Freischaaren zu recrutiren hofften. Das Großherzogthum Baden, das zu der Märzrevolution den ersten Anstoß gegeben hatte, war auch der Boden, auf dem die republikanische Bewegung zuerst ausbrach. Im badischen Seekreise agitirte ein Dr. Fickler für die Republik und ließ für diejenigen, die keine Schießgewehre hatten, die Sensen gerade schmieden. Im badischen Militär war die Disciplin nicht fest genug, um den von den Demokraten angewandten Verführungskünsten zu widerstehen; wenn sich die Soldaten auch nicht offen auf die Seite der Republikaner stellten, so weigerten sie sich wenigstens gegen dieselben zu fechten. So konnten unter den Augen der Regierung sich Freischaaren bilden, die in ihrer Ausrüstung und Haltung ein lebendes Bild aus den Zeiten des Bauernkrieges, der ja auch in diesen Gegenden einen seiner Hauptschauplätze gehabt hatte, darstellten. Hecker in seinem grauen Calabreserhute, von dem eine Feder herabwallte, in hohen Wasserstiefeln und mit Pistolen im Gürtel, sah wie ein Räuberhauptmann aus, und die Schaar, die sich um ihn gesammelt hatte, entsprach diesem Charakter ihres Führers, tapfer im Renommiren, im Schreien, im Saufen, aber feig im entscheidenden Augenblicke. Wenn aber auch Hecker und Struve den Muth hatten, die Zwischenzeit zwischen der Auflösung des Vorparlaments und dem Zusammentritt des wirklichen Parlamentes zum Losschlagen zu benutzen, so versäumten sie doch den rechten Moment. Sie warteten auf Zuzüge, die ihnen Becker aus der Schweiz und der Dichter Herwegh aus Frankreich zuführen sollten; denn in beiden Ländern hatten sich die deutschen Flüchtlinge und Arbeiter zur Rückkehr ins Vaterland gesammelt. Ueber diesem Warten vergingen einige Wochen, und es dauerte bis zum 17. April, ehe die Republik in Constanz ausgerufen und der dortige Kreisdirector Peter zu ihrem Statthalter ernannt wurde. Diese Zeit, welche die Führer der Republikaner im Zögern verloren, hatte der Bundestag benutzt, um die kräftigsten Maßregeln zur Unterdrückung des Aufruhrs zu ergreifen. Da das von den Republikanern verführte badische Heer unzuverlässig war, so wurde auf den Antrieb Heinrichs von Gagern dessen Bruder Friedrich von Gagern, bisher General in holländischen Diensten, zum Oberbefehlshaber der Truppen ernannt, welche der Bundestag in Bewegung setzte, um die Republik im Keime zu ersticken. Der General von Gagern selbst drang an der Spitze eines hessendarmstädtischen Corps längs der Bergstraße vor, während die Würtemberger unter General Miller vom Schwarzwalde her und die Bayern von Lindau aus ebenfalls nach Baden vordrangen. So von drei Seiten angegriffen hatten die Republikaner, die es mit regulären Truppen in offenem Felde nicht aufnehmen konnten, ihre Hoffnung hauptsächlich darauf gesetzt, daß es ihnen gelingen werde, dieselben in ihrer Treue wankend zu machen. Allein die „verthierten Söldlinge", wie sie die Soldaten nannten, blieben ihrer Fahne treu, und die Republikaner wurden im Laufe des Monats April um so leichter besiegt, da weder sie selbst noch ihre Anführer großen Muth entwickelten, sondern sich und ihre Sache durch Renommisterei und Feigheit lächerlich machten. Doch wurde der Sieg mit einem theueren Opfer erkauft. Am 20. April traf Gagern bei Kandern auf Heckers Schaar und ritt an dieselbe heran, um sie mit herzlichen Worten von ihrem Beginnen abzumahnen. Allein er richtete mit Worten nichts aus, und als er sein Pferd wandte, um zu den Seinigen zurückzureiten, ward er meuchelmörderisch von drei Kugeln durchbohrt, die ihn todt zu Boden streckten. Die Soldaten rächten seinen Tod, indem sie wüthend die verrätherische Schaar angriffen und sie zersprengten. An Gagerns Stelle trat der badische General Hofmann, der am 24. April Freiburg erstürmte, in welchem sich die Republikaner verbarricadirt hatten und so arg hausten, daß die geängstigten Einwohner die Truppen als Befreier begrüßten. Da unterdessen Constanz von den Bayern besetzt worden und die Würtemberger bis an den Rhein vorgedrungen waren, so kam Herwegh mit seiner Freischaar aus Frankreich zu spät, um den unterdrückten Aufruhr von neuem anzufachen. Obgleich seine Schaar beinahe 1000 Mann stark war, so lief sie doch am 27. April bei dem Dorfe Dossenbach, wo sie auf eine halbe Compagnie Würtemberger stieß, aufs schmählichste davon. Herwegh selbst beschimpfte sich durch die Art seiner Flucht, indem er sich unter dem Spritzleder des Wagens verkroch, auf welchem seine Frau die Zügel führte. Seitdem ist Herwegh verstummt, in dem richtigen Gefühl, daß nach seinem Benehmen bei Dossenbach niemand mehr den Bombast seiner Gedichte für etwas anderes halten werde als für einen hohlen aus leerem Herzen kommenden Schall. Die Führer retteten sich über den Rhein und von dort aus in die Schweiz; von Straßburg erließen Struve und Heinzen ein Manifest, worin sie über die verthierten Söldlinge schimpften und ihre Anhänger auf günstigere Zeiten vertrösteten.

Siebzehntes Capitel.

Wie die Gründung der Republik in Deutschland, so mislang auch die Wiederherstellung Polens. Mieroslawski und sein Anhang benutzten die augenblickliche Verwirrung und Schwäche Preußens, um das Großherzogthum Posen zur Basis ihrer Pläne zu machen. Die Wiederherstellung Polens war, wie schon der Beschluß des Vorparlaments zeigte, ein in Deutschland populärer Gedanke, und in Berlin herrschte bei der durch die Revolution zur Macht gelangten Partei die Meinung, daß ein Krieg mit Rußland, in welchem die Polen nützliche Bundesgenossen werden konnten, unvermeidlich sei. Die polnische Emigration regte sich allenthalben, und als sie in Frankreich von Lamartine mit ihrer Bitte um Hilfe abgewiesen wurde, wandte sie sich an das revolutionäre Deutschland, und ihr Haupt, Fürst Adam Czartoryski, erließ eine Proclamation, worin ein Bündniß der Deutschen mit den Polen als eine nothwendige Consequenz der Zeitumstände vorausgesetzt wurde. Der Kaiser von Rußland sah aber diesen Drohungen mit Ruhe entgegen und sprach in einem stolzen Manifest vom 28. März seinen Entschluß aus, niemanden anzugreifen, aber auch zugleich die Erklärung, daß er gerüstet sei, jeden Angriff zurückzuweisen. In der Zuversicht auf die unerschütterliche Treue seines Volkes fühlte er damals allein unter allen Monarchen auf dem europäischen Continent festen Boden unter seinen Füßen und konnte hoffen, daß Rußland die Klippe sei, an welcher die Revolutionsfluth sich unschädlich brechen werde. Denn alle die Ideen und Bestrebungen, welche den Westen Europas bewegten und verwirrten, blieben ohne Einfluß auf das russische Volk, dem dieselben fremd und unverständlich waren. Nur die schwächste und verwundbarste Stelle des russischen Reiches, das Königreich Polen, mußte gehütet werden, und hier genügte die zahlreiche Armee, die das Land besetzt hielt, um jede Bewegung zu unterdrücken; und einige Executionen, die der Statthalter Paskewitsch an Emissären, die ihm in die Hände gefallen waren, vollziehen ließ, schreckten auch die Verwegensten von einem Insurrectionsversuch ab, der bei der Wachsamkeit, mit welcher die Polizei die Verdächtigen beobachtete, doch mislingen mußte. So blieben den Polen als ein Feld ihrer Thätigkeit nur das preußische und österreichische Polen offen, allein wie groß ihr Leichtsinn und ihre Tactlosigkeit in richtiger Beurtheilung und Benutzung der Umstände waren, zeigte sich hier wieder auf das deutlichste. In einem Augenblicke, wo sie sich auf eine Allianz mit Deutschland angewiesen sahen und von derselben allein Erfolg für ihre Pläne erwarten konnten, beleidigten sie die in Posen ansäßigen Deutschen und entfremdeten sich durch den Uebermuth, mit dem sie dieselben behandelten, alle deutschen Sympathien. Der König hatte nämlich zugegeben, daß das Großherzogthum Posen in nationalem Sinne reorganisirt werden solle, allein da fast die Hälfte dieses Landes von Deutschen bewohnt war, so schien die Ausführung schwierig, weil die Deutschen sich nicht vom Mutterlande trennen und in ein polnisches Reich aufgehen wollten. Unter diesen Umständen bestand das natürlichste und einfachste Mittel, den Conflict zwischen beiden Nationalitäten zu vermeiden, darin, sie zu trennen, den rein polnischen Theil für sich zu constituiren und den deutschen Theil mit Deutschland zu vereinigen. Allein dies wollten sich die Polen nicht gefallen lassen und nahmen das ganze Großherzogthum für sich in Anspruch. Ihr Uebermuth ging so weit, daß sie an vielen Orten die preußischen Adler abrissen und sich gegen die Deutschen jeden Hohn und Frevel erlaubten. Die Schwäche, mit welcher der in Posen commandirende General Willisen diesem Unfuge zusah, ermuthigte die Polen, über alle Grenzen des erlaubten hinauszugehen. Endlich fand der Klage- und Hilferuf der Deutschen in Posen in Berlin Gehör und veranlaßte die Regierung, sich zu einem festen Entschlusse zu ermannen. An Willisens Stelle trat der energische General Colomb, der, als die Polen seine Aufforderung zur Unterwerfung nicht beachteten, von der Gewalt der Waffen Gebrauch machte. Am 29. April schlug er die Polen bei dem Städtchen Xions und trieb sie nach der russischen Grenze, wo sie aus Furcht vor der russischen Strenge am 9. Mai capitulirten und die Waffen niederlegten. — In Krakau kam es ebenfalls am 30. April zu einem blutigen Kampfe. Hier hatten sich die aus Frankreich zurückgekehrten Emigranten in großer Zahl versammelt und betrieben unter dem Vorwande, eine gesetzlich bewilligte Nationalgarde zu errichten, die Bewaffnung des Volkes. Als der in Krakau commandirende Feldmarschall Castiglione sich weigerte, dem Volke Waffen in die Hände zu geben, weil er voraussah, daß sie gegen ihn gebraucht werden würden, entstand ein Aufruhr, und die Stadt bedeckte sich mit Barricaden. Castiglione war aber zu einsichtsvoll, um sich in den engen Straßen der Stadt in einen Kampf einzulassen; er zog sich in das auf einer Höhe gelegene Schloß zurück und bombardirte von hier aus die Stadt solange, bis die Insurgenten die Waffen niederlegten und die fremden Emigranten Stadt und Land verließen. So ward sowohl in Preußen wie in Oesterreich die polnische Bewegung im Keime erstickt, und da das russische Polen ruhig blieb, so löste sich die mit so vielem Geräusch betriebene Wiederherstellung Polens in nichts auf.

Die Bewegung in Deutschland steigerte die Aufregung, die, wie wir gesehen haben, schon seit dem Jahre 1846 sich in Schleswig-Holstein der Gemüther bemächtigt hatte, bis zum offenen Aufruhr. Der eben auf den Thron gestiegene König Friedrich VII hatte, um die von seinem Vater in dem offenen Briefe gemachte Zusage zu erfüllen, allen unter seinem Scepter vereinigten Ländern eine Gesammtverfassung gegeben, durch die er um so mehr die Gemüther zu beruhigen und zu versöhnen hoffte, da diese am 28. Januar 1848 verkündigte Verfassung den vereinigten Ständen von Dänemark und Schleswig-Holstein große Rechte einräumte und den deutschen Herzogthümern dieselbe Anzahl von Vertretern bewilligte, wie dem Königreich Dänemark, nämlich 26 für jede der beiden Nationalitäten. Man sieht, die Vertheilung der Abgeordneten hätte nicht gerechter und billiger sein können. In der That wären die deutschen Herzogthümer sicher gewesen, daß sie nicht von den 26 dänischen Repräsentanten zu ihrem Nachtheile überstimmt würden, wenn sie auf Einigkeit in den Reihen ihrer 26 Vertreter hätten rechnen dürfen. Allein dies war eben nicht der Fall; abgesehen von Nordschleswig, in welchem dänische Sympathien vorherrschend waren, konnten die Dänen auch darauf zählen, daß unter den Deutschen selbst Renegaten seien, die sich ihren Interessen verkaufen und, wie das berüchtigte Beispiel von Scheele zeigte, sogar dänischer gesinnt sein würden, als die Dänen selbst. Dies allerdings nicht ungerechtfertigte Mißtrauen hatte daher zur Folge, daß die neue Verfassung nicht die Gemüther versöhnte, sondern nur die nationale Abneigung der Deutschen in den Herzogthümern gegen die Dänen aufstachelte. Schon am 17. Februar protestirten die Stände der Herzogthümer gegen die Gesammtverfassung und gingen unter dem Einflusse der Februarrevolution und ihrer Folgen soweit, sich am 18. März zu Rendsburg zu einem Landtage zu vereinigen. Hier ward beschlossen, Schleswig mit Holstein in den deutschen Bund eintreten zu lassen. Natürlich betrachteten die Dänen diese Losreißung Schleswigs als einen strafbaren Abfall. Am 21. März brach in Kopenhagen eine antideutsche Bewegung aus. Sie ging von dem Kopenhagener Casino aus, das sich förmlich in einen politischen Clubb verwandelt hatte, und in welchem das Losungswort war: Dänemark bis zur Eider! woher diese Partei den Namen der Eiderdänen erhielt. Am 21. März zog eine Schaar von mehr als 12000 Menschen vor das Schloß mit einer Sturmpetition, welche ein Ministerium aus rein dänischen Elementen und im dänischen Interesse forderte, und nöthigte den König, die Führer der Eiderdänen, Orla Lehmann, Hvidt und Tscherning an die Spitze der Regierung zu stellen. Natürlich fand nun die aus Rendsburg abgeschickte Deputation mit ihren Forderungen in Kopenhagen kein Gehör, sondern konnte nur mit Mühe vor Mißhandlungen durch den aufgeregten Pöbel geschützt werden. Während aber so in Kopenhagen die dänische Nationalität die Oberhand behalten hatte, constituirte sich die deutsche Nationalität in den Herzogthümern ebenfalls in einer eigenen Regierung; denn am 24. März ward in Kiel für die Herzogthümer eine provisorische Regierung eingesetzt, an deren Spitze der Herzog von Augustenburg, der Graf Reventlow und der Advocat Wilhelm Beseler traten. Die Festung Rendsburg ward überrumpelt, und die dänischen Officiere wurden auf ihr Ehrenwort, nicht gegen die Herzogthümer zu dienen, entlassen oder, wenn sie dies Versprechen verweigerten, gefangen gesetzt. Die Truppen, die Beamten, das Volk in Holstein huldigten der provisorischen Regierung, die nicht gegen den König, sondern gegen die den König unterdrückende Partei der Eiderdänen gerichtet sein sollte; auch in Schleswig ward sie anerkannt mit Ausnahme des nördlichen Theiles, in welchem Hadersleben und Flensburg die dänische Partei hielten. Das Programm der provisorischen Regierung enthielt die drei Sätze, für welche schon so lange agitirt worden war: 1) daß die Herzogthümer selbständige Staaten seien; 2) daß Schleswig und Holstein unzertrennt verbunden bleiben müßten; 3) daß in beiden Staaten die Erbfolge des Mannesstammes gelte. Die Herzogthümer rechneten bei dem entscheidenden Schritte, den sie am 24. März gethan hatten, auf die Hilfe Deutschlands. Wir haben früher gesehen, wie groß schon im Jahre 1846 die Sympathie für Schleswig-Holstein in Deutschland gewesen war; jetzt, wo im Bundestage die Männer Sitz und Stimme hatten, welche damals die öffentliche Meinung für Schleswig-Holstein aufregten, ward die Revolution an der Eider in Frankfurt gebilligt. Der deutsche Bund erkannte die Vereinigung der Herzogthümer an und ließ den Kieler Professor von Madai als Bundestagsgesandten für Schleswig-Holstein in seiner Mitte Platz nehmen. Zugleich beauftragte der Bund den König von Preußen mit dem Schutze der Herzogthümer und sonach, da ein dänischer Angriff zu erwarten war, mit dem Kriege gegen Dänemark. Viele Umstände vereinigten sich, um den König zu veranlassen, sich diesem Auftrage mit Eifer zu unterziehen. Zuerst war es wünschenswerth, dem Gardecorps Beschäftigung und Gelegenheit zu geben, sein seit dem 18. März gedemüthigtes Gefühl durch die in einem auswärtigen Kriege zu erringenden Lorbeeren wieder aufzurichten. Sodann bot sich hier eine günstige Gelegenheit dar, in einer Sache, die sich damals der begeisterten Zustimmung aller Deutschen erfreute, die Popularität des Königs aufs glänzendste wiederherzustellen. Endlich war der König von dem unbestreitbaren Erbrechte des Herzogs von Augustenburg in Holstein überzeugt und, indem er diesem seinen Schutz zusicherte, von dem Gefühle beseelt, seine Waffen für eine gerechte Sache zu erheben.

Der Krieg ward auf eine für die Schleswig-Holsteiner unglückliche Weise eröffnet. Diese hatten ihre Truppen bis an die jütländische Grenze vorgeschoben, aber in dieser Stellung den Nachtheil, daß die Dänen, die mit ihrer Flotte das Meer beherrschten, ihnen sowohl von der Seite als vom Rücken beikommen konnten. Am 9. April wurden sie in der That in ihrer Stellung bei Bau angegriffen und erlitten eine empfindliche Niederlage, besonders wurde beinahe das ganze Corps der Kieler Studenten und Turner in diesem Gefechte theils aufgerieben, theils gefangen. Auf ihrem eiligen Rückzuge erfuhren die Besiegten auch die Antipathie der Nordschleswiger und wurden selbst in Flensburg aus den Häusern mit Flintenschüssen und Steinwürfen feindselig behelligt. Erst hinter der Schley kam der Rückzug zum Stillstande. Nun traten aber die Preußen, die unter dem Oberbefehl des Generals von Wrangel in Holstein eingerückt waren, in die erste Linie ein. Den Ostersonntag, den 23. April, stürmten sie das sogenannte Danewirk, den uralten Grenzwall Dänemarks gegen Deutschland, und trieben die Dänen unter großem Verluste aus ihrer Stellung in und um die Stadt Schleswig. Nach dieser Niederlage räumten die Dänen das Herzogthum Schleswig schneller, als sie dasselbe besetzt hatten, und die Preußen rückten in Jütland ein, das ihnen als Unterpfand für den Schaden dienen sollte, der unterdessen dem preußischen Seehandel und den preußischen Küsten durch die Flotte der Dänen zugefügt worden war. Zu diesem Zwecke schrieb Wrangel in Jütland eine Contribution von zwei Millionen Speciesthalern aus und erklärte in einem Schreiben an den dänischen Flottenbefehlshaber, daß für jedes Haus, welches die Dänen an der deutschen Küste in Brand schießen würden, ein jütländisches Dorf verbrannt werden sollte. Dieses energische Vorgehen Wrangels erregte aber die Eifersucht und den Unwillen fremder Mächte, und während der Krieg ins Stocken gerieth, weil die Dänen auf ihren Inseln für einen Feind, der ihnen keine Seemacht entgegenstellen konnte, unangreifbar waren, begann desto lebhafter das Spiel der diplomatischen

Thätigkeit. Die erste Wirkung desselben zeigte sich darin, daß Wrangel am 24. Mai aus Berlin einen Rückzugsbefehl erhielt und daß in Folge desselben die Preußen Jütland räumten und sich auf die Vertheidigung von Schleswig beschränkten. Von den europäischen Mächten war keine einzige für die Ansprüche der Deutschen auf Schleswig günstig gestimmt. Schweden, wo im Jahre 1844 auf Karl XIV Johann sein Sohn Oscar I gefolgt war, erklärte sich für Dänemark, und bei einer Zusammenkunft, welche die Könige Oscar und Friedrich VII in Malmoe hielten, sagte jener diesem Beistand zu, wenn die Deutschen seine Vermittelung nicht annehmen würden. Auch bildeten sich in Schweden und Norwegen Freischaaren, um ihren bedrängten scandinavischen Brüdern in Dänemark zu Hilfe zu ziehen, wie es denn überhaupt eine bemerkenswerthe Folge dieses Krieges war, daß sich die drei scandinavischen Reiche einander näherten, und der Gedanke einer Union, wie ehemals die calmarische, aber auf festeren und billigeren Grundlagen in den Gemüthern Wurzel faßte. Eben so war Rußland in der schleswig-holsteinschen Frage auf Seiten Dänemarks. Obgleich der Kaiser Nikolaus ein Enkel jenes Herzogs von Holstein-Gottorp war, der als Kaiser Peter III die ganze Macht des russischen Reiches für die Befreiung Schleswigs vom dänischen Joche hatte verwenden wollen, so waren doch unterdessen die Verhältnisse und Stimmungen andere geworden. Dem Kaiser Nikolaus waren die Gefühle und Leidenschaften, die seinen Großvater beseelt hatten, völlig fremd, und er fühlte, dachte und handelte nur im russischen Interesse. Zwar war er mit der Lage der Dinge in Kopenhagen, wo das Casino in demokratischem Geiste zu herrschen fortfuhr, keineswegs zufrieden, allein noch weniger bewegten sich die deutschen Einheitsbestrebungen in seinem Geschmacke und im Interesse seiner Politik. Er suchte sich mit England zu verständigen, um gemeinschaftlich mit demselben die dänische Streitfrage zu entscheiden. Hier war Lord Palmerston anfangs geneigt, den Deutschen ein bedeutendes Zugeständniß zu machen; er rieth dem Könige von Dänemark, die Einverleibung der Herzogthümer in sein Königreich zurückzunehmen und Schleswig in der Art zu theilen, daß der rein deutsche Theil desselben mit Holstein und dem deutschen Bunde, der dänische Theil dagegen mit Jütland vereinigt werden solle. Allein in Frankfurt, wo in dem unterdessen versammelten Parlamente die schleswig-holsteinsche Partei das Uebergewicht hatte, wies man eine Vermittelung auf dieser Grundlage zurück, und so ward auch England bestimmt, sich mit Rußland zu Gunsten Dänemarks zu verständigen. In Frankfurt wollte man ganz Schleswig haben und betrachtete es als eine Schmach für die deutsche Ehre, auch nur ein Dorf desselben den Dänen preiszugeben. Man beschloß vielmehr den Krieg mit aller Macht fortzusetzen und eine Flotte gegen Dänemark aufzustellen. Zu diesem Zwecke wurden sechs Millionen Thaler aus Bundesmitteln angewiesen und eine Subscription freiwilliger Beiträge eröffnet. Allein eine Seemacht läßt sich nicht so schnell und so leicht herstellen, als eine Landarmee. Während man an der deutschen Flotte baute, war unterdessen die deutsche und besonders die preußische Küste der Blokade durch die dänischen Schiffe ausgesetzt. Unter diesen Umständen war es dem Könige von Preußen nicht zu verdenken, daß er sich weigerte, einen Krieg fortzusetzen, bei dem er die Hauptmächte von Europa gegen sich gehabt haben würde. Man sah in Berlin ein, daß man im Rausche des Märzes zu weit gegangen sei, in Schleswig ein Recht zu verfechten, das von keiner europäischen Großmacht als ein solches anerkannt war. Da aber ohne Preußen die Fortsetzung des Kampfes kein günstiges Resultat versprach, so erhielt der König auch von Frankfurt aus die Vollmacht, über einen Waffenstillstand mit den Dänen zu unterhandeln. Dieser kam unter schwedischer Vermittelung am 26. August zu Malmoe zu Stande. Dänemark willigte ein, daß Schleswig und Holstein eine gemeinschaftliche Regierung haben und daß dieselbe halb vom deutschen Bunde, halb von Dänemark bestellt werden sollte. Für ein so großes Zugeständniß erhielten die Dänen die Aufhebung aller Acte der provisorischen Regierung und die Trennung der schleswigschen Truppen von den holsteinschen, die jede in ihrer Heimath stationirt werden sollten. Von beiden Seiten wurden alle Gefangenen und alle confiscirten Schiffe freigegeben. Mit dem Waffenstillstand von Malmoe war der erste Act des schleswig-holsteinschen Krieges beendigt; durch ihn wurde die Sache nicht entschieden, sondern die Entscheidung hinausgeschoben und von dem weitern Gange der Ereignisse abhängig gemacht.

Unterdessen waren die Wahlen zum deutschen Parlament überall, ausgenommen in Böhmen, mit Begeisterung vollzogen worden. Wenn man diese Begeisterung, die im April 1848 gleich dem belebenden Frühlingshauche durch die deutschen Gaue ging, betrachtet, so hätte man erwarten sollen, der Zweck einer Wiedergeburt und politischen Vereinigung der deutschen Nation werde mit Leichtigkeit erreicht werden; denn was in den Gemüthern fertig ist, pflegt auch als fertige und reife Geburt in die Wirklichkeit zu treten. Allein in der Begeisterung liegt immer etwas unklares; sie erblickt das Ziel, aber übersieht die Hindernisse, die erst überwunden werden müssen, ehe man an demselben ankommt. Es war gleich von Anfang an ein Grundirrthum, daß viele von denen, die von der Einheit der deutschen Nation redeten und an ihrer Herstellung arbeiteten, der Meinung waren, als ob sie damit nicht etwas neues zu schaffen, sondern einen früher vorhanden gewesenen Zustand zurückzuführen hätten. Man braucht aber nur einen Blick auf den Gang der deutschen Geschichte zu werfen, um sich zu überzeugen, daß die Einheit, wie sie heute aufgefaßt und verstanden wird, etwas ganz neues und das Resultat einer mehr als 1000jährigen Entwickelung ist. Um die Nationaleinheit Deutschlands, für die man so lange vergebens nach einer Form gesucht hat, richtig zu verstehen, wird es nicht unangemessen sein, auf die frühere Geschichte unseres Volkes zurückzublicken, deren allgemeine Kenntniß bei einem jeden unter uns in so weit vorausgesetzt werden darf, daß in diesem Zusammenhange kurze Andeutungen genügen.

Man muß die sechs germanischen Stämme, welche im Anfange unserer Geschichte den Boden Deutschlands inne hatten, die Franken, Schwaben, Bayern, Thüringer, Sachsen und Friesen, als ebenso viele verschiedene Völker betrachten, die durch Stammeshaß und Stammesstolz getrennt sich eher einander abstießen, als zu einander hingezogen fühlten. Wenigstens kann man mit Bestimmtheit sagen, daß die Sachsen mehr Verwandtschaft und Verbindung mit den Scandinaviern, als mit den Bayern hatten, und daß diese wieder durch Sprache und Verkehr den Langobarden näher standen, als den Franken oder Friesen. Sollten diese so getrennten Völkerschaften wahrhaft zu einer Nation zusammenwachsen, so gab es nur zwei Wege: entweder mußten sie durch eine ihnen von außen aufgedrungene Verbindung unter derselben Verfassung vereinigt und ihre Stammthümlichkeit mit Gewalt gebrochen werden, oder die Verbindung mußte eine freiwillige, durch gemeinschaftlichen Vortheil gebotene sein, und zwar eine solche, die auf der einen Seite den Stämmen Selbständigkeit genug ließ, um nicht als drückendes Joch empfunden zu werden, während sie auf der anderen Seite als das höhere Moment im gemeinschaftlichen Staatsleben erschien. Bekanntlich schlug die Entwickelung der Dinge anfangs den ersten Weg ein: die Karolinger machten es zu einer Hauptaufgabe ihrer Politik, alle Stämme deutscher Zunge auf dem Continent zu vereinigen, und Karl der Große, der dieses von seinen Vorfahren begonnene System vollendete, war von dem Ernst und der Wichtigkeit desselben so durchdrungen, daß er nicht eher ruhte, als bis es ihm nach einem mehr als dreißigjährigen Kampfe gelungen war, den sächsischen Stamm, der sich am längsten und hartnäckigsten gegen das fremde Joch sträubte, zu unterwerfen. Allen im karolingischen Reiche vereinigten Stämmen wurden ihre alten angestammten Obrigkeiten genommen; Karl der Große begnügte sich nicht, wie es seine Vorfahren gethan hatten, mit einer bloßen Mediatisirung derselben, sondern zwang den Stämmen das strenge Regierungssystem auf, das vom Ebro bis zur Elbe durch weltliche und geistliche Beamte in denselben Formen ausgeübt wurde. Gewiß würde dieses System den Zweck erreicht haben, durch gleichmäßige politische und geistige Bildung die Stammthümlichkeiten nach und nach zu verwischen, wenn es seine Wirkung mehrere Generationen hindurch hätte ausüben können; allein um die auseinanderstrebenden Nationalitäten so lange zusammenzuhalten, bis sie mit ihren Neigungen und Interessen zusammengewachsen waren, dazu gehörte eine so starke Hand, wie die Karls des Großen, und da diese seinen Nachfolgern fehlte, so brach bald nach Karls Tode der Stammesgeist überall hervor und arbeitete an der Auflösung der karolingischen Monarchie. Diese erfolgte, als die höchste Gewalt im karolingischen Reiche in die schwachen Hände des unglücklichen Karl des Dicken gerieth. Bisher war das karolingische Reich, wenn auch getheilt, doch immer als eine Einheit betrachtet worden; von Karls des Dicken Sturze an löste es sich aber für immer auf, und es bildeten sich aus seiner Masse vier Königreiche, das der Westfranken oder Frankreich, das der Burgunder, das der Langobarden und das der Ostfranken oder Deutschland. Man wird sich erinnern, daß im Jahre 1843 in Deutschland das 1000jährige Jubelfest der Entstehung des deutschen Reiches gefeiert wurde, weil man von der Idee ausging, als ob der Vertrag von Verdun im Jahr 843, durch welchen das Reich Karls des Großen unter dessen Enkel getheilt ward, dem deutschen Reiche seine Entstehung gegeben habe; allein diese Theilung war eine vorübergehende und ihre Feier ein historisches Versehen, eine Grille der Gelehrten, die das Volk kalt ließ und bei demselben weder Anklang noch Verständniß fand. Mit größerem Rechte könnte man schon die Revolution, durch welche Karl der Dicke gestürzt und sein unehelicher Neffe, Arnulf, auf den deutschen Thron gehoben wurde, als den Anfang des deutschen Reiches betrachten; allein wenn man sieht, wie wenig Arnulf und dessen drei nächste Nachfolger, die sich Könige von Deutschland nannten, das wirklich waren, so kommt man auch von dieser Ansicht zurück, und man wird, so scheint es, nicht irren, wenn man erst Otto den Großen den Stifter des deutschen Reiches nennt und erst von seiner Regierung an die Existenz desselben datirt. Denn kaum war durch Arnulfs Usurpation Deutschland aus dem Verbande der karolingischen Monarchie herausgerissen worden, als es sich auch sofort in sich selbst in so viele Staaten aufzulösen drohte, wie es in seinem Schooße besondere Stämme gab. Mit den karolingischen Staatsformen zerbrach die Fessel, welche bisher das Stammesgefühl eingeengt hatte, und es machte sich dies darin Luft, daß jeder Stamm sich als solcher constituirte und einen Herzog an seine Spitze stellte. So entstanden von neuem die Herzoge von Bayern, von Schwaben, von Franken, von

Sachsen. Man braucht nur oberflächlich mit der Geschichte Arnulfs un seines Sohnes Ludwig, mit der Geschichte Konrads I und Heinrichs bekannt zu sein, um zu wissen, daß keiner von ihnen in Deutschland eine unbestrittene und überall als rechtmäßig anerkannte königliche Gewalt ausgeübt hat. Im Gegentheil, sie fanden bei den wieder als geschlossene politische Körper auftretenden Stämmen nur so viel Anerkennung, als sie zu erzwingen im Stande waren, und Deutschland schien in den Jahren, die von Arnulfs Usurpation im Jahre 887 bis zu Ottos Regierungsantritt im Jahre 936 verflossen, mehr als einmal nahe daran, sich in eben so viele Königreiche aufzulösen, als es Herzogthümer gab; wie denn auch in der That in den gleichzeitigen Chroniken die Herzoge oft und nicht mit Unrecht Reges genannt werden. Ja man kann sagen, daß diese Auflösung unausbleiblich erfolgt sein würde, wenn nicht die von den Karolingern eingeführte Kirchenverfassung das ganze noch einigermaßen zusammengehalten hätte. Die Kirche, als ein den Stammthümlichkeiten ganz fremdes und auf allgemeine Ideen und Interessen gegründetes Institut, hielt in jener Zeit der Anarchie und Verwirrung den Gedanken des Königthums aufrecht und half am meisten dazu mit, ihn unter günstigern Umständen auch wieder in die Wirklichkeit einzuführen. Dies konnte aber nicht anders geschehen, als indem man jetzt den zweiten von den früher bezeichneten Wegen einschlug; nachdem der erste Weg, die Stammthümlichkeit zu brechen, nicht zum Ziele geführt hatte, betrat die Entwickelung der deutschen Geschichte den zweiten, die allgemeine Staatsverbindung auf die Schonung der Eigenthümlichkeit der Stämme zu gründen. Es war König Heinrich I, der diesen Weg beschritt. Kurz vor seinem Tode lud er die Herzoge der Stämme und andere angesehene Männer weltlichen und geistlichen Standes zu einer Versammlung in Erfurt ein und ließ sich von ihnen versprechen, daß sie nach seinem Tode seinen zweiten Sohn Otto zum Könige wählen wollten. Diesem Versprechen getreu begaben sich, nachdem Heinrich I am 2. Juli 936 gestorben war, die Herzoge und Grafen mit ihren Lehensleuten nach Aachen und leisteten Heinrichs Sohne Otto I die Huldigung; dann wurde Otto dem versammelten Volke vorgestellt und von ihm als König begrüßt. Otto gelangte also nicht, wie seine Vorgänger seit Arnulf und wie selbst noch sein Vater, durch eine Faction auf den Thron, sondern durch eine förmliche Wahl der Großen des Reiches und durch die Bestätigung des Volkes. Sein Vater war auch nicht gekrönt worden; dies geschah dagegen mit großer Feierlichkeit bei Otto und zwar durch den Primas der germanischen Kirche, durch den Erzbischof von Mainz. Die anwesenden Herzoge verwalteten bei dieser Gelegenheit öffentliche Hofämter und erschienen im Verhältniß zur königlichen Würde in dienender

Stellung. In der That behielten sie von dieser Zeit an die Hofämter als einen Vorzug ihrer Würde, Bayern das Amt eines Erzschenken, Schwaben das eines Erzkämmerers, Franken das eines Erztruchseß und Sachsen das eines Erzmarschalls. Die Form, in welcher das deutsche Reich durch Otto gleichsam umgeschaffen auftrat, hatte zwei charakteristische Merkmale: zuerst war es ein Wahlreich und zweitens auf den Gedanken basirt, die natürlichen Unterschiede der Stämme zu schonen und sie durch ihre Vertreter, die Herzoge, an den König zu knüpfen. Von Anfang an stand also der Sachse, Franke, Bayer und Schwabe nicht in einem unmittelbaren, sondern in einem mittelbaren Verhältniß zum Könige; er fühlte sich nur durch seinen Herzog in einem allgemeinen Staatsverband mit den übrigen Stämmen. Es wurde indessen dafür gesorgt, das königliche Interesse in dem Herzogthum zu wahren, indem in jedem derselben ein Pfalzgraf als Stellvertreter des Königs eingesetzt ward. Dieser Beamte hatte mit dem Herzog nicht bloß eine concurrirende, sondern auch eine höhere Gerichtsbarkeit, da man an ihn von den Aussprüchen des Herzogs appellirte. Kam ferner der König selbst in ein Herzogthum, so hörte alle Gewalt neben der seinigen auf; der Herzog war gleichsam der Mond, der sein Licht von der Sonne der königlichen Gewalt empfing, der daher nur leuchtete, so lange die Sonne selbst nicht sichtbar war, dessen Glanz aber erlosch, sobald die Sonne neben ihm erschien. Otto konnte nunmehr sein eigenes Herzogthum Sachsen aus den Händen geben; sein Vater hatte es behalten müssen, weil sein ganzes Ansehen auf seiner herzoglichen Territorialmacht beruht hatte; Otto dagegen, auf die Anerkennung der ganzen Nation gestützt, entsagte dem herzoglichen Throne, um dem königlichen desto mehr Glanz und Macht zu geben. Er nahm dafür die reichen Domänen der Karolinger in Anspruch und verschaffte sich durch diesen im ganzen Reiche zerstreuten Besitz überall einen unmittelbaren Einfluß. Sein Hof hatte daher auch keinen festen Sitz; er zog von Pfalz zu Pfalz; er verzehrte seine Einkünfte an Ort und Stelle und kam jedes Jahr in alle Theile des Reiches. An den drei großen Festen der christlichen Kirche, Weihnachten, Ostern und Pfingsten, versammelten sich die Großen des Reiches um den König, sowohl zur Aufwartung, als um Geschäfte zu verhandeln; das Volk war, wie unter den Karolingern, von der Leitung und Anordnung der Geschäfte ganz ausgeschlossen. Außer diesen drei regelmäßigen Reichsversammlungen konnte der König noch besondere Hof- und Reichstage ansetzen; er that dies jedoch wegen der Unkosten, die es verursachte, nur selten und nur in dringenden Fällen.

Es wäre gegen die Natur der Dinge, wenn die königliche Gewalt bei größerer Erstarkung nicht darauf hätte ausgehen sollen, die herzogliche immer mehr zu schwächen und wo möglich ganz in sich zu absorbiren. In der That drehte sich damals das Hauptinteresse der innern Geschichte des deutschen Reiches um das Streben der Centralgewalt, die herzogliche Würde, die bei ihrer Entstehung beinahe eine königliche gewesen, zu einem bloßen Amte herabzudrücken und in einen bloßen Titel aufzulösen. Schon Otto I fing an, ungehorsame Herzoge abzusetzen und andere an ihre Stelle zu bringen, die ihm durch Verwandtschaft nahe standen; so machte er seinen Schwiegersohn Konrad zum Herzoge von Franken, seinen Bruder Heinrich zum Herzoge von Bayern, seinen Sohn Ludolf zum Herzoge von Schwaben. Daraus gingen für die Stellung der Herzoge zwei wichtige Momente hervor, zuerst, daß sie wegen Felonie ihre Würde verloren, und zweitens, daß sie nicht mehr aus demselben Stamme genommen zu werden brauchten, dem sie vorstanden. Die folgende Dynastie, die salische, ging einen Schritt weiter: Konrad II übertrug seinem Sohne und designirten Nachfolger Heinrich alle während seiner Regierung erledigten Herzogthümer, so daß Heinrich III bei seinem Regierungsantritte zugleich Herzog von Franken, Schwaben und Bayern war. Hätte dieser kräftigste aller deutschen Könige länger gelebt, so würde es ihm vielleicht gelungen sein, auf diesem Wege die Nationaleinheit Deutschlands zu gründen, allein er starb bekanntlich in der Blüthe seiner Jahre mit Hinterlassung eines sechsjährigen Sohnes, und nun brach das nur unterdrückte, aber noch nicht gebrochene, Stammesgefühl mit Macht hervor. Der Particularismus der Stämme fand einen mächtigen Bundesgenossen an der Kirche, die sich gleichfalls über Unterdrückung durch die königliche Gewalt zu beklagen hatte, und das Resultat des langen Kampfes war, daß die königliche Gewalt, zugleich mit weltlichen und geistlichen Waffen angegriffen, unterlag, und daß die Stämme sich in ihrem nicht unmittelbaren, sondern durch die Stammesfürsten vermittelten Verhältnisse zur Reichsregierung behaupteten. Von nun an hörten die Versuche zur Unterdrückung der reichsfürstlichen Gewalt auf; die Könige aus dem hohenstaufischen Geschlechte fanden es vielmehr in ihrem Interesse, die Reichsfürsten durch Begünstigung sich geneigt zu machen, um ihrer Unterstützung für die Pläne in Italien stets gewiß zu sein. Merkwürdig genug ist es gerade Friedrich Barbarossa, mit dessen Namen die Volkstradition das Bild deutscher Einheit und Größe verbindet, und an dessen Wiedererwachen aus dem Todesschlummer die Volkssage die Vereinigung Deutschlands zu *einem* Staate knüpft — Friedrich Barbarossa ist es, der am meisten zur Zersplitterung Deutschlands unter viele Fürsten beigetragen hat. Freilich lag dem Verfahren desselben der politische Gedanke zu Grunde, durch

Gleichstellung der Markgrafen und Landgrafen mit den Herzogen die Macht der letzteren zu schwächen, während er sich selbst mit ihrer Hilfe eine Hausmacht in Italien zu gründen hoffte — allein der Erfolg täuschte diese Hoffnung. Die hohenstaufische Hausmacht in Italien wurde die Klippe, an der bekanntlich dieses hochherzige Fürstengeschlecht scheiterte während die deutsche Fürstengewalt sich immer particulärer ausbildete. So entstand und blieb das wunderliche System des deutschen Reiches, in welchem nur die mit fürstlicher Hoheit ausgestatteten Reichsglieder unmittelbare Unterthanen des Königs waren, die übrigen dagegen nur ein mittelbares Verhältniß zu demselben hatten, und sich daher zuerst als Bayern, Sachsen, Franken u. s. w. fühlten, ehe sie sich zu dem Bewußtsein erheben konnten, daß sie auch Deutsche seien.

Dessenungeachtet war das letztere Gefühl als das höhere und allgemeinere auch das vornehmere und gebildetere und verfehlte daher nicht, ein allgemeines Nationalbewußtsein, das durch politische Formen nicht hatte geschaffen werden können, auf geistigem Wege zu erzeugen. Zuerst war es natürlich, daß die Familien der Herzoge, Markgrafen, Landgrafen, kurz aller reichsunmittelbaren weltlichen und geistlichen Fürsten anfingen, die stammthümliche Beziehung als die niedere anzusehen. Der König, dem sie unmittelbar unterworfen waren, war gleichsam der Stein, an dem sich das stammthümliche abschliff; denn an seinem Hofe galt nicht das Stammesinteresse, sondern das Reichsinteresse, und alle, die sich an demselben bewegen wollten, mußten ihre Stammesgesinnung ablegen und sich zum Nationalgefühl erheben. Der Fürstenstand nahm so zuerst einen allgemeinen deutschen Charakter an. Was der Hof des Königs für die Fürsten war, nämlich der Ort, an welchem die stammthümliche Beziehung als ein niederes und unhöfisches Element betrachtet wurde, an den man daher eine höhere allgemeine Nationalgesinnung mitbringen oder von dem man wenigstens eine solche mit hinwegnehmen mußte — das war die Hofhaltung der Fürsten für den ihnen untergebenen Adel. Hier wurde natürlich das Element, welches am Hofe des Königs als Bildung galt, ebenfalls Muster, und so bildete sich an den Höfen der Fürsten der niedere Adel zu derselben Nationalgesinnung aus, zu welcher sich die Fürsten am Hofe des Königs erhoben hatten. Da nun aber die Städte der Sitz und Mittelpunkt solcher Hofhaltungen waren, so konnte auch der Bürger dem Einflusse dieses Geistes nicht entgehen, und auch der Bürgerstand trat auf diesem Wege, jedoch langsamer und später als der Adel, aus der stammthümlichen Natur heraus und in ein allgemeines Nationalgefühl hinein. Das stammthümliche blieb vorzugsweise nur noch an dem Bauernstande haften, und bäuerisch und ungebildet sind daher in der deutschen

Sprache fast synonym geworden. Wenn ein Bauer sich zur Bildung emporhob, so mußte er seine Umwandlung damit beginnen, daß er sich gewissermaßen häutete, daß er die Stammhaut ablegte und sich als Deutscher fühlen lernte. Dieses so entstandene und im Laufe der Zeit sich immer mehr ausbreitende Nationalbewußtsein erhielt sein Organ in der Sprache, seinen Ausdruck in der Literatur. Es bildete sich eine aus allen Dialekten bereicherte Schrift- und Umgangssprache, die so, wie sie geschrieben und gesprochen wird, nirgends im Munde des Volkes lebt, die aber von den Gebildeten aller verschiedenen Stämme deutscher Zunge angenommen worden ist. Die erste Stufe zu höherer Bildung in Deutschland ist immer die Ablegung des Stammdialektes; so lange jemand seine Gedanken noch nicht anders ausdrücken kann, als in der Form, die nur seinen Stammesgenossen vollständig verständlich ist, solange klebt noch sein Geist gleichsam an der Scholle der beschränkten Heimath; je gebildeter er wird, desto mehr bemüht er sich, in seiner Sprache alle Spuren des Dialektes zu verwischen und das stammthümliche im Deutschen aufgehen zu lassen. Eine reiche und in ganz Europa geachtete Literatur wirkte wesentlich dazu mit, dieses von der Sprache getragene Nationalgefühl zu stützen und über immer weitere Kreise zu verbreiten. In demselben Grade, als das materielle Band der politischen Verbindung schwächer und schwächer wurde, trat das geistige Band der gemeinschaftlichen Bildung immer stärker auf, und als das alte von Otto I gegründete Reich in Trümmer sank, erhob sich, wie ein Phönix aus der Asche, eine neue deutsche Nation, eine Nation, die sich durch Bildung eins fühlte und die sich danach sehnte, es auch durch die Formen ihrer politischen Verfassung zu werden. Diese Sehnsucht war es, die alle Gebildeten vom Niemen bis zum Rhein durchdrang, und deren Erfüllung nahe zu sein schien, als am 18. Mai 1848 in der Paulskirche zu Frankfurt am Main die Versammlung eröffnet wurde, die bald Nationalversammlung, bald Reichstag, meistens aber deutsches Parlament hieß. Die Mitglieder, deren Zahl sich auf mehr als 500 belief, bestanden zum Theil aus den edelsten und kenntnißreichsten Männern der Nation, und wer hätte nicht erwarten sollen, daß aus ihren Berathungen und Beschlüssen ein neues Deutschland hervorgehen werde? Es ist Mode geworden, auf das deutsche Parlament, da es diese Erwartung nicht befriedigt hat, mit Geringschätzung herabzusehen und ihm vorzuwerfen, daß es sein Ziel zu weit gesteckt habe, um es zu erreichen, daß seine Politik nichts weiter als Kathederweisheit und unpraktische Ideologie gewesen sei. Die Nachwelt aber wird ohne Zweifel anders urtheilen und ihm vieles von dem, was man ihm gegenwärtig zum Vorwurfe macht, zur Ehre anrechnen. Sie wird den edelen Willen für die That gelten lassen und in der Mäßigung, die nicht auf Umsturz ausging, einen schönen Charakterzug preisen. Auch wird sie in Betracht ziehen, daß sich dem Parlamente Hindernisse entgegenstellten, die nicht bei dem ersten Anlaufe wegzuräumen waren. Diese Hindernisse waren dreierlei Art. Zuerst trat der Mehrheit, welche das edele Vertrauen zu den Fürsten hatte, daß sie sich im allgemeinen Interesse eine Beschränkung ihrer Souveränetät gefallen lassen würden, eine compacte demokratische Minderheit gegenüber, die kein anderes Heil für Deutschland sah, als die sämmtlichen Fürstenthrone mit einem Schlage wegzuräumen und eine Republik nach dem Muster der Schweiz zu gründen. Je entschiedener die Mehrheit war, desto heftiger und rücksichtsloser wurde die demokratische Minderheit, und ein Arnold Ruge durfte mit seinem mephistophelischen Hohn die edele Begeisterung eines Heinrich von Gagern als gutmüthige Thorheit verspotten. Die Absicht der gemäßigten Mehrheit ging von Anfang darauf aus, den König von Preußen zum Oberhaupte des zu gründenden deutschen Reiches zu erheben, und die Folge davon war, daß die Demokraten alles aufboten, um Preußen zu schwächen und mit dem Schmutze ihrer Verleumdungen zu bewerfen. Sie wühlten alle alten Vorurtheile der Süddeutschen gegen die Norddeutschen auf, um eine Vereinigung Deutschlands unter Preußen unmöglich zu machen. In Mainz, das trotz seiner Eigenschaft als Bundesfestung einer der Hauptsitze des demokratischen Geistes war, wurden die preußischen Bundestruppen auf alle Art geneckt und beschimpft und zuletzt so gereizt, daß es am 21. Mai zu einem förmlichen Kampfe zwischen der Bürgerwehr und der preußischen Garnison kam. Die Absicht der Demokraten war, die preußischen Truppen aus Mainz ganz zu entfernen, und darauf trugen auch Zitz und Robert Blum im Parlamente an, allein die Mehrheit desselben wies im richtigen Gefühl, daß die preußischen Truppen zu Mainz unter gewissen Umständen ihr Schutz sein würden, diesen Antrag zurück. Das stärkste aber, was gegen Preußen im Parlament vorkam, ereignete sich bei Gelegenheit der Berathung über die Zulassung Heckers zu demselben. Dieser war nämlich zu Thiengen im badischen Seekreise als Abgeordneter ins Parlament gewählt worden, wurde aber als offener Rebell von der Mehrheit zurückgewiesen. Gegen diesen Beschluß erhob die demokratische Partei einen lauten Protest, und der badische Abgeordnete Brentano hatte die Kühnheit, den „Einsiedler von Muttenz", wie man damals Hecker nannte, mit dem Prinzen von Preußen auf eine Linie zu stellen und zu verlangen, daß, wenn diesem die Rückkehr gestattet worden sei, man sie auch jenem nicht versagen dürfe. Diese Worte riefen einen ungeheueren Sturm hervor, und die Gallerien, die für Brentano Partei nahmen, mußten mit Gewalt geleert werden. Denn das gehörte zu den Künsten der Demokraten, daß sie die Gallerien mit ihrem Anhang besetzten und von hier aus durch Drohungen und Lärm die Furchtsamen schreckten, die Kühnen überschrien und übertobten. Eins ihrer Mitglieder, der Abgeordnete Rösler aus Schlesien, dirigirte, wie ein Kapellmeister, die bestellten Schreier auf den Gallerien mit gewissen Zeichen, und um sich besser kenntlich zu machen, ging er in gelben Nanking gekleidet, weshalb man ihn den Reichscanarienvogel nannte. Eben so suchten sie außerhalb des Parlamentes durch Volksversammlungen, durch Volksaufläufe, durch Misbrauch der Preßfreiheit die Absichten der Mehrheit zu durchkreuzen. Von ihnen gingen die Tumulte aus, die fortfuhren, die Ruhe zu stören und das Vertrauen in die Zukunft zu erschüttern. In dem Herzogthum Sachsen-Altenburg z. B. erregten sie unter der Führung des Advocaten Erbe solche Unruhen, daß der Herzog Joseph aus Betrübniß über den Tod seiner Gemahlin, die in Folge der von den politischen Stürmen hervorgebrachten Gemüthsbewegung gestorben war, die Regierung seinem Bruder Georg abtrat. Auch die Fürsten von Hohenzollern-Hechingen und Siegmaringen waren nicht im Stande, in ihren kleinen Ländern der Wühlerei der Demokraten zu widerstehen, und zogen es vor, im folgenden Jahre ihr Gebiet an Preußen abzutreten und es der preußischen Monarchie einverleiben zu lassen. — Ein zweites Hinderniß war die alte confessionelle Spaltung Deutschlands in Katholiken und Protestanten. In dieser Hinsicht gruppirten sich die Parteien wieder anders. Die katholische Kirche war zahlreich und von tüchtigen Männern, wie Ketteler, Döllinger, Lassaulx, Gfrörer, Dieringer u. a. vertreten und stark durch die Uebereinstimmung in Ansichten und Gleichheit der Ziele, während die protestantische Kirche als solche gar nicht auftrat. Charakteristisch für die Versammlung war sogleich nach ihrer Eröffnung die Entscheidung über die Gebetsfrage. Wenn selbst die heidnischen Griechen große Staatshandlungen nie zu beginnen pflegten, ohne durch Gebet und Opfer den Segen der Götter erfleht zu haben, hätte man da nicht erwarten sollen, daß eine christliche Versammlung, wie das deutsche Parlament, für das schwierige Werk, das sie zu unternehmen im Begriff war, den Beistand des Höchsten anrufen würde? Auch trug der Bischof von Münster, Dr. Müller, darauf an, die Verhandlungen mit Gebet zu beginnen, weil, wie er sagte, „wo der Herr das Haus nicht baut, die Werkleute umsonst bauen," allein die Versammlung ließ sich durch die Rücksicht auf die confessionelle Spaltung bestimmen, den Antrag zurückzuweisen, und die demokratische Partei stellte diesem Worte durch den Cigarrenhändler Raveaux den Grundsatz entgegen: Aide-toi et le ciel t'aidera. Wenn schon in einer verhältnißmäßig so untergeordneten Frage sich die unglückliche religiöse

Spaltung Deutschlands geltend gemacht hatte, um wie viel tiefer und leidenschaftlicher mußte sie sich äußern, als es sich um die große Frage handelte, ob eine katholische oder protestantische Macht, ob Oesterreich oder Preußen an die Spitze Deutschlands gestellt werden sollte! — Das dritte Hinderniß endlich war der Particularismus, der im ersten Rausche der Begeisterung noch nicht bemerklich im Laufe der Verhandlungen um so stärker hervortrat. Denn je mehr es der Versammlung mit der deutschen Einheit Ernst war, und je näher sie dem erwünschten Ziele zu kommen schien, desto stärker ward das Gegenstreben derer, denen es in den alten vormärzlichen Zuständen gut gegangen war, die daher die ganze Revolution verwünschten und nach nichts sehnlicher verlangten, als nach Ruhe, wenn auch dieselbe nicht anders als durch Rückkehr zum alten Bundestage erkauft werden sollte. Das Frankfurter Parlament gab selbst dem Particularismus Waffen gegen sich in die Hand, indem es beschloß, daß neben ihm die Landesversammlungen in Wien, Berlin, München u. s. w. tagen dürften. Man hoffte durch sie die Fürsten zu controliren und glaubte sich durch den Beschluß gesichert zu haben, daß alle Bestimmungen der Einzelverfassungen, die nicht mit der Reichsverfassung übereinstimmten, ungiltig sein sollten, allein wir werden in der Folge sehen, wie die Landesversammlungen bald mit dem Frankfurter Parlament zu rivalisiren anfingen und das Sonderinteresse, das sie beseitigen sollten, selbst beförderten.

Nachdem wir gesehen haben, welche Hindernisse das Frankfurter Parlament zu überwinden hatte, wird es genügen, in einer kurzen Uebersicht darzustellen, wie es an denselben gescheitert ist. Sobald es constituirt war, gab es durch die Wahl Heinrichs von Gagern zu seinem Präsidenten zu erkennen, daß in ihm die gemäßigte Gesinnung vorherrsche. Leider fühlte es sich durch den verhängnißvollen Beschluß des Vorparlamentes, die Reichsverfassung allein ohne Mitwirkung der Fürsten zu entwerfen, gebunden, und der Vorschlag der besonnensten Männer, auf das Princip der Vereinbarung zurückzukommen, scheiterte an dem Widerspruche der Demokraten, denen die Anarchie, vor welcher jene warnten, eben willkommen war, und welche die Volkssouveränetät, deren Ausdruck das Parlament sein sollte, um jeden Preis fest hielten. Um so nöthiger war es, eine von allen anerkannte Reichsgewalt aufzustellen, und Gagern that, wie er es selbst nannte, den kühnen Griff, den Erzherzog Johann zum provisorischen Reichsverweser vorzuschlagen. Am 27. Juni wurde der Erzherzog mit überwiegender Majorität gewählt und die Anerkennung, welche seine Wahl bei den Fürsten fand, zeigte, daß diese keine Usurpation von ihm fürchteten, sondern ihn als den Bewahrer ihrer Rechte betrachteten. Bloß der König von Hannover protestirte anfangs gegen die Ernennung des Reichsverwesers, bis er sich überzeugen ließ, daß seine Krone eher durch diese Protestation als durch Unterwerfung unter den Erzherzog gefährdet sei. Am 11. Juli hielt der Reichsverweser seinen Einzug in Frankfurt, worauf der Bundestag, nachdem er ihm seine Gewalt übertragen hatte, sich am folgenden Tage auflöste, um, wie man damals hoffte, nie wieder zusammenzutreten. Der Reichsverweser erbte die Functionen des Bundestages; er selbst sollte unverantwortlich sein, aber seine Gewalt durch ein dem Parlament verantwortliches Ministerium ausüben. Er ernannte den Oesterreicher von Schmerling zum Minister der auswärtigen Angelegenheiten, den preußischen General von Peucker zum Kriegsminister und den Hamburger Juden Heckscher zum Justizminister. Allein ein bloßer Name genügte nicht, um Achtung im Auslande und Gehorsam im Inlande zu gebieten, und der Centralgewalt des Reichsverwesers fehlte es an Mitteln, sich beides mit Gewalt zu verschaffen. Von Frankfurt aus wurde zwar die Erbauung einer deutschen Flotte decretirt, aber die Truppen blieben zur Verfügung der einzelnen Fürsten, denen sie gehörten, und als am 6. August sämmtliche Truppen des deutschen Bundes dem Reichsverweser als ihrem Kriegsherrn huldigen sollten, geschah dies zwar in den kleinen Staaten, in den größeren dagegen nur unter Bedingungen oder gar nicht. Der König von Preußen gab nur zu, daß, wo preußische Truppen für die deutsche Sache verwendet würden, sie sich nach seinem Befehle dem Erzherzog-Reichsverweser unterzuordnen hätten. So blieb die Militärgewalt in den Händen der Einzelregierungen, die im Besitze des nervus rerum gerendarum, der Waffen und des Geldes, der ohnmächtigen Reichsregierung nur so weit gehorchten, als es ihr Vortheil mit sich brachte, und dem Parlamente keine andere Macht ließen als die precäre des moralischen Einflusses. Dies zeigte sich besonders in dem Kriege gegen Dänemark, der im Namen des Reiches geführt wurde. So entschieden auch im Parlament die Stimmung für Schleswig war, so fehlte es ihm doch an Mitteln, derselben einen energischen Ausdruck zu geben. Von dem Augenblicke an, wo Preußen Miene machte, sich von dem Kriege zurückzuziehen, blieb nichts übrig, als es im Namen des Reiches zur Abschließung eines Waffenstillstandes mit Dänemark zu bevollmächtigen. Bei einer Zusammenkunft in Köln, wozu das Dombaufest am 15. August Veranlassung gab, verständigte sich der Reichsverweser mit dem Könige von Preußen, und die Folge davon war, daß am 26. August unter schwedischer Vermittelung der früher erwähnte Waffenstillstand von Malmoe geschlossen wurde. Anfangs wurde dieser Waffenstillstand vom Parlament verworfen, weil viele überzeugt waren, daß mit dem Aufgeben Schleswigs die Ehre Deutschlands preisgegeben werde; allein als der Reichsverweser keine Minister finden konnte, die es wagten, den Krieg ohne Preußen fortzusetzen, änderte die Majorität ihre Ansicht und nahm am 16. September den Waffenstillstand an. Ein solcher Widerspruch binnen wenigen Tagen, der ein offenes Eingeständniß entweder eines begangenen Unrechts oder einer unverzeihlichen Schwäche war, versetzte dem moralischen Ansehen des Parlamentes einen tödtlichen Streich. Für die Demokraten aber war er, wie man zu sagen pflegt, Wasser auf ihre Mühle, und sie ließen eine so günstige Gelegenheit nicht unbenutzt vorbeigehen, ohne den Versuch zu machen, die gemäßigte Mehrheit in der Paulskirche zu verdrängen und alle deutschen Throne auszurotten, um ihr republikanisches Ideal an die Stelle zu setzen. Am 17. September ward auf der Pfingstweide bei Frankfurt eine Volksversammlung gehalten, in welcher eine Petition gegen den Waffenstillstand berathen und angenommen wurde, und in welcher der Mainzer Advocat Zitz die wildesten Drohungen ausstieß. Jetzt wolle man Fractur schreiben, rief er aus; und in der That war die Absicht der Demokraten, eine Revolution nach dem Pariser Muster durch Eindringen des Pöbels in die Versammlung herbeizuführen, leserlich genug ausgedrückt. Das Parlament konnte daher den ihm zugedachten Streich voraussehen und hatte Zeit, Mittel herbeizuschaffen, um ihn zu pariren. Aus der benachbarten Bundesfestung Mainz wurden eilig österreichische und preußische Truppen herbeigezogen, und diese umstellten am 18. September die Paulskirche, als die Petition übergeben ward, und hielten das Volk mit Gewalt ab, sich in die Versammlung einzudrängen. Dieses warf jetzt im Zorne über die Vereitelung seiner Absicht Barricaden auf, wurde indeß von den Soldaten mit leichter Mühe und geringem Verluste besiegt. Dafür rächte sich der Pöbel an zwei preußischen Parlamentsmitgliedern, dem Fürsten Lichnowsky und dem General von Auerswald, die ihm unglücklicher Weise in die Hände fielen. Beide wurden aufs grausamste mit Hieben, Stichen und Schüssen von dem wüthenden Pöbel ermordet. Auch andere Mitglieder der gemäßigten Mehrheit wurden mit dem Tode bedroht, und der Reichsminister Heckscher, der aus der Stadt geflohen war, wurde in Hochheim erkannt und eine ganze Nacht in Todesangst gehalten. Diese demokratische Bewegung in Frankfurt verbreitete sich auch nach anderen Orten, wurde aber überall nach kurzem Tumulte wieder unterdrückt. Auch der Republikaner Struve erschien wieder in Deutschland. Er rückte am 21. September mit einer großen Freischaar aus der Schweiz in das Badische ein, wurde aber am 24. September von dem badischen General Hofmann bei Staufen geschlagen und auf der Flucht im Schwarzwalde gefangen genommen. Sein früherer College Hecker hatte sich an dem Zuge nicht betheiligt, sondern wanderte nach Nordamerika aus. Eben so mislang das Unternehmen Raus, am 26. September bei dem Volksfeste in Cannstadt die Republik auszurufen, da die Regierung Zeit gehabt hatte, Truppen und Kanonen aufzustellen, und Rau mußte ebenso, wie Struve, sein unsinniges Unternehmen im Gefängnisse büßen. Nach den Ereignissen vom 18. September wurde Frankfurt in Belagerungsstand erklärt und mit Bundestruppen besetzt; der Reichsverweser benutzte den Sieg über die Demokraten, um deren Vereine aufzuheben und die Centralregierung durch die Ernennung neuer Minister zu vervollständigen. An die Stelle Heckschers, dem der Schrecken in die Glieder gefahren war, kam Robert von Mohl, während die Finanzen dem Fabrikanten von Beckerath und das Handelsministerium dem bremischen Senator Duckwitz übertragen wurde. Von nun an konnte das Parlament seine Berathungen um so ruhiger fortsetzen, da mehrere der entschiedensten Demokratenführer sich aus Frankfurt, wo nichts mehr für sie zu thun war, entfernten und sich theils nach Berlin theils nach Wien begaben, um hier durchzusetzen, was ihnen in Frankfurt mislungen war. Arnold Ruge ging nach Berlin, Robert Blum und Julius Fröbel gingen nach Wien, wo sie das Schicksal erreichte, in den dortigen Unruhen, die ich später erzählen werde, gefangen und zum Tode verurtheilt zu werden. Blum wurde auch wirklich hingerichtet, Fröbel dagegen begnadigt.

Das Parlament kam endlich, nachdem in endlosen Debatten die Grundrechte der Deutschen festgesetzt und am 21. December verkündet worden waren, zu seiner Hauptaufgabe, der Entwerfung der deutschen Reichsverfassung. Wenn man auch von dem Gedanken ausging, Deutschland zu einem großen, die ganze Nation umfassenden Reiche zu vereinigen, so stellten sich doch der Verwirklichung desselben unübersteigliche Hindernisse entgegen. Denn wie war zu erwarten, daß Preußen sich Oesterreich oder umgekehrt Oesterreich sich einem preußischen Kaiser unterwerfen werde? Aus diesem Widerstreite der dualistischen Interessen der beiden deutschen Großmächte gab es nur zwei Auswege, entweder mit Ausschließung Oesterreichs das ganze übrige Deutschland unter dem Könige von Preußen zu vereinigen, oder mit Oesterreich zu einer dem alten Bundestage ähnlichen Verfassung zurückzukehren. Heinrich von Gagern, der am 16. December an die Spitze des Reichsministeriums getreten war, während der Königsberger Professor Simson an seiner Stelle das Präsidium im Parlament übernommen hatte, entschied sich für einen engeren deutschen Bundesstaat in Union mit Oesterreich. In diesem Sinne wurde am 19. Januar 1849 die Oberhauptsfrage vom Parlamente dahin entschieden, daß Deutschland künftig unter einem Oberhaupte stehen solle.

Von diesem Augenblicke an theilte sich das Parlament in zwei Parteien, in die kleindeutsche, wie man Deutschland ohne Oesterreich nannte, und in die großdeutsche, welche Oesterreich nicht von Deutschland ausgeschlossen wissen wollte. Uebrigens schlossen sich der letzteren alle an, die nicht auf die souveräne Stellung ihres Staates verzichten wollten, oder denen als Katholiken ein protestantischer Kaiser unangenehm war. Nicht bloß Oesterreich arbeitete dem deutschen Erbkaiserthum entgegen, sondern auch die Königreiche protestirten, am energischsten aber der König von Würtemberg, der erklärte, daß er sich nie dem Hause Hohenzollern unterordnen werde. Zugleich erwachte der alte Stammesgeist in seiner alten Stärke, um sich gegen eine Unterwerfung unter Preußen zu sträuben. In Bayern sprach sich sowohl die Kammer der Reichsräthe als die Kammer der Abgeordneten mit Entrüstung gegen ein Aufgehen in Preußen aus. Unter solchen Umständen konnte für einen Charakter wie König Friedrich Wilhelm IV die Kaiserkrone wenig Reiz haben. Seiner Natur sagte eine Rolle nicht zu, die ihn, wenn er sie übernommen hätte, in endlose Unruhe und Gefahr zu verwickeln drohte. Sie wurde ihm vollends verleidet, als die Gagernsche Partei, um die Kaiserwahl durchzusetzen, sich mit den Demokraten verbinden und denselben Concessionen machen mußte, welche dem Könige den einzigen Weg, auf welchem er zur Constituirung Deutschlands zu gelangen hoffte, verschlossen. Diese Concessionen bestanden in dem schriftlich gegebenen Versprechen, an der Reichsverfassung nachträglich nichts ändern zu lassen, so wie ein demokratisches Wahlgesetz in dieselbe aufzunehmen und dem Kaiser kein absolutes Veto zu bewilligen. So kam zwar am 28. März 1849 die Wahl Friedrich Wilhelms IV zum deutschen Erbkaiser mit einer Majorität von 290 gegen 248 Stimmen zu Stande; allein der König von Preußen lehnte am 3. April die Wahl mit der Erklärung ab, daß die freiwillige Zustimmung der Fürsten und freien Städte nöthig sei. Da dies auf die vom Parlament verworfene Vereinbarung mit den Fürsten zurückgeführt hätte, so fiel der Plan Gagerns zu Boden. Schon jetzt traten die Oesterreicher und viele Anhänger der großdeutschen Partei aus dem Parlamente. Die zurückgebliebenen Kleindeutschen und Demokraten setzten zwar am 10. April einen Dreißiger-Ausschuß nieder, um für die Durchführung der Reichsverfassung zu sorgen, allein diese Bemühungen hatten nur Aufstände und Revolutionen zur Folge, die unter dem Scheine der Gesetzlichkeit von den Demokraten erregt und zu ihren Zwecken benutzt wurden. Denn die Demokraten betrachteten den Widerstand der Fürsten gegen die Reichsverfassung als Rebellion und konnten jetzt daran denken, ihren alten Zweck der Vertilgung sämmtlicher Fürsten zu erreichen. Unter dem Vorwande, daß die rebellischen Fürsten zu den Waffen gegriffen und den Reichsfrieden gebrochen hätten, trugen sie darauf an, daß nicht mehr mit denselben unterhandelt, sondern daß das deutsche Volk aufgefordert werden solle, die Rebellen zu vertilgen. Mit so revolutionären Elementen konnte ein edler Mann, wie Gagern, dem der Bürgerkrieg das höchste Unglück war, nicht länger zusammensitzen und zusammenwirken. Mitten unter den Unruhen, die wir nachher im Zusammenhange darstellen werden, löste sich daher das deutsche Parlament auf. Am 14. Mai rief der König von Preußen seine Unterthanen aus dem Parlamente ab mit dem Versprechen, er werde das in Frankfurt begonnene Verfassungswerk mit den Bevollmächtigten der größeren deutschen Staaten wieder aufnehmen. Dem Beispiel der Preußen, die dem Rufe ihres Königs gehorsam größtentheils austraten, folgten die übrigen gemäßigten Mitglieder aus andern Staaten, und nur die exaltirtesten Köpfe blieben zurück und erklärten sich für vollzählig, wenn sie auch nur noch hundert Mitglieder zählten. Wie viel Misgriffe auch das Parlament begangen hatte, so muß uns doch sein Andenken ehrwürdig bleiben, besonders da sein Werk nicht mit ihm unterging, sondern in die Furchen der Zeit als fruchtbarer Same gestreut der weiteren Entwickelung entgegenreifte. Um so trauriger ist es, daß ein Rumpf des Parlamentes, aus den verwildertsten Elementen gebildet, eine Rolle fortzuspielen suchte, die keine andere als eine tragikomische sein konnte. Das Rumpfparlament verlegte seinen Sitz von Frankfurt nach Stuttgart, wo es unter dem Präsidium von Löwe, einem jüdischen Demokraten aus Kalbe an der Saale, am 6. Juni seine erste Sitzung hielt. Als es aber an der Stelle des Reichsverwesers eine Reichsregentschaft von fünf Mitgliedern, Raveaux, Vogt, Simon, Schüler und Becher einsetzte und das Volk zu den Waffen rief, entzog ihm die würtembergische Regierung ihren Schutz. Diese ließ den Sitzungsort mit Truppen absperren, worauf sich der Rumpf des Parlamentes am 18. Juni 1849 auflöste. Aber der Erzherzog Reichsverweser blieb auf seinem Posten in Frankfurt, indem er erklärte, daß er seine Gewalt, die jetzt noch allein die deutsche Bundeseinheit repräsentire, nur der Gesammtheit der deutschen Bundesfürsten zurückgeben werde. So endigte der Versuch, die politische Einheit Deutschlands zu gründen, mit dem traurigen Resultat, eine größere Verwirrung und Spaltung als je herbeizuführen.

Während das Frankfurter Parlament an der Herstellung der deutschen Einheit arbeitete, war unterdessen die fürstliche Gewalt in den größeren Staaten wieder erstarkt, und die Entscheidung der deutschen Geschicke ging nun nicht mehr von Frankfurt, sondern wiederum von Berlin und Wien aus. Was zuerst Preußen betrifft, so haben wir gesehen, daß durch die Revolution vom 18. März der Boden, auf dem die Verfassung des vereinigten Landtags stand, so erschüttert worden war, daß er keinen Halt mehr darbot. Der vereinigte Landtag versammelte sich daher am 2. April zum zweiten und letzten Male nur zu dem Zweck, eine constituirende Versammlung vorzubereiten, deren Aufgabe es sein solle, mit der Regierung eine neue Verfassung zu vereinbaren. Allein die unter dem Einflusse der damaligen Aufregung gewählten Mitglieder dieser Versammlung waren ihrer schwierigen Aufgabe nicht gewachsen. Nachdem die Sitzungen am 22. Mai eröffnet worden waren, zeigte sich bald, daß die demokratische Partei, gestützt auf den Pöbel einer großen Stadt, der nicht mehr von der Polizei gezügelt sich die gröbsten Excesse erlaubte, in der Versammlung die Oberhand hatte. Ihre Sprecher, unter denen Waldeck, Graf Reichenbach und d'Ester das große Wort führten, beherrschten die Versammlung, und nachdem der Pöbel am 15. Juni das Zeughaus erstürmt und sich bewaffnet hatte, besaßen sie eine zu ihrer Verfügung stehende bewaffnete Macht. Der Prinz von Preußen war zwar zurückgekehrt, hatte sich aber in der Versammlung, zu deren Mitgliede er in einem kleinen posenschen Städtchen gewählt worden war, nur gezeigt, um sich sofort wieder von der Theilnahme an den öffentlichen Geschäften zurückzuziehen. In der von Truppen entblößten Hauptstadt dominirten die nunmehr bewaffneten Arbeiter, denen die Bürgerwehr entgegenzutreten nicht den Muth besaß. Jede Partei hatte ihre Stichwörter, und die der Demokraten standen den Absichten und Lieblingsideen des Königs schnurstracks entgegen. Zu jenen gehörte die Aufhebung aller ständischen Unterschiede und die Abschaffung des Adels, während sich der König ein gesundes Staatswesen nicht ohne ständische Gliederung denken konnnte, so wie die Trennung der Schule von der Kirche, wogegen der König die Volkserziehung nur unter Mitwirkung der Kirche und unter dem Einflusse der Religion für möglich hielt. Die kirchenfeindliche Richtung, die im Jahre 1848 eben so in Frankfurt wie in Berlin vorherrschte, hatte übrigens die gute Wirkung, daß die Kirche selbst zu energischem Gegenstreben aufgestachelt wurde. Von oben verlassen, von unten angegriffen war die Kirche genöthigt sich selbst zu helfen und in einer Zeit, wo Freiheit das Losungswort war, auch für sich die Freiheit zu erobern. Daraus ging die Versammlung deutscher Bischöfe zu Würzburg hervor, die unter dem Vorsitze des Erzbischofs Geissel eröffnet und dann unter dem Präsidium des Cardinal-Erzbischofs von Salzburg fortgesetzt der katholischen Kirche ihre Rechte vindicirte. Als solche reclamirte die Versammlung den Besitz und die Verwaltung des Kirchenguts, die Leitung der Priestererziehung und des Volksunterrichts, das Recht geistlicher Genossenschaften und den freien Verkehr mit dem heiligen Stuhle zu Rom. Auf Grund solcher Berechtigungen bildeten sich kirchliche Vereine, unter denen besonders der Piusverein in den preußischen Rheinlanden gegen die in Berlin gefaßten Beschlüsse protestirte, die kein kirchliches Eigenthum mehr gestatten und die Schule von der Kirche emancipiren wollten. Eben so hielten auch die evangelischen Geistlichen eine Versammlung in Wittenberg, um die Rechte ihrer Kirche zu wahren. Wie merkwürdig es auch war, daß weder die Deutschkatholiken noch die freien Gemeinden sich in dieser Zeit regten, so erklärt es sich doch ganz natürlich daraus, daß ihnen ein wahrer religiöser Gehalt fehlte, und daß ihr Geist in den Grundsätzen der politischen Demokratie, für welche ihre religiöse Richtung eine bloße Maske gewesen war, ganz aufging.

Bei einem solchen Gegensatz, wie er zwischen den Ansichten des Königs und den leitenden Grundsätzen der constituirenden Versammlung herrschte, war es natürlich, daß diese den von der Regierung vorgelegten Verfassungsentwurf verwarf, um an die Stelle desselben ein Machwerk nach demokratischen Principien zu setzen. In Folge dessen legte Camphausen am 20. Juni sein Ministerium nieder, und Hansemann trat an seine Stelle, unter dessen Collegen Auerswald, Milde, Rodbertus und General von Schreckenstein die bedeutendsten waren. Es konnte nicht anders sein, als daß in einem Staate, der, wie Preußen, eine ruhmvolle Geschichte hatte, dem Treiben der Demokraten gegenüber sich eine conservative Partei bildete, die sowohl der constituirenden Versammlung als dem Frankfurter Parlament entgegenarbeitete. Wie die Kirche, mußten auch die Conservativen sich selbst helfen. Es war eine gute Frucht der damaligen Zeit, daß die Menschen, die bisher gewohnt gewesen waren, sich vom Gängelbande der Büreaukratie leiten zu lassen, nunmehr, da diese gelähmt war, sich gezwungen sahen, auf eigenen Füßen zu stehen und für sich zu handeln. Das altpreußische Bewußtsein erwachte aus der Betäubung, in die es durch die Märzereignisse versetzt worden war. Flugschriften wagten es, an den alten Ruhm Preußens zu erinnern, und das damals entstandene Lied: „Ich bin ein Preuße. Kennst du meine Farben?" regte Gefühle an, die mit dem schwarz-roth-goldenen Enthusiasmus nicht harmonirten. Die schwarz-weiße Cocarde trat jetzt als ein Parteizeichen der Conservativen den deutschen Farben gegenüber auf, welche ein Symbol von Preußens Aufgehen in Deutschland sein sollten. Diese Partei erhielt ein muthvolles und mit Geist redigirtes Organ in der sogenannten Kreuzzeitung, deren Aufgabe es war, das preußische Bewußtsein zu stärken und an die alten Grundlagen preußischer Macht und Größe zu erinnern*). Ihre Stärke aber hatte die Partei in den Officieren der Armee, welche ihre Truppen in der Treue gegen den Thron erhielten und nur auf den Befehl ihres Kriegsherrn warteten, um zu handeln. Im August unternahm der König die Reise zum Dombaufeste in Köln und zu der früher erwähnten Zusammenkunft mit dem Erzherzog-Reichsverweser Er empfing überall und namentlich auch in den Rheinlanden, wo nur Düsseldorf eine Ausnahme machte, viele Beweise alter Liebe und Treue und kehrte mit gehobenem Bewußtsein nach Potsdam zurück. Von nun an beschlich die Demokraten die Furcht, daß es mit ihrer Herrschaft bald zu Ende sein werde. Eine ihrer Versammlungen in Charlottenburg wurde am 30. August von der loyalen Bürgerschaft gesprengt und die Brüder Bruno und Edgar Bauer mit Schlägen tractirt. Wie groß auch deshalb die Aufregung in Berlin war, so unterblieb doch aus Furcht vor dem Militär der Rachezug nach Charlottenburg, und die einzige Rache, welche die Demokraten nahmen, war die, daß sie dem Minister Auerswald die Fenster einwarfen. Mit dem Instinct der Selbsterhaltung beschloß die demokratische Majorität in der constituirenden Versammlung auf den Antrag des Abgeordneten Stein am 7. September eine sogenannte Reinigung der Armee vorzunehmen und alle Officiere zu entlassen, deren Gesinnung ihr verdächtig war oder, wie der Ausdruck lautete, sich nicht aufrichtig dem Zeitbewußtsein anbequemen wollte. Natürlich erhielt dieser Beschluß nicht die königliche Bestätigung und hatte keine andere Folge, als daß das Ministerium Hansemann, welches ihn nicht zu verhindern gewußt hatte, seine Entlassung nehmen mußte. Der König ernannte nun ein neues Ministerium unter dem General von Pfuel, in welches Eichmann, Graf Dönhoff und ein Bruder des in Frankfurt ermordeten Auerswald eintraten. Allein Pfuel hatte nicht die Kraft, den Umständen zu gebieten. Berlin wurde vielmehr gerade damals das Hauptquartier der deutschen Demokraten, da sich nach den September-Ereignissen in Frankfurt viele nach dieser Hauptstadt zurückgezogen hatten, wo sie unter dem Schutze des aufgeregten Pöbels sicher waren und durch Massenbewegung das zu erreichen hofften, was ihnen in Frankfurt mislungen war. Es bildete sich in Berlin ein Central-Ausschuß des demokratischen Deutschland, der am 3. October einen Aufruf erließ, worin das Frankfurter Parlament als mit Schmach beladen verworfen und ein Demokraten-Congreß auf den 26. October nach Berlin eingeladen wurde. Auch kam dieser Congreß wirklich zu Stande, hatte aber weder etwas imposantes in seiner

*) Wie das Urtheil über die Haltung der Neuen Preußischen Zeitung und ihrer Partei richtiger zu gestalten wäre, braucht wohl nicht näher bezeichnet zu werden. A. d. H.

Erscheinung, noch etwas energisches in seinen Beschlüssen; seine einzige Wirkung bestand darin, daß er die constituirende Versammlung terrorisirte, die am 30. October eine ganze Nacht in ihrem Sitzungssaal vom wüthenden Pöbel umringt, eingesperrt und in Todesangst gehalten wurde. Diese schmachvolle Scene empörte alle Gemüther, die noch Sinn für Ehre und Würde hatten, und ermuthigt durch diese Stimmung sowie durch die Wendung, welche gleichzeitig die Dinge in Oesterreich nahmen, beschloß der König aus seiner bisher passiven Haltung herauszutreten und die Zügel der Regierung wieder mit fester Hand zu ergreifen. Am 4. November beauftragte er den Grafen von Brandenburg, einen natürlichen Sohn Friedrich Wilhelms II, mit der Bildung eines Ministeriums, in welches der Freiherr von Manteuffel als Minister des Inneren eintrat. Die constituirende Versammlung wollte den ihr zugedachten Schlag durch eine Protestation abwenden, die sie am folgenden Tage dem Könige in einer Adresse überreichen ließ, worin sie erklärte, daß das neue Ministerium niemals das Vertrauen der Versammlung haben werde. Allein die Zeit, wo solche Erklärungen Macht und Bedeutung hatten, war vorbei. Der König nahm zwar die Deputation und aus ihren Händen die Adresse an, allein er ließ sich in keine Erörterungen ein. Als der Abgeordnete Jacoby ihn fragte, ob er sie nicht zu hören gedenke, antwortete er mit einem trocknen Nein und verließ das Zimmer, worauf ihm Jacoby nachrief: Das ist das Unglück der Könige, daß sie die Wahrheit nicht hören wollen. So war der Krieg zwischen der neuen Regierung und der constituirenden Versammlung erklärt, und es fragte sich, ob Berlin, welches den Abgeordneten Jacoby für seine Worte mit einem Fackelzug ehrte, auch den Muth haben werde, ihn und seine Gesinnungsgenossen mit den Waffen zu vertheidigen. Am 8. November befahl der König der Versammlung, ihren Sitz von Berlin nach der Stadt Brandenburg zu verlegen, und als sie nicht gehorchte, ließ er am 10. November den zum Oberbefehlshaber in den Marken ernannten General Wrangel mit zahlreichen Truppen in Berlin einrücken. Die Truppen besetzten die Stadt, ohne den geringsten Widerstand zu finden. Die Bürgerwehr legte vielmehr die Waffen nieder, und die unheimlichen Gestalten, welche bisher die Stadt beherrscht und erschreckt hatten, verkrochen sich wieder in ihre Schlupfwinkel, während die namhaften Unruhstifter sich durch Flucht der Bestrafung entzogen. Nur ein Theil der constituirenden Versammlung unter dem Präsidenten von Unruh versuchte durch Steuerverweigerung der Regierung Verlegenheiten zu bereiten, allein mit Ausnahme einiger Tumulte, die in den größeren Städten der Monarchie ausbrachen, aber leicht gestillt wurden, hatte dieser Beschluß keine Folgen. Die constituirende Versammlung wurde am 27. November in Brandenburg wieder eröffnet, aber nur um aufgelöst zu werden. Am 5. December löste der König die Versammlung auf, indem er zugleich eine Verfassung mit zwei Kammern verkündete, die am 26. Februar des nächsten Jahres zusammentreten sollten. Mit dieser Versammlung kam indessen keine Vereinbarung zu Stande; alle Führer der Demokraten, Waldeck, Temme, Behrends, Rodbertus, Jacoby waren wiedergewählt worden und benutzten den Vorwand der Durchführung der Frankfurter Reichsverfassung, um der Regierung und dem Könige, der die Kaiserkrone abgelehnt hatte, die heftigste Opposition zu machen. Der König löste daher im April die zweite Kammer auf, allein obgleich ihn eine zahlreiche und nun wiedererstarkte conservative Partei in die Bahn der Reaction zu drängen suchte, so war er doch zu einsichtsvoll, um zu der Verfassung vom 3. Februar 1847 zurückzukehren. Er erkannte, daß Preußen nur als ein constitutioneller Staat Anspruch darauf machen könne, an die Spitze Deutschlands zu treten, und daher nahm er die Verfassung vom 31. Januar 1850, nach welcher gegenwärtig die preußische Monarchie regiert wird, an, da in derselben die Prärogativen der Krone gesichert waren, und beschwor sie am 6. Februar. So ging Preußen aus den Stürmen des Jahres 1848 als constitutionelle Monarchie hervor, und wenn auch die Versuche, ihm die Hegemonie in Deutschland zu verschaffen, an dem Widerstande Oesterreichs und an dem Particularismus der Königreiche scheiterten, so konnte ihm seine constitutionelle Form doch den Vortheil über Oesterreich gewähren, die Sympathien der constitutionellen Parteien in Deutschland zu erwerben und auf dem langsamen Wege des moralischen Einflusses die Suprematie zu gewinnen, die ihm auf dem schnelleren Wege der Gewalt entschlüpft war.

Schwieriger war die Erhebung Oesterreichs aus der Anarchie, weil sich dieser Staat in die Nationalitäten, aus denen er zusammengesetzt war, aufzulösen drohte. Denn kaum war durch die Märzrevolution in Wien und durch den Sturz Metternichs das Band zerrissen, welches bisher die verschiedenen Nationen unter Oesterreichs Scepter zusammengehalten hatte, so traten sofort die einzelnen Nationalitäten mit Ansprüchen auf Selbständigkeit oder auf Vorrang hervor. Obgleich in Oesterreichisch-Italien schon im Jahre 1847, wie wir gesehen haben, alles in der öffentlichen Stimmung auf einen nahen Ausbruch hinwies, so war doch von der Regierung nichts vorgesehen worden. Der durch hohes Alter abgestumpfte Erzherzog Rainer stand als Vicekönig an der Spitze derselben, und die Armee, die etwa 72,000 Mann stark war, wurde von dem Feldmarschall Radetzky, der 82 Jahre zählte, befehligt. Das Heer war aber im Lande zerstreut, und Radetzky versäumte, dasselbe zu concentriren, so daß er durch den Ausbruch überrascht nicht stark genug war, den Aufstand niederzuschlagen. Dieser brach in Mailand am 18. März aus. Am Abend vorher war der Vicekönig Rainer nach Wien abgereist und die Nachricht der dortigen Ereignisse in Mailand angelangt. Sofort pflanzten nun der Podesta Graf Casati, der Erzbischof Romilli und der Graf Borromeo die dreifarbige Fahne auf und verlangten von O'Donnel, der die Stelle des abgereisten Vicekönigs vertrat, die Gewährung aller Forderungen der Lombarden, und als er zögerte, nahmen sie ihn gefangen und zwangen ihm den Befehl an den Feldmarschall ab, sich des militärischen Einschreitens zu enthalten. Allein der tapfere Greis nahm auf diese Befehle keine Rücksicht, sondern als die Mailänder anfingen, Barricaden aufzuwerfen, ließ er seine Truppen ausrücken und die Insurgenten angreifen. So begann ein viertägiger Straßenkampf (vom 18. bis 22. März), in welchem die Lombarden aus sicheren Hinterhalten auf die Truppen feuerten und denselben große Verluste beibrachten. Radetzky beschloß daher, die Truppen aus dem Inneren der Stadt ganz herauszuziehen und nur die Citadelle und die Thore besetzt zu halten. Es wäre ihm leicht gewesen, durch ein Bombardement von der Citadelle aus das empörte Mailand zur Unterwerfung zu zwingen, aber er wollte die schöne Stadt schonen und hoffte seinen Zweck durch jene milderen Maßregeln zu erreichen. Nun geschah aber das unerwartete, daß der König Karl Albert von Sardinien mit seiner ganzen Armee den Lombarden zu Hilfe kam. Diesem schien jetzt der günstige Moment gekommen, Oesterreich für alle Beleidigungen seine Rache fühlen zu lassen und sich der Lombardei mit einem Griffe zu bemächtigen. Es war ein altes Ziel der piemontesischen Politik, die Lombardei dem Hause Savoyen zu erwerben, aber Victor Amadeus, der seinem Hause zuerst den Königstitel verschaffte, hatte seinen Nachkommen Vorsicht angerathen, sie sollten die Lombardei als eine Artischocke betrachten, die man nur Blatt um Blatt verzehre. Nach diesem Grundsatze handelnd hatten die Könige von Sardinien schon das schöne Stück von der Lombardei zwischen Sesia und Tessin an sich gebracht; die günstige Gelegenheit, den köstlichen Bissen mit einem Male zu verschlingen, glaubte Karl Albert nicht unbenutzt vorbeigehen lassen zu dürfen, und so bedachte er sich nicht, um sogleich ohne scheinbaren Vorwand Oesterreich den Krieg zu erklären und, während Radetzky mit dem empörten Mailand zu thun hatte, in die Lombardei einzubrechen. Zu schwach, um es zugleich mit einem in Aufruhr befindlichen Lande und der ganzen sardinischen Macht aufzunehmen, räumte der österreichische Feldherr in der Nacht des 22. März die Stadt Mailand, in welche Karl Albert unter dem Jubel der siegestrunkenen Menge seinen Einzug hielt; er selbst aber zog sich in eine feste Stellung zwischen dem Mincio und der Etsch zurück, gestützt auf das Festungsdreieck von Verona, Peschiera und Mantua. Die letzte wichtige Festung blieb, obgleich anfangs nur mit geringer Mannschaft besetzt, den Oesterreichern durch die Entschlossenheit ihres Commandanten Gorczkowsky erhalten. Dieser ließ den Stadtrath vor sich kommen und hielt in seinem gebrochenen Italienisch eine Rede an ihn, die um ihrer Kürze und ihrer kräftigen Wirkung willen mit Recht berühmt geworden ist: Mantovani buoni, Gorczkowsky buono; Mantovani cattivi, Gorczkowsky bum! bum! — Einem so entschlossenen Benehmen gegenüber, das den Oesterreichern Mantua rettete, erscheint das Verfahren der österreichischen Behörden in Venedig um so elender. Der Gouverneur von Venedig, Graf Palffy, verlor bei der ersten unruhigen Bewegung unter der Bevölkerung den Kopf und ließ sich mit den Insurgenten in Unterhandlungen ein; das einzige, was man zu seiner Entschuldigung sagen kann, war, daß er sich auf die in Venedig liegenden italienischen Truppen, die schon vorher verführt worden waren, nicht verlassen konnte; allein es lag auch ein deutsches Regiment in der Stadt, und dieses in Verbindung mit den Marinetruppen, deren Anführer Martinowich von dem entschlossensten Muthe beseelt war, würde genügt haben, um Venedig im Zaum zu halten. Die Behörden ließen indeß den tapfern Martinowich im Stiche, und nachdem derselbe am 22. März aufs grausamste ermordet worden war, hörten sie um so bereitwilliger auf die Vorschläge, die ihnen eine Deputation der bewaffneten Bürgerschaft machte. Diese erklärte dem Gouverneur Grafen Palffy und dem Commandanten Grafen Zichy, daß alles zu ihrer und sämmtlicher Deutschen Vernichtung vorbereitet sei, daß man aber, um Blutvergießen zu vermeiden und die Stadt zu schonen, allen Deutschen, sowohl den Beamten als auch dem Militär mit Sicherstellung der Personen und des Eigenthums, ja sogar mit Vorausbezahlung eines dreimonatlichen Gehaltes und Soldes freien Abzug gewähren und die Kosten der Ueberfahrt bestreiten wolle. Auf diese schmählichen Bedingungen wurde die Capitulation am 22. März geschlossen und noch am Nachmittag desselben Tages die alte Republik des heiligen Marcus wiederhergestellt. An die Spitze der provisorischen Regierung traten Manin, Tommaseo und Benvenuti, die sofort aus Venedig selbst und aus den Städten, die sich ihnen auf dem festen Lande anschlossen, eine Consulta beriefen, um die Verfassung der neuen Republik zu berathen und zu beschließen.

Nachdem sich Radetzky in das Festungsdreieck zurückgezogen hatte, hielt er sich hier auf der Defensive, um Verstärkungen aus Deutschland abzuwarten, und wie bedroht auch seine Lage war, so verlor doch der tapfere Greis keinen Augenblick den Muth. Während hinter ihm Venedig und das ehemals venetianische Gebiet abfielen, bedrängte ihn von vorn Karl Albert, dessen Heer mit jedem Tage wuchs, da dem Schwerte Italiens, wie man damals den König von Sardinien nannte, aus dem übrigen Italien zahlreiche Schaaren zuzogen. Der Papst selbst segnete die römischen Truppen ein, welche unter dem General Durando nach Norden gingen, angeblich um die Grenzen des Kirchenstaates zu schützen, in der That aber, um sich mit Karl Albert zu vereinigen. Eben so rückte aus Toscana ein Truppencorps dem Sardenkönig zu Hilfe; und der Herzog von Modena, der sich dem Drange der Umstände und dem Streben der Italiener nach Unabhängigkeit vom österreichischen Einflusse nicht fügen wollte, ward vertrieben. Die Vertreibung der Oesterreicher über die Alpen ward in ganz Italien das Losungswort; darin erschienen alle Parteien einig, so abweichend auch die Ansichten darüber waren, was nachher aus Italien werden solle. Nur der König von Neapel entschloß sich aus Eifersucht auf Karl Albert höchst ungern, an einem Kriege Theil zu nehmen, der zur Erhebung und Stärkung seines Nebenbuhlers führen konnte. Zwar schickte auch er unter dem alten General Wilhelm Pepe ein Armeecorps von 13000 Mann nach dem Norden, aber mit dem Befehle, nicht über den Po zu gehen, und rief dasselbe im Mai zurück, als es ihm gelungen war, mit Hilfe seiner Schweizertruppen seine Autorität wiederherzustellen. Ferdinand II aber wnrde durch seine Rücksichtslosigkeit der erste Monarch in Europa, der mit Gewalt der Waffen das ihm aufgelegte Joch der Volksherrschaft zerbrach und sich durch die Energie, mit der er das königliche Ansehen wiederherstellte, den Beinamen des Bombenkönigs (Il Re Bomba) erwarb. Am 15. Mai, wo sich das neapolitanische Parlament versammelte, weigerten sich nämlich die Mitglieder desselben, die von dem Könige ernannten funfzig Pairs anzuerkennen und den von ihnen verlangten Schwur auf die Unabänderlichkeit der Verfassung vom 29. Januar zu leisten. Darüber kam es in Neapel zwischen der Nationalgarde und den königlichen Truppen zu einem Kampfe, in welchem der Muth und die Disciplin von 4000 Mann Schweizersoldaten den Sieg erfochten und dem König seine Unabhängigkeit zurückgaben. Er benutzte dieselbe, um die Stadt zu entwaffnen und seine Truppen aus Oberitalien zurückzurufen. Immer blieb aber noch Karl Albert den Oesterreichern unter Radetzky an Truppenzahl überlegen; dessenungeachtet wagte er indeß nicht, denselben in seiner Stellung anzugreifen, sondern hoffte durch Unterhandlungen mit der rathlosen Regierung sein Ziel leichter zu erreichen, als durch einen ungewissen Kampf mit einem entschlossenen Feldherrn. Auch war in der That diese Hoffnung nicht ohne Grund, wenn man die verzweifelte Lage betrachtet, in welcher sich damals die österreichische Regierung in Wien befand.

Weder Graf Kolowrat noch Graf Ficquelmont, die nach einander an die Spitze des Ministeriums traten, waren im Stande, der Anarchie ein Ende zu machen, welche seit der Märzrevolution in Wien eingerissen war. Dieselbe wurde von den Agenten Kossuths absichtlich unterhalten, und so sehr fehlte es den Wienern an politischem Verstand, daß sie sich bereitwillig zu Werkzeugen hergaben, um die Losreißung Ungarns und Italiens zu befördern. Wenn die Börsenmänner, ein Rothschild, Sina und andere Geldspeculanten die Regierung drängten, Italien preiszugeben, so erklärt sich dies daraus, daß bei solchen Menschen, die kein anderes Interesse haben, als Geld, der Patriotismus mit dem Curse steigt und fällt, — aber was soll man von der akademischen Jugend denken, die damals in Wien das große Wort führte und unter dem Namen der Aula die Lage beherrschte, wenn auch sie sich für die Sache der Feinde Oesterreichs begeisterte? Nur die Tyroler machten eine rühmliche Ausnahme; diese zogen mit dem alten Freiheitskämpfer von 1809, dem Pater Haspinger, an der Spitze ihrem bedrohten Lande zu Hilfe, und ihnen schlossen sich als Freiwillige solche junge Leute an, denen das wilde Treiben in Wien zu arg wurde. Die Zurückgebliebenen, die gerade an der Anarchie ihre Freude hatten, hetzten die Massen zu immer neuen Forderungen auf und benutzten die Schandblätter, deren eine Menge unter den rohesten Titeln auftauchten, wie die spanische Fliege, die Katzenmusik, die rothe Mütze, der Teufel, der Kirchenteufel — um Schmähungen und Verleumdungen aller Art zu verbreiten und sich offen gegen solche Männer, wie Radetzky, die noch allein die Ehre und den Ruhm des Reiches aufrecht erhielten, zu erklären. Unter solchen Umständen fiel es den Agenten Kossuths nicht schwer, die Revolution in Wien gleichsam permanent zu machen und der gelähmten Regierung eine Concession nach der anderen zu entreißen. Schon am 15. März hatte der schwache Kaiser den Ungarn eine nationale Regierung bewilligt, und der Graf Batthyani war an die Spitze eines national-ungarischen Ministeriums getreten, in welchem Kossuth als Finanzminister die dominirende Persönlichkeit war. Auf dessen Antrieb wurde von dem Reichstage unter dem Einflusse des Terrorismus, den der bewaffnete Pöbel ausübte, die Aufhebung aller Grundlasten beschlossen, wodurch man der dem österreichischen Hause ergebenen Aristokratie den größten Theil ihrer Macht und ihres Einflusses entzog. Aus derselben Quelle und denselben Motiven flossen die Forderungen, daß Siebenbürgen dem ungarischen Reiche einverleibt und mit Ausschluß des österreichischen Papiergeldes eine ungarische Nationalbank gegründet werden sollte, so wie daß die ungarischen Soldaten nicht verpflichtet seien, dem Kaiser außerhalb Oesterreichs zu dienen. Obgleich niemand verkennen konnte, daß in diesen Forderungen schon die Losreißung Ungarns von Oesterreich versteckt war, so wurden sie doch von dem Palatinus Erzherzog Stephan empfohlen, von dem Reichstage angenommen und von dem Kaiser, der zur Schlußsitzung nach Preßburg gekommen war, am 11. April bestätigt.

Nach einer ähnlichen Selbständigkeit, wie sie die Ungarn bereits erreicht hatten, strebten auch die Böhmen, nur mit dem Unterschiede, daß sie sich nicht von Oesterreich losreißen, sondern dieses zu einem slavischen Reiche umgestalten wollten. Allerdings lag diesem Bestreben eine gewisse Berechtigung zu Grunde, wenn man bedenkt, daß in der österreichischen Monarchie die Zahl der slavischen Bevölkerung bei weitem die überwiegende ist. Es würde ein Ereigniß von großer politischer Bedeutung gewesen sein, wenn in Oesterreich ein westslavisches Reich dem ostslavischen Reiche in Rußland entgegen getreten wäre. Mit einem Schlage hätte alsdann dem Einflusse Rußlands auf die Westslaven ein Ende gemacht werden können und für die Sympathien der slavischen Stämme, für welche bisher Rußland der Magnet gewesen war, hätte sich in Oesterreich ein neuer Anziehungspunkt gebildet. Böhmen, in dem das slavische Nationalbewußtsein am stärksten entwickelt war, trat an die Spitze dieser neuen Bewegung, und der böhmische Geschichtschreiber Palacky ward ihr Sprecher und Leiter. Obgleich Böhmen seit uralten Zeiten zum deutschen Reiche gehört hatte und daher auch in den deutschen Bund aufgenommen worden war, so suchte es doch jetzt sein Schicksal von dem Deutschlands zu trennen. Palacky hatte die Einladung zum Frankfurter Vorparlament mit der Erklärung abgewiesen, er sei ein Czeche und wolle nichts von den Deutschen. Von demselben Gesichtspunkte aus hatte er, soweit sein Einfluß reichte, die Wahlen zum Frankfurter Parlament in Böhmen verhindert. Der Statthalter von Böhmen, Graf Leo Thun, ließ sich für den Palackyschen Plan gewinnen, und auch die kaiserliche Regierung ging anfangs auf denselben ein. Die Folge davon war, daß Oesterreich sich dem deutschen Parlament in Frankfurt nicht unterwarf, sondern sich seine freie Zustimmung zu dessen Beschlüssen vorbehielt, und daß es am 25. April eine Verfassung für den österreichischen Kaiserstaat verkündete, in welcher, da Ungarn und Italien ausgeschlossen waren, die Slaven durch ihr numerisches Uebergewicht die herrschende Nationalität bildeten. Gegen diesen Plan erhoben sich aber ebenso die Deutschen wie die Ungarn, auf deren Kosten das neue Slavenreich gegründet werden sollte. Von neuem brachen Unruhen in Wien aus, denen der Minister Ficquelmont am 2. Mai weichen mußte, als ihm eine greuliche Katzenmusik gebracht wurde, um ihm anzuzeigen, daß er das öffentliche Vertrauen verloren habe. Der Vorwand des neuen Tumultes war der der Verfassung vom 25. April gemachte Vorwurf, daß sie zu aristokratisch sei, der eigentliche Zweck aber die Vereitelung des böhmischen Planes. Ein Centralausschuß der akademischen Legion und der Nationalgarde übernahm die Leitung der bewaffneten Macht und stellte der Regierung kategorische Bedingungen. Der Freiherr von Pillersdorf, der an Ficquelmonts Stelle getreten war, fühlte sich nicht stark genug, das Ansehen der Regierung diesem Centralausschusse gegenüber aufrecht zu erhalten. Er bewilligte am 8. Mai die Forderung desselben, die Verfassung vom 25. April, noch ehe sie ins Leben getreten war, zurückzunehmen und durch eine constituirende Versammlung eine neue machen zu lassen. Als er aber die Auflösung des Centralausschusses verfügte, erhoben sich Volk und Studenten bewaffnet gegen die Regierung und ängstigten dieselbe am 15. Mai solange, bis sie die ihr gestellten Bedingungen annahm. Diesem Zwange entzog sich der Kaiser Ferdinand durch seine Entfernung aus Wien: am 18. Mai reiste er mit seiner Familie in aller Stille ab, aber nicht nach Prag, wo er nur ein Werkzeug der Slaven geworden wäre, sondern nach Innsbruck, wo er unter den treuen Tyrolern sicher und frei war. Nach des Kaisers Abreise herrschte in Wien eine Zeitlang große Bestürzung, und die Stadt bedeckte sich mit Barricaden, um einen gefürchteten Angriff der Truppen abzuwehren, allein das Militär dachte so wenig an einen Angriff, daß es vielmehr ebenfalls in aller Stille abzog. Nun blieb die Regierung in den Händen des Centralausschusses, der durch Vertreter des Volkes ergänzt unter dem Präsidium des Juden Fischhof sich den Titel beilegte: „Ausschuß der Bürger, Nationalgarde und Studenten zur Erhaltung der Ruhe und Wahrung der Volksrechte". Das Ministerium Pillersdorf hatte nur noch die Bedeutung, wenigstens den Schein einer Centralregierung zu bewahren und durch den tüchtigen Kriegsminister Latour für die Bedürfnisse der Armeen zu sorgen, in denen damals allein die österreichische Monarchie als eine Einheit verkörpert war.

Obgleich durch die Entfernung des Kaisers nach Innsbruck der von Palacky eingeleitete Plan vereitelt worden war, so schritten doch die Slaven auf dem einmal betretenen Wege fort, sich unabhängig von deutschem und ungarischem Einflusse zu einem ganzen zu vereinigen. Zu diesem Zwecke wurde am 2. Juni zu Prag unter dem Vorsitze Palackys ein Slavencongreß eröffnet. Außer den Abgeordneten aus Böhmen, Galizien und Kroatien erschienen auch Slowaken, Serben, Polen und der russische Flüchtling Bakunin. Allein schon die Schwierigkeit, die diese verschiedenen Stämme fanden, sich in ihren abweichenden Dialekten einander verständlich zu machen, zeigte, daß es unmöglich sein werde, aus ihnen einen Nationalstaat zu bilden. Die Nothwendigkeit, in die sich der Congreß versetzt sah, sich der allen verständlichen deutschen Sprache zu bedienen, wies schon darauf hin, daß ihnen nur Oesterreich einen zusammenhaltenden Mittelpunkt darbieten könne. In diesem Sinne sprach auch der slavische Philolog Schaffarik offen aus, daß der Slavencongreß nur eine Protestation gegen das deutsche Parlament in Frankfurt sein solle, und daß die österreichische Monarchie zu ihrer Aufrechterhaltung an den Slaven eine Stütze finden werde. Demzufolge beschloß der Congreß am 5. Juni eine Verbrüderung der slavischen Volksstämme unter dem Kaiser von Oesterreich und einen feierlichen Protest gegen das neue deutsche Reich; dem sich die Slaven nie unterwerfen würden. Den loyalen Erklärungen der Böhmen entsprach aber nicht die That. Indem sie eine provisorische Regierung niedersetzten, die zwar dem Kaiser, aber nicht seinem Ministerium in Wien gehorchen zu wollen erklärte, betraten sie einen Weg, der zum Aufruhr und zum Kampfe führen mußte. In der That geriethen sie mit dem Fürsten Windischgrätz, der die Truppen in Prag commandirte, in offenen Kampf. Sie verlangten von dem Kaiser die Entlassung dieses Generals, und als dieselbe abgeschlagen wurde, beschlossen sie ihn mit Gewalt zu vertreiben. Am 12. Juni brach der Aufstand in Prag aus. Obgleich Fürst Windischgrätz sogleich im Anfange des Gefechts seine Gemahlin verlor, die beim Hinaussehen aus dem Fenster von einer Kugel getödtet wurde, und obgleich ihm im Laufe des Kampfes sein Sohn tödtlich verwundet ward, so verlor er doch keinen Augenblick bei so schmerzlichen Verlusten seine Fassung; er traf vielmehr mit Ruhe und Besonnenheit so gute Anstalten, daß er die Aufrührer auf allen Punkten zurücktrieb. Um aber in den engen Straßen nicht zu viele Leute zu verlieren, zog er am 14. Juni mit allen seinen Truppen aus der Stadt, aber nur um sie vom Hradschin und von den umliegenden Höhen aus durch ein Bombardement zur Unterwerfung zu zwingen. Die Energie, mit welcher er diesen Entschluß ausführte, bewirkte, daß sich am 17. Juni die Stadt auf Gnade und Ungnade ergab. Windischgrätz missbrauchte indessen seinen Sieg nicht, um die gedemüthigten Böhmen mit Härte zu behandeln; er schonte sie vielmehr, um ihre Sympathie für das Kaiserhaus nicht zu verscherzen, so wie gleichzeitig auch die Serben und Kroaten von der Regierung insgeheim in ihrem Widerstand gegen die Ungarn bestärkt wurden. Die Serben wollten sich dem Kossuthministerium nicht unterwerfen, sondern bildeten in Neusatz ein Nationalcomité und stellten eine bewaffnete Macht auf, um ihre Unabhängigkeit mit Gewalt zu behaupten. Ebenso nahm der Ban von Kroatien, Jellachich, eine selbständige Stellung an, in der er zwar dem Kaiser in Innsbruck, aber nicht dem ungarischen Ministerium in Pesth gehorchen zu wollen erklärte. Die Regierung begünstigte diese Opposition der Slaven gegen die Ungarn, aber, wie gesagt, nur insgeheim, weil der Moment noch nicht gekommen war, offen mit Ungarn zu brechen.

Der Sieg von Windischgrätz über die Revolution war das erste Symptom der wiedererstarkenden kaiserlichen Gewalt und übte als solches einen großen moralischen Einfluß aus; bald folgte ein zweites Symptom in dem Siege, den Radetzky über die Italiener erfocht. In Italien war allerdings nach dem Rückzuge Radetzkys in das Festungsdreieck die Lage der Dinge so schlimm, daß die Lombardei für Oesterreich verloren zu sein schien. Die englische Regierung, welche Karl Albert begünstigte, setzte unaufhörlich dem Kaiser zu, unter ihrer Vermittelung auf der Basis der Abtretung der Lombardei die Angelegenheiten Italiens zu ordnen. Schon war die österreichische Regierung im Begriffe, auf diese Vorschläge einzugehen und der Lombardei unter der Bedingung, daß sie einen verhältnißmäßigen Antheil an der österreichischen Nationalschuld übernehme, freizustellen, ob sie sich unabhängig constituiren oder mit einem anderen italienischen Staate vereinigen wolle. Karl Albert hätte damals nur rasch zugreifen sollen, so hätte er alles Land bis zum Mincio erhalten. Allein er war nicht in der Lage, sein bloßes Sonderinteresse zu befriedigen, sondern mußte auf die übrigen Italiener Rücksicht nehmen, deren Ziel war, ganz Italien bis zum Brenner in Tyrol in Besitz zu nehmen. So zogen sich die Unterhandlungen zum Glücke für Oesterreich so lange hin, bis Radetzky im Stande war, die Frage nicht mehr durch diplomatische Künste, sondern durch die Waffen zu entscheiden. Der Geschichtschreiber des italienischen Krieges, General von Schönhals, hat uns ein ergreifendes Gemälde von der damaligen Lage des alten Helden entworfen, wie er von Wien aus aufgeopfert und geschmäht und von dem kaiserlichen Hofe selbst, der mit dem Feinde unterhandelte, im Stiche gelassen keinen Augenblick den Muth verlor. Unterstützt von seinem ausgezeichneten Generalstabschef Heß traf er die besonnensten Anstalten sich in Verona so lange auf der Defensive zu halten, bis er Verstärkung an sich gezogen haben würde. Allein seine Geduld wurde auf die härteste Probe gestellt. Denn wie schwierig war es, die erwarteten Verstärkungen zu bekommen, da man kein Geld hatte, um Rekruten auszurüsten, und die alten Soldaten in Böhmen und Ungarn nöthig waren, oder wenn sie nach Italien abmarschiren wollten, in den aufgewiegelten

Städten festgehalten wurden! Sogar an Lebensmitteln fehlte es oft, und unter solchen Umständen weder selbst den Muth verloren noch das Vertrauen der Soldaten geschwächt zu haben, in einem Alter, wo sonst die Spannkraft der Seele den geringsten Schwierigkeiten erliegt, erhebt den greisen Feldmarschall Radetzky zu einer der merkwürdigsten Erscheinungen der Geschichte. Endlich am 16. April erschien eine Verstärkung von 13000 Mann am Isonzo und bahnte sich durch die Einnahme von Udine und Belluno den Weg nach Verona. Die Erscheinung dieser Truppen schreckte den Sardenkönig aus seiner bisherigen Unthätigkeit auf, und er griff am 6. Mai die Oesterreicher bei Santa Lucia an, wurde aber nach blutigem Kampfe zurückgeschlagen. Diesem für die österreichischen Waffen rühmlichen Gefechte wohnten die Erzherzoge Franz Joseph, der gegenwärtige Kaiser, und Albrecht, ein Sohn des berühmten Feldherrn Erzherzogs Karl, mit Auszeichnung bei. Am 29. Mai begann Radetzky seine Angriffsbewegung mit dem Gefechte bei Curtatone, in welchem die toscanischen Truppen bis zur Vernichtung geschlagen wurden; das ganze Bataillon der Pisaner Studenten sammt seinem Führer, dem berühmten Geologen Pilla, wurde vernichtet. Am folgenden Tage aber stieß Radetzky bei seinem weiteren Vorrücken bei Goito auf Hindernisse, die er nicht zu überwältigen im Stande war. Hier hatte Karl Albert eine so gute Stellung gewählt und so gute Dispositionen getroffen, daß Radetzky nach blutigem Kampfe sich zurückziehen mußte. Die Folge seiner Niederlage war die Capitulation von Peschiera. Diese Festung mußte sich, da nun ihre Verproviantirung unmöglich geworden war, aus Mangel an Lebensmitteln noch an demselben Tage, am 30. Mai, ergeben. Doch lähmte dieses Mislingen den Muth des greisen Feldherrn nicht. Er widerstand dem Befehle des Hofes, einen Waffenstillstand abzuschließen, und schickte den bei Goito verwundeten Fürsten Felix Schwarzenberg nach Innsbruck mit dem Auftrage, den Kaiser über die wahre Lage der Dinge aufzuklären und ihn von den muthlosen Entschlüssen abzuhalten. Obgleich die Einverleibung der Lombardei in das Königreich Sardinien am 8. Juni zu Mailand beschlossen wurde und Venedig, wenn auch erst nach einigem Sträuben, am 4. Juli diesem Beispiele folgte, so war doch gerade dieser höchste Triumph der sardinischen Politik der Wendepunkt ihres Glückes. Denn durch das Corps des Generals Welden verstärkt ging Radetzky, nachdem er sich durch die Eroberung von Vicenza, wo die römischen Truppen unter Durando capituliren mußten, seine Verbindungen im Rücken gesichert hatte, wieder zum Angriffe über. Am 25. Juli erfolgte die entscheidende Schlacht bei Custozza. Auf der langen Linie von Sommacompagna bis Valeggio ward an diesem heißen

Tage, an welchem der Thermometer 28—30 Grad im Schatten zeigte, auf beiden Seiten mit verzweifeltem Muthe gefochten. Die sardinische Armee unterlag und zog sich nach Volta zurück, wo sie am 27. Juli noch einmal einen Versuch machte sich zu setzen, aber aus allen ihren Stellungen vertrieben wurde. Von den siegreichen Oesterreichern verfolgt und mit seiner Bitte um einen Waffenstillstand abgewiesen machte Karl Albert auf seiner Flucht nicht eher Halt als vor den Thoren von Mailand, allein hier wurde er am 5. August noch einmal geschlagen, und in der Stadt selbst konnte er sich um so weniger behaupten, da der lombardische Pöbel ihm sein Unglück als Verrath auslegte und ihn mit dem Tode bedrohte. Am 6. August zog Radetzky in Mailand ein, während Karl Albert in seine Grenzen zurückkehrte, zufrieden, daß ihn die Oesterreicher nicht dahin verfolgten, sondern ihm am 9. August einen Waffenstillstand bewilligten, demzufolge er Peschiera räumen und seine Flotte und Truppen aus Venedig abberufen mußte. Das ganze Lombardo-Venetianische Königreich ward durch den Sieg bei Custozza wiedergewonnen mit Ausnahme der Inselstadt Venedig, in welcher Manin die Republik wiederhergestellt hatte, allein Radetzky ließ sie sofort von der Landseite einschließen und belagern. Fürs erste begnügten sich die Oesterreicher mit der Wiedereroberung dessen, was ihnen vertragsmäßig gehörte; dieselben diplomatischen Rücksichten, die ihnen die Schonung der sardinischen Grenzen geboten hatten, hielten sie ab, sich jetzt schon in die mittelitalienischen Verhältnisse einzumischen. Das aber war vorauszusehen, daß der Gedanke der italienischen Einheit ebenso, wie der der deutschen Einheit, ein Traum bleiben werde. Aus diesem Grunde wurde damals der Name Radetzky verwünscht und von allen, deren Pläne er durchkreuzt hatte, bitter gehaßt; man braucht nur einen Blick in die damaligen demokratischen Journale zu werfen, um den heftigsten Schmähungen zu begegnen, mit denen Windischgrätz und Radetzky überhäuft wurden. Was aber in den Augen der Demokraten ein Vorwurf für diese Männer war, bildete in den Augen der österreichischen Regierung einen Anspruch auf Lob und Dank, und sie stattete diesen durch das Eingeständniß ab, daß Oesterreich während der Wirren in Radetzkys Lager gewesen sei. In der That war der alte Feldmarschall Oesterreichs Retter und blieb sein guter Genius, wie Kossuth dessen böser war.

Nach den Siegen von Windischgrätz und Radetzky trat auch in Wien eine scheinbare Ruhe ein. Zwar fuhren der Sicherheitsausschuß und die Aula fort, neben dem Ministerium ihren Einfluß auszuüben, allein es lag im Interesse der Revolutionspartei, sich zu mäßigen, um das Vertrauen wiederherzustellen und den Hof und die Reichen und Vornehmen, welche fast alle die Hauptstadt verlassen hatten, zur Rückkehr zu bewegen. Denn Wien empfand die Folgen der Revolution in der eingetretenen Nahrungslosigkeit, in der Stockung des Handels und Verkehrs. Die Arbeiter waren zu Bettlern geworden, die von Haus zu Haus gingen und Almosen erzwangen, so daß das Ministerium genöthigt war, um diesem unerträglichen Zustand ein Ende zu machen, sie auf Staatskosten zu beschäftigen. Als der Erzherzog Johann im Anfange Juli nach Wien kam, um den Reichstag zu eröffnen, schrieb der Sicherheitsausschuß die Schuld an der unerfreulichen Lage der Dinge der Unfähigkeit des Ministers Pillersdorf zu, und der Erzherzog ergriff diese Gelegenheit, um den allerdings der schwierigen Lage nicht gewachsenen Minister zu entlassen. An seine Stelle trat ein neues Ministerium unter dem Freiherrn von Wessenberg, in dem außer Latour, der Kriegsminster blieb, Bach als Minister des Inneren und Kraus als Finanzminister die bedeutendsten Persönlichkeiten waren. Der Erzherzog, der unterdessen zum deutschen Reichsverweser erwählt worden war, verweilte übrigens in Wien, bis er am 22. Juli die constituirende Nationalversammlung eröffnet hatte, und überließ es alsdann bei seiner Abreise nach Frankfurt dem neuen Ministerium in Verbindung mit dem Reichstage die Zügel der Regierung wieder straffer anzuziehen. Der Wiener Reichstag war eben so bunt zusammengesetzt, wie die Monarchie, die er vertreten sollte, und enthielt eine merkwürdige Mischung von Weisheit und Thorheit, von Aufklärung und Unwissenheit. Wie seltsam nahm es sich zum Beispiel aus, daß zweiunddreißig galizische Bauern in ihren leinenen Kitteln, ohne eine Wort deutsch zu verstehen, in einer Versammlung saßen, die über die Verfassung eines großen Reiches entscheiden sollte! Es verstand sich von selbst, daß eine solche Versammlung, statt einen Impuls auszuüben, vielmehr denselben von außen empfing und sich nachher von den Clubs und vom Straßenpöbel terrorisiren ließ. Anfangs herrschte indessen in dem Reichstage dieselbe Mäßigung, wie in der Stadt, und er brachte ein großes und wichtiges Werk zu Stande, die Aufhebung des ländlichen Unterthanenverbandes und die Entlastung alles bäuerlichen Besitzes. Die scheinbare Ruhe, welche in Wien eingetreten war, bewog den Kaiser am 12. August nach seiner Hauptstadt zurückzukehren. In der That nahm nun wieder die Regierung eine regelmäßige Gestalt an und fühlte sich stark genug, am 24. August den Sicherheitsausschuß aufzulösen. Nur Ungarn machte ihr Sorge. Hier war durch Aufstellung eines Nationalheeres von 200,000 Honveds und durch Ausgeben von zweiundvierzig Millionen Gulden in Papier, den sogenanten Kossuthnoten, eine Macht geschaffen worden, die um so gefährlicher war, da Kossuth die Abneigung der Deutschen gegen die Slaven benutzte, um die deutschen Interessen mit den ungarischen zu verschmelzen und den Demokraten in Wien den Gedanken beizubringen, daß ihre Sache mit der ungarischen siegen oder fallen müsse. Als daher die Kroaten, die sich den Beschlüssen des ungarischen Reichstages nicht unterwerfen wollten, unter ihrem Ban Jellachich im September gegen die Ungarn ins Feld zogen, sahen dies die Wiener Demokraten als einen Angriff auf sich selbst an und bereiteten eine neue Revolution vor. Der Palatinus von Ungarn, Erzherzog Stephan, suchte vergebens den Krieg zwischen den Ungarn und Kroaten zu vermitteln; als ihm dies mislang, fühlte er, daß seine Stellung unhaltbar sei, und da er nicht auf Seite der Ungarn, die im Begriff waren, sich gegen den Kaiser zu empören, bleiben konnte, aber auch nicht auf die Seite der Kroaten, die im Interesse der kaiserlichen Regierung und auf deren heimliches Anstiften handelten, treten wollte, so legte er am 21. September sein Amt nieder. Sein Nachfolger, der General Graf Lamberg, ward von Kossuth und dessen Anhängern nicht anerkannt, sondern bei seiner Ankunft in Pesth am 28. September aus dem Wagen gerissen und grausam ermordet. Nach einer solchen That war der Bruch Ungarns mit Oesterreich unversöhnlich, und die ungarischen Demokraten genirten sich nicht mehr, ihre loyalen Landsleute als Feinde zu behandeln. So machte sich einer der jungen Officiere, Arthur Görgey, dadurch zuerst bekannt, daß er am 30. September den Grafen Zichy erschießen ließ, weil er sich mit Jellachich in Verbindung eingelassen hatte. Kossuth aber benutzte seine Verbindungen und seinen Einfluß auf die Wiener, um durch neue Unruhen in der Hauptstadt die Energie der Regierung zu lähmen. Er soll damals ausgerufen haben: Eine Million für eine neue Revolution in Wien, und er bezeichnete den Kriegsminister Latour als diejenige Persönlichkeit, die weggeräumt werden müsse, weil er fürchtete, daß Latour außer den Kroaten bald auch böhmische und deutsche Regimenter gegen Ungarn in Bewegung setzen werde. Er sparte daher kein Geld, und es ist gewiß, daß sein Agent Pulszky durch Tausenau und Goldmark ansehnliche Summen vertheilen und, wo Geld nicht wirkte, die Gemüther durch die Vorstellung, daß die Deutschen mit den Ungarn gegen die Slaven gemeinschaftliche Sache machen müßten, bearbeiten und gewinnen ließ. So nahmen die Wiener offen für die Ungarn Partei. Am 6. October suchten sie die Truppen, die dem Ban zu Hilfe geschickt wurden, am Abmarsche zu verhindern, und es entspann sich ein Kampf, während dessen der Haß gegen den Fürsten Windischgrätz sich durch Demolirung seines Palastes Luft machte. Selbst die ehrwürdige St. Stephanskirche wurde ein Schlachtfeld und mit Blut entweiht, weil die Meuterer sich mit Gewalt den Weg zum Thurm bahnten, um Sturm zu läuten. Um diesem unheilvollen Straßenkampfe ein Ende zu machen, ließ das Ministerium die Truppen unter dem Grafen Auersperg die Stadt verlassen, indem es sich wegen seiner Sicherheit auf das Versprechen der in der constituirenden Versammlung einflußreichsten Männer, daß sie die Ruhe wiederherstellen wollten, verließ. Namentlich übernahmen die Abgeordneten Schmolka, Borrosch und Goldmark persönlich den Schutz der Minister. Kaum war aber das Militär abgezogen, so drang ein Pöbelhaufe in das Kriegsministerium ein, wo die Minister versammelt waren; diese hatten noch Zeit genug, sich zu entfernen, der Kriegsminister Latour aber, auf den es eigentlich abgesehen war, wurde aus seinem Verstecke hervorgezogen und auf wahrhaft kannibalische Weise ermordet; selbst sein an einem Laternenpfahl aufgehängter Leichnam wurde noch von dem rohen Pöbel geschändet. Auch in die Abgeordnetenversammlung drang ein Volkshaufe ein, doch hatten sich vorher die slavischen Abgeordneten mit dem Präsidenten Strohbach geflüchtet und so dem ihnen angedrohten Tod entzogen. Die Kossuthanhänger blieben in der Versammlung zurück, in welcher Schmolka das Präsidium übernahm, und hatten die Unverschämtheit, in einer Proclamation den Mord Latours als einen „Act schrecklicher Selbsthilfe des Volkes" zu bezeichnen. In wessen Interesse dieser schimpfliche Aufruhr angestiftet worden war, zeigte die Adresse, welche Tausenau an den Kaiser richtete und worin Zurücknahme aller gegen Ungarn beschlossenen Maßregeln und aller Vollmachten Radetzkys verlangt wurde. Da aber nicht zu erwarten war, daß der Kaiser eine solche Adresse berücksichtigen werde, so rüsteten sich die Aufrührer zum entschlossensten Widerstande, indem sie in der Nacht das Zeughaus, das bei dieser Gelegenheit zum Theil in Flammen aufging, plünderten und sich mit den hier aufbewahrten seltenen Waffen versahen. Dieser Wiener Aufstand vom 6. October verschaffte allerdings den Ungarn einen Augenblick Luft, aber setzte auch Wien dem concentrirten Angriff der kaiserlichen Truppen aus, und es fragte sich nun, ob die Ungarn Entschlossenheit genug haben würden, mit ihrer ganzen Macht der bedrohten Hauptstadt zu Hilfe zu kommen. Denn der Kaiser hatte sich am folgenden Tage mit seiner ganzen Familie von Schönbrunn nach Olmütz entfernt und den Fürsten Windischgrätz zum Oberbefehlshaber aller kaiserlichen Truppen, mit Ausnahme des Heeres von Radetzky, ernannt. Während Windischgrätz von Prag aus nach Wien zog, war auch Jellachich dem bei Wien stehenden Grafen Auersperg zu Hilfe geeilt, die Ungarn aber folgten dem Ban nicht weiter, als bis zur Grenze, wo sie stehen blieben und den Ereignissen zusahen, die sich fast unter ihren Augen in der Hauptstadt zutrugen. Diese Unthätigkeit der Ungarn, in deren Interesse die Wiener den Aufstand gemacht hatten, erklärt sich aus zwei Ursachen: zuerst erwartete das ungarische Heer eine officielle Aufforderung von Seiten der constituirenden Nationalversammlung, um einen legitimen Vorwand zur Ueberschreitung der Grenze zu haben, und die Versammlung hatte nicht den Muth, durch Berufung der Ungarn offen mit dem Kaiser zu brechen; sodann aber weigerten sich auch viele ungarische Officiere, außerhalb Ungarns gegen österreichische Truppen zu fechten. Obgleich es in Wien nicht an zahlreichen Streitkräften und Kriegsmaterial fehlte, so mangelte es bei der herrschenden Anarchie desto mehr an einer einheitlichen Leitung. Dem zum Oberbefehlshaber ernannten Poeten Messenhauser ging alle militärische Erfahrung ab, und das beste, was er thun konnte, war, daß er die Anstalten zur Vertheidigung dem polnischen General Bem überließ. Auch das Mitglied des Frankfurter Parlamentes Robert Blum fand sich in Wien ein und trug durch seine Reden nicht wenig dazu bei, die Wiener in ihrem Entschlusse des Widerstandes zu bestärken. Wenn man die Rede liest, die er damals in der Aula hielt, und worin er zum schonungslosen Morde aller inneren Feinde aufforderte, so begreift man, daß das Schicksal, das ihn bald traf, ein verdientes war. Die Wiener verwarfen die Aufforderung des Fürsten Windischgrätz zur Uebergabe und die constituirende Versammlung gehorchte nicht, als der Kaiser sie am 22. October von Wien nach Kremsier bei Olmütz verlegte. Auch ein Versuch des Frankfurter Parlamentes zu vermitteln scheiterte ebenso an dem Trotze der Wiener als an der Weigerung des kaiserlichen Hofes. So mußten also die Waffen entscheiden. Am 23. October begann der Angriff und dauerte unter hartnäckigem Widerstande bis zum 29. fort. Als Messenhauser erklärte, daß die Stadt sich gegen die Truppen, die bereits im Besitz sämmtlicher Vorstädte waren, um so weniger halten lasse, da es an Munition fehle, begannen Unterhandlungen, während deren der größte Theil der Nationalgarde die Waffen niederlegte und die Schuldigsten, unter ihnen auch Pulszky und Bem, entflohen. Ehe aber noch die Unterhandlungen zum Schlusse gekommen waren, verbreitete sich die Nachricht, daß die Ungarn zum Entsatze heranrückten. Wirklich sah man von der Höhe des Stephansthurmes die Ungarn bis an die Schwechat vorrücken, und man konnte den Blitz und Rauch ihrer Kanonen unterscheiden. In Folge dessen wurde Wien von neuem allarmirt und zu den Waffen gerufen. An Messenhausers Stelle übernahm der Lieutenant Fenneberg den Oberbefehl und erneuerte den Kampf. Allein die Hoffnung auf Entsatz durch die Ungarn wurde schmählich getäuscht; diese zogen sich nach einer kurzen

Kanonade an der Schwechat wieder über die Grenze zurück. Nun blieb den Wienern nichts übrig, als sich auf Gnade und Ungnade zu unterwerfen. Am 31. October drangen die Truppen mit stürmender Hand in das innere der Stadt ein und stellten, nachdem sie dieselbe in allen Theilen besetzt hatten, die Ruhe wieder her. Windischgrätz verfuhr, wie früher in Prag, so auch jetzt in Wien gegen die Besiegten mit Schonung. Unter den wenigen Opfern, die er der Gerechtigkeit fallen ließ, wie Messenhauser, Jellowicky und die beiden Journalisten Becher und Jellineck, machte es am meisten Aufsehen und erregte den größten Unwillen der Demokraten in Deutschland, daß er in Robert Blum nicht den Charakter des deutschen Parlamentsmitgliedes respectirte, sondern in ihm einen Hauptwühler bestrafte. Er verurtheilte ihn zum Tode und ließ ihn am 9. November in der Brigittenau erschießen. Natürlich mußte nun die constituirende Versammlung, dem kaiserlichen Befehle gehorsam, nach Kremsier übersiedeln. Das schwierige Werk der Wiederherstellung der Monarchie wurde damit eingeleitet, daß der Fürst Felix Schwarzenberg, dessen Rath schon bisher von entscheidendem Einflusse gewesen war, am 24. November an die Spitze eines neuen Ministeriums trat, in welches Bach, Kraus, Stadion, Bruck und Cordon aufgenommen wurden. Zugleich legte der Kaiser Ferdinand am 2. December die Krone nieder, und da sein Bruder Franz Karl sich ebenfalls nicht stark genug fühlte, das Gewicht derselben in so stürmischen Zeiten zu tragen, so ward sie dem ältesten Sohne desselben, dem Erzherzog Franz Joseph, der am 18. August 1830 geboren damals erst achtzehn Jahre zählte, aufgesetzt. Franz Joseph I übernahm mit dem Wahlspruche Viribus unitis die Regierung, und sein jugendliches Alter paßte zu dem Plane, aus dem zerrütteten alten Oesterreich ein verjüngtes Oesterreich hervorgehen zu lassen. In der Person des Kaisers sollte die Einheit der Monarchie verkörpert werden, und der kaiserliche Wille, getragen von einer jugendlichen Kraft und unterstützt von einem genialen Minister, schien damals stark genug, sich die verschiedenen Nationalitäten zu unterwerfen. Wenigstens that Schwarzenberg den kühnen Schritt, die constituirende Nationalversammlung aufzulösen und am 4. März 1849 eine Verfassung zu verkünden, durch welche alle zur österreichischen Monarchie gehörigen Länder zu einem Körper vereinigt und die bisherigen Particularverwaltungen und Landtage beseitigt wurden.

Es war natürlich, daß sich ein so altes Reich, wie Ungarn, in welchem bisher der Kaiser von Oesterreich nur als Nachfolger des heiligen Stephan und, nachdem er mit dessen Krone geschmückt worden war, in Verbindung mit dem Reichstage geherrscht hatte, einer solchen seine Selbständigkeit vernichtenden Verfassung nicht ohne Kampf unterwarf. Wenn auch der Losreißungsplan, wie ihn Kossuth entworfen hatte, nicht bereits so weit vorgeschritten gewesen wäre, als es wirklich der Fall war, so hätte doch schon die Umgestaltung der Monarchie den Widerstand der Ungarn herausgefordert. Der ungarische Reichstag erkannte die Thronveränderung vom 2. December nicht an, sondern fuhr fort, den Kaiser Ferdinand als König Ferdinand V von Ungarn zu betrachten. Diese Fiction gab ihm einen guten Vorwand, um unter dem Scheine, für den rechtmäßigen König gegen einen Usurpator zu kämpfen, Volk und Soldaten für den Kampf willig zu machen. Es bildete sich ein Landesvertheidigungsausschuß, als dessen Präsident Kossuth die Regierung leitete. Es war also ein förmlicher Krieg nothwendig, um Ungarn dem nach Schwarzenbergs Plan verjüngten Oesterreich einzuverleiben. Nach der Unterwerfung Wiens brach Fürst Windischgrätz gegen Ungarn auf, um auch dieses Land zur Anerkennung des neuen Kaisers zu zwingen. Anfangs war sein Zug von den glänzendsten Erfolgen begleitet, indem er, ohne bedeutenden Widerstand zu finden, schon am 5. Januar 1849 in Pesth einzog, nachdem er die Festung Komorn in seinem Rücken von einem österreichischen Armeecorps hatte einschließen lassen. Allein Kossuth hatte sich mit dem ungarischen Reichstage nur nach Debreczin zurückgezogen, um die österreichische Armee in das innere von Ungarn zu verlocken, wo dieselbe durch Mangel und Krankheit leichter als durch das Schwert besiegt werden konnte. Zugleich rechnete Kossuth auf die Theilnahme der Polen, die er in einem an die polnische Nation gerichteten Aufrufe aufgefordert hatte, mit den Ungarn gemeinschaftliche Sache zu machen. Aus diesem Grunde stellte er auch polnische Generale an die Spitze der Ungarn, den General Bem an die Spitze des Heeres in Siebenbürgen, den General Dembinski an die Spitze der Theißarmee, zum großen Verdrusse der fähigsten ungarischen Heerführer, Görgey und Klapka, die er dadurch sich und seinen Planen entfremdete. Windischgrätz erfocht zwar am 28. Februar bei Kapolna einen Sieg über Dembinski, allein dieser Sieg war ein unfruchtbarer, weil er wegen der schlechten Wege in schlechter Jahreszeit nicht zum Vordringen über die Theiß benutzt werden konnte. Er brachte nur der ungarischen Sache Gewinn, weil Dembinski in Folge seiner Niederlage den Oberbefehl verlor, welchen nun Görgey übernahm und mit solcher Kühnheit und Geschicklichkeit führte, daß er binnen wenigen Wochen die ganze Lage der Dinge änderte. Nachdem er am 3. März den österreichischen General Karger bei Szolnok überfallen und geschlagen hatte, nöthigte er den Fürsten Windischgrätz zum Rückzug auf Pesth, und während er den hier sich concentrirenden Oesterreichern nur eine Division entgegenstellte, zog er mit seinem übrigen Heere in raschem Marsch nach Komorn, das er entsetzte. Durch diese kühne und geschickte Flankenbewegung war Windischgrätz ohne Schlacht überwunden und gezwungen sich, in seinem Rücken bedroht, eilig bis an die österreichische Landesgrenze zurückzuziehen. Zugleich gewannen die Ungarn unter Bems Führung in Siebenbürgen das Uebergewicht und trieben den dort commandirenden österreichischen General Puchner über die Grenze in die Wallachei. Diese Wendung der Dinge ermuthigte die Feinde Oesterreichs noch einmal, das Haupt zu erheben. Während in Deutschland gerade in dieser Zeit die Wahl des Königs von Preußen zum Erbkaiser stattfand und eine zahlreiche Partei auf die Zertrümmerung der österreichischen Monarchie speculirte, regte sich auch Italien wieder. Der König Karl Albert hielt den Moment für günstig, um die Scharten vom vorigen Jahre auszuwetzen; am 16. März kündigte er den Waffenstillstand und fiel mit einem mächtigen Heere, über welches er aus Mistrauen in seine eigenen Talente dem polnischen General Chrzanowski den Oberbefehl anvertraut hatte, in die Lombardei ein. Allein mit einer Schnelligkeit, die man von dem hochbejahrten Greise nicht erwartet hatte, kam Radetzky den Sarden zuvor; er drang von Pavia aus über den Tessin in Piemont ein und nöthigte die Sarden zur Umkehr. Hier brachte er ihnen am 23. März bei Novara eine so entscheidende Niederlage bei, daß Karl Albert in Verzweifelung über sein Unglück und im Gefühl, daß seine politische Laufbahn beendigt sei, am folgenden Tage die Krone niederlegte und es seinem Sohne und Nachfolger Victor Emanuel II überließ, sich mit dem Sieger abzufinden, während er selbst nach Portugal abreiste, wo er wenige Monate darauf in Oporto starb. Dem neuen Könige bewilligte Radetzky am 26. März einen Waffenstillstand, demzufolge die Oesterreicher einen Theil von Piemont und gemeinschaftlich mit den sardinischen Truppen die Festung Alessandria bis zum definitiven Friedensschlusse besetzt halten sollten. Schon am 28. März war Radetzky wieder in Mailand, so daß der ganze Feldzug nicht länger als zehn Tage gedauert hatte. Ein so blitzschneller Erfolg, von dem man in der Geschichte bisher kein Beispiel gehabt hatte, schien so unglaublich, daß die Lombarden ihn für eine österreichische Lüge hielten. Dies wurde das Unglück von Brescia. In dieser Stadt hatte sich bei der Nachricht vom Ausbruche des Krieges der Haß der Lombarden gegen die Deutschen mit fanatischer Wuth Luft gemacht. Die Bevölkerung hatte sich empört und alle Officiere und Soldaten, die nicht Zeit fanden, sich in das Castell zu flüchten, grausam ermordet. In der sicheren Voraussetzung, daß Karl Albert siegen müsse, wollten sie die Nachricht von dessen Niederlage bei Novara nicht glauben und beharrten in ihrem Widerstande, bis der Feldzeugmeister Graf von Haynau mit Truppen erschien und die Stadt am 31. März zugleich vom Castell aus beschießen und von außen stürmen ließ. Als die Oesterreicher in die Stadt eindrangen, wurden sie durch den Anblick von gräßlich verstümmelten Leichen ihrer Kameraden zur wüthendsten Rache gereizt, so daß sie keinen Pardon mehr gaben, sondern alle, die ihnen in die Hände fielen, niedermachten. Obgleich Haynau ganz in seinem Rechte gehandelt hatte, so ging doch ein Schauder über dieses blutige Nachspiel zu dem kurzen italienischen Kriege von 1849 durch ganz Europa, und die Demokraten hingen dem Feldherrn, der ihre Parteigenossen besiegt und gezüchtigt hatte, den Schimpfnamen der „Hyäne von Brescia" an. Ein anderes tragisches Nachspiel dieses Krieges war die Hinrichtung des Generals Romarino. Er beschloß seine abenteuerliche Laufbahn, die er in dem polnischen Insurrectionskriege von 1831 begonnen und in dem Savoyerzuge von 1834 fortgesetzt hatte, damit, daß er wegen seines Verhaltens in der Schlacht bei Novara von einem piemontesischen Kriegsgericht zum Tode verurtheilt und erschossen wurde. Der definitive Friedensschluß zwischen Oesterreich und Sardinien erfolgte erst am 6. August auf die Bedingung, daß Sardinien die Kriegskosten bezahlen mußte, sonst aber nichts von seinem Gebiete verlor.

Während die österreichischen Waffen in Italien glücklich waren, unterlagen sie in Ungarn dem Muthe und der Geschicklichkeit, womit besonders Görgey und Bem operirten. In dem Uebermuthe, womit sich Kossuth schon an dem Ziele seiner Wünsche glaubte, beging er aber zwei für die ungarische Sache verhängnißvolle Fehler: zuerst that er am 14. April den entscheidenden Schritt, das Haus Oesterreich der ungarischen Krone für verlustig zu erklären und Ungarn zu einer Republik zu constituiren, die er als Dictator regieren wollte. Damit zerstörte er selbst die glückliche Fiction, welche die Gefühle sowohl vieler Generale, als der meisten Soldaten, die ihrem Könige treu bleiben wollten, mit einem Kampfe versöhnte, in dem sie den Schein der Legitimität für sich hatten. Durch die Absetzung des Hauses Oesterreich brachte er aber Unsicherheit und Zwietracht in die ungarische Armee. Der zweite Fehler, den Kossuth beging, war seine Sympathie für die Polen, durch welche er dem Kaiser Nikolaus gerechte Veranlassung gab, sich in den ungarischen Krieg einzumischen. Ich habe früher angegeben, welche Stellung der Kaiser von Rußland zu der Revolution von 1848 eingenommen hatte. Sein Vertrauen auf die unerschütterliche Treue seines Volkes war durch den Erfolg gerechtfertigt worden und Rußland ein Fels, an dem sich die Wogen der Revolution brachen. Eben so hatte er sein Versprechen gehalten, daß er, wenn er nicht angegriffen würde, innerhalb der Grenzen seines Reiches bleiben werde. Nur als auch in der Moldau und Wallachei gegen die Hospodaren Sturdza und Bibesco Unruhen ausbrachen, ließ der Kaiser in diese unter seinem Protectorate stehenden Länder im Einverständniß mit der Türkei russische Truppen einrücken und die Ruhe wiederherstellen. Nicht mit Unrecht erblickte aber der Kaiser Nikolaus in der Theilnahme der Polen an dem ungarischen Kriege und in den unerwarteten Erfolgen der ungarischen Waffen eine Gefahr für sein eigenes Reich und handelte daher in dem Interesse desselben, als er dem Kaiser von Oesterreich seinen Beistand anbot. Was konnte Franz Joseph in der Bedrängniß, in der er sich damals befand, anders thun, als die ihm dargebotene hilfreiche Hand annehmen? Denn Ungarn war von den Oesterreichern, über welche nach der Abdankung von Windischgrätz der Feldzeugmeister Welden das Commando übernommen hatte, fast ganz geräumt worden und Ofen, das sie noch besetzt hielten, ward von Görgey am 21. Mai mit Sturm genommen, nachdem der tapfere General Henzi, der es vertheidigte, mit dem größten Theil der Besatzung auf den Wällen umgekommen war. Freilich hätte Deutschland, wenn es eine wahrhafte Nationalpolitik gehabt, die Rettung Oesterreichs selbst übernehmen und sie nicht an Rußland überlassen sollen, allein wir werden hernach sehen, wie gerade im Mai 1849 Deutschland von inneren Wehen durchzuckt wurde und Preußen die Truppen, die es an der Elbe und am Rhein gebrauchte, nicht an die Donau schicken konnte. So mußte also Oesterreich die russische Hilfe annehmen. Im Mai kam Franz Joseph selbst nach Warschau, wo damals der Kaiser Nikolaus residirte, um ihm für den angebotenen Beistand zu danken und den gemeinschaftlichen Feldzugsplan zu verabreden. Diesem zufolge wurde das russische Corps unter Lüders in der Wallachei auf 35,000 Mann verstärkt, während die russische Hauptarmee unter dem Oberbefehl des Fürsten von Warschau in einer Stärke von 130,000 Mann durch die Pässe der Karpathen in Ungarn einrückte. Ein drittes russisches Corps unter General Paniutin ward auf der Eisenbahn nach Wien befördert, um gemeinschaftlich mit der österreichischen Armee zu operiren, über welche an Weldens Stelle dem Grafen Haynau, der sich durch seine Energie in Brescia empfohlen hatte, der Oberbefehl übertragen wurde. So auf dem linken Donauufer von den Russen, auf dem rechten von den Oesterreichern mit überlegenen Streitkräften bedroht, waren die Ungarn nicht im Stande, trotz tapferer Gegenwehr lange zu widerstehen. Während Paskewitsch nach Debreczin vordrang, von wo Kossuth mit dem Reichstage sich nach Szegedin zurückzog, rückte Haynau, nachdem er die Ungarn bei Komorn geschlagen und diese Festung von neuem cernirt hatte, nach

Süden vor und stellte durch die Besetzung von Ofen und Pesth die Verbindung der auf beiden Ufern der Donau operirenden Armeen her. Schon im Anfange des Monats August verzweifelte Kossuth und entwich nach Siebenbürgen zu Bem, nachdem er die dictatorische Gewalt in Görgeys Hände niedergelegt hatte. Dieser benutzte sie aber nicht, um einen hoffnungslosen Krieg fortzusetzen, sondern um bei Vilagos am 13. August mit dem russischen General Rüdiger eine Capitulation zu schließen, der zufolge er mit seiner ganzen Armee vor den Russen die Waffen streckte. Wenn es den Oesterreichern schon empfindlich war, daß durch die Capitulation von Vilagos der Ruhm der Beendigung des Kriegs den Russen zufiel, so war es geradezu beleidigend für sie, daß Paskewitsch großsprecherisch an seinen Kaiser berichtete: Ungarn liegt Ew. Majestät zu Füßen. Man muß dies ins Auge fassen, um sich die Abneigung zu erklären, die zwischen den Russen und Oesterreichern während des gemeinschaftlichen Krieges entstand. Mit dem Acte von Vilagos war der Krieg zu Ende; denn Kossuth und Bem flohen in die Türkei, wohin ihnen alle folgten, die sich noch retten konnten. Nur in Komorn behauptete sich Klapka bis zum 27. September und übergab die Festung erst in Folge einer Capitulation, die seinem Corps Amnestie und ihm selbst freien Abzug nach England verschaffte. Görgey hatte es der russischen Vermittelung zu verdanken, daß er Leben und Freiheit behielt unter der Bedingung, sich in Grätz niederzulassen. Dort benutzte er seine Muße, um eben so gewandt mit der Feder wie mit dem Schwerte seine Memoiren aufzusetzen, die für die Geschichte der ungarischen Revolution eine Hauptquelle sind. Haynau war gegen die in seine Hände gefallenen Aufrührer nicht so schonend, wie früher Windischgrätz. Daher folgte der Unterwerfung Ungarns eine Reihe von Executionen, bei denen es die Verurtheilten als eine Gunst betrachten mußten, wenn sie, statt ihr Leben am Galgen zu endigen, „zu Pulver und Blei" begnadigt wurden. So ließ er den Minister Grafen Batthyanyi erschießen, und viele namhafte Generale wurden theils durch den Strick, theils durch Erschießen hingerichtet. Daß Haynaus Strenge in Rachsucht ausartete, zeigte die Mißbilligung seiner eigenen Regierung, die ihn trotz seiner unleugbaren Verdienste um die glückliche Beendigung des ungarischen Krieges bald darauf in Ungnade entließ. Die nach der Türkei entkommenen Flüchtlinge wurden gegen das von Oesterreich und Rußland gestellte Verlangen ihrer Auslieferung durch die Vermittelung Englands geschützt. Diejenigen, welche wie die Generale Bem, Kmety und Stein zum Islam übergetreten und von der Pforte in Dienst genommen worden waren, wurden nach Asien versetzt, die übrigen dagegen, unter ihnen auch Kossuth, nach England entlassen, wo sie bei dem Volke eine enthusiastische Sympathie fanden. Dieselbe ging so weit, daß der Londoner Pöbel den Grafen Haynau im folgenden Jahre bei einem Besuche in London thätlich mishandelte, und daß die englische Regierung ihm keine Genugthuung verschaffte. Ungarn mußte sich nun der Verfassung vom 4. März unterwerfen und mit dem Verluste seiner alten Constitution als Kronland in die österreichische Monarchie aufgehen.

Achtzehntes Capitel.

Gleichzeitig mit der Unterwerfung Ungarns ward auch die Ruhe und Ordnung in ganz Italien wiederhergestellt.

Schon nach der Schlacht bei Custozza hatte der Papst Pius IX versucht, der Anarchie im Kirchenstaate ein Ende zu machen; allein der energische Minister Graf Rossi, den er zu diesem Zwecke an die Spitze der Regierung gestellt hatte, ward am 15. November, als er eben in das Sitzungsgebäude der neu eröffneten Nationalversammlung treten wollte, mit einem Dolchstoß ermordet. Hierauf erstürmte der Pöbel, geleitet von Galetti, den Quirinal und zwang den Papst zur Entlassung der Schweizertruppen und zur Ernennung eines neuen liberalen Ministeriums. Diesem Pöbelzwang entzog sich der Papst durch die Flucht. In der Nacht des 25. November gelang es ihm, mit Hilfe des bayerischen Gesandten Grafen Spaur aus dem Quirinal, in dem er wie ein Gefangener bewacht wurde, zu entfliehen und glücklich nach der neapolitanischen Festung Gaeta zu entkommen. Hier nahm er, von dem König von Neapel auf das ehrfurchtsvollste empfangen und von dem ganzen diplomatischen Corps, das ihm aus Rom gefolgt war, umgeben, seinen Aufenthalt. In Rom aber ward eine provisorische Regierung, bestehend aus dem Triumvirat Galetti, Corsini und Camerata eingesetzt. Die bewaffnete Macht kam in die Hände Garibaldis, der im December mit einer großen demokratischen Freischaar einrückte, und die politische Leitung übernahm Mazzini, der persönlich in Rom erschien; neben ihm aber spielte der Prinz Karl von Canino, ein Sohn Lucian Bonapartes, die bedeutendste Rolle. Der Plan Mazzinis war, Italien zu einer einheitlichen Republik zu constituiren. Zu diesem Zwecke ward in Rom am 5. Februar 1849 eine Costituente Italiana, eine allgemeine Nationalversammlung eröffnet, die für Italien werden sollte, was das Frankfurter Parlament für Deutschland war. Diese Versammlung erklärte den Papst als weltlichen Herrscher für abgesetzt und rief die römische Republik aus.

— Dem Beispiele Roms folgte Toscana, wo der Großherzog Leopold am 17. Februar aus Florenz entfloh und unter der Dictatur Guerazzis ebenfalls die Republik proclamirt wurde. Auch Genua riß sich von Sardinien los und stellte seine alte republikanische Verfassung wieder her. Allein das republikanische Wesen dauerte nicht lange. Nicht bloß die Oesterreicher schritten dagegen ein, sondern auch der neue König von Sardinien, Victor Emanuel, mußte sich, wenn er nicht die schönste Perle seiner Krone, Genua, verlieren wollte, dagegen erklären. Für den Papst aber interessirte sich die ganze katholische Welt. Diese fühlte, daß dem Oberhaupte ihrer Kirche für seine geistliche Autorität in dem Kirchenstaate eine würdige und unabhängige Basis nothwendig sei. Wie schwierig es war, ohne eine unabhängige fürstliche Stellung eine solche geistliche Gewalt würdig und unparteiisch zu handhaben, zeigte die Geschichte der Päpste in Avignon. Ein Papst in dem Sinne, wie ihn die katholische Kirche kennt, ist ohne eine völlig unabhängige Stellung ganz undenkbar; immer würde ihn das Land, in dem er residirte, von sich abhängig machen und zu seinem Vortheile zu benutzen suchen. Darnach beurtheile man sowohl die Forderung der Kirchenreformatoren des 16. Jahrhunderts, die verlangten, daß der Papst weltliche Herren Land und Leute regieren lasse, daß er aber selbst das Gebetbuch nehme und predige und bete, als auch das Bestreben der Staatsreformer unserer Zeit, die den Kirchenstaat verweltlichen wollen. Alle katholischen Nationen Europas wetteiferten, dem Papste zu Hilfe zu kommen; nicht bloß die glaubenseifrigen Spanier, sondern auch die republikanischen Franzosen schickten Truppen nach dem Kirchenstaate. Gegen die Vereinigung so vieler Feinde konnte sich die italienische Republik nicht halten. Schon am 5. April mußte sich Genua dem sardinischen General La Marmora ergeben; am 11. desselben Monats ward die Republik in Florenz gestürzt, von wo Guerazzi entfloh, und nur Livorno vertheidigte sich bis zum 11. Mai, an welchem Tage es von dem österreichischen General d'Aspre mit Sturm genommen wurde. Während ein österreichisches Corps unter General Wimpfen in dem Kirchenstaate eindrang und Bologna und Ancona besetzte, landete auch ein französisches Corps unter Oudinot in Civitavecchia und eine Abtheilung spanischer Truppen in Terracina. Rom war jedoch nicht so leicht zu erobern, als die Franzosen gedacht hatten. Es hatte an Garibaldi und der von demselben befehligten Schaar tapfere Vertheidiger, und der erste Angriff Oudinots am 30. April ward mit bedeutendem Verlust auf französischer Seite abgeschlagen. Erst nachdem Oudinot Verstärkungen an sich gezogen hatte, zwang er die Stadt, aus der Garibaldi und Mazzini entflohen, am 4. Juli zur Uebergabe. Mazzini entkam in einer seiner zahlreichen Verkleidungen unbemerkt nach England, Garibaldi dagegen bahnte sich mit einem Theile seiner Schaar mitten durch die Oesterreicher, die ihm überall auflauerten, seinen Weg nach Genua auf so geschickte Weise, daß man schon damals in ihm den geborenen Guerillaführer bewunderte. Obgleich in Rom die päpstliche Autorität wiederhergestellt wurde, so hielt es doch der Papst seiner Würde für angemessener, in Gaeta zu bleiben und mit seiner Rückkehr so lange zu warten, bis die Verhältnisse geordnet seien. Erst im April 1850 kam er nach Rom zurück. Die politischen Reformen, mit denen er sein Pontificat eröffnet hatte, waren ihm gründlich verleidet worden, dagegen brachte er aus seinem Exil eine begeisterte Marienverehrung mit. Zum Andenken an seine Rettung aus Rom stiftete er am 29. Juli 1850 ein neues Marienfest, welches an dem Tage gefeiert werden sollte, wo es ihm unter dem Schutze der heiligen Jungfrau gelungen war, aus den Händen der Republikaner zu entkommen. Diese Gemüthsstimmung des Papstes hatte noch eine andere merkwürdige Folge. Es ist bekannt, daß die Frage über die unbefleckte Empfängniß Mariä im Mittelalter ein Streitpunkt war, über welchen besonders die Dominikaner und Franziskaner viel und heftig an einander geriethen. Das Baseler Concil hatte sich zwar im Jahre 1439 für dieselbe entschieden, allein wie alles, was diese in Rom misliebige Kirchenversammlung beschlossen hatte, so ward auch diese Entscheidung von dem damaligen Papste Eugenius IV nicht bestätigt. Seitdem war diese Frage wie so mancher andere Punkt der scholastischen Theologie in Vergessenheit gerathen, bis sie Pius IX im Jahre 1854 von neuem hervorzog und am 20. November eine Versammlung von Cardinälen, Erzbischöfen und Bischöfen aus allen Theilen der katholischen Welt eröffnete, der er sie zur endgiltigen Entscheidung vorlegte. Da sich in der Versammlung nur geringer Widerspruch erhob, so konnte der Papst schon am 8. December das neue Dogma verkündigen. Es fand weniger Opposition, als sich von dem Zeitgeiste hätte erwarten lassen, und seine Annahme in der ganzen katholischen Welt bewies, daß die geistliche Autorität des heiligen Vaters in ihrem vollen Umfange wiederhergestellt sei, so precär auch seine Stellung als weltlicher Fürst blieb, die nur durch den Schutz französischer und österreichischer Bajonnette aufrecht erhalten werden konnte. Denn Rom blieb fortwährend von den Franzosen, sowie Bologna und Ancona von den Oesterreichern besetzt. — Am längsten hielt sich die Republik in Venedig, das durch seine Lage im Meere den Belagerern außerordentliche Schwierigkeiten in den Weg legte. Bekanntlich war Venedig durch eine Eisenbahnbrücke über die Lagunen mit dem festen Lande verbunden, die kurz vor dem Ausbruche der Revolution mit großen Kosten zu Stande gebracht worden war. Den Zugang zu derselben vertheidigte ein stark befestigter Brückenkopf, das Fort Malghera. Es dauerte bis zum 27. Mai 1849, ehe es den Oesterreichern gelang, Malghera zu erobern. Von hier aus kostete es aber noch ungeheure Mühe und einen großen Aufwand von Arbeit und Menschen, ehe es gelang, der eigentlichen Stadt Venedig nahe zu kommen. Erst nachdem man durch scharfsinnige Erfindungen den Geschützen eine größere Tragweite gegeben hatte, ward durch die doppelte Bedrängniß eines nunmehr bis zur Stadt reichenden Bombardements und einer in der Stadt eingerissenen Hungersnoth die Hartnäckigkeit und der Fanatismus der Republikaner gebrochen. Am 22. August verstanden sich diese zu einer Capitulation, durch welche den Fremden, die an der Vertheidigung Theil genommen hatten, sowie dem Dictator Manin und seinen am meisten compromittirten Anhängern freier Abzug bewilligt wurde. — Nunmehr fehlte zur vollständigen Wiederherstellung der frühern Zustände in Italien nur noch die Unterwerfung Siciliens. Diese Insel hatte sich so entschieden von Neapel losgerissen, daß sie so weit ging, am 11. Juli 1848 den jüngern Sohn Karl Alberts, den Herzog Ferdinand von Genua, zu ihrem Könige zu wählen. Allein diese Wahl hatte keine Folgen, da bald darauf Karl Albert durch seine Niederlage bei Custozza gedemüthigt wurde. Obgleich sich die Engländer der Sicilianer annahmen, so wagten sie doch nicht, den Truppen, welche der König von Neapel unter dem General Filangieri nach Sicilien schickte, die Landung streitig zu machen; sie boten aber ihre Vermittelung an und bewirkten, daß nach der Eroberung Messinas durch die Neapolitaner am 7. September ein Waffenstillstand geschlossen wurde, während dessen unterhandelt werden sollte. Das Parlament in Palermo hatte aber durch seinen Trotz den König zu schwer beleidigt, um dessen Concessionen zu trauen oder auf seine Gnade zu hoffen. Es kündigte daher am 19. März 1849 den Waffenstillstand wieder auf. Wie polnische Generale überall in diesem Jahre die Führer der Revolutionsheere waren, so hatten auch die Sicilianer den bekannten Mieroslawski an ihre Spitze gestellt; allein bei ihrem ersten Zusammentreffen mit Filangieri bei Catania flohen sie vor dessen Schweizertruppen davon, und Mieroslawski mußte nach vergeblichen Versuchen, die Sicilianer wieder zu sammeln und zum Stehen zu bringen, auf seine eigene Sicherheit bedacht sein und sich einschiffen. Dasselbe thaten die Regierungs- und Parlamentsmitglieder, die nach England entflohen, und mit dem Einzuge Filangieris in Palermo am 15. Mai kehrte auch im Königreich beider Sicilien der frühere Zustand zurück.

Während Oesterreich in Ungarn und Italien fast um seine Existenz kämpfte, ward die Durchführung der Reichsverfassung in Deutschland der Vorwand zu neuen Revolutionen. Denn nachdem das deutsche Parlament am 4. Mai 1849 beschlossen hatte, daß alle Regierungen, Stände und Gemeinden der Einzelstaaten aufzufordern seien, die Reichsverfassung durchführen zu helfen, hatten die Demokraten einen bequemen Vorwand erhalten, um unter dem Scheine des Rechtes das Volk gegen die Regierungen aufzuwiegeln. Am ersten und heftigsten brach der Aufstand in dem Königreich Sachsen aus, wo der König die Stände aufgelöst und ein energisches Ministerium an die Spitze gestellt hatte. Statt abzuschrecken regten aber diese Maßregeln die Volksmassen nur noch mehr auf. Von allen Seiten strömten Communalgarden, Freischaaren und Bergleute aus dem Erzgebirge in Dresden zusammen, um den König mit Gewalt zur Anerkennung der Reichsverfassung zu zwingen. Während der König sich mit seiner Familie nach der Festung Königstein zurückzog, constituirte sich in Dresden als provisorische Regierung das Triumvirat Tschirner, Heubner und Todt, und das Volk besetzte die ganze Altstadt auf dem linken Elbufer und befestigte sie mit einer Menge von Barricaden. Es war aber charakteristisch, daß dieser für die deutsche Reichsverfassung unternommene Aufruhr von einem Russen, dem Flüchtling Bakunin, geleitet wurde. Schon daraus sieht man, daß in diesem Aufruhr etwas unnatürliches war. Wenn man dem armen verführten Volke seine Sympathie nicht versagen kann, das dem Zuge seines Herzens nach einem einigen deutschen Reiche folgte und von dem glänzenden Bilde der kaiserlichen Herrlichkeit bessere Tage hoffte, so muß man dagegen die Führer verurtheilen, denen es doch mit der Reichsverfassung nicht Ernst war und die das heiligste Gefühl des Volkes misbrauchten, um ihre republikanischen und communistischen Theorien auszuführen. Die sächsischen Truppen, welche die Neustadt auf dem rechten Elbufer inne hatten und die beide Stadttheile verbindende Brücke, sowie die daran stoßende Brühlsche Terrasse und das königliche Schloß besetzt hielten, waren kaum stark genug, sich in dieser Stellung zu behaupten, und viel zu schwach, um daraus hervorzubrechen und den Aufstand zu unterdrücken. Erst als am 7. und 8. Mai zwei Bataillone preußischer Garden aus Berlin ankamen, gingen sie zum Angriffe über; und indem sie durch die Wände der Häuser sich einen Durchbruch hinter die Barricaden bahnten, gelang es ihnen den Aufstand mit geringem Verlust zu unterdrücken. Einer der Triumvirn Heubner ward auf der Flucht gefangen; auch Bakunin entging diesem Schicksale nicht. Er ward von Sachsen an Oesterreich, von diesem an Rußland ausgeliefert. Hier war indessen sein Loos nicht so hart, als man in Deutschland und als er selbst fürchtete. Er ward während der

Regierung des Kaisers Nikolaus auf der Festung Schlüsselburg gefangen gehalten und von dem gegenwärtigen Kaiser freigelassen mit der Erlaubniß, sich in einem der inneren Gouvernements anzusiedeln. Mit der Unterwerfung Dresdens war der Aufstand, der alle seine Kräfte in der Hauptstadt concentrirt hatte, beendigt, und die Gefahr, daß die schöne Elbstadt mit ihren unersetzlichen Kunstschätzen ein Opfer des politischen Fanatismus werden würde, glücklich abgewandt. Es war ein Glück, daß in dieser gefährlichen Zeit Preußen stark genug war, nicht bloß die Ordnung bei sich zu erhalten, sondern sie auch in der Pfalz und Baden mit militärischer Gewalt wiederherzustellen. Denn keiner der kleineren Staaten war der Treue seiner Truppen sicher, und selbst das stolze Bayern, das sich wie eine halbe Großmacht zu fühlen und zu geberden liebte, konnte sich nicht auf seine Soldaten verlassen. Diese waren unter dem Fürsten von Thurn und Taxis in einem Lager bei Donauwörth concentrirt, aber durch die Demokraten so verführt worden, daß sie Hecker hoch leben ließen. Wie hätte man mit einem solchen Heere, in dem die Disciplin völlig gelockert war, es wagen dürfen, den pfälzischen Aufstand zu bekämpfen? Die Soldaten wären, wie es die pfälzischen wirklich thaten, zu den Insurgenten übergelaufen. So mußte Bayern zu seinem großen Verdrusse den Preußen die Pacification der Pfalz überlassen, und dieser Verdruß war es, der die bayerische Regierung, statt mit Dankbarkeit für den geleisteten Dienst, mit einem stillen Grimme gegen Preußen erfüllte. Zwar fehlte es auch in Preußen nicht an Agitationen für die Reichsverfassung, allein hier blieben die Truppen ihren Fahnen und ihrem Eide getreu. Mit ihrer Hilfe wurde ein Aufstand in Breslau nach blutigem Kampfe unterdrückt. Eben so zogen die Demokraten in der Rheinprovinz den kürzeren, und die Aufruhrversuche in Elberfeld, Crefeld, Neuß, Düsseldorf und Iserlohn, an denen sich auch der Dichter Gottfried Kinkel mit einer von ihm gesammelten Freischaar betheiligte, scheiterten an der Treue der Truppen, die von dem General von Hanneken befehligt die Ordnung wiederherstellten. Alle, die sich dieser nicht unterwerfen wollten oder Strafe fürchteten, flohen nach der bayerischen Pfalz, wo die demokratische Wirthschaft in voller Blüthe stand. In diesem sonst so lebenslustigen Lande ward mit demselben Leichtsinn, wie früher zur Zeit des Hambacher Festes, Revolution gespielt und die Sache mit großem Lärm, aber wenig Ernst, wie ein Fastnachtsscherz betrieben. Der pfälzische Aufstand gewann indeß dadurch einen gefährlichen Charakter, daß die Soldaten mit dem Volke gemeinschaftliche Sache machten und schaarenweise mit Sack und Pack zu den Insurgenten übergingen. Nur in der Bundesfestung Landau hielt der Gouverneur von Jeetze einen Theil der Besatzung in der Treue und behauptete sich gegen die ihn belagernden Volksmassen, bis Entsatz kam. Die übrigen Landestheile erkannten die provisorische Regierung an, die sich in Kaiserslautern gebildet hatte. Die Pfalz ward ein Sammelplatz für die Demokraten, hier stellten sich die alten Heckerschen Freischaaren ein, die schon ehemals für die Republik gekämpft hatten, und diejenigen, die so eben in Rheinpreußen unterlegen waren, zogen schaarenweise, unter ihnen auch Kinkel, nach der Pfalz, wo ihre Sache für den Augenblick triumphirte. Den Oberbefehl übernahm zuerst Fenneberg, der aus Wien entkommen war, dann ein Weinhändler Namens Blencker, bis man zuletzt einen angeblichen Polen Sznayde (Schneider) an die Spitze stellte. Von der Pfalz aus verbreitete sich die Revolution nach Baden, wo, obgleich der Großherzog der Reichsverfassung nicht widerstrebte, doch der demokratische auf eine Republik gerichtete Aufruhr zum Ausbruche kam. Wie bitter mögen die Gefühle des Großherzogs gewesen sein, als er in finsterer Nacht auf dem Protzkasten einer Kanone sitzend vor seinem eigenen Volke fliehen mußte! Das war also der Dank für alle seine Nachgiebigkeit gegen die liberalen Bestrebungen! Daß er der Kammer, die Kammer der öffentlichen Meinung sich gefügig gezeigt hatte, trug ihm jetzt, wo diese sich für die Republik erklärte, die bittere Frucht ein, wie ein Verbrecher aus seinem Lande fliehen zu müssen. Der Advocat Brentano trat an die Spitze einer provisorischen Regierung, und die ganze badische Armee stellte sich nach Verjagung ihrer Officiere, die sich in Verkleidung und unter Lebensgefahr über die Grenze retten mußten, derselben zur Verfügung. Auch die Bundesfestung Rastadt gerieth durch den Abfall der Truppen, die daselbst in Garnison lagen, in die Hände der Insurgenten. Gewiß wäre das ganze südwestliche Deutschland, wo in den kleinen Staaten die Treue der Truppen wankte, in Gefahr gewesen, in den allgemeinen Aufstand fortgerissen zu werden, wenn ein so gut ausgerüstetes Heer, wie das badische, rasch vorgerückt wäre. Das war auch der Rath Raveaux', der mit zwei anderen Abgeordneten aus der Paulskirche, Trützschler und Erbe, aus Frankfurt gekommen war, um den badischen Aufstand im Interesse der Reichsverfassung zu leiten. Er rieth auf das dringendste, rasch vorzugehen und Würtemberg, Hessen, den Odenwald und Franken zu insurgiren. Allein zum Glück war der zum Oberbefehlshaber ernannte Lieutenant Sigel zu großen Entschlüssen unfähig, und unter den Truppen selbst riß, wie im ganzen Lande, Zuchtlosigkeit und Ungehorsam ein. Während die Versuche, durch demokratische Volksversammlungen auch in Hessen und Würtemberg einen Aufstand zu Wege zu bringen, scheiterten, sammelte sich eine Reichsarmee unter dem General

Peucker bei Frankfurt und ein preußisches Armeecorps unter dem Prinzen von Preußen in der Rheinprovinz. Das letztere drang am 13. Juni in die Pfalz ein und säuberte dieselbe in wenigen Tagen von den demokatischen Haufen, die nirgends einen ruhmvollen Widerstand leisteten, sondern bei dem Anblicke der preußischen Helme und bei dem ersten Pfeifen der Spitzkugeln davon liefen und die wenigen, die den Muth hatten Stand zu halten, und die alsdann der Uebermacht erlagen, im Stiche ließen. Die lautesten Schreier, wie Zitz, waren die größten Feiglinge und schändeten noch ihre Flucht, indem sie ihnen anvertraute öffentliche Gelder mitnahmen. Das pfälzische Volksheer löste sich zum Theil auf, zum Theil ging das, was noch zusammenhielt, bei Knielingen über den Rhein, um sich mit dem badischen Heere zu vereinigen. Nachdem der Prinz von Preußen am 20. Juni bei Germersheim ebenfalls über den Rhein gegangen war, zogen in der Pfalz bayerische Truppen unter dem Fürsten von Thurn und Taxis ein und besetzten die von den Preußen verlassenen Stellungen. Es machte damals großes Aufsehen, daß der Festungsgouverneur von Landau, Oberst von Jeetze, ohne Dank entlassen wurde, obgleich er, oder, wie man meinte, weil er von dem Prinzen von Preußen belobt worden war; man erkannte darin ein Symptom des Aergers der bayerischen Regierung über die preußische Hilfe. Eine heftige Polemik zwischen bayerischen und preußischen Blättern über die Intervention in der Pfalz bewies, daß man in Bayern das unangenehme Gefühl, der preußischen Hilfe bedurft zu haben, gern los gewesen wäre. — Durch seinen Uebergang über den Rhein kam der Prinz von Preußen der badischen Armee in den Rücken. Diese hatte den kurz vorher in Sicilien so unglücklich gewesenen polnischen General Mieroslawski an ihre Spitze gestellt und vertheidigte sich anfangs nicht ohne Erfolge gegen das Reichsheer am Neckar, allein als sich Mieroslawski gegen den Prinzen von Preußen wenden mußte und am 21. Juni bei Waghäusel geschlagen wurde, erhielt das Reichsheer Luft und forcirte den Uebergang über den Neckar. Schon am 25. Juni zogen die Preußen in Karlsruhe ein und stellten die Autorität des Großherzogs wieder her; die Insurgenten aber setzten sich noch einmal hinter der Murg und leisteten am 29. und 30. Juni einen zwar heftigen aber erfolglosen Widerstand. Nach ihren Niederlagen bei Kuppenheim und Gernsbach flohen die aufgelösten Schaaren, noch unterwegs raubend und plündernd, nach der Schweiz. Die Schweizer Regierung nahm zwar die Flüchtlinge auf, allein sie lieferte alles badische Staatseigenthum zurück und wies die Führer der Insurrection von ihrem Gebiete aus. Die Nähe der preußischen Truppen war ihr indessen unheimlich, weil sie wegen des Fürstenthumes Neuenburg mit Preußen noch in einem ungelösten Conflict stand, und dies war der Grund, warum sie damals eine Armee von 24,000 Mann aufbot; allein die preußische Regierung hatte zunächst ganz andere und wichtigere Interessen in den Händen, als die Neuenburger Frage, und so setzte sich die Schweiz unnützer Weise in Kosten. Hecker, den die badische Insurrection aus Amerika herübergelockt hatte, kam erst an, als alles vorbei war, und kehrte sofort über den Ocean in seine neue Heimath zurück. Wenn Rastadt sich noch eine zeitlang hielt, so geschah es, weil man die Stadt als Bundesfestung schonen wollte; am 23. Juli mußte sie sich indessen auf Gnade und Ungnade ergeben. Ihr Commandant, Major Tiedemann, ward kriegsrechtlich erschossen; dasselbe Schicksal erfuhren noch einige andere, die den Preußen in die Hände fielen, unter ihnen auch Trützschler; auch Kinkel wurde zum Tode verurtheilt, aber zu lebenslänglicher Haft im Zuchthause begnadigt; doch gelang es ihm nach einiger Zeit aus dem Zuchthause in Spandau zu entfliehen. Am 18. August kehrte der Großherzog Leopold von Baden in seine Residenz zurück; doch blieb sein Land noch von den Preußen besetzt, bis er sich eine neue Armee mit besserer Disciplin gebildet hatte.

Nach Unterdrückung des Maiaufruhrs begann mit dem Wiedererwachen des Selbstgefühls in den Regierungen eine Reaction, die darauf ausging, den ausgetretenen Strom des öffentlichen Lebens wieder in sein altes Bett zurückzuleiten. Die im März des vorigen Jahres ernannten Minister wurden entlassen und Männer an ihre Stelle gesetzt, die es verstanden, die Presse zu zügeln und dem Unwesen der politischen Vereine ein Ende zu machen. Da so überall die Rückkehr zu den früheren Zuständen eingeschlagen wurde, konnte auch die Angelegenheit von Schleswig-Holstein nicht länger in der unentschiedenen Lage bleiben, in welche sie durch den Waffenstillstand von Malmoe versetzt worden war. Im Frühjahr 1849 kündigte der König von Dänemark den Waffenstillstand. Der Anfang des Krieges war indessen den Dänen ungünstig, und gerade auf dem Element, auf welchem sie bisher das Uebergewicht hatten, erlitten sie eine für ihren Stolz demüthigende Niederlage. Zwei ihrer Kriegsschiffe, die in die Bucht von Eckernförde eingelaufen waren, wurden hier am 5. April das Linienschiff Christian VIII in Brand geschossen und die Fregatte Gefion genommen. Auch zu Lande drang der General Bonin, der die deutsche Reichsarmee befehligte, nach Erstürmung der Schanzen von Düppel und nach einem Siege bei Kolding bis an die Gränze von Jütland vor, wagte aber nicht dieselbe zu überschreiten, weil er Rücksicht auf England und Rußland nehmen mußte, die in dieser Frage auf Seiten Dänemarks standen. Um die Armee zu beschäftigen, unternahm Bonin die Belagerung von Friedericia, während welcher er in der Nacht des 5. Juli von dem dänischen General Rye mit überlegenen Streitkräften überfallen und nach einem verzweifelten Kampfe unter großem Verluste geschlagen wurde. Diese Niederlage ward von der Diplomatie benutzt, um sich zwischen die kämpfenden Parteien zu werfen. Fünf Tage nach der Schlacht bei Friedericia, am 10. Juli, ward ein Waffenstillstand geschlossen, dessen Basis die Trennung Schleswigs von Holstein war. Schleswig ward von den deutschen Truppen geräumt, mit Ausnahme eines preußischen Truppencorps, das zurückblieb, um die Ordnung zu erhalten, und bekam eine von der holsteinschen getrennte Verwaltung, an deren Spitze der Däne Tillich trat. Doch ward ihm in der Person des Grafen Eulenburg ein preußischer Commissarius an die Seite gestellt, um seine Maßregeln zu überwachen und zu mäßigen. Denn von der dänischen Rachsucht war für das unglückliche Schleswig das ärgste zu erwarten, und trotz der preußischen Controle konnte nicht verhindert werden, daß Tillich alle diejenigen verurtheilte, absetzte und zur Auswanderung zwang, die sich während des Aufstandes als Beamte, Geistliche oder Lehrer compromittirt hatten. Man suchte damals die öffentliche Meinung über diese Drangsale in Schleswig durch die Behauptung zu beruhigen, daß die Schleswig-Holsteiner mit dem Gedanken umgegangen seien, eine nordalbingische Republik zu errichten, und daß die Mächte gezwungen worden seien, gegen diesen Plan eben so einzuschreiten, wie gegen die Republik in der Pfalz und in Baden. Die Holsteiner wurden aber durch die Mishandlung ihrer Brüder in Schleswig erbittert und zu verzweifeltem Muthe angefeuert. Obgleich Bonin und alle preußischen Officiere aus Holstein abgerufen wurden, so legten doch die Holsteiner die Waffen nicht nieder, sondern durch Freiwillige aus Deutschland verstärkt stellten sie den General von Willisen an ihre Spitze, entschlossen, den Dänen Schleswig streitig zu machen, sobald die Preußen aus diesem Herzogthum abgezogen sein würden. Dies geschah, nachdem am 2. Juli 1850 zu Berlin ein definitiver Friede zwischen Preußen und Dänemark unterzeichnet worden war, der den Dänen Schleswig auslieferte, aber die Rechte des deutschen Bundes in Holstein wahrte. Nachdem in Folge dieses Friedens die Preußen Schleswig verlassen hatten, rückten die Holsteiner unter Willisen ein. Große Erwartungen knüpften sich an Willisen, der als einer der geschicktesten Theoretiker im Kriegswesen berühmt war, allein diese Erwartungen gingen nicht in Erfüllung. Man machte dem General nicht mit Unrecht den Vorwurf, daß er durch die von ihm eingeführten Neuerungen in die hergebrachte und bewährte Organisation der holsteinschen Armee Verwirrung gebracht habe. Denn diese Neuerungen waren den Truppen noch nicht geläufig genug, als sie nach Wiedereröffnung der Feindseligkeiten davon Gebrauch machen sollten, und diesem Umstande schrieb man die entscheidende Niederlage zu, welche die Dänen am 25. Juli 1850 bei Idstedt, einem Dorfe in der Nähe von Schleswig, den Holsteinern beibrachten. Obgleich der Rückzug hinter die Eider meisterhaft und in guter Ordnung zurückgelegt wurde, so war doch durch die Schlacht bei Idstedt das Schicksal von Schleswig um so mehr entschieden, da England und Rußland jetzt offen erklärten, daß Schleswig keinen anderen Herrscher habe, als den König von Dänemark, daß es rechtmäßig keinen anderen Krieg führen dürfe, als für den König von Dänemark, niemals aber gegen denselben. Unter diesen Umständen war es bloße Halsstarrigkeit, daß die Holsteiner auch nach ihrem Unglücke bei Idstedt im Widerspruche mit dem Willen der europäischen Großmächte in ihrem Widerstande beharrten. Sie blieben unter Waffen und verstärkten sich fortwährend durch Zulauf aus Deutschland; denn gerade in ihrem Unglücke ward die Sympathie für sie immer stärker, und der Muth, mit dem sich das kleine von aller Welt verlassene Land auf das, was es für sein Recht hielt, steifte, erwarb ihm die Bewunderung aller edelen Gemüther. Allein die fernere Entscheidung ihres Schicksals hing nicht von ihrer Tapferkeit und ihren Waffen, sondern von der Ordnung der deutschen Verhältnisse ab und besonders von dem Ausspruche der neuen deutschen Centralgewalt.

Nach dem Mislingen der deutschen Reichsverfassung traten in der Frage über die deutsche Centralgewalt Preußen und Oesterreich mit verschiedenen Ansichten und Bestrebungen sich einander entgegen. Preußen nahm den Gagernschen Plan in modificirter Gestalt wieder auf, wonach Deutschland einen Bundesstaat mit gemeinschaftlichem Parlament und einheitlicher Centralgewalt bilden und mit der österreichischen Gesammtmonarchie durch einen völkerrechtlichen Bund verknüpft werden sollte. Oesterreich dagegen strebte offen nach Wiederherstellung des alten Bundestages. Der König von Preußen hatte bei der Abberufung seiner Deputirten aus dem Frankfurter Parlament versprochen, das diesem mislungene Werk der Constituirung von Deutschland mit den Fürsten wieder aufnehmen zu wollen. Zu diesem Zwecke versammelte er am 17. Mai 1849 einen Fürstencongreß in Berlin. Obgleich Oesterreich und Bayern, als sie merkten, daß hier alles auf einen engeren Bund unter Preußen abgesehen sei, sich protestirend von demselben zurückzogen, so traten doch die kleineren und mittleren Staaten dem Bunde bei, der hier geschlossen wurde, und der anfangs, weil auch die Königreiche Hannover und Sachsen sich an demselben betheiligten, das Dreikönigsbündniß, später aber die

Union genannt ward. Der Plan dieser Union war, Deutschland mit Ausschluß Oesterreichs zu einem Bundesstaat zu constituiren, an dessen Spitze der König von Preußen als erblicher Reichsvorstand trat, während ihm ein Fürstencollegium von sechs Stimmen und ein Parlament in zwei Kammern zur Seite stehen sollte. Da dieser Plan mit dem Gagernschen übereinstimmte, so versammelte Gagern im Juni seine Partei zu einem Nachparlamente in Gotha, um ihm seine Zustimmung zu ertheilen. Von dieser nur wenige Tage dauernden Versammlung erhielt die ganze kleindeutsche Partei den Namen der Gothaer, den sie bis auf den heutigen Tag behalten hat. Obgleich Preußen durch die militärische Unterdrückung der Revolution in der Pfalz und in Baden seine Stellung und sein Ansehen befestigt hatte, so war doch unterdessen auch Oesterreich durch seine Siege in Italien und Ungarn wieder zu seiner alten Macht gelangt und entschlossen, sich nicht aus Deutschland verdrängen zu lassen. Zwischen den beiden Großmächten suchte Bayern zu vermitteln, und der bayerische Minister von der Pfordten arbeitete einen Plan aus, wonach Oesterreich und Preußen im Präsidium des deutschen Bundes abwechseln, die kleinen Staaten aber mediatisirt und an die fünf Königreiche vertheilt werden sollten. Natürlich ward dieser Plan in Berlin verworfen, aber er hatte die wichtige Folge, worauf er auch ohne Zweifel einzig und allein berechnet gewesen war, das Dreikönigsbündniß zu sprengen. Denn nicht bloß Bayern und Würtemberg schlossen sich nun enger an Oesterreich an, sondern auch Sachsen und Hannover trennten sich von dem Bunde mit Preußen und neigten sich der österreichischen Ansicht zu, daß der alte Bundestag solange rechtmäßig sei, als keine neue von allen anerkannte Einheitsform gefunden sei. Der einzige Repräsentant der deutschen Einheit war noch immer der Erzherzog-Reichsverweser. Da aber Preußen diesen nicht mehr anerkannte, so würde schon jetzt der Gegensatz der Interessen in einen offenen Conflict zwischen Oesterreich und Preußen ausgeartet sein, wenn man sich nicht über ein Interim geeinigt hätte. Diesem zufolge sollte der Reichsverweser seine Gewalt einer von Oesterreich und Preußen bestellten Commission übergeben, die mit Zustimmung der übrigen Bundesregierungen bis zum 1. Mai 1850 die allgemeinen Angelegenheiten Deutschlands leiten sollte. Auf Grund dieses Uebereinkommens legte der Erzherzog Johann am 20. October 1849 seine Gewalt in die Hände zweier Bevollmächtigten nieder, des Generals Schönhals von österreichischer, des Generals Radowitz von preußischer Seite. Das Interim ward von beiden Mächten benutzt, um ihre Partei zu stärken. Preußen schloß mit Mecklenburg, Anhalt, Braunschweig und Baden Militärconventionen, durch welche die Contingente dieser Staaten der preußischen Armee einverleibt wurden. Sodann berief es auf den 20. März 1850 aus den Staaten, die der Union getreu geblieben waren, ein Parlament nach Erfurt, um hier die neue von Radowitz entworfene Verfassung berathen zu lassen. Die Versammlung ward zwar von Radowitz mit einer glänzenden Rede eröffnet und entledigte sich ihres Auftrages unter dem Präsidium von Simson, allein es fehlte ihr die rechte Begeisterung und die Energie eines eigenen Willens, da sie ihre Impulse von Berlin erwartete und empfing. Am 29. April ward das Parlament vertagt, um nie mehr zusammenzutreten. Die von ihm angenommene Unionsverfassung erhielt die Sanction der Unionsfürsten, die zu diesem Zwecke am 8. Mai persönlich in Berlin versammelt waren; allein gerade dieses entschiedene Vorgehen Preußens bewog nun auch Oesterreich zu entscheidenden Schritten. Während es in Böhmen eine Armee zusammenzog, setzte Schwarzenberg dem Erfurter Parlament den Bundestag entgegen und berief am 26. April statt des Interims, das am 1. Mai ablief, das Plenum des Bundestages nach Frankfurt. Wie im Anfange des siebzehnten Jahrhunderts Union und Liga, so standen sich jetzt Preußen und Oesterreich so drohend einander gegenüber, daß man jeden Augenblick den Ausbruch eines Krieges erwarten konnte. Besonders leidenschaftlich erklärte sich der König von Würtemberg gegen die preußischen Bestrebungen. Schon heftig gereizt, daß die preußische Herrschaft durch die Besitznahme von Siegmaringen und Hechingen festen Fuß mitten in Schwaben faßte, wurde er es noch mehr durch das Erfurter Parlament, für das auch in seinem eigenen Lande eine große Agitation stattfand. Dieser gereizten Stimmung machte er bei der Eröffnung der constituirenden Landesversammlung in einer für Preußen beleidigenden Rede Luft, worin er die preußische Union einen künstlichen Sonderbundsversuch auf den politischen Selbstmord der Gesammtheit berechnet nannte und mit den Worten schloß: „Wir wollen weder Oesterreicher noch Preußen, sondern durch und mit Würtemberg ganz allein Deutsche sein und bleiben.“ Dies führte zu einem diplomatischen Bruche zwischen Würtemberg und Preußen, indem der preußische Gesandte in Stuttgart abberufen und der würtembergsche von Berlin heimgeschickt wurde. Mitten in diese Aufregung fiel ein Attentat auf den König von Preußen. Am 22. Mai ward der König durch einen auf ihn abgefeuerten Schuß, zum Glücke nur leicht, verwundet. Obgleich der Mörder Sefeloge als ein wahnsinniger Mensch erkannt wurde, so ward dieses Attentat doch als eine Ausgeburt der Revolution betrachtet und gab der Partei in Preußen, die den Bruch mit der Revolution zu ihrem Wahlspruche genommen hatte, größeren Einfluß. Da diese Partei auch die Union als eine Folge der Revolution verwarf, so harmonirte sie mit Oesterreich und Rußland, welche die deutschen Zustände wieder auf den alten Fuß zurückbringen wollten. Ihre Führer, unter denen die Gebrüder Gerlach, Kleist-Retzow, Bismark-Schönhausen und die Professoren Stahl und Leo die bedeutendsten waren, und die durch den von ihnen gestifteten sogenannten Treubund ihren Einfluß durch alle Schichten der Bevölkerung verbreiteten, hätten gern, wenn es möglich gewesen wäre, alle Errungenschaften der Revolution beseitigt und mit der monarchischen Alleingewalt des Königs die aristokratischen Vorrechte wiederhergestellt. Der Einfluß dieser, wie man sie nannte, „kleinen, aber mächtigen Partei" machte sich geltend, als Preußen nur noch die Wahl zwischen Nachgeben oder Kampf auf Leben und Tod hatte.

Kurhessen ward der Zankapfel zwischen Union und Bundestag, und die Verhältnisse dieses Landes führten die Entscheidung herbei. Kurhessen, wo im Februar 1850 Hassenpflug wieder an die Spitze der Regierung gestellt worden war, befand sich in der eigenthümlichen Stellung, daß es sich zugleich der Union angeschlossen und den Bundestag beschickt hatte. Ein Minister, wie Hassenpflug, in dessen Charakter gewissermaßen die Reaction personificirt war, konnte unmöglich lange regieren, ohne mit den Landständen in Streit zu gerathen. Als er am 4. September 1850 die Steuern ausschrieb, ohne vorher die verfassungsmäßige Zustimmung der Landstände erhalten zu haben, unterstützte das ganze Land die Protestation des ständischen Ausschusses durch Steuerverweigerung. Die Gewaltmittel, zu denen nun die Regierung griff, hatten keinen Erfolg, weil sie keine Organe fand, um sie auszuführen. Denn die Gerichte erkannten, daß der Ausschuß in seinem Rechte sei, und kein Beamter wollte sich zum Werkzeuge von Hassenpflugs verfassungswidrigen Verordnungen gebrauchen lassen. Obgleich das hessische Volk sich nur auf passiven Widerstand beschränkte, so schien doch dem Kurfürsten und seinem Minister die Stimmung desselben so drohend, daß beide am 12. September auf dem Umwege über Hannover und Köln nach Frankfurt flüchteten und den Schutz des Bundestages anriefen. Dieser sagte am 21. September die Bundeshilfe zu, Preußen dagegen, an welches sich der ständische Ausschuß wandte, nahm Hessen als einen Unionsstaat unter seinen Schutz, und der am 26. September zum Minister der auswärtigen Angelegenheiten ernannte General von Radowitz, der in der Unionsverfassung sein eigenes Werk vertheidigte, ließ Kassel mit preußischen Truppen besetzen. Im October hielt der Kaiser von Oesterreich mit den Königen von Bayern und Würtemberg eine Zusammenkunft in Bregenz und hier, wo sich der König von Würtemberg wie ein Vasall Oesterreichs benahm und den Trinkspruch ausbrachte: „Ein alter Soldat macht nicht viel Worte, aber er folgt dem Rufe seines Kaisers, wohin es auch sei" — wurde verabredet, daß zur Vollziehung des Bundesbeschlusses ein bayerisches Armeecorps in Hessen einrücken solle. Alle Anstalten deuteten auf einen erbitterten Bürgerkrieg; die preußischen Truppen wurden schnell aus Baden zurückgezogen, um sie nicht der Gefahr auszusetzen, von Oesterreich, Bayern und Würtemberg abgeschnitten zu werden, und die Bayern drangen 10,000 Mann stark unter dem Fürsten von Thurn und Taxis in Kurhessen ein und keck gegen Kassel vor, wo die Preußen unter dem General von der Gröben standen. Man kann nur mit Schaudern daran denken, an welchem furchtbaren Abgrund damals Deutschland stand. Denn wäre es zum Conflict gekommen, so würde ein eben so schrecklicher Krieg, wie früher der dreißigjährige, daraus hervorgegangen sein. Wer kann zweifeln, daß alle bösen Leidenschaften erwacht wären, daß Stammesstolz und Confessionshaß sich eingemischt und einen Brand angefacht hätten, der nicht anders als mit Strömen von Blut hätte gelöscht werden können? Es war ein Glück für Deutschland, daß damals das Ausland, welches allein bei einem solchen Kriege gewonnen haben würde, nicht in der Lage war, den Kriegsfunken zur hellen Flamme anzublasen. Weder hatte Frankreich Zeit, noch Rußland den Willen, einen Bürgerkrieg in Deutschland zu erregen; der Kaiser von Rußland trat vielmehr vermittelnd zwischen die erhitzten Parteien und alle Vaterlandsfreunde, die mit Cicero überzeugt waren, nihil esse bello civili miserius, wußten es ihm Dank, daß er dieses Unheil von unserem Vaterlande abgewendet hat. Auch dem frommen König von Preußen muß es die Geschichte zur Ehre anrechnen, daß er Selbstüberwindung genug hatte, um seinen Stolz dem Vaterlande zum Opfer zu bringen und mit dem Preise seiner Demüthigung den Frieden zu erkaufen. Der Kaiser Nikolaus legte nämlich in Warschau, wo der preußische Ministerpräsident, Graf von Brandenburg, und der Kaiser Franz Joseph mit dem Fürsten von Schwarzenberg sich persönlich eingefunden hatten, seine gewichtige Stimme in die Wagschale Oesterreichs. Seine Erklärung, daß er zu seinem Bedauern genöthigt sein werde, gegen Preußen das Schwert zu ziehen, wenn dieses der vom Bundestag beschlossenen Execution in Kurhessen Hindernisse in den Weg lege, bestimmte den König von Preußen zur Nachgiebigkeit. Als der Graf von Brandenburg, tief gekränkt durch die in Warschau erfahrene Demüthigung und bis zum Tode erkrankt, diese Erklärung nach Berlin brachte, ließ der König den Minister Radowitz und mit ihm die Union fallen und gab am 2. November seinen in Kurhessen stehenden Truppen den Befehl zum Rückzug. Dieser Befehl machte den

Feindseligkeiten ein Ende, die schon bei Bronzell am 8. November damit begonnen hatten, daß zwischen dem Vortrab des Executionsheeres und dem Nachtrab der Preußen Kugeln gewechselt worden waren, wodurch einige österreichische Jäger fielen. Zwar machte die preußische Regierung, an deren Spitze nach dem unterdessen erfolgten Tode des Grafen von Brandenburg der Freiherr Otto von Manteuffel als Ministerpräsident getreten war, ihre Armee mobil, allein nur, um den zu eröffnenden Unterhandlungen größeren Nachdruck zu geben. Um dieselben schneller abzumachen, kamen die Ministerpräsidenten von Oesterreich und Preußen am 29. November persönlich in Olmütz zusammen. Hier entsagte Preußen der Union und dem Schutze der kurhessischen Verfassung und verabredete eine Conferenz in Dresden, um die deutschen Angelegenheiten definitiv zu ordnen. Man muß es dem Minister Manteuffel zum Vorwurf machen, daß er für Kurhessen nicht wenigstens eine bessere Behandlung auswirkte, als sie Hassenpflug nach seiner Rückkehr über das unglückliche Land verhängte. Eine Menge von Beamten wurde abgesetzt und vor Gericht gestellt oder entzog sich der Verfolgung durch Flucht. Viele Hessen wanderten aus, weil ihnen der Druck der Hassenpflugschen Ministerialwillkür unerträglich geworden war. Es gab keinen Namen, der in Deutschland verrufener gewesen wäre, als der Hassenpflugs, und nur aus diesem allgemeinen Hasse läßt sich erklären, daß man in ganz Deutschland darüber jubelte, als einige Zeit später der Minister von dem Schwiegersohne des Kurfürsten, dem Prinzen von Isenburg, auf öffentlicher Straße mit Stockschlägen tractirt wurde.

Die in Olmütz verabredete Minister-Conferenz zur Neugestaltung Deutschlands war unterdessen am 23. December in Dresden unter dem Vorsitze des Fürsten von Schwarzenberg eröffnet worden, allein aus ihren Berathungen ergab sich bald, daß die verschiedenen Vorschläge über Bundesreform unausführbar seien und daß nichts übrig bleiben werde, als einfache Rückkehr zur alten Bundesverfassung. Der Plan, Oesterreich und Preußen allein an die Spitze Deutschlands zu stellen und ihnen die diplomatische und militärische Führung zu überlassen, scheiterte an dem Widerspruche der Mittelstaaten, die ihr Souveränetätsrecht nicht so stark beschränken lassen wollten. Ein zweiter Plan, Oesterreich mit seinem Gesammtgebiet, sowie Preußen mit seinen außerdeutschen Provinzen in den deutschen Bund aufzunehmen, fand Widerspruch von Seiten Preußens, das darin von Rußland und von dem Proteste Englands und Frankreichs unterstützt wurde. Der alte Plan Bayerns, die mittleren und kleineren Staaten, Oesterreich und Preußen gegenüber, zu einem dritten geschlossenen Körper innerhalb des Bundes zu vereinigen, die sogenannte Trias, fand bei den Großmächten keinen Beifall. Auch das deutsche Parlament ward in Dresden von Würtemberg befürwortet, aber ohne Erfolg, da man nicht dazu gelangte, eine Centralgewalt zu gründen. Unter diesen Umständen hielt es selbst Preußen sowohl durch die Lage der Dinge, als durch seinen Vortheil geboten, den alten Bundestag wieder anzuerkennen. Nachdem es am 27. März 1851 die in der Union mit ihm vereint gewesenen Fürsten eingeladen hatte, den Bundestag zu beschicken, kam in Dresden kein anderer Beschluß zu Stande, als das Material der bisherigen Verhandlungen dem factisch wiederhergestellten Bundestag in Frankfurt zu überweisen. An demselben Tage, wo die Conferenz in Dresden geschlossen wurde, am 15. Mai 1851 trat ein preußischer Gesandter in den Bundestag ein, und da dem Beispiele Preußens die übrigen Unionsstaaten folgten, so konnte vom 30. Mai an der Bundestag in seiner alten Form seine alte Thätigkeit wieder beginnen. So war, was man nicht für möglich gehalten hätte, die Wiederbelebung des todten und begrabenen Bundestags eingetreten, aber der alte Haß und das alte Mistrauen blieben in den Gemüthern, und nur das augenblickliche Bedürfniß der Ruhe konnte die deutsche Nation mit dem Gefühle versöhnen, sich wieder dem Bundestage unterwerfen zu müssen.

Eine Folge dieser Wendung der Dinge war die Pacificirung Holsteins. Schon am 2. August 1850 war in London von England, Frankreich, Rußland, Schweden und Dänemark ein Protokoll unterzeichnet worden, worin die Gesammtheit der dänischen Monarchie verbürgt wurde, und auch Oesterreich war mit Vorbehalt der Rechte des deutschen Bundes dieser Abmachung beigetreten. Die Holsteiner setzten zwar ihren Widerstand gegen Dänemark fort, allein obgleich ihnen fortwährend viele Freiwilligen aus Deutschland zuströmten, unter ihnen auch Heinrich von Gagern, der als Major in die schleswig-holsteinsche Armee eintrat, so waren sie doch im Kampfe unglücklich und erlitten beim Sturm auf Friedrichstadt am 4. October 1850 eine neue Niederlage. Ihre letzte Stütze sank zu Boden, als in Folge der Verhandlungen zu Olmütz auch Preußen der Ansicht beitrat, daß Holstein entwaffnet und der Friede mit Gewalt durchgesetzt werden müsse. Ein österreichisches Armeecorps unter dem General von Legeditsch rückte im Januar 1851 in Holstein ein, wo man seit den Zeiten des dreißigjährigen Krieges die österreichischen Waffen nicht mehr gesehen hatte, und machte in Verbindung mit den Preußen allem fernern Widerstande ein Ende. Die provisorische Regierung von Schleswig-Holstein löste sich auf, und das Land mußte sich den Anordnungen unterwerfen, welche die großen Mächte zur Erfüllung des Londoner Protokolls vom 2. August 1850 trafen. Um in Uebereinstimmung mit diesen Dänemark als Gesammtstaat zu erhalten, mußte die Thronfolgeordnung geändert werden. Demzufolge setzten die Großmächte durch das Londoner Protokoll vom 8. Mai 1852 fest, daß mit Beseitigung der Erbansprüche des Landgrafen Friedrich von Hessen auf Dänemark und des Herzogs von Augustenburg auf Schleswig-Holstein die Thronfolge in allen zur dänischen Monarchie gehörigen Ländern auf den Herzog Christian von Glücksburg übergehen sollte. Das einzige, was die deutschen Großmächte bei dieser Beeinträchtigung der deutschen Nationalinteressen für die unglücklichen Herzogthümer auswirkten, war die Erhaltung der Landstände und eine Amnestie für Schleswig, so wie die Gleichberechtigung der deutschen Sprache mit der dänischen in diesem Herzogthum. Kaum aber waren die Oesterreicher im Februar 1852 abmarschirt, so machten die Dänen, ohne sich an die Zugeständnisse zu binden, ihrem Hasse Luft. In Schleswig wurde das Dänische Kirchen- und Schulsprache. Die versprochene Amnestie wurde nicht gehalten und nicht bloß in Schleswig, sondern auch in Holstein eine rücksichtslose Verfolgung geübt. Alle Officiere der schleswig-holsteinschen Armee, eine große Menge von Beamten, Pfarrern und Schulmännern wurde ohne Pension aus dem Lande gejagt. Der deutsche Bund sah ruhig zu, und nur einzelne deutsche Fürsten, unter denen sich besonders der Herzog von Coburg auszeichnete, suchten das Schicksal dieser unglücklichen Männer durch Wiederanstellung in ihren Ländern zu erleichtern, während sich die Theilnahme der deutschen Nation durch freiwillige Geldbeiträge äußerte. Die Festung Rendsburg wurde, obgleich sie zum deutschen Bunde gehörte, geschleift. So behauptete sich zwar Dänemark in seiner Integrität, aber die Frage konnte um so weniger als gelöst betrachtet werden, da nicht alle erbberechtigten Agnaten auf ihr Recht verzichtet und in das Londoner Protokoll, welches die neue Thronfolge arrangirte, gewilligt hatten. Nur ein uraltes Recht konnte Dänemark nicht behaupten, den Sundzoll, den es von allen aus und nach der Ostsee passirenden Schiffen forderte. Die nordamerikanischen Freistaaten erhoben zuerst Protest gegen den Sundzoll, und da sich alle betheiligten Staaten demselben anschlossen, so mußte sich Dänemark eine Ablösung dieses Zolles gefallen lassen. Mit der Pacificirung von Holstein war der alte Zustand in Deutschland wiederhergestellt, und die letzte Spur der Einheitsbestrebungen verschwand mit der deutschen Flotte, welche der Bundestag im Laufe des Jahres 1852 durch den oldenburgischen Staatsrath Hannibal Fischer an den Meistbietenden verkaufen ließ.

Es konnte nicht anders sein, als daß die letzten Ereignisse zwischen Oesterreich und Preußen eine Antipathie erzeugten, welche noch lange nachwirkte. Preußen blieb ein constitutioneller Staat (?), während Oesterreich sich zu einem absoluten Einheitsstaate gestaltete. Die Rivalität zwischen beiden ward von dem politischen Gebiete auf das der materiellen Interessen verlegt, indem Oesterreich, nachdem ihm mislungen war, mit seinem Gesammtgebiet in den deutschen Bund zu treten, wenigstens danach strebte, in den deutschen Zollverein aufgenommen zu werden und auch hier Preußen die bisher von demselben unbestrittene Hegemonie streitig zu machen. Dies erregte auf dem Gebiete der Industrie und des Verkehrs eine gewaltige Aufregung und Erbitterung. Preußen hatte schon seit längerer Zeit im Stillen über die Aufnahme Hannovers und seiner Verbündeten in den Zollverein unterhandelt und machte im September 1851 das Resultat der Vereinigung bekannt. Um aber dies ins Leben zu führen, mußte es den bisherigen Zollverein kündigen, und so war auf diesem wichtigen Gebiete das Feld für neue Combinationen eröffnet. Dies benutzte Oesterreich, um eine Zollconferenz nach Wien zu berufen, auf der ein allgemeiner für Oesterreich und Deutschland gemeinsamer Zollverein geschlossen werden sollte. Allein Preußen beschickte diese Conferenz nicht, und obgleich die österreichischen Bestrebungen von Bayern, Sachsen und Würtemberg unterstützt wurden und diese sich im März 1852 zu Bamberg dahin verständigten, ihren Wiedereintritt in den alten Zollverein an die Bedingung zu knüpfen, daß zuvor auch Oesterreich in denselben aufgenommen werden müsse, so blieb doch Preußen fest und wies ein solches Verlangen zurück. Es wußte, daß es in dieser Frage auf die Unterstützung der ganzen industriellen und commerziellen Welt rechnen könne. In der That versetzte die Gefahr, die bisherigen Vortheile des alten Zollvereins zu verlieren und das einzige Werk der Einigung, welches in Deutschland durch und mit Preußen zu Stande gekommen war, auseinander fallen zu sehen, alle Gebiete des Zollvereins in die lebhafteste Aufregung. Diese ging so weit, daß in Leipzig die größten Handelsfirmen Anstalt machten, ihren Sitz nach Preußen zu verlegen. Unter diesen Umständen mußte Oesterreich auf seinen Plan verzichten und sich mit einem Handelsvertrag begnügen, der auf zwanzig Jahre zwischen Oesterreich und Preußen abgeschlossen wurde, die übrigen Zollvereinsstaaten dagegen bequemten sich zum Wiedereintritt in den durch Hannover erweiterten alten Zollverein. In dieser Frage trug also Preußen einen vollständigen Sieg über Oesterreich davon und konnte die in Olmütz auf politischem Gebiete erlittene Demüthigung durch seinen Triumph auf commerziellem Gebiete für compensirt und ausgeglichen halten. Auch fing es jetzt an eine Seemacht zu gründen, deren Mangel ihm im dänischen Kriege fühlbar geworden war. Es kaufte von Oldenburg im Jahre 1853 ein kleines Gebiet am Jahdebusen, um daselbst einen Kriegshafen anzulegen. — Oesterreich blieb auch nach dem Tode des Fürsten Schwarzenberg, der am 3. April 1852 plötzlich am Schlagflusse starb, auf dem von diesem großen Minister angebahnten Wege der inneren Entwickelung, aber man merkte an der Langsamkeit, mit welcher der Ausbau der Verfassung betrieben wurde, daß sein Nachfolger Graf Buol-Schauenstein nicht die Energie hatte, mit der Schwarzenberg zu denken und zu handeln gewohnt gewesen war. Es fehlte daher nicht an Unzufriedenen, und der Parteigeist waffnete sogar die Hand eines Mörders gegen das Leben des Kaisers. Am 18. Februar 1853 wurde der Kaiser Franz Joseph bei einem Spaziergange auf dem innern Walle von Wien von einem Ungar Namens Libenyi mit einem großen Messer angefallen und in den Nacken verwundet; glücklicher Weise wurde aber der Mörder, ehe er den Stoß wiederholen konnte, von dem Adjutanten des Kaisers O'Donnel mit Hilfe eines zufällig herbeigekommenen Wiener Bürgers niedergeworfen und unschädlich gemacht. Wenn auch die Wunde des Kaisers nicht ungefährlich war, so half ihm doch seine Jugendkraft und gesunde Natur zu vollständiger Genesung. Der Mörder aber wurde, nachdem man sich überzeugt hatte, daß er keine Mitschuldigen gehabt habe, gehenkt. Immer aber war seine That ein Zeugniß, daß die verschiedenen in der Monarchie vorhandenen Nationalitäten sich nicht in den Einheitsstaat einfügen ließen, ohne diesen Act als einen ihrer Natur angethanen Zwang zu empfinden. Man suchte daher nach einem weniger drückenden Bande der Einheit und glaubte dasselbe in der Kirche gefunden zu haben. Schon Fürst Schwarzenberg hatte die innige Verbindung des Staats mit der Kirche als ein Mittel empfohlen, die verschiedenen Nationalitäten zu versöhnen. Die Kirche, als eine über allem Nationalunterschied stehende Anstalt, bot ein geistiges Band der Einheit dar, und Buol-Schauenstein bedachte sich nicht, dasselbe zu ergreifen und damit Oesterreich zusammenzubinden. Da sich so der Staat auf den Klerus stützte, so mußte er demselben alle die Rechte zurückgeben, die ihm seit den Zeiten Kaiser Josephs II entzogen worden waren. Dies geschah durch ein am 18. August 1855 geschlossenes Concordat, durch welches der Kirche in Oesterreich der freie Verkehr ihrer Bischöfe mit Rom, die ausschließliche Leitung der Priesterseminare und des religiösen Unterrichts in allen Schulen, das Recht der Bischöfe, die Censur zu üben und kirchenfeindliche Bücher zu unterdrücken, die Errichtung von Klöstern, die Gründung neuer Sprengel und die Selbstverwaltung des Kirchenguts sowie überhaupt der Genuß aller Rechte, die ihr nach der Anordnung Gottes und nach den Bestimmungen der Kirchengesetze zukämen, zugesichert wurden. Durch dieses Concordat ward die katholische Kirche in Oesterreich zu einer selbständigen Macht erhoben, die allerdings dem Staate, aber freilich nur solange sie mit ihm einig bleibt, als feste Grundlage dienen kann.

In Beziehung auf das übrige Deutschland wird es genügen, die Veränderungen in dem Personal der Regenten anzugeben. In Hannover starb der alte König Ernst August am 18. November 1851, und es folgte ihm sein blinder Sohn Georg V. Der König von Sachsen Friedrich August II hatte das Unglück, auf einer Gebirgsreise in Tyrol am 9. August 1854 durch einen Sturz aus dem Wagen das Leben zu verlieren; da er keine Kinder hatte, so folgte ihm sein Bruder Johann. In dem Großherzogthum Baden starb der schwergeprüfte Leopold am 24. April 1852, und da sein ältester Sohn regierungsunfähig war, so übernahm sein zweiter Sohn Friedrich die Regierung zuerst unter dem Titel eines Regenten, seit dem 5. September 1856 aber unter dem Titel eines Großherzogs. Das Jahr 1853 brachte eine Regierungsveränderung auch in den beiden Großherzogthümern Oldenburg und Sachsen-Weimar; in dem erstern folgte am 27. Februar dem verstorbenen Großherzog August sein Sohn Peter, und in dem zweiten am 8. Juli dem verstorbenen Großherzog Karl Friedrich sein Sohn Karl Alexander. Während der Ruhe, die auf die Revolutionsstürme folgte, hatte die Gährung Zeit sich abzuklären, und es gingen daraus zwei gute Wirkungen hervor, zuerst daß man in der Politik erkannte, man müsse nach dem bloß erreichbaren streben, und zweitens, daß der Ernst der Zeit, die Einsicht in die revolutionäre Corruption der Religion wieder Ansehen und Wirkung verschaffte und die Gemüther zu Gott zurückführte. Das ist vielleicht die wichtigste Folge der deutschen Revolution, daß seitdem sowohl in der katholischen als in der evangelischen Kirche die religiöse Gesinnung tiefere Wurzeln geschlagen und dem kirchlichen Ansehen eine große Kraft gegeben hat.

Neunzehntes Capitel.

Wir haben früher gesehen, wie die Schweiz den günstigen Moment benutzte, um ungehindert von den Nachbarmächten, die mit ihren eigenen Angelegenheiten vollauf beschäftigt waren, sich zu einem Bundesstaate umzubilden. Allein durch die Aufnahme von Neuenburg, wo die republikanische Partei im Februar 1848 die preußische Regierung gestürzt hatte, gerieth der Schweizerbund mit dem Könige von Preußen als erblichem Fürsten von Neuenburg in ein gespanntes und feindseliges Verhältniß. Um zu wissen, welchen Werth der König auf diesen entfernten Besitz legte, muß man wissen, wie sein Haus zu demselben gekommen war, und da die Geschichte eines so kleinen Fürstenthums wenig bekannt ist, so wird es nicht unpassend sein, die Hauptmomente derselben kurz darzustellen und namentlich nachzuweisen, auf welche Art die verhängnißvolle Verbindung von Neufchatel und Valengin (Neuenburg und Valendis) mit der Krone Preußen zu Stande gekommen ist.

Es ist bekannt, daß, als das Königreich Burgund im Jahre 1032 mit der deutschen Krone vereinigt wurde, die königliche Gewalt in demselben zu einer bloßen Schattenherrschaft herabgesunken war, und daß die burgundischen weltlichen und geistlichen Großen die Stellung fast unabhängiger Dynasten einnahmen. Zu diesen Dynasten, unter denen der Markgraf von Provence, der Graf von Vienne oder der Dauphin, der Herr von Chalons, der Fürst von Orange, der Erzbischof von Lyon und andere hervorragten, gehörte auch der Herr von Wälschneuenburg (Dominus novi castri). Die Macht der deutschen Könige würde diesem Zustande ohne Zweifel ein Ende gemacht haben, wenn nicht unmittelbar darauf ihre ganze Thätigkeit zuerst durch den Streit mit der Kirche und dann durch ihren Kampf zugleich mit der Kirche und mit dem republikanischen Geiste der italienischen Städte in eine andere Richtung gezogen worden wäre. Während die beiden letzten Kaiser aus dem salischen Hause durch den Investiturstreit ganz in Anspruch genommen wurden und die hohenstaufischen Kaiser ihre Kraft und ihr Talent in den italienischen Unternehmungen vergeudeten, konnten die Zustände in Burgund, wie sie bei Vereinigung des Landes mit Deutschland gewesen waren, immer fester sich ausbilden und immer tiefere Wurzeln schlagen. Natürlich hielten es die Burgunder in der Regel mit der päpstlichen Partei, und daher kam es, daß Papst Innocenz IV den Schutz und Anhalt gegen Friedrichs II Uebermacht, der sich ihm sonst nirgends darbot, hier suchte und fand. In der burgundischen Stadt Lyon versammelte er im Jahre 1245 das berühmte Concilium, auf welchem er, Ankläger und Richter in einer Person, durch seinen Bannfluch dem hohenstaufischen Hause und zugleich der kaiserlichen Gewalt in Deutschland und dessen Nebenreichen den Todesstoß versetzte. Was aus dem damaligen Schiffbruch der königlichen Gewalt die späteren deutschen Könige an Trümmern retteten, war nicht mehr bedeutend genug, um ihre Herrschaft in Burgund zu etwas mehr als einem nominellen Ansehen zu erheben. Zwar versuchte König Rudolf I als ein selbst in Burgund reich begüterter Herr das Königreich Burgund seinem jüngsten und liebsten Sohne Hartmann als ein besonderes Reich zu übertragen; allein dieses an und für sich schwierige Unternehmen wurde mitten in der Ausführung durch den tragischen Tod des Prinzen Hartmann unterbrochen, der bekanntlich in der Blüthe seines Alters im Jahre 1288 auf dem Rhein bei Basel mit dem Boote umschlug und ertrank.

Dieses Jahr ist auch in der Geschichte von Wälsch-Neuenburg Epoche machend. Der damalige Beherrscher desselben, Rudolf der Kleine oder Rolinus, erregte durch eine von ihm verübte Gewaltthat gegen die Frau eines Bürgers einen Aufstand, in Folge dessen er aus Stadt und Land entweichen mußte. Er wandte sich an König Rudolfs Schwager, Johann von Chalons, und suchte dessen Schutz und Fürbitte bei dem Könige nach. Durch den Einfluß Johanns kam darauf im Jahre 1288 eine Uebereinkunft zu Stande, wonach der deutsche König den Herrn von Chalons mit Wälschneuenburg und Valendis belehnte, dieser aber den vertriebenen Rolinus als seinen Vasallen wieder in Besitz seiner väterlichen Erbschaft setzte. Rolinus schwur in Gegenwart des Bischofes von Lausanne einen Eid, daß er die beiden Herrschaften als ein bloß aus der Güte des Hauses Chalons herrührendes Lehen betrachten wolle, und der Bischof bestimmte den Kirchenbann als Strafe für denjenigen, der jemals gegen diese Uebereinkunft handeln werde. So kam die Oberlehnsherrlichkeit über Neuenburg an das Haus Chalons, und als dieses Haus im Jahre 1386 auch das Fürstenthum Oranien erbte, an die Fürsten von Oranien. Das Joch aber, das Rolinus aus Noth auf sich genommen, suchten seine Nachkommen in bessern Umständen wieder abzuschütteln. Als die männliche Nachkommenschaft Rolins erlosch und dem Lehnrechte zufolge die beiden Herrschaften Neuenburg und Valendis dem Hause Chalons zufallen sollten, traten die Seitenverwandten diesem mit ihren Ansprüchen entgegen. Sie suchten und fanden eine Stütze an der mächtigen Republik Bern, der die Nachbarschaft der Fürsten von Oranien gefährlich schien, und mit Hilfe derselben setzten sie sich in Besitz von Neuenburg und Valendis und behaupteten sich darin. Auf diese Weise folgten sich in der Herrschaft von Neuenburg von 1397 an das Haus Freiburg, nach dessen Erlöschen im Jahre 1457 das Haus Hochberg und diesem im Jahre 1543 das Haus Longueville, ein Nebenzweig der Herzoge von Orleans. Allein ein zum Factum erhobenes Unrecht konnte nach den Principien des Feudalsystems niemals das Recht vernichten, und so blieben die Prinzen von Oranien de jure Oberlehnsherrn von Neuenburg, obgleich sie aufgehört hatten, die Besitzer de facto zu belehnen. Sie protestirten bei den Reichsgerichten gegen die Entziehung der ihnen zustehenden Rechte, und wenn auch Kaiser und Reich nicht im Stande waren, ihren Urtheilen zu Gunsten der Prinzen von Oranien Nachdruck zu geben, so wurden doch die legitimen Ansprüche derselben gewahrt und konnten zu gelegener Zeit geltend gemacht werden. Mit dem Fürstenthum Oranien kamen so im Jahre 1530 die Rechte auf Neuenburg an das Haus Nassau. Der letzte Prinz von Oranien aus dem Hause Chalons war jener Philibert, dessen Name aus der Geschichte der Kriege Karls V in Italien berühmt ist. Er war es, der über das kaiserliche Heer, welches im Jahre 1527 Rom erstürmt und geplündert hatte und das nach dem Falle seines Feldherrn, des Herzogs von Bourbon, zucht- und führerlos in der unglücklichen Stadt hauste, den Oberbefehl übernahm und bis zum Ende des Krieges behielt. Bei der Belagerung von Florenz ward er im Jahre 1530 erschossen. Mit ihm erlosch das Haus Chalons, und das Fürstenthum Oranien kam nun an seine Schwester Claudia, die mit dem Grafen Heinrich von Nassau vermählt war und einen Sohn von demselben hatte, Renatus von Nassau. Dieser erste Prinz von Oranien aus dem Hause Nassau machte im Jahre 1544 im Feldlager bei Richemont ein Testament, in welchem er seine ganze Erbschaft mit einem Fideicommiß belegte und verordnete, daß, wenn er ohne Erben stürbe, ihm seines Vaterbruders Wilhelm ältester Sohn Wilhelm und dessen eheliche Erben sowohl männlichen als weiblichen Geschlechts nachfolgen sollten. Das Testament des Renatus wurde vom Kaiser Karl V bestätigt und in einem eigenen Artikel des im September 1544 mit Frankreich geschlossenen Friedens von Crespy zu einem völkerrechtlichen Acte erhoben. Auf dieses Testament gründeten sich die Ansprüche des Hauses Brandenburg auf Oranien und Neuenburg. Denn als Renatus wirklich ohne Erben starb, wurde sein Vetter Wilhelm, der berühmte Gründer der niederländischen Republik, der zweite Prinz von Oranien aus dem Hause Nassau, und ihm folgten seine directen Nachkommen bis auf Wilhelm III, König von England, mit welchem am 19. März 1702 die männliche Linie erlosch. Dem im Jahre 1544 errichteten Testament des Renatus zufolge ging also jetzt das Erbrecht auf Oranien und das davon abhängige Neuenburg an die weibliche Linie über, zunächst an Louise Henriette, Prinzessin von Oranien, die bekanntlich mit dem großen Kurfürsten Friedrich Wilhelm von Brandenburg vermählt war. Ihr Sohn aus dieser Ehe, Friedrich, der erste König von Preußen, nahm daher den Titel Prinz von Oranien an und machte, da gerade damals das in Neuenburg herrschende Haus Longueville erlosch, auch die uralten Ansprüche Oraniens auf Neuenburg und Valendis geltend.

Der letzte Herr von Neuenburg aus dem Hause Longueville, Johann Ludwig, war im Jahre 1694 gestorben und hatte den Prinzen von Conti, Louis François de Bourbon, zu seinem Erben eingesetzt. Seine Schwester Maria von Nemours that aber gegen diese Ernennung Einspruch und behauptete sich bis zu ihrem Tode, der am 17. Juni 1707 erfolgte, mit Hilfe der Schweizer im Besitze von Neuenburg und Valendis. Nach ihrem Tode mußte die Frage über das Erbrecht entschieden werden; außer dem Könige von Preußen, als Prinzen von Oranien, und dem Prinzen von Conti, als Testamentserben des letzten Longueville, meldeten sich vierzehn Candidaten. In Bezug auf die letzteren zeigte sich bald, daß sie wenig Aussicht auf Erfolg hätten, und daß sie daher nichts besseres thun könnten, als, was sie auch einer nach dem andern wirklich thaten, bei Zeiten zurückzustehen. Die beiden erstern dagegen traten wider einander in die Schranken: der Prinz von Conti unterstützt von der katholischen Partei im Lande und von der ganzen Macht Ludwigs XIV; auf der Seite des Königs von Preußen standen dagegen die Protestanten im Lande selbst und in der Schweiz so wie alle Mächte, die damals wegen der spanischen Succession mit Frankreich im Kriege waren. Selbst der schwedische König Karl XII erließ aus Sachsen, bis wohin er mit seinem siegreichen Heere vorgedrungen war, ein Schreiben an Bern und Neuenburg zu Gunsten des Königs von Preußen. Indessen mehr als alle diese Empfehlungen sprach zu Gunsten Preußens das politische Interesse. Eine aus der Ferne regierende protestantische Macht, wie Preußen, mußte den Schweizern und Neuenburgern bequemer und weniger gefährlich erscheinen, als die Herrschaft eines französischen Prinzen, die mit der Zeit doch zu nichts anderem führen konnte, als zur Einverleibung in das französische Reich, das schon so viele ehemals unabhängige burgundische Herrschaften verschlungen hatte. Um indessen den Schein des Rechts zu bewahren, beschlossen die Neuenburger Stände, ein Tribunal niederzusetzen, das die Ansprüche der verschiedenen Bewerber prüfen und auf Grund dieser Prüfung dem am meisten Berechtigten die Herrschaft zuerkennen sollte. Der König von Preußen, im Gefühl, bei einer solchen Prüfung nichts zu verlieren, ließ sich dieselbe gefallen, und seinem Beispiele mußten auch die übrigen Mitbewerber folgen. Ein Vorspiel zu dem eigentlichen Entscheidungskampfe bildete ein Rang- oder Etikettenstreit zwischen dem Stellvertreter des Königs von Preußen, dem Grafen von Metternich, und zwischen dem Prinzen von Conti. Der letztere verlangte als Prinz von Geblüt den Vortritt vor dem bevollmächtigten Gesandten eines zwar wirklich gekrönten, aber in Frankreich noch nicht anerkannten Königs, während der Graf von Metternich sich darauf stützte, daß, da Neuenburg nicht in Frankreich läge, man sich nicht nach französischen Vorschriften über den Rang zu richten habe. Auf seinen Vorschlag entschieden die Stände diesen Streit dahin, daß keiner der Mitbewerber in Person, sondern nur durch seinen Anwalt im Tribunal erscheinen sollte. Nach dieser Entscheidung, die an dem Endausgang keinen Zweifel übrig ließ, reiste der Prinz von Conti mit Zurücklassung einer Protestation ab. Wenn nun nicht sogleich der Ausspruch erfolgte, so lag der Grund darin, daß der Statthalter von Neuenburg, Mollondin, und die katholischen Deputirten von Landeron dem preußischen Interesse entgegen waren. Allein auch dieser Widerstand wurde überwunden. Mollondin wurde aus seinem Amte verdrängt und der preußischgesinnte Nikolaus Tribolet an seine Stelle erhoben. Nun erfolgte am 3. November 1707 der Ausspruch des Tribunals. Nachdem zuerst der Widerspruch der Abgeordneten von Landeron durch Ueberstimmung beseitigt war, trug der Staatssecretär das Endurtheil vor, das dahin lautete, daß das Recht des Hauses Chalons auf Neuenburg seiner Natur nach nie habe verjähren können, und daß dieses Recht in gesetzlicher Erbfolge von dem Hause Chalons auf Nassau-Oranien und von diesem durch seine Mutter, die oranische Erbprinzessin Louise Henriette, auf den König von Preußen übergegangen und demzufolge sei der König von Preußen als rechtmäßiger Herr von Neuenburg und Valendis anzuerkennen. Der Statthalter Tribolet erhob sich nach dieser Verkündigung von seinem Vorsitzerstuhl und übergab dem feierlich eingeführten preußischen Gesandten Grafen von Metternich das Scepter der unabhängigen Regierung von Neuenburg und Valendis. Dieser übernahm nun den Vorsitz der Stände und hielt eine Rede, in welcher er die Vorsehung Gottes, die Gerechtigkeit der Stände und das künftige Glück der Landeseinwohner pries, wobei er mehrere male durch den Ruf: Es lebe der König! unterbrochen wurde. Es sollen nun hier nicht die Festlichkeiten erzählt werden, womit die preußische Besitznahme gefeiert wurde. Es ist bekannt, daß König Friedrich I prächtige Ceremonien mit Leidenschaft liebte, und sein Bevollmächtigter sparte daher bei dieser Gelegenheit nichts, um den neuen Unterthanen seines Herrn durch die von ihm entwickelte Pracht und Freigebigkeit einen großen Begriff von der Macht desselben beizubringen.

Wenn aber auch Preußen auf friedliche Weise und auf dem legitimsten Wege in den Besitz von Neuenburg gekommen war, so konnte es sich doch nicht anders, als mit den Waffen, darin behaupten. Der französische Gesandte hatte während des ganzen Verlaufs der Verhandlungen weder Drohungen noch Intriguen gespart, um dem französischen Interesse das Uebergewicht zu verschaffen; nachdem es ihm mislungen war, trat Ludwig XIV selbst auf und nahm Neuenburg und Valendis für sich in Anspruch. Das Feudalrecht bot ihm Chicanen genug dar, auf die gestützt er bei dem Parlament zu Besançon ein Verfahren eröffnen ließ, das an die berüchtigten Reunionen aus den achtziger Jahren des vorhergehenden Jahrhunderts erinnerte. Neuenburg wurde für ein der Krone Frankreich als Besitzerin der Freigrafschaft Burgund heimgefallenes Lehen erklärt. Bei dieser Lage der Dinge, bei dem scharfen Gegensatze der Ansprüche und der darüber gefällten gerichtlichen Urtheile hing die letzte Entscheidung von dem Ausgange des Waffenkampfes ab, in dem Frankreich mit dem Kaiser und dessen Verbündeten wegen der spanischen Thronfolge verwickelt war. So verschmolz mit dem großen welthistorischen spanischen Successionskriege noch ein kleinerer Erbfolgekrieg, der neuenburgische, der aber das gewöhnliche Schicksal des kleinen neben dem großen hat, übersehen zu werden und in dem letzteren ganz zu verschwinden. Und doch bildet er kein unwichtiges Moment in demselben, weil er es war, der die preußische Regierung bewog, mit aller Macht an dem Kriege des Kaisers und seiner Verbündeten gegen Frankreich Theil zu nehmen. Es ist bekannt, welchen rühmlichen Antheil die preußischen Waffen an diesem Kriege hatten: bei Höchstädt trugen sie zum Siege bei; in der Schlacht bei Turin waren es die 12,000 Mann preußischer Truppen, die unter Anführung des Fürsten Leopold von Dessau die französischen Schanzen erstürmten und dadurch allein den Sieg entschieden; bei Ramillies, bei Oudenarde, kurz in allen großen Schlachten des spanischen Successionskrieges wirkten sie zum Siege mit. Man würde sehr irren, wenn man diese Theilnahme der Preußen aus bloß patriotischem Eifer für Kaiser und Reich herleiten wollte; sie fochten vielmehr, wie wir gesehen haben, für ein

Interesse ihrer Dynastie und also für ein Nationalinteresse, da es damals noch niemandem in den Sinn kommen konnte, das eine von dem anderen getrennt zu denken. Den Gang des spanischen Successionskrieges kann ich als bekannt voraussetzen: Ludwig XIV, der sonst immer an glückliche Erfolge gewöhnt war, sollte jetzt auch einmal das Unglück erfahren. Was ihm früher sein Uebergewicht verschafft hatte, das überlegene Talent der französischen Feldherren, war jetzt gegen ihn, da in der ganzen französischen Generalität kein Mann war, der sich mit dem Prinzen Eugen von Savoyen oder dem Herzog von Marlborough hätte messen können. Eine Niederlage nach der anderen brachte Frankreich an den Rand des Unterganges, und nur ein Zusammentreffen von Umständen, das fast einem Wunder ähnlich sieht, rettete es von den Demüthigungen, die ihm der seit Jahren angesammelte Haß der Alliirten zugedacht hatte. Allein wenn es ihm auch gelang, sich vor diesen Demüthigungen zu bewahren und sich noch mit ziemlicher Ehre aus dieser Krise, einer der gefährlichsten, welche die französische Monarchie zu bestehen gehabt hat, zu ziehen, so mußte es doch auf solche ungerechte und übermüthige Ansprüche, wie die auf Neuenburg, verzichten. In dem am 11. April 1713 zu Utrecht mit Preußen geschlossenen Frieden entsagte Ludwig XIV allen seinen Ansprüchen auf Neuenburg und Valendis, die zu einem souveränen Fürstenthum unter preußischem Scepter erhoben wurden, da der König von Preußen es in seinem Interesse fand, das Fürstenthum Oranien gegen das näher gelegene Obergeldern zu vertauschen. Doch behielt er sich Titel und Wappen von Oranien vor, die indessen später an das gegenwärtig in den Niederlanden regierende Haus Nassau-Diez abgetreten wurden.

Von 1713 an blieb Preußen im unbestrittenen Besitz der Herrschaft über Neuenburg und Valendis. Während des siebenjährigen Krieges behauptete Neuenburg unter dem Schutze der Schweiz eine Art von Neutralität und blieb das einzige von den Preußens Scepter unterworfenen Ländern, welches von dem Elend des Krieges nichts zu leiden hatte. Bei dem Falle der preußischen Monarchie im Jahre 1806 ging dagegen Neuenburg verloren. Im Tilsiter Frieden wurde es an Napoleon abgetreten, der es als ein Lehen der französischen Kaiserkrone dem Marschall Berthier übertrug. Nach dem Sturze Napoleons aber trat Preußen wieder in den Besitz Neuenburgs zurück. Der Wiener Congreß, der die Riesenaufgabe zu lösen hatte, das europäische Staatensystem aus seinen Trümmern wieder aufzurichten, war in der Wahl seiner Mittel nicht immer glücklich. Er vereinigte ungleichartige Bestandtheile, die sich unmöglich mit einander verschmelzen konnten, wie das constitutionelle Polen mit dem autokratischen Rußland, das katholische Belgien mit dem protestantischen Holland; zu diesen unglücklichen Versuchen gehörte auch die Vereinigung von Neuenburg mit der Schweiz. Von der damals herrschenden Vorliebe für das Arrondirungssystem ausgehend glaubte man einen so vereinzelten Punkt, wie das Fürstenthum Neuenburg, einem größeren ganzen einverleiben zu müssen und schob so ein souveränes Fürstenthum, in dem einer der wichtigsten Monarchen Europas seine volle Gewalt behielt, als Canton in die schweizerische Eidgenossenschaft ein. Es liegt in der Natur der Dinge, daß zwei einander so widersprechende Elemente, wie fürstliche Autorität und republikanisches Wesen, früher oder später mit einander in Conflict kommen mußten. Obgleich Neuenburg von seiner Verbindung mit Preußen nur Vortheile hatte und der König seine dortige Herrschaft nur als ein Ehrenrecht ansah, so pflanzte sich doch der radicale Geist, der in der übrigen Schweiz das Uebergewicht gewonnen hatte, auch in den Canton Neuenburg über, und es bildete sich eine republikanische Partei, die auf Zerreißung der Verbindung mit Preußen hinarbeitete. Kaum war die Pariser Februarrevolution bekannt geworden, so zogen am 29. Februar 1848 Freischaaren von Lachauxdefonds aus und bemächtigten sich der Stadt Neuenburg, aus der der preußische Statthalter entweichen mußte. Ein Advocat, Namens Piaget, trat an die Spitze der neuen demokratischen Regierung, die alle Rechte des Königs von Preußen auf das Fürstenthum Neuenburg für erloschen erklärte. Trotz der Protestation des preußischen Gesandten von Sydow erkannte die schweizerische Regierung die Veränderung in Neuenburg an und nahm dasselbe nicht mehr als souveränes Fürstenthum, sondern als republikanischen Canton in den bald darauf umgestalteten Bundesstaat auf. Preußen mußte sich unter den damaligen Umständen das ihm zugefügte Unrecht gefallen lassen und benutzte auch selbst im Jahre 1849 seine militärische Stellung in Baden nicht, um gewaltsam gegen die Schweiz vorzugehen, obgleich diese damals, als die preußischen Pickelhauben an ihrer Grenze erschienen, einen feindlichen Besuch fürchtete und sich zur Abwehr desselben rüstete. Der König von Preußen begnügte sich damals, seine Rechte auf diplomatischem Wege zu verwahren. Allein obgleich die Rechte des Königs auf Neuenburg und Valendis durch das Londoner Protokoll vom 24. Mai 1852 von den Großmächten von neuem anerkannt und bestätigt worden waren, so nahmen doch die Schweizer darauf keine Rücksicht. Dieser Zustand dauerte fort, bis im September 1856 ein royalistischer Aufstand in Neuenburg ausbrach. Am 3. September bemächtigten sich die Royalisten unter Anführung der Grafen Pourtalès und des Oberstlieutenants von Meuron des Schlosses von Neuenburg, nahmen die republikanische Regierung gefangen und proclamirten zugleich mit dem Belagerungsstande die Wiederherstellung der fürstlichen Autorität des Königs von Preußen. Allein sie waren zu schwach, um sich gegen die republikanische Uebermacht zu behaupten. Schon am Morgen des folgenden Tages nahmen die Republikaner unter dem Obersten Denzler das Schloß wieder ein und 150 Royalisten, darunter die Grafen Ludwig und Friedrich Pourtalès, fielen ihnen als Gefangene in die Hände. Wenn aber auch Preußen durch die Entfernung verhindert worden war, den Aufstand materiell zu unterstützen, so trat es desto kräftiger für die Gefangenen auf. Was in den Augen der Schweizer als eine strafbare Rebellion erschien, mußte der König von Preußen als einen Act lobenswerther Treue betrachten, und er verlangte die bedingungslose Befreiung aller Gefangenen, die um seinetwillen in Gefangenschaft gerathen waren. Die schweizerische Bundesregierung dagegen begehrte als Preis für die Befreiung der gefangenen Royalisten die Verzichtleistung des Königs auf seine Rechte in Neuenburg und Valendis. Bei der Hartnäckigkeit, mit welcher sowohl die eine als die andere Partei auf ihren Forderungen beharrte, drohte aus diesem Conflicte ein Krieg hervorzugehen. Von beiden Seiten wurde gerüstet; während die Schweizer ein Heer aufboten und die Grenzen besetzten und verschanzten, erklärte der König von Preußen, daß er bis zum 15. Januar 1857 die Erfüllung der von ihm gestellten Bedingung abwarten und dann, wenn diese nicht erfolge, angreifen werde. Merkwürdig ist die Rolle, welche Oesterreich in diesem entscheidenden Augenblicke spielte; es suchte dem kriegerischen Vorgehen Preußens gegen die Schweiz dadurch Hindernisse in den Weg zu legen, daß es die Frage über den Durchmarsch preußischer Truppen durch das Bundesgebiet zur Berathung und Entscheidung vor den Bundestag ziehen wollte. Wenn man sieht, wie wenig Eifer Oesterreich zeigte, um ein außerdeutsches Interesse Preußens zu befördern, darf man sich da wundern, daß auch Preußen später sich der außerdeutschen Interessen Oesterreichs weniger lebhaft annahm, als es von vielen Deutschen selbst gewünscht wurde? Daß es indessen nicht zum Kriege kam, war der Vermittelung Frankreichs zu danken. Auf Frankreichs Antrieb setzte die Schweizerregierung am 15. Januar 1857 die gefangenen Royalisten in Freiheit, unter seiner Vermittelung wurden auf der damals in Paris versammelten Conferenz der großen Mächte die Verhandlungen zwischen Preußen und der Schweiz über das Schicksal von Neuenburg fortgesetzt und zu einem befriedigenden Schlusse gebracht. Am 16. Mai leistete Preußen auf die Souveränetät von Neuenburg und Valendis unter Vorbehalt des Titels und gegen Entschädigung mit einer Million Franken Verzicht; doch erließ der König, befriedigt durch die Anerkennung seiner Rechte von Seiten der Schweiz, derselben großmüthig die Geldentschädigung. Wiederum hatten die Ereignisse einen Fehler des Wiener Congresses rectificirt, nämlich den Fehler, einen monarchischen Staat, wie das Fürstenthum Neuenburg, mit der republikanischen Schweiz verbunden zu haben.

Wir wenden uns nun nach Frankreich zurück, von wo der Anstoß zu allen bisher erzählten Bewegungen ausgegangen war, um das merkwürdige Experiment, eine Republik ohne Republikaner zu gründen, näher ins Auge zu fassen. Die im Sturme einer Revolution von einer Handvoll Meuterer proclamirte Republik wurde zwar als vollendete Thatsache anerkannt und wie ein Verhängniß geduldet, allein die kostbaren Phrasen, mit denen sie begrüßt wurde, kamen nicht aus dem Herzen, sonden waren nur ein neues schimpfliches Zeugniß für den Wankelmuth, der keine Treue kennt. Die obersten Gerichtshöfe ertheilten durch ihre Präsidenten, die bisher zu den vertrautesten Freunden Ludwig Philipps gehört hatten, ihre vollkommene Zustimmung zu der großmüthigen Unternehmung, zu dem bewunderungswürdigen Werke der provisorischen Regierung. Der Staatsrath ließ durch eines seiner Mitglieder, den Vicomte de Cormenin, seine Hingebung für diese glorreiche und erhabene Revolution bezeugen, für die bereits das Herz des Volkes geschlagen, ehe sie noch durch sein großmüthiges Blut besprengt und auf seinen heldenmüthigen Armen bis zu der Höhe der Souveränetät getragen worden sei. Auch die Universität begrüßte in einem feierlichen Redeact den „unvergänglichen Namen der Republik und pries diese Revolution, die zum Besten der Menschheit vollbracht worden und die zum Werkzeuge das mit der unwiderstehlichen Gewalt Gottes bewaffnete Volk gehabt habe". Alle diese und ähnliche Phrasen waren aber bloße Heuchelei; wahrhafte Begeisterung für die Republik lebte nur in den wenig zahlreichen Kreisen, die während der ganzen Regierung Ludwig Phlipps in fortwährender Verschwörung begriffen gewesen waren und dafür in Kerker und Banden hatten leiden müssen. Diese bemühten sich jetzt in Vereinen nach dem Muster des frühern Jacobiner-Clubs den republikanischen Geist zu wecken und zu verbreiten. Die wichtigsten dieser Clubs waren der von Barbès gestiftete Revolutionsclub, die Société republicaine centrale von Blanqui und die Société fraternelle centrale von Raspail. In diesen Versammlungen konnte man schon wenige Tage nach der Februarrevolution die wüthendsten Reden gegen die provisorische Regierung hören, die nicht republikanisch genug sei, und heftige Anklagen gegen den bemittelten Bürgerstand, dem alle republikanische Gesinnung fehle. Die provisorische Regierung, hieß es in diesen Reden, sei nichts anderes als eine Fortsetzung der Regierung Ludwig Philipps; nichts sei geändert als der Name. Der ganze Vortheil der Revolution werde verloren gehen, wenn man nicht statt politischer sociale Reformen einführe. Das ganze Gebäude der bürgerlichen Gesetzgebung müsse niedergerissen werden, weil es von Räubern für Räuber aufgeführt sei. Wie die Vereine, in denen solche Grundsätze herrschten, in ihren Formen die Jacobiner-Clubs nachahmten, so kamen sie nothwendig auch dahin, das System der Jacobiner zu befolgen und alles, was durch Reichthum oder Bildung sich auszeichnete, als einen natürlichen Feind des Volkes anzusehen, wofür in ihren Augen vorzugsweise die besitzlosen Classen galten. Wenn man sie gewähren ließ, so mußte wieder der Schrecken die Feinde des sogenannten Volkes einschüchtern oder die Guillotine die Gleichheit vermitteln, indem sie alle hervorragenden Köpfe abschnitt. Der Pariser Bürgerstand hatte sich mit der Hoffnung geschmeichelt, daß diesmal die Republik eine ruhige, friedliche und ordentliche sein werde, ohne Blutgerüst, ohne Assignaten, ohne erzwungene Anleihen, ohne Maximum; unter dieser Bedingung schien sie ihm sogar als eine billigere Regierungsform der Monarchie vorzuziehen zu sein. Allein als nun die drohende Sprache der Clubs laut wurde und alle die Doctrinen wieder auftauchten, welche die Schande und das Unglück der ersten Revolution gemacht hatten, da war ein neuer Kampf vorauszusehen. Denn bei den Wahlen, die zu der Nationalversammlung stattgefunden hatten, waren überall die Rothen, wie man die neuen Jacobiner nannte, übergangen worden und das Verlangen nach Ordnung um jeden Preis hatte die Wahlen auf Männer gelenkt, die in den früheren Kammern eine Rolle gespielt hatten und die zum Theil Legitimisten oder Orleanisten waren. Wie sehr sie sich auch bemühten, ihre wahre Gesinnung hinter den Schein eines gemäßigten Republikanismus zu verstecken, so witterten doch die echten Republikaner dieselbe sehr bald, und die Folge war ein neuer furchtbarer Kampf, der zuerst zur Dictatur und bald zum Militärdespotismus führte.

Wie in der ersten französischen Revolution, so war auch die im Februar 1848 in Frankreich errichtete Republik nur der Uebergang zum Imperialismus. Die Republik erfüllte keine von den Erwartungen, welche das Volk an die Februarrevolution geknüpft hatte, und sobald die Nationalversammlung für die Wiederherstellung der Ordnung und einer regelmäßigen Regierung zu wirken begann, erhielten die Parteiführer Gelegenheit, das Volk durch die Furcht vor einer neuen Reaction aufzuregen. Bei der Wahl der Executiv-Commission, der, wie früher erzählt wurde, von der Nationalversammlung bis zur Vollendung der Verfassung die Regierung übertragen worden war, fühlten sich mehrere einflußreiche

Volksmänner, wie Louis Blanc und Albert, durch ihre Zurücksetzung gekränkt. Sie erblickten darin ein deutliches Symptom, daß man zu dem alten Regierungssystem zurückkehren wolle, und es fiel ihnen nicht schwer, das Volk mit der Sorge zu erfüllen, daß es alle Früchte seines Sieges verlieren und wieder in den Zustand hinabgedrückt werden würde, in welchem es, wie der socialistische Kunstausdruck lautete, von den Reichen exploitirt worden war, während es selbst hatte darben müssen. Kein Wunder daher, daß eine solche Furcht die Gemüther, die mit den Bildern von der Glückseligkeit des Socialismus erfüllt waren, zur Verzweiflung trieb und sie bereitwillig machte, die reactionäre Nationalversammlung auseinander zu sprengen und die von derselben eingesetzte Regierung zu stürzen. Noch war keine Woche verflossen, seitdem die Nationalversammlung ihre Arbeiten begonnen hatte, und schon war sie mit der von ihr ernannten Regierung ebenso verhaßt, als irgend eine der früheren Regierungen, die sich seit 1789 so oft abgelöst hatten, je gewesen war. Unter dem Vorwande, eine Petition für die Wiederherstellung Polens zu überreichen, setzte sich am 15. Mai eine Volksmasse, die bis auf 100,000 Mann anschwoll, nach dem Sitzungssaal der Nationalversammlung in Bewegung; ihr Plan war, wie am 24. Februar, in dieselbe einzudringen und eine neue Regierung einzusetzen. Da weder der Polizeipräfect Caussidière, der mit den Clubs im Einverständnisse war, noch irgend eine Militärbehörde etwas zum Schutze der Versammlung gethan hatte, so war diese wehrlos der Volksmasse preisgegeben, welche unter ungeheuerem Tumult in den Saal einbrach. Ein gewisser Hubert, der unter der Regierung Ludwig Philipps die doppelte Rolle eines republikanischen Verschwörers und eines Polizeispions gespielt hatte, erklärte von der Rednerbühne herab die Nationalversammlung und die Regierung für aufgelöst und proclamirte an ihrer Stelle einen Wohlfahrtsausschuß, an dessen Spitze Barbès gestellt und unter dessen Mitglieder die namhaftesten Chefs der Socialisten aufgenommen wurden. Die neue Regierung schlug sofort den Weg nach dem Stadthause ein, um sich hier zu etabliren. So weit war diese Parodie des 24. Februar gelungen, allein als ob alles damit abgethan sei, versäumte es die siegreiche Partei, ihre Gegner unschädlich zu machen, und ließ diesen Zeit sich zu besinnen. Kaum hatte die neue Regierung sich im Stadthause niedergelassen und ihre Thätigkeit damit begonnen, daß sie drei Decrete erließ, von denen das erste die Nationalversammlung auflöste, das zweite das Tragen der Nationalgarden-Uniform bei Todesstrafe verbot und das dritte die Wiederherstellung Polens verfügte und an Rußland und Deutschland den Krieg erklärte, wenn sie sich der Anerkennung dieses Actes widersetzten —

kaum, sage ich, hatte die Regierung diese für ihren Geist charakteristischen Beschlüsse gefaßt, als sie von den unterdessen aufgebotenen Truppen überfallen und ohne Widerstand verhaftet wurde. Barbès, Hubert, Albert wurden zur Deportation, Blanqui zu siebenjährigem Gefängnisse verurtheilt und Louis Blanc entzog sich der ihn gleichfalls bedrohenden Verurtheilung durch die Flucht. Es ist nicht unwahrscheinlich, daß die Regierung von dem Plane der Verschwörer im voraus unterrichtet gewesen war, aber absichtlich demselben am 15. Mai einen gewissen Spielraum gelassen hatte, um sich unbequemer Gegner zu entledigen. Wenigstens ging die Regierung mit neugestärkter Kraft aus dieser Krise hervor, und konnte um so leichter eine andere bestehen, die kurz darauf in dem sogenannten Kaiserlärm zum Ausbruche kam. Nach dem Mißlingen des 15. Mai änderten nämlich die Socialisten auf einmal ihre Parole und gaben mit dem Rufe: Vive l'Empereur! den Gedanken und Wünschen des Volkes eine neue Richtung. Man muß annehmen, daß sie nicht das Interesse Napoleons befördern, sondern sich nur seines Namens bedienen wollten, um die Truppen zu verführen, allein der durch diese Agitation für Napoleon erregte Enthusiasmus kam dem Träger und Erben dieses Namens zu statten, besonders da er mit feinem Tacte und seltener Klugheit vermied, sich zu compromittiren, und nicht eher nach der Frucht die Hand ausstreckte, als bis sie reif war. Ludwig Napoleon hatte sich seit seiner Flucht aus Ham in London aufgehalten. Auf die erste Nachricht von der Februarrevolution kam er nach Paris, wo er am 26. Februar eintraf, und bot der provisorischen Regierung seine Mitwirkung an, erhielt aber als Antwort die Aufforderung, Frankreich zu verlassen. Da er einsah, daß der günstige Augenblick für ihn noch nicht gekommen sei, so entschloß er sich nach London zurückzukehren, und überließ es seinen Freunden und Anhängern, die Gemüther für ihn zu stimmen und in seinem Interesse thätig zu sein. Obgleich es ihm an baaren Geldmitteln fehlte, so verschaffte ihm doch der Glaube an seine Zukunft Credit genug, um sowohl in England als Frankreich die Summen aufzubringen, welche nöthig waren, um die öffentliche Meinung zu bearbeiten und die Aufmerksamkeit auf ihn, den Neffen und Erben des Kaisers, zu richten. Zu diesem Zwecke wurden bonapartistische Journale begründet, Bilder in allen Formen verbreitet, die den Kaiser Napoleon mit seinem Neffen darstellten, und Bänkelsänger bezahlt, um Lieder abzusingen, welche die Rückkehr Napoleons verkündeten. Diese Mittel verfehlten auch ihren Zweck nicht und bei den Ergänzungswahlen zur Nationalversammlung am 4. Juni wurde der Prinz an mehreren Orten und unter anderen auch in Paris selbst zum Deputirten gewählt. Diese letztere Wahl, die so auffallend mit dem Kaiserlärm zusammentraf, versetzte die Regierung in Unruhe und bewog besonders Lamartine, der in der Republik seine eigene Schöpfung vertheidigte, auf kraftvolle Maßregeln gegen einen Prätendenten anzutragen, dessen bloßer Name schon eine Drohung für die Republik enthielt. Zwar war das frühere Gesetz, welches sämmtliche Glieder der Familie Bonaparte aus Frankreich verbannte, thatsächlich aufgehoben worden, indem zwei Napoleoniden, Napoleon, der Sohn Jeromes, und Pierre Bonaparte, der Sohn Lucians, als Deputirte von Corsika in der Nationalversammlung saßen, allein die Prätension Ludwig Napoleons auf die Herrschaft in Frankreich, die er durch die beiden Attentate von Straßburg und Boulogne verrathen hatte, schien die Regierung zu rechtfertigen, wenn sie der Nationalversammlung den Vorschlag machte, das Verbannungsdecret in Beziehung auf seine Person aufrecht zu erhalten. Obgleich der Erfolg gezeigt hat, daß Lamartines Ahnung richtig war, so lehnte doch die Nationalversammlung am 13. Juni nach lebhaften Erörterungen, die zwei Sitzungen füllten, mit einer Mehrheit von zwei Dritteln seinen Vorschlag ab und sprach die Zulassung Ludwig Napoleons zur Nationalversammlung aus. Der Prinz selbst war aber klug genug, die Zeichen der Zeit zu verstehen und seine Rückkehr nach Frankreich auf eine passendere Zeit zu verschieben. Er schrieb daher an den Präsidenten der Versammlung, daß er seine Wahl nicht zum Vorwande für beklagenswerthe Unruhen und traurige Irrthümer dienen lassen wolle und lieber in der Verbannung bleibe. Zwar werde er, wenn das Volk ihm Pflichten auflegen sollte, dieselben zu erfüllen wissen, allein er wünsche nicht, daß sein Name, der ein Sinnbild der Ordnung, des Volksthumes und des Ruhmes sei, dazu misbraucht werde, die Entzweiungen des Vaterlandes zu vermehren. Er sei bereit, alles dem Wohle Frankreichs zu opfern. Wie gut der Prinz berathen war, als er die Wahl ablehnte, zeigte sich schon nach wenigen Tagen. Während die patriotische Sprache seines Schreibens sein moralisches Ansehen erhöhte, vermied er die Gefahr, in die Kämpfe verwickelt zu werden, die zwischen dem Volke und der Nationalversammlung ausbrachen. In welche schwierige und schiefe Stellung wäre er gerathen, wenn er auf einem noch wankenden Boden aufgetreten wäre! War es Instinct, war es Verstand, was ihn bei seinem Benehmen leitete, — genug, der Prinz konnte keinen besseren Entschluß fassen, als sich in einem Augenblicke von Paris entfernt zu halten, wo die Nationalversammlung durch ihren Beschluß über die arbeitenden Classen dieselben zum verzweifelten Kampfe herausforderte.

Nachdem nämlich die Partei der Mäßigung und Ordnung am 15. Mai so glänzende Erfolge errungen hatte, war es natürlich, daß sie die

Kraft, welche ihr der Sieg verlieh, dazu benutzte, um eine der Hauptquellen des revolutionären Geistes durch Schließung der sogenannten Ateliers nationaux oder Nationalwerkstätten zu verstopfen. Diese waren im Februar gegründet worden, um die brodlosen Arbeiter auf Kosten des Staates zu beschäftigen. Durch Zuzug aus ganz Frankreich waren diese Arbeiter zu der Zahl von 100,000 Mann herangewachsen, und um so gefährlicher, da sie bewaffnet und militärisch organisirt waren. Nach der Einrichtung, die der Director der Nationalwerkstätten, Emil Thomas, getroffen, waren die Arbeiter in sogenannte Escouades oder Korporalschaften von 11 Mann getheilt, die sich ihren Korporal selbst wählten; fünf solcher Escouades bildeteten eine Brigade, vier Brigaden eine Lieutenance, vier Lieutenances eine Compagnie und drei Compagnien ein Service, das also aus 2700 Mann bestand und einem Chef de service untergeben war. Jede Brigade hatte ihr Fähnlein, jede Compagnie ihre Fahne, jedes Service sein das ganze vereinigendes Banner. Eine so organisirte Masse war mehr zum Revolutioniren als zum Arbeiten aufgelegt, und in der That belief sich die Summe ihrer Arbeiten, obgleich für sie bis zum 23. Mai 7,240,000 Franken ausgegeben worden waren, auf Null, da sie, wie Caussidière sich ausdrückte, nichts gethan hatte, als die Erde aufzuwühlen. Ein solcher Zustand war allerdings für einen Staat, der wieder nach regelmäßiger Ordnung zurückstrebte, unerträglich, und nicht ungegründet war der Vorwurf, daß die Steuern des ganzen Landes dazu verwendet würden, in der Hauptstadt ein Pöbelheer zu unterhalten, von dem Umsturz alles bestehenden und eine allgemeine Plünderung zu fürchten war. Die Regierung mußte endlich dazu schreiten, die Nationalwerkstätten aufzulösen. Ihr Plan war, die jüngeren noch unverheiratheten Arbeiter in die Armee zu stecken oder zu verabschieden; ferner alle diejenigen, die nicht schon vor dem 24. Februar sechs Monate in Paris gewesen waren, aus der Hauptstadt auszuweisen und die übrigen nicht mehr gegen Tagelohn zu beschäftigen, sondern nach Stückarbeit zu bezahlen; endlich sollten Trupps von Arbeitern gebildet und in die Provinzen geschickt werden, um dort unter der Leitung der Staatsingenieure zu arbeiten. Ein solcher Plan war aber leichter zu fassen, als auszuführen. Als die Regierung damit anfing, den Director der Nationalwerkstätten, Emil Thomas, verhaften und nach Bordeaux abführen zu lassen, zeigte sich unter den Arbeitern die erste Aufregung; denn sie erkannten, daß die Gewaltthat, deren Opfer ihr Director geworden war, nur der Anfang zu ihrer Auflösung sei. „Man fängt mit dem Director an," sagten die Brigadiers, „bald wird die Reihe an uns kommen." Die Aufregung wuchs, als die Regierung am 21. Juni ein Decret erließ, welches allen Arbeitern zwischen 18 und 25 Jahren vorschrieb, entweder sofort in die Armee einzutreten oder nach den Departements zu gehen, um daselbst zu Erdarbeiten nach dem Stück verwendet zu werden, und sie nahm einen drohenden Charakter an, als wirklich am folgenden Morgen ein Trupp nach der Sologne geschickt wurde, um diesen sumpfigen Landstrich urbar zu machen. Am Abend dieses Tages fanden zahlreiche Zusammenrottungen statt, in denen von nichts anderem die Rede war, als daß die Regierung sie in die Sümpfe und Moräste schicken wolle, um sie am Fieber sterben zu lassen. In der vorgefaßten Meinung, daß es auf ihren und ihrer Familien Untergang abgesehen sei, beschlossen sie, lieber im Kampfe zu sterben, als sich aus Paris vertreiben zu lassen. Einer ihrer Lieutenants, Namens Pujol, leitete die Bewegung, die um so furchtbarer werden mußte, da es hier die Regierung nicht mit einem zusammengelaufenen Haufen, sondern mit einer organisirten Macht zu thun hatte. Am Morgen des 23. Juni besetzten die Arbeiter die von ihnen errichteten Barricaden mit dem Entschlusse, entweder zu siegen oder zu sterben. Aber auch auf der anderen Seite feuerte der Gedanke, daß mit dem Siege der Socialisten alle Greuel der Revolution zurückkehren würden, den entschlossensten Muth an und trieb die Bürger, welche etwas zu verlieren hatten, dazu, in Verbindung mit den Truppen und der Mobilgarde den Aufstand zu bekämpfen. So entbrannte ein Kampf, der zu den blutigsten und grausamsten gehört, deren die Geschichte Erwähnung thut. Denn was den Juni-Aufruhr so furchtbar machte, war die Geschicklichkeit, mit welcher die Vertheidigungsanstalten getroffen waren, und die fanatische Entschlossenheit, mit welcher sie vertheidigt wurden. Jede Barricade war in ihrer Art ein Meisterstück, eine förmliche Festung, die wie eine solche eine regelmäßige Belagerung aushalten konnte. Sie bestand aus einem Stockwerk von Quadersteinen, an denen die Kanonenkugeln abprallten, und darüber erhob sich haushoch eine Anhäufung von mit Sand und Erde gefüllten Tonnen und Säcken. Zugleich waren die Barricaden nicht mehr an dem Eingange der Straßen, sondern an deren Ende errichtet, um die Soldaten, welche sie stürmen wollten, von zwei Seiten aus den Häusern, die sie passiren mußten, beschießen zu können. Diesen blieb daher nichts übrig, als Haus für Haus zu erobern und vermittelst Durchbrechung der Wände sich einen Weg hinter die Barricaden zu bahnen. Natürlich war ein solcher Kampf langwierig und um so blutiger, jemehr im Laufe desselben die Erbitterung wuchs. Die Anführer, die wußten, daß sie keine Schonung finden würden, schonten auch ihrerseits niemanden; ihr Wahlspruch war, daß es besser sei, rasch durch eine Kugel, als langsam durch Hunger zu sterben. In verschiedenen Variationen hatten sie diesen Gedanken auf ihren Fahnen angebracht; da las man: Du pain ou la mort! oder Vivre en travaillant ou mourir en combattant. — Am ersten Tage (23. Juni) waren die Truppen noch zu schwach, um gegen die haushohen Barricaden und den Muth ihrer Vertheidiger etwas auszurichten, und am Abend mußte der General Eugen Cavaignac, der sie befehligte, die Truppen zurückziehen, um wenigstens die Nationalversammlung zu schützen. Groß war in dieser die Bestürzung, als Cavaignac um zehn Uhr Abends mit niedergeschlagenen Mienen in ihr erschien und keinen anderen Trost wußte, als die Hoffnung, daß am folgenden Tage die Regimenter aus der Umgegend von Paris und die Nationalgarden der benachbarten Departements ihr zu Hilfe kommen würden. Die meisten Deputirten brachten die Nacht in dem Sitzungssaale zu, und im Schrecken vor der wachsenden Gefahr beschlossen sie am Morgen des 24. Juni die Stadt Paris in Belagerungszustand zu erklären und dem General Cavaignac die Dictatur zu übertragen, worauf die Executiv-Commission ihre Gewalt niederlegte. Ermuthigt durch ihren erfolgreichen Widerstand beschlossen die Aufrührer zum Angriffe überzugehen; an der Stelle der dreifarbigen Fahnen sah man jetzt auf ihren Barricaden rothe Fahnen wehen und diese so wie große Maueranschläge verkündigten, daß der Zweck des Aufstandes die sociale Republik sei, das heißt ein Zustand, in dem wie in den Jahren 1792 und 93 der Pöbel herrschen, das Eigenthum confiscirt und aller Unterschied der Bildung und des Ranges aufgehoben werden sollte. Obgleich Cavaignac durch Zuzug von Nationalgarde und Truppen aus den Provinzen ansehnlich verstärkt worden war, so trat doch am Vormittag des 24. Juni ein kritischer Moment für ihn ein, als es ihm an Munition zu mangeln anfing. Ein Reiterregiment, das nach Vincennes geschickt worden war, um von dort Pulver und Kanonen zu holen, mußte, um nicht den Aufrührern in die Hände zu fallen, einen so weiten Umweg machen, daß es erst gegen Mittag anlangte. Zum Glücke ließen sich die Aufrührer eine Bedenkzeit von einigen Stunden gefallen, die ihnen der General gab, als ob er es aus Großmuth und nicht aus Noth thäte. Dann begann der Kampf von neuem und wurde den ganzen Tag mit steigender Erbitterung fortgesetzt, aber wiederum ohne entscheidenden Erfolg. Vergebens versuchten die Nationalversammlung und der Dictator durch versöhnliche Vorschläge die Arbeiter zur Niederlegung der Waffen zu bewegen; die erstere decretirte drei Millionen für die armen Familien von Paris, und der letztere erließ eine Proclamation, worin er sie im Namen des Vaterlandes beschwor, von dem brudermörderischen Kampfe abzulassen, und ihnen versprach, daß, wenn sie als reuige, dem Gesetz unterworfene Bürger zu ihm kommen wollten, die Arme der Republik bereit seien, sie als Brüder zu empfangen. Allein die Arbeiter erklärten, daß sie schon zu oft betrogen worden seien, um in diese neue ihrer Leichtgläubigkeit gelegte Falle zu gehen, und so dauerte auch am 25. Juni der entsetzliche Kampf fort. Am Abend dieses Tages entschloß sich der Erzbischof von Paris, d'Affre, als Friedensstifter zwischen die kämpfenden Parteien zu treten und zu versuchen, ob der Religion gelingen werde, was weder die Gewalt der Waffen, noch die politische Nachgiebigkeit hatte ausrichten können. Der ehrwürdige Prälat begab sich in Begleitung zweier seiner Generalvicare und seines Dieners unter Vortragung eines von einem Aprikosenbaum gebrochenen grünen Zweiges, als Zeichen seiner friedlichen Mission, zu den Arbeitern. Unterwegs begegneten ihm Bahren, auf denen Verwundete und Sterbende getragen wurden und bei denen er verweilte, um ihnen seinen Segen oder die Absolution zu ertheilen. Aber weder dieser erschütternde Anblick, noch die Warnungen der Officiere, die ihm die Gefahr seines Unternehmens vorstellten, konnten ihn in seinem frommen Vorsatze wankend machen; auf die letzteren antwortete er mit dem Spruche des Evangeliums: Bonus pastor dat vitam suam pro ovibus suis. In der That bezahlte er seinen Eifer mit dem Leben. Denn kaum war er in eine Barricade, wo ihn die Arbeiter mit dem Zeichen der tiefsten Verehrung empfingen, getreten, so wurde von den anrückenden Soldaten ein Trommelwirbel, der ihnen anzeigen sollte, daß Unterhandlungen stattfänden, gerade im entgegengesetzten Sinne als ein Signal zum Angriffe verstanden. Sie eröffneten eine Salve auf die Barricade und der Erzbischof stürzte, von einer Kugel in den Rücken getroffen, tödtlich verwundet zu Boden. Die Arbeiter brachten ihn zuerst zum Pfarrer von St. Antoine und am folgenden Morgen nach seinem Palaste zurück, wo er am Nachmittag mit den rührenden Worten verschied: Gebe Gott, daß mein Blut das letzte sei, welches vergossen wird! Dieser Wunsch des sterbenden Märtyrers ging indessen nicht in Erfüllung. Obgleich die Arbeiter nach und nach aus allen ihren Stellungen verdrängt und nur noch auf die Vorstadt St. Antoine beschränkt waren, so wollten sie sich doch nicht anders als unter der Bedingung unterwerfen, daß das Decret über die Auflösung der Nationalwerkstätten zurückgenommen werde, daß die Nationalversammlung das Recht der Arbeit decretire, daß die Armee vierzig Meilen von Paris entfernt werde, daß ihre gefangenen Kameraden auf freien Fuß gesetzt und daß endlich die Reformen der Verfassung von dem Volke selbst in Urversammlungen festgestellt werden sollten. Natürlich wurden diese Forderungen zurückgewiesen, und die Arbeiter eröffneten am 26. Juni von neuem den Kampf mit dem Rufe: Es sterbe Cavaignac! Tod dem

Schlächter des Volkes! Allein an dem Siege der Regierung war nun nicht länger zu zweifeln, da ihre Macht durch fortwährenden Zuzug auf mehr als 100,000 Mann angewachsen war. Es kostete jedoch noch unerhörte Anstrengungen und große Opfer, ehe am Abend der General Cavaignac der Nationalversammlung die frohe Botschaft melden konnte, daß die letzte Barricade gefallen und somit der Aufstand besiegt sei. Um welch einen hohen Preis aber dieser Sieg erkauft war, zeigt schon allein der Umstand, daß sieben Generale getödtet und fünf verwundet worden waren. Nach diesem Verhältnisse kann man ermessen, wie groß der Verlust in diesem mörderischen Kampfe auf beiden Seiten gewesen sein muß. Man hat absichtlich die Zahl der Getödteten im Dunkel gelassen, und es wird auch wohl nie gelingen, sie genau zu ermitteln; in dem officiellen Bericht ist sie offenbar zu niedrig auf nicht mehr als 1460 angegeben; die Zahl der in die Hospitäler gebrachten Verwundeten belief sich auf 2529, während gewiß eine ungleich größere Zahl in Privathäusern verpflegt wurde. Eine eigene Episode dieses schrecklichen Kampfes bildete das Schicksal der Gefangenen, die zu Tausenden, und unter ihnen viele unschuldige Bewohner der von den Aufrührern besetzten Häuser, in die Keller der Tuilerien und des Stadthauses oder in die unterirdischen Gewölbe der Forts eingesperrt wurden, wo sie durch Hitze, Hunger und Durst solche Qualen auszustehen hatten, daß viele verschmachteten, andere wahnsinnig wurden. Die Gefangenen, die mit den Waffen in der Hand ergriffen worden waren, wurden durch ein von der Nationalversammlung erlassenes Gesetz zur Deportation verurtheilt. Außerdem wurden die Clubs in ganz Frankreich geschlossen und die Journale wieder, wie früher, unter Caution gestellt. Am 28. Juni legte Cavaignac die Dictatur nieder, allein die Nationalversammlung, die ihn durch den Beschluß ehrte, daß er sich um das Vaterland verdient gemacht habe, stellte ihn unter dem Titel eines Chefs der Executiv-Gewalt und eines Präsidenten des Ministerraths von neuem an die Spitze der Regierung. Wie treu aber auch Cavaignac den republikanischen Grundsätzen, die er sein ganzes Leben bekannt hatte, bleiben mochte, so war doch durch seinen Sieg in der Junischlacht die Republik selbst unhaltbar geworden. Die Republik hatte die Revolution, der sie das Dasein verdankte, niedergeworfen, und wenn schon vorher bei allen Wohlhabenden und Gebildeten kein rechtes Vertrauen zu ihrem Bestande hatte aufkommen können, so trat der Wunsch, sie vollends los zu werden, aus den geheimen Falten des Herzens von nun an immer mehr an die Oeffentlichkeit hervor. Die Stifter der Republik, Ledru Rollin und Lamartine, hatten schon den größten Theil ihres Einflusses verloren; dagegen traten nun die alten parlamentarischen

Celebritäten aus der constitutionellen Zeit, wie Thiers u. a., wieder in den Vordergrund und arbeiteten unter dem Scheine republikanischen Eifers auf eine Restauration der Monarchie hin.

Es ist eine ganz natürliche Folge revolutionärer Zustände, daß sich der Gemüther eine tiefe Sehnsucht nach Ruhe und Ordnung, nach Festigkeit und Dauer der Institutionen, nach Sicherheit des Eigenthumes bemächtigt und daß alle Herzen sich dem zuwenden, der diese Sehnsucht zu befriedigen verspricht. Als ein solcher Mann erschien der Prinz Louis Napoleon, der mit kluger Berechnung der Zeitumstände sich bisher fern gehalten hatte, jetzt aber, von mehreren Departements zugleich zum Mitglied der Nationalversammlung gewählt, in Frankreich erschien und im September seinen Sitz einnahm. Es kam ihm zu statten, daß man ihn für unbedeutend und unfähig hielt. Denn während die Bauern und gemeinen Soldaten schon durch seinen Namen und seine Abstammung für ihn gewonnen wurden und von ihm, als Neffen des Kaisers, eine starke Regierung erwarteten, erklärten sich auch kluge Staatsmänner, wie Thiers, für ihn, in der Erwartung, ihn als einen unbedeutenden Menschen wieder fallen lassen zu können, wenn er ihren Zwecken gedient hätte. Es wiederhohlte sich hier bei dem Neffen des Kaisers Napoleon dieselbe Erscheinung, wie in der alten Geschichte bei dem Neffen des ersten Cäsar. Auch diesen unbedeutend erscheinenden Jüngling stellten so gewiegte Staatsmänner, wie Cicero, der colossal anwachsenden Macht des Marcus Antonius als Gegengewicht entgegen. Sie wollten sich seines Namens als einer Fahne bedienen, um die sich die Cäsarianer sammelten, und sie ward es in der That. Insofern rechnete Cicero richtig, als er glaubte, durch die Emporhebung eines Jünglings, dem der Name Cäsar in den Augen des Volkes und der Soldaten einen Nimbus verlieh, die Macht des Antonius zu schwächen, allein er irrte sich darin, daß er glaubte, einen so unerfahrenen Jüngling nachher ohne Mühe beseitigen zu können. Denn einmal an der Spitze der Soldaten und von dem Bewußtsein erfüllt, daß er sich auf deren Anhänglichkeit verlassen könne, die er weniger durch große militärische Eigenschaften, als durch den Zauber seines Namens gewonnen hatte, zeigte er dem Senat sein Schwert und ließ ihm seine Forderungen mit der Drohung vortragen: Hic faciet, si Vos non feceritis. So wie in dem alten Rom, ging es auch jetzt in Frankreich. Louis Napoleon konnte sofort auf eine große Partei im Lande rechnen, und sein Name verschaffte ihm besonders bei dem Landvolke das Vertrauen, daß er allein im Stande sein werde, aus der Verwirrung Ordnung zu schaffen. Der Cultus, den die Franzosen dem großen Napoleon gewidmet hatten, kam jetzt dessen Neffen zu gute, als nach Vollendung der Verfassung die Wahl des Staatsoberhauptes entschieden werden mußte. Die Verfassung war am 4. November 1848 fertig geworden. Ihr zufolge sollte die Nationalvertretung in einer Versammlung vereinigt sein, weil man ihr in dieser Form mehr Kraft zutraute, zugleich der Usurpation und der Anarchie zu widerstehen; die vollziehende Gewalt aber ward einem Präsidenten übertragen, der auf vier Jahre gewählt eben so wie die Nationalvertretung aus dem allgemeinen Stimmrechte hervorgehen sollte. Doch war festgesetzt, daß derselbe Bürger nicht zweimal nach einander zum Präsidenten gewählt werden könne, und hinzugefügt, daß der erste Präsident sein Amt nur bis zum Mai 1852 bekleiden solle. Unter den Candidaten, die sich um den Präsidentenstuhl bewarben, stand in erster Reihe Cavaignac, der bisher die Regierung mit Kraft und Mäßigung geführt hatte, neben ihm Louis Napoleon, Lamartine, Ledru-Rollin und Raspail. Bei der wirklichen Wahl aber, die am 10. December 1848 in ganz Frankreich erfolgte, ging der Name Napoleons mit überwiegender Mehrheit aus der Wahlurne hervor. Von den acht Millionen Stimmen, welche abgegeben wurden, erhielt Louis Napoleon sechsthalb Millionen, Cavaignac nur anderthalb Millionen, Ledru-Rollin nicht einmal eine halbe Million, Raspail einige 30,000 und Lamartine zu großer Demüthigung für seine Eitelkeit und zur Strafe dafür, daß er hauptsächlich das republikanische Unheil wieder über Frankreich gebracht hatte, nicht mehr als 7,910 Stimmen. Die Bedeutung dieser Wahl entging niemandem; Cavaignac soll damals geäußert haben: „Ich sehe wohl, die Franzosen taugen so wenig zu Republikanern, und die Monarchie steckt ihnen so tief im Herzen, daß sie im Stande wären, Polichinel I. zum Kaiser auszurufen.“ Er selbst war indessen ein zu guter Republikaner, um sich dem klar ausgesprochenen Willen des Volkes zu widersetzen. Am 20. December 1848 legte er daher sein Amt nieder, und der neue Präsident übernahm, nachdem er die Verfassung feierlich beschworen hatte, die Regierung. Er fügte seinem Eide die Erklärung hinzu, daß er in denen, welche auf ungesetzlichem Wege umstürzen wollten, was ganz Frankreich errichtet habe, Feinde des Vaterlandes sehen würde.

Es hatten sich viele Umstände vereinigt, um den Prinzen Louis Napoleon als Präsidenten der Republik an die Spitze von Frankreich zu bringen. Nicht wenig hatte dazu die Partei der Legitimisten und Orleanisten beigetragen, welche aus seinen früheren abenteuerlichen Attentaten den Schluß zog, daß er sich nicht werde halten können, und daß es alsdann Zeit sei, die alte Dynastie zurückzurufen. Allein alle, die auf seine Unfähigkeit speculirt hatten, sahen bald zu ihrem großen Schrecken ihren Irrthum ein. Der Präsident zeigte durch seine Regierung, daß er feste

Grundsätze habe, die von dem System des Liberalismus bedeutend abwichen, und daß er Charakterkraft und Verstand besitze, sie geltend zu machen. Außer dem Landvolke und den Soldaten gewann er auch die Kirche für sich durch den Eifer, den er für die religiösen Interessen an den Tag legte, und durch die Expedition, die er unter Oudinot im Jahre 1849 nach Italien schickte, um die päpstliche Autorität in Rom wiederherzustellen. Eine auf Bauern, Soldaten und Priester gestützte Regierung war etwas neues, dem bisherigen System des Liberalismus, der seine Stärke in dem gebildeten Mittelstande gesucht hatte, geradezu entgegengesetztes. So misliebig auch den bisher tonangebenden Classen die napoleonische Richtung war, die, wie der beschränkteste Verstand voraussah, zu dem Regiment der Cäsaren führen mußte, so fühlte sich doch der Präsident auf der breiten Grundlage seiner Macht stark genug, ihnen zu trotzen, und er konnte der neugewählten gesetzgebenden Nationalversammlung, die am 28. Mai 1849 zusammentrat, das Bewußtsein einer festgegründeten Autorität und die Natur eines geborenen Herrschers entgegenstellen. Zwar machten die eifrigen Republikaner, an ihrer Spitze Ledru Rollin, einen Versuch, ihn zu stürzen, allein er scheiterte am 13. Juni 1849 an der Energie, mit welcher der Präsident die Zusammenrottungen durch die Truppen zerstreuen und die Barricaden im Anfang ihres Baues zerstören ließ. Ledru-Rollin, der von seinen Anhängern zum Dictator ausgerufen worden war, mußte ins Ausland flüchten. Auch in Lyon ward an demselben Tage ein republikanischer Aufstand durch General Magnan unterdrückt. Dieser Erfolg gegen die unverbesserlichen Feinde der Ordnung befestigte die Stellung des Präsidenten und gab ihm Muth, immer offener mit seinem System hervorzutreten, das darauf gerichtet war, die Uebel, woran die Gesellschaft litt, nicht bei Seite zu schieben, sondern gründlich zu heilen. Die Gesetzentwürfe, die er der Nationalversammlung vorlegen ließ, waren alle auf Beschränkung der Freiheit gerichtet; sie erhöhten die Cautionen für die Journale und schrieben den Verfassern von Zeitungsartikeln vor, mit der Unterschrift ihres Namens für den Inhalt zu haften; sie verschärften die Deportation, mit welcher politische Verbrecher bestraft werden sollten; sie stellten die Schule unter strengere Aufsicht, und doch nahm die Versammlung diese Gesetze an, weil sie nicht leugnen konnte, daß sie nothwendig seien. Von demselben Grundsatz ausgehend suchte er die Regierung über die Parteien zu erheben und wählte zuletzt, nachdem er sein Ministerium mehreremale gewechselt hatte, dasselbe nicht mehr aus den Mitgliedern der Nationalversammlung, um es von der Mehrheit oder Minderheit, die doch nur das Resultat vorübergehender Stimmungen sei, unabhängig zu machen.

Mit dieser entscheidenden That kehrte er der bisher constitutionellen Praxis, welche verlangte, daß die Regierung der Ausdruck der Mehrheit sei, den Rücken. So laut auch viele murrten, so gab ihm doch das Land, welches einer ungewohnten Ruhe zu genießen anfing, und in welchem in Folge dessen Arbeit und Wohlstand wieder aufblühten, bei seinen Rundreisen durch die Provinzen durch glänzenden Empfang seine Zufriedenheit mit seiner Regierung zu erkennen. Auch versäumte er nicht, sich das Heer zu verpflichten; und eine außerordentliche Dotation von zwei Millionen Francs, die ihm die Nationalversammlung ausnahmsweise bewilligte, benutzte er hauptsächlich, um durch sogenannte Militärbankette die Soldaten für den Gedanken der Wiederherstellung des Kaiserthums zu gewinnen. Zugleich umgab er sich mit talentvollen Generalen, auf deren Ergebenheit er rechnen konnte, wie St. Arnaud und Magnan, während er den General Changarnier entließ. Diese Entlassung war gleichsam eine Kriegserklärung gegen die Nationalversammlung, die in diesem republikanisch gesinnten General ihre letzte Stütze verloren zu haben glaubte. Sie tröstete sich indessen mit dem Gedanken, daß die Amtsdauer des Präsidenten bald ablaufen werde, und daß er nach den Bestimmungen der Verfassung nicht wiedergewählt werden könnte. Allein sie hatte, um ihrer Autorität Nachdruck zu geben, nichts als ohnmächtige Beschlüsse, während der Präsident sich der materiellen Mittel versichert hatte, um eine Revision der Verfassung nöthigenfalls mit Gewalt durchzusetzen. Freilich konnte er dies nicht thun, ohne seinen auf die Verfassung geleisteten Eid zu brechen, allein er konnte sich damit entschuldigen, daß die von ihm beschworene Verfassung in einer ihrer wesentlichsten Grundlagen seitdem geändert worden war. Die Beschränkung des allgemeinen Wahlrechts hatte der Verfassung von 1848 eine andere Grundlage gegeben, und der Präsident glaubte sein Gewissen damit beruhigen zu dürfen, daß er durch Wiederherstellung des allgemeinen Wahlrechts nur zu der ursprünglich von ihm beschworenen Verfassung zurückgehe. Wie er von dem allgemeinen Wahlrechte seine Gewalt empfangen hatte, so hoffte er nicht ohne Grund durch dasselbe auch deren Fortdauer zu sichern. Daß diese für Frankreich eine Nothwendigkeit geworden sei, wagte er schon in öffentlichen Reden nicht bloß anzudeuten, sondern auch deutlich auszusprechen. „Frankreich," sagte er, „will weder die alte Regierung, noch den Versuch eines Utopiens, und gerade, weil ich der natürliche Feind von beiden bin, will es mich." Bei einer anderen Gelegenheit wies er darauf hin, wie groß die französische Nation wäre, wenn sie nur ruhig athmen wollte. In der That gab sich bald aus allen Theilen des Landes ein Verlangen nach Revision der Verfassung kund. Im Sommer 1851 liefen von allen

Seiten Petitionen in diesem Sinne ein, und die Nationalversammlung mußte über diese wichtige Frage berathen und entscheiden. Die Revision wurde beantragt, aber am 19. Juni verworfen mit einem Tadel gegen die Umtriebe, welche von Seiten der Regierung gemacht worden seien, um Petitionen zu sammeln. Noch einmal verlangte im November der Präsident persönlich die Revision, um durch sie auf gesetzlichem Wege zu ordnen, was sonst das Volk auf andere Weise zu erlangen wissen werde; die Versammlung ging nicht auf einen Antrag ein, welcher der Usurpation den Weg bahnen sollte. Daß Louis Napoleon diese versuchen werde, war für diejenigen kein Geheimniß, welche wußten, daß ihm keine andere Wahl bleibe, als sich entweder in seiner Gewalt zu behaupten oder bei dem bevorstehenden Rücktritt in den Privatstand in ein Schuldgefängniß zu wandern. Denn sein spärlicher Gehalt von 600,000 Franken hatte nicht ausgereicht, um seinen Aufwand zu bestreiten, und da die Nationalversammlung nach der ersten Dotation keine zweite mehr bewilligt hatte, so war er in unbezahlbare Schulden gerathen. Ganz Europa sah mit gespannter Aufmerksamkeit und mit getheilten Gefühlen der Entwickelung dieses Verhältnisses zu; während die revolutionären Parteien den Mai 1852 mit Ungeduld erwarteten, um nach Louis Napoleons Rücktritte ihr Haupt wieder zu erheben, begleiteten die Regierungen den Wiederhersteller der Ordnung, den Retter der Gesellschaft für seine beabsichtigte Usurpation mit ihren besten Wünschen. In der That war vorauszusehen, daß die Spannung zwischen der Versammlung und dem Präsidenten durch einen Staatsstreich gelöst werden würde. Wenn auch in der Versammlung viele den Gedanken hatten, den Präsidenten zu verhaften, so fehlte es ihnen doch an Muth und Mitteln ihn auszuführen. Während sie zögerten, kam ihnen der Präsident zuvor. In der größten Stille hatte er mit Hilfe ergebener und verschwiegener Diener alles für den 2. December 1851 vorbereitet, und der Staatsstreich gelang um so leichter, je überraschender er kam. Am Abend vorher hatte er ein Fest gegeben, bei dem sein heiteres und ungezwungenes Wesen nichts von dem verrieth, was er in seinem Inneren brütete. Noch in derselben Nacht aber und zu derselben Stunde wurden alle Generale, Abgeordnete und Journalisten, die ihm feindlich oder verdächtig waren, in ihren Betten verhaftet und in der Stille nach verschiedenen Staatsgefängnissen gebracht. Unter den Verhafteten waren Cavaignac, Changarnier, Lamoricière, Bedeau, Leflo, Charras, Baze, Thiers, Victor Hugo u. a., die er als Häupter und Führer eines etwaigen Widerstandes zu fürchten hatte. Große Maueranschläge, die von dem Präsidenten und dem noch in derselben Nacht zum Minister des Innern ernannten Grafen Morny unterzeichnet waren, verkündigten den Parisern am folgenden Morgen, was in der Nacht geschehen war, und daß der Präsident an das Volk appellire, um von ihm die Macht zu verlangen, die ihm von der Nationalversammlung verweigert worden war. In der Proclamation an das Volk schilderte er die Situation so, wie sie wirklich war, als unhaltbar und unerträglich. Die Nationalversammlung, sagte er, habe, statt Gesetze für das allgemeine Wohl zu machen, die ihm vom Volke verliehene Macht angegriffen, und er, als der Erwählte von sechs Millionen, habe ihre Umtriebe vernichtet. Sei das Volk damit nicht zufrieden, so möge es einen andern wählen; schenke es ihm aber Vertrauen, so möge es ihm auch die Mittel geben, seine große Mission zu erfüllen. Auch an die Armee erließ er eine Proclamation, worin er sie die Elite der Nation nannte und sie daran erinnerte, daß sie durch die Geschichte und den Ruhm mit dem napoleonischen Namen verschmolzen sei. Die nicht verhafteten Mitglieder der Nationalversammlung traten zwar am 3. December, da ihr gewöhnliches Sitzungslocal geschlossen war, in der Mairie des zehnten Stadtbezirks zusammen und faßten den Beschluß, den Präsidenten abzusetzen und dem General Oudinot den Oberbefehl über die bewaffnete Macht zu übertragen, allein sie wurden sämmtlich verhaftet. Wie der parlamentarische Widerstand, so war auch der Widerstand auf der Straße ohne nachhaltige Kraft. Seit der Junischlacht war die demokratische Partei gebrochen und gelähmt, und viele Anhänger derselben sahen aus Haß gegen den Schlächter Cavaignac, wie sie ihn nannten, das demselben von Napoleon bereitete Schicksal mit einer gewissen Schadenfreude an. Denjenigen, die sich zu Vertheidigern der umgestürzten Ordnung der Dinge aufwarfen, fehlte es an Begeisterung und an Führern. Die von ihnen gebauten Barricaden wurden am 3. und 4. December von den Truppen unter General Magnan überwältigt und ihre Vertheidiger theils auf der Stelle erschossen, theils später nach Cayenne deportirt. Bei der allgemeinen Abstimmung billigte aber das französische Volk mit einer Majorität von sieben Millionen Stimmen die zehnjährige Präsidentschaft Louis Napoleons, der nunmehr an die Stelle der republikanischen Verfassungsformen die früheren Einrichtungen des Kaiserreichs setzte, einen Senat und einen gesetzgebenden Körper, deren Berathungen nicht öffentlich sein sollten, um den theatralischen Effect und das Spiel der Parteien zu beseitigen und ihnen mehr Ernst und praktischen Nutzen zu geben. Alles, was in der nächsten Zeit geschah, war darauf berechnet, den Weg zur Wiederherstellung des Kaiserthrons zu bahnen. Die goldenen Adler auf den Fahnen der Truppen wurden wiederhergestellt, die sogenannten Freiheitsbäume dagegen umgehauen und an die Stelle der republikanischen

Embleme die Namen und Insignien des Kaiserreichs gesetzt. Auch das Kirchengebet lautete nicht mehr auf den Namen der Republik, sondern erflehte Heil für Napoleon: Domine, salvum fac Ludewicum Napoleonem. Wie im Jahre 1804, wo das erste Kaiserreich gegründet worden war, fehlte es auch jetzt nicht an Sophisten, die den napoleonischen Militärdespotismus als das Ziel darstellten, mit dessen Erreichung alle seit 1789 gehegten Wünsche erfüllt seien. Es ist der Mühe werth, an jenes schamlose Spiel mit Phrasen zu erinnern, mit welchen dieselben Männer, die den König entthront und auf das Schaffot gebracht hatten, den Kaiserthron Napoleons als den Zweck der Revolution zu begrüßen wagten: Les Français ont conquis la liberté; ils veulent conserver leur conquête; ils veulent le repos après la victoire. Ce repos, ils le devront au gouvernement héréditaire d'un seul qui, élevé audessus de tout, investi d'une grande puissance, environné d'éclat, de gloire et de majesté, defende la liberté publique, maintienne l'égalité et baisse ses faisceaux devant l'expression de la volonté souveraine du peuple qui l'aura proclamé. C'est ce gouvernement que voulait se donner la nation française dans ces beaux jours de 89, dont le souvenir sera cher à jamais aux amis de la patrie. Ganz dieselbe Erscheinung wiederholte sich jetzt wieder; Frankreich sollte nach der Sprache dieser Sophisten, die mit ihren Vorgängern würdig wetteiferten, in dem Kaiserreich alle Errungenschaften der Revolution verwirklicht sehen und in einem Augenblick, wo es sich unter einen schimpflichen Militärdespotismus beugen mußte, erst recht an die Spitze der europäischen Civilisation treten. Die Strömung nach dieser Richtung war so stark, daß sich Louis Napoleon die Zwischenstufe der zehnjährigen Präsidentschaft hätte ersparen und gleich auf die Errichtung des Kaiserreichs antragen können. Denn wer hätte sich ihm widersetzen sollen? Von den in der Verbannung lebenden Gliedern der älteren und jüngeren Linie des Hauses Bourbon hatte er um so weniger zu besorgen, da auch nach Ludwig Philipps Tode, der am 26. August 1850 in England gestorben war, weder sie selbst noch ihre Anhänger sich zu einer Fusion vereinigen konnten und die eigentlichen Legitimisten oder die Anhänger Heinrichs V von einer Verbindung mit den Orleanisten nichts wissen wollten. Dessenungeachtet trieb Louis Napoleon seine Vorsicht so weit, daß er am 22. Januar 1852 den größten Theil der Güter des Hauses Orleans confiscirte, um diesem die Mittel zu entziehen, mit denen es ihm gefährlich werden konnte. Die Kirche war mit ihm einverstanden, und obgleich der Nachfolger des edlen d'Affre, der Erzbischof Sibour von Paris, ein Freund Cavaignacs und unter ihm ernannt worden war, so hatte er doch keinen Grund gegen Napoleon

Opposition zu machen, welcher der Kirche bessern Schutz ihrer Rechte versprach, als sie unter der constitutionellen und demokratischen Regierung gefunden hatte. Die große Masse des Volkes war mit einer starken Regierung zufrieden, und selbst die gebildeten Classen ließen sich dieselbe als Erhalterin der Ordnung und des Besitzes gefallen. So fühlte sich Louis Napoleon in seiner Herrschaft befestigt genug, um sich über den ohnmächtigen Groll der wenigen hinwegzusetzen, die es ihm nicht verzeihen konnten, daß er durch den Umsturz der Rednerbühne und durch die Fesselung der Presse ihrem Einflusse ein Ende gemacht habe; einen Beweis von dem Gefühle seiner Sicherheit gab er dadurch, daß er alle, welche am 2. December verhaftet worden waren, wieder in Freiheit setzen ließ; Cavaignac und Thiers durften nach Paris zurückkehren, und nur die heftigsten Gegner der neuen Ordnung der Dinge, wie Changarnier, Lamoricière, Bedeau, Leflo, Victor Hugo und Baze wurden verbannt. Auf einer Rundreise, die er im Laufe des Jahres 1852 durch das südliche Frankreich machte, schallte ihm überall der Kaisergruß entgegen, und es waren diesmal die Provinzen, nicht die Hauptstadt, welche das Signal zu der neuen Staatsveränderung gaben. Zum erstenmal übten die Provinzen eine größere moralische Macht aus als die Hauptstadt. Louis Napoleon erntete jetzt die Früchte von den Bestrebungen, die man in der Zeit der Restauration und der Julimonarchie gemacht hatte, um das Andenken seines Oheims, des großen Kaisers, zu verherrlichen. Dadurch war der Kaiser in der Erinnerung des französischen Volkes zu einer sagenhaften Gestalt geworden, und während drei Revolutionen das Gedächtniß der früheren Geschichte beinahe ausgelöscht hatten, trat der Name Napoleons als des Repräsentanten der Größe und des Ruhmes der französischen Nation in um so hellerem Glanze hervor. Louis Napoleon beutete dieses Geschäft mit großem Tacte zu seinem Vortheil aus. In Lyon, wo er die Reiterstatue seines Oheims enthüllte, nannte er denselben den legitimsten Herrscher Frankreichs, weil er durch die Wahl des Volkes erhoben und von der ganzen Welt anerkannt worden sei. Er präludirte damit auf sein eigenes Recht, fügte jedoch hinzu, daß er mit der Herstellung dieses legitimen Kaiserthums warten werde, bis der allgemeine Wille und das Wohl Frankreichs sie fordern würden. Wie der Erhebung seines Oheims die furchtbare Explosion einer Höllenmaschine, ihn zu tödten bestimmt, vorhergegangen war, so wurde während seines Aufenthalts in Marseille ebenfalls eine Höllenmaschine entdeckt, die auf seinen Untergang berechnet sein sollte. Da das Complott weder damals noch bis jetzt aufgeklärt worden ist, so war die Annahme nicht unwahrscheinlich, daß das angebliche Complott eine Veranstaltung der Regierung war, um die Person des Bedrohten dem Volke noch theurer zu machen. Das einzige, was man von der Wiederherstellung des Kaiserthums fürchtete, war die Aussicht auf eine kriegerische Zukunft; man besorgte, daß das Kaiserthum die französische Nation in Kriege mit dem Auslande verwickeln werde. Um in dieser Hinsicht die Gemüther zu beruhigen, hielt er in Bordeaux an den Handelsstand dieser reichen Stadt eine Rede, worin er den für die französische Nation schmeichelhaften und leider nur zu wahren Gedanken aussprach, daß, wenn Frankreich beruhigt sei, es auch die übrige Welt sein werde, und die er mit dem prägnanten Satze schloß: l'Empire c'est la paix! Auf der Rückreise besuchte er Amboise und setzte den hier gefangen gehaltenen Emir Abdel Kader in Freiheit. Obgleich sich dieser, wie früher erzählt wurde, an den General Lamoricière nur unter der Bedingung ergeben hatte, nach der Türkei entlassen zu werden, so hatte doch Ludwig Philipp diese Bedingung nicht ratificirt, sondern den Emir in dem Schlosse von Amboise in ehrenvoller Gefangenschaft gehalten. Jetzt ließ ihn Louis Napoleon frei nicht ohne einen Seitenhieb auf seinen Vorgänger, indem er erklärte, daß es nichts entehrenderes für eine große Nation gäbe, als wenn sie ihre Macht in dem Grade verkenne, daß sie ihr gegebenes Versprechen nicht halte. Er bewilligte dem Emir einen Jahresgehalt, von dem er anständig zu Brussa in Kleinasien, das er zu seinem Aufenthaltsorte gewählt hatte, leben konnte. Auch täuschte sich Napoleon in seiner Erwartung nicht, daß seine Großmuth den Emir zur Dankbarkeit verpflichten werde; denn dieser lebte seitdem in Brussa, und nach der Zerstörung dieser Stadt durch ein Erdbeben, in Damaskus ruhig, ohne je zu versuchen, die Franzosen in Algier zu beunruhigen und seinen früheren Einfluß wiederherzustellen.

Wenn Napoleon bei seiner Rundreise die Absicht gehabt hatte, den Parisern zu zeigen, wie populär sein Name in Frankreich sei, so hatte er seinen Zweck vollkommen erreicht. Bei seiner Rückkehr nach Paris und bei seinem Einzuge in diese Hauptstadt am 16. October wurde er auch hier mit dem Kaisergruße empfangen und zeigte seine Bereitwilligkeit, demselben zu entsprechen, dadurch, daß er seine Wohnung in dem Palaste der Tuilerien, dem alten Sitze der Beherrscher Frankreichs, nahm. Nach solchen Demonstrationen war es eine bloße Formalität, daß über die Frage der Wiederherstellung des Kaiserthums abgestimmt wurde, aber die Form, in welcher diese Frage dem Volke vorgelegt wurde, war merkwürdig und bedeutend. Denn die Frage, über welche am 21. und 22. November alle Franzosen abstimmen sollten, lautete: ob die Nation das erbliche Kaiserthum, wie es unter Napoleon I bestanden habe und von diesem auf Napoleon II übergegangen sei, nunmehr auf Napoleon III übertragen wolle? Man sieht, welchen Werth er darauf legte, seine Stellung zu einer legitimen zu machen und sie nicht bloß dem Willen der Nation, sondern auch seinem Geburtsrechte zu verdanken. Fast acht Millionen Stimmen bejahten die ihnen vorgelegte Frage, worauf Napoleon III am 2. December 1852 den Kaisertitel annahm. Nur von den Verbannten im Auslande erhoben sich Stimmen gegen diese Wendung der Dinge, und Victor Hugo gab in einer Flugschrift unter dem Titel Napoleon le petit den Empfindungen einen Ausdruck, mit welchen alle Gebildeten gegen das ihnen aufgelegte Joch des Militärdespotismus erfüllt waren. Allein das constitutionelle System war so in Miscredit gerathen, daß selbst die beredte Stimme des Grafen Montalembert, der es in einer Broschüre vertheidigte, ihm keine Sympathie mehr gewinnen konnte. Die alten abgenutzten Größen der parlamentarischen Zeit, die Guizots, Thiers und Odilon Barrots, verschwanden in dem Dunkel des Privatlebens, während sich an den neuen Kaiser andere talentvolle Männer schlossen, die er mit hohen Gehältern belohnte. Napoleon III gab seinem Oheim Jerome, dem einzigen noch lebenden Bruder Napoleons I, den Königstitel zurück und ertheilte dessen Kindern, Napoleon und Mathilde, sowie den übrigen Gliedern seines Hauses prinzliche Rechte und Titel. Auch die Familie Murat erhob sich jetzt wieder durch die Strahlen der kaiserlichen Sonne zu dem Glanze fürstlicher Würde. Die Generale Arnaud, Magnan und Castellane wurden zu Marschällen erhoben, die Armee dagegen wurde reducirt, um den auswärtigen Mächten die in Worten ausgesprochene Friedensliebe auch durch die That zu beweisen. Es war indessen zweifelhaft, ob diese das neue napoleonische Kaiserthum anerkennen würden. Da durch den Wiener Congreß die Familie Bonaparte auf ewige Zeiten von der Herrschaft in Frankreich ausgeschlossen worden war, so war es ein starker Riß durch die Verträge von 1815, sich die Thronbesteigung Napoleons III gefallen zu lassen. Ihn als Präsidenten einer Republik in einem Amte, das seiner Natur nach wechselnd und vorübergehend war, anzuerkennen, hatten sie um so weniger Bedenken getragen, da er als Bändiger der Revolution ein willkommener Bundesgenosse war, allein das erbliche Kaiserthum in der Familie Bonaparte schien Europa mit denselben Gefahren zu bedrohen, aus denen es sich nur durch Vereinigung aller seiner Kräfte hatte retten können. England setzte sich indessen zuerst über die Bedenklichkeit und über die Rücksicht auf die Verträge von 1815 hinaus. Nach seinem Grundsatze, factische Zustände anzuerkennen, ging es in der Anerkennung Napoleons III mit seinem Beispiele voran, und ihm folgten Neapel, Spanien und alle weniger bedeutenden Mächte. Am längsten zögerten die drei nordischen Mächte, und es hing mit der Anerkennungsfrage zusammen, daß der Kaiser Franz Joseph von Oesterreich am 17. December dem königlichen Hofe in Berlin einen Besuch machte. Man scheute sich indessen, die Sache bis zu einem offenen Conflict zu treiben, und so wurde das neue französische Kaiserthum am 5. Januar 1853 auch von den drei nordischen Mächten, Oesterreich, Preußen und Rußland anerkannt. Doch war es für Napoleons Selbstgefühl verwundend, daß ihn der Kaiser Nikolaus nicht als Monsieur mon frère, wie es unter ebenbürtigen Souveränen Sitte ist, anredete, sondern ihn bloß Monsieur mon bon ami nannte. Nur die alte Königsfamilie erließ gegen Napoleons Usurpation eine Rechtsverwahrung, und die Versuche, die ältere und jüngere Linie zu versöhnen und ihre Anhänger zu einer Partei zu verschmelzen, wurden lebhafter betrieben. Der Herzog von Nemour erkannte Heinrich V an, wogegen sich dieser, der aus eigner Ehe keine Kinder hatte, bereit erklärte, den Grafen von Paris zu adoptiren. Aber die Herzogin Helene von Orleans, die in dieser Transaction einen Vorwurf für die Julirevolution und einen Makel auf das Andenken ihres verstorbenen Gemahls erblickte, widersetzte sich diesem Plane, so daß Napoleon von den Fusionisten wenig zu fürchten hatte.

Unangenehm berührte es ihn, daß sein Versuch, sich durch Heirath mit den alten Dynastien Europas zu verschwägern, scheiterte; die von ihm ausgewählte Braut, die Prinzessin Carlotta, eine Tochter Gustav Wasas, vermählte sich plötzlich mit dem Kronprinzen Albert von Sachsen. Den Aerger über diese Niederlage wußte er indessen gut zu verhehlen und durch die Art, wie er sich aus dieser Sache zog, die Niederlage in einen Triumph zu verwandeln. Am 22. Januar 1853 zeigte er in einer noch an demselben Tage veröffentlichten Botschaft dem Senat und den übrigen hohen Staatsgewalten an, daß er eine edle Spanierin, Donna Eugenie Montijo, Herzogin von Teba, zu seiner Gemahlin gewählt habe. In dieser Botschaft, die eine Antwort auf die Intriguen sein sollte, welche seine Verbindung mit der Prinzessin von Wasa durchkreuzt hatten, hieß es, daß dynastische Vermählungen nur trügerische Bürgschaften gewährten und nur zu häufig Familieninteressen an die Stelle des Nationalinteresses setzten. Seit 70 Jahren seien alle in Frankreich vermählten fremden Prinzessinnen unglücklich gewesen, und nur einer gedenke das Volk mit Liebe, der Kaiserin Josephine, und diese sei nicht aus königlichem Blute abgestammt. Er erinnerte daran, wie viele Mühe sich der Herzog von Orleans um eine Verbindung mit einem souveränen Hause gegeben habe, und habe gleichwohl, wenn auch eine vortreffliche Frau, doch nur eine Prinzessin zweiten Ranges und die einem andern Religionsbekenntniß angehört habe, erlangt. Wenn man, wie er, durch die Macht eines neuen Princips auf die Höhe der alten Dynastien gehoben worden sei, so müsse man diesem Princip nicht untreu werden, sondern seinen eigenthümlichen Charakter bewahren, indem man Europa gegenüber offen die Stelle eines Parvenu einnehme, was ein ruhmvoller Titel sei, wenn man ihn durch die freie Abstimmung eines großen Volkes erlangt habe. Er habe daher eine Braut gewählt, die mit allen Eigenschaften des Geistes und Gemüthes geschmückt eine Zierde des Thrones sein werde, und die als Spanierin den Vortheil biete, daß sie in Frankreich keine Familie besitze, der man Ehren und Güter verleihen müsse. Schon am 30. Januar 1853 wurde die Hochzeit gefeiert und dadurch noch populärer gemacht, daß sie von einer Amnestie für mehr als 3000 politische Verbrecher begleitet war. — Wie in dieser Sache, so handelte Napoleon auch in seiner Regierung mit großem Verstande. Den Arbeitern, die im Jahre 1848 für das Recht der Arbeit gekämpft hatten, verschaffte er lohnende Beschäftigung durch die ausgedehnten Bauten, mit denen er die Physiognomie von Paris änderte. Zugleich gewann er durch Niederreißung der engen Gassen den doppelten Vortheil, den Parisern mehr Licht und Luft zu verschaffen und einer künftigen Insurrection die Stützpunkte zu entziehen, die sie bisher immer in diesen Gassen gefunden hatte. Den Bürgerstand suchte er durch Beförderung des Luxus zu gewinnen, und schneller, als man es hätte denken sollen, gewöhnten sich die Franzosen daran, der Aufregung durch eine freie Presse und der Unterhaltung durch die Debatten der Tribune zu entbehren.

Zwanzigstes Capitel.

Frankreich konnte sich für den Verlust seiner constitutionellen Verfassung mit einem Blicke auf die pyrenäische Halbinsel trösten, wo diese Verfassung nur die Quelle steter Wirren und Parteikämpfe war. Von außen ließ abwechselnd der französische oder englische Einfluß, im inneren der Kampf zwischen der moderirten und exaltirten Partei weder Spanien noch Portugal zur Ruhe und gedeihlichen Entwickelung kommen. Ein Volk, wie das spanische, das sich stets durch hohen Sinn und rühmliche Eigenschaften ausgezeichnet hatte, hätte ein besseres Schicksal verdient, als fortwährend an inneren Kämpfen zu leiden; allein aller menschlichen Voraussicht nach wird es nicht eher gesunden und wieder erstarken, als bis der ihm eingeimpfte fremdartige Stoff des constitutionellen Lebens entweder vollständig den Volksgeist durchdringen und sich ihm assimiliren, oder durch eine Reaction ausgestoßen werden wird. — Der Sturz Ludwig Philipps ward in Spanien um so mehr gefühlt, je größer seit der Vermählung der Königin und ihrer Schwester der Einfluß desselben auf dieses Land gewesen war. Es war indessen ein Glück, daß eine so kräftige Hand, wie die des Generals Narvaez, in diesem kritischen Moment die Zügel der Regierung führte. Seiner Energie gelang es, einen Aufstand der Progressisten in Madrid am 23. März 1848 niederzuschlagen und die exaltirte Partei im Zaume zu halten, obgleich dieselbe von dem ganzen Einflusse der englischen Regierung unterstützt wurde. Narvaez befahl dem englischen Gesandten, Sir Henry Bulwer, der bei einer neuen Insurrection am 6. Mai stark compromittirt war, die Hauptstadt und das Land zu verlassen, und rief den spanischen Gesandten Isturiz von London zurück, so daß eine Zeitlang zwischen beiden Ländern ein diplomatischer Bruch stattfand. Auch die Carlisten regten sich wieder, wurden aber mit leichter Mühe besiegt. Spanien fühlte sich damals so stark, daß es im Jahre 1849 sogar ein Truppencorps nach Italien zur Unterstützung des Papstes schickte. Um so unkluger war es, einer so kräftigen Hand, wie der des Narvaez, die Regierung zu entwinden. Allein eine Hofpartei, der er unbequem war und an deren Spitze die Königin-Mutter selbst stand, benutzte den Vorwand, den von Narvaez unterbrochenen diplomatischen Verkehr mit England wiederherzustellen, um ihn am 11. Januar 1851 vom Staatsruder zu verdrängen. Bravo Murillo, der an seine Stelle trat, war ein ergebenes Werkzeug der Königin-Mutter, welche die Regierung in ihrem Sinne führte und zu ihrem Vortheil ausbeutete. Nachdem durch die Entbindung der Königin von einer Tochter am 20. December 1851 die Thronfolge gesichert war, trat in Spanien das Bestreben hervor, nach dem Beispiel des in Frankreich gelungenen Staatsstreiches die Verfassung zu ändern. Ein Mordanfall, den ein Mönch Namens Merino am 2. Februar 1852 auf die Königin bei ihrem ersten Kirchengang nach der Niederkunft machte, bot, obgleich derselbe nur die That eines Verrückten gewesen war, doch den Vorwand zur Beschränkung der von der Verfassung garantirten Freiheiten. Allein gegen die Rückkehr des Absolutismus vereinigten sich die Moderirten mit den Progressisten, und obgleich Narvaez im December 1853 förmlich aus Spanien verbannt wurde, so gelang es der Königin-Mutter doch nicht, ihr Ansehen dauernd zu befestigen. Zu schamlos hatte sie die Krone und den Staat geplündert, um ihre Kinder aus der Ehe mit Muñoz zu bereichern, und als in den Cortes ihr wucherisches Treiben enthüllt wurde, konnte sie sich nicht länger behaupten. Sie ward vielmehr durch einen Militäraufstand unter O'Donnel und Serrano, dem die meisten Provinzen zustimmten, gestürzt (im Jahre 1854), und durch die Aufdeckung ihrer Unterschleife mit einem schimpflichen Processe bedroht mußte sie es als ein Glück betrachten, daß sie die Erlaubniß erhielt, das Land zu verlassen. Mit diesem Siege der Progressisten trat der alte Chef dieser Partei, Espartero, aus seiner bisherigen Zurückgezogenheit wieder hervor und übernahm von neuem die Regierung. Allein auch seine Herrschaft war nicht von langer Dauer; er ward am 16. Juli 1856 durch einen Militäraufstand unter O'Donnel gestürzt, worauf Narvaez und sogar die Königin-Mutter wieder nach Spanien zurückkehrten. Neben diesen Parteien der Moderirten und Exaltirten, die sich fortwährend einander die Gewalt streitig machen, existirt auch noch die Partei der Carlisten, die nach dem am 10. März 1855 erfolgten Tode des Don Carlos in dessen ältestem Sohne, dem Grafen von Montemolin, der in ihren Augen für König Karl VI gilt, ihren Chef hat.

Portugal wurde während der Regierung der Königin Donna Maria da Gloria von denselben Parteien, wie Spanien, zerrüttet, und wie dort Narvaez und Espartero, so lösten sich hier Cabral und Saldanha, je nachdem ihre Partei das Uebergewicht hatte, in der Regierung des Landes ab. Am 15. November 1853 starb die Königin Donna Maria, und ihr folgte ihr ältester Sohn Dom Pedro V, anfangs unter der Vormundschaft seines Vaters, bis er im Jahre 1855 die Regierung selbst übernahm. Den jungen König empfing bei seiner Thronbesteigung allgemeines Vertrauen, das er sich durch weise Schonung der Kirche, so wie durch persönlichen Muth während des gelben Fiebers in Lissabon erworben hatte. Doch hat auch Portugal noch immer einen Prätendenten in der Person Dom Miguels*), der seit dem Jahre 1851 mit der Prinzessin Adelheid von Löwenstein-Wertheim vermählt ist und sofort, als ihm am 19. September 1853 ein Sohn geboren wurde, für denselben auf die Rechte des Thronfolgers in Portugal Anspruch machte.

Während auf der pyrenäischen Halbinsel die Constitution wie ein eingeimpfter Krankheitsstoff wirkte, war sie dagegen in England als eine naturwüchsige Institution der festeste Halt und Stützpunkt in den Stürmen des Jahres 1848. England blieb von den Revolutionen, welche den Continent erschütterten, unberührt; wenn es auch in ihm nicht an revolutionären Elementen fehlte, so war doch der Boden nicht so unterwühlt, daß das Staatsgebäude auf den ersten Stoß zusammenfiel. Als am 10. April 1848 die Chartisten sich in Kensington bei London versammelten und unter dem Vorsitze von Feargus O'Connor die Ueberreichung einer Bittschrift mit mehr als 5 Millionen Unterschriften beschlossen, genügte es, daß sich 150,000 achtbare Männer als Constabler vereidigen ließen, um die Folgen, die man von dieser Manifestation erwartet hatte, zu vereiteln. Der Zug der Chartisten, der zu einem Conflicte geführt hätte, unterblieb und die Bittschrift wurde einfach dem Parlamente überreicht, wo sie mit ihren dem Geiste der englischen Verfassung so wenig entsprechenden Forderungen keinen Vertheidiger fand und ad acta gelegt wurde. Eben so wurden die Irländer, die sich unter O'Brien zu regen anfingen, durch energische Maßregeln der Regierung im Zaume gehalten. Während aber die englische Regierung die revolutionären Parteien im eigenen Lande unterdrückte, begünstigte sie dieselben im Auslande, und Lord Palmerston ward nicht ohne Grund beschuldigt, die Unruhen auf dem Continent, besonders in Italien, befördert zu haben. Auch fanden die Führer der auf dem Continent geschlagenen Parteien, Ledru-Rollin, Louis Blanc, Arnold Ruge, Kossuth, Mazzini u. a., in England ein Asyl und bei Palmerston Unterstützung. Wenn schon dadurch die von solchen Umtrieben bedrohten Mächte gegen England gereizt wurden, so erhielten sie noch gerechteren Grund zu Beschwerden durch den Uebermuth, mit

*) Bekanntlich kürzlich gestorben. A. d. H.

welchem die englische Regierung von schwächeren Staaten Entschädigung für ihre Unterthanen erpreßte. Wie schmeichelhaft es für den englischen Stolz war, daß Lord Palmerston erklärte, er wolle den Namen eines Engländers so geehrt machen, wie ehemals der des Civis Romanus gewesen sei, und wie groß dadurch bei seiner eigenen Nation seine Popularität wurde, so zog es ihm doch den Haß des Auslandes zu, besonders da er die englische Uebermacht gegen schwächere Staaten misbrauchte und, was er an diesen ahndete, sich von stärkeren gefallen ließ. So wurde Griechenland im Jahre 1850 von einer mächtigen Flotte unter Admiral Parker solange in Blokadezustand gehalten, bis es einem portugiesischen Juden, Don Pacifico, der aber englischer Unterthan war, für die Beschädigung seines Hauses bei einem Volksauflaufe, so wie anderen englischen Unterthanen für Verluste bei anderen Gelegenheiten die geforderte Entschädigung bezahlt hatte. Aehnliche Zwangsmaßregeln wurden gegen Neapel und Toscana ergriffen, um den in diesen Ländern sich aufhaltenden englischen Unterthanen, die bei der Revolution gelitten hatten, Entschädigung zu verschaffen. Gegen dieses Verfahren trat besonders Rußland kräftig auf und drohte den englischen Unterthanen den Aufenthalt bei sich zu verbieten, wenn deren Anwesenheit zu solchen Verwickelungen Anlaß gäbe, und wenn die englische Regierung fortfahre, solche Forderungen, wie an Neapel und Toscana, mit anderen als friedlichen Mitteln geltend zu machen. Diese kräftige Verwendung rettete zwar die bedrängten Staaten von den ihnen angedrohten Zwangsmaßregeln, aber reizte Lord Palmerstons giftigen Haß gegen Rußland und dessen Politik. — Im Jahre 1851 veranstaltete England die erste große Weltindustrie-Ausstellung. In einem eigens zu diesem Zwecke erbauten ungeheueren Glaspalaste wurden die Producte aller Nationen der Erde in eben so belehrender als geschmackvoller Anordnung aufgestellt. Dieses große Friedenswerk erfüllte damals schwärmerische Gemüther mit der Hoffnung eines ewigen Friedens, und Elihu Burrit konnte unter dem Beifall der Zeitgenossen als Friedensapostel auftreten, und während schon der Donner eines großen Krieges in der Ferne grollte, auf den von ihm veranstalteten Friedenscongressen die Lehre predigen, daß die Säbel und Bajonette in Pflugscharen verwandelt und die für die Armeen ausgesetzten Summen auf Werke des Friedens verwendet werden sollten. Man wiegte sich um so mehr in solche Illusionen ein, da Lord Palmerston, dessen unruhiger Geist als Friedensstörer und Feuerbrand gefürchtet war, aus dem Ministerium entlassen wurde. Seine voreilige Billigung und Anerkennung des am 2. December 1851 in Paris vollzogenen Staatsstreiches zog ihm seinen Sturz zu. Die Königin Victoria selbst gab ihm ihren Unwillen darüber in so starken Ausdrücken zu erkennen, daß seine Stellung nicht länger haltbar war. Nicht wenig trug zu diesem Unwillen der Einfluß ihres Oheims, des Königs Leopold von Belgien, bei, der von der napoleonischen Herrschaft in Frankreich für die Unabhängigkeit seines Reiches fürchtete. Bei der nahen Verwandtschaft seiner Dynastie zu der gestürzten Familie Orleans glaubte er sich nicht mehr bloß auf den Schutz Englands verlassen zu können und suchte dem mächtigen französischen Kaiserreiche gegenüber noch eine andere Stütze und zwar in Oesterreich, mit dessen Kaiserhause er durch die Vermählung seines ältesten Sohnes, des Herzogs von Brabant, mit der Erzherzogin Maria, einer Tochter des verstorbenen Palatinus Joseph, in verwandtschaftliche Verbindung trat. Allein nicht bloß Belgien, sondern auch England fürchtete den Napoleoniden, von dem man annahm, daß er allen Friedensversicherungen zum Trotz über Rache für Waterloo brüte, und das neue Ministerium unter der Leitung der Lords Granville und Russel machte Anstalten zur Vertheidigung der Küsten. Als es aber zu diesem Zwecke vom Parlamente die Aufbietung der Miliz forderte, verwarf die Opposition unter Leitung Lord Palmerstons diese Forderung, und in Folge dieser Niederlage mußte das Ministerium im Februar 1852 abdanken. Die Königin bildete darauf ein Ministerium aus der Torypartei, an dessen Spitze, da Sir Robert Peel im Jahre 1850 an den Folgen eines Sturzes mit dem Pferde gestorben war, Graf Derby trat. Allein die Toryregierung konnte sich nur wenige Monate behaupten und machte am Ende des Jahres 1852 einem von Lord John Russel gebildeten Ministerium Platz, in welchen Aberdeen die Leitung der auswärtigen Angelegenheiten erhielt, in welches aber auch Lord Palmerston als Minister des Inneren aufgenommen wurde. Durch Palmerstons Rückkehr zur Gewalt ward die ganze Lage der Dinge geändert. Sein alter Groll gegen Rußland trieb ihn, eine im Orient entstandene Verwickelung, die sich auf diplomatischem Wege hätte lösen lassen, zu einem großen Kriege auszuspinnen, in welchem England und Frankreich vereinigt als Beschützer der Türkei gegen die dem Kaiser Nikolaus untergelegten Eroberungsgelüste auftraten.

In den beiden Persönlichkeiten Lord Palmerstons und des Kaisers Nikolaus standen sich in der That die Gegensätze der Zeit gleichsam verkörpert einander entgegen. Der erstere warf sich zum Hort aller Freiheitsbestrebungen auf und liebte es, die misvergnügten und unruhigen Geister des Zeitalters unter seinen Schutz zu nehmen, um sich ihrer gelegentlich zu bedienen. Es gab ihm ein Gefühl der Kraft und Sicherheit, daß er wie ein Aeolus in seinem Schlauche die revolutionären Stürme hielte, die er nur loszulassen brauchte, um Unruhen auf jedem beliebigen

Punkte zu erregen. Was einmal Canning mit weiser Mäßigung als bloße Drohung gegen die Ultraparteien ausgesprochen hatte, daß England nur das Banner der Freiheit zu erheben brauche, um alle, die mit dem gegenwärtigen Zustande ihrer Heimath unzufrieden seien, unter demselben zu schaaren, das führte Lord Palmerston wirklich aus und verschaffte sich und seinem Lande dadurch ein Gefühl der Kraft und Sicherheit, das weit über Englands materielle Mittel, so groß dieselben auch waren, hinausging. Während sich so Lord Palmerston an die Spitze der revolutionären Propaganda stellte, betrachtete im Gegentheil Kaiser Nikolaus es als seine Mission, überall die conservativen Interessen in seinen Schutz zu nehmen. Nach der Unterdrückung des polnischen Aufstandes im Jahre 1831 kam durch das Gefühl dieser höheren Mission, durch das Bewußtsein, daß unter allen Nationen Europas die russische allein noch nicht von dem Gifte der revolutionären Doctrinen angesteckt sei, ein gewaltiger Schwung in die Politik des Kaisers. Wie Philipp II von Spanien sich in dem neuerungssüchtigen sechszehnten Jahrhundert der Reformation entgegengestellt und im Kampfe mit derselben seine Kraft verzehrt hatte, so trat Nikolaus im neunzehnten Jahrhundert mit der ganzen Energie seiner Persönlichkeit, mit der ganzen Macht seines ungeheueren Reiches der Revolution entgegen. Auch hatte er mit Philipp II in seinem Charakter manche Aehnlichkeit, besonders einen energischen aber bornirten Geist, für welchen die Regel die vollkommenste ist, von der es am wenigsten Ausnahmen giebt. Solche Geister lieben es zu schematisiren und ein einfaches leicht faßliches System aufzustellen,, in welches mit eiserner Consequenz alles eingezwängt wird. Kaiser Nikolaus wollte, daß ein solches System in Rußland auf den drei Grundlagen der unumschränkten Monarchie, der Orthodoxie und der Nationalität sich erhebe. Wie drei Pfeiler sollten diese das stattliche Gebäude der russischen Macht tragen, und sie waren in der That um so fester, da sie im Geiste des Volkes und seiner Geschichte wurzelten. Die russische Nation war im Mittelalter in Folge ihrer Theilung unter viele Fürsten aus dem Stamme Ruriks den Mongolen unterlegen und hatte über dritthalbhundert Jahre das ihr von diesen Barbaren aufgelegte Joch tragen müssen; ihre Rettung aus diesem schimpflichen Zustande verdankte sie nur ihrer Wiedervereinigung zu einer mit unumschränkter Gewalt ausgerüsteten Monarchie. Kein Wunder daher, daß die absolute Gewalt des Zaren in Rußland populär war, und daß Nikolaus nichts dem Geiste seines Volkes widerstrebendes that, wenn er die absolute Monarchie als ein Palladium Rußlands aufstellte. — Eben so war während der Mongolenherrschaft die Religion eine Scheidewand gewesen, welche die Russen vor Vermischung mit ihren rohen Besiegern behütete. Die griechische Kirche, zu der sich die Russen bekannten, trennte sie von den Mongolen, seitdem diese den Islam angenommen hatten, und gab ihnen mitten in dem Elend ihrer Knechtschaft ein Gefühl geistiger Ueberlegenheit über ihre Bedränger. Vom Osten her durch den Islam, von Westen durch die römische Kirche, die in Litthauen durch die Jagellonen die Herrschaft gewonnen hatte, bedroht klammerte sich das russische Volk an seine Kirche wie an eine rettende Arche an und widmete derselben eine so warme Hingebung und einen so unbedingten Glauben, wie er sich schwerlich in einem anderen christlichen Lande findet. Es war daher ein richtiger Griff, daß die Orthodoxie von Kaiser Nikolaus zum zweiten Grundpfeiler seines Systems gewählt wurde. Dieser Glaube wurde nun als der allein orthodoxe, als der allein berechtigte und kräftige hingestellt, während die Kirche des Abendlandes vom Schisma zerrissen und von Unglauben und Zweifel durchfressen sei. Der dritte Grundpfeiler, die Nationalität, prägte sich besonders in der Religion aus, indem jeder, welchem Volke er auch angehören mochte, sobald er zur griechischen Kirche übertrat, sofort zum echten Russen gestempelt wurde. Dadurch ward in derselben Zeit, wo in den übrigen Ländern Europas das confessionelle Bewußtsein wieder in Schwung kam, dasselbe auch in Rußland geweckt und gepflegt. Ja man kann sagen, daß von dieser Zeit an die Hauptaufgabe aller administrativen und pädagogischen Thätigkeit in Rußland darauf gerichtet war, den verschiedenen im russischen Reiche vereinigten Völkern denselben Stempel des nationalen Gepräges aufzudrücken. Dem Geiste der griechischen Kirche ist eigentlich das Propagandawesen fremd; durch das Gesetz, das jeden Abfall von derselben verbietet und mit schwerer Strafe verpönt, in ihrem Bestande gesichert, hatte sie bisher an ihrer Ausbreitung nicht gearbeitet. Jetzt aber mußte sie sich zum Werkzeuge politischer Zwecke hergeben und zur Durchführung des geschilderten Systems ihren Namen herleihen. Daraus gingen zwei bemerkenswerthe Ereignisse hervor, die Wiedervereinigung der unirten Griechen mit der orthodox-griechischen Kirche und die Bedrängung der Lutheraner in den deutschen Ostseeprovinzen. Beide verdienen um so mehr eine genauere Erörterung, da sie nicht wenig dazu beitrugen, den Haß gegen die russische Politik im Westen Europas immer mehr zu schärfen.

Was das erste Ereigniß betrifft, so muß man wissen, daß in den litthauischen Provinzen der größte Theil der Bevölkerung wie russischer Abstammung so auch russischer Religion war, als diese Provinzen durch die Erhebung des litthauischen Großfürsten Jagello auf den polnischen Thron mit dem Königreiche Polen vereinigt wurden. So lange in Polen die religiöse Toleranz ein Reichsgesetz war und die 1572 getroffene Vereinbarung sämmtlicher Religionsparteien als Dissidenten, daß das Religionsbekenntniß auf die politischen Rechte keinen Einfluß haben dürfe, in Geltung blieb, lebten die Griechen, wie die Evangelischen, ja sogar die Socinianer in unangefochtenem Frieden neben der Majorität der Katholiken. Allein die Sache änderte sich, als der um seiner Religion willen aus Schweden vertriebene katholische Zweig des Hauses Wasa in Polen zur Herrschaft gelangte. Mit Johann Sigismunds Thronbesteigung ward der für Polen so verderbliche Funke der religiösen Zwietracht in das Reich geworfen und der Religionsfriede erschüttert, indem er nicht mehr als ein pax inter dissidentes sondern als ein pax cum dissidentibus aufgefaßt wurde. Der Sinn der ersten Formel war, daß auch die Katholiken zu den Dissidenten gerechnet wurden, nach der zweiten Formel aber verwandelten sie sich in eine herrschende Partei, die nicht mehr den Namen Dissidenten auf sich anwenden lassen wollte, sondern ihn auf ihre Gegner beschränkte, mit denen sie Frieden zu halten versprach. Es ist bekannt, daß Johann Sigismund ein ebenso entschiedener Katholik war, als sein Vetter Gustav Adolf ein eifriger Protestant, daß er um so eifriger war, je mehr er Ursache hatte, wegen des ihm widerfahrenen Unrechtes den Protestantismus zu hassen und sich als einen Märtyrer seines Glaubens anzusehen. Sein ohnehin großer Religionseifer wurde noch mehr entflammt durch die von ihm in Polen aufgenommenen Jesuiten. Ihre Thätigkeit hatte, wie überall, so auch in Polen die Folge, daß die Unterdrückung der andersgläubigen Parteien als ein Staatsinteresse angestrebt wurde. Sie sparten kein Mittel der Ueberredung, der Verführung und, wo diese nicht ausreichten, der Gewalt, um die zahlreichen griechischen Christen in Litthauen dem römischen Stuhle zu unterwerfen. Mit solchen Mitteln gelang es, auf Grund der Beschlüsse der Florentiner Kirchenversammlung, die bekanntlich in der Mitte des funfzehnten Jahrhunderts eine Union der griechischen und lateinischen Kirche zu Stande gebracht hatte, im Jahre 1596 auf einem Concilium zu Brest-Litowsk die Griechen mit der römischen Kirche zu uniren. Seitdem waren 200 Jahre verflossen, und obgleich die damals gegründete unirte Kirche ein Zwitterding zwischen der griechischen und lateinischen Kirche blieb, so hatte sich doch die unirte Bevölkerung in ihren kirchlichen Zustand so hineingelebt, daß es jetzt der gleichen Mittel, durch welche sie zur Union gebracht worden war, bedurfte, um sie aus derselben wieder zu ihrem ursprünglichen Glauben zurückzuführen. Die Kaiserin Katharina II, die bei den Theilungen Polens die litthauischen Provinzen wieder mit dem russischen Reiche vereinigt hatte, ließ die unirte Kirche unangetastet bestehen und machte keine Veränderung, als daß sie es den unirten Griechen freistellte, zur orthodoxen Kirche zurückzukehren. Dies hatte jedoch wenig Erfolg, da es der russischen Priesterschaft, wie schon bemerkt, an allem Eifer für Propaganda fehlt, wenn er nicht von oben her angeregt und im Interesse des Staates in Bewegung gesetzt wird. Den Kaiser Nikolaus dagegen trieb das von ihm angenommene System zu gewaltsamer Bekehrung. Nachdem das Werk langsam durch Annäherung des unirten Cultus an den rein griechischen vorbereitet worden war, berief er im Februar 1839 eine Synode der unirten Bischöfe nach Polozk, und diese beschloß unter dem Vorsitze des Oberprocoureurs des dirigirenden Synods, Grafen Protassow, die Wiedervereinigung der Unirten mit der russischen Staatskirche. Man kann sich denken, daß der Papst Gregor XVI zu einem solchen Verfahren, das mit einem Federzuge zwei Millionen Seelen dem Gehorsam gegen den heiligen Stuhl entzog, nicht schwieg, sondern in einer Allocution die Verführungskünste enthüllte, durch welche jene entarteten Hirten, wie die unirten Bischöfe genannt wurden, in einen so tiefen Abgrund der Bosheit und des Verderbens gestürzt worden seien. Allein die Russen konnten antworten und antworteten wirklich, daß sie, was ihnen im sechszehnten Jahrhundert entzogen worden sei, im neunzehnten Jahrhundert wieder als einen rechtmäßigen Besitz zurückgenommen hätten. Doch wirkte die Stimme des Papstes wenigstens soviel, daß man Anstand nahm, gegen die reine katholische Kirche in ähnlicher Art, wie gegen die unirte vorzugehen und daß man sowohl in Polen als in den altpolnischen Provinzen die Katholiken, wenn man sie auch die Misgunst der Regierung fühlen ließ, doch wenigstens in ihren Rechten nicht anzutasten wagte. Es fehlte indessen nicht an fortwährenden Beschwerden, und wer die päpstlichen Allocutionen aus jener Zeit kennt, weiß, daß in ihnen der Zustand der katholischen Kirche in Rußland einen stehenden Artikel bildete. Besonders heftig sprach sich Papst Gregor XVI in der Allocution vom Jahre 1842 gegen die russische Regierung aus, der er Arglist und Gewaltthätigkeiten vorwarf und seine Vorwürfe mit Actenstücken begründete. Der Kaiser Nikolaus fand es daher aus Rücksicht auf die öffentliche Meinung Europas, die ihm nicht gleichgiltig war, gerathen, den Papst zu versöhnen. Auf der Rückreise von Palermo, wo er im Jahre 1845 seine kranke Gemahlin besucht hatte, hielt er am 13. December in Rom mit dem Papste eine Zusammenkunft. Was bei dieser merkwürdigen Zusammenkunft der beiden Oberhäupter zweier Kirchen, die sich gegenseitig einander mit dem Namen der schismatischen belegten, verhandelt wurde, ist nicht authentisch bekannt geworden, allein man spürte ihre Folgen in einer rücksichtsvolleren Behandlung der katholischen Kirche, die von nun an in Rußland eintrat.

Was gegen die unirte Kirche gelungen war, versuchte man vom Jahre 1841 an auch gegen die evangelisch-lutherische Kirche in den deutschen Ostseeprovinzen. Den lettischen und esthnischen Bauern wurde eingebildet, daß sie, wenn sie den Glauben des Kaisers annähmen, sich dessen besondere Gunst und durch dieselbe Grundbesitz erwerben würden. Selbst das Ansehen der heiligen Schrift wurde misbraucht, um das einfältige Volk zu verführen. Die Stelle im 12. Capitel des Propheten Daniel: „Zu derselben Zeit wird der große Fürst Michael, der für dein Volk steht, sich aufmachen" wurde auf des Kaisers Bruder, den Großfürsten Michael gedeutet und die unmittelbar sich daran schließenden Worte: „Zu derselben Zeit wird dein Volk errettet werden, alle, die im Buche geschrieben stehen" — wurden dahin ausgelegt, daß unter diesem Buche die Liste zu verstehen sei, in welche alle eingeschrieben wurden, die sich zum Uebertritte in die griechische Kirche bereit erklärten. Schaarenweise strömten die Bauern herbei, um sich in das rettende Buch einschreiben zu lassen, allein das begonnene Werk gerieth bald ins Stocken, als keiner der versprochenen Vortheile erfüllt wurde. Auch kam es der griechischen Kirche selbst bedenklich vor, daß sie den Letten und Esthen, die zu ihr übergetreten waren, Abweichungen von ihrem Cultus gestatten und ihnen z. B. den lutherischen Choralgesang, an den sie gewöhnt waren, erlauben mußte. Vor allem aber desavouirte die Regierung ihre Agenten und schämte sich der Mittel, die von denselben angewendet worden waren, um das einfältige Bauernvolk zu bekehren. Diejenigen aber, welche einmal übergetreten und gefirmelt worden waren, blieben der griechischen Kirche verfallen, und so hatte dieses Werk der Lüge und des Betruges, wenn auch nicht den Erfolg, wie bei den Unirten in Litthauen, doch die immerhin bedeutsame Folge, daß der Lutheranismus in den Ostseeprovinzen durchbrochen war.

Das energische Hervorheben des kirchlichen Elementes in Rußland hatte aber noch eine über die Grenze dieses Reiches hinaus reichende Bedeutung. Rußland war unter allen Bekennern der griechischen Kirche allein eine selbständige und herrschende Macht und stellte sich daher nicht bloß seinen Glaubensgenossen, die unter mohamedanischem Drucke seufzten, sondern auch denen, die in den österreichischen Gebieten lebten, als der natürliche Vertreter und Beschirmer ihrer Religion dar. Der Zar wurde von ihnen als ihr geistliches, als ihr wahres Oberhaupt betrachtet. Auch sparte Nikolaus keine Kosten, um dieses Verhältniß immer inniger zu machen. Den armen Kirchen und Klöstern in den Ländern, wo die griechische Confession eine untergeordnete war, wurden von Petersburg und Moskau aus reiche Geschenke geschickt; sie erhielten durch die Freigebigkeit des Zaren ihre Kirchengeräthe und ihre liturgischen Bücher. Konnte es anders sein, als daß sich die Sympathien der Beschenkten einer Macht zuwandten, die ihnen nur durch Wohlthaten bekannt war? In Constantinopel wußte man längst, was dieser Einfluß Rußlands zu bedeuten hatte, aber auch Oesterreich fing an zu fühlen, daß sich auf seiner östlichen und westlichen Flanke ein Einfluß des nordischen Nachbars und eine verbundene Masse politischer, nationaler und kirchlicher Interessen gebildet hatte, die seinem Vortheile, mit der Zeit aber auch seinem Rufe nachtheilig werden konnte. Man muß dies ins Auge fassen, um die Stellung zu würdigen, welche Oesterreich zu dem nunmehr ausbrechenden orientalischen Conflicte einnahm.

Bei dem durch gemeinsamen Glauben vermittelten innigen Zusammenhang zwischen der griechischen Kirche in Rußland und in der Türkei betrachtete die erstere jeden Eingriff in die Rechte der letzteren als eine Beleidigung ihrer selbst. Der Kaiser von Rußland sah den Schutz der Griechen als ein Attribut seiner Krone an, als eine ihm von seinen Vorfahren vererbte Mission, der er nicht untreu werden könne, ohne seiner Würde Eintrag zu thun. Er fühlte sich daher an einer sehr empfindlichen Seite angegriffen, als Louis Napoleon noch als Präsident der französischen Republik den lateinischen Christen auf Kosten der Griechen Vorrechte an den heiligen Stätten in Jerusalem von der Pforte auswirkte. Hier am heiligen Grabe, am Grabe des Friedensfürsten, fand der erste Conflict zwischen den Interessen des Occidents und Orients statt und entzündete sich der erste Funke, aus dem ein großer Kriegsbrand erwachsen sollte. Die Frage über die heiligen Stätten war eigentlich schon längst, theils durch Gewohnheit, theils durch Verträge geordnet. Alle christlichen Bekenntnisse, denen, wie abweichend auch sonst ihre Ansichten sein mochten, doch die Wiege des Christenthumes heilig war, hatten hier einen bestimmten Raum, eine bestimmte Stunde für ihren Gottesdienst. Leider kam aber die Zwietracht, die sie trennte, hier auf dem engen Raume, auf dem sie neben einander wohnten, in der widerlichsten Art zum Vorscheine. Alle Reisende, die Jerusalem besucht haben, sprechen mit Indignation von dem Unfuge, mit dem der Sectengeist die heiligen Stätten entweihte. Besonders die griechischen Christen, als die zahlreichsten, wurden nicht mit Unrecht beschuldigt, ihr Uebergewicht oft in der rohesten Weise misbraucht zu haben, um den lateinischen Christen den Zugang zum heiligen Grabe zu erschweren. Louis Napoleon nahm sich seiner Glaubensgenossen an; er erwirkte von der Pforte einen Firman zum Schutze der lateinischen

Pilger und setzte es durch, daß die Schlüssel zum Hauptthore der Kirche in Bethlehem dem katholischen Patriarchen übergeben wurden. Sofort ergingen Klagen von Seiten der Griechen nach St. Petersburg, und Kaiser Nikolaus erließ eine drohende Note an die Pforte, worin er gegen die den Katholiken bewilligten Vorrechte als eine Verletzung der Tractate reclamirte. Die Pforte, im Gedränge zwischen den beiden rivalisirenden Kirchen in einer Frage, die ihr völlig gleichgiltig war, beeilte sich auf die Reclamation Rußlands auch dessen Forderung zu befriedigen. Dadurch wurde nun die Frage über die heiligen Stätten ein unmittelbarer Streitpunkt zwischen den Regierungen von Frankreich und Rußland. Louis Napoleon, der unterdessen den Kaisertitel angenommen hatte, ließ jedoch in St. Petersburg durch seinen Gesandten Castelbajac erklären, daß es nicht seine Absicht gewesen sei, den Einfluß Rußlands im heiligen Lande zu bestreiten oder den orientalischen Christen die Rechte zu entreißen, die sie bisher ausgeübt hätten; sein Zweck sei bloß gewesen, der katholischen Kirche die ihr gebührende Stellung in Jerusalem zu verschaffen. Zugleich fügte er hinzu, es würde eine eben so auffallende als traurige Erscheinung sein, wenn zwei christliche Mächte sich in Jerusalem selbst und im Angesicht des Islam um einer religiösen Frage willen entzweien wollten. In Uebereinstimmung mit dieser Erklärung wies er seinen Gesandten in Constantinopel an, die Frage über die heiligen Stätten auf friedlichem Wege beizulegen. Im Grunde war es für Napoleon III eben so gleichgiltig wie für Nikolaus I, ob die Schlüssel der Kirche zu Bethlehem in den Händen des griechischen oder katholischen Patriarchen seien; die Hauptsache für beide war der diplomatische Einfluß auf die Pforte, und hier hatte Napoleon seinen Zweck erreicht, den bisher dominirenden Einfluß Rußlands in Constantinopel zu brechen und der orientalischen Welt zu zeigen, daß es in Europa noch eine christliche Macht gebe, die den Muth und die Kraft habe, der russischen die Wage zu halten.

Während noch die Verhandlungen über die heiligen Stätten im Gange waren, erhielt auch Oesterreich durch die Angelegenheiten von Montenegro Veranlassung, seinen diplomatischen Einfluß bei der Pforte geltend zu machen. Dieses rauhe Gebirgsland, von einem tapferen slavischen Volksstamme bewohnt, war, obgleich es zum Gebiete des türkischen Reiches gerechnet wurde, doch stets von demselben unabhängig geblieben. Bis zum Jahre 1852 ward es von einem geistlichen Wladyka aus der Familie Niegusch regiert, der in der Regel seine geistliche Weihe in Rußland erhielt und zu diesem Reiche in einem Schutzverhältnisse stand. Nach dem Tode des letzten Wladyka, Peter Petrowitsch Niegusch, nahm aber dessen Neffe Daniel den Titel eines weltlichen Fürsten von

Montenegro an. Die Pforte, welche in dieser Veränderung eine Drohung erblickte und nicht mit Unrecht fürchtete, daß das neue Fürstenthum ein Kern sein werde, aus dem sich durch Anschluß der Christen in der Herzegowina ein unabhängiges Reich entwickeln könne, — die Pforte benutzte den Vorwand montenegrinischer Raubzüge auf ihr Gebiet, um ein mächtiges Heer unter dem Renegaten Omer-Pascha gegen Montenegro in Bewegung zu setzen. Im Anfange des Jahres 1853 drangen die Türken in die schwarzen Berge ein, wurden aber tapfer zurückgeschlagen. Oesterreich nahm sich, um der Einmischung Rußlands zuvorzukommen, sofort der Montenegriner an und schickte im Januar 1853 den Grafen von Leiningen nach Constantinopel, um peremtorisch die Einstellung der Feindseligkeiten und eine gerechtere Behandlung der christlichen Unterthanen der Pforte zu verlangen. Das schnelle Eingehen der türkischen Regierung auf die österreichischen Forderungen bewies, daß sie erkannte, es handle sich hier um höhere Interessen als die Angelegenheiten von Montenegro. Sie befahl daher dem Omer-Pascha, die Feindseligkeiten einzustellen, so daß schon im Februar Graf Leiningen vollkommen befriedigt Constantinopel wieder verließ. Der doppelte Triumph der französischen und österreichischen Diplomatie in Constantinopel erweckte die Eifersucht Rußlands und die Furcht, daß es seinen bisherigen Einfluß auf die Pforte verlieren werde. Der Kaiser Nikolaus beschloß durch einen entscheidenden Schlag sein altes Uebergewicht wiederherzustellen. Kaum war Graf Leiningen abgereist, so erschien Fürst Menschikow als außerordentlicher Gesandter Rußlands in Constantinopel, um für die griechischen Christen dasselbe zu verlangen, was Frankreich und Oesterreich für die lateinischen Christen ausgewirkt hatten. Er sollte darüber einen förmlichen Act aufsetzen, der von der türkischen und russischen Regierung unterschrieben als Genugthuung für die Vergangenheit und als Bürgschaft für die Zukunft dienen sollte. Obgleich in diesen Act nichts aufgenommen werden sollte, wozu nicht die russische Regierung auf Grund der mit der Pforte geschlossenen Verträge vollkommen berechtigt war, so wurde doch ihre Forderung eines ihr schriftlich zugestandenen Protectorats über die griechischen Christen als der Anfang einer Unterjochung der Türkei betrachtet. Das barsche Auftreten des Fürsten Menschikow, der im einfachen Paletot im Divan erschien, wo ihn die hohen Würdenträger der Pforte in voller Galla erwarteten, trug nicht wenig dazu bei, die Absichten Rußlands zu verdächtigen. Denn wenn ein so feiner und geistreicher Mann so rücksichtslos der Türkei seine Geringschätzung zu erkennen gab, was konnte man ihm dabei für ein anderes Motiv unterlegen, als entweder den türkischen Stolz demüthigen oder reizen zu wollen? Dazu kam, daß der Kaiser Nikolaus im Anfange des Jahres 1853 mit dem englischen Gesandten in St. Petersburg Lord Seymour mehrere Unterredungen hatte, worin er die Türkei einen „kranken Mann" nannte, für dessen nah bevorstehendes Ende England und Rußland Vorsorge treffen müßten. Wenn man diese später bekannt gemachten Unterredungen in der Form, wie sie Lord Seymour seiner Regierung meldete, vorurtheilsfrei liest, so überzeugt man sich, daß der Kaiser darin nicht einen Plan zur Theilung der Türkei aussprach, sondern nur seine Ideen für den Fall mittheilte, daß das türkische Reich einmal plötzlich zusammenfallen sollte. Er wünschte für diesen Fall, den er für nahe bevorstehend hielt, sich mit England in vollkommenes Einverständniß zu setzen. Er werde nicht erlauben, erklärte er, daß ein byzantinisches Reich wiederhergestellt oder das Königreich Griechenland zu einem mächtigen Staate erweitert werde. Was Frankreich in einem solchen Falle thun werde, kümmere ihn wenig, wenn er nur mit England einig sei. Als Lord Seymour an Oesterreich erinnerte, erwiderte der Kaiser, daß, wenn er von Rußland spreche, er auch Oesterreich meine; denn was dem einen anstehe, stehe auch dem andern an. Von Preußen, als einem dem orientalischen Interesse ferner stehenden Staate, war gar nicht die Rede. Die englische Regierung ging indessen auf diese Eröffnungen nicht ein; sie erklärte, daß sie die Türkei noch für lebensfähig halte, und daß eine Zerstückelung derselben nicht in ihrem Interesse liege; jedenfalls müßten Oesterreich und Frankreich erst gefragt werden, ehe Rußland und England über den Orient disponiren könnten. Die englische Presse behauptete, daß der Kaiser, von England abgewiesen, die französische Regierung habe sondiren lassen, daß aber bei derselben seine Vorschläge eine eben so kalte Aufnahme, wie in England, gefunden hätten. Es scheint dies indessen eine von den vielen Verleumdungen zu sein, die gegen die russische Politik in Umlauf gesetzt wurden, da weder im Laufe des Krieges noch bis auf den heutigen Tag etwas darüber bekannt geworden ist. Dem sei nun, wie ihm wolle, soviel geht aus den Unterredungen mit Seymour deutlich hervor, daß der Kaiser Nikolaus den damaligen Moment für die Lösung der orientalischen Frage im Sinne Rußlands um so geeigneter hielt, da ihm Oesterreich zum Danke verpflichtet, Preußen verbündet und England mit Furcht vor dem neuen napoleonischen Kaiserreiche erfüllt war. Selbst der Volksaberglaube, daß die Türken nach vierhundertjähriger Herrschaft aus Europa vertrieben werden sollten, scheint nicht ohne Einfluß auf das Gemüth des Kaisers geblieben zu sein; wenigstens waren in allen griechischen Gebieten, wo sich dieser Volksglaube gebildet hatte, die Gemüther mit der Ahnung erfüllt, daß das Jahr 1853, mit dem die vierhundert Jahre abliefen, seit der türkische Halbmond in Constantinopel herrschte, eine große Katastrophe bringen werde. Alles dies vereinigte sich, um der Sendung des Fürsten Menschikow eine weit über ihren Zweck hinausgehende Bedeutung zu geben. England und Frankreich verständigten sich, die Pforte gegen die von Rußland drohenden Bedrängnisse gemeinschaftlich zu unterstützen, und ihre Gesandten, Lord Redcliffe und de la Cour, die von Constantinopel abwesend waren, eilten auf ihre Posten, um die Pforte in ihrem Widerstande gegen die russischen Forderungen zu ermuthigen. Nach ihrer Ankunft im April wurde der europäisch gebildete Reschid-Pascha zum Großwesir ernannt, und dieser lehnte im Vertrauen auf den Beistand der Westmächte das von dem Fürsten Menschikow gestellte Ultimatum ab, worauf der letztere am $\frac{9}{21}$. Mai Constantinopel verließ. Man schreibt dem witzigen Fürsten bei seiner Abreise die Drohung zu: das erste Mal wäre er im Paletot gekommen, das zweite Mal werde er in voller Admiralsuniform erscheinen. Die Westmächte setzten nun ihre Flotten in Bewegung; die französische unter dem Admiral Hamelin und die englische unter dem Admiral Dundas legten sich am 14. Juni in der Besika-Bay am Eingange der Dardanellen vor Anker, um zur Hilfe bereit zu sein, falls die russische Flotte von Sewastopol aus Constantinopel überfallen sollte. Zugleich erließ der Sultan im Juni einen Firman, worin er den Christen seines Reiches noch einmal alle ihre Rechte bestätigte, um der Welt zu zeigen, daß es zu deren Erhaltung des russischen Protectorates nicht bedürfe. Der Großwesir theilte dem russischen Kanzler Grafen Nesselrode diesen Firman mit in der ausgesprochenen Erwartung, daß dadurch alle gerechten Forderungen Rußlands bewilligt seien; allein hier wußte man, daß großherrliche Firmane ein schwacher Schutz für die Christen seien, und ließ sich dadurch in weiterem Vorgehen nicht aufhalten. In Folge der Aufstellung der westmächtlichen Flotten in der Besika-Bay befahl die russische Regierung ihren in Bessarabien stehenden Truppen unter dem Fürsten Gortschakow den Pruth zu überschreiten und die Moldau und Walachei zu besetzen, doch bezeichnete der Kaiser in einem am $\frac{14}{26}$. Juni erlassenen Manifest diese Besetzung nur als ein Unterpfand für die Wiederherstellung seiner Rechte. Jede Partei suchte der anderen in den Augen der Welt die Initiative zuzuschreiben; Rußland erklärte sein militärisches Einrücken in die Donaufürstenthümer nur als eine nothwendige Folge des Vorgehens der Westmächte, während diese die Aufstellung ihrer Flotten als eine Folge der drohenden Haltung Rußlands darstellten und auf den Unterschied aufmerksam machten, der zwischen dem Einmarsche einer Landarmee in ein fremdes Gebiet und zwischen der Annäherung von Flotten, die auf dem Meere blieben, stattfinde.

Da die beiden Hospodare Ghika von der Moldau und Stirbey von der Wallachei sich mit einem Theile ihrer Bojaren nach Oesterreich zurückzogen, so übernahm eine russische Verwaltung die Regierung der Fürstenthümer und beutete dieselben zur Unterhaltung des Heeres aus.

Um diesen Conflict nicht in einen förmlichen Krieg ausarten zu lassen, bemühte sich die Diplomatie einen Ausweg zu finden, auf dem die Forderungen Rußlands, soweit sie in den Tractaten als gerecht begründet waren, befriedigt werden konnten, ohne die Pforte einer Demüthigung zu unterwerfen. Zu diesem Zwecke fanden in Wien Conferenzen der fünf Hauptmächte statt, deren Resultat eine Note vom 31. Juli war, worin der Sultan Abdul Medschid erklären sollte, daß er alles, was der Kaiser Nikolaus auf Grund der Friedensverträge von Kainardschi und Adrianopel zum Schutze der Christen verlangt habe, gewähren wolle. Obgleich damit das drohende Protectorat Rußlands beseitigt war, so nahm doch der Kaiser Nikolaus diese Note an, aber er that es mit der verfänglichen Auslegung, daß durch dieselbe die Forderungen des Fürsten Menschikow befriedigt seien. Gegen diese Auslegung erhob sich in England die öffentliche Meinung, die immer mehr eine antirussische Färbung anzunehmen anfing. Der als Entdecker assyrischer Alterthümer berühmte Layard, dem sein langer Aufenthalt im Orient in Beurtheilung orientalischer Dinge eine große Autorität verschaffte, warf sich im Parlament als Sprecher gegen den diplomatischen Ausweg auf. Er griff das Ministerium aufs heftigste an und beschuldigte den Grafen Aberdeen der Sympathie für Rußland und der Schwäche, den Frieden auf Kosten der englischen Interessen erhalten zu wollen. Selbst der Prinz Albert, der Gemahl der Königin, ward in der Agitation, die nun das ganze Land durchzuckte, nicht mit Anklagen verschont. Noch heftiger war aber die Aufregung in Constantinopel, wo die Ulemas den alttürkischen Stolz aufstachelten und dem Sultan nur die Wahl ließen, entweder die Annahme der Note zu verweigern oder abzudanken. Unter diesen Umständen verwarf die Pforte die Note und vereitelte so die Bemühungen der Diplomatie zur Erhaltung des Friedens. Während sich voraussehen ließ, daß die Westmächte England und Frankreich sich der Pforte annehmen würden, suchte der Kaiser Nikolaus Oesterreich und Preußen in sein Interesse zu ziehen. Er hatte zu diesem Zwecke im September eine Zusammenkunft mit dem Kaiser von Oesterreich in Olmütz und mit dem König von Preußen in Berlin; allein er konnte nichts weiter erreichen, als die Neutralität dieser beiden Mächte unter der Bedingung, daß die russischen Truppen die Donau nicht überschreiten würden.

Unterdessen that die Pforte unter dem Einflusse des muselmännischen

Fanatismus und der Rathschläge des Lords Redcliffe, der als die fax belli bezeichnet werden muß, den entscheidenden Schritt, an Rußland den Krieg zu erklären. Am 25. September 1853 versammelte sich der Divan in feierlicher Sitzung unter dem Vorsitze des Sultans und faßte den Beschluß, durch den Befehlshaber der türkischen Armee an der Donau, Omer-Pascha, dem Fürsten Gortschakow erklären zu lassen, daß, wenn die Donaufürstenthümer im Laufe zweier Wochen nicht geräumt würden, die Feindseligkeiten beginnen sollten. Diese Herausforderung wurde durch ein Manifest des Kaisers Nikolaus vom $\frac{\text{20. October}}{\text{1. November}}$ 1853 beantwortet, worin Rußland den ihm hingeworfenen Fehdehandschuh aufnahm. Wenn man sieht, daß die russische Armee an der Donau um die Hälfte schwächer war, als die türkische, und daß noch nirgends außerordentliche Rüstungen für einen großen Krieg stattgefunden hatten, so kann man nicht umhin, der Versicherung des Kaisers zu glauben, daß er es bei seinen Forderungen an die Pforte nicht auf einen Krieg abgesehen habe. Jetzt aber war er der Angegriffene, und dies Gefühl gab seinem Geiste eine gehobene Stimmung. Man will damals auf einer Parade in einer Anrede an die Officiere die Aeußerung von ihm gehört haben: Wir haben oft mit den Türken Krieg geführt; wenn wir es noch einmal thun müssen, so soll es zum letzten Male sein. Im Kriegsmanifest war das religiöse Element des Streites am stärksten betont, da dieses in der That für das russische Volk das verständlichste und das aufregendste war. Man hat es dem Kaiser Nikolaus zum Vorwurfe gemacht, daß er einem aus politischen Gründen und Absichten unternommenen Krieg den Charakter des religiösen Fanatismus aufgedrückt habe, allein wenn man den Bildungszustand des russischen Volkes ins Auge faßt, so blieb dem Kaiser, um dessen Opferwilligkeit zu erlangen, kein anderes Mittel, als an seine religiösen Gefühle zu appelliren. — Ehe aber noch der für die Eröffnung der Feindseligkeiten festgesetzte Termin abgelaufen war, begann Selim-Pascha in Asien dieselben mit dem Ueberfalle des Forts St. Nikolai am schwarzen Meere. Wenn auch die Türken sich im Besitze dieser ersten Eroberung bis zum Ende des Krieges behaupteten, so waren doch die ungeordneten Schaaren ihrer asiatischen Armee, wie zahlreich dieselbe auch war, nicht im Stande, es mit der abgehärteten und siegesgewohnten kaukasischen Armee der Russen im offenen Felde aufzunehmen. Sie wurden überall geschlagen, am $\frac{2}{14}$. November bei Achalzych von dem General Andronikow und am $\frac{\text{19. November}}{\text{1. December}}$ bei Basch-Kadyk-Lera von dem Fürsten Bebutow. An der Donau dagegen geschah nichts entscheidendes, weil die Russen durch ihr an Oesterreich und Preußen gegebenes Versprechen gebunden waren, den Fluß nicht zu überschreiten, und Omer-Pascha sich hütete, mit seiner Macht über den Fluß zu gehen und sich der Gefahr einer Niederlage auszusetzen; er begnügte sich damit, zwei Punkte auf dem linken Donauufer, Oltenitza und Kalafat, zu besetzen und sich in denselben zu verschanzen. Desto folgenreicher war ein Seesieg, den die russische Flotte im schwarzen Meere erfocht. Am $\frac{16}{28}$. November griff der Vice-Admiral Nachimow die türkische Flotte unter Osman-Pascha, welche Truppen und Munition nach Asien bringen sollte, auf der Rhede von Sinope an und zerstörte sie nach kurzem Kampfe völlig. Die meisten Türken gingen mit ihren Schiffen zu Grunde, und Osman-Pascha fiel schwer verwundet in russische Gefangenschaft. Dieser gleichsam unter den Augen der westmächtlichen Flotten, die unterdessen in den Bosporus eingelaufen waren, erfochtene Seesieg brachte besonders in England eine große Aufregung hervor. Die öffentliche Meinung wurde in dem Grade verwirrt, daß sie in einem durch die Kriegsregeln gebotenen und nach den Kriegsgesetzen erlaubten Acte eine Beleidigung der englischen Nation und eine Verletzung des Völkerrechts erblickte. Man vergaß in England, daß Rußland mit der Pforte im Kriege sei und nur eine Pflicht der Selbstvertheidigung ausgeübt habe, indem es eine der türkischen Armee in Asien zugedachte Verstärkung vernichtete. Die Schlacht bei Sinope veränderte die ganze Lage der Dinge. Ein Vermittelungsproject, das die Wiener Conferenz in einem Protokoll vom 5. December ausgearbeitet hatte, kam nun zu spät, um den Gang des Krieges aufzuhalten. Es enthielt folgende vier Punkte: 1) die möglichst schnelle Räumung der Donaufürstenthümer; 2) die Erneuerung der alten Verträge; 3) eine Communication der Firmane über die religiösen Privilegien der Christen in der Türkei an sämmtliche Mächte mit Zusicherungen für jede einzelne derselben, so daß Rußland nicht mehr allein, sondern mit der Gesammtheit der europäischen Großmächte den Schutz der Christen übernehme; endlich 4) Bestätigung des bereits getroffenen Uebereinkommens über die heiligen Stätten in Jerusalem. Das Vermittelungsproject wurde aber weder von der Pforte, noch von Rußland angenommen; die erstere verlangte Annullirung ihrer alten Verträge mit Rußland, und das letztere blieb seinem alten Grundsatze getreu, in seine Verhältnisse zur Pforte keine Einmischung einer dritten Macht zu gestatten. Die englische Regierung, die noch auf den Wiener Conferenzen an diesem Vermittelungsproject mitgearbeitet hatte, konnte sich nun nicht länger halten; am 15. December legte Lord Palmerston seine Stelle nieder, um wenige Tage darauf an die Spitze eines Ministeriums zu treten, welches es zu seinem Programm machte, in Verbindung mit Frankreich den Schutz der Pforte zu übernehmen und nöthigenfalls an Rußland den Krieg zu erklären. So trat England in ein Bündniß mit dem französischen Kaiserthum, von welchem es noch kurz vorher einen Angriff auf sich selbst gefürchtet hatte, und die zur Abwehr dieses gefürchteten Angriffes gemachten Rüstungen kamen ihm jetzt gegen einen anderen Feind zu statten. Ein vom Kaiser Napoleon an den Kaiser von Rußland erlassenes Schreiben vom 29. Januar 1854 war mehr auf die öffentliche Meinung, als auf seine Adresse berechnet und wurde daher auch eher im Moniteur publicirt, als es an seine Adresse gelangte. Merkwürdig ist darin, wie Napoleon die verhängnißvolle Schlacht von Sinope auffaßt. Er wirft den Russen vor, daß sie gegen ihr Versprechen, sich in der Defensive zu halten, die türkische Flotte in einem türkischen Hafen angegriffen und vernichtet hätten; es komme nichts darauf an, ob die türkische Flotte Kriegsvorräthe nach Asien habe bringen sollen oder nicht, die Hauptsache sei, daß dadurch die französische Nationalehre verletzt worden. Der Kanonendonner von Sinope habe einen traurigen Widerhall in den Herzen aller gefunden, welche in Frankreich und England ein lebhaftes Gefühl für Nationalwürde hätten, und Frankreich habe darauf mit dem Rufe geantwortet: Unsere Bundesgenossen müssen überall geachtet werden, so weit unsere Kanonen reichen! Er schließt sein Schreiben mit dem Vorschlage eines Waffenstillstandes; die Russen sollen die Donaufürstenthümer und die westmächtlichen Flotten das schwarze Meer räumen; da der Kaiser von Rußland mit der Pforte allein zu thun haben wolle, so möge er einen Bevollmächtigten ernennen, der mit einem Gesandten der Pforte eine Convention vereinbare, die alsdann der Wiener Conferenz vorgelegt werden und, wenn sie von derselben bestätigt würde, den Frieden und die Ruhe der Welt wiederherstellen solle. — Der Kaiser Nikolaus beantwortete dieses Schreiben auf dieselbe Weise, indem er seine Antwort gleichzeitig mit der Absendung an ihre Adresse im Journal de St. Pétersbourg abdrucken ließ. Er behauptete darin, durch die Schlacht bei Sinope nicht aus der Defensive herausgegangen zu sein, da er die Uebersendung von Kriegsmaterial nach Asien habe verhindern müssen. Die russische Nationalehre sei ihm eben so theuer, als dem Kaiser Napoleon die französische. Den Waffenstillstand lehnte er höflich ab, schloß aber mit der Versicherung, daß, wenn ihm die Pforte einen Bevollmächtigten zuschicken wolle, er bereit sei, mit ihm auf die in Wien bekannten Bedingungen Frieden zu schließen. Natürlich trug dieser Briefwechsel dazu bei, die Feindseligkeiten zu beschleunigen, statt sie aufzuhalten. Schon im Februar 1854 wurden die diplomatischen Verbindungen der Westmächte mit Rußland abgebrochen und am 28. März von England und Frankreich der Krieg erklärt. Ein englisches Heer unter Lord Raglan, den der Herzog von Cambridge begleitete, und ein französisches unter dem Marschall St. Arnaud, bei dem sich der Prinz Napoleon befand, landeten bei Gallipoli, während die englisch-französische Flotte in das schwarze Meer einlief, wo sie am $\frac{10}{22}$. April die Handelsstadt Odessa bombardirte, ohne ihr jedoch bei der tapferen Vertheidigung großen Schaden zu thun.

Das Auftreten der Westmächte im Orient schlug die Hoffnung der Griechen nieder, diesen Krieg zur Ausdehnung ihres Reiches zu benutzen. Schon im Januar 1854 waren die Griechen in Epirus unter Anführung von Griwas aufgestanden, und durch ansehnlichen Zulauf aus dem Königreich Griechenland verstärkt hatten sie die Insurrection auch nach Thessalien und Macedonien verbreitet, so daß sich eine provisorische Regierung unter dem Vorsitze von Tsavellas bildete. Allein die Westmächte, deren Programm Aufrechterhaltung der Pforte war, mußten gegen den griechischen Aufstand einschreiten. Ein französisches Truppencorps besetzte das Königreich Griechenland, um dem König Otto die Mittel zu verschaffen, seine eigenen Unterthanen im Zaume zu halten; denn selbst die Besatzung von Athen war trotz der königlichen Abmahnung den Insurgenten zugelaufen. Zugleich wurden ägyptische Truppen herbeigezogen, um den Aufstand in Epirus zu dämpfen. In Aegypten war nämlich der alte Mehemed-Ali im Jahre 1849 gestorben, nachdem ihm sein Sohn Ibrahim schon ein Jahr vorher im Tode vorangegangen war. Dessen Sohn Abbas-Pascha ward seines Großvaters Nachfolger und leistete der Pforte treue Vasallenpflicht. Die ägyptischen Truppen machten im April durch die Eroberung von Peta der griechischen Insurrection ein Ende. Wie groß auch damals im westlichen Europa der Haß gegen Rußland und die Sympathie für die Pforte war, so wurde es doch von vielen schmerzlich empfunden, daß man den Griechen nicht gestattete, die Zeitumstände zur Vergrößerung ihres kleinen Reiches zu benutzen.

Auf das Einlaufen der westmächtlichen Flotten in das schwarze Meer antwortete Kaiser Nikolaus mit dem Befehle an die unterdessen bedeutend verstärkte und unter den Oberbefehl des Fürsten Paskewitsch gestellte Donau-Armee, diesen Fluß zu überschreiten. Diesem Befehle zufolge ging die russische Armee im März 1854 über die Donau, und während sich Omer-Pascha nach Schumla zurückzog, besetzten sie die Dobrudscha und belagerten Silistria. Durch dieses Vorgehen beunruhigt trat nun Oesterreich ebenfalls handelnd auf. So sehr es sich auch Rußland zum Danke verpflichtet fühlen mußte, so war es doch nicht gemeint und niemand konnte es von ihm erwarten, daß es ein von ihm stets vertheidigtes Interesse demselben zum Opfer bringen werde. Um aber in seiner Flanke gesichert zu sein, mußte es sich vorher mit Preußen verständigen. Am 20. April schloß es mit Preußen ein Bündniß zum gemeinsamen Angriff auf Rußland für den Fall, daß die russischen Heere den Balkan übersteigen würden, und auch die deutschen Mittelstaaten, deren Vertreter in Bamberg versammelt waren, traten, wenn auch zögernd, dieser Politik der beiden Großmächte bei. Nunmehr trat Oesterreich handelnd auf und ließ sich durch einen am 14. Juni geschlossenen Vertrag von der Pforte ermächtigen, die Donaufürstenthümer zu besetzen. Zu diesem Zwecke stellte es unter dem General Coronini eine Armee in Siebenbürgen auf. In Folge dieser österreichischen Intervention war die Stellung der Russen jenseits der Donau unhaltbar. Die tapfer vertheidigte Festung Silistria war nahe daran zu fallen, als das russische Heer im Juni Befehl erhielt, die Belagerung aufzuheben und sich hinter den Pruth zurückzuziehen. Die Oesterreicher rückten in die Wallachei und Moldau ein, so wie die Russen dieselben verließen, und indem sie sich so zwischen die Krieg führenden Parteien stellten, verschlossen sie den großen Kriegsschauplatz, auf dem sich die russischen und türkischen Heere so oft gemessen hatten. Zwar griffen die Westmächte mit ihren Flotten alle Küsten des russischen Reiches an, die ihnen durch das Meer zugänglich waren, allein sie richteten wenig aus. Eine große englische Flotte unter dem Admiral Charles Napier erschien mit großen Erwartungen und Verheißungen im baltischen Meere, allein da die russische Flotte sich weislich hinter ihren Bollwerken hielt, so hatten die Engländer keine Gelegenheit, sich durch große Thaten auszuzeichnen. So glänzend sich ihre seemännische Tüchtigkeit darin bewährte, daß sie in dem gefährlichen finnischen Meerbusen, wo alle Baken zur Bezeichnung des Fahrwassers weggenommen waren, kein einziges Fahrzeug durch Schiffbruch verloren, so wagten sie doch nicht Kronstadt anzugreifen. Napiers Erscheinung vor dieser Seefeste, welche den Zugang zu St. Petersburg vertheidigt — dieser Hannibal ante portas — war für die Petersburger mehr ein Gegenstand der Neugier als des Schreckens, und es wurden von der Haupstadt Lustfahrten arrangirt, um von den Höhen von Oranienbaum aus das interessante Schauspiel der englischen Flotte zu betrachten. Die Thaten der englischen Flotte in der Ostsee beschränkten sich daher auf das Wegfangen von russischen Handelsschiffen und auf die Verbrennung von Holz- und Theervorräthen an der finnischen Küste. Um wenigstens nicht ganz ruhmlos heimzukehren, wurden französische Truppen unter Baraguay d'Hilliers nach den Alandsinseln geschickt, wo sie am $\frac{4}{16}$. August eine von dem General Bodisco tapfer vertheidigte befestigte Kaserne auf der Insel

Bomarsund einnahmen und zerstörten. Ebenso hatten die Angriffe der Engländer im weißen Meere und selbst an der fernen Küste von Kamtschatka keinen anderen Erfolg, als den Handelsverkehr zu stören und hin und wieder Verwüstungen anzurichten. In der That war der Krieg schon jetzt entschieden, da die Truppen der Alliirten selbst in Verbindung mit den Türken nicht stark genug waren, in das Innere des russischen Reiches einzudringen. Die Franzosen und Engländer hatten sich in Varna concentrirt, und ein Versuch, den General Espinasse mit den kampfbegierigen Franzosen wagte, von hier aus durch die Dobrudscha in nördlicher Richtung vorzurücken, mußte aufgegeben werden, weil die Hitze, der Mangel und die Cholera in wenigen Tagen Tausende wegrafften. Auch der Aufenthalt in Varna ward ihnen unleidlich, weil die schlechte Verpflegung die Entwickelung von Krankheiten begünstigte; denn mehr als 15,000 Mann erlagen, ehe sie einen Feind gesehen hatten. Um aus dieser Unthätigkeit herauszukommen, ward in Varna Kriegsrath gehalten. Es boten sich zwei Angriffspunkte dar, Transkaukasien und die Krym. Auf dem ersteren Kriegsschauplatze konnten die Alliirten darauf rechnen, in Verbindung mit Schamyl und den Tscherkessen das russische Uebergewicht zu brechen, das sich bisher in glänzenden Siegen über die türkischen Heere und noch soeben am 31. Juli durch die Eroberung der türkischen Festung Bajasid geltend gemacht hatte. Allein so vortheilhaft es für die Engländer sein mochte, Rußland von Persien abzuschneiden, so lagen doch den Franzosen diese asiatischen Interessen zu fern, um darauf einzugehen. Der Marschall St. Arnaud schlug vielmehr einen Angriff auf Sewastopol, den großen Kriegshafen in der Krym, vor, und Lord Raglan stimmte ihm bei, weil es ein Ziel der englischen Politik war, die russische Marine im schwarzen Meere zu vernichten. St. Arnaud, schon damals von der Krankheit verzehrt, die seinem Leben bald ein Ende machen sollte, beschleunigte die Einschiffung, um noch vor seinem Tode eine ruhmvolle That zu vollbringen. Am $\frac{1}{13}$. September landete das verbündete Heer in einer Stärke von 60,000 Mann bei Eupatoria. Obgleich der in der Krym commandirende Fürst Menschikow nicht mehr als 33,000 Mann einer fast doppelt größeren Macht entgegenstellen konnte, so nahm er doch an der Alma eine feste Stellung ein, in der Hoffnung, hier die Feinde solange aufhalten zu können, bis er sich verstärkt habe. In der That setzte er am $\frac{8}{20}$. September den Angriffen der Engländer und Franzosen in seiner Fronte einen unbezwinglichen Widerstand entgegen, allein als sein linker Flügel von den französischen Zuaven unter General Bosquet unter dem Schutze der Flotte, die mit ihrem Feuer die Küste bestrich, umgangen worden war, mußte er sich zurückziehen. Der Nachricht von der Schlacht an der Alma folgte unmittelbar auf dem Fuße die angeblich von einem Tartaren gebrachte Botschaft, daß Sewastopol gefallen sei, und diese Tartarenbotschaft, die seitdem sprichwörtlich geworden ist, durchlief auf dem elektrischen Telegraphen unter ungeheuerem Jubel ganz Europa. Oesterreich beeilte sich, dem Kaiser Napoleon zu gratuliren. Diese Gratulation ward in St. Petersburg als eine tödtliche Beleidigung empfunden; wenn man hier begriff und übersah, daß Oesterreich seine wohlberechtigten Interessen gegen Rußland geltend machte, so verzieh man ihm diese offen an den Tag gelegte Schadenfreude um so weniger, da sie voreilig und ungegründet war; denn Sewastopol war keineswegs gefallen. Die Verbündeten hatten die Nordseite dieser Festung unangreifbar gefunden, und während sie auf einem langen Umwege die Südseite zu gewinnen suchten, hatte Menschikow Zeit gehabt, eine Besatzung in die Stadt zu werfen und den Zugang von der Seeseite durch Versenkung von Linienschiffen und Fregatten zu versperren, während er selbst mit seiner Armee eine Stellung im Gebirge nahm, um mit der Landenge von Perekop und dadurch mit dem übrigen Rußland in Verbindung zu bleiben. Freilich hätten die Verbündeten, wenn sie sogleich nach ihrer Ankunft an der Südseite einen Sturm unternommen hätten, sich, wie die Russen selbst zugeben, der schwach befestigten Stadt bemächtigen können; allein sie wagten einen solchen unmethodischen Angriff nicht und richteten sich zuerst nach allen Regeln der Kriegskunst ein. Sie nahmen ihre Stellung auf der Hochebene, in der sie durch das Thal der Tschernaja gegen Angriffe von Osten her geschützt waren, während ihnen die Buchten von Balaklawa und Kamiesch die Verbindung mit ihren Flotten offen hielten. Diese Aufstellung war St. Arnauds letztes Werk; durch Krankheit gezwungen übergab er den Oberbefehl an Canrobert und schiffte sich nach Constantinopel ein; er erreichte jedoch dieses Ziel nicht mehr, sondern starb am 29. September unterwegs am Bord des Schiffes. Nachdem versäumt worden war, Sewastopol durch einen Handstreich zu nehmen, mußten die Verbündeten eine regelmäßige Belagerung beginnen. Während sie das dazu nöthige Material herbeischafften, erhielten die Russen Zeit, die Besatzung in der Festung zu verstärken und die schwach befestigte Südseite zu verschanzen und sie mit den schweren Kanonen der versenkten Schiffe zu spicken. Das Glück gab dem Fürsten Menschikow in dem Ingenieur Eduard Todtleben den rechten Mann. Denn dieser ausgezeichnete Officier, der während der Belagerung vom Hauptmann zum General-Adjutanten des Kaisers emporstieg, umgab die Stadt mit Befestigungswerken, die nicht ohne einen Angriff nach allen Regeln der

Kunst genommen werden konnten. Dies zeigte sich, als die Verbündeten am $\frac{5}{17}$. October sowohl von der Land- als Seeseite das Bombardement eröffneten. Ihre Flotten richteten gar nichts aus und leisteten von nun an nur noch Transportdienste, und ihre Landbatterien wurden von dem überlegenen Feuer der russischen Geschütze zum Schweigen gebracht. Doch verloren die Russen in diesem Kampfe ihren tapferen Admiral Kornilow. Natürlich versäumten sie nicht, mit ihren unterdessen ansehnlich verstärkten Truppen außerhalb der Festung die Stellung der Verbündeten zu beunruhigen. Am $\frac{13}{25}$. October griff General Liprandi die Engländer bei Balaklawa an und brachte ihnen einen bedeutenden Verlust bei. Noch großartiger war ein combiniter Angriff, den die Russen am $\frac{\text{24. October}}{\text{5. November}}$ bei Inkerman auf die Engländer machten. Sie drangen, vom General Dannenberg geführt, in die englische Stellung ein und hatten schon ansehnliche Fortschritte gemacht, als der General Bosquet den Engländern zu Hilfe kam und die Russen zum Rückzuge nöthigte. Diese Schlacht, der die Großfürsten Nikolaus und Michael und auf der anderen Seite der Herzog von Cambridge und der Prinz Napoleon beigewohnt hatten, ging nur dadurch für die Russen verloren, daß wegen Verspätung eines Theils der Truppen der combinirte Angriff nicht so ausgeführt ward, wie er berechnet war. Nach der Schlacht bei Inkerman fing der Winter an und mit ihm das Leiden der verbündeten Armee. Auf ein Winterlager nicht eingerichtet, wurden die Alliirten in dem feuchten und kalten Wetter bei dünner Bekleidung und schlechter Wohnung von Krankheiten aller Art befallen und zu Tausenden weggerafft. Besonders litten die Engländer, deren schwerfällige und pedantische Armeeverwaltung bei dieser Gelegenheit zum Vorschein kam. Nichtsdestoweniger wurden die Belagerungsarbeiten fortgesetzt, allein ohne Erfolg, da die russische Besatzung sich immer mehr verstärkte, während die Zahl der Alliirten täglich durch den Verlust in den Lazarethen und im Kampfe zusammenschmolz.

Unterdessen war auch die Diplomatie thätig und vereinigte sich über vier Punkte, auf deren Grundlage der Streit geschlichtet werden sollte: 1) die Aufhebung des bisherigen russischen Protectorats in den Donaufürstenthümern; 2) vollkommene Freiheit der Donauschifffahrt; 3) die Revision der älteren Verträge und 4) Stellung der christlichen Unterthanen der Pforte unter das Gesammtprotectorat der europäischen Großmächte. Auch Oesterreich und Preußen nahmen diese vier Punkte an, jedoch in verschiedenem Sinne: denn das erstere schloß sich am 2. December 1854 den Westmächten an, um die gestellten Bedingungen mit Gewalt durchführen zu helfen, während das zweite sich bei der Erklärung Rußlands, die vier Punkte als Ausgangspunkte für Friedensunterhandlungen annehmen zu wollen, beruhigte und nicht bloß selbst neutral blieb, sondern auch die Bamberger Coalition der deutschen Mittelstaaten zur Neutralität bewog. Während Oesterreich eine große Armee in Galizien aufstellte, verstanden sich Preußen und die übrigen deutschen Bundesstaaten nur zu einer Kriegsbereitschaft, ohne zu bestimmen, gegen welche Seite dieselbe gerichtet sein sollte. Durch diese Stellung Deutschlands wurde Oesterreich von jedem activen Vorgehen abgehalten und seine Theilnahme an dem Bunde der Westmächte hatte für diese keinen andern Nutzen, als daß ein Theil der russischen Streitkräfte den Oesterreichern gegenüber festgehalten wurde, für es selbst aber den Nachtheil, daß der schon durch die Pariser Gratulation geweckte Haß der Russen immer mehr geschärft wurde. Desto entschiedener trat dagegen Sardinien im Januar 1855 in den Bund der Westmächte ein aus keinem andern Grunde, als sich den Dank Englands und Frankreichs zu verdienen und sich mit ihrer Hilfe zu einer italienischen Großmacht zu erheben. Es schickte 15,000 Mann seiner besten Truppen unter General La Marmora nach der Krym, wohin auch ansehnliche Verstärkungen aus Frankreich und England abgingen, so daß die französische Armee auf 100,000 Mann und die englische auf 32,000 Mann gebracht wurde, während die Türken in der Krym 28,000 Mann zählten. Auf die letzteren, die unter Omer-Pascha in Eupatoria standen, machte der russische General Wrangel am $\frac{5}{17}$. Februar 1855 einen Angriff, aber ohne Erfolg. Die Nachricht von diesem Gefechte war die letzte, welche Kaiser Nikolaus vom Kriegsschauplatze erhielt. Seine schon seit längerer Zeit wankende Gesundheit ward durch die Anstrengungen und Sorgen, zu denen ihn die Umstände nöthigten, um so mehr geschwächt, da er sich nicht schonte und in der Erfüllung seiner Pflichten auf seine Krankheit keine Rücksicht nahm. Von dem Augenblicke an, wo diese in lebensgefährlicher Gestalt auftrat, wandte er die wenigen Momente, die ihm noch zu leben vergönnt war, zu würdiger Vorbereitung auf den Tod an und erwartete denselben mit der Festigkeit eines Helden und mit der Ergebung eines gläubigen Christen Er starb am 18. Februar / 2. März 1855 an einer Lungenlähmung

Sein Nachfolger Alexander II übernahm mit der Regierung die Pflicht, den schweren Krieg zu einem glücklichen Ende zu führen. Wie friedlich auch der neue Kaiser gesinnt sein mochte, so mußte er doch der Ehre seines Vaters, die ihm heilig war, und der Ehre des Reiches das Opfer bringen, den Krieg mit Aufbietung aller Kräfte fortzusetzen. Die einzige Veränderung, welche vorging, bestand darin, daß der Fürst Menschikow abberufen und der Oberbefehl in der Krym so wie die Vertheidigung von Sewastopol dem Fürsten Gortschakow übertragen wurde. Man faßte im westlichen Europa diesen Wechsel als eine Concession Rußlands auf und legte die Entfernung des Mannes, der durch sein übermüthiges Auftreten in Constantinopel den Krieg entzündet haben sollte, als eine Genugthuung für die öffentliche Meinung aus. Auch in Transkaukasien ward der Oberbefehl geändert; an die Stelle des Generals Read, der nach dem Abgange des greisen Woronzoff interimistisch daselbst commandirt hatte, kam Murawiew, einer der tüchtigsten Generale der russischen Armee, der aber bei dem verstorbenen Kaiser in Ungnade gefallen und daher nicht auf eine seiner Talente würdige Weise verwendet worden war. Jetzt wurde er nach Transkaukasien geschickt, in der Hoffnung, daß er für etwaige Verluste in Europa den Russen in Asien ein Aequivalent verschaffen werde. Dem Kaiser Napoleon machte es seine Stellung in Frankreich unmöglich, sich aus der Krym zurückzuziehen, ohne Sewastopol erobert zu haben, und so wurden von beiden Seiten um der Ehre willen der Angriff und die Vertheidigung mit verdoppeltem Eifer fortgesetzt. Den von dem französischen Ingenieurgeneral Niel geleiteten Belagerungsarbeiten setzte aber Todtleben auf russischer Seite Verschanzungen entgegen, welche die Eroberung immer mehr zu einem langwierigen und blutigen Werke machten. Während dieser Arbeiten fanden zwischen den Belagerern und Belagerten auf und unter der Erde Kämpfe statt, die um so mörderischer waren, da beide Parteien sich aus Büchsen beschossen, deren Kugeln selten ihr Ziel verfehlten. So eifrig aber die Franzosen und Russen einander bekämpften, so bewunderten sie sich doch gegenseitig, die letzteren die stets alerte Fertigkeit im Angreifen der ersteren, und diese die hartnäckige Ausdauer in der Vertheidigung der andern, und es bildete sich so eine Sympathie zwischen beiden, die es möglich machte, daß die Gegner sich wie zwei Duellanten nach Beendigung des Kampfes versöhnt in die Arme fielen. Ein am $\frac{\text{25. März}}{\text{6. April}}$ 1855 auf die Stadt eröffnetes und vierzehn Tage fortgesetztes Bombardement zeigte, daß dieselbe noch nicht angreifbar sei, da die russischen Geschütze mit überlegenem Feuer antworteten und die Beschädigungen in den Festungswerken immer wieder hergestellt wurden. In Folge dieses mislungenen Angriffes legte General Canrobert den Oberbefehl nieder, weil ihm derselbe durch den ungeheueren Menschenverlust ohne entsprechendes Resultat verleidet worden war. An seine Stelle trat General Pelissier, der schon in Algier gezeigt hatte, daß er ein wenig zartes Gewissen habe. Es war von ihm bekannt, daß er einen arabischen Stamm, der sich in eine Höhle geflüchtet hatte und durch nichts daraus hervorzulocken war, durch Feuer und Rauch vernichtet hatte. Einem so rücksichtslosen Charakter traute Napoleon die Energie zu, daß er sich nicht durch schonungsvolle Achtung vor Menschenleben werde abhalten lassen, das äußerste zur Rettung der militärischen Ehre Frankreichs zu wagen. Um die müßigen Flotten zu beschäftigen, unternahmen die Engländer unter Admiral Lyons und die Franzosen unter Admiral Bruat einen Streifzug ins asowsche Meer, wo sie viele Hafenplätze mit reichen Korn- und Heuvorräthen in Brand steckten und durch die Verwüstung der von ihnen eroberten Stadt Kertsch zeigten, daß die Civilisation, für die sie zu kämpfen vorgaben, mit dem Kriege schwer vereinbar sei. Wie empfindlich auch die Verluste waren, welche sie den Russen zufügten, so trugen sie doch eben so wenig zur Entscheidung des Krieges bei, als die Operationen der Flotte in der Ostsee. Der daselbst an Napiers Stelle ernannte Oberbefehlshaber Dundas konnte eben so wenig ausrichten, als sein Vorgänger; auch er überzeugte sich, daß Kronstadt unangreifbar sei, und um wenigstens etwas von Bedeutung zu unternehmen, versuchte er am 7. August einen Angriff auf Sweaborg, hinter dessen Befestigungen ein Theil der russischen Ostseeflotte in Sicherheit lag. Allein auch dieser Versuch, obgleich mit Muth unternommen und mit Energie ausgeführt, hatte keinen anderen Erfolg, als einige Häuser und Magazine zu zerstören, ohne der Felsenfestung selbst den geringsten Schaden zu thun. Die im östlichen Ocean verstärkte englische Flotte suchte auch in diesem Jahre wieder die Küste von Kamtschatka heim, allein sie fand nichts zu thun, da die Russen Peter-Paulshafen geräumt und ihre dortigen Marineetablissements nach dem Amur verlegt hatten, wo sie damals anfingen sich festzusetzen und mitten in diesem Kriege den Grund zu einer wichtigen Erweiterung ihrer Herrschaft in Sibirien zu legen.

Die Entscheidung lag bei Sewastopol, wo der neue französische Oberbefehlshaber Pelissier an $\frac{6}{18}$. Juni, dem Jahrestage der Schlacht bei Waterloo, einen Hauptsturm anordnete, der aber mit ungeheuerem Verluste für die Verbündeten abgeschlagen wurde. Der Zwischenraum zwischen den Laufgräben und der Festung war noch zu groß, und man erkannte, daß die Laufgräben bis hart an die russischen Schanzen vorgeschoben werden müßten, um einen neuen Sturm mit Aussicht auf Erfolg zu wagen. Zehn Tage darauf, am 28. Juni, starb der alte Lord Raglan, an dessen Stelle der General Simpson trat. Auch die Russen verloren ihren tapfern Admiral Nachimow, den Sieger von Sinope, der am $\frac{29.\ \text{Juni}}{11.\ \text{Juli}}$ von einer feindlichen Kugel getödtet ward. Ohne indessen die Verluste zu achten, welche die täglichen Kämpfe und die mit Heftigkeit wüthende Cholera herbeiführten, rückten die Belagerer mit ihren Laufgräben und Minen der Festung immer näher. Daher beschloß Fürst Gortschakow, der feindlichen Stellung von außen in die Flanke zu fallen, und befahl einen Angriff von der Tschernaja her, welcher unter den Generalen Read und Liprandi am $\frac{4}{16}$. August ausgeführt wurde. Man hatte diesen Tag gewählt, weil am Abend zuvor das Napoleonsfest im französischen Lager mit Illumination und Trinkgelagen gefeiert worden war, und man hoffte, die Franzosen in der Trunkenheit oder im Schlafe zu überraschen. So glücklich der Anfang der Schlacht für die Russen war, so ungünstig endigte dieselbe, nachdem durch den Fall des Generals Read Verwirrung in ihre Reihen gekommen war. Doch begnügte sich Pelissier damit, den Angriff der Russen abgeschlagen zu haben; dagegen richtete er seine ganze Kraft gegen die Festung, deren Bombardement am Tage nach der Schlacht an der Tschernaja begann und mit unerhörter Wuth bis zum entscheidenden Sturm fortgesetzt wurde. Die ungeheueren Eisenmassen, welche in einer Schwere und einer Menge, wie nie zuvor, auf die unglückliche Stadt geworfen wurden, richteten unter den Vertheidigern und an den Fortificationen Beschädigungen an, welche den Fürsten Gortschakow überzeugten, daß einem neuen Sturme gegenüber die Stadt nicht länger haltbar sei. Er ließ daher über den Meerbusen, der die Nordseite Sewastopols von der Südseite trennt, eine Schiffbrücke schlagen, um sich im Nothfalle nach jener zurückziehen zu können, und alle Forts unterminiren, um dem Feinde nichts übrig zu lassen, als Trümmer. Am $\frac{\text{27. August}}{\text{8. September}}$ schwieg auf einmal der Höllenlärm, der drei Wochen lang Tag und Nacht gedauert hatte; auf alle, die diesen Moment erlebt und überlebt haben, machte es einen unvergeßlichen Eindruck, als auf den Donner der Kanonen Todtenstille folgte. Kaum war aber das schwere Geschütz verstummt, so begann der Sturm; die Franzosen, von Mac Mahon geführt, erstiegen den hochgelegenen Malakoffthurm und setzten sich in demselben fest, während die Angriffe auf die übrigen Werke, besonders die der Engländer auf den sogenannten Redan, abgeschlagen wurden. Mit dem Malakoff hatten aber die Franzosen die Stadt gewonnen, aus der sich Gortschakow beim Einbruche der Nacht über die Schiffbrücke zurückzog, nachdem alle Schiffe im Hafen versenkt und alle noch stehenden Befestigungen in die Luft gesprengt worden waren. Doch wagten die Franzosen aus Furcht vor Pulverminen erst nach einigen Tagen in die verlassene und verwüstete Stadt einzudringen. Mit ihr hatten sie nichts gewonnen, als die Waffenehre; denn in der Krym behauptete sich Gortschakow in seiner unangreifbaren Stellung in der Nordseite von Sewastopol und in den ostwärts gelegenen Gebirgen, und eine Bewegung der Flotte auf der einen Seite in das asowsche Meer und auf der anderen Seite in den Liman des Dniepr und Bug hatte kein anderes Resultat, als die Eroberung der kleinen Festung Kinburn, während der Hauptzweck, den Bug hinaufzufahren und die Marineetablissements von Nikolajew zu zerstören, nicht erreicht wurde. Auch eine Landung Omer Paschas mit 30,000 Mann Türken kam zu spät, um dort die russische Herrschaft zu erschüttern und den Fall der Festung Kars abzuwenden. Diese berühmte und im Orient für unbezwinglich gehaltene Festung wurde von Murawiew, so tapfer sie auch von den Türken unter Wassif-Pascha, die dabei von dem englischen General Williams und dem ungarischen General Kmety mit Rath und That unterstützt wurden, vertheidigt worden war, doch durch Hunger genöthigt, sich am $\frac{16}{28}$. November zu ergeben. Wie Napoleon III sich an dem Fall von Sewastopol genügen ließ und zu Verhandlungen geneigt war, so bot auch Rußland durch die Einnahme von Kars befriedigt die Hand zum Frieden. England aber konnte nicht widersprechen, da es zu Lande nur eine untergeordnete Rolle gespielt und mit seiner überlegenen Flotte nichts ausgerichtet hatte. Der Friedenscongreß wurde im Februar 1856 zu Paris eröffnet; denn durch die Wahl seiner Hauptstadt wollte der Kaiser Napoleon der Welt und besonders den Franzosen zeigen, daß, wie wenig auch in der Wirklichkeit durch den Krieg gewonnen worden war, doch Frankreichs Ansehen und politische Bedeutung gestiegen seien. Das Präsidium des Congresses führte der französische Minister der auswärtigen Angelegenheiten Graf Walewsky, und ihm zur Seite stand der französische Gesandte in Wien, Bourquenay; England ward durch die Lords Clarendon und Cowley, Oesterreich durch Buol und Hübner, Sardinien durch Cavour und Villamarina, die Pforte durch den Großwesir Ali-Pascha und Mehmed Dschemil-Bey vertreten. Rußland hatte den Grafen Orlow und Brunnow geschickt. Preußen wurde als unbetheiligt anfangs von den Verhandlungen ausgeschlossen, allein als die Aenderung von Verträgen, die es im Verein mit den andern Großmächten unterschrieben hatte, zur Sprache kam, mußte es ebenfalls zugelassen werden und ward von dem Ministerpräsidenten Baron Manteuffel vertreten. Während der Verhandlungen kam die Kaiserin Eugenia am 16. März mit einem Sohne nieder, und dieses frohe Ereigniß trug nicht wenig dazu bei, den Kaiser Napoleon, der die Situation beherrschte, friedlich und nachgiebig zu stimmen. So kam schon am $\frac{18}{30}$. März 1856 der Friede zu Stande. Rußland trat die Donaumündungen mit einem kleinen Stücke von Bessarabien ab und gab Kars zurück, dagegen lieferten ihm die Westmächte Sewastopol und die übrigen von ihnen noch besetzten Punkte wieder aus. Es verpflichtete sich ferner, keine Seearsenale am schwarzen Meere anzulegen und auf diesem Meere nicht mehr Kriegsschiffe zu unterhalten als die Pforte. Die Integrität des türkischen Reiches wurde förmlich anerkannt, und die Pforte mußte sich dazu verstehen, die Christen in ihrem Gebiete mit den Mohammedanern gleichzustellen und Reformen zu versprechen, die das türkische Reich den europäischen Staaten, in deren Verein es aufgenommen worden war, mehr conform machen sollten. Statt des bisher von Rußland einseitig ausgeübten Protectorats über die Donaufürstenthümer und die orientalischen Christen wurden diese von nun an unter das Gesammtprotectorat der europäischen Großmächte gestellt, und die Donauschifffahrt wurde für frei erklärt. So endigte dieser blutige Krieg, ohne für die Zukunft dauernde Zustände gegründet zu haben. Im Gegentheil ließ er ein Gefühl der Unsicherheit zurück, da die alten Allianzverhältnisse zerrissen oder gestört worden waren und die Nachwehen des Krieges sich darin zeigten, daß es schwer war, wieder neue zu knüpfen. Rußland zog aus dem von ihm bestandenen Kampfe den Gewinn, die Uebel erkannt zu haben, woran die Organisation sowohl seiner militärischen Einrichtungen als seiner bürgerlichen Verwaltung litt, und die Regierung des Kaisers Alexander II hat es sich zur Aufgabe gemacht, denselben durch innere Reformen gründlich abzuhelfen. Am wenigsten ist die orientalische Frage gelöst worden; denn es läßt sich voraussehen, daß das türkische Reich in der Strömung der europäischen Cultur, in die es so gewaltsam hineingerissen worden ist, untergehen wird.

Einundzwanzigstes Capitel.

Die Lorentzsche „Neueste Geschichte", bald nach dem Jahre 1856 niedergeschrieben, fand in dem Pariser Frieden einen natürlichen Abschluß. Seitdem ist eine Zeit verflossen reich an großen weltbewegenden Kriegen, reich aber auch an inneren Kämpfen um constitutionelle Völkerfreiheit; sie hier auch nur in ganz flüchtigen Umrissen zu skizziren, würde eine bedeutende Erweiterung des Buches nothwendig machen. Es mag daher genügen, die allergrößten Züge der Entwickelung in den letzten zehn Jahren, vor allem auf den uns Deutsche am nächsten berührenden Gebieten, ins Gedächtniß zurückzurufen.

Blicken wir zuvörderst auf Deutschland, so machte es sich hier nach dem orientalischen Kriege überall auf das empfindlichste bemerkbar, daß man einmal wieder unbetheiligt gewesen, als die übrigen großen Nationen Europas zu einer Entscheidung über wichtige allgemeine Interessen einander gegenüber getreten waren: auf Deutschland lag die dumpfe Schwüle kirchlicher und politischer Reactionsbestrebungen, welche die Kraft des Volkes mit kleinlichen Zielen und noch kleinlicheren Mitteln erschlafften und nach Außen völlig ohnmächtig werden ließen. Der Antagonismus zwischen Oesterreich und Preußen begann immer schärfer hervorzutreten und entzündete sich an großen, öfter aber an kleinen Fragen, welche im Schooße des Bundestages zur Berathung kamen: Graf Rechberg und Herr von Bismarck machten einander, so schien es, grundsätzliche Opposition. Und von diesem Zwiespalt, abwechselnd auch von der Freundschaft mit Frankreich und Rußland, fristeten sich die sehnsüchtigen Hoffnungen der Mittelstaaten, als eine dritte Machtgruppe neben den deutschen Großstaaten europäische Politik zu treiben.

In der innern Verwaltung ging die Mehrzahl der deutschen Regierungen den gleichen Weg kleinlicher Reactionspolitik, nahm die conservativen kirchlichen Elemente in ihren Dienst und kokettirte mit der Wiederbelebung von allerhand veralteten Einrichtungen des zünftigen Gewerbebetriebes.

Diejenigen in dem Volke, welche keinen Vortheil darin fanden, dem herrschenden Strome zu folgen, sahen diesen Dingen meist mit theilnahmloser Ergebung zu; der verfehlte Versuch einer Reform zur Einheit und Freiheit in dem vergangenen Jahrzehnte, durch den so manche nationale Hoffnung geknickt worden war, hatte wenigstens eine heilsame Frucht getragen: man hatte gelernt unzeitigem Eifer zu entsagen und die wieder zur Macht gekommenen unpopulären Tendenzen der Vernichtung durch sich selbst zu überlassen.

In Oesterreich behauptete sich indeß noch eine weitere bedeutsame Errungenschaft aus der inneren Bewegung beim Ausgang der vierziger Jahre; hatte man auch politisch überall auf das alte wieder zurückgegriffen, auf dem socialen Gebiete führte die absolutistische Regierung fort, was die Stürme der Revolution ins Leben gerufen: die Lösung des Landvolkes aus der Abhängigkeit von dem erbgesessenen Adel, die Beseitigung aller Reallasten und Dienste. Dies erbitterte die Adlichen gegen den seit dem Mai 1849 die inneren Angelegenheiten Oesterreichs leitenden Minister Alexander Bach, der dafür nach der Gunst der Militärpartei am Hofe, und noch mehr der Würdenträger der Kirche strebte. Das letztere hatte natürlich eine steigende Begünstigung der kirchlichen Interessen zur Folge, von der die Regierung nebenbei hoffen mochte, daß sie im Stande sein werde, manche Unzufriedenheit zu bannen, manche Lücke in dem politischen Leben auszufüllen. So lief Oesterreich in den Hafen der Concordatspolitik ein, welche indeß auf nicht geringe Schwierigkeiten stieß, aber trotzdem seitens der Regierungen von Würtemberg und Baden nachgeahmt wurde. Solchen katholischen Bestrebungen nach Mehrung des kirchlichen Einflusses entsprachen ähnliche Tendenzen im Schooße der protestantischen Kirche: man drängte auf strenge Rechtgläubigkeit, auf Wiederbelebung der in Vergessenheit gerathenen kirchlichen Disciplin. Allein im Volke fand dies ebenso wenig wie das Bemühen der katholischen Geistlichkeit Anklang und schlug keine tiefere Wurzel. Die Zeit für derartige Bestrebungen war vorüber und die Verbindung mit der politischen Reaction auch nicht gerade geeignet, diesem kirchlichen Aufschwung in weiteren Kreisen Interesse und Achtung zu erwecken.

In Oesterreich aber ging die Blüthe der Concordatspolitik Hand in Hand mit einer straffen absolutistischen Centralisation. Fast gleichgiltig nahmen die Völker Oesterreichs die Aufhebung der Märzverfassung hin; das constitutionelle Leben war ihnen nicht zu rechter Wahrheit und daher nicht werthvoll geworden. Weit mehr lag denselben die Erhaltung ihrer nationalen Existenz am Herzen. Als auch diese von der Centralisation bedroht schien, erhoben sie laute Klagen; lautere indeß noch über den wachsenden Druck materieller Noth. In fast unbegreiflichem Maß stiegen die Abgaben und zugleich vergrößerte sich in erschreckendem Grade die Staatsschuld. Unausfüllbar schien die gähnende Spalte, welche diese Summen verschlungen hatte und immer neue begehrte, so daß das Deficit mit jedem Jahre größer wurde und in entsprechendem Verhältnisse der Nationalwohlstand sank. Da konnte es nichts helfen, daß man nach dem Beispiel der französischen Regierung eine Nationalanleihe versuchte, daß man die Befriedigung des Augenblickes durch den völligen Ruin der Zukunft zu erkaufen sich verstattete und das Staatsvermögen in unverzeihlicher Art antastete; denn trotz alledem ist die finanzielle Bedrängniß in Oesterreich bis heute permanent geblieben. Die Erbitterung über das herrschende System aber hatte in den fünfziger Jahren dort eine solche Höhe erreicht, daß man nichts so sehr ersehnte als seinen Sturz und es deshalb im eigenen Volke mit unverhohlener Freude aufgenommen ward, als die Macht fremder Waffen den völligen Bankerott des Absolutismus herbeiführte. Das eine freilich konnte selbst diese Regierung noch von sich rühmen, daß es ihr gelungen war, dem preußischen Rivalen in der deutschen Politik einen Schlag nach dem andern beizubringen. Und man durfte erwarten, daß dies wenigstens die Deutsch-Oesterreicher mit dem System einigermaßen versöhnen würde; sahen sie sich doch als den eigentlichen Kern der deutschen Macht Oesterreichs an und lag doch, wenn das letztere in allen deutschen Angelegenheiten wieder unbestritten präponderirte, für sie der schmeichelhafte Schluß nahe, den Mittelpunkt des deutschen Lebens überhaupt zu bilden.

Daß aber Oesterreich in Deutschland wirklich das entscheidende Wort redete, hatte in der Beschaffenheit der in Preußen herrschenden Partei seinen Grund. Jetzt zeigte es sich in voller Deutlichkeit, wie wenig die sogenannte Kreuzzeitungspartei daran gedacht hatte, die früheren Tendenzen Preußens wieder zu beleben, als sie sich zum Hort des Royalismus gegen die denselben umfluthende Revolution aufwarf. Von der scharf und mächtig entwickelten Staatsidee, welche einst des preußischen Königthums Kraft und Bedeutung für Deutschland gewesen, war keine Rede — statt nach ihr strebte man nach ihrem Todfeind, dem Feudalismus; statt einer starken centralen suchten mannigfache peripherische Gewalten zur Geltung zu kommen. Der preußische Staat befand sich in einer Periode der Selbstschwächung. Den geistvollen Monarchen Preußens drängten seine ganze Art zu denken, seine Weise zu empfinden, unwiderstehlich in eine solche Bahn; es fehlte ihm die nüchterne Verständigkeit, aber auch die Selbstzucht, um nur das eine große Ziel der Staatszwecke fest und unverrückt im Auge zu behalten. Man war unschwer im Stande, die Stimmungen Friedrich Wilhelms IV dazu zu benutzen, um ihn für Dinge zu begeistern, welche mit den Interessen des Staates durchaus nicht in Einklang standen, ebensowenig aber einer politischen Partei zu gute kamen, sondern nur den Zwecken einer socialen Fraction dienten. Wie tief in Folge hiervon das moralische Ansehen Preußens sank, leuchtet von selbst ein. Während im Innern eine von der großen Mehrheit der Nation mit Haß und Erbitterung oder hoffnungsloser Ergebung betrachtete Reaction Platz griff, galt dem Ausland Preußen kaum noch wie eine Großmacht. Die Verfassung, obgleich von der Krone selbst ausgegangen, war einer wesentlich ändernden Revision unterworfen worden, die Presse hielt man an knappen Zügeln, der Beamten versicherte man sich durch die Disciplinarhöfe. Die den Protestantismus beherrschende Stimmung stand im Dienste der Reaction; um sie ganz nach seinem Willen benutzen zu können, ward die der evangelischen Kirche verfassungsmäßig zustehende Freiheit ihrer inneren Organisation so in Vollzug gesetzt, daß man sie unter den „Evangelischen Oberkirchenrath" stellte, eine nur von der Krone abhängige und somit auch formell unconstitutionelle Behörde. Außerdem wurden die von der Verfassung in Aussicht genommenen Reformen der Gemeindeordnungen und Kreisvertretungen sistirt, den Rittergutsbesitzern damit mannigfache Vorrechte erhalten, der Regierung in weiterem Umfange die Befugniß zu Eingriffen in die städtische Verwaltung sicher gestellt. Allein das Ministerium ging doch nicht in allen Fragen einen der Reaction völlig genehmen Weg. Daher bestand neben und unabhängig von ihm eine mächtige Camarilla, repräsentirt durch das Militär- und Civil-Cabinet des Königs. Verborgene Pfade wandelte die Reaction; aber die trüben Fluthen im Innern ihres Treibens traten doch bisweilen in den Gesichtskreis der großen Menge, so in dem Plehwe-Jachmannschen, dem Hinkeldey-Rochowschen Handel oder in den Gerüchten über den Depeschendiebstahl, welche im Winter 18$\frac{5}{5}\frac{5}{6}$ auftauchten, ohne eine Widerlegung oder Aufhellung zu finden.

Bald nach dem Krimkriege hatten sich indeß bei Friedrich Wilhelm IV die ersten Spuren einer Gehirnaffection gezeigt, welche in raschem Fortschreiten Körper und Geist des Königs so weit schwächte, daß sein Bruder, der Prinz von Preußen, seit dem 24. October 1857 stellvertretend regierte und, nachdem jede Aussicht auf eine Heilung des kranken Königs aufgegeben war, am 8. October 1858 als Prinz-Regent von der vollen Regierungsgewalt dauernd Besitz nahm. Es war offenkundig, wie wenig der Prinz von Preußen das unter seinem Bruder herrschende System billigte, wie sehr er persönlich von den Unbilden desselben betroffen worden war — so durfte die öffentliche Meinung von ihm einen Wechsel der maßgebenden Grundsätze erwarten, welcher für ganz Deutschland, da meist auch in den kleineren Staaten eine stets wachsende reactionäre Strömung herrschte, von der größten Bedeutung werden mußte. Indessen nahm der Prinz-Regent mit tactvoller Rücksicht auf seine Stellung keine plötzliche Veränderung vor, umgab sich aber mit einem Ministerium, dessen Mitglieder, von dem Justizminister Simons und dem Handelsminister von der Heydt abgesehen, in ihrer liberalen Gesinnung erprobt und durch ihren Charakter geeignet waren, das volle Vertrauen der Nation zu erwerben. Vor allem galt dies auch von dem an der Spitze stehenden Fürsten von Hohenzollern-Sigmaringen. Nun bot sich aber den neuen Ministern bald nach dem Antritt ihres Amtes in dem 1859 ausbrechenden italienischen Krieg außerdem die Gelegenheit, ihre Fähigkeit zu politischer Action zu bewähren.

In der orientalischen Frage hatte der Pariser Friede die hauptsächlichsten Aufgaben ohne Lösung, also hier künftigen Verwickelungen den Weg offen gelassen. Aber er hatte zugleich nach einer anderen Seite Keime gelegt, welche in der allernächsten Zeit die Ruhe Europas bedrohen mußten. Im Verlauf des orientalischen Krieges hatten sich erhebliche Veränderungen in den Beziehungen der europäischen Staaten zu einander vollzogen: Piemont war Frankreich sehr nahe getreten, und zwischen Rußland und Oesterreich bestand eine tiefe Verstimmung. Man fand sich in Petersburg schlecht belohnt für die Dienste in Ungarn, und der in vieler Hinsicht vorurtheilslose Alexander II ließ sich nicht mehr von ererbten politischen Grundsätzen, sondern ausschließlich von den actuellen Interessen seines Staates leiten. Diese schienen im Augenblick gleichfalls auf die Freundschaft Napoleons hinzuweisen. Und Alexander II zögerte nicht eine Annäherung an den französischen Kaiser zu versuchen: im Herbste 1857 fand daher eine Zusammenkunft der beiden Monarchen in Stuttgart statt. Der darin zu Tage tretende Gegensatz der russischen Politik wider Oesterreich ward durch die Begegnung des heimkehrenden Alexander und Franz Josephs zu Weimar eher verstärkt wie abgeschwächt. Praktisch gewann dieser Gegensatz eine Spitze in der Stellung Rußlands und namentlich Frankreichs zu Italien. Dort erhob sich wieder der Schmerzensschrei der Nation nach Lösung von der Fremdherrschaft, nach Einigung der zerrissenen Halbinsel. Napoleon, seit längerer Zeit gegen Cavour engagirt, gemahnt durch das Attentat Orsinis (1858), lieh dem Verlangen Italiens sein Ohr und richtete 1859 bei der Neujahrsgratulation am Hofe der Tuilerien die verhängnißvollen Worte an den überraschten Vertreter Oesterreichs, welche bald darauf in der Rede einen Widerhall fanden, mit der Victor Emanuel die Kammern seines Königreiches eröffnete. Und die

Thaten ließen nicht lange auf sich warten; im Herbst 1859 war Sardinien durch die Lombardei vergrößert, und für ganz Italien stand eine Conföderation unter dem Ehrenvorsitz des Papstes in Aussicht. Tiefer Blickenden war freilich klar, daß es mit diesen Festsetzungen des Züricher Friedensvertrages nichts auf sich habe, daß der einmal entfesselte Strom zur Einheit Italiens hin damit nicht zum Stillstand gebracht werden könne, daß er vielmehr, wenn auch langsam, so doch unaufhaltsam dem letzten Ziele entgegentreibe, die Fahne des italienischen Königreiches vom Capitole herab über die Halbinsel wehen zu lassen. Für Napoleon war die Grenze sehr bald erreicht, welche die italienische Bewegung nicht überschreiten sollte: Italien durfte nicht die Macht erlangen, um sich der Abhängigkeit von Frankreich entziehen zu können, und die klerikalen Interessen forderten Schonung; aber auf der anderen Seite wollte der Kaiser doch auch nicht zu offen mit der einmal angenommenen Rolle eines Beschützers von Italien brechen. So mußte seine Politik hier viel verschlungene Pfade ziehen, hin und her gezerrt von der Rücksicht auf die Klerikalen und den Einflüssen der italienischen Actionspartei, reich an raschen unerwarteten Wendungen, voll von täuschender Intrigue und geheimem Doppelspiel. Aber wo Napoleon klug zu Werke ging, da war Cavour listig; und wenn er die italienische Bewegung in vorsichtigen gemessenen Bahnen halten wollte, so riß Garibaldi den begeisterten Muth des Volkes über alle Ziele hinaus. So sank eine Schranke nach der andern, welche man der Einigung Italiens gezogen, dahin: nicht in Folge, sondern trotz der französischen Freundschaft fielen Toskana, Parma und Modena, Umbrien und die Marken, Neapel und Sicilien dem italienischen Königreiche zu, bis ihm zuletzt auf den Schlachtfeldern Böhmens auch Venetien erworben worden ist. Frankreich aber verdankte es die Regierung Victor Emanuels, daß sie in Folge der Convention vom 15. September 1864 auf dem Wege nach Rom noch einmal hat Halt machen und ihren Sitz in Florenz aufschlagen müssen. Eine wie lange Zeit die italienische Einheitsbestrebung noch von ihrem letzten Ziele fern halten wird, wer vermöchte es zu sagen! Aber die Idee der nationalen Unità hat sich schon so mächtig erwiesen, daß man ihren endlichen völligen Sieg mit Zuversicht erwarten darf. So sind die Tage des römischen Papstthums wie die seines gegenwärtigen Trägers gezählt, in dem gebrochenen Oesterreich hat es die letzte wirksame Stütze verloren, der Tag von Königgrätz ihm einen vernichtenden Schlag zugefügt.

Die 1859 in Italien angefachte Bewegung hatte natürlich seit ihrem ersten Wehen in Deutschland die lebhafteste Theilnahme hervorgerufen, namentlich im Süden begehrte man laut und drängend die Unterstützung

Oesterreichs; am Po, hieß es, gelte es den Rhein zu vertheidigen. So redeten und schrieben die erregten Bewohner des deutschen Südens, die gutmüthigen Schwärmer für das große Deutschland, die mit österreichischen Papieren reich gesegneten Börsenherrn und die stattliche Zahl ihrer Clienten. So dachte auch der feudale Adel Hannovers und die Partei in Preußen, welche von der Glorie von Olmütz träumte. Im übrigen Norddeutschland blieb man kalt und nüchtern; man hatte durchaus kein Interesse daran, den bedrohten Absolutismus Habsburgs zu retten, freute sich vielmehr seiner Gefährdung, denn man durfte hoffen, daß der von der Hofburg ausgehende reactionäre Strom, wenn er in Italien gehemmt worden, auch in Deutschland minder mächtig sein würde. Gleichwohl schien die Regierung des Prinz-Regenten nicht abgeneigt, auf Oesterreichs Seite zu treten; wäre sie rasch und mit voller Energie zu Werke gegangen, so hätte es ihr der Augenblick gestattet, die Scharten des verflossenen Jahrzehnts auszuwetzen, das Vertrauen Deutschlands wieder zu gewinnen und die Sache der nationalen Reform mit sicherem Erfolge in die Hand zu nehmen. Aber man zögerte, verhandelte hin und her und fand sich plötzlich durch den österreichischen Kaiser überrascht, welcher den Verlust der Lombardei eher ertragen mochte, wie eine Erweiterung des preußischen Einflusses in Deutschland. Der Zwiespalt der beiden deutschen Großmächte war hier wieder in gellendem Mißton zu Tage gekommen; durch das ganze deutsche Volk aber ging ein tief empfundenes Verlangen nach einer Umgestaltung seiner politischen Existenz, und die Erfahrungen des Sommers 1859 thaten das Ihre, um die Köpfe zu klären, um die beiden schlechterdings auseinanderlaufenden Wege der Reform in scharfem Lichte erscheinen zu lassen: Oesterreich wollte an dem Rechtsboden des so ganz unlebensfähigen Bundes festhalten und ihm bedeutete die deutsche Reformfrage im Grunde genommen nichts anderes als Deutschland dauernd und vollständig mit jedem dynastischen Interesse Habsburgs solidarisch zu verknüpfen; ihm hingen daher die Schwärmer für das 70-Millionen-Reich an. Preußen dagegen strebte nach einer wahrhaften innern Umgestaltung der Bundesverfassung, seiner Idee neigten deshalb die Hoffnungen der national-liberalen Partei zu. Einen förmlichen fixirten Ausdruck fanden diese letztern in dem deutschen National-Verein, welcher eben wegen der mit vollem Bewußtsein erstrebten Hegemonie Preußens jenseits des Maines nur wenige Anhänger gewann. Seitdem ist die Frage der deutschen Reform nicht mehr zur Ruhe gekommen, sondern hat die deutsche Geschichte der letzten Jahre mit reichem Inhalte erfüllt. Ueber die Dringlichkeit der Umgestaltung war man in den Cabinetten der Fürsten ebenso einig wie in den Versammlungen des Volkes, aber über die Wege liefen die Ansichten weit auseinander. Es können die verschiedenen Vorschläge zur Reform des Bundes in diesem Zusammenhange keine Erörterung finden; sie sind, da die Bundesreform für die Regierungen und Volksmänner eine stets dienliche Rüstkammer zur Popularität war, sehr zahlreich. Namentlich für Oesterreich und Preußen bildete die deutsche Frage den Brennpunkt der ganzen Politik. In Oesterreich war man seit 1859 bemüht, einen volksthümlichen Boden für die Regierung zu gewinnen. In dieser Richtung bewegten sich das Patent für die Protestanten Ungarns vom 1. September 1859, sowie das Diplom vom 20. October 1860. Den Höhepunkt der liberalen Bestrebungen in Oesterreich bezeichnete aber das Ministerium Schmerlings, dessen Name aus den Jahren 1848—1852 einen guten Klang hatte. Das Februarpatent ($^{26}/_{2}$ 1861) von seiner Hand vervollkommnete jenes Diplom vom 20. October, indem es die Vertretung der einzelnen Kronländer nicht wie dieses letztere ständisch, sondern im Sinne des modernen Constitutionalismus basirte und ein parlamentarisches Organ für den ganzen Staat schuf. Alle diese Anstrengungen aber waren nur Mittel zum Zwecke, sie sollten Oesterreich in Deutschland die Sympathien des Liberalismus zuwenden, seiner Rivalität mit Preußen zu glänzender Folie dienen. Denn hier hatte sich ein tiefer Conflict der Krone mit den populären Interessen entzündet. Auch die preußische Regierung rüstete zu einer künftigen Action, ohne Zweifel gleichfalls in der deutschen Angelegenheit; aber sie meinte, das beste und nothwendigste Rüstzeug in einer verbesserten Heeresorganisation suchen zu müssen. Der zunächst finanzielle Streit, welcher sich an dieser Frage zwischen der Landesvertretung und Regierung erhob, nahm bald den Charakter eines principiellen Verfassungskampfes an. Und darüber verlor Preußen die Popularität in Deutschland, welche ihm der Anfang der sogenannten neuen Aera erworben hatte, es gab also gerade die Waffe preis, die Oesterreich mit allem Fleiße in seine Hand zu bringen strebte; aber dafür gewann die preußische Armee eine bedeutend erhöhte Tüchtigkeit und Schlagfertigkeit.

Wie sehr der österreichische Constitutionalismus vor allen Dingen nur darauf berechnet war, dem gesunkenen Ansehen Preußens in Deutschland ein schmähliches Ende zu bereiten, sollte bald zu Tage treten. Diese Seite seiner auswärtigen Politik machte Schmerling allen Parteien in Oesterreich werth und theuer: von ihm erwartete man, er werde den längst gewünschten wuchtigen Hieb gegen die verhaßte preußische Macht führen, die Bundesreform energisch in die Hand nehmen und Oesterreichs deutsche Aufgabe zur Erfüllung bringen. So reifte der Plan des deutschen Fürstentages, welchen der Kaiser von Oesterreich am 17. August 1863 zu Frankfurt eröffnete, und an dem außer dem Könige von Preußen und einigen der kleinen deutschen Souveräne alle Bundesfürsten Antheil nahmen, um den österreichischen Entwurf einer Reformacte des deutschen Bundes, fertig wie dem Haupte Jupiters entstiegen, mit bewundernder Dankbarkeit entgegen zu nehmen. Selten ist ein politischer Act so geräuschvoll in Scene gesetzt worden und dann so wirkungslos verlaufen, wie dieser Versuch einer Reform Deutschlands. Wenige Wochen nachher, und man wußte im großen Publicum kaum noch etwas davon; und als im November König Friedrich VII von Dänemark starb und das Recht Schleswig-Holsteins wieder alle Gemüther bewegte, da kam die österreichische Reformacte völlig in Vergessenheit; denn dem Volksbewußtsein in Deutschland steckte sich ein reales, lebensvolles Ziel, an welches sich die schönsten Erinnerungen einer an nationalen Hoffnungen reichen Zeit knüpften, die Befreiung Schleswig-Holsteins von der dänischen Herrschaft. Die nationalgesinnten der deutschen Fürsten, allen voran der edle Herzog von Sachsen-Coburg-Gotha, erhoben bald ihre Stimme für das gute Recht der Herzogthümer und des Erbprinzen von Augustenburg. Die deutschen Großmächte dagegen stellten sich mit ihrer Politik auf den Boden des Londoner Protokolls vom 8. Mai 1852, Oesterreich ließ sich völlig von den Anschauungen des Berliner Cabinets ins Schlepptau nehmen; man schien auch in Wien nicht mehr daran zu denken, daß man noch vor wenigen Monaten zu einem vernichtenden Schlage gegen Preußens deutsche Stellung ausgeholt hatte. Denn jetzt hätte sich die Gelegenheit zu einer viel wirksameren Concurrenz dargeboten, da Preußen nur ganz unvollkommen den Wünschen der Nation gerecht werden zu wollen schien; auf dem Boden des Londoner Protokolls konnte ja höchstens eine aufrichtig durchgeführte Personal-Union emporwachsen, und damit war dem deutschen Volke schlecht gedient. Gleichwohl schienen Oesterreich und Preußen entschlossen, ihre Auffassung durchzusetzen; statt einer Occupation veranlaßten sie die Bundesversammlung eine Execution in Holstein zu beschließen, welche eine Anerkennung der Erbfolge Christians IX zur Voraussetzung hatte. Und als die Mittelstaaten, statt in rascher Entschließung den Erbprinzen Friedrich anzuerkennen und ihm bewaffnete Unterstützung zur Behauptung seiner Ansprüche zu Theil werden zu lassen, die völlig klare Rechtsfrage noch einmal einer Prüfung unterwarfen, benutzten die Großmächte die Zeit zu einer factischen Entscheidung. Sie stellten am Bunde den Antrag, Dänemark zur Aufhebung der auch in Schleswig publicirten Verfassung vom 18. November zu vermögen und im Weigerungsfalle das Herzogthum im Namen des Bundes als Pfand für die Erfüllung der Vertragspflicht in Besitz zu nehmen. Diesmal blieben

Oesterreich und Preußen in der Minorität, wohl wie sie erwartet und gewünscht hatten; denn das wurde ihnen Anlaß zu der gemeinsamen Erklärung, mit Rücksicht auf ihre besondere Stellung zu dem Londoner Protokoll und die Dringlichkeit der Sache seien sie entschlossen, die Geltendmachung der Rechte des Bundes hinsichtlich Schleswigs „in ihre eigenen Hände zu nehmen und ohne Mitwirkung des Bundes zur Ausführung der von ihnen beantragten Maßregeln zu schreiten.“ Es ist in der That ein merkwürdiges Schauspiel, Oesterreich kaum ein halbes Jahr, nachdem es mit aller Feierlichkeit eine Erneuerung der Verfassung Deutschlands auf dem Boden des alten Bundes inaugurirt hatte, in der augenblicklich wichtigsten nationalen Frage den Bund einfach bei Seite schieben zu sehen. Man weiß nicht, soll man mehr über die Gewandtheit der preußischen oder die Kurzsichtigkeit der österreichischen Politik staunen. Und der ausgesprochenen Absicht folgte schnell die That; bereits am 16. Januar erging Seitens Oesterreichs und Preußens die am 11. durch die Majorität am Bunde zurückgewiesene Aufforderung an Dänemark, deren Ablehnung mit der raschen und erfolgreichen Kriegführung beantwortet wurde. Die zähe Hartnäckigkeit der Dänen drängte die deutschen Mächte immer weiter und legte es ihnen schrittweise näher, von dem ursprünglichen Programm des Londoner Vertrages sich abzukehren. Das Ausland ließ den Dingen ihren Lauf, bis auf das eifrige Betreiben namentlich Englands Ende April zu London eine Conferenz zusammentrat, auf der indeß Dänemark den Vorschlag einer Personal-Union so entschieden verwarf, daß sich sein Gesandter sogar weigerte, ihn ad referendum zu nehmen. Und da die Bewohner der Herzogthümer, nicht minder die Stimmung in den verschiedenen Theilen Deutschlands denselben gleichfalls perhorrescirten, so mußten jetzt natürlich auch die kriegführenden deutschen Mächte davon abstehen; unmöglich konnten sie etwa daran denken, den Herzogthümern Gewalt anzuthun. Den Forderungen der deutschen Bewegung einen Schritt näher zu treten, war unabweislich. Und in Berlin war man gern bereit dazu; denn schon damals scheint dort die Ansicht Platz gegriffen zu haben, daß bei einer völligen Trennung der Herzogthümer von Dänemark ihre Einverleibung in Preußen möglich und somit von jetzt an das letzte Ziel des Krieges sei. Ohne Zweifel nicht ohne das Einverständniß der Regierung, und zum Zwecke, in den persönlichen Anschauungen des Königs eine Wendung zu Gunsten dieser Auffassung herbeizuführen, richtete eine Anzahl hochgestellter Conservativer am 11. Mai eine Adresse an den König, in der sie sich für die vollständige Trennung der Herzogthümer von Dänemark und ihre Constituirung zu einem einheitlichen Ganzen, „sei es unter einem eigenen Landesherrn und dem wirksamen Schutze eines mächtigen deutschen Staates, sei es als ein Theil dieses letztern", aussprachen.

Die Londoner Verhandlungen verliefen inzwischen bekanntlich ohne Ergebniß, und da Dänemark keine Hilfe vom Auslande zu Theil wurde, so mußte es sich im Wiener Frieden vom 30. October die denkbar härtesten Bedingungen gefallen lassen: ganz Schleswig, Holstein und Lauenburg gingen für die dänische Monarchie verloren; das Recht an denselben erlangten aber nicht etwa der Bund oder der Erbprinz, sondern fürs erste Oesterreich und Preußen. Die Entschließungen Preußens, in den Herzogthümern, dieser so wichtigen Position, auf dem einen oder andern Wege dauernd festen Fuß zu fassen, waren unerschütterlich, und das eroberte Land mußte bald einen Conflict der beiden Besitzer anfachen. Zwar durfte man sich in Berlin einige Hoffnung darauf machen, Oesterreich auf gütlichem Wege zufriedenzustellen; war es doch fast willenlos immer weiter mitgegangen, so daß ein Umkehren stets schwieriger, zuletzt beinahe unmöglich erschien. Und dies hatte die Sympathien für Oesterreich, so weit sie noch vom August 1863 her in Deutschland vorhanden waren, rasch verrauchen lassen, die Mittelstaaten fühlten sich isolirt und vergalten dies Oesterreich alsbald damit, daß sie einer nach dem andern den Widerstand gegen den für Oesterreich sehr ungünstigen französischen Handelsvertrag aufgaben und so die Zollvereinskrisis, von der sich im Anfange des Jahres 1864 noch nicht absehen ließ, wo sie enden würde, zu einem raschen und Preußen genehmen Austrag führten. Bei der am 30. September in Berlin zusammentretenden Zollconferenz waren wieder alle Staaten des Zollvereins vertreten. Hier wie dort hatte also während des Jahres 1864 Oesterreich eine bedeutende Schwächung seines Ansehens erfahren, und auch die Mittelstaaten waren gedemüthigt worden; noch vor Ablauf desselben mußten die Sachsen und Hannoveraner, die Truppen der Bundesexecution, aus Holstein weichen, und die drei Herzogthümer traten unter österreichisch-preußische Civilverwaltung. Nun können hier nicht die verschiedenen Stadien des Condominiums besprochen, der steigende Conflict der beiden besitzenden Mächte, die wachsende Aussichtslosigkeit der augustenburgschen Sache geschildert, die Unerträglichkeit des Zustandes für die Bewohner der Herzogthümer charakterisirt werden. Aus dem allem führte der Gasteiner Vertrag vom 14. August 1865 nur in eine nicht minder provisorische und unhaltbare Lage hinein; doch brachte er Preußen wenigstens hinsichtlich Lauenburgs zu seinem Ziele. Die fortdauernden Agitationen zu Gunsten des Erbprinzen von Augustenburg aber boten für die preußische Regierung vor allem die Handhabe, ihre Pläne weiter zu verfolgen. Und so reifte die schleswig-holsteinsche Frage allmählich dazu, der Anlaß zu werden zu dem doch einmal unvermeidlichen Austrag des Dualismus der beiden deutschen Großmächte. Während der ersten Monate des verflossenen Jahres schwankte die Zunge der Wagschale lange Zeit zwischen Krieg und Frieden; jener war entschieden durch den Bundesbeschluß vom 14. Juni, aber dieser kehrte wunderbar rasch wieder, nachdem in ununterbrochener Reihe die gewaltigen Erfolge der preußischen Waffen das einstige Programm des Nationalvereins ins Leben gerufen hatten. Was Deutschland auf den böhmischen Schlachtfeldern gewonnen worden ist, es war am besten zu erkennen aus der staunenden Bewunderung oder dem scheelsüchtigen Neide des Auslandes. Zum ersten Male seit Jahrhunderten weiß die deutsche Nation wiederum, wo sie sicher ihr Haupt niederlegen soll; aber sie mag Sorge tragen, den Bau des norddeutschen Bundes rasch unter ein schützendes Wetterdach zu bringen, da abermals rings am Horizonte die trüben Wolken eines drohenden Sturmes aufziehen. Die Freiheit wird in dem neuen Hause zunächst nur ein bescheidenes Plätzchen haben, allein sie wird das Kind ruhigerer und glücklicherer Tage sein, welche nicht geschreckt werden von den dunkeln Vorboten einer nahenden schweren Verwickelung. Der Aufbau des neuen Deutschland, dem gewiß bald auch der Süden nicht fehlen wird, nimmt bis jetzt einen hoffnungsreichen Fortgang, und so dürfen wir nach den Besorgnissen der jüngsten Vergangenheit in fröhlicher Zuversicht der künftigen Entwickelung entgegenblicken.

Während so die letzten acht Jahre in Deutschland und Italien großartige Umgestaltungen hervorgerufen haben, ist es auch in der übrigen Welt zum Theil sehr stürmisch hergegangen. Im Südosten Europas hat es fortwährend gegährt, das Hellenenthum durch eine Revolution, welche König Otto des Thrones beraubte und einen Sohn des jetzigen Königs von Dänemark dort zur Regierung brachte, eine Heilung seiner heillos verkommenen Zustände versucht; die Türkei ist immer tiefer in den natürlichen Auflösungsproceß hineingerathen, wobei die suzeränen Staaten mit ihren stets wachsenden Ansprüchen das Beste gethan haben. Die providentiellen Massacres der Drusen und Maroniten in Syrien gaben Frankreich Gelegenheit zu einer Occupation dieses Landes, welche ihm freilich gleich andern überseeischen Unternehmungen zuletzt nur Schaden und Verdruß eingetragen hat.

Rußland aber vollzog in der Bauernemancipation eine der merkwürdigsten socialen Umgestaltungen, welche trotz ihres friedlichen Verlaufes eine schwere Krisis über das Reich gebracht und dasselbe für eine längere Zeit von activer Theilnahme an den allgemeinen europäischen Angelegenheiten fern gehalten hat. Eine drohende Gefahr erhob sich ihm in dem polnischen Aufstand, welcher von Paris angeschürt, von England insgeheim ermuthigt ward, der aber zuletzt nur die definitive Vertilgung der polnischen Nationalität zur Folge haben wird. In politischer und administrativer wie in kirchlicher Beziehung scheint die russische Regierung entschlossen, alles specifisch polnische zu vernichten und hat sich darin durch den Unwillen des Papstes nicht irre machen lassen. Auch in dem benachbarten Schweden haben die letzten Jahre eine sehr bedeutende innere Umwandelung zum endlichen Abschluß gebracht, die Reform der noch immer mittelalterlich-ständischen Verfassung zu einer im modernen Sinne des Wortes repräsentativen. Die Verfassungsentwickelung in Dänemark, welche alsbald nach Beendigung des unglücklichen Krieges zu den lebhaftesten und leidenschaftlichsten Debatten führte, ist gleichfalls zu einem freilich keine Partei völlig befriedigenden Austrag gediehen. In England concentrirte sich das Interesse mehr und mehr auf die Entwickelung der Handels- und Wirthschaftspolitik. In auswärtigen Fragen war Palmerston wiederholt nicht glücklich bei dem Versuche, mit dem bloßen moralischen Ansehen Englands ohne entsprechenden materiellen Nachdruck Erfolge zu erzielen, so daß der Einfluß Großbritanniens etwas geschwächt wurde. Im Innern ward ein Zerfall der Grundlage aller öffentlichen Zustände, des Selfgovernments, bemerkbar und dem entsprechend ein Umsichgreifen centralisirender Neigungen in der Verwaltung. Die früheren politischen Parteien erscheinen im Grunde genommen völlig aufgelöst, ihre charakteristischen Unterschiede sind verwischt, die Reformfrage haben Whigs und Tories in ihr Programm aufgenommen und nur das Maß der Ausdehnung des Wahlrechtes, nicht aber die principielle Frage, ob sie überhaupt stattfinden solle oder nicht, kann für ein Ministerium zum Stein des Anstoßes werden. Auf der andern Seite stehen Bright und die Manchesterschule mit dem Bestreben, sociale Rücksichten für die Gestaltung der öffentlichen Zustände zur Norm zu erheben. Bald nach dem Krimkriege hatte England den mächtigen Aufstand in Indien zu bekämpfen und führte gemeinschaftlich mit Frankreich gegen China die Waffen. Seitdem hat sich der Osten Asiens den Europäern rasch in bedeutendem Maße erschlossen, und es scheint die zähe Cultur der dortigen Völker in vielen Punkten den Sitten und Gewohnheiten des Westens weichen zu wollen. In solchen überseeischen Unternehmungen suchte das kaiserliche Frankreich die Wege des Ruhmes, welche ihm zur Behauptung seiner Stellung unentbehrlich sind. Verhängnißvoll hat sich die mexikanische Angelegenheit gestaltet; ist sie auch nicht an einer Verwickelung mit der Union Nordamerikas gescheitert, so geht sie doch unaufhaltsam Schritt für Schritt der Selbstvernichtung entgegen. Spanien endlich hat es bis heute noch nicht gelingen wollen, aus der Lethargie und politischen Ohnmacht sich zu erheben; die Schuld dieser Zustände machen die Unfähigkeit der Regierung, die Zerfahrenheit aller Parteien, der sittliche Mangel in dem Charakter der Parteiführer einander streitig. An Gewaltstreichen fehlt es auf keiner Seite, und auch in ihren Beziehungen zum Auslande hat sich die spanische Regierung mannigfache Willkühr und Gewaltsamkeit erlaubt. Nachdem sie in dem marokkanischen Kriege vergebens nach einem Rechtstitel gestrebt hatte, um in die Reihe der Großmächte einzutreten, hat sie ihr Augenmerk auf Amerika gerichtet; daher nahm sie anfangs an der mexikanischen Unternehmung Antheil, annectirte St. Domingo, ließ sich in Händel mit Peru ein und beschwor wegen eines geringfügigen Anlasses die Verwickelung mit Chile herauf, bei der die Blokade der chilenischen Häfen den europäischen Mächten zu nachdrücklichen Beschwerden in Madrid Anlaß ward.

Wenden wir zum Schluß unsere Blicke auf den Norden Amerikas, so ist hier der gewaltigste Bürgerkrieg ausgefochten worden, den die neuere Zeit kennt. Das anfängliche Interesse der Emancipation der Sklaven gestaltete sich bald zu dem ungleich wichtigeren, der Erhaltung der Union. Die unionstreue Partei aber hat zweimal den Sieg davongetragen, zuerst durch die Gewalt ihrer Waffen, die Ueberlegenheit ihrer materiellen Mittel, in der allerletzten Zeit durch das Uebergewicht ihrer Einsicht, die Macht ihrer Energie. Jetzt erst, wo die Reconstruction des Südens auf den von dem Congreß vorgezeichneten Grundlagen ins Leben tritt, ist der Einfluß der Demokraten dauernd gebrochen, dem bürgerlichen Elemente des Nordens und damit bürgerlicher Freiheit endgiltig die Herrschaft gesichert.

So treffen wir, wohin sich das Auge richtet, diesseits und jenseits des Oceans, im Süden und Norden, im Westen und Osten unserer Erde, auf eine vielgestaltige, unendlich bewegte Entwickelung, auf ein tief innerliches Gähren und Schaffen im Leben der Nationen. Mit dem regsten Eifer rüstet man gewaltige Streitkräfte aus, unaufhörlich ertönt Waffenlärm, und dennoch scheint der Ehrgeiz der Eroberung aus den Völkern gewichen zu sein; vielmehr strebt ein jedes vor allen Dingen darnach, den Bau seines nationalen Daseins in bürgerlicher Freiheit, in materiellem und intellectuellem Gedeihen, so reich und so wohnlich wie möglich einzurichten. Die Durchführung des nationalen Staates aber muß die Menschheit in eine ganz neue Phase ihrer Existenz hinüberleiten; ist doch streng genommen der nationale Staat eine Aufhebung des bisher geltenden Staatsbegriffs überhaupt, an dessen Stelle die Gesellschaft mit ihren allen Völkern gemeinsamen, durch die ganze Welt solidarischen Interessen mehr und mehr in den Vordergrund treten wird.

Namenverzeichniß.

A.

B.

C.

F.

G.

Q.

R.

S.

T.

U.

V.

W.

Y.

Z.

Berichtigungen.

S. 68 Z. 34 statt Marquis de Careman lies Marquis de Caraman.

= 74 = 23 = Besson lies Berton.

= 102 = 2 = 1515 lies 1825.

= 103 = 30 = Kachowky lies Kachowsky.

= 246 = 15 = desselben lies derselben.

= 328 = 6 = Behrens lies Behrends.

= 331 = 1 = Graf Heinrich von Arnim l. Freiherr Heinrich von Arnim.

= 413 = 21 = Regierurg lies Regierung.

= 451 Ueberschrift statt Besika=Bey lies Besika=Bai.

= 451 Z. 18 und 29 statt Besika=Bay lies Besika=Bai.

www.ingramcontent.com/pod-product-compliance
Lightning Source LLC
Chambersburg PA
CBHW060818310726
48980CB00002B/333

* 9 7 8 3 7 3 4 0 0 4 0 6 3 *